ISBN: 9781314693614

Published by:
HardPress Publishing
8345 NW 66TH ST #2561
MIAMI FL 33166-2626

Email: info@hardpress.net
Web: http://www.hardpress.net

INSCRIPTIONES GRAECAE

AD RES ROMANAS PERTINENTES

AVCTORITATE ET IMPENSIS

ACADEMIAE INSCRIPTIONVM ET LITTERARVM HVMANIORVM

COLLECTAE ET EDITAE

TOMVS PRIMVS

Fasc. I

PARIS

ERNEST LEROUX, ÉDITEUR

RUE BONAPARTE, 28

MDCCCCI

Λ

⊥ᴎᴴ

BRITANNIA

BRITANNIA

---

1. Eboraci, in lamella aenea. — *Insc. gr. Sic. et Ital.*, 2548.

Θεοῖς | τοῖς τοῦ ἡγε|μονικοῦ πραι|τωρίου ¹ Σκρι͡β(ώνιος) | Δημήτριος ².

1. Genius praetorii, Mars, Victoria, similesve dei. Cf. v. Domaszewski, *Die Religion des röm. Heeres*, p. 1 et sqq. — 2. Eboraci legionem IX Hispanam usque ad Hadriani tempora, postea legionem VI Victricem tetendisse notum est. Cf. *C. I. L.*, VII, p. 61.

2. Uxelloduni. — *Insc. gr. Sic. et Ital.*, 2551.

Ἀσκληπιῷ | Λ. Ἐγνάτιος | Πάστορ ἔθηκεν.

3. In urbe Lanchester. — *Insc. gr. Sic. et Ital.*, 2552; *C. I. L.*, VII, 431.

In antica :

[Aescula]|pio | T. Fl. Titianus | trib. | n. s. l. l. m.

In postica :

[Ἀσκληπ]ιῶι | [Τ.] Φλάου ι |ος Τιτιανὸ ς | χιλίαρ[χ]ος ¹.

1. Praefuit cohorti I Fidae Vardullorum, si verum conjecit Hübner.

4. Corstopiti. — *Insc. gr. Sic. et Ital.*, 2553.

Ἀστ[άρ]της | βωμόν μ᾽ | ἐσορᾷς · | Πούλχερ μ᾽ | ἀνέθηκεν.

GERMANIA

GERMANIA

5. Loco qui dicitur Heidenstiefel, prope Confluentes. — *Insc. gr. Sic. et Ital.*, 2562.

Σώματος ἐν καμάτοις | μογεροῖς ψυχῆς τε πόνοισιν |
ἄχρι τανηλεγέος θανά|του Τυχικός ποτε κάμνων, |
εὐξάμενος Λήνῳ¹ προφυ|[γ]εῖν² χαλέπ' ἄλγεα³ νούσων |
Ἄρηι κρατερῷ δῶρον | τόδε θῆκα σαωθείς. |

C)orporis adque animi diros | sufferre labores |
Dum nequeo mortis pro|pe limina saepe uagando, |
Seruatus Tychicus diuino | Martis amore |
Hoc munus paruom pr[o] | magna dedico cura.

1. Lenum Martem tituli per has regiones inuenti non pauci memorant; cf. *Korrespondenzblatt der westd. Zeitschr.*, 1888, p. 147 sqq. — 2. ΤΕΙΝ, lapis. — 3. ΔΑΤΕΑ, lapis.

---

6. In oppido Stockstadt ad Moenum. — *Insc. gr. Sic. et Ital.*, 2564.

Σωθεὶς ἐκ πολέμ[ου] | καὶ ἀμετρήτων μά|λα μόγθων
εὐξά|μενος ἀνέθηκα Γενί|ου εἰκόνα σεμνήν.

« Romani militis donarium, qui in ipso fortasse limitis castello quod in illo loco fuisse constat stationem habebat. » Kaibel.

---

7. Prope urbem Xanten, in operculo vasis plumbeo. — *Insc. gr. Sic. et Ital.*, 2577, u.

Κυ. Λικ(ίνιος) [Ι]ο[υσ]τεῖνος · νάρ(δινον) · ἐμ[ετ]οποιεῖ.

Ab initio leguntur medici cujusdam nomina, deinde medicamenti et nomen et vis.

GALLIA

GALLIA

---

8. Antipoli. — *Insc. gr. Sic. et Ital.*, 2427; *C. I. L.*, XII, 174.

Ab uno latere :

Ὑπὲρ τῆς σωτηρίας | M. Ἰουλίου Λίγυος | ἐπιτρόπῳ [1] Καίσαρος | Ἀγα-
θοκλῆς | δοῦλος | εὐχήν) ἀπέδωκε Πανί.

Ab altero :

Pro salute | M. Iulii Liguris | proc. Aug. | Agathocles (ser. Pani u. s.]

1. Corrige : ἐπιτρόπου.

---

9. Massiliae?, in manu aenea qua pro tessera utebantur. — Babelon, *Bronzes de la Bibl. nat.*, p. 461, fig. 1065.

Σύμβολον | πρὸς | Οὐελαυνίους [1].

1. Velauni, gens Alpina (Plin., *Hist. nat.*, III, 137).

---

10. Massiliae. — *Insc. gr. Sic. et Ital.*, 2433.

Τ. Πορκίῳ Πορκίου Αἰλιανοῦ ἐξοχωτάτου ἀνδρὸς [1] καὶ προφήτου [2] υἱῷ Κυρείνᾳ |
Κορνηλιανῷ ἱερεῖ Λευκοθέας | χιλιάρχῳ λεγ εῶνος ιε′ Ἀπολλιναρίας | χι-
λιάρχῳ κόρτης θ′ Βατάουων | πραιφέκτῳ σπείρας β′ Οὐλπίας Ὑρια [3] |
πραιφέκτῳ σπείρας δ′ Γάλλων | πραιφέκτῳ σπείρας Δαρδάνων | πραιφέκτῳ)
ἐξπλωρατόρων) Γερμανίας [4] | ἐπιτρόπῳ πρειβάτης διὰ | Φλαμινίας Αἰμιλίας
Λιγυρίας | ἐπιτρόπῳ καὶ ἡγεμόνι | τῶν παραθαλασσίων Ἄλπεων ...

1. Vir eminentissimus; quae praedicatio titulum adsignat saeculo tertio. — 2. Prophe-
tam Isidis Aelianum fuisse conjecit Jullian (*Bull. épig.*, 1886, p. 122 sqq.). — 3. Forsitan cohors II Ulpia Cypria (cf. *C. I. L.*, III, p. 868 ; nomen corruptum est. — 4. Militiae equestres ordine inverso recensentur, errore ejus qui titulum scripsit.

11. Massiliae. — *Insc. gr. Sic. et Ital.*, 2434.

Ἀθηνάδης | Διοσκουρίδου | γραμματικὸς | Ῥωμαικός[1].

1. Scil. romanarum litterarum magister.

12. Massiliae. — *Insc. gr. Sic. et Ital.*, 2434.

Τίτος Πομπήιος | Ἀπολλωνιδης | Τίτῳ Φλαουίωι | Νεικοστράτωι | τῶι καθη-
γητῆι | μνήμης χάριν.

13. Avennione. — *Insc. gr. Sic. et Ital.*, 2480; *C. I. L.*, XII, 1038.

Οὔαλος Γα β ῖνιος | χαῖρε. |

Vaalus Gabin[ius] | heic silus est.

« Vaalus mihi creditur viri nomen id ipsum quod in fluvio est *Vacalus*, gentilicio praepositum more in peregrinis vocabulis vetusto. » Mommsen.

14. Vasione. — *Insc. gr. Sic. et Ital.*, 2482; *C. I. L.*, XII, 1277.

Εἰθυντῆρι[1] τύχης | Βήλῳ | Σέξστος θέτο βω|μὸν |
Τῶν ἐν Ἀπαμείᾳ | μνησάμενος | λογίων.

Belus | fortunae rector | mentisque magister, |
Ara gaudebit | quam dedit | et noluit[2].

1. Pro εἰθυντῆρι. — 2. « Belus oraculis Sexto editis in aede Apameensi fortunam ad mentem ejus ita erexerat ut ille dives factus aram quam poni deus jusserat posset ponere. » Kaibel.

15. Viennae. — *Insc. gr. Sic. et Ital.*, 2490.

Ἐν[θ]άδε κῖ|τε Βασσ[ι]ανὴ | ἐλευθέρα Κα σ|σιανοῦ[1] ἀπὸ | κώμης Ἀλγοι.....
ἔζησεν...

1. Βασσιανοῦ correxit Hirschfeld.

16. Aquis Sextiis. — *Insc. gr. Sic. et Ital.*, 2469.

Ῥουφεῖνης ἐμέθεν Πρόχλος πόσις ἐνθάδε κεῖται |
Μοιράων βουλῆσι λιπὼν βίον ἠδ' ἐμὲ χήρην. |

Τεῦξα δέ [τ]οι μέγα σῆμα περισκέπτῳ ἐνὶ χώρῳ]
θνητὸν πάντεσσι, θύρας δ᾽ ἐπέθηκα φαεινάς, |

5   εἴδωλόν ν [τ'] ἐθέμην πανομοίιον σ ῃ ᾖμα τ᾽ ἔθηκα]
οἷον ἔχων ῥη[τῇρσι μετέπρεπες Αὐσονίοισι |
ἔν τ᾽ αὐτοῖς ὑπάτοις κλέος ἔλλαβες ἔξοχον ἄλλων. |
Ἀλλ᾽ οὔτοι νόσφιν γε σέθεν ποτ᾽ ἐ κείσομαι αὐτή, |

10   ὡς πρὶν δ᾽ ἐν [ζ]ωοῖσιν ὁμὸ ς δόμος ἄμμι τέτυκτο, |
ὡς καὶ τεθνειῶτας ὁμὴ σορὸς ἀμφι'καλύψει].

« Proculum Pontianum cos. a. 238 intellexit Franz. At haec conjectura omni funda-
mento carere videtur. Proclus rhetor fuit et ὕπατοι v. 7) sunt aut homines nobiles
intelligendi, aut, quod conjecit Mommsenus, Proclus aliquando in senatu verba fecisse
putandus est. » Kaibel. Cf. *Prosop. imp. rom.*, III, p. 84. n. 610.

---

17. Nemausi. — *Insc. gr. Sic. et Ital.*, 2495; *C. I. L.*, XII, 3232.

T. Iulio T. f. Vol. Dolabellae | IIII uir. ab aerar. pontif. | praef. uigil. et
armor. | sacra synhodos Neapoli ¹ certamine quinquennali decr[euit].|

5   Ψήφισμα τῆς ἱερᾶς θυμε[λικ]ῆς Ἀδριανῆς συνόδου τῶν [περὶ τὸν] |
Αὐτοκράτορα Καίσαρα Τραιανὸν Ἀδριανὸν Σεβαστὸν νέον Διόνυ[σον] | συνα-
γωνιστῶν ¹. Ἐπεὶ Δολαβέλλ α ἀν]ὴρ οὐ μόνον ἐν τῇ λαμπρο τάτῃ πατρίδι] |
διά τε γένους δόξαν καὶ βίου ἐπιείκειαν [ἀλλὰ λ]όγῳ καὶ ψυχῆς μεγαλειό-
[τητι διενηνο]χ ὼς, ὅτι διὰ τοῦ τοιούτου πάσῃ ἐ ν τῇ ο ἰκουμένῃ οὐκ

10   ἤκισ τα...|..] υσα γνώμῃ, τοισ...νημ...ι ἀνθ᾽ ὧν καὶ πρότε ρον ...|.. περὶ
τ οῦ ἀνδρὸς ἐν δοξοτ]άτου μαρτυρ ίαν ...|... τερο....ω τῆς Νεμαυσ ίων

15   πόλεως, |... Αὔγουστ.|..αρ.|. τῆς ἱερᾶς Τραιανῆς Α δριανῆς | συνόδου...]
ἔγραψα καὶ ἐσφρά[γισα]...

....[decre?]uit M. Gauio|.... [sa]crae synhod i |..... ce]ntonarior.

Supplementa supra relata sunt Franzii. Alia temptavit Kaibel quae « sententiae magis
quam spatii rationibus apta esse » ipse fatetur.

1. Collegium artificum scenicorum. De his collegiis et quinquennalibus certaminibus
sub imperio romano cf. Foucart, *De collegiis scenicorum artificum*, p. 92 et sqq. Sacra
dicitur synhodus utpote antiquo Bacchi et novo principum patrocinio consecrata. —
2. Synagonistas nihil aliud esse verisimile est quam actores tragicos et comicos Foucart,
op. cit., p. 8 .

18. Nemausi. — *Insc. gr. Sic. et Ital.*, 2496.

[Ψ]ήφισμα τῆς ἱερᾶς θυ μελικῆς ἐν Νεμαύσῳ τῶν ἀ[γωνιστῶν | τῶν περὶ τὸν Αὐτοκράτορα Νέρ ουαν Τραιανὸν Καίσαρα Σεβαστὸν |συνόδου...

Supplementa dedit Kaibel.

19. Nemausi. — *Insc. gr. Sic. et Ital.*, 2497, 2498. Lapidis pars maxima periit.

Ψήφισμα [τῆς ... συνόδου κ. τ. λ. '] | Ἐπεὶ Λ. Σάμμιος Μάτερνος [2]
ἀ νὴρ ἐπιστημ ότατος πάντων τῶν ἐν τῇ λαμπροτάτῃ πατρίδι πώποτε γεγονότων
ἔν τε πολυ ζήλοις? φιλότειμ ίαις..... | καὶ αὐτὸς καὶ διὰ τοῦ υἱοῦ Σαμ μίου.....|
5 πᾶσαν σπουδὴν ἐνέδειξε ν εἰς τὴν ἱερὰν σύνοδ ον...... | ...τὰ ἄ ριστα συμβου-
λεύων παρ'ὰ πάντα τὸν χρόνον... | ..... ἀνενλείπτως ἔσων ἂν ὁ ἔχηται ἡ σύνο-
10 δος]|... ησεν ἔν τε δια.....|.....ς ἐφιλότειμ ήθη|......|.... ψηφίσ ματα καὶ......|
...ωδεο......

1. Cetera ut supra n°ˢ 17, 18. — 2. Cf. *C. I. L.*, XII, 3183 : *L. Sammius Maternus... archiereus synhodi*.

20. Nemausi. — *Insc. gr. Sic. et Ital.*, 2500. Lapis periit.

....ιλια.....|... ις αυνουτη.....|... θυμελικῇι συνό[δωι...|... [Αὐτοκράτωρ
5 Καῖσ]αρ Τραιανὸς.....|... ου συνο[δ....

Duo alia fragmenta titulorum similium (2501 et 2502) omisimus, utpote nimium mutila.

21. Nemausi. — *Insc. gr. Sic. et Ital.*, 2499. Lapis periit.

...λωα...|...ως κωμῳδοο π...|...ου χοραύλου παρ...|...ος Καισαρέως Τραλ-
5 λιανοῦ ...|...κιος Ταρσεὺς κομ ῳδὸς ...|... ἐν Ῥώμῃ ἱερᾶς συν[όδου]... ...
χοραύλης γ' Καπετ ώλια ἐν Ῥώμῃ| ' ...|... υἱὸς ἄρχων συνό δου...|...
10 Τραλλιανὸς χορ[αύλης]...||... σεβαστονείκη[ς] [2]...

« Videtur aut titulus honorarius synodalis cujusdam aut, quod probabilius est, victo-
rum tabula fuisse. » Kaibel [2].

1. Ab Augusti temporibus ad Domitianum, Tralliani, ut docent nummi, Τραλλιανοὶ Καισαρεῖς vel Καισαρεῖς nominari solent. (Cf. Le Bas-Wadd., *Insc. d'Asie Mineure*, 600 a, et
Buresch, *Ath. Mitth.*, XIX, 1894, p. 107.) Titulus ergo ad primum p. C. n. saeculum
referendus est. — 2. De ejus argumenti titulis cf. O. Liermann, *Analecta epigr. et ago-
nistica (Dissert. phil. Halenses*, X, 1889, p. 1 et sqq.).

22. Prope Moux ad montem Alaric, non longe a Carcasone. — *Insc. gr. Sic. et Ital.*, 2520.

..........ρων Θ᾿εῷ] | Λαρρασσῶνι ¹ | δῶρον.

1. Deum Larrasonem memorant duo tituli ibidem inventi. Cf. *C. I. L.*, XII, 5369, 5370.

23. Luguduni, ab utraque parte tituli sepulcralis Exomnii Paterniani quondam centurionis legionarii. — *Insc. gr. Sic. et Ital.*, 2526 ; *C. I. L.*, XIII, 1854.

A sinistra :

Χαῖρε Βενάγι | Χαῖρε εὐψύχι

A dextra :

Ὑγίαινε Βενάγι | Ὑγίαινε εὐψύχι.

« Benagius defuncti, ut videtur, nomen sodaliciarium ; mater superstes adloquitur defunctum, cui respondet ille. » Kaibel.

---

24. Luguduni, ab utraque parte tituli sepulcralis Perennii Quieti. — *Insc. gr. Sic. et Ital.*, 2527 ; *C. I. L.*, XIII, 1898.

A sinistra :

Χαῖρε | Νικάσι.

A dextra :

Ὑγίαινε | Νικάσι.

---

25. In vico Genay prope Trévoux. — *Insc. gr. Sic. et Ital.*, 2532; *C. I. L.*, XIII, 2448.

[Ἐν]θάδε κεῖται Θαῖμος ὁ καὶ Ἰο[υ][λιανὸς Σάδου· |
    [ἐ]σ[θ]λός τε πέφυκε καὶ ν[ή]ὸυ μ[ι]ος | Ἀθειληνὸς,|
5   βουλευτὴς πολί[τ]ης τε Κανωθαί[ω]ν ἐ[πὶ] | Συρίης | ¹
    [ὃ]ς πάτραν τε λειπὼν ἧκε τῷδ᾿ ἐπὶ χώρῳ |
    [ἐς π]ρᾶσιν ἔχων ἐνπόρ[ιο]ν ἀγορασμῶν |
10   [μεστ]ὸν, ἐκ Ἀκου[ι]τανίης ὧδ᾿ ἐπὶ Λουγου[δούνοιο · |
    ὤλεσεν ἐπὶ [ξ]ενίης θανάτῳ μοῖρ[α] | κραταιή. |

15 Diis Manibus | Thaemi Iuliani Sati [fi.]. Syri | de uico Athelani, decurion. |

[S]eptimiano [2] Canotha, nego[t]iatori Luguduni et prou. | Aquitan<ac>ica Aui-
20 dius | Agrippa [3] fratri pientissi[m]o ob memoriam eius | faciendum curauit et | sub
ascia dedicauit.

1. Canotha, vulgo Canatha, civitas Syriae nota; Athila vicus inde non plus dimidia
hora distat. — 2. Decurionem Septimianum, propter nomen *Septimiae* civitati Canothae
inditum. — 3. Conjecit Henzen Avidium Agrippam ab Avidio Cassio qui legatus Syriae
pro praetore fuit sub Marco in gentem Avidiam receptum esse.

HISPANIA

HISPANIA

26. Malacae. — *Insc. gr. Sic. et Ital.*, 2540.

5 .....|ἀνέ στη σεν ?...] | Κλωδι[ον........] | νον τ[ὸν...] | πάτρ ωνα [καὶ προς -|
τάτην τοῦ ἐν Μαλάκη | Σύρων τε κα[ι .....] | νῶν [1] [χ οιν οῦ.....] | Σιλουα-
10 νὸς ....|.... τὸν πάτρω[ν α | [καὶ] εὐερ γ έτην.

1. Κα [Ἀσιτ]νῶν, Hübner. — 2. ΚΟΙ.....ΙΑΤΟΡ traditur. Σιλουανὸς κο[υρ]άτ[ω]ρ, Kirchhoff.
— « At cum graeci collegii homines graece scriptum titulum posuerint, vix probabiliter ullum ejus collegii magistratum romano vocabulo appellatum esse statuas;
πάτρων enim illius aetatis hominibus non latinum sed graeci vocabuli instar est. »
Kaibel. — Σιλουανὸς κ[α]ι ..... ατορ, Mommsen.

27. Originis incertae, nunc Matriti in museo. — *Insc. gr. Sic. et Ital.*, 2543 : « Statua
Neptuni, cujus juxta crus sinistrum delphinus; in ore delphini scriptum legitur : »

Η. Λικίννιος | Πραῖσκος | ἱερεὺς.... | [ἀνέθηκε ?]

ITALIA

ITALIA

ROMA

Huic capiti omnes titulos graecos inserere placuit quotquot ad religionem spectant, quanquam non pauci a Romanorum sacris alieni videntur. At quaecumque nobis Graecorum Graeculorumve in Urbe degentium memoriam servaverunt non extra res romanas esse nemo est qui non fateatur.

28. Romae, in foro, ad columnam Phocae. — *Insc. gr. Sic. et Ital.*, 957; *C. I. L.*, VI, 105.

Ἀπωστικάκοις | θεοῖς. | Ex óráculo.

Ibidem. — *Insc. gr. Sic. et Ital.*, 957; *C. I. L.*, VI, 106.

Ἀθάναι | ἀποτροπαίαι. | Ex óráculo.

---

29. Romae. — *Insc. gr. Sic. et Ital.*, 958.

Πατρίῳ .....ηνῳ ' M. Αὐρ. | Ἀλέξανδρος φρουμ(εντάριος λεγ(εῶνος β' | Ἰταλικ(ῆς) εὐξάμενος ἀνέθηκεν.

1. II · ΑΤΡΙΩϹ · ϹΛΛΗΝΩ traditur. Latet nomen dei, quem patrium vocare videtur M. Aurelius Alexander. De Apolline Alseno quem colebant Thraces Dumont, *Insc. de la Thrace*, 62 d), cogitavit Kaibel.

---

30. Romae. — *Insc. gr. Sic. et Ital.*, 959; *C. I. L.*, VI, 112.

Κῦρι | χαῖρε. | Deo Amabili ' | sacr(um) || Aelia Ehorte ² | fecit.

1. « Glyconem deum intellegendum conjecit Mommsen. » Kaibel. — 2. Pro *Heorte.*

31. Romae, in via Portuensi. — *Insc. gr. Sic. et Ital.*, 960.

Ἀντινόωι | συνθρόνῳ | τῶν ἐν Αἰγύ[πτωι θεῶν.....]

32. Romae, prope arcum Camilli. — *Insc. gr. Sic. et Ital.*, 961.

Ἀντινόωι | συνθρόνωι τῶν | ἐν Αἰγύπτωι θεῶν | Μ. Οὔλπιος Ἀπολ-
λώνιος | προφήτης.

Antinoum in Aegypto inter deos relatum et collegio sex sacerdotum donatum
fuisse notum est. Cf. *C. I. Gr.*, 4683 : τῶν ἐξ Ἀντινοέων ἱερο[ποι]ῶν.

33. Romae, extra portam Portuensem. — *Insc. gr. Sic. et Ital.*, 962.

Ὑπὲρ τῆς σωτηρίας | Αὐτοκράτορος | Καίσαρος Τραιανοῦ | Ἀδριανοῦ Σεβα-
στοῦ | Λούκιος Λικίνιος | Ἑρμίας | Ἄρη θεῷ πατρῴῳ | ἐπηκόῳ ἀνέθηκεν, |
ἔτους εμυ΄ ¹ μηνὸς | Ξανδικοῦ η΄.

1. Anno 445 : scil. anno p. C. n. 133, secundum aeram Seleucidarum, ut dicunt.
— L. Licinium Hermiam Bosporanum fuisse asserit Kaibel « quod Ἄρης θεὸς πατρῷος
inprimis convenit Bosporano homini »; at Ares in Asia non minus quam apud Bospo-
ranos colebatur Barclay V. Head, *Hist. num.*, p. 788, s. v. Ares). Adde quod annus ex
Bosporanorum computatione 445 respondet anno p. C. n. 148 quo non Hadrianus sed
Pius imperium obtinebat.

34. Romae, in vinea card. Carpensis. — *Insc. gr. Sic. et Ital.*, 963.

Θεᾷ ἐπηκόῳ | Ἀρτέμιδι | Αὐλίδι ¹ Σωτείρῃ | Αὐρ. Ἑλπινείκη.

1. Cognomen deae inauditum ; cf. Ἄρτεμις Ἰφιγένεια.

35. Romae, in Esquilino. — *Insc. gr. Sic. et Ital.*, 964.

Τὴν κυρίαν καὶ εὐεργέτιν θεὰν ἐπήκοον παρ[θέ[ν]ον [Ἄρτεμ]ιν Ἐφε]σίαν...

36. Romae. — *Insc. gr. Sic. et Ital.*, 965.

Ἀρτέμιδι ἐπηκό[ω.....] | Λ. Σέριος Παρθενοπ[αῖος]...

37. Romae, in coenobio quod vocant S. Martini in montibus. — *Insc. gr. Sic. et
Ital.*, 967.

a) Τῷ [σωτ]ῆρι Ἀσκληπιῷ σῶστρα καὶ | χαριστήρια Νικομήδης ἰατρός. |
Τὰν παιδὸς καλλίσταν | εἰκὼ τάνδε θεοῖο, ‖
Παιᾶνος κούρου ματρὸς | ἀπ᾽ ἀρτιτόκου, |
δαιδάλλων μερόπεσσιν | ἐμήσαο, σεῖο, Βόηθε, |
εὐπαλάμου σοφίης ‖ μνᾶμα καὶ ἐσσομένοις ·
θῆκε δ᾽ ὁμοῦ νούσων τε | κακῶν ζώαγρια Νικο-|
μήδης καὶ χειρῶν | δεῖγμα παλαιγενέων.

b) Τῷ βασιλεῖ Ἀσκληπιῷ σῶστρα καὶ [χα]ριστήρια | Νικομήδης Σμυρναῖος
ἰατρός. |
Οἷον ἐμαιώσαντο νέον τόκον | Εἰλείθυιαι ‖
ἐκ Φλεγύου κούρης Φοίβῳ | ἀκειρεκόμῃ, |
τοῖόν τοι, Παιὰν Ἀσκληπιέ, | σεῖο Βόη̣θος ¹ |
χειρὸς ἄγαλμ᾽ ἀγαθῆς ‖ τεῦξεν ἑαῖς πραπίσιν · |
νηῷ δ᾽ ἐν τῷδε ζώαγρια θῆκεν | ὁρᾶσθαι, |
πολλάκι σαῖς βουλαῖς ‖ νοῦσον ἀλευάμενος,
σὸς θεράπων, εὐχῆς ὀλίγη[ν] | δόσιν, οἷα θεοῖσιν |
ἄνδρες ἐφημέριοι τῶν[δε] | φέρουσι χάριν·

1. « Boethi nobilis artificis opus num vero fuerit statua Aesculapii infantis dubitari potest. » Kaibel.

38. Romae, in base statuae Aesculapii prope theatrum Pompeii repertae. — *Insc. gr. Sic. et Ital.*, 968.

[Ἀμ̣φὶ λί]θῳ, σωτὴρ Ἀσκληπιέ, | χρυσὸν ἔχευεν |
...νος ὑπὲρ τέκνων | Γιλουίου εὐξάμενος.

39. Romae. — *Notizie degli scavi*, 1896, p. 392; *Bullett. comun.*, 1896, p. 174, tav. VIII.

[Ἀ]σκληπιῷ [θεῷ] | μεγίστῳ [σ]ωτῆ[ρι] | εὐ[ε]ργέτῃ ὄνκον | σπληνὸς σωθείς |
ἀπὸ σῶν χιρῶν, | οὗ τόδε δ[ῖγ]μα ἀρ[γ]ύρεον εὐχαριστ[ή]|ριον θεῷ, Νεογάρ[ης
Σ]εβαστο[ῦ ἀπελεύ]θ]ερος Ἰουλιαν[ός].

40. Romae, inter viam S. Clementis et viam Labicanam. — *Bullett. comun.*, 1892, p. 61.

Πούπλιος | Αἴλιος | Εἰσίδωρος | ἀνέθηκεν ‖ κυρίῳ | Ἀσκληπιῷ.

41. Romae. — *Insc. gr. Sic. et Ital.*, 966.

.... Αὐταῖς ταῖς ἡμέραις Γαίῳ τινὶ τυφλῷ ἐχρημάτισεν ' ἐλθεῖν ἐπ[ὶ τὸ]
ἱε|ρὸν βῆμα καὶ προσκυνῆσαι, εἶτ α ἀπὸ τοῦ δεξιοῦ ἐλθεῖν ἐπὶ τὸ ἀριστερὸν | καὶ
θεῖναι τοὺς πέντε δακτύλους ἐπάνω τοῦ βήματος καὶ ἆραι τὴν χεῖ|ρα καὶ ἐπιθεῖναι
5 ἐπὶ τοὺς ἰδίους ὀφθαλμούς, καὶ ὀρθὸν ἀνέβλεψε τοῦ | δήμου παρεστῶτος καὶ
συνχαιρομένου, ὅτι ζῶσαι ἀρεταὶ ² ἐγένοντο ἐπὶ τοῦ | Σεβαστοῦ ἡμῶν Ἀντω-
νείνου ³. |

Λουκίῳ πλευρειτικῷ καὶ ἀφηλπισμένῳ ὑπὸ παντὸς ἀνθρώπου ἐχρη<σ>μά-
τι|σεν ὁ θεὸς ¹ ἐλθεῖν καὶ ἐκ τοῦ τριβώμου ἆραι τέφραν καὶ μετ' οἴνου ἀνα|φυ-
10 ρᾶσαι καὶ ἐπιθεῖναι ἐπὶ τὸ πλευρόν, καὶ ἐσώθη καὶ δημοσίᾳ ηὐχαρίστησεν ‖ τῷ
θεῷ καὶ ὁ δῆμος συνεχάρη αὐτῷ |.

Αἷμα ἀναφέροντι Ἰουλιανῷ ἀφηλπισμένῳ ὑπὸ παντὸς ἀνθρώπου ἐχρη<σ>μά-
|τισεν ὁ θεὸς ¹ ἐλθεῖν καὶ ἐκ τοῦ τριβώμου ἆραι κόκκους στροβίλου καὶ | φαγεῖν
μετὰ μέλιτος ἐπὶ τρεῖς ἡμέρας, καὶ ἐσώθη καὶ ἐλθὼν δημοσίᾳ | ηὐχαρίστησεν
ἔμπροσθεν τοῦ δήμου. |

15 Οὐαλερίῳ Ἄπρῳ στρατιώτῃ τυφλῷ ἐχρημάτισεν ὁ θεὸς ἐλθεῖν καὶ λαβεῖν αἷμα |
ἐξ ἀλεκτρυῶνος λευκοῦ μετὰ μέλιτος καὶ κολλύριο ν] συντρῖψαι καὶ ἐπὶ | τρεῖς
ἡμέρας ἐπιχρεῖσαι ἐπὶ τοὺς ὀφθαλμούς, καὶ ἀνέβλεψεν καὶ ἐλήλυθεν καὶ ηὐχαρίστησεν δημοσίᾳ τῷ θεῷ.

1. Ἀπλητικός. — 2. Ἀρετή = vis divina, ut probavit S. Reinach, *Bull. de corr. hellén.*,
IX (1885), p. 261 et sqq. ; cf. E. Preuner, *Ein delphisches Weihgeschenk*, 1900, p. 91 et
sqq. — 3. Caracalla, ut videtur. Cf. tabulas similes, αἳ τοῦ Ἀσκληπιοῦ τὰ ἰάματα ἐγγεγραμμένα
ἔχουσι (Pausan., II, 36, 1), in Asclepio Epidaurio repertas (Dittenberger, *Syll. insc. gr.*,
ed. II, 802, 803).

---

42. Romae. Ad. S. Martinum in Montibus. — *Insc. gr. Sic. et Ital.*, 968 a (p. 695).

Εἰκόνα τήνδε [θεῷ] ¹ | νούσων παθέων τε | ἐλατῆρι |
5 ἄνθεσαν Ἀρζύγιοι ², ‖ μακάρων τίοντες | ἀρωγόν.

1. Ἀσκληπιῷ. — 2. Noti sunt duo Betitii Perpetui Arzygii *C. I. L.*, VI, 1702 ; *Insc. gr.
Sic. et Ital.*, 1078 a (p. 697). De his et de signo Arzygii cf. Hülsen, *Notizie degli scavi*,
1888, p. 493 et sqq.

---

43. Romae, extra portam Portuensem. — *Insc. gr. Sic. et Ital.*, 969 ; *C. I. L.*, VI, 50.

Pro salute Imp. [Caes.........] | C. Licinius N[..... et Heliodorus] Palmyrenus [aedem Belo.....] | constitu[erunt...].

Ἡλιόδωρος ὁ Παλμυρηνὸς καὶ Γ. Λικίνιος Ν........ | τὸν ναὸν Βή λῳ .... Παλμυρην[ῷ ἀνέθηκαν.

---

44. Romae, ibidem sine dubio. — *Insc. gr. Sic. et Ital.*, 970; *C. I. L.*, VI, 51.

[Pro salute Imp. Caes............. | C. Licinius N..... et Heliodorus Palmyrenus | ae]dem Belo stat[uerunt.....]

[Ἡ]λιόδω[ρος | ὁ Παλμυρην]ὸς καὶ Γ. Λικίνιος Ν........ | τὸν ναὸν Μαλαχβήλῳ θε ῷ ....

---

45. Romae, in vinea card. Carpensis. — *Insc. gr. Sic. et Ital.*, 971. Titulus bilinguis, graeco simul et palmyreno sermone scriptus.

Ἀγλιβώλῳ καὶ Μαλαχβήλῳ πατρῴοις θεοῖς | καὶ τὸ σίγνον ἀργυροῦν σὺν παντὶ κόζμῳ ἀνέθηκ(ε) | Τ. Αὐρ. Ἡλιόδωρος Ἀντιόχου Ἀδριανὸς Παλμυρηνὸς ¹ ἐκ τῶν ἰδίων ὑπὲρ | σωτηρίας αὐτοῦ καὶ τῆς συμβίου καὶ τῶν τέκνων, ἔτους ζμφ´ ² μηνὸς Περιτίου ³.

Palmyrena ita nobis interpretatus est Chabot :

Aglibolo et Malakbelo signum argenteum et ornamentum ejus e marsupio suo Yarhai filius Haliphi filii Yarhai filii Lichmach (filii) So'adu pro salute sua et salute filiorum suorum mense Chebath anni DXLVII.

1. Steph. Byz., s. v. Πάλμυρα · τὸ ἐθνικὸν Παλμυρηνός · οἱ δ' αὐτοὶ Ἀδριανοπολῖται· μετωνομάσθησαν, ἐπικτισθείσης τῆς πόλεως ὑπὸ τοῦ αὐτοκράτορος. Inde Ἀδριανὴ Πάλμυρα et Ἀδριανὸς Παλμυρηνός. — 2. Anno 547. — 3. Anno 235 p. C. n. secundum aeram Seleucidarum. E titulo palmyreno apparet mensem Peritium apud Palmyrenos mensi Chebath respondere.

---

46. Romae, extra portam Portuensem. — *Insc. gr. Sic. et Ital.*, 972.

Ἀστάρτη ¹.
Θεοῖς πατρῴοις Βήλωι Ἰαριβώλωι ² ....] | ἀνέθηκαν Μακκαῖος Μαλῆ τ[οῦ....... |

1. Nomen juxta caput muliebre, lapidi insculptum, adscriptum est. Supra θεοῖς πατρῴοις etc. legitur titulus palmyrenus quem ita legunt de Vogüé *Insc. semit.*, p. 64

et Chabot : «...... *et Sa'adu filius Thaime filii) Lichmach obtulerunt.* » — 2. Notus est deus Palmyrenorum Iaribolus *C. I. Gr.*, 1483, 1502 . — 3. Cognomen Μαλή apud Palmyrenos non rarum est; cf. Waddington, *Insc. de Syrie*, 2585, 2603.

---

47. Romae, ibidem. — *Insc. gr. Sic. et Ital.*, 1035.

Ὑπὲρ σωτηρίας Αὐτοκράτορος Καίσαρος Τίτου Αἰλίου Ἀδ[ριανοῦ....]
.... σὺν παντὶ κό ζμῳ Κοίντος Ἰούλιος [¹ [.........

1. « Non sine veri specie Levy *Zeitschr. d. deutsch. morgenländ. Ges.*, XVIII, 108ᶦ, Palmyreni hominis dedicationem esse putat; repertus enim titulus eodem loco quo tituli nᵒˢ 43-46 Belo deo dicati, idemque etiam genus dicendi σὺν παντὶ κόζμῳ, cf. n. 45 .» Kaibel.

---

48. Romae. — *Insc. gr. Sic. et Ital.*, 973.

Ἔγλυψέν με σίδηρος, | ἐποίησαν δέ με χεῖρες |
τέχνη πιθόμεναι. | Εἰμὶ δ᾽ ἄγαλμα Δίκης. |

---

49. Romae? — *Insc. gr. Sic. et Ital.*, 974.

5 Διονύσου | Σκιανθι ¹? | κατὰ πρόσταγμα | Μᾶρκος Πινάριος | Πρόκλος καὶ |
Ἀριστόβουλος | Ἀριστοβούλου.

1. Kaibel legit Σκι'ρσηνοῦ Ἀνθί ου ; Dionysos enim Ἄνθιος apud Pausaniam I, 31, 4, Σκιρσητής in Anthologia Palatina IX, 524 nuncupatur; cf. *C. I. Att.*, II, 631. At duo cognomina ita decurtata quis non miretur? — Franz vero *C. I. Gr.*, 5959, censet legendum esse Σκιαθίου, et addit cognomen Σκιαθιος Dionyso attributum esse, propter τὸ θολῶδες σκιαθιον ἐν ᾧ Διόνυσος κάθηται Hesychius, *Gloss.*, sub v. Σκιάς .

---

50. Romae, extra portam Caelimontanam. — *Insc. gr. Sic. et Ital.*, 975.

5 Θεῷ Διονύσῳ Σερβιλία | Οἰκονομία μετὰ τοῦ | ἀνδρὸς | αὐτῆς |
Καλλικρά|τους δῶρον | ἔθηκεν.

---

51. Romae. — *Insc. gr. Sic. et Ital.*, 976.

[Ὑ]πὲρ σωτηρίας καὶ νείκης Αὐτοκράτορος Καίσαρος Μ. Αὐρηλίου |

Κομμόδου Ἀν τωνείνου Φή Λικος Σεβαστοῦ ¹........ |.. καὶ το ὁ δῆμος Ῥω-
μαίων........ | ἔτει? δ|ωδεκάτῳ Διον ύσῳ?.............. | .. Μ. Λουκκεῖος
[.............. | ......]ωρων ἐκ [τῶν ἰδίων?...

1. Est Commodi cui primo cognomen Felicis datum fuit, aut Caracallae aut principum alicui qui post eos imperium obtinuerunt. Res in dubio maneat.

52. Romae. — *Insc. gr. Sic. et Ital.*, 977.

Διονύσου ἱερεῖς | θεοῖς τοῖς ἐπικειμέ|νοις ¹ καὶ σπείρη, ἱερὰ ² | ἀνέθηκαν |
Τ. Αἴλιος Ἔρως, Οὐρανία ³ Παυλεῖνα. | Γαμουρῆνα ⁴ Κοσμιάς, | Τ. Ἰούλιος
Μασκλίων.

1. Dii quorum imagines basi impositae erant. — 2. Cohors sacra cujus sodales erant
ii quorum nomina subscripta sunt. — 3-4. Olinia, Camurena, quae gentilicia nomina
non inaudita (*C. I. L.*, IX, 2824, VI, 14309.)

53. Romae. — *Insc. gr. Sic. et Ital.*, n° 977 a p. 695°.

Πάνφιλος | Τυράννου | παράδοξος | Ἑκάτῃ ἐπη|κόῳ εὐχήν|.

54. Romae, in villa Albani herma. — *Insc. gr. Sic. et Ital.*, 978.

Ἑρμῆς. |
Lucri repertor atque sermonis dator |
Infa(n)s palaestram protulit Cyllenius. |
Ἄ[σ]τις ¹ τὸν Ἑρμῆν εἴσαθ · Ἑρμῆς δ' Ἀττίωι |
[οἶκον φυλάττ οι? καὶ γένος φίλους θ' ἅμα
.... Ἑρμῆ δ' ἐπ' ἄλειφα γε ὑ σομαι |
φυλαττομένωι δῶμα τόδ' Ἀττικάδων |
............ς Ἑρμῆς...... |

In latere sinistro leguntur alia quinque carmina latine concepta.

1. ΑΡΤΙΣ lapis.

55. Romae, prope plateam dictam S. Carlo ai Catinari. — *Insc. gr. Sic. et Ital.*, 978 a
(p. 695).

Ἀδριανή σύνοδές ¹ σε νέον θεὸν | Ἑρμάωνα |
[στήσαμεν ἀζόμενοι τὸν | καλὸν Ἀντίνοον, |

Νικίου ἱδρύσαντος, ὃν ἀρητῆρα | θέμεσθα |
σεῦ, μάκαρ, ἐς βιοτὴν πρέσβυν ² | ὑποσχόμενον ³.

1. Plenius ἡ ἱερὰ θυμελικὴ, σύνοδος τῶν περὶ τὸν Αὐτοκράτορα Καίσαρα Τραιανὸν Ἀδριανὸν Σεβαστὸν νέον Διόνυσον συναγωνιστῶν : cf. supra n. 17 et sqq. — 2. Hic pro πρεσβευτήν, *legatum*, ut censet Mommsen. — 3. « Extremi distichi haec est sententia : *quem nos sacerdotem creavimus tui numinis per vitam, cum simul legationem ad Caesarem se suscepturum pollicitus esset (qua scilicet legatione Caesari novi Antinoi honores nuntiarentur).* » Kaibel.

---

56. Romae, in ecclesia S. Urbani. — *Insc. gr. Sic. et Ital.*, 979.

Ἑστίαι Διονύσου | Ἀπρωνιανὸς ἱεροφάντης.

---

57. Romae. — *Insc. gr. Sic. et Ital.*, 980.

Ἑστίαι πατρώᾳ ¹ | Ἰούλιος | Μάιορ | Ἀντωνῖνος.

1. Vestae, deae patriae populi Romani.

---

58. Romae, ad S. Eusebium. — *Insc. gr. Sic. et Ital.*, 981.

θεῷ Ζβερθούρδῳ ¹ καὶ Ἰαμβαδούλῃ ἐπιφα|νηστάτοις Αὐρ. Διονύσιος στρα-
τ(ιώτης) χῶρτις ² | τοῦ πραιτ(ωρίου) ἑκατονταρχ(ίας) Φλωρεντίνου θέλων ἀνέ-
θηκα.

1. Hunc eumdem esse atque Ζεὺς Ζβέλσουρδος, cujus nomen legitur in titulo Perinthio (Dumont, *Insc. de la Thrace*, 72 a), putant Lanciani et Kaibel, recte ut videtur. De deo, cf. Perdrizet, *Revue des études anciennes*, 1, p. 23. — 2. Desideratur cohortis numerus.

---

59. Romae. — *Insc. gr. Sic. et Ital.*, 982.

Γναῖος Κλαύδιος Εὐτύχης θεῷ μεγάλῳ | Βροντ[ῶ]ντι ¹ δῶρον ἀνέθηκεν.

1. Jupiter Tonans.

---

60. Romae. — *Insc. gr. Sic. et Ital.*, 983.

θεῷ ἐπηκόῳ | [Βρ]οντῶντι Λ..... | Πείσων εὐχ[ήν] ¹.

1. Sive εὐ[χαριστήριον].

61. Romae, in Capitolio. — *Insc. gr. Sic. et Ital.*, 986 ; *C. I. L.*, I, 589 et VI, 372.

[Ab co]muni restitutei in maiorum leibert[atem | Lucei Roma m Iouei Capitolino et poplo Romano u[irtutis , | beninolentiae beneficique causa erga Lucios ab comu[ni]. |

5 [Λ]υκίων τὸ κοινὸν κομισάμενον τὴν πάτριον δημ[ο [κρατίαν ' τὴν Ρώμην Δι̣ Καπετωλίωι καὶ τῶι δήμωι τῶ[ι, | Ρωμαίων ἀρετῆς ἕνεκεν καὶ εὐνοίας καὶ εὐεργεσίας | τῆς εἰς τὸ κοινὸν τὸ Λυκίων ².

1. De Lyciis a Romanis restitutis cf. Fougères, *De Lyciorum communi*, p. 17 et sqq. — 2. Mommsen conjecit hunc titulum positum esse post bellum Mithridaticum, tempore quo legati populorum Asiaticorum Romam venerunt cum gratias agendi, tum foedera confirmandi causa Appianus, *Bel. civ.*, I, 102). — De hac inscriptione et sequentibus, a regibus populisque Asiaticis in Capitolio positis, cf. Gatti, *Bull. comun.*, 1886, p. 403, et sqq.; Hülsen, *Röm. Mittheil.*, 1889, p. 252 et sqq.

62-65. Romae, sub Capitolio. — *Insc. gr. Sic. et Ital.*, 987 et pp. 695-696, ad nn. 986 et 987 ; Dessau, *Insc. lat. sel.*, 30.

62. [Rex Metradates Pilopator et Pi]l]adelpus ¹ regus Metradali f. | [poplum Romanum amiciliai e]t societati̧s ergo quae iam | [inter ipsum et Romanos optin]et. Legati coirauerunt | [Nemanes Nemanci f. et Ma]hes Mahei f. |

5 [Βασιλεὺς Μιθραδάτης Φιλ]οπάτωρ καὶ Φιλάδελφος ' | [βασιλέως Μιθραδάτ]ου τὸν δῆμον τὸν | [Ρωμαίων φίλον καὶ] σύμμαχον αὐτοῦ | γενόμενον εὐνοίας]
10 ἕνεκεν τῆς εἰς αὐτὸν, | [πρεσβευσάντων Ναιμ]άνους τοῦ Ναιμάνους | καὶ Μάου τοῦ Μάου].

1. « Rex hic dictus Philopator et Philadelphus videtur idem esse, cujus extat nummus argenteus tetradrachma cum inscriptione βασιλέως Μιθραδάτου Φιλοπάτορος καὶ Φιλαδέλφου (Th. Reinach, *Revue de Numismatique*, 1887, p. 97 et suiv., 1888, p. 249 et suiv.). Sed quis fuerit et quando vixerit, incertum. Reiuach habet eum pro Mithradate, rege Ponti, patre magni Mithradatis Eupatoris, licet ille alibi appelletur non Philopator et Philadelphus, sed Euergetes, praeterea perhibeatur fuisse filius non Mithradatis, sed Pharnacis. Contra Mommsenus (*Zeitschrift für Numismatik*, XV, pp. 207 et suiv.) et inscriptionem et nummum tribuit Mithradati Eupatoris filio, cui regnum Paphlagoniae detulerit Sulla. » Dessau.

---

63. Ὁ δ[ῆμος] ὁ Ταβηνῶν ' φίλος κ]αὶ σύμμαχος | Ρω[μαί]ων.

1. Tabae, in Phrygia.

64. Του..... | ....ς |

Popul[us ....n | popul.......an

65. Populus Laodicensis af Lyco populum Romanum quci sibei | saluti fuit benefici ergo quae sibei | benigne fecit. ‖

5 Ὁ δῆμος ὁ Λαοδικέων τῶν πρὸς | τῶι Λύκωι τὸν δῆμον τὸν | Ῥωμαίων γεγονότα ἐα[υτῶι] | σωτῆρα καὶ εὐεργέτην | ἀρετῆς ἕνεκεν καὶ εὐνοί[ας] ‖
10 τῆς εἰς ἑαυτὸν [1].

1. Laodicea ad Lycum fluvium in Phrygia bello Mithridatico obsidionem erat perpessa (App. *Mithr.*, 20); jure ergo rege devicto populo Romano gratias egit.

66. Romae, in area Capitolina. — *Insc. Sic. et Ital.*, 988.

Ἡ πόλις ἡ .....ίων εὐεργετηθεῖσα τὰ μέγιστα ὑπὸ τοῦ δήμου | [τοῦ Ῥωμαίων φί]λου ὄντος καὶ συμμάχου χαριστήρια Διὶ Καπετω|[λίωι....., πρε]σ-βευσάντων Βαχχίου τοῦ Λαμπρίου, | [....τοῦ Δι]ονυσίου, Φαίδρου τοῦ Παυσανίου.

67. Romae. — Gatti, *Bullett. comun.*, 1890, p. 174-176.

[Διὶ Καπετωλίωι καὶ Ῥώμηι δήμου συ]μμάχου χάρ[ιν | ὑπὸ δήμου..... .... ἀπεδόθ]η. |

[Reuerentiae summae et amoris ma]xumi causa | [populus............ amicus s]ociusque su[is | legibus receptis dedit Ioui Capit]olino et Ro[mae. |

Supplementa in mera conjectura posita esse monet ipse auctor.

68. Romae, in atrio Vestae. — *Insc. gr. Sic. et Ital.*, 989.

.... Διὶ Καπετωλ[ίωι........ | ..... Ἰού]λιος Ἀριοβαρζάν[ης........ | .... β]ασίλεως Ἀριοβα[ρζάνου υἱός [1] ...]

1. Vel υἱωνός vel ἔκγονος. De hoc Julio Ariobarzane, vide *Prosop. imp. rom.*, I, p. 130-131, nn. 857-857 a. Videtur esse ex posteris Ariobarzanis illius, regis Artavazdis filii, regis Ariobarzanis nepotis, quem Augustus Medis regem dedit (*Res gestae divi Augusti*, XXXIII).

69. Romae, in Quirinali. — *Insc. gr. Sic. et Ital.*, 984.

Κατὰ κέλευ|σιν Θεοῦ Δολι|χηνοῦ [1] ἀνέστησα[ν | ... Ἀθηνέου τοῦ ἱ]εροῦ [?]
Μᾶρκος Οὔλ|πις καὶ ὁ υἱὸς Μᾶρ|κος Οὔλ|πις Ἀρτέ|μων.

1. Jupiter Dolichenus. — 2. ΚΑΤΑΘΗΝΕΟΥ traditur. « Fortasse [μετ'] Ἀθηναίου τοῦ ἱεροῦ,
i. e. cum Athenaeo quodam mysteriis initiato. » Kaibel. — Nec de lectione nec de
sensu constat.

70. Romae. — *Insc. gr. Sic. et Ital.*, 985 ; *C. I. L.*, VI, 420.

I. O. M. | Heliopolitano | Κομμόδῳ |, ἀνδρὶ βασιλικ ωτάτῳ , | ἀσπιστῆ
τῆς | οἰκουμ ένης , | Imp. Caes. M. Aur. Commodo | Antonino Pio 'Felici
Aug.] | Sarm. Germanic o], | trib. pot. X[I], imp. [VIII. cos. V, p. p., | M.
Antonius M. f. Gal...... | Cl(audialis) Aug(ustalis)........ | Cistiber [1] dedic.,
V(rbis) c(onditae) [(anno) DCCCC,XXXIX, | Imp. Commodo [Antoni,no Pio |
Felice Aug. V M. Acil. Gla[brione] | II cos., III k. Dec. [2].

1. De Cistiberibus cf. de Ruggiero, *Diz. epigr.*, s. v. — 2. Die XXIX mensis Novembris
anni p. C. n. 186, biduo post Commodi diem imperii.

71. Romae. — *Insc. gr. Sic. et Ital.*, 990.

..............νους καθ' ὕπνον ἀνέθηκα Διεὶ Ξενίῳ [1].

1. De Jove Xenio apud Graecos, cf. Perdrizet apud Saglio, *Dict. des antiq. gr. et rom.*,
s. v. *Juppiter*, V, p. 696.

72. Romae, in Esquiliis. — *Insc. gr. Sic. et Ital.*, 991.

Διὶ Ὀλυβρί[ῳ] [1] | τοῦ Κιλίκων | ἔθνους τῆς | λ αμπροτάτης μ'ητροπόλεως'
Ἀναζαρ|βέων [2] Αὐρ. | Μᾶρκος στάτωρ [3] | εὐχῆς χάριν.

1. Confert Kaibel 'Ὀλυμβρον, quem inter deos et heroas Cilicum memorat Stephanus
Byzantius, s. v. Ἄδανα. — 2. Anazarbus, dein Caesarea, urbs Ciliciae ad radices montis
Tauri, meridiem versus, sita. Quum, testibus nummis, non ante Caracallam imperan-
tem Anazarbus μητρόπολις dicta fuerit Babelon, *Inventaire de la collection Waddington,*
1120 et sqq.), titulus saeculo p. C. n. tertio assignandus est. — 3. Scil. de statoribus
Augusti.

3

73. — Romae, ad forum piscarium. — *Insc. gr. Sic. et Ital.*, 992; *C. I. L.*, VI, 427.

Διὶ πατρίῳ. | Ex oraculo.

---

74. Romae. — *Insc. gr. Sic. et Ital.*, 993.

Σὸς ζάκορος, | Πολιεῦ ¹, | κούρους τρισσοὺς | ἀνέθηκα |
5   Μάξιμος Ἑλλάδιος | σὺν φιλ[ίο]ισι π ό]νοις.
Μεσσάλᾳ καὶ Γράτῳ [ὑπ[άτοις , πρὸ ιδ' καλ(ανδῶν) Αὐγούστ(ων) ², ἐπεὶ | [ὁ]
τόπος ἐδόθη παρὰ Κλωδίου | ὑπατικοῦ τῶν ἱερῶν ναῶ[ν] ³.

1. Ζεὺς Πολιεύς. — 2. Die XIX mensis Julii anni p. C. n. 280. — 3. Filius sane alterius Clodi
Pompeiani, et ipsius consularis aedium sacrarum anno 241 ; de quo vide *Prosop. imp.
rom.*, I, p. 418, n. 927 ; nisi, ut vult Mommsen, Helladius loco usus est ad similem dedicationem quadraginta annis ante concesso.

---

75. Romae, inter curiam et basilicam Aemiliam. — *Insc. gr. Sic. et Ital.*, 994.

Διὶ ὑπάτωι.

---

76. Romae. — *Insc. gr. Sic. et Ital.*, 995.

Θεῶι Ὑψίστωι ¹ εὐχὴν ἀνέθηκεν Κλαυδία Πίστη.

1. Ζεὺς Ὕψιστος, de quo cf. quae scripsit F. Cumont : *Hypsistos* (supplément à la *Revue
de l'Instruction Publique en Belgique*, 1897).

---

77. Romae, in Esquiliis. — *Insc. gr. Sic. et Ital.*, 996.

5   Soli | innicto Mithrae | T. Flauius Aug. lib. Hyginus | Ephebianus | d. d. |

Ἡλίωι Μίθραι | T. Φλάουιος Ὑγεῖνος | διὰ Λολλίου Ρούφου | πατρὸς ἰδίου ¹.

1. « L'adjonction de ἰδίου est destinée à empêcher une confusion avec le grade mi-
thriaque de *pater.* » F. Cumont (*Textes et monuments figurés relatifs aux mystères de
Mithra*, II, p. 105-106, n. 66).

---

78. Romae. — *Insc. gr. Sic. et Ital.*, 997.

Ἡλίῳ ἀνικήτῳ [Μίθρᾳ] | Βάλβιλλος ἡουοκᾶτο[ς Σεβαστοῦ] ¹ | ἐξ ὑδάτων
5 σωθείς............|.................... || ἐπὶ Βάσσου ἱερέ[ω]ς....

1. Vel Σεβαστῶν : evocatus Augusti vel Augustorum.

79. Romae. — *Insc. gr. Sic. et Ital.*, 998.

Ἡλίῳ Μίθρᾳ | ἀστροβρόντ(ῳ) ὀαίμονι | Ναβάρδη | Εὔτυχος δῶρον.

1. Cf. *C. I. L.*, VI, 742 : *Invictus Deus Nararzes.* — Hunc titulum suspectum habent et Kaibel et F. Cumont ;*Textes et monuments figurés relatifs aux mystères de Mithra*, II, p. 179, n. 585.

80. Romae. — *Insc. gr. Sic. et Ital.*, 999.

Ἡλίῳ | Μίθρᾳ | ἀνικήτῳ.

81. Romae, sub mithriaco quodam anaglypho. — *Insc. gr. Sic. et Ital.*, 1272.

Χρῆστος πατὴρ καὶ Γαῦρος ἐποίησαν [1].

1. Intellige : faciundum curaverunt, vel consecraverunt, ita ut Chrestus et Gaurus non artifices, sed alter pater sacrorum dei Mithrae, alter cultor ejusdem numinis fuerint. Cf. Löwy, *Inschr. griech. Bildhauer*, p. 302, n. 457; F. Cumont, *Textes et monuments figurés relatifs aux mystères de Mithra*, II, p. 100, n. 39.

82. Romae, in Esquiliis. — *Insc. gr. Sic. et Ital.*, 1000; *C. I. L.*, VI, 309.

> Herculi | defensori | Papirii.
> Ἡρακλεῖ | ἀλεξι|κάκωι | Παπείρι|οι.

Ibid. — *Insc. gr. Sic. et Ital.*, 1000; *C. I. L.*, VI, 310.

> Siluano | custodi | Papirii.
> Σιλβανῷ | φύλακι | Παπείριοι.

83. Romae. — *Insc. gr. Sic. et Ital.*, 1001.

Σωτῆρι | θεῷ | Ἡρακλῆτι | Πολλίω ν ε(ὐχῆς) | ἔ(νεκεν) [1].

1. Vel ε(ὐχὴν) ἐ(ποίησεν) ut vult Franz (*C. I. Gr.*, 5988).

84. Ad villam Aldobrandini Frascatensem. — *Insc. gr. Sic. et Ital.*, 1003.

Ὦ Διὸς Ἀλκμήνης τε μεγασθενὲς | ὄβριμον αἷμα, |
ἵστορ ἀταρβήτων, Ἡράκλεες |, καμάτων. |

ἠνίδε τοι τόδ᾽ ἄγαλμα φέρων | κρητῆρος ἀγητόν |

θῆκα τεῶν ἀέθλων πλεῖον εὐ||γλυφέων, |

οὕς ποτ᾽, ἄναξ, ἐτέλεσσας ὑπὲ ρ | φιάλους ἀδίκους τε |

ἄνδρας ἰδ᾽ ὠμηστὰς θῆρας | ἐναιρόμενος · |

τῷ σε καὶ υἷα Δίκη Κρονίδης | θετὸν ἐγγυάλιξε. |

εὖτέ μιν ὑβρισταὶ φῶτες ἄτ[ι]|μον ἄγον. |

Ππιος εὐμενέων τε πέλοις |, ἐπεί νύ μοι αἰεὶ |

εὐχομένωι τε πάρει χεῖρα || Ὁ᾽ ὕπερθεν ἔχεις · |

καὶ δὴ νῦν μ᾽ ἐσάωσας ἀμεί βον |τα κλυτὰ φῦλα |

Κελτῶν καὶ Λιγύων ἄστυ πρὸς | Αὐσόνιον · ||

αὐτὸν ἀλεξητῆρα κακῶν | αὐτόν σε δοτῆρα |

παντοίης ἀρετῆς κληΐζο|μεν, Ἡράκλεες.

---

85. Romae, in basi statuae cujusdam pueri Herculis clavam manu gestantis et leonis pelle induti. — *Insc. gr. Sic. et Ital.*, 1004.

Ἡλικίην παῖς εἰμι · βρέτας δ᾽ ἐστήσατο | Φῆλιξ |

Ἡρακλέους εἰκῶ · οἶσθά με | καὶκ Προδίκου.

---

86. Romae. — *Insc. gr. Sic. et Ital.*, 1006.

Θεᾷ ἐπηκόῳ | Ἰσιτύχῃ [1] | Τίτος Φλάουι|ος Οὐιβιανὸς | Ἀντίοχος εὐ|ξάμενος ἀνέ|θηκεν.

1. Cf. titulum Praenestinum (*C. I. L.*, XIV, 2867), ubi dedicantur statuae *Antonini August(i), Apollinis, Isityches, Spei*... ; et quae adnotavit Dessan : « Isityche mihi numen creditur conflatum ex Iside et Fortuna. » Reperitur etiam Ἰσις Τύχη.

---

87. Romae. — *Insc. gr. Sic. et Ital.*, 1007.

[Ἴσιδι, Σεράπιδι, Ἀνούβιδι, Ἁρποκράτῃ, θεοῖς συν]ναίοις καὶ συμβώμοις [1],
[ὑπὲρ σωτηρίας καὶ νίκης Αὐτοκράτορος Καῖσαρ]ος Κομμόδου Ἀντωνείνου |
[..................] ὑπὸ Κ. Τεινείου Ῥούφου [2].

1. Cf. *C. I. Gr.*, 2230. — 2. Q. Tineius Rufus consul fuit anno p. C. n. 182; cf. *Prosop. imp. rom.*, III, p. 322, n. 169.

88. Romae.   *Insc. gr. et Ital.*, 1008.

Θεὰν Κόρην | Σαρδιανοῖς[1] | Λ. Αὐρ. Σάτυρος | ἀπελ εὐθερος Σεβαστου |
ἀνέθηκεν.

1. Σαρδιανοί intellige collegium vel stationem hominum Sardibus oriundorum, qui
Romae consistunt.

---

89. Romae. — *Insc. gr. Sic. et Ital.*, 1009.

Θεὰν Κόρην | Σαρδιανοῖς | Μᾶρκος | Αὐρήλιος | Σύμφορος | Σεβαστου |
ἀπελεύθερος[1] ἀνέθηκεν .

1. Cf. *C. I. L.*, X, 1727 : *Aurelio Symphoro Aug. l.*, etc.

---

90. Romae. — *Insc. gr. Sic. et Ital.*, 1083.

Βάσσον Φαυστίνης[1] ἐσορᾷς | σπένδοντα Λυαίῳ[2].

1. Faustinae servus. — 2. Lyaeo, i. e. Dionyso.

---

91. Romae, in basilica Julia. — *Insc. gr. Sic. et Ital.*, 1014.

[Σ]οὶ τόδε, συρικτά, ὁ μνη |πόλε, μείλγε δαῖμο'ν . |
ἁγνὲ λοετρογόων κοί|ρανε Ναιάδων. |
δῶρον Ὑγεῖνος ἔτε υξ ε'ν |, ἐν ἀργαλέης ἀπὸ νούσου |
αὐτὸς, ἄναξ, ὑγιῆ θῆκας προσ|πελ α σ α ς · |
πᾶσι γὰρ [ἐν τεκέ εσσιν ἐμοῖς]| ἀνα'ρ ανδὸν ἐπέστης. |
οὐκ ὄναρ, ἀλλὰ μέσους | ἤματος ἀμφὶ δρόμους.

---

92. Romae, in via Labicana. — Tomassetti, *Bullett. comun.*, 1892. p. 358. n. 7.

Μητρὶ Θεῶν | ἀγραρία[1] | ..λλος ὁ καὶ | ..ωπος[2] ἀνέθη| κεν ....

1. Matri Deum agrorum et agricolarum fautrici; verbum ἀγραρία de latino sermone
translatum est. — 2. Γ]άλλος ὁ καὶ [Εσ]ωπος == Αἴσωπος supplet editor.

---

93. Romae, in loco ubi nunc est sacellum Apostolorum Simonis et Judae. — *Insc. gr.
Sic. et Ital.*, 1020.

Μητρὶ θεῶν. |

Εἰς δεκαπέντε ἀνδρῶν ¹, Φοίβου στεφανηφόρος ἱρεύς ², |

Κρήσκης ³ ἠγάθεός τε Λεόντιος, ἔνσοφοι ἄνδρες, |

ὃς μὲν ἀπ' ἀντολίης, ὃς δ' ἄρ' ἀφ' ἑσπερίης, |

ὄργια συνρέξαντε θεᾶι παμμήτορι Ῥείηι |

κριοβόλου τελετῆς καὶ ταυροβόλοιο φερίστης |

αἵμασι μυστιπόλοις βωμὸν ὑπερτίθεσαν.

1. Unus ex quindecimviris sacris faciundis. — 2. Pontifex Solis. — 3. Cave ne hic Crescens, ἔνσοφος ἀνήρ, i. e. philosophus, idem sit atque Crescens ille philosophus Cynicus, christianis et Iustino, christianorum defensori, tantopere infensus, Antonino Pio et M. Aurelio imperantibus.

---

94. Romae. — *Insc. gr. Sic. et Ital.*, 1012; *C. I. L.*, VI, 532.

Μεγάλη Νέμεσις ἡ | βασιλεύουσα τοῦ κόσμ(ου) |

Magna ultrix, regina Vrbis, | ex uisu | Hermes Aug. lib. uilicus | eiusdem loci aram et | crateram cum basi bicapite | d. d.

---

95. Romae. — *Insc. gr. Sic. et Ital.*, 1013.

Νομίοις θεοῖς ¹ | Ἰούλιος | Μαίορ | Ἀντωνῖνος ².

1. Νόμιοι θεοί sunt dii pecorum pastorumque fautores, ut Apollo, Pan, caeterique. — 2. Cf. supra n. 57.

---

96. Romae. — *Insc. gr. Sic. et Ital.*, 1015.

Νουσολύτα, κλυτόμητι, φερέσ[βιε, δέσποτα Παιάν ¹, |

σῇ δύναμις κακόεργον ἀνακρο ύει .... |

ἀνθρώπων, τρομέει τε πάλιν |............ |

Ἄδης τ' εὐρυθέμιλος, ὅταν ζωαλ[κέα χεῖρα |

ἀντανύσῃς, βιοδῶτα, φερεσσιπό[νοις μερόπεσσι. |

Νῦν οὖν πάντα δόμον γενέτα[ς τε καὶ ἀγλαὰ τέκνα |

σῶζε, μάκαρ Παιάν, ἀκεσώδυν[ε, δῶτορ ὑγείης. |

Πατρωίνου ².

1. Est Aesculapius. — 2. De cognomine latino *Patruinus*, vide *Prosop. imp. rom.*, III, p. 16 n. 120, 162 n. 81, 269 n. 635, 372 n. 103 et 373 n. 104.

97. Romae, in Capitolio, sub statua triformis deae. — *Insc. gr. Sic. et Ital.*, 1017.

Δαίμονι Περσείη ' πολυμόρφῳ, μεισοπονήρῳ.

1. Persis filiae, Hecatae.

---

98. Romae, a tergo anaglyphi votivi. — *Insc. gr. Sic. et Ital.*, 1021.

Πάρος Σαβαζί|ῳ δῶρον.

---

99. Romae? in manu aenea; nunc Londini. — *Insc. gr. Sic. et Ital.*, 1022.

Ζουπόρας εὐξά|μενος ἀνέθη|κεν Σαβαζί|ῳ θεῷ ἐπηκόῳ '.

1. V. ɪ ΕΑCΕΝΚΟШШΟΚ est in aere. Restituit K. Keil (*Arch. Zeitung*, 1854, p. 517.

---

100. Romae, prope collegium Stratonicensium. — *Insc. gr. Sic. et Ital.*, 1023.

5 Διὶ Ἡλίῳ | μεγάλῳ | Σαράπιδι | καὶ τοῖς συννά|οις θεοῖς | ὑπὲρ σωτηρίας |
10 καὶ αἰωνίου | [δι]αμονῆς τῶν | κυρίων] ἡμῶν | αὐτοκρατόρων | καὶ τοῦ σύνπαν|τος
15 αὐτῶν οἴκου | Κ. Αὐρήλιος | Ῥουφεῖνος ‖ σὺν τῇ γυναικὶ | καὶ τοῖς τέκνοις |
ἀνέθηκεν | ἐπ᾽ ἀγαθῷ.

---

101. Romae, in via Nationali. — *Insc. gr. Sic. et Ital.*, 1024.

Ὑπὲρ σωτηρίας Αὐτοκράτορος Μ. Αὐρηλίου Ἀντωνίνου | Μεγάλου Σεβασ-
του)' Διὶ Ἡλίῳ Μεγάλῳ Σαράπιδι | Γ. Ἀβίδιος Τροφιμιανὸς ἱερόδουλος πάσης
ἱερο|δουλίας εὐξάμενος ἀνέθηκα.

1. « Magnus Augustus ideo potissimum appellatur imperator ut magno Sarapidi adae-
quetur. Dessau praeterea de Alexandro Magno monuit, cui se Caracalla aequandum
putabat cujusque gesta in ore semper habuit *Vita Antonini*, c. 2 . » Kaibel.

---

102. Romae. — *Insc. gr. Sic. et Ital.*, 1025.

5 [Θε]ῷ μεγάλῳ [Σ]εράπιδι | Ἀρέλλιοι | Σε]ουῆρος καὶ Φοῦσκος ' | εὐχὴν
[ἐ]ποίησαν.

1. De Arelliis Severo et Fusco, vide *Prosop. imp. rom.*, I, p. 129, n. 841 et 843.

103. Romae. — *Insc. gr. Sic. et Ital.*, 1026.

    Νηὸν [σιγα] λόεντα Σαρά|πιδος ὀψιμέ|δοντος |
5   ἠδ᾽ αὐτὸν χρυ|σοῦ παμφανό|ωντα βολαῖς |
10   στήσαντο | Ζάκορός τε ‖ Διόσκορος | ἠδὲ Κυρίλλου |
    εὐνέτις, ἡ μα|κάρων μήπο|τε ληθομένη |
15   καὶ δύο τῆς αὐ|τῆς γενεῆς | ἕνα θέσμον | ἔχοντες |
20   οἷσι μέμηλε | κλυτῆς ἔργα|νεωκορίης. |
25   Πρὸ Ϛ′ καλανδῶν | Ἀπριλίων, | Φαρμουθὶ α′, | ὑπάτων τῶν | κυρίων
30   ἡμῶν | Διοκλητιανοῦ | Σεβ(αστοῦ) τὸ ζ′ καὶ | Μαξιμιανοῦ | Σεβ(αστοῦ) τὸ
35   Ϛ′ ¹ · | τόπος ἐδόθη | ὑπὸ Βαλερίου | Κωμά ζ οντος | ὑπατικοῦ ‖ ἱερῶν ναῶν ².

1. Die xxvii mensis Martii anni 299 p. C. n. — 2. Valerius Comazon, consularis
aedium sacrarum, ex posteris videtur esse Valerii illius Comazontis Eutychiani, qui fuit
consul a. 220 et praefectus Urbi *Prosop. imp. rom.*, III, p. 355-356, n. 42 .

---

104. Romae, in atrio Vestae. — *Insc. gr. Sic. et Ital.*, 1027.

    [Θεῷ ἐπ᾽ ηκόῳ Σεράπιδ᾽ι........ | .....] Κε᾽ριάλις ῥαβδοῦχ[ος ¹ σὺν.....|
    συμβίῳ καὶ Ἀφραν[ι........|.....] ἀνέθηκε[ν...

1. Scil. lictor.

---

105. Romae. — *Insc. gr. Sic. et Ital.*, 1028.

    ...... ἡ χάρις | [..........] καὶ ὁ μέγας Σάραπις · | ἐπ᾽ ἀγαθῷ σοι γένοιτο,
Νειλάγωγε · | .... καλή, σου πᾶσα ὥρα, εὐεργέτα Σάραπι.

« Nilagogi cujusdam proscynema videtur esse. » Kaibel.

---

106. Romae, in pectore sphyngis e marmore Thebaico. — *Insc. gr. Sic. et Ital.*, 1029.

    Κατὰ κέλευσιν θεοῦ | Σεράπιδος Οὐίβιος | ἱερεὺς ἀνέθηκεν᾽.

---

107. Romae. — *Insc. gr. Sic. et Ital.*, 1030.

    Ἀγαθῇ τύχῃ | Διὶ Ἡλίῳ μεγάλῳ | Σαράπιδι καὶ τοῖς | συννάοις θεοῖς

5 Στάτιος | Κοδρᾶτος ὁ κράτιστος | νεωκόρος, ἐκ μεγάλων | κινδύνων πολλάκις |
10 σωθεὶς εὐχαριστῶν | ἀνέθηκα. | Ἰλεώς σοι, | ἀλόπι. |
15 Τὸν ἐν Κανώϐῳ ¹ | μετὰ τοῦ βωμισκαρί ου | Διόσκορος νεωκόρος | τοῦ
μεγάλου Σαρ[άπιδος | ἀνέθηκα. |

1. Intellige imaginem Sarapidis illius qui in Canopico templo colebatur; cf. *C. I.
Gr.*, 4683.

108. Romae, in S. Stephano in Caco. — *Insc. gr. Sic. et Ital.*, 1031.

Διὶ Ἡλίῳ | μεγάλῳ | Σαράπιδι.

109. Romae. — *Insc. gr. Sic. et Ital.*, 1032.

5 Κατὰ κέ[λευσιν | Ἀπόλλ[ωνος | τὴν πολύμο[ρφον καὶ μυριώνυμον π[ανε-
10 πίσκοπο]ν θεὸν [Σ]ε[λ]η[ν]αίαν | νεικαρό[ρον Σερϐ[ίλιος] | Ἀγαθεῖνος | προ-
φ[ήτ]ης ἐποί[η]σα.

110. Romae, in hortis Justinianis. — *Insc. gr. Sic. et Ital.*, 1033.

[Τύ]χη | οἴκου | Ποπλίων.

111. Romae in via Sacra, ante basilicam Constantinianam. — *Notizie degli scavi*, 1899,
p. 292 : « Si è rinvenuta la parte inferiore di una statuetta muliebre, vestita di lungo
chitone, poggiante sopra un plinto leggermente sguscіato, ove si legge la dedicazione : »

Ἰσμῆνος Ἰωήνου υἱὸς | Τιϐεριεὺς ¹ τῇ στατιω νι ².

1. Tiberiade oriundus. — 2. Romae ad forum fuisse *stationes municipiorum* notum est
(Suet. *Ner.*, 37 : *Salvidiano Orfito objectum est quod tabernas tres de domo sua circa forum
civitatibus ad stationem locasset; cf. Plin. *Hist. nat.*, XVI, 236 . Quae stationes, si verum
vidit Mommsen, loca erant civitatum exterarum et nationum civibus aut legatis attributa, unde si quid in foro videndum esset, commode spectarent (Cf. *Insc. gr. Sic. et
Ital.*, 830). Vide etiam *Bullett. comun.*, 1900, p. 124 et sqq.

112. Romae. — *Insc. gr. Sic. et Ital.*, 1036.

5 ..... μῳ Δι[ονύσῳ ?] Πᾶνα ? ἀ[νέθηκ εν. ὑπὲρ σω] τηρί ας Καιωνί[ας

Πλαυτίας ¹ ἀ|δελφῆς αὐτοκρα|τόρων, Νέπως | ἀπελεύθερος.

1. Ceionia Plautia, soror L. Veri et M. Aureli imperatorum, de qua vide *Prosop. imp. rom.*, I, p. 331, n. 512.

---

113. Romae, prope S. Stephanum in Caeo. — *Insc. gr. Sic. et Ital.*, 1039.

T. Aurelius Egalheus ¹ Imp. Antonini | Aug. lib. a codicillis d. pos. |

T. Αὐρῆλις Ἡγάθεος ¹ Ἀντ[ω]νίνου Σεβαστοῦ ἀπελεύθερος ἐπὶ τῶν | κοδικίλλων δῶρον ἀνέθ(ηκεν).

1. De T. Aurelio Egatheo, cf. *Prosop. imp. rom.*, I, p. 205, n. 1212.

---

114. Romae. — *Insc. gr. Sic. et Ital.*, 1015.

Ὁ τόπος ἐδόθη ὑπὸ Κλωδίου | Πομπειανοῦ ὑπατικοῦ | ἐπὶ τῶν ναῶν, πρὸ
5 μιᾶς | νωνῶν Ἰουνίων | Περεγρίνῳ καὶ Αἰμιλιανῷ | ὑπάτοις ¹, | καθιερώθη
πρὸ... ἰδῶν Ἰουνίων | τοῖς αὐτοῖς ὑπάτοις ² |, ἀρχιερατεύοντος Μάρκου |
10 Αὐρ. Διοσκόρου.

1. Die iv mensis Junii anni p. C. n. 211. De Clodio Pompeiano, consulari aedium sacrarum anno 244, cf. *Prosop. imp. rom.*, t. I, p. 118, n. 927, et supra n. 74. — 2. Inter diem vi et diem xii mensis Junii ejusdem anni.

Ex plumbeis devotionum tabellis, ad viam Appiam repertis et nuper a Richard Wünsch editis (*Sethianische Verfluchungstafeln aus Rom*, Leipzig, 1898), nonnullas excerpsimus, quae sermone et litteris graecis scriptae, nobis memoratu dignae prae aliis visae sunt. De ceteris Wünschianum libellum figuris ornatum et luculento commentario instructum adeas.

115. Romae. — R. Wünsch, *Sethianische Verfluchungstafeln*, n. 16, p. 14 et seq.

A. *Ab una parte.*

5 Εὐλάμων ¹ κατέχι, | Οὔσιρι, Οὔσιρι | Ἀρι, Οὔσιρι | Μνε | Φρι ² |.

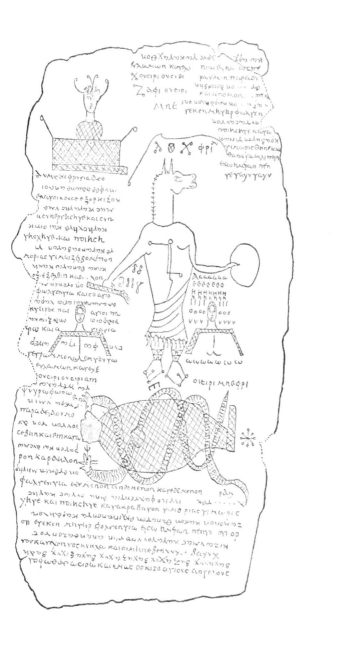

... προικον και τοι
κονεσεεφορ ... ζα ελλ... κατα την ... και την ...
... και κυρι ... των αγιων ενεθριων ν ... ν ηλων σπι
στραν ναιη παραθεσμε του τον γοη ενσεβηλ και απο
... και επικαταραμον και λου οι επ ... κ ... μ ... τ
... ωνα ... γεγια εθεμρων συνδεμενοι κατεδε ... επον ...
... ον επηρκλευτε και καταλυεις και μη ... ...
... ον γραη παρχριων οικον γωη εση φ ορυον
... ελεχθη και νοι ου οι και ανε μορον καχδνίλον ... ...
... μητηρ φωη εν γι α και ωσπερ ον γος ωπι ον επι ψυχ
καταψυχ επη εγε σπηγυ ωνιζ εγε ελ αρι ηγγ ε κ
μαρι τε επ αν χωνιζ εγε επ ηζωρι η αταρι ωζ οπηι
και την ψυχην και το σερεα και γονε ενι ελ ον ε κω γ
πτερω και γ ας σαρκας και την δυναμιν καρδι λον
ελεκεν νι μ νωσλε ανγ ε νι ελ αλ χ λυ δ γηλ νι υσολ γ
και ηπτερας αρ εν ς η εω ηπ ετραιη πεη γε ετηι ορ τ ο υ ας
... νωιλεω ... πιδχω μ ον ... ηι λωι ... κλ ... ι
οι μηι εβενυ βενχ χ Βαγαυγχ Βα ζυ γχγ Βαγαζ αυχ
ζπτηγαζι λυχ βα λη γ οσ βω ο βωσε ειρω κ ρε ογι νικ ας
νωι λεν ιω λ ... λεγο ις και σερ χι η ιμα ελουγε ... μ ος κδο
η χ αμ οπ αν και ιφιονε πιττε θονε και ... λε νη φω π ...
λολ υω ελουυ σ ιω ν ι ελ δμεσε εδ εψεε Χλλοιλπ
γ ιω γω πε γιλω τω γυ χ ω φ αφρω ηη εν ... γηλ ελη γε
οι τ αμη ξ λω ελ νο ωι ... και κι λ νλ ...
... τους μνλολε ... λ ς σαρκας γι
η λικια καραη λοπ ... ιηγ ηρ φωχγε ...
... γ ... χ ... αγ ε γε ι ηλ ...
χ ... υχ ... και ωε ε γονε ... ωχ
γ ηη ... κι γ ... λι κι αλ απη ανεχαρ ...
... ω υος ... ηαχ ηγος κ και
... ρ φ ... ιλ απο γ ας ελ ησον ημ ρα ε αρ εω κ ... ω
ε γε εχ ε η γεε βαελη ε εω τ η
γαχν γαχχ

Λόγος · ὑμῖς δὲ Φρυγια ⁴ δὲ | Νυρεα Είδωνεα ⁵ νεοι εκατοικουσε ,
10 ἐξορκίζο ὑ|μᾶς κατὰ τῆς ὑμε τέ | ⁶ εἶν α συνεργήσητε καὶ συν|κατησχῆτε καὶ
15 ἐπικ[α|τη]σχῆτε καὶ ποιήση|τε κατὰ κράβατον τι|μωρίας τιμωζαιθόμενον |⁷ κακῷ
θανάτῳ, κακῇ | ἔξι ἐξελθῖν Κάρ δη λον | ὃν ἔτεκεν μ ή τη ρ Φωλγεντία · καὶ
20 σέ, ἅγιε | Εὐλάμων <κ> καὶ ἅγιοι χαρα|κτῆρες ⁸ καὶ ἅγιοι πά|ρεδροι οἱ ἐν
δεξιῷ καὶ ἀρι|στερῷ ⁹ καὶ ἁγιαγία | Συμφωνία ¹⁰, ἅπερ | γεγραμμένα ἐν
25 τούτῳ ‖ τῷ πετάλῳ τῷ | ψυχρωρώρῳ, εἶνα | [ὥ]σπερα ὑμῖν | παραδεί-
30 δουμε | τοῦτον τὸν δυ|σεβῆν καὶ ἐπικατά|ρατον καὶ δύσμω|ρον Κάρδηλον |
35 ὃν ἔτεκεν μήτηρ | Φωλγεντία ἐδεμένον συνδεμένον κατεδεμένον Κά ρδη|λ ον
ὃν ἔτεκ εν μ ή τηρ Φωλγεντία, εἶνα οὕτως κατησ|χῆτε καὶ ποιήσητε κατὰ
κράβατον τιμωρίας τιμωρισ|ζώμενον κακὸν θάνατον ἐκλιπάνοντα Κάρδηλον |
ὃν ἔτεκεν μήτηρ Φωλγεντία εἴσω ἡμερῶν πέντε · ἔτι ὁρκίζω ὑμᾶς κατὰ τοῦ
40 ὑπὸ γῆν ἀνανεάζοντος | τοῦ κατέχοντος κύκλα ¹¹ καὶ Ομιχνεθεγχυχ · βαχυχ ·|
βαχαχυχ · βαζαχυχ · βαχαζαχυχ · βαχαξυχυχ · βαδη|νορωθρθωσιρω · καὶ
ὑμᾶς ὁρκίζω ἁγίους ἀνγέλους | καὶ ἀρχ[α]νγέ λους τῷ καταχθον|ίῳ εἶνα
45 ὥσπε|ρα ὑμῖν παραθί[θο|μ]ε τ οῦτον τ ὸν δυσσεβῆν | καὶ ἄνομον [καὶ ἐ πικα]|τ ά-
50 ρα[τ]ον Κάρδηλον ὃν ἔ|τεκεν μήτηρ Φωλγεν τία. | οὕτως αὐτὸν | ποιήσητε
55 κατὰ | κράβατον τιμωρίας | τιμωρισθῆνε κακῷ | θανάτῳ ἐκλιπῆν ‖ εἴσω ἡμερῶν
πέν|τε · ταχὺ ταχύ |.

B. *Ex averso latere.*

Ὑμῖς δὲ ε Φρυ για ³ δὲ Νυμφεα Είδωεα ⁴ νεοικουσε κατοι κουσε ⁵, ἐξορκίζο
ὑμᾶς κατὰ τῆς δυνάμεως τῆς ὑμετ έ|ρ ας καὶ κατὰ τῶν ἁγίων ἐνφερνίων ¹³
60 ὑμῶν ὑμῶν εἶνα | [ὥ]σπερα ὑμῖν παραθίθομε τοῦτον τὸν δυσεβῆν καὶ ἄνο|-
μ ον] καὶ ἐπικατάρατον Κάρδηλον ὃν ἔτεκεν μήτηρ | Φωλγεντία ἐδεμέμων ¹⁴
συνδεμένον κατεδεμένον, [εἶνα | αὐ]τ ὸν συνεργήσητε καὶ κατησχῆτε καὶ παρα-
65 δ ώσ ητε | τῷ [καταχθον]ίῳ εἰς τ ὸν τῶν ταρτάρων οἶκον τῶν ἐνφερνίον ¹³ | τὸν
δυσεβῆν καὶ ἄνομον καὶ δύσμορον Κάρδηλον ὃν ἔτε|κεν μήτηρ Φωλγεντία καὶ
ὥσπερα οὗτος ωπιονεπι ¹⁵ ψυχ ός | καταψυχρένετε ἐπανγωνίζετε μαρ[έ]νετε
κ[ατα]|μαρέ[νε]τε ἐπανγωνίζετε συνζαρι καταραζι ¹⁶ ὄντα · | καὶ τὴν ψυχὴν
70 καὶ τὸ ὀστέα καὶ τοὺς μυαλοὺς καὶ τ ὰ | νεῦρα καὶ τὰς σάρκας καὶ τὴν
δύναμιν Καρδήλου | [ὃν] ἔτεκεν μήτηρ Φωλγεντία ἀπὸ τῆς ἄρτι ὥρας | καὶ
ἡμέρας Ἄρεως εἴσω ἡμερῶν πέντε · ἔτι ὁρκίζω ὑμᾶς | κατὰ τοῦ ὑπὸ γῆν ἀν α-
νεάζοντος τοῦ κατέχοντος κύκλα ¹¹ καὶ | Ομιχνεθεγχυχ · βαχυχ · βχαχχυχ ·

75 βαζυχυχ · βαχαζαχυχ · ‖ βαενχαζιχυχ · βαδηγοφθωθφθωσισιρω χρε · ὅτι
ὑμᾶς | ὁρκίζο ἁγίους ἀνγέλους καὶ ἀρχαγγέλους καὶ ἅγιον | Εὐλάμοναν ¹
καὶ ἁγίους παρέδρους ⁹ καὶ [ἁγί α Συνφωνία | ¹⁰ καὶ] ἁγίους χ αρα]κτῆρες ⁸,
οὕσπερ γεγραμμένους ἐν τού|τῳ τῷ πετάλῳ τῷ ψυχρωφώρῳ. εἴν α συ[νκα]-
80 τησχῆτε ‖ [καὶ συνδήσητε] καὶ συ[νεργήσητε] καὶ καταψύξητε τ ἣν ἰσ| χὺν]
τοὺς μυαλοὺς [τὰ νεῦρα] τὰς σάρκας τὴ[ν δύναμιν, ἐν | ἡλικίᾳ Κάρδηλον
[ὃν ἔτεκεν μ]ήτηρ Φωλγε[ντία...... | ....ρτ............... χ...ουσπ..να.......
85 εν | χ........υχ.... κα[τάσχ]ε τ]ε τοὺς ...αχ............ ‖ τὴν ...κ[α ὶ τ]ὴν
ἡ]λικίαν απαδυσχαρ...........| ....ενης Κάρδηλον [ὃν ἔτε]κεν μ[ή[τη]ρ
Φ[ωλγεντ]ία ἀπὸ τῆς σήμερον ἡμέρας Ἄρεως κ..ω | ε. τε σχ..ε εἴτε ἐδός-
μης ..εω............... | ταχὺ ταχύ.

Ea igitur defixione devovetur privatus quadam, Cardelus, Fulgentiae filius.

1. De Eulamone, daemone ignoto, cf. Wünsch, *op. cit.*, p. 83. — 2. De Osiri Api, Osiri
Mneu-Phrė, cf. *ibid.*, p. 82 et seqq. — 3. Est deus Ephydrias, genius aquarum ut deus
Nymphaeus (*ibid.*, p. 81 et 86). — 4. Εἰδωνεα nomen ex hebraïco Adonaï et graeco Aidoneus
conflatum. — 5. Non intelliguntur nec intelligi debent. — 6. Deest versus unus, culpa
ejus qui tabellam exaravit : ρας ὑμῶν δυνάμεως. — 7. Pro τιμωριζόμενον. — 8. Intellige signa
mystica quorum vi daemones coguntur invocantis jussis parere, ut Χ, Ζ, Λ ; cf. tabellae
imaginem, et Wünsch, *op. cit.*, p. 98. — 9. Daemones qui dextram atque sinistram dei
Typhonis-Seth in ipsa tabella tenent et quorum nomina cujusque imagini subscripta
sunt, scil. Osiris Apis et Osiris Mneu; cf. *op. cit.*, p. 98. — 10. Gnostici et inter eos
Sethiani septem orbes (οὐρανούς) distinguebant quorum symphonia constabat mundus,
quibusque praesidebant totidem genii peculiares archontes dicti (καὶ τοὺς μὲν εἶναι εἰς τοὺς
ἑπτὰ οὐρανοὺς καθ' ἕνα οὐρανὸν ἕνα ἄρχοντα : Epiphan., p. 292 c), sive angeli aut archangeli. Cf.
op. cit., p. 77 et 109. — 11. Deus qui, in inferis, secundum orphicam et pythagoricam doc-
trinam, animas ad novam vitam revocat, τὰς ψυχὰς εἰς τὸ σῶμα καὶ πάλιν ἀπὸ τοῦ σώματος
ἀνάγων καὶ τοῦτο κύκλῳ πολλάκις (Olympiod. ad Platon.. *Phaed.*, p. 70 c), ut vult dea Neces-
sitas quae hic eadem est ac Typhon-Seth, si verum vidit Wünsch (*op. cit.*, p. 95). —
13. Inferni. — 14. Ἐδεμένον. — 15. Non intelligitur. — 16. Non intelligitur nec intelligi
debet.

116. Romae. — R. Wünsch, *Sethianische Verfluchungstafeln*, p. 24 et sqq., n. 20.

A. *Ab una parte.*

[Λόγος] · ὑμῖς δέε [Φρυγια δέε Νυμφε]αι Αἰδω[ν]αι [εἶνα] | [κ]ατασχῆτ[ε
5 Ἀρτέμιον] | ὃν καὶ Ὁσπ[ητον τὸν υἱ]ὲν Σαπῆδας καὶ] | Εὐθύμι[ον ὃν καὶ
10 Μάξι]|μον ὃν καὶ Γίδαν | υἱὸν Πασχάσας · ἄμ[α] | καὶ Δομνῖνον ὃν καὶ ‖ [Θ]ώ-

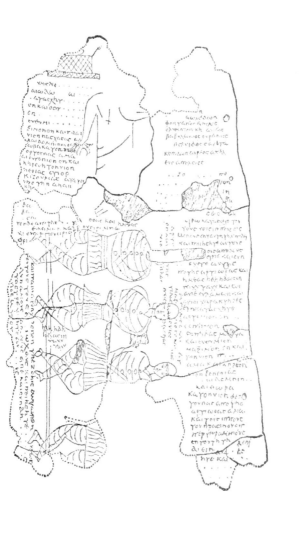

ρακα τὸν υἱὸν | Φορτούνας · ἅμα | καὶ Εὐγένιον ὃν καὶ | Κήρεον τον υἱον

15 Βενερίας · ὅτι ὁρκίζο ὑμᾶς κατὰ τοῦ | ὑπὸ τὴν Ἀνάγκην τοῦ κατέ-

20 χον | τος κύκλα ¹ καὶ Ομμη | νε δαινγοχ · βαχυχ · βαξιχυχ · βαχαξιχυχ · βαδε-

γοφθο|ρω|σω ρω · εἶνα καταστγῆτε | τόνδε ἀπὸ τῆς ἄρ τι ὃρας καὶ ἡμέρας ·

25 Εὐλάμων κατέχι, Οὔσιρι, Οὔσιρι Ἀγι | Φρι. ᾽ Οὔσιρι Μνω · | ἤδη, ἤδη, | ἤδωσιν ² · |

30 ταχὺ || ταχύ | ....ν | .... Λαωμέδων, | Φουτᾶνος, Εὔπολος, | Ολυμπιο-

35 νίκη, Λύρεος, || Βαβυλώνιος, Οὐράνιος. | Πολύιδος, Σαγήτα, | Κοπίδων, Λύρεος,

40 Ἀκηλ| λ εὺς, Ἀπολέιος. Ὅτι ὁρ κί ζο ὑμᾶς κατὰ τοῦ ὑ πὸ | τὴν Ἀνάγκην τοῦ κατέχον| τος κύκλα ⁴ καὶ Ομμηνεδα ω| χοχ · βαχυχ · βαχυχ · βα| χαξιχυχ ·

45 βαχαξιχυχ · | [βαδεγ ορο θ ς θω| τι σιρω · κατάσγετε τού|τους τοὺς ἵππους οὓς γεγραμ|μένους ἐν ταύτῃ τῇ λεπίδει | καὶ ποιήσητε αὐτοὺς | ἀδυνάμ ους

50 ἀπόδους || ἀδοηθήτους] εἶνε καὶ συν|κατέχετε αὐτοὺ ς | ἀ πὸ τῆς ἄρτι ὥρας

55 καὶ | ἡμέρας · ἤδη, ἤδωσιν ² · | ταχὺ ταχύ · καὶ σοὶ | ἅγιε Εὐλάμων καὶ | ἅγιοι

60 χαρακτῆρες | εἶνα καταστγῆτε | Ἀρτέμιον ὃν καὶ | Ὁσπητον τὸν υἱὸν | Σαπη-δας · μάλιστα | καὶ Εὐθύμιον [ὃν καὶ | Μάξιμον ὃν καὶ Γίδαν | τον υἱον

65 Πασγασίας · | ἅμα | καὶ Εὐγένιον | ὃν καὶ Κήρεον | υἱὸν Βενερίας · | ἅμα

70 κ αὶ Δομνῖνον | ὃν | καὶ Θώρακα τὸν υἱὸν Φορ|τούνας ἀπὸ τῆς | ἄρτι ὥρας ·

75 ἅμα | καὶ τοὺς ἵππους | τοῦ πρασίνου οὔσ|περ γεγραμμένους | ἐν ταύτῃ τῇ λεπίδι · εἶνα κα[τ]ησγ|ῆτε καὶ............. | .... | καὶ πάντα τὸν χρόνον τῆς

80 ζωῆς αὐτῶν.... | τούτους τοὺς εἰν ιώχους καὶ ποιήσητε αὐτοὺ ς | ἀ δυνάμους ἀπόδους εἶνε καὶ συνδήσητε..... | [καταστρέψητε αὐ τ οὺς............ |

Protome Artemii.

85 Ἀρτέμιος | ὃν καὶ Ὁσπητης || υἱὸ ς Σαπηδας |

Protome Euthymii.

Εὐθύμις ὁ καὶ | Μάξιμος ὁ καὶ | Γίδας ὁ υἱὸς | Πασγασίας |

Protome Eugenii.

90 Εὐγ[ένιος | ὁ καὶ Κήρεος] | υἱὸς Βενερίας |............ |

B. Ex averso latere :

95 Εὐλάμων κατέχι, | Οὔσιρι, Οὔς ιρι Ἀγι | Μνω Φρι . | Ὑαῖς ὁ ἐε Φρυγια

100 δἐε | Νυμφεε Λίδωναι | υ εενχ ωρω, κατασγῆ|τε Δομνῖνον ὁ ν καὶ |Στρω-

μῶσον · ἄμα τὸν υἱὸν Βικεντίας · | ἄμα καὶ Εὐστόργιον | ὃν καὶ Δειο[νύ]σιον |
105 τὸν υἱὸν Δειονυσίας · | ἄμα καὶ Ῥεστοῦτον | τ̀ὸν υἳὸν Ῥεσ̣τού|τας · [εἶνα
110 κα̣|τασγῆτε καὶ κα̣τασ|στρέ[ψητε καὶ σ̣υνδήσ̣ητε καὶ ποιήσητε ἀ̣]δυνάμους
ἀπέ|δους εἶνε · ὅτι ὁρ̣|κίζο ὑμᾶς κατὰ τοῦ ὑπὸ | γῆν τοῦ κατέχοντος ζύκλα
115 Μηνεβα |ινζυχ · β αχυχ · βαχαξιχυχ · βαχυχ · | βαχαχυχ · | βαχαξιχυχ ·
120 βαδεγο ρθωθρθωσειρω · | κατασχ̣ῆτε τούτους] τ̣οὺς ἡνιώχους τοῦ | λευκοῦ [καὶ
125 ποι̣ήσητε | [αὐτοὺς̣ ἀδυνάμους, ἀπέδους ἀβοη̣θή] τους εἶνε .... || .... |
.... | τῆς <κ> ἀπὸ πρώτου μήσου³ | <μήσου> ἕως εἰκοστοῦ τετάρ|του ·
130 ἤδη [ἤδ̣ωσ̣]ιν² · | [ταχύ τα|χύ |

Protome Eustorgii.

Εὐστόργ|ιος ὁ κὲ Δειο|νύσιος [υἱὸς Δ̣ειονυσ|ίας ||.

Protome Domnini.

135   Δομνῖνος ὁ καὶ | Ζύζυρος υἱὸς | Βι̣κεντίας |.......... | .... |.

Ita devoventur octo agitatores, quibus nomina erant : Artemius qui et Hospes.
Sapedae filius ; — Euthymius, qui et Maximus, qui et Gidas, Paschasiae filius ; — Domninus, qui et Thorax, Fortunae filius ; — Eugenius, qui et Cereus, Veneriae filius ; —
Domninus qui et Stromosus; — Domninus qui et Zizyphus, Vicentiae filius (fortasse,
ut vult Wünsch, idem ac Stromosus ; — Eustorgius qui et Dionysius, Dionysiae
filius ; — Restatus, Restutae filius, — quattuor primi e prasina factione, alii quattuor ex
alba, cum equis Laomedonte, Fontano, Eupolo, Olympionica, Aureo, Babylonio, Uranio,
Polycida, Sagitta, Cupidine, Aureo, Achille, Apuleo.

1. Cf. de hoc daemone et aliis notas tituli n. 115. — 2. Pro ἤδη, inani verbi sonitu. —
3. Ex primo missu usque ad vigesimum quartum.

---

117. Romae. — R. Wünsch, *Sethianische Verfluchungstafeln*, n. 49, p. 52 et seq.

In ima parte tabellae leguntur :

Ἐξορκίζω ὑμᾶς, ἅγιοι ἄγγελοι καὶ ἅγια ὀνόματα · | συνεπισχύσατε τῷ κατόχῳ
τούτῳ καὶ | δήσατε καταδήσατε ἐνποδίσατε ἀκο[ν]τίσατε κα|ταστρέψατε συνερ-
5 γήσατε ὀλέσατε ἀποκτίνα|τε συνκλάσατε Εὐχέριον τὸν ἡνίωχον καὶ ὅλους
τοὺς ἵππους] | αὐτοῦ ἐν τῇ αὔριον ἡμέρᾳ ἐν τῷ ἱπ<ι>πικῷ Ῥώμης · μὴ
τὰς θύρας καλῶς..... | μὴ ὀξυμαχήσῃ μὴ παρέλθῃ μὴ πιάσῃ μὴ νικήσῃ μὴ
καλῶς κάμψῃ μὴ ἄθλα | λάβῃ μήτε πιάσας ἀπονικήσῃ μήτε ὀπίσοθεν ἀκολου-

Θήρας παρέλθῃ. | ἀλλὰ συνπέσῃ συνδεθῇ συνκλασθῇ συρῇ ἀπὸ τῆς δυνάμεως
10 ὑμῶν | προινὰς ὥρας καὶ ἀπάριστα · ἤδη ἤδη, ταχύ ταχύ. |

Devovetur Eucherios agitator omnesque equi ejus.

---

118. Romae. — *Insc. gr. Sic. et Ital.*, 951 ; *C. I. L.*, I, 203 ; Viereck, *Sermo graecus,*
n. 17.

.... [quaeque hereditates] eis leiberisue eor um obuenerunt, ut eas
habeant possideant fruanturque; quaeque | ei leiberei posterei uxoresque eorum
ab altero persequentur, sine quid ab] eis leibereis postereis ux oribusue eorum aíi
persequentur, ut eis libereis postereis uxoribusue | eorum ius et potestas sit;
seique domi legibus sueis velint iudicio certare seiue apud magistratus [nostros
Italicis iudicibus, seiue in ciuitate libera aliqua earum, quae semper in amicitia
p(opuli) R(omani) manserunt, ubei uelint, utei ibei iudicium de eis rebus fiat. Sei
5 qua [iudicia de eis absentibus, postquam e patria profectei sunt, facta sunt, |ea utei
in integrum restitu]antur et de integro iudicium ex s(enatus) c(onsulto) fiat. Sei quas
pecunias c[iuitates eorum publice debeant. in eas pecunias uei | quid dare debeant;
magistrat]us nostri queiquomque Asiam Euboeam locabunt uectigalue Asiae
[Euboeae imponent. curent ne quid ei dare debeant. | V]que Q. Lutatius, M. Aemi-
lius co(n)s(ules) a]lter) a(mboue). s ei e is u ideretur), eos in amicorum formu-
lam re[fe]rundos curarent. eis que tabulam aheneam amicitiae in Capitolio ponere |
sacrificiumque] facere liceret, munusque eis ex formula locum lautiaque q uaes-
torem) urb(anum) eis locare mitte[reque iuberent. Seique de rebus sueis legatos
ad senatum | mittere legateiue u eneire uellent, uti [e]is leibereis postereisque
eorum legatos uenire mittereque liceret; utei]que Q. Lutatius, M. Aemilius con-
10 sules alter amboue, | sei u(ideatur) e(is), litteras ad magistratus nostros, quei
Asiam Macedoniam provincias optinent, et ad magistratus eorum mitt ant sena-
tum nelle] | aequom censere ea ita fierei i ta u ti e is) e r e p ublica f ideque)
s(ua) u(ideatur). C(ensuere).

Ἐπὶ ὑπάτων Κοίντου Λυτατίου Κοίντου υἱοῦ Κάτλου καὶ Μάρκου Αἰμιλίου
Κοίντου υἱοῦ | Μάρκου υἱωνοῦ Λιπέδου ', στρατηγοῦ δὲ κατὰ πόλιν καὶ ἐπὶ
τῶν ξένων Λευκίου Κορνηλίο υ...... υἱοῦ | Σισέννα, μηνὸς Μαίου.

Κόιντος Λυτάτιος Κοίντου υἱὸς Κάτλος ὕπατος συγκλήτωι συνεβουλεύσατο , |
15 πρὸ ἡμερῶν ἕνδεκα καλανδῶν Ἰουνίων ἐν κομετίωι ².

Γραφομένωι παρῆσαν Λεύκιος Φαβέριος Λευκίου υἱὸς Σεργία, Γάιος ς.... Λευκίου υἱὸς Ποπλιλία, Κόιντος Πετίλλιος Τίτου υἱὸς Σεργία.

Περὶ ὧν Κόιντος Λυτάτιος Κοίντου υἱὸς Κάτλος ὕπατος λόγους ἐποιήσατο

Ἀσκληπιάδην | Φιλίνου υἱὸν Κλαζομένιον, Πολύστρατον Πολυάρχου υἱὸν
Καρύστιον, Μενίσκον Εἰργναίου τὸν γεγονότα Μενίσκου Θαργηλίου υἱὸν Μιλή-
[σιον | ἐν τοῖς πλοίοις παραγεγονέναι τοῦ πολέμου τοῦ Ἰταλικοῦ ἐν ἀρχομένου,
τούτους ἐργασίαν ἐπάνδρον καὶ πιστὴν τοῖς δημοσίοις πράγμασιν τοῖς ἡμετέ-
ροις παρεσχῆκέ |ναι, τούτους ἑαυτῶν κατὰ τὸ τῆς συγκλήτου δόγμα εἰς τὰς
πατρίδας ἀπολῦσαι βούλεσθαι. ἐὰν αὐτῷ φαίνηται, ὅπως ὑπὲρ τῶν καλῶς
20 πεπραγμένων ὑπ' αὐτῶν καὶ ἀνδρα|για θη μάτων εἰς τὰ δημόσια πράγματα
τὰ ἡμέτερα καταλογὴ αὐτῶν γένηται · περὶ τούτου τοῦ πράγματος οὕτως
ἔδοξεν · Ἀσκληπιάδην Φιλίνου υἱὸν Κλαζομένιον, | Πολύστρατον Πολυάρχου
υἱὸν Καρύστιον, Μενίσκον Εἰργναίου υἱὸν Μιλήσιον τὸν γεγονότα Μενίσκου
ἄνωθεν δὲ Θαργηλίου, ἄνδρας καλοὺς καὶ ἀγαθοὺς καὶ φίλους προσαγορεῦσαι ·
τὴν ν σύνκλητον καὶ τὸν δῆμον τὸν Ῥωμαίων διαλανθάνειν τὴν τούτων ἐργασίαν καλὴν καὶ ἐπάνδρον καὶ πιστὴν τοῖς δημοσίοις πράγμασιν τοῖς ἡμετέ-
ροις γεγονέναι. δι' ἣν αἰτίαν τὴν σύνκλητον κρίνειν ὅπως οὗτοι τέκνα ἔκγονοί
τε αὐτῶν ἐν ταῖς ἑαυτῶν πατρίσιν ἀλειτούργητοι πάντων τῶν πραγμάτων καὶ
ἀνείσφοροι ὦσιν · εἴ τινες εἰσφοραὶ ἐκ τῶν | ὑπαρχόντων αὐτῶν εἰσ-
πεπραγμέναι εἰσὶν μετὰ τὸ τούτους τῶν δημοσίων πραγμάτων τῶν ἡμετέρων χάριν ὁρμῆσαι, ὅπως αὗται αὐτοῖς ἀποδοθῶσιν ἀποκατασταθῶσιν · εἴ τέ
25 τινες | ἀγροὶ οἰκίαι ὑπάρχοντα αὐτῶν πέπρανται μετὰ τὸ ἐκ τῆς πατρίδος
τῶν δημοσίων πραγμάτων τῶν ἡμετέρων χάριν ὁρμῆσαι, ὅπως ταῦτα πάντα
αὐτοῖς εἰς ἀκέραιον ἀποκαταστα θῇ · εἴ τέ τις προθεσμία παρελήλυθεν, ἀφ'
οὗ ἐκ τῆς πατρίδος τῶν δημοσίων πραγμάτων τῶν ἡμετέρων χάριν ὥρμησαν,
μή τι τοῦτο τὸ πρᾶγμα αὐτοῖς βλαβερὸν γένηται | μηδέ τι αὐτοῖς διὰ ταύ-
την τὴν αἰτίαν ἔλασσον ὀφείληται μηδέ τι ἔλασσον αὐτοῖς μεταπορεύεσθαι
πράσσειν ἐξῇ, ὅσαι τε κληρονομίαι αὐτοῖς ἢ τοῖς τέκνοις αὐτῶν | παρεγένοντο,
ὅπως ταύτας ἔχωσιν διακατέχωσιν καρπεύωνται τέ · ὅσα τε ἂν αὐτοὶ τέκνα
ἔκγονοι γυναικές τε αὐτῶν παρ' ἑτέρου μεταπορεύωνται, ἐάν τέ τι πα|ρ' αὐτῶν
τέκνων ἐκγόνων γυναικῶν τε αὐτῶν ἕτεροι μεταπορεύωνται, ὅπως τούτων τέκνων
30 ἐκγόνων γυναικῶν τε αὐτῶν ἐξουσία καὶ αἵρεσις ᾖ, ἐάν τε ἐν ταῖς πα|τρίσιν
κατὰ τοὺς ἰδίους νόμους βούλωνται κρίνεσθαι ἢ ἐπὶ τῶν ἡμετέρων ἀρχόντων ἐπὶ
Ἰταλικῶν κριτῶν, ἐάν τε ἐπὶ πόλεως ἐλευθέρας τῶν διὰ τέλους ἐν τῇ φιλίαι
τοῦ δήμου τῶν Ῥωμαίων μεμενηκυιῶν, οὗ ἂν προαιρῶνται, ὅπως ἐκεῖ τὸ κρι-
τήριον περὶ τούτων τῶν πραγμάτων γίνηται · εἴ τινα κριτήρια | περὶ αὐτῶν
ἀπόντων μετὰ τὸ ἐκ τῆς πατρίδος ὁρμῆσαι γεγονότα ἐστίν, ταῦτα ὅπως εἰς ἀκέ-

ραιον ἀποκατασταθῇ καὶ ἐξ ἀκεραίου κριτήριον κατὰ τὸ τῆς συνκλήτου δόγμα
γένηται · εἴ τινα χρήματα αἱ πόλεις αὐτῶν δημοσίαι ὀφείλωσιν, μή τι εἰς ταῦτα
τὰ χρήματα δοῦναι ὀφείλωσιν · | ἄρχοντες ἡμέτεροι οἵτινες ἂν ποτε Ἀσίαν
Εὔβοιαν μισθῶσιν ἢ προσόδους Ἀσίαι Εὐβοίαι ἐπιτιθῶσιν φυλάξωνται μη τι οὗτοι
δοῦναι ὀφείλωσιν · || ὅπως τε Κόιντος Λυτάτιος, Μᾶρκος Αἰμίλιος ὕπατοι, ὁ
ἕτερος ἢ ἀμφότεροι, ἐὰν αὐτ οἷς φαίνηται, τὸ ὑ τους εἰς τὸ τῶν φίλων διάταγμα
ἀνενεχθῆ||ναι φροντίσωσιν · τούτοις τε πίνακα χαλκοῦν φιλίας ἐν τῶι Καπε-
τωλίωι ἀναθεῖναι θυσίαν τε ποιῆσαι ἐ ξῇι · ξένιά τε αὐτοῖς κατὰ τὸ διάταγμα
τόπον παροχήν τε τὸν ταμίαν τὸν κατὰ πόλιν τούτοις μισθῶσαι ἀποστ εἴλαι τε
κελεύσωσιν · ἐάν τε περὶ τῶν ἰδίων πραγμάτων | πρεσβευτὰς πρὸς τὴν σύγκλη-
τον ἀποστέλλειν αὐτοί τε παραγίνεσθαι προαιρῶνται, ὅπως αὐτοῖς τέκνοις ἐκγό-
νοις τε αὐτ[ῶν | πρεσβευταῖς παραγίνεσθαι καὶ ἀποστέλλειν τε ἐξῇι · ὅπως τε
Κόιντος Λυτάτιος, Μᾶρκος Αἰμίλιος ὕπατοι, ὁ ἕτερος ἢ ἀμφότεροι, | ἐὰν αὐτοῖς
φαίνηται, γράμματα πρὸς τοὺς ἄρχοντας τοὺς ἡμετέρους, οἵτινες Ἀσίαν Μακε-
δονίαν ἐπαρχείας διακατέχουσιν, | καὶ πρὸς τοὺς ἄρχοντας αὐτῶν ἀποστείλωσιν,
τὴν σύνκλητον θέλειν καὶ δίκαιον ἡγεῖσθαι ταῦτα οὕτω γίνεσθαι, | οὕτως ὡς ἂν
αὐτοῖς ἐκ τῶν δημοσίων πραγμάτων πίστεώς τε τῆς ἰδίας φα[ίνηται. Ἔδοξεν. |
    Ἀσκληπιάδου τοῦ Φιλίνου Κλαζομενίου, Πολυστράτου τοῦ Πολυάρκου
Καρυστίου, Μενίσκου τοῦ Εἰρηνα[ίου Μ]ιλησίου.

1. Q. Lutatius Q. f. Catulus et M. Aemilius Q. f. M. n. Lepidus consules fuerunt anno
U. c. 676 = a. C. n. 78. — 2. Est dies XXII mensis Maii.

Hic habemus senatus consultum de Asclepiade Clazomenio, Polystrato Carystio et
Menisco Milesio in amicorum populi Romani formulam referendis, propter fortem et
fidelem operam reipublicae initio belli Italici navatam, anno 664—90. Graecus titulus
integer, exemplaris latini nonnisi extrema pars superest.

---

119. Romae. — *Insc. gr. Sic. et Ital.* 1049; *C. I. L.*, VI, 1230.

[Tib. Cla]ud[io Caes...... | ....] divi Iuli [1].......... |

[ἡ] πόλις τ[ῶν.....? | τ]ῶν εὐεργετ[ι]ῶ ν ἕνεκεν | τ]ῶν εἰς αὐτ ην ἀνέθηκε[ν].

1. — « Literarum reliquiae v. 1. ad nomen videntur pertinere Claudii Augusti, v. 2
commemorata esse potest statua vel aedes vel forum divi Julii. » Henzen.

120. Romae, prope clivum portamque Salutarem, « non longe a loco ubi tituli Saluti populi Romani a Laodicensibus atque Ephesiis dedicati (*C. I. L.*, I, 587, 588) olim reperti sunt. » Iordan. — *Insc. gr. Sic. et Ital.*, 1050.

a) Αὐτοκράτορα Καίσαρα | Τ. Αἴλιον Ἀδριανὸν | Ἀντωνεῖνον Σεβαστὸν
5 Εὐσεβῆ, | ἀρχιερέα μέγιστον, δημαρχικῆς ἐξουσίας τὸ | ιγ΄', αὐτοκράτορα
τὸ β΄, ὕπατον τὸ δ΄, π(ατέρα) π(ατρίδος) · |
b) Θεὰν | Φαυστεῖναν ². |
c) Φαυστεῖνα ν] | Σεβαστὴν | Αὐρηλίου Καίσαρος ³ · |
d) Μ. Αὐρήλιον | [Καίσαρα, ὕπ ατον | τὸ β΄, δημαρ΄χικῆς | ἐξο υσίας] τὸ δ΄,
5 Αὐτο‖κράτορος Καίσαρος | Τ. Αἰλίου Ἀδριανοῦ Ἀντωνείνου | Σεβαστοῦ Εὐσεβοῦς
υἱὸν ·
5 e) Λ. Αἴλιον | Αὐρήλιον | Κόμμοδον | Αὐτοκράτορος Καίσαρος | Τ. Αἰλίου
Ἀδριανοῦ | Ἀντωνείνου Σεβαστοῦ | Εὐσεβοῦς υἱὸν ·· |
f) Πύθιον | Ἀπόλλωνα |
Ἀ Δελφῶν πόλις ἀντὶ τᾶς εἰς θεὸν τὸν| Πύθιον ὁσιότατος καὶ τᾶς εἰς αὐτὰν
εὐεργεσίας.

1. Inter diem decimum mensis Decembris anni p. C. n. 149 et nonum mensis Decembris anni 150. — 2. Faustina Senior, Antonini Pii uxor, quae anno p. C. n. 140 obiit et a senatu Diva facta est. — 3. Faustina Junior, M. Aurelii conjux, anno p. C. n. 147 Augusta dicta. — 4. L. Aelius Aurelius Commodus Verus, ab Antonino Pio adoptatus et Caesar factus, postea imperator cum M. Aurelio.

121. Romae, ad SS. Cosmam et Damianum. — *Insc. Sic. et Ital.*, 1051.

Αὐτοκράτορι Καίσαρι | [Θε]οῦ Ἀδριανοῦ υἱῷ [Θε]οῦ | Τραιανοῦ Παρθικοῦ
5 υἱωνῷ Θε οῦ | Νέρουα ἐκγόνῳ Τίτῳ Αἰλίῳ Ἀδριανῷ | Ἀντωνείνῳ Σεβαστῷ
Εὐσεβεῖ, | ἀρχιερεῖ μεγίστῳ, δημαρχικῆς ἐξουσίας | τὸ γ΄', ὑπάτῳ τὸ γ΄, π(ατρὶ)
π(ατρίδος), τῷ εὐεργέτῃ καὶ | σωτῆρι Ἀδριανῆς Μοψουεστίας τῆς | Κιλικίας ἱερᾶς
10 καὶ ἐλευθέρας καὶ ἀσύλου | καὶ αὐτονόμου καὶ φίλης καὶ συμμάχου | Ῥωμαίων ²
ἡ βουλὴ καὶ ὁ δῆμος διὰ τῆς Θείας αὐτοῦ δικαιοδοσίας βέβαια | τηρήσαντος
αὐτῇ τὰ ἐξ ἀρχῆς δίκαια. |

1. Anno p. C. n. 140. — 2. Mopsuestia, urbs Ciliciae ad Pyramum amnem sita, in nummis dicitur sive ἱερὰ καὶ αὐτόνομος, sive ἱερὰ καὶ ἄσυλος (Barclay V. Head, *Hist. num.*, p. 608), ejusque cives nuncupantur Ἀδριανοὶ Μοψεᾶται.

122. Romae, prope S. Stefanum in Caco. — *Insc. gr. Sic. et Ital.*, 1053.

[Αὐ]τοκράτορα Κ[αίσαρ]α Θεοῦ Ἀδριανοῦ | υἱὲ ὀργέτου[1] υἱὸν Θεοῦ Τραϊα-
5 νοῦ υἱωνὸ'ν | Θε οῦ Νέρβα ἔκγονο ν | Τί· ον Αἴλιον Ἀδρια νό ν Ἀντωνεῖνον
[Σεβ]αστὸν Εὐσεβῆ | ἡ ἐξ Ἀρείου Π ά γου βουλή .....

1. Quot et quanta beneficia ab Hadriano imperatore acceperint Athenienses, nemo est
qui nesciat.

123. Romae. — *Insc. gr. Sic. et Ital.*, 1056.

Μ. Αἰλίῳ Αὐρηλίῳ Καίσα|ρι Τ. Αἰλίου Ἀδριανοῦ Ἀντωνε[ίνου Σέβα σ τοῦ
Ε[ὐσεβοῦς υἱῷ ....

124. Romae. — *Insc. gr. Sic. et Ital.*, 1057.

Τὸν κύριον | Κόμμοδον | Δόμνος καὶ Χόρηγος.

« Mommsenus cum de Domno et Chorego servorum nominibus dubitaret, δόμνον καὶ
χορηγὸν male graece pro domino ludorum dictum esse conjecit. » Kaibel.

125. Romae, ad S. Petrum in vinculis. — *Insc. gr. Sic. et Ital.*, 1058.

[Αὐτοκρ]άτορα Καίσαρα | Θεοῦ Ἀντ ωνείνου Εὐσεβοῦς Γερμανικοῦ Σαρ-
[ματικοῦ] υἱὸν Θ εοῦ Κομμόδου ἀδελφὸν Θεοῦ Ἀντωνείνου Εὐσεβοῦς
5 υἱωνὸν || Θεοῦ Ἀδριανο ῦ ἔγγονον Θεοῦ Τραϊανοῦ | καὶ Θε οῦ Νέρουα
ἀπόγονον | [Λ. Σεπτίμ ιον Σεουῆρον | Εὐσεβῆ Περτίνακα Σεβ αστὸν] Ἀρα-
10 βικὸν | Ἀδιαβηνικὸν], ἀρχι ερ έα μέγιστ ον , δημαρχικῆς | ἐξουσίας τὸ δ'',
αὐτο|κράτορα τὸ η', ὕπ(ατον) τὸ β' , π(ατέρα) π(ατρίδος), Δημ ήτριος Δη-
μη]τρίου.

1. Anno p. C. n. 196.

126. Romae, in pavimento basilicae Juliae. — *Insc. gr. Sic. et Ital.*, 1060.

[Αὐτοκρ]άτορα Καίσαρα Λ. Σεπ[ίμιον Σεουῆρον | Εὐσεβῆ Περτίνακα Σεβασ-
τὸν Ἀ[ραβικὸν? | Ἀδιαβηνικὸ'ν? σωτῆρα καὶ εὐε ργέτην.......

127. Romae, ad viam Sacram. — *Insc. gr. Sic. et Ital.*, 1061.

Θεὸν Σεουῆρον | Εὐσεβ(ῆ), πατέρα) π(ατρίδος) |.....

128. In ecclesia S. Caecilia « in Trastevere ». — *Notizie degli scavi*, 1900, p. 17. — Nobis ectypum misit D. Vaglieri.

[Ὑπὲρ σωτηρίας τῶν κυρίων ἡμῶν αὐτοκρατόρ(ων) Λ. Σε[πτιμίου Σεουή- ρου....| καὶ Μ. Αὐρηλίου Ἀντωνε[ίνου...]...] καὶ Ἰουλίας Σεβασ[τῆς... ...]ειβις ἰδίαν ἀρετ[ῆς ἕνεκεν....

129. Romae, in ruderibus thermarum Titi aut potius Trajani. — *Insc. gr. Sic. et Ital.*, 1062. Anticae ejusdem monumenti inscriptus est titulus latinus aevi posterioris « quem recte Mommsenus notat in locum Graeci tituli antiquioris substitutum ».

Ex latere :

Ἀντωνείνῳ Σεβ(αστῷ) τὸ β' | Γέτα Καίσαρι ὑπ(άτοις), | πρὸ ι' καλ(αν-
5 δῶν) Ἀπρειλ(ίων) ', | κουρατορεύοντος | Αὐρ. Πρωτέως | καὶ ἐπιμελουμένου |
Αὐρ. Τορκουάτου ².

1. Die xxiii mensis Martii anni p. C. n. 205. — 2. Aurelius Proteus erat curator ope-
rum publicorum, Aurelius vero Torquatus operi faciendo praefuit.

130. Romae, ad S. Mariam afflictorum. — *Insc. gr. Sic. et Ital.*, 1063. Lapis periit.

Αὐτοκράτορα Καίσαρα Μ. Αὐρήλιον Ἀντωνεῖνον | Εὐσεβῆ Εὐτυχῆ Σεβαστὸν
Παρθικὸν Μέγιστον | Βριταννικὸν Μέγιστον Γερμανικὸν Μέγιστον, | ἀρχιερέα
5 μέγ(ιστον), δημαρχικῆς ἐξουσίας τὸ ιζ', | αὐτοκράτορα τὸ γ', ὕπατ(ον) τὸ δ' ',
π(ατέρα) π[ατρίδος, ἀν[έστησεν | ἡ] Λαοδικέων τῶν πρὸς τῷ Λύκῳ νε[ωκόρων |
πόλις, φιλοτειμησαμένων τὴν ἀν ἄστασιν | τοῦ ἀνδριάντος | Αἰλίου Ἀντιπάτρου
10 Ῥόδων ος | Αἰλίου Ἀντιπάτρου Κολλήγα αὐτοῦ ².

1. Caracalla imp. III. cos IV dicitur anno p. C. n. 214 et sequentibus; Trajanus autem
anno 102. Quum vero utrique Laodicensium, qui imagine imperatoris erecta gloriantur,
gentilicium nomen Aelius sit, verisimillimum est titulum recentiorem Hadriano esse.
Caracallae ergo nomina in lacuna supplevimus. — 2. Dele αὐτοῦ, additum errore ejus qui
lapidem vidit.

131. Romae, ad viam Sacram. — *Insc. gr. Sic. et Ital.*, 1064.

Σωτηρίας ἕνεκ]εν τῆς τοῦ κυρίου ἡμῶν | Αὐτοκράτορος Καίσα]ρος Μ. Αὐρη-

λίου [Σεουήρου Ἀντωνεί νου Σεβαστου Εὐσεβους Εὐτυχους ....] ς την
5 στατιῶνα τῶν ...... | ...... ιανῶν ¹ φιλοσεβάστω ν και | φιλορωμ'αίων ἀνεγεί-
ρασα σὺν τῷ πα'ντὶ | κόσμῳ τῇ ἑ αὐτῆς πατρίδι ἀνέθηκεν.

1. Desideratur nomen muliebre. — 2. Hic requiras nomen civitatis, cujus fuit haec
statio. De stationibus municipiorum in foro romano constitutis, cf. supra, n. 111.

132. Romae ad ecclesiam S. Hadriani. — Gatti, *Bullett. comun..* 1890, p. 242. — Nobis
recognovit D. Vaglieri.

Στατιῶν | τῶν Τυ ρίεων τῶν και Κλ.αυδιοπολιτῶν ¹ Συρία | Παλε σ τείνη
....μον.... τῇ πατρίδι.

1. Tyrios duas stationes civibus suis praebuisse, alteram Puteolis, alteram ἐν τῇ
βχτλίδι Ῥόμη jam notum erat. Cf. *Insc. gr. Sic. et Ital.*, 830. — 2. Ergo Tyrus urbs
Claudiopolis etiam dicebatur, ut et aliae civitates quae a Claudio imperatore civitate
donatae fuerunt. Cf. de Vit, *Onom.*, s. v.

133. Romae, ad viam Sacram. — *Insc. Sic. et Ital.*, 1066.

a) ...Ταρσέων......

b) [Αὐτοκ]ράτορα Καίσαρα Μ. Ἀντώνιον Γορδιαν ὸν | Εὐσεβ ῆ Εὐτυχῆ Σεβιασ-
τὸν), ὕπατον τὸ] β' ¹, τὸν εὐε[ργέτην | τῆς οἰκ ουμένης, Γορδιανή Σεουηρι ανή
Ἀλεξαν[δριανή, Ἀντωνεινιανή, Ἀδριαν ή Τάρσος, ἡ πρώτη μεγίσ τη και καλ-
5 λίστη μ[ητρόπολις τῶν γ' ἐπαρχειῶν | Κιλικίας Ἰ σαυρία ς Λυκκονίας ²......

1. Gordianus consul iterum fuit anno p. C. n. 241, interiit anno 244. Titulus igitur
positus est inter annos 241 et 244. — 2. De nominibus et titulis Tarsi, cf. Lebas et Waddington, *Insc. d'Asie Mineure*, 1480.

134. Romae, ad viam Nationalem. — *Insc. gr. Sic. et Ital.*, 1071.

Τίτ. Αἰλ. Ναίβ(ιον) Ἀντώνιον | Σεβῆρον ¹ τὸν λαμπρότατον ὑπατικόν . |
5 τὸν εὐεργέτην. || Ἰούλιοι Ἰουλιανὸς φρ(ουμεντάριος) | και Οὐαλεντεῖνος κεντυ-
ρίων) | λεγ(εῶνος) ³ | κανδιδᾶτοι ⁴ αὐτοῦ, | τὸν ἐν πᾶσιν ἀληθῆ.

1. De T. Aelio Naevio Antonio Severo, cf. *C. I. L.*, VI, 1322, et *Prosop. imp. rom.*, I.
p. 20, n. 161. — 2. T. Aelius Naevius Antonius Severus consul fuit suffectus anno
incerto, post Hadrianum. — 3. Tacetur nomen numerusque legionis. — 4 Candidati
legionarii.

135. Romae. — *Insc. gr. Sic. et Ital.*, 1072.

Μ. Αὐρήλιον Παπίριον | Διονύσιον ¹ τὸν κράτιστον | καὶ ἐνδοξότατον ἔπαρχον
Αἰγύπτο'υ | καὶ ἔπαρχον εὐθενίας, ἐπὶ βιβλειδίω'ν | καὶ διαγνώσεων τοῦ Σεβα-
στοῦ ², ἔπαρχ ον | ὀχημάτων καὶ δουκηνάριον τα/ θέντα] | καὶ περὶ τὴν Φλαμι-
νίαν ἐπιτη δείων ³, | σύμβουλόν τε τοῦ Σεβαστοῦ ¹ καὶ γιλί|αρχ]ον λε[γεῶνος]...

1. De Μ. Aurelio Papirio Dionysio, vide *Prosop. imp. rom.*, I, p. 212, n. 1283. — 2. A
libellis et cognitionibus Augusti. — 3. Praefectum vehiculorum ducenarium ordinatum
et a copiis Augusti per viam Flaminiam. — 4. Consiliarium Augusti.
Μ. Aurelius Papirius Dionysius praefectus annonae fuit anno 189 p. C. n. Commodo
imperante; eodem anno interfectus est jussu ejusdem.

---

136. — Romae, in via Ostiensi. — *Insc. gr. Sic. et Ital.*, 1085.

Ἀρχιερεῖ Ἀλεξανδρείας | καὶ Αἰγύπτου πάσης Λευκίωι | Ἰουλίωι Οὐηστίνωι
καὶ ἐπισ|τάτηι τοῦ Μουσείου καὶ ἐπὶ τῶ|ν ἐν Ῥώμηι βιβλιοθηκῶν Ῥωμαικῶν
τε | καὶ Ἑλληνικῶν καὶ ἐπὶ | τῆς παιδείας ¹ Ἀδριανοῦ τοῦ αὐτοκράτορος καὶ
ἐπισ|τολεῖ ² τοῦ αὐτοῦ αὐτοκράτορος...

1. Procurator a studiis. — 2. Ab epistulis.
De Julio Vestino, quem memorat Suidas s. v. Οὐεστῖνος, cf. *Prosop. imp. rom.*, II, p. 220,
n. 409.

---

137. Romae, in coemeterio Callisti. — *Insc. gr. Sic. et Ital.*, 1076; *C. I. L.*, VI, 3836.

.....Πομπ(ωνίῳ) Βάσσ[ῳ ¹ ... | ...] τοῦ γένους λαμ[προτάτου, | ὑπά]τ[ῳ] δὶς
ὠρδ(ιναρίῳ) ², ἐπά ρχῳ | Ῥώμης, προμαγ(ίστρῳ) π οντίρικι ³, | ἐπανορθ(ώτῃ)
πάση ς Ἰταλίας ⁴, | κόμ(ιτι) βα[σ]ιλ(έως) ⁵, ἀνθ(υπάτῳ) [........ | ..] Πομπ(ωνία)
Κρα[τ'ιδ ια ἡ] | φίλαν δρος τ ῶν π[α]σῶν εὐε]ργε[σιῶν ἕνεκεν...?

1. De Pomponio Basso, vide *Prosop. imp. rom.*, III, p. 75, n. 527. — 2. Annis 258 et
271 p. C. n. — 3. Pontifex pro magister; cf. Borghesi, *Œuvres*, VII, p. 380 et seqq. —
4. Corrector totius Italiae. — 5. Comes imperatoris.

---

138. Romae. — *Insc. gr. Sic. Ital.*, 1078.

Λ. Φάβιον | Κείλωνα | τὸν λαμπρότατον, | ἔπαρχον Ῥώμης, || ὕπατον τὸ β' ', |

10 ἡ μητρόπολις | τῆς Γαλατίας | Ἄνκυρα | τὸν ἑαυτῆς | προστάτην.

1. L. Fabius Cilo Septiminus Catinius Acilianus Lepidus Fulcinianus consul fuit anno
193 p. C. n., et iterum anno 204: de quo vide *Prosop. imp. rom.*, II, p. 45, n. 20.

139. Romae, in pavimento ecclesiae S. Laurentii in Lucina. — *Insc. gr. Sic. et Ital.*,
1077; *C. I. L.*, VI, 1508.

.... o L. f. Rufo pro cos [1]....?] | .... ni ? | [pa]trono; | Prusienses ab Hypio
patrono; | Prusais ab Olympo | patrono; Prusienses ab mare ? | patrono; Apa-
meni | patrono ; | [Nicomedenses] | patrono.

.... ωι Λευκίου υἱῶ[ι Ῥ]ούρῳ ? ἀνθ υπάτωι [........]

.... ναὶ [2] πάτρωνι καὶ | εὐεργέτηι διὰ πρεσβευ τοῦ Ἀ ρτεμιδώρου τοῦ |
5 [Ἀ ρτεμιδώρου. |

Προυσιεῖς ἀπὸ Ὑπίου πάτρωνι | καὶ εὐεργέτηι, πρεσβευόντων Μενεμάχου τοῦ
Κασσάνδρου, | Ἀριστονίκου Τιμοκράτους].

10 Προυσιεῖς ἀπὸ Ὀλύμπου πάτρωνι καὶ εὐεργέτηι, πρεσβεύοντος Δημοφίλου
Ἀσκληπιάδου |.

15 Προυσιεῖς ἀπὸ θαλάσσης [3] πάτρωνι καὶ εὐεργέτηι. πρεσ|βεύοντος Ἀγρία τοῦ
Ζωίλου. |

Ἀπαμεῖς πάτρωνι καὶ εὐεργέτηι, | πρεσβεύοντος Μάρκου Αὐρηλίου Νικομήδους
[τ]οῦ Κλεογάρο υἱς.

20 Νικομηδεῖς π άτρωνι καὶ | εὐεργέτηι. πρε σβευοντ.. [Γλυ?........

1. Videtur esse C. Cadius Rufus, qui proconsul fuit Ponti et Bithyniae inter annos 43
et 48 p. C. n. ; de quo vide *Prosop. imp. rom.*, I. p. 245, n. 5. — 2. Franz *C. I. Gr.*, 3894
restituit : [Astace]ni = Ἀστακηνοί. — 3. Prusa ἀπὸ θαλάσσης haud alia est atque Cius, urbs
Bithyniae littori Propontidis apposita.

140. Romae, extra portam S. Pancratii. — *Insc. gr. Sic. et Ital.*, 1094.

Τὴν ἐπὶ πάσῃ ἀρετῇ σωφρο σύνῃ τε καὶ σοφίᾳ διαπρέπου σαν Ἰαλλίαν Βασσια-
5 νήν βου λὴ | καὶ δῆμος τῆς λαμπρᾶς π όλε ως Ταυρομενειτῶν ἀνέστη σεν
τὴν λαμπροτάτην [1].

1. Feminam clarissimam ut in n° 141 κρατίστην = egregiam.

141. Romae. — *Insc. gr. Sic. et Ital.*, 1095.

Φουλβίαν Σατουρνῖνα[ν] τὴν κρατίστην τοῦ λαμ[π]ρ[ο]τάτου........

142. Romae, in excubitorio cohortis septimae vigilum trans Tiberim. — *C. I. L.*, VI, 3008.

Αὐρέλιος Πλούταρχος κεντυρία | Ἑρ κλᾶνι χώ(ρ)τη σεπτίμα βι'γ'λ῀ων
Μαμι(ανή) ' Σεβηρι(ανῇ) ‖ Ἀλεξανδρι(ανῇ) ρήχι σεβα'χιάρια ² μέσι Μάρτι. |
Omn(i)a iota.

Intellige : Aurelius Plutarchus, centuria Herclani, cohorte VII vigilum Mamiana ¹ Severiana Alexandriana, feci sebaciaria ², mense Martio. Omnia tuta.

1. Mamiana — Mamaeana, de nomine Juliae Mamaeae. — 2. Sebaciaria, i. e. luminationes sebaceis sive facibus e sevo factae; cf. A. Capannari, *Bullet. comun.*, 1886, p. 251 sqq.

---

143. Romae. — *Insc. gr. Sic. et Ital.*, 1082.

Π.] Αἴλιος Πορκιανὸς | ἱε ρεὺς Σουκινιανῶν ¹ | ὃ εκουρίας γερούλων ² φρέαρ ει 'ὐ ρέτης ἰδίαις δαπάναις | ἐποίησεν ³.

1. Qui sint Suciniani, omnino ignoratur. — 2. Hic mentio fit decuriae, i. e. corporis gerulorum. — 3. Cf. *C. I. L.*, VI, 2179 : [*P. Aelius P]orcianus sacer(dos [Sucin]ianus putei inven[tor] suis impendis fecit*. et 2178, : *D. M. P. Aelio Porciano sacerdoti Suciniano q ui) vix it, annis* XXIII, m(ensibus) VII.

---

144. Romae, apud ecclesiam S. Mariae, in via lata. — *Insc. gr. Sic. et Ital.*, 1084.

Ἡ ἱερὰ τάξις τῶν Παιανιστῶν τοῦ ἐν Ῥώμῃ Διὸς Ἡλίου | μεγάλου Σαράπιδος καὶ θεῶν | Σεβαστῶν ἐτείμησαν Ἐμβὴν | προφήτην, πατέρα τῆς προ[γε-γραμμένης τάξεως. προτο|μῇ μαρμαρινῇ, ἡ ἀνατεθεῖσα ' ἐν τῷ οἴκῳ τῶν Παια-νιστῶν τῇ πρ(ὸ) α' νωνῶν | Μαίων ², ἥτις ἐστὶν κατὰ | Ἀλεξανδρεῖς Παχὼν ια' , ἐπὶ κουράτορος ³ Μετειλίου | Ἀμπλιάτου πρεσβυτέρου |. Σέξτῳ Ἑρουκίῳ Κλάρῳ ‖ β' Γνέῳ Κλαυδίῳ | Σεβήρῳ ⁴ κως ⁵.

1. Sic, prava verborum constructione. — 2. Die sexta mensis Maii. — 3. Curator collegii Paeanistarum fuit Metilius Ampliatus. — 4. Anno 146 p. C. n. — 5. Κως = cos, scil. co(n)s(ulibus).

---

145. Romae. In coemeterio S. Agnetis. — *Inscr. gr. Sic. et Ital.*, 1059; *C. I. L.*, VI, 3770.

... φιλο χύριοι οἱ Παι ανιστα ι?........ δεηθῆ ναι παρ ὑμῶν, ὥστε ἐπι-τρέψε ' ἡν ει .... καὶ στεγάσαι τὰ ἐπικείμενα τῷ οἴχ ῳ...... |

5 Seuerus Pacanistis : « Potestis, sicut in ....su |pra cuneos fenestra-
rum extrux [...............]'so pedum quattuor. Scripsi V idu s...... .

[*Tres versus desunt.*] Ταῦτα, ἱερώτατοι αὐτοκράτορες, ἐν ε..... τῆς..... ὑπ.....
μοι.... |

10 Imp. Caes. M. [Aurelius Antoninus.......... |: Beneficium [a patre meo Diuo
Seuero datum confirmo?] | Recognovi........

1. Scil. ἐπιροιψαι. — 2. « Pacanistae Romae constituti ab imperatore Seuero petunt ut
liceat sibi aedificium suum siue reticere siue exaedificare. Seuerus rescribit; postea
Caracalla beneficium confirmat. » Kaibel.

Hic compositos invenies titulos omnes, qui pertinent ad τὴν ξυστικὴν σύνοδον τῶν
περὶ Ἡρακλέα ἀθλητῶν. De qua vide S. Ricci, *La* ξυστικὴ σύνοδος *e la* curia athletarum *presso*
S. *Pietro in vincoli*, in *Bullett. comun.*, 1891, p. 185 sqq.

146. Romae, ad S. Petrum in vinculis. — *Inscr. gr. Sic. et Ital.*, 1055.

a) [Αὐ]τοκράτορι | [Καί]σαρι Τίτωι Αἰλίωι | Ἀδριανῶι | Ἀντωνείνωι Σεβασ-
5 τῶι | Εὐσεβεῖ | Μ. Οὔλπιος | Δομεστικὸς ' | ὁ ἀρχιερεὺς | τοῦ σύνπαντος ξυστοῦ
10 καὶ | ἐπὶ βαλανείων Σεβαστοῦ. |

b) Ἀγαθῇ τύχῃ. | Αὐτοκράτωρ Καῖσαρ Θεοῦ Ἀδριανοῦ υἱὸς | Θεοῦ Τραιανοῦ
Παρθικοῦ υἱωνὸς Θεοῦ Νέρουα | ἔγγονος Τίτος Αἴλιος Ἀδριανὸς Ἀντωνεῖνος |
15 Σεβαστός, ἀρχιερεὺς μέγιστος, δημαρχικῆς ἐξουσίας | τὸ ς' ', αὐτοκράτωρ τὸ
β', ὕπατος τὸ γ', πατὴρ πατρίδος, συνόδῳ | ξυστικῇ τῶν περὶ τὸν Ἡρακλέα
ἀθλητῶν ἱερονεικῶν στεφα|νειτῶν χαίρειν ' |

20 Ἐκέλευσα ὑμεῖν ἀποδειχθῆναι χωρίον ἐν ᾧ καὶ τὰ ἱερὰ κατα[θήσεσθε καὶ
τὰ γράμματα πρὸς αὐταῖς ταῖς Θερμαῖς ταῖς ὑπὸ | τοῦ Θεοῦ πάππου μου γεγε-
νημέναις ³, ὅπου καὶ μάλιστα τοῖς | Καπιτωλείοις ⁴ συνέρχεσθε. Εὐτυχεῖτε.
Ἐπρέσβευεν | Οὔλπιος Δομεστικὸς ἐπὶ βαλανείων μου ⁵. | Ἐγράφη πρὸ ε' καλ(αν-
δῶν) Ἰουν(ίων) ⁶ ἀπὸ Ῥώμης Τορκουάτῳ καὶ Ἡρώδῃ ὑπάτ(οις) ⁷.

1. De M. Ulpio Domestico cf. titulos sequentes praesertim n. 150 et *C. I. Gr.*, 5906.
— 2. Anno p. C. n. 143. — 3. Scil. ad thermas ab avo meo Divo Trajano conditas.
Thermae Trajani Titianis contiguae erant. — 4. Intellige ludos Capitolinos. — 5. Summos
ergo sacerdos synhodi ab imperatoribus curam balneorum accipere solebat. — 6. Die
xvi mensis Maii.

147. Romae, ibidem. — *Insc. gr. Sic. et Ital.*, 1052.

Αὐτοκράτορι Καίσαρι Τίτῳ Αἰλίῳ Ἀδριανῷ Ἀντωνείνῳ Σεβαστῷ Εὐσε-
6 εῖ καὶ Μάρκῳ Αὐρηλίῳ Καίσαρι καὶ τῷ σύμπαντι οἴκῳ? . . . . τῶν |
Ἐφεσί ων τῆς πρώτης καὶ μεγίστης μητροπόλεως τῆς Ἀ σίας καὶ δὶς νε ω κόρου
τῶν Σεβαστῶν ' ναυκλήροις καὶ ἐ μπόροις? . . . . M. Οὔλπιος Δομεστικὸς | περιο]-
δονε ί κης παράδοξος καὶ ἐπὶ βαλανείων Σεβαστῶν [ξυσ τὸ'ν ? ἐκ θεμελίων σὺν
ἅπαντι τῷ περὶ αὐτὸν κόσμῳ καὶ τοῖς ἀγάλμ ασιν . . . . ἔκτισεν? , | ἐπ ὶ|
ὑπάτων Λουκίου Α ἰλίου Αὐρηλίου Κομμόδου καὶ Τίτου | Σεξτίου Λατερανοῦ
πρὸ ιε' καλ(αν δῶν Φεβ(ρουαρίων) ².

1. Cf. *C. I. Gr.*, 2990, 2992. — 2. Die XVIII mensis Januarii anni p. C. n. 154.

149. Romae, ibidem. — *Insc. gr. Sic. et Ital.*, 1054.

In antica :

5 Ἀγαθῇ τύχῃ. | Μ. Αἰλίωι | Αὐρηλίωι Καίσαρι | Τ. Αἰλίου Ἀδριανοῦ | Ἀντω-
νείνου | Σεβαστοῦ Εὐσεβοῦς υἰῶι | Μ. Οὔλπιος Δομεστικὸς | ὁ ἀρχιερεὺς | τοῦ σύν-
10 παντος ξυστοῦ καὶ ‖ ἐπὶ βαλανείων Σεβαστῶν. |

In latere :

Ἀγαθῇ τύχῃ. | Αὐτοκράτωρ Καῖσαρ Θεοῦ Τραιανοῦ Παρθικοῦ υἰὸς | Θεοῦ
Νέρουα υἰωνὸς Τραιανὸς Ἀδριανὸς Σεβαστός, ἀρχιερεὺς | μέγιστος, δημαρχικῆς
5 ἐξουσίας τὸ ιη΄¹, ὕπατος τὸ γ΄, ‖ πατὴρ πατρίδος, συνόδῳ ξυστικῇ τῶν περὶ
τὸν | Ἡρακλέα ἀθλητῶν ἱερονεικῶν στεφανειτῶν χαίρειν · |

Καὶ τόπον ἔνθα βούλεσθε, κελεύσω δοθῆναι ὑμεῖν καὶ οἴκημα | ὡς τὰ
γράμματα ἀποτίθεσθαι τὰ κοινὰ καὶ εἰ τῶν διπλῶν τὴν | μεταποίησιν ἀναγκαίαν
10 νομίζετε ² τοῦτο ἐφ' ὑμεῖν ἐστιν. | Ἐπρέσβευεν Οὔλπιος Δομεστικός. Εὐτυχεῖτε. |
Πρὸ γ΄ νωνῶν Μαίων ³, ἀπὸ Ῥώμης ⁴.

1. Est annus p. C. n. 134. — 2. Διπλᾶ seu διπλωμα « in quo quid mutandum illi cen-
suerint non liquet ». — 3. Die V mensis Maii. — 4. « Epistulam Hadriani cur M. Aurelii
statuae subscribendam curaverit Domesticus nescio. » Kaibel.

150. — Romae, ibidem. — *Insc. gr. Sic. et Ital.*, 1109.

Ἡ ἱερὰ ξυστικὴ σύνοδος τῶν | περὶ τὸν Ἡρακλέα ἀπὸ καταλύσεως ¹ | ἐν τῇ

5 βασιλίδι Ῥώμῃ κατοικούντων ² | Μ. Οὔλπιον Δομεστικον διὰ βίου ξυστάρ|χην
καὶ ἀρχιερέα τοῦ σύμπαντος ξυστοῦ, περιοδονείκην παράδοξον, ἐπὶ βαλανείων
Σεβαστοῦ, | τὸν ἑαυτῶν προστάτην καὶ αὐτον πρεσβεύσαντα καὶ αἰτησάμενον
τὸ τέμενος τῷ σύμπαντι ξυ|στῷ ³, τὴν τειμὴν ἀναθέντος Μεττίου Ἀμερίμνου |
10 ἐπὶ ἀρχόντων | Λ. Οὐεννίου Ἀγριππιανοῦ καὶ Μ. Μεττίου Ἀμερίμνου ⁴ ·

1. Scil. postquam dissoluta est synhodus. Antea Sardibus consistebat. — 2. Cf. supra
titulum n. 146. — 3. De ea legatione M. Ulpii Domestici, vide supra, ibidem et n. 149.
— 4. Scil. magistri collegii athletarum cultorum Herculis Romae morantium.

151. Romae, nunc Tusculi. — *Insc. gr. Sic. et Ital.*, 1110.

Μάρ. Οὔλπ(ιον) Φίρμον Δομεσ|τικον, ἀρχιερέα τοῦ σύνπαν,τος ξυστοῦ, διὰ
5 βίου ξυστάρ|χην καὶ ἐπὶ βαλανείων Σεβασ|τῶν, υἱὸν Μάρ. Οὐλ(πίου) Δομεσ-
τικοῦ | Ἐρεσίου πανκρατιαστοῦ περι|οδονείκου παραδόξου, ἀρχιε ρέως τοῦ σύν-
10 παντος ξυστοῦ, | διὰ βίου ξυστάρχου καὶ ἐπὶ | βαλανείων Σεβαστῶν, κτίσ του
τοῦ τεμένους καὶ | τῶν ἐν αὐτῷ ἀναθη|μάτων σὺν καὶ τοῖς θεοῖς ¹.

1. Cf. supra, n. 146 et seqq.

152. Romae, in foro Trajani. — *Insc. gr. Sic. et Ital.*, 1104.

Δημήτριος | ἀρχιερεὺς | Δη, μήτριον Ἑρμοπολείτην, Ἀλεξανδρέα, πανκρα-
5 τιαστὴν περιοδονείκην |, παλαιστὴν παράδοξον ἄλειπτον, τὸν ἀρχιερέα τοῦ σύν-
παντος ξυστοῦ |, διὰ βίου ξυστάρχην καὶ ἐπὶ βαλανείων Σεβ(αστῶν) τὸν πατέρα ·
10 Μ. Αὐρ. Ἀσκληπιάδης ὁ καὶ Ἑρμόδωρος, | νεωκόρος τοῦ μεγάλου Σαράπιδος ,
Ἀλεξανδρεὺς, Ἑρμοπολείτης, πανκρα|τιαστὴς περιοδονείκης ἄλειπτος | ἀσυνέ-
15 ξωστος ἀνέκκλητος, ξυστάρχης διὰ βίου, ὁ υἱός | ὁ ἀρχιερεὺς τοῦ σύμπαντος
ξυστοῦ, διὰ βίου | ξυστάρχης καὶ ἐπὶ βαλανείων τοῦ Σεβαστοῦ.

153. Romae, ad S. Petrum in vinculis. — *Insc. gr. Sic. et Ital.*, 1102.

Μ. Αὐρηλίου Δημητρίου, ἀρχιερέως τοῦ σύνπαντος | ξυστοῦ, διὰ βίου ξυστάρ-
χου καὶ ἐπὶ βαλανείων τοῦ Σεβαστ οῦ , | Ἀλεξανδρέως, Ἑρμοπολείτου, πανκρα-
5 τιαστοῦ περιοδονείκ ου , | παλαιστοῦ παραδόξου υἱὸς Μάρκος Αὐρήλιος | Ἀσκλη-
πιάδης ὁ καὶ Ἑρμόδωρος ὁ πρεσβύτατος τῶν νεω|κόρων τοῦ μεγάλου Σαρά-
πιδος ὁ ἀρχιερεὺς τοῦ σύνπαντος | ξυστοῦ, διὰ βίου ξυστάρχης καὶ ἐπὶ βαλανείων

τοῦ Σεβαστοῦ, Ἀλεξανδρεύς, Ἑρμοπολείτης, Ποτιολανός, Νεαπολείτης καὶ |
10 Ἡλεῖος καὶ Ἀθηναῖος βουλευτὴς καὶ ἄλλων πόλεων πολλῶν | πολείτης καὶ
βουλευτής, πανκρατιαστὴς περιοδονείκης ἄλειπτος ᾿ ἀσυνέξωστος ἀνέκκλητος,
ὅσους ποτὲ ἀγῶνας ἀπεγραψάμην | πάντας νεικήσας ᾿ μήτε ἐκκαλεσάμενος μήτε
ἑτέρου κατ᾿ ἐμοῦ τολμή|σαντος ἐκκαλέσασθαι μήτε συστερανωθεὶς μήτε ἐπεξελ-
θὼν μήτε παραι|τησάμενος μήτε ἀγῶνα παραλιπὼν μήτε κατὰ χάριν βασιλικὴν
15 ἀγῶνα ‖ ἔχων μηδὲ καινὸν ἀγῶνα νεικήσας ἀλλὰ πάντας οὓς ποτε ἀπεγρα|ψάμην
ἐν αὐτοῖς τοῖς σκάμμασιν στερανωθεὶς καὶ ταῖς προπείραις | τούτων πάσαις δοκι-
μασθεὶς ᾿ ἀγωνισάμενος ἐν ἔθνεσιν τρισίν, Ἰταλίᾳ, | Ἑλλάδι, Ἀσίᾳ, νεικήσας
ἀγῶνας τοὺς ὑπογεγραμμένους πάντας πανκρά τιου ᾿ Ὀλύμπια τὰ ἐν Πείσῃ σμ´
20 ὀλυμπιάδι¹, Πύθια ἐν Δελφοῖς, Ἴσθμια δίς, | Νέμεα δίς, τὸ δεύτερον στήσας
τοὺς ἀνταγωνιστάς, καὶ τὴν ἀσπίδα Ἥρας ἐ ν Ἄρ|γε|ι², Καπετώλια ἐν Ῥώμῃ
δὶς³, τὸ δεύτερον μετὰ πρῶτον κλῆρον στήσας | τοὺς ἀνταγωνιστάς. Εὐσέβεια⁴
ἐν Ποτιόλοις δίς, τὸ δεύτερον μετὰ δεύτερον | κλῆρον στήσας τοὺς ἀνταγωνιστάς,
Σεβαστὰ ἐν Νεαπόλι δὶς⁵, τὸ δεύτερον μετὰ | δεύτερον κλῆρον στήσας τοὺς ἀντα-
25 γωνιστάς. Ἄκτια ἐν Νεικοπόλι δίς, τὸ δεύ|τερον στήσας τοὺς ἀνταγωνιστάς,
Ἀθήνας ε´, Παναθήναια, Ὀλύμπεια, Πανελ|λήνια, Ἀδριάνια δίς, Ζμύρναν ε´,
κοινὰ Ἀσίας δίς, τὸ δεύτερον στήσας | τοὺς ἀνταγωνιστάς, ὁμοίως ἐν Ζμύρνῃ
Ὀλύμπια καὶ Ἀδριάνια Ὀλύμπια,⁵ | Πέργαμον Αὐγούστεια τρίς, τὸ δεύτερον
ἐξ ἀρχῆς στήσας τοὺς ἀνταγωνιστάς , | τὸ τρίτον μετὰ πρῶτον κλῆρον στήσας
30 τοὺς ‖ ἀνταγωνιστάς, Ἔφεσον τρίς Ἀδριάνια, Ὀλύμ|πια, Βαρβίλληα⁶, μετὰ
πρῶτον κλῆρον στήσας | τοὺς ἀνταγωνιστάς, Ἐπίδαυρον Ἀσκλήπεια, Ῥόδον |
Ἄλεια, Χρυσάνθινα ἐν Σάρδεσιν, καὶ θεματεί|τας πλείονας ἐν οἷς Εὐρύκλεια⁷ ἐν
35 Λακεδαίμονι | καὶ Μαντίνιαν καὶ ἄλλους ᾿ ἀθλήσας τὰ πάντα ἔτη | ἕξ, παυσά-
μενος τῆς ἀθλήσεως ἐτῶν ὢν κε´⁸ | διὰ τοὺς συνβάντας μοι κινδύνους καὶ
φθό|νους, καὶ μετὰ τὸ παύσασθαι μετὰ πλείονα χρόνον | ἀναγκασθεὶς ἐν τῇ
40 πατρίδι Ἀλεξανδρείᾳ καὶ νεικήσας ‖ Ὀλύμπια πανκράτιον | ὀλυμπιάδι ἕκτῃ⁹. ᾿

1. Anno p. Chr. n. 181. — 2. In hoc ludo in honorem Junonis Argivae acto, victoris
praemium erat clypeus aeneus. — 3. Bina Capitolia vicit Asclepiades, annis 178 et 182
p. C. n. — 4. Εὐσέβεια sive ἀγῶνες Πίοι, certamen quinquennale a Pio in honorem patris
Hadriani institutum (Vita Pii, 27). — 5. Hic addendum est δίς sive post Ὀλύμπια sive post
Ἀδριάνια Ὀλύμπια; quinquies enim vicit Asclepiades Smyrnae. — 6. Barbillea sunt ludi a
Vespasiano imperatore Ephesiis concessi, in honorem Barbilli cujusdam astrologi, de quo
vide Dionem (LXVI, 9). Cf. C. I. Gr., 2810, 3208, 3675 et 5804; cf. etiam infra n. 162. —
7. Ludi in honorem C. Julii Euryclis qui, Augusti amicitia fretus, principatum Laconiae

obtinuit. — 7. Scil. anno aetatis XXV. — 8. « Vicit Asclepiades olympiad in CCXL, i. e. anno p. Chr. n. 181; itaque cum omnino sex annos v. 36 certasse videat, Capitolia bina vicit v. 21 annis 178 et 182; primum igitur ad certamen descendit aut 177 a ut 178, certare desiit aut 182 aut 183. Itaque Olympias Alexandrina sexta v. 38 s pq. hoc I ita paucis annis (μετὰ πλείονα χρόνον post a. 182 vel 183 acta est, quae epocha unde initi in ceperit quaeritur. Qua de re a me rogatus Curtius Wachsmuth docte ac probabiliter hunc in modum argumentatus est : novam olympiadem ab novo aliquo deo Olympio repetendam esse ad similitudinem Olympiorum Smyrnae Athenis Cyzici in Hadriani Olympii honorem institutorum; Alexandrinam itaque olympiadem non posse ad alium imperatorem referri praeter Marcum Aurelium Alexandriae urbis benefactorem, probabiliter referri ad annum 176 quo anno ille ipse praesens rebellantes cives poena remissa magnis beneficiis ac honoribus cumulavit *Vita Anton.,* 26 ; eodem igitur anno quo statuam imperatori grato animo cives posuissent *C. I. L.,* III, 13 primam institutam esse olympiadem praesente Caesare. » Kaibel. — De his omnibus ludis cf. O Liermann, *Dissert. philol. Halenses* X (1889) p. 221 et seqq.

---

154. Romae, ibidem. — *Insc. gr. Sic. et Ital.*, 1103.

[M. Αὐρ. Ἀσκληπιάδην Ἀλεξανδρέα, | παγκρατιασ]τὴν περιοδονείκην v. | πρεσβύτατο]ν νεωκόρον τοῦ μεγάλου | Σαράπιδ ος καὶ τῶν ἐν τῷ Μουσείῳ |
5 σειτου]μένων ἀτελῶν φιλοσόφων [1], | ἀρχιερέ α τοῦ σύμπαντος ξυστοῦ, | διὰ βίου ξυστάρχην καὶ ἐπὶ | βαλανείων τοῦ Σεβαστοῦ ἡ σύνοδος.

1. De philosophis in Musaeo Alexandrino et eorum immunitatibus privilegiisque vide Mommsen, *Röm. Geschichte*, V[3], p. 590; cf. *C. I. Gr.*, 4724 et 4748.

---

155. Romae, ibidem. — *Insc. gr. Sic. et Ital.*, 1105.

Ἡ ἱερὰ ξυστικὴ σύνοδος τῶ ν | περ ὶ τὸν Ἡρακλέα ἀπὸ καταλύσε ως [1] | ἐ ν
5 τῆι βασιλίδι Ῥώμηι κατοικούντ ων] | M. Αὐρήλιον Δημόστρατον Δαμᾶν]. Σαρδιανόν, Ἀλεξανδρέα, Ἀντινοέα, Ἀθηναῖον, | Ἐφέσιον, Σμυρναῖον, Περγαμηνόν, Νεικομηδέα, Μιλήσιον, Λακεδαιμόνιον [2]. | ἀρχιερέα τοῦ σύμπαντος ξυστοῦ, διὰ
10 βίου | ξυστάρχην καὶ ἐπὶ βαλανείων Σεβαστῶν, | πανκρατιαστὴν περιοδονείκην δὶς, | πύκτην ἄλειπτον παράδοξον.

1. Cf. supra, n. 150, not. 1. — 2. M. Aurelius Demostratus Damas civis erat in iis omnibus civitatibus : cf. supra n. 153 : Αὐρήλιος Ἀσκληπιάδης...... ἄλλων πόλεων πολλῶν πολίτης.

---

156. Romae, ibidem. — *Insc. gr. Sic. et Ital.*, 1107.

Ἀγαθῇ τύχῃ]. Ἡ ἱερὰ ξυστικὴ σύνοδος τῶν πε[ρ]ὶ τὸν Ἡρακλέα ἀθλητῶν

5

5 ἀνέστη|σαν ἐν τῇ βασιλίδι Ῥώμῃ μνή|μης χάριν Κλ(αύδιον) Ῥοῦρον τὸν καὶ
Ἀ|πολλώνιον Πεισαῖον δὶς περιο|δον(είκην) καὶ υἱὸν Κλ(αυδίου) Ἀπολλωνίου |
10 Ζμυρναίου, ὃς καὶ διάδοχος ἐγένε|το τοῦ ἰδίου πατρὸς, καὶ αὐτοῦ περιο|δο-
(νείκο)υ ¹ τελείου ἀνδρῶν ἐν τοῖς σκάμμασιν, | τῆς ἀρχιερωσύνης τοῦ σύνπαν|τος
ξυστοῦ · ² οὗτος δὲ ἐγέ|νετο καὶ γένους ὑπατικῶν.

1. ΠΕΡΙΟΔΟΥ, lapis. — 2. Scil. heres patris in sacerdotio totius xysti.

---

157. Romae, in cippo cui insculpta est imago militis. — *Insc. gr. Sic. et Ital.*, 1108.

a) *In fronte, supra anaglyphum :*

5 ..... | Νεικήτης | τῷ γένι Κειλε ος?]. | Εὐτύχης Βειθυνὸς | τεχνείτης ἐποίει |.

b) *In latere sinistro :*

5 ..... | [β'οηθὸ[ς | πρ]ὸς τοὺς | [π]ονηροὺς | γείνετε | θεός · | ἐβοήθει .. | .... |
10-15 ος φίλος | ...... | ..... καὶ | αὐτὸς συνδ[ρο|μάδι Εὐο|δίη, ἣν εὔ|χομε σώζε|σθε
πάντοτε. |

c) *In latere dextro :*

5 ..... | τρος αὐτοῦ Ν[εική]|[τ]ης Ἡράκλειο[ς] ¹ |, προβιβασθεὶς καὶ | αὐτὸς
ἄθλοις τοῖς | ἐν σταδίοις τ[ε]τεύ|χειν καὶ πρῶτον | στερθεὶς στάδιν καὶ | αὐτὸς
10 δὲ δίαυλον | Ἡελίου τε δρόμον | καὶ Μήνης τε Σελήνης ἄθλα τελέσας | μεί-
15 ζονα θ' Ἡρακλέ|ους συνείδησιν ἔ|χων · ἀ[ρίσ]των γονέ|ων τὸ γένος καὶ πα|τρίδος
20 τε τύχης |, ὃς παιδίον ἐλθὼ[ν] | ἐν Ῥώμῃ τῇ κοσμ[ο|τ]ρόφῳ χάριν οἶδε | μεγίσ-
25 την, ἐν μεγά[λῃ δόξῃ τε δραμὼ[ν ν]εικήσας Ῥωμα...|. τ' ἔτυχον. Καὶ | [ν]ῦν
εἰμη προφή|της ὤν γε προεῖ|πα θεῶν ².

1. « Sodalis synodi Herculeae ». — 2. « Nicetae hoplitodromi laudes sunt, sed pauca
legi possunt ». Kaibel. — Sermonem pedestrem et poeticum modum imperite miscuit qui
hunc titulum scripsit.

---

158. Romae. — *Bullett. comun.*, 1891, p. 280.

Πυθοκλῆς ¹ | Ἡλεῖος | πένταθλος. [Πο]λυκλείτου [Ἀργεί]ου.

1. Pythocles, clarus athleta, victor Olympiae anno a. C. n. 452 (Grenfell and Hunt,
Oxyrhynch. papyri, II, p. 90, l. 14), cujus statuam sculpsit Polycletes major. Hanc statuam

vidit Pausanias (VI, 7) et basis etiamnunc inter Olympiacas exstat Lowy, *Inschr. griech. Bildhauer*, n. 91 et *Die Inschriften von Olympia*, n. 162 et 163 . Ad cujus similitudinem eidem Pythocli Romae statua erecta fuisse videtur. Cf. Visconti, *Ballett. comun.*, *loc. cit.*)

159. Romae, ad portam S. Sebastiani. — *Insc. gr. Sic. et Ital.*, 1099.

Πόπλιος Σεξτίλιος Ποπλίου | υἱὸς Δημήτριος | τραγῳδὸς ἀνίκητος.

160. Romae, ad viam Appiam infra novem coronarum imagines. — *Insc. gr. et Ital.*, 1111.

a. Νικομήδειαν | διὰ πάντων. |[1]
b. Κύζικον | κοινὴν | κωμῳδῶν. |
c. Κύζικον | κωμῳδούς. |
d. Πέργαμον | κιθαρῳδούς. |
e. Κύζικον | κοινὴν | τραγῳδῶν. |
f. Σμύρναν | τραγῳδούς.
g. Νικομήδειαν | κιθαρῳδούς.
h. Ῥώμην | τραγῳδούς.
i. Πέργαμον | διὰ πάντων.

1. Scilicet in omnibus poeseos generibus.

161. Romae, intra quatuor coronarum imagines. — *Insc. gr. Sic. et Ital.*, 1112.

a. Ὀλύμπια | ἐν Ἀθήναις | ἀνδρῶν | πάλην.
b. Ἀλεξάνδρια | Σεβαστὰ | ἀνδρῶν πάλην.
c. Τὴν ἐξ Ἄργους | ἀσπίδα '| τρίς.
d. Περιοδο|νεί[κης | ὁ[ίς]?

1. De hoc ludo, vide supra n. 153, not. 2.

162. Romae, intra quatuor coronarum imagines. — *Insc. gr. Sic. et Ital.*, 1113.

a. Ἔφεσον | Ἀδριάνε|ια α'.
b. Ἔφεσον | Βαρβίλλει(α) | β'.

c. Σάρδεις κοιν|ὸν Ἀσίας | α΄.
d. Σμύρ ναν| | κοιν ὸν Ἀσίας...]
e. [Πέργαμον | Αὐ γούστεια ¹ | α΄.

1. Cf. supra n. 153 v. 28 : Πέργαμον Αὐγούστεια τρίς.

---

163. Romae, intra duarum coronarum imagines. — *Insc. gr. Sic. et Ital.*, 1114.

a. [Ν]εάπολιν | κωμῳδούς.
b. Ποτιόλους | κωμῳδούς.

---

164. Romae, intra duarum coronarum imagines. — *Insc. gr. Sic. et Ital.*, 1115.

a. Ἔφεσον | Ἐφέσεια | α΄.
b. .... | Πύθι(α) α΄.

---

165. Romae, intra coronam. — *Insc. gr. Sic. et Ital.*, 1116.

Πύθια | τὰ ἐν Δε(λ)φο|ῖς α΄.

---

166. Romae, intra coronam. — *Insc. gr. Sic. et Ital.*, 1117.

Σεβαστά ¹.

1. Scil. Augustalia.

---

167. Romae, prope S. Mariam de Pace. — *Insc. gr. Sic. et Ital.*, 1092; *C. I. L.*, VI, 10091.

In fronte :

5   Τὸν σοφὸν | ἐν ἀνδράσιν | Εἰωνικὸν ¹ | ἄνδρα μέ|γιστον
     Κύιν|τον Ἰούλιον | Μείλητον | οἱ τεχνεῖται | ἀνέθηκαν. |

10 Q. Iulius Faen|lius alumnus | cum artelici|bus posuit.

In latere sinistro :

Κύιντος Ἰούλιος | Μείλητος | ζῶν κατατείρωσα | τῇ πρὸ ζ΄ καλ(ανδῶν)
Μαρτ(ίων) ².

1. Id est Ionicus, nisi nomen est. — 2. Die xxiii mensis Februarii. — De Q. Julio
Mileto, vide Löwy, *Inschr. griech. Bildhauer*, n. 471, p. 307-308.

168. Romae. — *Insc. gr. Sic. et Ital.*, 1093.

Κόϊντος Ἰούλιος
Μίλητος | προλιπὼν Ἀσίας Τρίπολιν | πατρίδαν πέλιν ἀγαγὴ |
ἐνθάδε ἦλθα ἀγῶνα ἰδεῖν ‖ προκαθεζομένου βασι|λεύοντι Σεδηρῳ
καὶ πο|ρίσας βίον ἐκ καμάτων | ἰδίων
ταῦτα ἐποίησα | ἐγὼ ἀπάτην τοῖς | ζῶσιν ¹ ·
εὐφραίνεσθαι ², | φίλοι, εἰς λαβύρινθον | ἀεί.
Μαρμαραρίων | τὸ γένος σῶζε, | Σέραπι. |
Ὁ τόπος λαβύρινθος.

1. Intellige : labyrinthi imaginem sculptam. — 2. Scil. εὐφραίνεσθε. — Ejusdem hominis
est ac praecedens.

---

169. Romae, in statua quadam. — *Insc. gr. Sic. et Ital.*, 1250.

Μάαρκος | Κοσσούτιος | Μενέλαος | ἐποί|ει.

« Et litterarum genus et scribendi ratio eadem est ac in M. Cossutii Cerdonis titulis
(*Insc. gr. Sic. et Ital.*, 1249) qui cum aetate imperatoria ineunte floruerit eodemque tempore etiam Menelaum fuisse, Stephani discipulum, sciamus, necessarium est ut eumdem
esse credamus M. Cossutium Menelaum, collibertum fortasse M. Cossutii Cerdonis : cf.
Hermes, XXII, p. 155. » Kaibel.

---

170. Romae, in statua duplici. — *Insc. gr. Sic. et Ital.*, 1251.

Μενέ|λαος | Στεφά|νου ‖ μαθη|τὴς | ἐποί|ει.

De Menelao, Stephani discipulo, cf. Helbig, *Führer durch die öffentlichen Sammlungen
in Rom*, ed. II, n. 932.

---

171. Romae, in statua athletae cujusdam. — *Insc. gr. Sic. et Ital.*, 1261.

Στέφανος Πασιτέλους ¹ | μαθητὴς ἐπόει.

1. De Stephano, Pasitelis discipulo, cf. Helbig, *Führer*, n. 786.

172. Romae, ad S. Stephanum in Caco, in base statuae aegyptiacae. — *Insc. gr. Sic. et Ital.*, 1264; *C. I. L.*, VI, 857.

a) In fronte :

Φ...... | ......ν... | ἀνέθηκεν.

b) In latere sinistro :

Φιδίας καὶ Ἀμμώνιος ἀμφότεροι | Φιδίου ἐποίουν¹. |

c) In latere dextro :

[Locus] adsign. a Caelio ... | .... illiano Maximo. | [cur.] aed. sacr. [et oper.] pub. Ded. | ..... Sept. Quintillo et Prisco | cos ².

1. Cf. Löwy, *Inschr. griech. Bildhauer*, p. 267, n. 382. — 2. Anno p. C. n. 159.

---

173. Romae, juxta portam Latinam. — *Insc. gr. Sic. et Ital.*, 1268, 1269, 1270, 1271.

Φλ. Ζήνων ἀρχιερεὺς καὶ διαση(μότατος)¹ Ἀφροδισιεὺς ἐποίει.

1. Scil., vir perfectissimus. Cf. de Flavio Zenone Löwy, *Inschr. griech. Bildhauer*, p. 257, n. 364.

---

174. Romae, ad viam *delle sette sale*, in basi statuae. — *Insc. gr. Sic. et Ital.*, 1273.

Φλ. Χρυσέρως Ἀφ|ροδισιεὺς ἐποίει].

Tria ejusdem tituli exemplaria, ibidem reperta sunt (*Insc. gr. Sic. et Ital.*, 1274, 1275, 1276). Cf. Visconti, in *Bullett. comun.*, 1886, p. 319, tab. XI.

---

175. Romae? in duabus columnis unius tabulae. — *Insc. gr. Sic. et Ital.*, 1297.

Col. II.

Post 27 versus ubi nonnulla memorantur ad res graecas pertinentia legitur :

Ἀρ᾿ οὗ Γαλάται Ῥωμαίους νική[σαντες] | ἔσχον Ῥώμην ἔτη υα᾿¹.|
[Ἀρ᾿ οὗ... ανεις.... |

Col. I.

..... [Ἀρ᾿ οὗ Σύλλας] ἐπὶ Μιθ[ρα|δα]τικὸν πόλεμον ἐξῆλ[θε | καὶ Σ]ωτὴρ

ὁ Φύσκων πα[ρ|ῆν] τὸ δεύτερον καὶ κα'τελ|θὼν εἰς Αἴγυπτον ἐβασίλε|υσεν ² ·
ἀρ' οὖ ἔτη ργ' ³.|
Ἀρ' οὖ Μάριος Ὡστίαν καταλα|βόμενος καὶ ἀναγκάσας συν θέσ θαι, οὐκ
ἐμμείνας τῆι πίστει|| Ὀκτάουιον ⁴ ἀπέκτεινεν, Σύλλας δὲ ἐπὶ τῆ<ι>ς Ἀττικῆς
Ἀθήνας | ἐξεπολιόρκησεν ἔτη ρβ' ⁵.|
Ἀρ' οὖ Φιμβρίας Μιθραδάτου στ|ρατόπεδον περὶ Κύζικον ἐνίκησεν καὶ Ἴλιον
ἐξεπο|λιόρκησεν καὶ ὑπὸ Σύλλα | συνσχεθεὶς ἑαυτὸν ἀνεῖ|λεν καὶ Μιθραδάτης
πρὸς|| Σύλλαν συνθήκας ἐποιή|σατο καὶ Φιλοπάτωρ τὸ | δεύτερον εἰς Βιθυνίαν |
κατελθὼν ἐβασίλευσεν ⁶ καὶ | Ἀριοβαρζάνης εἰς Καππα||δοκίαν κατήχθη ⁷ · ἀρ'
οὖ ἔτη ρ' ⁸.|
Ἀρ' οὖ Σύλλας Νωρβανὸν νικᾷ | περὶ Καπύην καὶ Μάριον τὸν | ὕπατον ⁹ ἐν
Πραενέστωι συν|κλείσας διαδιδράσκοντα || ἀπέκτεινεν · ἀρ' οὖ ἔτη ζη' ¹⁰.|
['Αρ'] οὖ Σύλλας δικτάτωρ ἐγένετο | [ἔ]τη μέχρι τοῦδε ζζ' ¹¹.|
['Αρ'] οὖ Σωτὴρ] ὁ Φύσκων ἐπι[κλ]ηθεὶς ἀπέθα]νεν ἔτη ζς' ¹².||
[...........] ριλα | [.........]

1. Anni 401. — 2. Hic Soter Physcon est Ptolemaeus Soter dictus, vel Philometor, vel
etiam Lathyros, qui regnum in Aegypto obtinuit primum ab anno ante C. n. 116 usque
ad annum 108, postea pulsus est Alexandria, dein rediit anno ante Chr. n. 88 et rex
denuo factus est. — 3. Anni 103. — 4. Cn. Octavius, consul anni U. C. 667, ante
C. n. 87. — 5. Anni 102. — 6. Nicomedes III Philopator, rex Bithyniae, amicus populi
Romani, regno pulsus erat a fratre Socrate, qui partes Mithradatis Eupatoris in Asia
tenebat. Mithridate victo apud Cheroneam et Orchomenum, et Sylla Asiam ingresso,
Philopator denuo regnum adeptus est. — 7. Eadem sors Ariobarzanis, Cappadociae regis,
fuit atque Nicomedis Philopatoris. Regno pulsus a Mithradate, in regnum revocatus
est a Romanis. — 8. Anni 100. — 9. C. Marius, C. Marii filius, consul fuit anno U. C.
672, ante C. n. 82 : eodem anno, Praeneste capta, interfectus est aut sibi ipsi mortem
conscivit. — 10. Anni 98. — 11. Anni 97. — 12. Anni 96. — Tabula scripta esse videtur
anno p. C. n. 15/16. Cf. Henzen, Annali, 1853, p. 83; Rhein. Mus., IX 1854, p. 161.

176. Romae, in hemisphaerio vel solario. — Insc. gr. Sic. et Ital., 1307.

Ἰανουάριος	Τοξ[ευτής)	Αἰγόκερως	Δεκέμβριος
Φεβράριος	Σκο[ρπίος)	Ὑδρ[οχοεύς)	Νοέμβριο ς
[Μ]άρτιος	Ζυγ[ός)	Ἰχθ[ύς)	Ὀκτώβρι[ος
['Απ]ρίλιος	Παρθ[ένος)	Κρεῖ[ος)	Σεπτέμβ[ριος
[Μα]ῖος	Λέων	Ταῦρ[ος)	Αὔγο[υστος)
['Ιούν]ιος	Καρκί(νος)	Δίδυμ(οι)	Ἰ[ούλιος)

177. Romae, in basi dodecagona. — *Insc. gr. Sic. et Ital.*, 1308.

a. Ori|ens. |	Ἀρη|λιώ|της |	Sola'nus
b.	Κακί|ας |	Vul tur|nus
c.	Βορέ|ας |	Aqui|lo
d. Sep|ten|trio |	Ἀπαρ|κ(τ)ίας [1] |	Septen trio
e.	Θρα|κίας |	Cir|cius
f.	Ἰάπυξ [2] |	Cho|rus
g. Occi|dens |	Ζέφυ ρος |	Fauo nius
h.	Λίψ |	Afri|cus
i.	Λιβό νοτος |	Austro|afri cus
j. Meri|dies	Νότος	Auster
k.	Εὐρό|νοτος |	Euro aus|ter
l.	Εὖ|ρος |	Eu rus

1. Ἀπαρκτίας, seu ἀπὸ ἄρκτου ἄνεμος. — 2. Apud Plinium (*Hist. nat.*, II, 47), Ἰάπυξ dicitur Ἀργεστής. De ventorum numero et nominibus apud Graecos Romanosque, cf. Plinium (loc. cit.).

---

178. Inter multos titulos qui graphio aut penicillo parietibus domus Gelotianae in Palatino monte inscripti usque ab nostram aetatem remanserunt *Bullett. comun.*, 1893, p. 248 sqq.; 1894, p. 89 sqq.; 1895, p. 193 et sqq. paucos elegimus prae caeteris memorabiles.

a) Ἀλέξαμενὸς fidelis (*op. cit.*, n. 74).

b) Ἀλέξαμενὸς σέβετε θεόν [1] (129).

c) Βάσσος πυγίζον [2] (99).

d Ἀσκληπιοδότος ὁ Σκύθης (130).

e Νεικάενσις Ἀφρικανός Ἀφρομηγῖνος (205).

f Ζώσιμος Ἕλλην (215).

g Μᾶρκος Αὔλυς [3] Ὀλυμπο῀ς η [4] VII \| βιγούλω ν Σεβη\|ριανά [5] ρή(κι) σηβα\|κιάρια [6] (308   *C. I. L.*, VI. 3050 .

1. De hoc titulo notissimo cf. Kraus, *Realencyklopädie*, II, p. 774; Wünsch, *Sethianische Verfluchungstafeln*, p. 111 et sqq. — 2. Πυγίζων = πυγίζων, latine, paedicans. — 3. Αὔλυς pro Αὖλος. — 4. Nota littera graeca Η significari cohortem. — 5. Vigilum Severiana. — 6. Cf. supra n. 142, not. 2.

179. Romae, ad basilicam S. Pauli. — *Insc. gr. Sic. et Ital.*, 1315.

Ἕκτον ἐπ᾽ εἰκοστῷ πλήσας ἔτος | Ἄβγαρος [1] ἔνθα |
ταργύθη, μοιρῶν ὡς ἐπέκλωσε μίτος · |
ᾧ φθόνος ὡς ἄδικός τις ἀπέσβεσεν || ἀρχόμενον ῥῶς, |
λυπήσας δὲ [2] γένος καὶ φίλους ἑτέρους. |
Τύμβον δ᾽ Ἀντωνῖνος ἑῷ θέτο | τοῦτον ἀδελφῷ · |
οἷσιν ὁ πρὶν βασιλεὺς Ἄβγαρος [3] | ἦν γενέτης.

1. Est Severus Abgarus X, Edessenorum rex ultimus, qui, anno 216 p. C. n. a Severo Antonino captus, Romam adductus est ibique interiit. — 2. Δ᾽ in τὸ corrigit Kaibel. — 3. « Abgarus pater, antea rex » est L. Aelius Septimius Abgarus IX, Edessenorum rex ab anno p. C. n. 179 usque ad annum 214. Cf. *Prosop. imp. rom.*, I, p. 3 n. 7 et 8, et Pauly-Wissowa, *Realencyclopädie* s. v. *Abgar*, n. 9 et 10.

---

180. Romae. — *Insc. gr. Sic. et Ital.*, 1325.

Ἀγρίππας Φο|ύσκου Φαινή|σιος [1] θεοσεβής.

1. Phaenesius, id est ex oppido Phaeno vel Phaena oriundus, in Idumaea sive Arabia Petraea, inter Zoaram et Petram, sito : unde conjicias hunc Agrippam Fusci f., θεοσεβῆ, Judaeum fuisse.

---

181. Romae, ad S. Stephanum in Caco. — *Insc. gr. Sic. et Ital.*, 1329.

II. Αἴλιος | Ἀσκληπιά|δης κατὰ | δια|θήκην [1].

1. Scil. ex testamento.

---

182. Romae, ad amphitheatrum. — *Insc. gr. Sic. et Ital.*, 1330.

Θ(εοῖς) κ(αταχθονίοις). | Τ. Αἴλιος | Ἀσκληπιάδης | Σεβαστοῦ | ἀπελεύθε-
ρος | ἰατρὸς | λούδ,ου) ματ(ουτίνου) [1] | χειρ(ουργός).

1. Scil. medicus chirurgus ludi matutini quo praesertim bestiarii venatoresque pugnabant : cf. *C. I. L.*, VI, 10171, 10172.

---

183. Romae. — *Insc. gr. Sic. et Ital.*, 1343.

Ὁ πατὴρ | Αἰλίῳ Φαύστῳ | ἀγαθῷ ἥρωι | στεφανηφόρῳ.

184. Romae. — *Insc. gr. Sic. et Ital.*, 1348.

5 Θ(εοῖς) κ(αταχθονίοις). | Αἰλία Βικτωρία ¹ | Αἰλίῳ Φιλο|κάλῳ Θρεπτῷ ‖ ζήσαντι ἔτη ιε´ | μνήμης χάριν | ἐποίησε, γένος Τυρίῳ.

1. Sic lapis : Βικτωρῖνα corrigit Kaibel.

185. Romae. — *Insc. gr. Sic. et Ital.*, 1349 ; *C. I. L.*, VI, 10939.

Κ(αταχθονίοις) Θ(εοῖς). | Αἰλία Μάξιμα | Ζουλίαι Εἰρίνηνι | ματρι βενε με-ρεντι | φηκιτ ¹.

1. Id est matri bene merenti fecit.

186. Romae. — *Insc. gr. Sic. et Ital.*, 1452.

Αὐρήλιος Ἀφροδίσιος (σ)τρατι|ώτης πραιτωριανὸς Λουκίῳ | Αἰλιανῷ τῷ 5 κηδεστῇ μου τὴν | σορόν · καὶ βούλομαι μηδένα ἕτερον ‖ ἀνῦξαι · εἰ δέ τις τολμήσει, δώσει προσ|τίμου τῷ ἱερωτάτῳ ταμιείῳ ¹ (δηνάρια) ͵ε´ ² καὶ τοῖς | κληρονόμοις (δηνάρια) ͵ε´. Χαίρετε. |

1. Scil. fisco imperatoris. — 2. « Numerale utrubique non ε´ (quinque), sed ͵ε´ (quinque millia) scripsi, quae solita multa est. » Kaibel, jure quidem.

187. Romae. — *Insc. gr. Sic. et Ital.*, 1366.

[Hic iacet Ogygii Bacc]hi dei nota | [sacerd]os | [Pastophorus] quae Deae Nilo|[Iidis usq(ue) p]udica, ‖ 5 [Nomine Ale]xandria, cui flos | [nixd]um (?) iuuentae, | [Cum iam P]arcarum nota sustu|[lit] innida Diti|.

['Ενθά]δε Ἀλεξάνδρια κόρη πρόπολος ¹ Διονύσου | 10 [π]αστοφόρος ² τε θεᾶς Νειλωτίδος Εἴσιδος ἁγνῆς | εἴκοσι δὶς πληρώσασα χρόνο[υς?] κεῖται λυκαβάντων.

1. Scil. sacerdos. — 2. De pastophoris Isidis, v. G. Lafaye, *Histoire du culte des divinités d'Alexandrie*, p. 146.

188. Romae, in via Appia. — *Insc. gr. Sic. et Ital.*, 1368.

Ἄλκηστις τοὔνομα | τῶι δ᾽ ἐπὶ τύμβωι κεῖ|μαι σὺν θυγατρὶ Ἑρμιόνῃ | βιώσασα
5 δ᾽ καὶ κ᾽ ἔτος · πα|τρὶς δ᾽ ἐμοὶ ὑπάρχει Ἀσίη|θεν Ἀφροδισιάς · εὐσεβεί|ης
δὲ εἵνεκα, ἧς τοὔνομα | ἐκόσμησα, καὶ γέγονα Ἄλ κηστις ἐκείνη ἡ πάλαι
10 φί|λανδρος, ἣν καὶ θεοὶ καὶ βρο τοὶ ἐμαρτύρησαν σω φροσύνης εἵνεκα · τοῦ των
15 δ᾽ ἐμοὶ μείζων μάρ|τυς σύμβιος ¹, ὃς καὶ εὐσεβίην πᾶσαν εἰς ἐμὲ | ἐξετέλεσσεν,
ὧι καὶ θε|οὶ ἀμοιβὰς καὶ τὰ δίκαια | τὰ ἡμέτερα ἀποδοῖεν. | Κλ. Μάξιμος
20 ἰδίαι | συμβίωι καὶ θυγατρὶ | μνήμης εἵνεκα ἐποίει.

1. « Μείζων μάρτυς etsi fortasse explicari potest ita ut sit testis luculentior illis qui de
Alcestide testati sunt, tamen vereor ne scriptor voluerit τούτων δ᾽ ἐμοὶ ζῶν μάρτυς σύμβιος. »
Kaibel.

189. Romae. — *Insc. gr. Sic. et Ital.*, 1369.

5 Ἀλλονια | Μαρκελα ϛη|κιτ μαριτο σου|ο βενε μερε ν)τι Α|λονιο Ζωτικο · | ανως
βιξιτ μικ|ου | XXII.

Intellege : Allonia Marcella fecit marito suo bene merenti Alonio Zotico; annos vixit
mecum XXII.

190. Romae, ut videtur; nunc est Neapoli in museo. — *Insc. gr. Sic. et Ital.*, 1371.

5 Θεοῖς κατα|χθονίοις. Ἄλυ ει πραγματευ|τῇ ¹, ὃς ἔζησεν | ἔτη με´ συμ βίῳ,
10 μεθ᾽ οὗ | ἔζησα ἔτη δέκα, | Αὐρηλία Ῥηγεῖ να μνήμης | χάριν ἀνέθηκα.

1. Negotiator.

191. Romae. — *Insc. gr. Sic. et Ital.*, 1372.

5 Π. Ἀλφηνὸς | Μαρτιάλης | Λαοδικεὺς τῆς Ἀσίας πα|ρέδοις χαί ρειν · πατὴρ
ἐ|ποίησε τῷ ἰδίῳ | τέκνῳ, ζήσαν|τι ἔτη θ´.

192. Romae. — *Insc. gr. Sic. et Ital.*, 1374.

Ὁ κλεινὸς ἶνις βασιλέως Ἀμαζάσπος ¹
ὁ Μιθριδάτου βασιλέως κασίγνητος, |
ᾧ γαῖα πατρ ὶς Κασπίας παρὰ κλήθρας, |

Ἴϭηρ Ἴϭηρος, ἐνθαδὶ τετάρχυται |
πόλιν παρ' ἱρήν², ἥν ἔδειμε Νικάτωρ |
ἐλαιόθηλον ἀμφὶ Μυγδόνος νᾶμα · |
θάν[ε]ν δ' ὀπαδὸς Αὐσόνων ἀγήτορι |
μολὼν ἄναξ[τι Παρθικὴν ἐφ' ὑσμίνην³, |
πρίν περ παλά[ξ]αι χεῖρα δηΐῳ λύθρωι, ||
ἴφθιμον αἴαι χεῖρα δουρὶ κα[ὶ τ]ϭξω[ι] |
καὶ φασγάνου κνώδοντι, πεζὸς ἱπ πεύς τε ·]
ὁ δ' αὐτὸς ἴσος παρθένοισιν αἰδοίαις.

1. De Amazaspo, cf. *Prosop. imp. rom.*, I, p. 52, n. 409. — 2. Nisibis, sive Antiochia Mygdonia. — 3. Pugnavit et cecidit Amazaspus, partes Romanorum amplexus in bello quod Trajanus contra Parthos anno 115-116 p. C. n. gessit. Verisimile est Amazaspi, primum ad Nisibim sepulti, ossa ex Mesopotamia Romam transvecta esse.

In via Appia tertio ab Urbe lapide, Herodem Atticum in honorem Anniae Regillae uxoris « luminis domus, cujus haec praedia fuerunt » (cf. n° 193', Triopeum constituisse notum est. Idem in eadem regione Cereri Faustinaeque, et Minervae Nemesique fana consacravit quorum in altero (qui hodie templum Dei Redicüli dicitur) uxoris heroum et statuam collocavit. Cf. Lanciani, *Pagan and christian Rom.*, p. 288 sqq. Ad quae pertinent quatuor inscriptiones quae infra transcriptae sunt. De Appia Regilla cf. *Prosop. imp. rom.*, I, p. 79, n. 557 ; de Claudio Attico Herode, *ibid.*, p. 351, n. 654.

193. *Insc. gr. Sic. et Ital.*, 1391 : *C. I. L.*, VI, 1342.

Ἀννία Ῥήγιλλα | Ἡρώδου γυνή, τὸ φῶς | τῆς οἰκίας, τίνος ¹ ταῦ]τα τὰ χωρία
γέγοναν. ||

5 Annia Regilla, | H[e]rodis uxor, | lumen domus, | cuius haec praedia | fuerunt.

1. l. e. ῆς τινος.

---

194. *Insc. gr. Sic. et Ital.*, 1389.

Λ Μαρκέλλου.|

Δεῦρ' ἴτε, Θυβριάδες, νηὸν ποτὶ τόνδε, γυναῖκες, |

Ῥηγίλλης ἕδος ἀμφὶ θυσκόα ἱρὰ φέρουσαι · |

ἡ δὲ πολυκτεάνων μὲν ἔην ἐξ Αἰνεαδάων, |

Ἀγχίσεω κλυτὸν αἷμα καὶ Ἰδαίης Ἀφροδίτης, |

γήματο δ' ἐς Μαραθῶνα · θεαὶ δέ μιν οὐρανίωναι

τίουσιν Δηώ τε νέη Δηώ τε παλαιή, |

τῇσί περ ἱερὸν εἶδος ἐυζώνοιο γυναικὸς

ἀγκεῖται · αὐτὴ δὲ μεθ' ἡρώνῃσι νένασται |

ἐν μακάρων νήσοισιν, ἵνα Κρόνος ἐνθασιλεύει · |

τοῦτο γὰρ ἀντ' ἀγαθοῖο νόου εἴληχεν ἄποινον, |

ὡς οἱ Ζεὺς ᾤκτειρεν ὀδυρόμενον παρακοίτην, |

γήραϊ ἐν ἀζαλέωι χήρῃ περικείμενον εὐνῇ, |

οὕνεκά οἱ παῖδας μὲν ἀμύμονος ἐκ μεγάροιο |

Ἅρπυιαι κλωθῶες ἀνηρείψαντο μέλαιναι |

ἡμίσεας πλεόνων · δοιὼ δ' ἔτι παῖδε λιπέσθην, |

νηπιάχω ἀγνώ τε, κακῶν ἔτι πάμπαν ἄπυστω, |

οἵην σφι νηλὴς κατὰ μητέρα πότμος ἔμαρψε, |

πρίν περ γηραιῇσι μιγήμεναι ἠλακάτῃσι · |

τῶι δὲ Ζεὺς ἐπίηρον ὀδυρομένωι ἀκόρητον |

καὶ βασιλεὺς Διὶ πατρὶ φυὴν καὶ μῆτιν ἐοικώς, |

Ζεὺς μὲν ἐς ὠκεανὸν θαλερὴν ἔστειλε γυναῖκα |

αὔρῃσι Ζεφύροιο κομιζέμεν Ἠλυσίηισιν, |

αὐτὰρ ὃ ἀστερόεντα περὶ σφυρὰ παιδὶ πέδιλα |

δῶκεν ἔχειν, τὰ λέγουσι καὶ Ἑρμάωνα φορῆναι, |

ἦμος ἔτ' Αἰνείαν πολέμου ἐξῆγεν Ἀχαιῶν |

νύκτα διὰ δνοφερήν · ὃ δέ οἱ περὶ ποσσὶ σαωτὴρ |

παμφανόων ἐνέκειτο σελ[ηναίη]ς κύκλος εὐρ[ύς]. |

Τὸν δὲ καὶ Αἰνεάδαι ποτ' ἐνερράψαντο πεδίλῳ |

[ἔμμεναι] Αὐσονίοις εὐηγενέεσσι γέρα σ.α. |

Οὔ μιν ὀνόσσηται καὶ Κεκροπίην περ ἐόντα |

Τυρσηνῶν ἀρχαῖον ἐπισσύριον γέρας ἀνδρῶν, |

Ἑρσης ἐκγεγαῶτα καὶ Ἑρμάω, εἰ ἐτεὸν δὴ |

Κῆρυξ Ἡρώδεω πρόγονος Θησειάδαο. |

Τοὔνεκα τειμήεις καὶ ἐπώνυμος, ἤ μὲν ἄνασσαν |

ἐς βουλὴν ἀγέρεσθαι, ἵνα πρωτόθρονες ἕδραι, |

Ἑλλάδι δ' οὔτε γένος βασιλεύτερος οὔτε τι φωνήν |
Πρώεω · γλῶσσαν δέ τέ μιν καλέουσιν Ἀθηνέων. |
Ἣ δὲ καὶ αὐτή περ καλλίσφυρος Λινειώνη |
καὶ Γανυμηδείη καὶ Δαρδάνιον γένος ἦεν |
Τρωὸς Ἐριχθονίδαο · σὺ δ', ἰ φίλον, ἱερὰ ῥέξαι |
καὶ θῦσαι · θυέων ἀτὰρ οὐκ ἀέκοντος ἀνάγκη · |
ε[ὖ] δέ τοι εὐσεβέεσσι καὶ ἡρώων ἀλεγίζειν · |
οὐ μὲν γὰρ θνητή, ἀτὰρ οὐδὲ θέαινα τέτυκται · |
τοὔνεκεν οὔτε νεὼν ἱερὸν λάχεν οὔτε τι τύμβον |
οὐδὲ γέρα θνητοῖς, ἀτὰρ οὐδὲ θεοῖσιν ὅμοια. |
Σῆμα [δέ] οἱ νηῶι ἴκελον δήμωι ἐν Ἀθήνης, |
ψυχὴ δὲ σκῆπτρον Ῥαδαμάνθυος ἀμφιπολεύει. |
Τοῦτο δὲ Φαυστείνηι κεχαρισμένον ἧσται ἄγαλμα |
δήμωι ἐνὶ Τριόπεω, ἵνα οἱ πάρος εὑρέες ἀγροὶ |
καὶ χοροὶ ἡμερίδων καὶ ἐλαιήεντες ἄρουραι. |
Οὔ μ[ι]ν ἀτιμήσειε θεὴ βασίλεια γυναικῶν, |
ἀμφίπολον γεράων ἔμεναι καὶ ἐπάονα νύμφην · |
οὐδὲ γὰρ Ἰφιγένειαν εὔθρονος Ἰοχέαιρα, |
οὐδ' Ἕρσην γοργῶπις ἀπητίμησεν Ἀθήνη, |
οὐδὲ μιν ἡρώνηισι παλαιῇσιν μεδέουσα |
Καίσαρος ἰφθίμοιο παρόψεται ἔμπνια μήτηρ |
ἐς χορὸν ἐρχομένην προτεράων ἡμιθεάων, |
ἣ λάχεν Ἠλυσίηισι χοροστασίηισιν ἀνάσσειν |
αὐτῇ τ' Ἀλκμήνη τε μάκαιρά τε Καδμειώνη. |

B   Πότνι' Ἀθηνάων ἐπιήρανε Τριτογένεια, |
ἥ τ' ἐπὶ ἔργα βροτῶν ὁράαις, Ῥαμνουσιὰς Οὖπι, |
γείτονες ἀγχίθυροι Ῥώμης ἑκατοντοπύλοιο, |
πείονα δὴ καὶ τόνδε, θεά, τειμήσατε χῶρον, |
δῆμον Δηώοιο φιλόξεινον Τριόπαο, |
τόφρα κε καὶ Τριόπειαι ἐν ἀθανάτοις ἀλέγησθον. |
Ὡς ὅτε καὶ Ῥαμνοῦντα καὶ εὐρυχόρους ἐς Ἀθήνας |
ἤλθετε, δώματα πατρὸς ἐριγδούποιο λιποῦσαι, |
ὡς τήνδε ῥώεσθε πολυστάφυλον κατ' ἀλωήν, |

λήιά τε σταχύων καὶ δένδρεα βοτρυόεντα |
λειμώνων τε κόμας ἀπαλοτρεφέων ἐρέπουται. |
Ὕμμι γὰρ Ἡρώδης ἱερὴν ἀνὰ γαῖαν ἔηκε |
τὴν ὅσσην περὶ τεῖχος εὔτροχον ἐστεφάνωται. |
ἀνδράσιν ὀψιγόνοισιν ἀκινήτην καὶ ἄσυλον |
ἔμμεναι · ἣ δ' ἐπί οἱ ἐξ ἀθανάτοιο καρήνου |
σμερδάλεον σίσασα λόφον κατένευσεν Ἀθήνη, |
μή τωι νήποινον βῶλον μίαν ἢ ἕνα λᾶαν |
ὀχλίσσαι, ἐπεὶ οὐ Μοιρέων ἀτρεῖες ἀνάγκαι, |
ὅς κε θεῶν ἐδάεσσιν ἀλιτροσύνην ἀναθήη. |
Κλῦτε, περικτίονες καὶ γείτονες ἀγροιῶται, |
ἱερὸς οὗτος ὁ χῶρος, ἀκίνητοι δὲ θέκιναι |
καὶ πολυτίμητοι καὶ ὑποσχεῖν οὖας ἕτοιμαι · |
μηδέ τις ἡμερίδων ὄρχους ἢ ἔ[π] ἄλσεα δενδρέων |
ἢ ποίην χιλῶι εὐαλδέι χλωρὰ θέουσαν |
δμωὴν κυανέου Ἀίδος [π]ήξειε μάκελλαν, |
σῆμα νέον τεύχων ἠὲ πρότερον κεραΐζων · |
οὐ θέμις ἀμφὶ νέκυσσι βαλεῖν ἰρόχθονα βῶλον, |
πλὴν ὅ κεν αἵματος ἧισι καὶ ἐκ γένος ἐσσαμένο[ιο] · |
κείνοις δ' οὐκ ἀθέμιστον, ἐπεὶ τιμάορος εἴ στωρ · |
καὶ γὰρ Ἀθηναίη [ποτ'] Ἐριχθόνιον βασιλῆα |
νηῶι ἐνκατέθηκε συνέστιον ἔμμεναι ἱρῶν. |
Εἰ δέ τωι ἄκλυτα ταῦτα καὶ οὐκ ἐπιπείσεται αὐτοῖς, |
ἀλλ' ἀποτιμήσ'ε]ι, μή οἱ νήςιτα γένηται, |
ἀλλά μιν ἀπρόφατος Νέμεσις καὶ ῥόμβος ἀλάστωρ ‖
τίσονται, στυγερὴν δὲ κυλινδήσει κακότητα · |
οὐδὲ γὰρ ἴφθιμον Τριόπεω μένος Αἰολίδαο |
ὦναθ', ὅτε νειὸν Δημήτερος ἐξαλάπαξεν. |
Τῶι ἤτοι ποινὴν καὶ ἐπωνυμίην ἀλ[έ]ασθα[ι] |
χώρου, μή τοι ἔπηται ἔπι Τρ[ι]όπειος Ἐρινύς. |

De his titulis cf. E. Q. Visconti, Iscriz. gr. triopee ora Borghesiane in libro dicto Opere varie, I, p. 237-362; Froehner, Insc. gr. du Louvre, p. 9-24; Kaibel, Epigr. gr., 1046; Vidal-Lablache, Hérode Atticus, p. 5 et seq.; p. 74-77.

195. In columnis duabus positis in Triopei introitu. — *Insc. gr. Sic. et Ital.*, 1390.

A

ab una parte.

5-10 Ὀδενὶ | θεμι|τον με|τακινε|σαι εκ το | Τριοπιο | ho εστιν | επι το | τριτο | εν τει |
15-20 hoδοι | τει Ἀππια | εν τοι | Ηεροδο | αγροι · ο|γαρ λοι|ον τοι | κινεσαν|τι. Μαρ|τυς
δαι|μον | Ενhοδια. |

ab altera parte.

25 Και hοι κιο|νες Δεμετρος | και Κορες | αναθεμα | και χθονι|ον θεον και |

B

ab una parte.

5 Ὀδενι θε|μιτον με᾽τακινεσαι | εκ το Τριο|πιο ho εσ|τιν επι το|τριτο εν|τει hoδοι |
10-15 τει Ἀππιαι | εν τοι Ηερο|δο αγροι · | ο γαρ λοι|ον τοι | κινεσαντι. | Μαρτυς |
δαιμον | Ενhοδια. |

ab altera parte.

20 Και hοι κιονες | Δεμετρος και | Κορες αναθεμα | και χθονι|ον θεον. |

De litterarum forma et de iis quae ad grammaticam spectant, cf. *C. I. Gr.*, 26; Vidal-Lablache, *Hérode Atticus*, p. 68 et suiv.

Sic lege : Οὐδενὶ θεμιτὸν μετακινῆσαι ἐκ τοῦ Τριοπίου, ὅ ἐστιν ἐπὶ τοῦ τρίτου ἐν τῇ ὁδῷ τῇ Ἀππίᾳ ἐν τῷ Ἡρῴδου ἀγρῷ · οὐ γὰρ λῷον τῷ κινήσαντι. Μάρτυς δαίμων Ἐνοδία.

Καὶ οἱ κίονες Δήμητρος καὶ Κόρης ἀνάθημα καὶ χθονίων θεῶν.

196. *Insc. gr. Sic. et Ital.*, 1392.

Ἡρώδης μνημεῖον καὶ | τοῦτο εἶναι τῆς αὐτοῦ | συμφορᾶς καὶ τῆς ἀρε|τῆς
5 τῆς γυναικός. | Ἔστιν δὲ οὐ τάφος · τὸ | γὰρ σῶμα ἐν τῇ Ἑλλάδι | καὶ νῦν
10 παρὰ τῷ ἀνδρὶ | ἐστίν. Τὸν ἐκ ταύτης | παῖδα εἰς τοὺς Εὐπα|τρίδας ἐν Ῥώμῃ
ἐνέγρα|ψεν Ἀντωνῖνος αὐτο|κράτωρ, Εὐσεβὴς ὑ|πὸ τῆς πατρίδος καὶ | πάντων
15 κληθείς, ᾿] ἀνενεγκὼν εἰς τὴν | βουλὴν συνκλήτου | δόγματι.

Cf. Michaelis, *Anc. Marbles*, p. 27; — Vidal-Lablache, *Hérode Atticus*, p. 171-172.

197. Romae. — *Insc. gr. Sic. et Ital.*, 1401 ; *C. I. L.*, VI, 12006.

5 Αντονιο Ποτεολα|νο φιλιο δουκισιμ|ο δεν μερτι Τ. Ατο|νιος Μαρινος π|ατερ
φηκιτ ¹.

1. Lege : Antonio Puteolano filio dulcissimo ben e) mer(en fi T. A(n)tonius Marinus
pater fecit.

---

198. Romae, ad S. Susannam. — *Insc. gr. Sic. et Ital.*, 1402.

5 Θ(εοῖς) χ(αταχθονίοις). | Λ. Ἀντωι|νίῳ Ὑακίν|θῳ, Λαοδιχεῖ | τῆς Ἀσίας,
στρα|τηγῷ, Ἀσίαρ|χῃ ¹, Εὐτύχης | ἀπελεύθερος | μνίας χάριν.

1. L. Antonius Hyacinthus fuit praetor (στρατηγός) Laodiceae, et Asiarches, i. e.
sacerdos Augusti provinciae Asiae.

---

199. Romae. — *Insc. gr. Sic. et Ital.*, 1408.

Ἀπρωνιά|δι κατοι|χομένῃ | Λαδικηνῇ ¹.

1. I. e. Λαοδικηνῇ, Laodicensi.

---

200. Romae. — *Insc. gr. Sic. et Ital.*, 1413.

Δ(ις) Μ(ανιβυς). Μ. Ἀργεναίῳ ¹ | Εὐτάκτῳ Λαιδε|ράλις ὁ ἴδιος ἀ|δελφὸς τὴν
5 καμά|ξαν μνείας χάριν | καὶ εὐεργεσιῶν και | εὐνοίας πάσης, μέχρις θανάτου
10 εὐνοήσαντα, ἔτε|σιν ε΄ συνξεναιτεύσαντα | ἔθηκα τὸν ἀδελφὸν ἐτῶν ιδ΄. | Ταυτα,.

1. « Argenaeae gentis non repperi aliud exemplum » Kaibel.

---

201. Romae. — *Insc. gr. Sic. et Ital.*, 1419.

5 Γν. Ἀρρίωι | Στρατοκλεῖ | πλάστηι Ἀθηναίωι | Ἀρρία Ἀρτεμισία | ἀνδρὶ
τιμιωτάτ[ωι] | καὶ ἑαυτῆι ἐποί[ει].

---

202. Romae. — *Insc. gr. Sic. et Ital.*, 1420.

Ἀρτεμὼ Λακωνίς | ἡ Σαβείνου σύνβιος
ἔτεσιν | τοσούτοις — ιδ΄ — ἀλλὰ νῦν | εἰς τοὺς θεούς.

203. Romae, in vinea Cavalieri. — *Insc. gr. Sic. et Ital.*, 1424.

Ἄνερες, οἳ πάρος Αὐσονίων | πέδον εἵκετε, ξεῖνοι, |
βαιὸν ἐπὶ τραφερῇ χθονὶ δερ|κόμενοι τόδε δῶμα |
ἀνδρὸς ἐπιζομένου Ζηνὸς | νόον αἰγιόχοιο, |
ἔς ποτ' ἔδειξε βροτῶν πολυ|πλάγκτοισιν πραπίδεσσιν |
ψυχὴν ἀθανάτην κἀγήραον | ἐκ Διὸς αἴσης, |
μάρτυρα Φοῖβον ἀμύμ(ω)σιν | <ἐν> σελίδεσσι χαράξας. |
Οὐδ' ἄρα θνητὸς ἔην, ὑπ' ἀνάγ|κης δ' ὑψιμέδοντος |
τύμβῳ εἰναλέῳ πεπεδημέ|νος ἤνυσεν οἶμον · |
ἐκ ῥεθέων δ' ἅμα στείχων σε|μνὸν ἔδη Διὸς οἶκον, |
Λητοΐδη καὶ Μούσαις βωμὸν | ὑπ' ἠέρι τεύξας ·
εἰητὴρ δ' ἅμ' Ἀσκληπιάδης ¹ μα|κάρων τρίβον ἤει, |
χρημοσύνην δ' ἔλιπεν πολυκή|ριον ἐν νεκύεσσιν.

1. Apud medicos aetate imperatoria nomen Asclepiades non rarum ; cf. Pauly-Wissowa, *Realencyclopädie*, sub v. Asclepiades, n. 37-46. « Asclepiades hic fuit medicus, librumque scripsit de immortalitate animae. » Kaibel.

---

204. Romae. — *Insc. gr. Sic. et Ital.*, 1429.

Θ(εοῖς) [κ(αταχθονίοις)]. | Ἀσκληπιόδοτος | Μαρκιανοῦ Νικο|μηδεὺς ζήσας ‖
ἔτη δέκα καὶ ἕν, | μῆνας δέκα, | ἡμέρας δέκα. |

---

205. Romae. — *Insc. gr. Sic. et Ital.*, 1430.

Θ(εοῖς) κ(αταχθονίοις). | Ἀσκληπιό δοτο vel δωρο |ς Θεοδώρ ου Ν εικομη-
δε[ὺ]ς ζ[ήσ]ας ἔτε(σι) ν'....... | οιρηγινστ.... μνημε[ῖ]ο ν.]

« Versum sextum non expedio. Videtur nomen fuisse ejus qui posuit monumentum. » Kaibel.

---

206. Romae. — *Insc. gr. Sic. et Ital.*, 1432.

Τέρμα βίου τελέσας | παῖς γ]ήειος ἐνθάδε κεῖ|μαι,
ἀσκήσας [πάσης] εἶδος ὑπο|κρίσεως ·

5

ὀκτωκαίδεκ᾽ ἔ|τη ζήσας Ἀσκληπιόδω|ρος,
γῆς ὢν πρόσθε γό|νος μητέρα γαῖαν ἔχω.

« Asclepiodorus, ut mimus, servus erat, utque servus, nullius generis, sed terrae pro-
genies, terrenus filius. » Kaibel (*Epigr. gr.*, n. 606).

---

207. Romae. — *Insc. gr. Sic. et Ital.*, 1832.

Θ(εοῖς) κ(αταχθονίοις). | Μαργαρίτης πάλος πρῶτος | ἀσσεδαρίων [1], εἶτα
5 ἐπιστάτης, | Ἀταλάντῃ εἰδίᾳ ἀπελευθέρᾳ | μηδὲν ὑπ᾽ αὐτῆς λυπηθίς | μνίας
χάριν. Ἔζησε ἔτη | ιη′, μῆνας β′, ἡμέρας ιγ′ · | εὐψύχι, Ἀταλάντη · ὅσα
γεννᾶτε τελευτᾷ.

1. Essedariorum. Essedarii gladiatores erant, qui pugnabant ex esseda. Quid significent verba πάλος πρῶτος, non plane liquet. De πάλῳ eruditi certant; cf. Boeckh, *C. I. Gr.*,
n. 2663 et Forcellini, *Lexicon*, sub v. Palus.

---

208. Romae. — *Insc. gr. Sic. et Ital.*, 1436.

Υἱὸς ἐγὼ γενόμην Ἀγαπωμενοῦ, ᾧ με μιγεῖσα |
Κουίντα τέκεν θαλερὴ Ῥηγίῳ ἐν ἱερῷ [1]. |
Ἐνδυκέως δὲ τρέφοντες Ἀτείμητόν με κάλεσαν · |
δῶρα δὲ Μουσάων καὶ βρέφος ὢν ἀγαπῶν ||
5 δωδεκέτης ἦλθον Ῥώμην, φίλε, τῆς με καλύπτε ι| |
ἥδε νέον βῶλος, πατρὶ λιπόντ᾽ ἄχεα.

1. Rhegium urbs, ad fretum Siculum sita.

---

209. Romae. — *Insc. gr. Sic. et Ital.*, 1437.

Εἰς θρήνους ἐφύλαξας | Ἀτινίαν [1], ὦ<ι> κακὲ δαῖμον, |
οὐχ ὁσίως ποινὴν εὐσεβίης κατέθου · |
Ῥουστικὸν ἡγεμονῆα [2] πόσιν καὶ παῖδα τιθηνόν |
Πομπήιον μαζῷ θελγόμενον γλυκερῷ, |
Μητέρα Ταρσογενῆ Πομπηίαν ἠδὲ Ποῦδεντας |
υἱὸν καὶ πάππον — φεῦ θανάτων ἀνίσων · |

πάππος μὲν γενεῆς προπάτωρ πέλεν, ἤϊθεος δὲ |
ὤχετ' ἔχων οὐδὲν πλὴν δακρύων πρὸ τάφου.

1. Atinia Pudentis et Pompeiae filia, Rustici uxor, Pudentis et Pompeii mater. — Cf. *Prosop. imp. rom.*, I, p. 177, n. 1099. — 2. Praeses provinciae alicujus; cf. *ibid.*, III, p. 146, n. 156.

---

210. Romae. — *Insc. gr. Sic. et Ital.*, 1574.

5 Ἐπαφρόδειτος | Λουκίῳ Αὐδὶ|ῳ ¹ Καμερεί|νῳ ζήσαν|τι ἔτη ξ'.

1. Αὔδιος respondere videtur gentilicio latino *Avidius*; nam ex titulo bilingui (*C. I. L.*, III, 218 = Lebas-Waddington, 2806), patet gentilicio *Audius* respondere nomen graecum Ὄδιος. Cf. *Prosop. imp. rom.*, I, p. 182, n. 1144.

---

211. Romae. — *Insc. gr. Sic. et Ital.*, 1443.

Αὐρήλιος | Ἀγαθίας | Σύρος μαρμαρά|ριος ¹.

1. Scil. marmorarius.

---

212. Romae. — *Insc. gr. Sic. et Ital.*, 1449.

Κεῖμαι Αὐρήλιος Ἀντώ|νιος ὁ καὶ
ἱερεὺς τῶν τε | θεῶν πάντων, πρῶτον Βουα|δίης ¹,
5 εἶτα Μητρὸς θεῶν καὶ Διο|νύσου καὶ Ἡγεμόνος ² ·
τούτοις | ἐκτελέσας μυστήρια πάντοτε | σεμνῶς
νῦν ἔλιπον σεμνὸν | γλυκερὸν φάος ἠελίοιο ·
10 λοιπὸν | μύσται εἴτε φίλοι βιότητος ἑ|κάστης
πάνθ' ὑπολαυθάνετε τὰ | βίου συνεχῶς μυστήρια σεμνά, |
οὐδεὶς γὰρ δύναται μοιρ[ῶ]ν μί|τον ἐξαναλῦσαι · |
15 ἔζησον γὰρ ἐγὼ Ἀντώνιος οὗ|τος ὁ σεμνὸς
ἔτεσιν ζ' ³, ἡμέραι|σιν ις'. |

Ἐποίησαν Αὐρηλεία Ἀντωνεία καὶ Αὐ|ρήλιος Ὀνήσιμος γλυκυτάτῳ τέκνῳ |
μνήμης χάριν. ‖

20 Θ(εοῖς) χθονίοις.

1. I. e. Bonae deae. — 2. Hegemon nonnunquam dicitur deus Iacchos tanquam dux

pompac Eleusiniae (Roscher, *Lexikon der griech. und röm. Mythologie*, s. v. Hegemon
Archegetes, n. 7). — 3. De puerili aetate Aurclii Antonii cf. Kaibel, *Epigr. gr.*, n. 587
et 588.

---

213. Romae. — *Insc. gr. Sic. et Ital.*, 1451.

Μ. Αὐρ. Ἀπολλώνιος [1] | ὁ καὶ Ὠριγένης, ἱππεὺς | Ῥωμαίων, τὸ κου-
βούκλιν [2] | ἀπήρτισα.

1. Conferendus Aur. Apollonius quidam, procurator Augusti, cui cives et incolae Apolloniae in Pisidia statuam dedicaverunt (*Prosop. imp. rom.*, I, p. 196, n. 1200. — 2. Κου-
βούκλιν, est cubiculum.

---

214. Romae. — *Insc. gr. Sic. et Ital.*, 1454.

Θ(εοῖς) κ(αταχθονίοις). | Μ. Αὐρ. Γρηγόριος Μέλας, | ἱππεὺς Ῥωμαίων), |
5 πολλοῖς τὴν ἑαυτοῦ μνήμης ἀξίαν χρηστότητα | καὶ καλοκἀγαθίαν ἐν|δειξά-
μενος ἔζησεν | ἔτεσι μζ'.

---

215. Romae. — *Insc. gr. Sic. et Ital.*, 1455.

Πατήρ [1] χαῖρε. |
5 D. M. s. | Aurel. Diogeneti | sacerdoti uene | merenti fecit | Aurelia Caenis |
coiux con quem | vixit annis XXX.

1. Aurelius Diogenes fuit *pater* in Mithriacis mysteriis. Cf. Cumont, *Textes et monuments figurés relatifs au culte de Mithra*, n. 559 et p. 317.

---

216. Romae. — *Insc. gr. Sic. et Ital.*, 1462.

Αὐρήλιος Ἰα........ ....οντο ..... [ἐκ τῆς] | Κοίλης Συρίας τ οὗτον
τ[ὸν ....'] | ἐπόησα ἐμαυ τῷ ἐκ τ ῶν [ἰδί ων μοῦ καμάτ ων ..?

1. ΟΥΤΟΝΤ...ΩΜΙ traditur.

---

217. Romae. — *Insc. gr. Sic. et Ital.*, 1464.

Αὐρήλιος Ἰσίδωρ[ος, ἱππεὺς] Ῥωμαίων, ζῶν [ἐποίησα ἐμαυτῷ καὶ Σαλ-
5 βίῃ....... | συμβίῳ μοῦ τὸν αἰώ[νιον] | οἶκον καὶ ἀπελευ θέροις] | καὶ τοῖς
τούτων ἀπελε[υθέ|ρο]ις · εὐστάθι.

218. Romae. — *Insc. gr. Sic. et Ital.*, 1468.

Θ(εοῖς) κ(αταχθονίοις) | Μ. Αὐρηλίου | Κλεάνδρ|ου ἰατροῦ.

219. Romae. — *Insc. gr. Sic. et Ital.*, 1469.

Θ(εοῖς) κ(αταχθονίοις). | Μ. Αὐρηλίῳ Κράτῃ ἰατρῷ | Αἰλία Συντυχία συμ-
5 βίῳ | γλυκυτάτῳ || μνήας χάριν.

220. Romae. — *Insc. gr. Sic. et Ital.*, 1470.

5 Μ. Αὐρήλιος | Μακεδών | βετερανὸς | ἐνθάδε κεῖτε · || μνείαν δέ μοι |
10 τήνδ[ε] ἠτέλεσ(αν) | υἱοὶ στοργῆς | χάριν | Αὐρήλιος Μη||τρόδωρος καὶ Αὐρή-
λιος Ἄτταλος. |

221. Romae. — *Insc. gr. Sic. et Ital.*, 1471.

Θ(εοῖς) κ(αταχθονίοις). | Αὐρ. Νικίου | ἱππικοῦ τοῖς | <τοῖς> λιψάνοις ||
5 ὁ ἀδελφὸς | Κρέων.

1. ΝΙΚΓΟΥ lapis.

222. Romae. — *Insc. gr. Sic. et Ital.*, 1472.

Θ(εοῖς) κ(αταχθονίοις). | Αὐρήλιος | Πάκορος, βασι|λεὺς μεγάλης Ἀρ|με-
5 νίας ¹, ἠγόρακα σαρ|κοφάγο(ν) Αὐρ. Μεριθά|τ[ῃ] ² ἀδελφῷ γλυκυ|τάτῳ,
10 ζήσαντι | σὺν ἐμοὶ ἔτη | νς´, μῆ(νας) β´.

1. De Aurelio Pacoro, Armeniae Majoris rege annis 161 163 p. C. n., cf. *Prosop. imp. rom.*, III, p. 5, n. 22 (s. v. Pacorus). — 2. ΜΕΡΙΘΑΤΙ lapis.

223. Romae, in via Praenestina. — *Insc. gr. Sic. et Ital.*, 1474 : C. I. L., VI, 10049.

M. Aur. Polynices, nat(ione) uer|na, qui uixit ann. XXIX, mens. | IX, diebus V;
5 qui uicit palmas | n(umero) DCCXXXIX sic : in russeo n(umero) || DCLV, in pra-
sino LV, in uene|to XII, in albo n(umero) XVII; prae|mia (sestertinm) XXXX (mi-
lium) n(umero) III, (sestertium) XXX (milium) XXVI ; pu|ra n(umero) XI, octo-
iug(e) n(umero) VIII, dec(emiuge) n(umero) | VIIII, seiug(e) n(umero) III. ||

10   M. Aur. Mollicius Tatianus, natione urena qui uixit ann. | XX, mens. VIII,
diebus VII; qui | uic(it) palmas n(umero) CXXV sic : in rus seo LXXXVIIII, in
15   prasino XXIIII, | in ueneto n(umero) V, in albo n(umero) VII |; praemia (sester-
tium) XXXX (milium) n(umero) II |.

Θρέψε πάτρη 'Ρώμη κλυτὸς ἡνίοχος Πολυνείκης[1] |
     υἱε δύω Μάκαριν[2] Τατιανόν τε κάσιν · |
20   [μοίρ]η δ' ἐν σταδίοισιν ἀγαλλομέν ους κρατεροῖς τιν |
     ἥρ πασεν ὠκυμόρους · τίς φθόν ος.......... |
Θα ρσεῖτον, δύο παῖδε. τεθνηκ ότε καὶ Διός? υἱῷ · |
     [κοι]νὸν ἐπεὶ μερόπων πᾶσι μ ένει τὸ τέλο ς.

1. Polynices, nobilis auriga, pater est M. Aurelii Polynicis Macarii et M. Aurelii Mol-
licii Tatiani. — 2. Fratrum uterque duplici cognomine utebatur : quemadmodum Mol-
licio signum Tatianus, sic alteri Macarius additum erat.

---

224. Romae. — *Insc. Sic. et Ital.*, 1475.

5   Θ(εοῖς) (καταχθονίοις . | M.] Αὐρήλιος | Π ρόκλος Νι κ ομηδεὺς | ἐνθάδε
κεῖ ται · ἔζησεν ἔτη ξ'.

---

225. Romae, in S. Lucia prope Tiberim. — *Insc. gr. Sic. et Ital.*, 1477.

5   Εὐμέλι[1] ζήσαις. | M. Αὐρήλιον | Σατουρνεῖνον[2] | τὸν λαμπρότατ(ον) | Σεπ-
τίμιος | Ἑρμῆς | θρέψας. |

1. Eumelius, nomen sodaliciarium : cf. de Rossi, *Comment. in hon. Mommseni*, p. 705
et sqq. — 2. De M. Aurelio Saturnino, clarissimo viro, vide *Prosop. imp. rom.*, I,
p. 214, n. 1300.

---

226. Romae. — *Insc. gr. Sic. et Ital.*, 1478.

5   Θ(εοῖς) κ(αταχθονίοις). | M. Αὐρη λίῳ Σω κράτῃ ἰατρῷ | ἀρίστῳ Αὐρη λία
Εὐτυχία | συμβίῳ γλυκυ τάτῳ μνίας χάριν.

---

227. Romae, extra portam Piam. — *Insc. gr. Sic. et Ital.*, 1480.

Ἐνθάδε κ[εῖτε χ]ρηστὸς ἥρως, εὐσεβέστατος ἀνήρ, Αὐρήλιος Φῆλιξ πράξας

στρατείας] | τρεῖς, κεντηναρίαν, δουκηναρίαν, καὶ τοὺς καθ᾽ ὅλου λόγους ἐπι-
τροπεύσας ¹.] | Κεῖται δὲ σὺν αὐτῷ υἱὸς αὐτοῦ Αὐρήλιος Ἰοῦστος, γλυκὺ
πνε[ῦμα?... | καὶ ὅσιος, πράξας στρατείας τρεῖς, σεξαγηναρίας τρο[φῶν ²...

1. De Aurelio Felice, a tribus militiis, procuratore centenario, ducenario, et summa-
rum rationum, cf. *Prosop. imp. rom.*, t, p. 205, n. 1247. — 2. De Aurelio Justo, a tribus
militiis, procuratore sexagenario alimentorum..., cf. *ibid.*, p. 210, n. 1271.

---

228. Romae, in via Tiburtina. — *Insc. Sic. et Ital.*, 1487.

Αὐρ. Κύ[ρι]λλα[ν] τὴν | καὶ Ὑπερεχίαν | τὴ[ν] ἑαυτοῦ ἐκγό|νη[ν] Αὐρ.
5 Νεί|κανδρος ὁ λαμ|πρό(τατος) ¹ δυστυχὴς | πάππος.

1. Vir clarissimus.

---

229. Romae. — *Insc. gr. Sic. et Ital.*, 1488.

Θ(εοῖς) κ(αταχθονίοις). | Αὐρηλία Προσέδῳ | Διοσκουρίδης ἀνὴρ | τῇ [ἐ]αυ-
5 τοῦ ¹ συνβίῳ | χρηστοτάτῃ καὶ γλυκυτά|τῃ μνίας χάριν · | εὐψύχει, κυρία, |
10 καὶ δοί(η) σοι ὁ | Ὄσιρις τὸ ψυχρὸν ὕδωρ ‖ · ἐπόησε ἑαυτῷ | καὶ ἀπελευθέρων
ἀπελευθέροις.

1. ΗΛΥΤΟΥ lapis.

---

230. Romae. — *Insc. gr. Sic. et Ital.*, 1490.

5 Αὐρηλίαι Τατίαι | Θυατιρηνῆι τῆι | σωφρονεστάτηι | γυναικὶ | Πακούβιος |
Φρόντων |.

In titulo quodam Thyatireno (*C. I. G.*, 3489) altera Aurelia Tatia occurrit, L. Aurelii
Aristomenis conjux.

---

231. Romae. — *Insc. gr. Sic. et Ital.*, 1492.

Δ. Μ. σ. Ἀβρελιανα ¹ Ηλια Ιυστι uixit αννος VIII μενσες IIII διες III.

1. Id est : Aureliana.

232. Romae. — *Insc. gr. Sic. et Ital.*, 1494.

Ἀφροδίσιος Δημητρίου ὃ καὶ | Ἐπαφρᾶς ἀγαλματοποιὸς | ἐνκαυστής ' καὶ
Ἰλάρα ἀπελε[υ |θέρα καὶ Ἰούλιος Ἀντίοχος |..................

1. De hoc Aphrodisio, ἀγαλματοποιῶ καὶ ἐγκαυστῇ, cf. Loewy, *Inschr. griech. Bildhauer*,
n. 551, p. 376-377. Fortasse idem est atque Aphrodisius Trallianus apud Plinium memoratus (*Hist. nat.*, XXXVI, 38.

---

233. Romae. — *Insc. gr. Sic. et Ital.*, 1500.

Νικαίης προλιπὼν | Βιθυνίδος ὧν ἔτι κοῦρος |
ἄστυ κλυτὸν, γαίην | ἦλθον ἐς Αὐσονίων · |
Ῥώμῃ δ᾽ ἐν ζαθέῃ ψήφο[υς] καὶ μέτρα διδάξα[ς] ',
μνῆμ᾽ ἔλαχον Βασιλεὺ[ς], ἔργον ἐμῆς πραπίδο[ς] ².

1. Basileus Romae mathematicam professus est. — 2. « Intelligo : sepulchrum nactus
sum, quod mihi ex ingenio quaestu facto ipse comparavi. » Kaibel (*Epigr.*, 597).

---

234. Romae. — *Insc. gr. Sic. et Ital.*, 1503.

(Θ)εοῖς] κ(αταχθονίοις) | Βασιλίου | Νέκων ' χά[ι]ριν ἐπόη[σεν ᾽Μ. Αὐρ. | Διονύ-
σις | ἀδελφῷ. | Ἰς ἐῶνα Βενετιανοὺς πρίν|κιπς ³.

1. Non intelligitur; νε(ί)κ(ω)ν proponit Haussoullier dubitans. — 2. Scil. ἐποίησεν. —
3. Ultima verba : ἰς ἐῶνα βενετιανοὺς πρίνκιπς in margine inferiore lapidis scripta sunt.
Quid significent, latet. Dubium est utrum πρίνκιπς au πρίνκιπι legendum sit, utrum βενετιανοὺς an βενετιανοῦ σ(υστήματος). Kaibel ita interpretatur : semper Venetis, princeps, fave!

---

235. Romae. — *Insc. gr. Sic. et Ital.*, 1512.

D. M. s. |

Ἐνθάδε Γαιωνᾶς, ἐς Κίσ|τιβερ ' ἥν ποτε Ῥώμης |
καὶ δείπνοις κρείνας | πολλὰ μετ᾽ εὐφροσύνης, |
κ[ε]ῖμαι τῷ θανάτῳ | μηδὲν ὀφειλόμενος. |

Gaionas animula. |

1. De Cistiberibus, cf. supra n. 70.

236. Romae. — *Insc. gr. Sic. et Ital.*, 1515.

5　Θ(εοῖς) κ(αταχθονίοις). | Λουκίου Γε|λλίου Ηετικ|[ι]ανοῦ Τυνδα|ρείτου τάφος | ἔτη βιώσαντος | κδ΄ ὃν ἐκήδευσεν | ἀδελφὸς συνκαμών.

237. Romae. — *Insc. gr. Sic. et Ital.*, 1516.

Γεμελλο βενε μερεντι βιστι ανος XL | κουν κοζου[γ]ε σουα αννις VIIII Ζουλια [1].

1. Sic legendum : Gemello bene merenti (qui) vixit annis XL, cum conjuge sua annis IX, Julia (fecit).

238. Romae. — *Insc. gr. Sic. et Ital.*, 1525; — *C. I. L.*, VI, 9829.

Γλύκωνι διδασκάλωι. | C. B... Theaetetus et | C. B... Agaphtus et | B... Fellica
5　Glyconis | patri pienlissimo | libertis libertabusque | p. suis f.

239. Romae. — *Insc. gr. Sic. et Ital.*, 1529.

5　Ἐνθάδε κεῖτε | Δέδαλος ἐτῶν | κε΄ κοῦρος ἀνὴρ | ἀπείρατος Κύ|πριδος ἀμερίης · | Φρόντων εἰατὴρ | ἐνωμοτωι [1] ἀνέθηκεν.

1. Sic in lapide ; Kaibel opinatur legendum esse ἐννομόρωι.

240. Romae. — *Insc. gr. Sic. et Ital.*, 1659 ; — *C. I. L.*, VI, 27361 a.

5　D. M.|Θησεὺς | Περγαμηνὸς | Δημητριανῷ | υῷ | μνείας χάριν.

241. Romae. — *Insc. gr. Sic. et Ital.*, 1536.

Θ(εοῖς) κ(αταχθονίοις). | Δημητρίῳ κωμῳδῷ [1] | ὃς ἔζησεν ἔτη κα΄, | μῆνες θ΄,
5　ἡμέρας ιδ΄. | Εὐψύχει, Δημ[ή] τριε · | οὐδεὶς ἀθάνατος. | Μνήμης εἴνεκεν.

In parte aversa :

Amantissimo | filio Theodulo | mater contra | votum fecit.

1. An non idem atque Demetrius ille, comoediarum actor, Quintiliani aequalis? (*Instit. orat.*, XI, 3, § 178, 179; cf. Juven. *Satir.*, III, 99). Vide *Prosop. imp. rom.*, II, p. 6, n. 34.

242. Romae. — *Insc. gr. Sic. et Ital.*, 1612.

5 D. M. | Euresin enthade | ge catechi tha|natoco lachusa(n) | metera ten eu-
le|chnon ; eudemones | parhoditae ¹.

1. Titulus graecus, litterae latinae :

D is) M(anibus).

Εὕρεσιν ἐνθάδε | γῆ κατέχει θα|νάτο[ι]ο λαχοῦσαν |
μητέρα τὴν εὔτε|χνον · εὐδαίμονες, | παρόδῖται.

---

243. Romae. — *Bullett. comun.*, 1899, p. 161.

5 Θ(εοῖς) Δ(αίμοσιν). | Εὐτυχειανῷ ἀ|πελευθέρῳ τιμι|ωτάτῳ Ἀντώνιος | Ἴβηρος ¹
μνήμης | χάριν.

1. Antonium Hiberum quemdam novimus. consulem anno 133 p. C. n. eumdemque
fortasse legatum pro praetore provinciae Moesiae inferioris. Cf. *Prosop. imp. rom.*, I,
p. 100, n. 667, 668.

---

244. Romae. — *Insc. gr. Sic. et Ital.*, 1618.

Κῆρυξ καὶ τάφος εἰμὶ | βροτοῦ πάρος ἀρχεχόροιο ¹ |
Εὐτύχους αἰάζων κῆ|ρα μινυνθάδιον, |
5   ὃς θνητοῖς ψυχὴν πεί|σας ἐπὶ σώμασιν ἐλθεῖν |
τὴν αὐτοῦ μέλεος οὐκ ἀν|έπεισε μένειν ². |

1. Ἀρχέχορος = choragus. — 2. « Sententia arguta parum bene expresse. Explicat
Wilamowitz : *is qui mortalibus corporibus animam alienam) indidit suam tenere non
potuit*. Sed haec si recte intellego, non coryphaei sunt, sed chorodidascali vel poetae ;
intellego : *qui cum animos audientium curis distractos ad corpora revocaret, suum* (i. e. *suam
animam) ne manere quidem in corpore cogere posset*. » Kaibel (*Epigr.*, n. 603 .

---

245. Romae. — *Insc. gr. Sic. et Ital.*, 1537 ; — *C. I. L.*, VI, 16843.

D. M. | Didio Taxiarche lib. fidelissimo |.

Τυτθὸν ἐμὸν παρὰ τύμβον ἐπεὶ | μέλες, ὦ ξένε, βαιὸν
5   στῆσον ἴχνος ‖ παύροις γράμμασιν εἰσορόων · |
ζωὸς ἐὼν [Μο]ύσαισιν ὁ μεῖλεον | ἐν δέ τε παίδων
εὐγενέων ἱερῆς | ἦρξα διδασκαλίης · |

καὶ δὴ καλεύμην Ταξιάρχης ἐν βροτοῖς · |

10   οὐ γὰρ ἐν ἐξαμέτροισιν ἥρμοσεν | τοὔνομ' ἐμόν.

---

246. Romae. — *Insc. gr. Sic. et Ital.*, 1561.

Θρέψε μ' Ἀλεξάνδρεια, μέτοικον ἔθ[αψε δὲ Ῥώμη,] |
αἱ κόσμου καὶ γῆς, ὦ ξένε, μη[τροπόλεις,] |
πάντων μὲν μακάρων ἀγνὴν λά[τριν · ἡ δὲ μ' ἐπαινὴ] |
γήραος ἐκ δολιχοῦ ῥύσατο Φ[ερσεφόνη.] |
5   Εἰ καὶ γηροκόμος με σορὴ διέσω[σεν ἀδελφή,] |
ἀλλ' οὖν εὐσεβέων ἄσμενος α[ὖλιν ἔβην.] |
Τοιγὰρ, ἄνασσ', ἥν πρόσθε[ν] ὑπ' αἰ[θέρος ἤνετας αὐγαῖς,] |
πὰρ ποτὶ σοῖς εὔφρων δ[έ]ξο Δ....

---

247. Romae. — *Insc. gr. Sic. et Ital.*, 1664.

5   Θεοῖς καταχ(θονίοις) |. Εἰδομενεῖ | κοιτωνείτη | Καίσαρος ¹ ἐτῶν || κε', βιώσαντι
10   τὸν | πάντα χρόνον | ἱλαρῶς, | Ἀμφήριστος | κοιτωνείτης Καίσ(αρος) ¹| συντρόφῳ
ἀγαθῷ |, εὐσεβεῖ περὶ θεοὺς | καὶ ἀνθρώπους, | ἐκ τοῦ ἰδίου | ἐποίησεν.

1. Idomeneus et Ampheristos erant ambo *cubicularii* vel *a cubiculo Caesaris*.

---

248. Romae, ad pontem Milvium. — *Insc. gr. Sic. et Ital.*, 1566.

5   Ἐλπιδηφόρῳ | ζήσαντι κα|λῶς ἔτη κδ' | μνήμης χά||ριν Νείκων | ἐπόησεν · |
κολλ<η>γίου Σωζομέ|νου ¹.

1. « Elpidephorus videtur ascriptus fuisse collegio funeraticio a Sozomeno quodam constituto, quanquam singulare est collegium ab uno aliquo homine cognominatum ; minime
persuasit de Rossi verba esse acclamantis (salvo collegio = κολλ<η>γίου σωζομένου) boni
ominis causa ad sodales superstites facta. » Kaibel.

---

249. Romae (?). — *Insc. gr. Sic. et Ital.*, 1569.

Ἐλπὶς ἔμοι γ' ὄνομ' ἐ[στ]ὶ | πατρὶς δ' Ἀσίης προὔχουσα |
Λαοδίκει · ἔθανον δ' ὀκ[τω]|καιδεκέτις.

250. Romae. — *Insc. gr. Sic. et Ital.*, 1575. Periit.

5 Θ(εοῖς) x(αταχθονίοις). | Ἔπαρρυς Κρ|ῆς Πολ(υ)ρήνι|ος ὁ xαι Κισα|μις ¹ ἐνθάδε
10 x|ῖμαι ἐτῶν xδ´, | μηνῶν ι´ ˙ Ἀντιπόλιος ² | πατὴρ | <ἐποί|ει> μνήμης | χάριν
ἐποίει.

1. Polyrrhenia et Cisamos, insulae Cretae urbes. — 2. Ἀντίγρ[ο]ος proponit Haussoullier.

---

251. Romae. — *Insc. gr. Sic. et Ital.*, 1577.

5 Θ(εοῖς) x(αταχθονίοις). | Ἐρασείνῳ οἰκέ|τῃ ¹ ταμίῳ xα|τὰ xέλευσιν | τῆς δεσ-
ποίνης | μνείας χάριν |, ζήσαντι xοσ μίως ἔτη μ´. |

1. Οἰκέτης = servus domesticus.

---

252. Romae, in via *dei banchi vecchi*. — *Insc. gr. Sic. et Ital.*, 1589.

[? Μουσά]ων θεράπων, ἀνὴ|ρ | σ]οφὸς ἐνθάδε xεῖμαι |
[Ἑρ]μοκράτης, ἀγαθὸς | [γεν]εῆ ?, πάτρης ἀπὸ Τάρσ[ου] |
5 .... οισι λόγοις ταμιείῳ ¹ ....

1. « Videtur sophista ille fuisse et apud Tarsenses quaestorio munere functus. » Kaibel.

---

253. Romae, ante portam S Sebastiani. — *Insc. gr. Sic. et Ital.*, 1595; *C. I. L.*,
VI, 18175.

D. M.

Χρηστὸς τέθαπ´τ´ Εὔβουλος ἐν|θάδε ξένος, |
5 ἑταῖρος ἀγα|θὸς, χρυσοχό|ος Κορίνθιος. |
10 Εὔβουλος μὲν ἔγω|γε, πατρὶς δὲ μοί | ἐστι Κόρινθος, |
xαὶ προγοαῖς χαί|ρω ταῖς ἀπ´ [ἐ|μῶν ἑτάρων. |

15 T. Flauius ‖ Priscus et | Capito fece|runt.

---

254. Romae. — *Insc. gr. Sic. et Ital.*, 1598.

5 Θ(εοῖς) x(αταχθονίοις). | Εὔδαμος | Κάστορος | Ἀφροδεισεύς ˙ ‖ χ αῖρε. |

94 ITALIA Roma

255. Romae, in Aventino. — *Insc. gr. Sic. et Ital.*, 1603.

— Στήλη μαρμαρέη, | τίνος εἶ τάφος : | — Ὠκέος ἵππου. |
— Τίς δ᾽ ὄνομα ; — Εὐθύδικος || — Τί κλέος : — Ἀθλοφόρος. |
— Ποσάκις ἐστέρθης δρόμον ; | — Πολλάκις ¹. — Τίς δ᾽ ἔλαέν μιν ; |
— Κοίρανος ². — Ὦ τιμῆς | κρέσσο]νος | ἡμιθέων.

1. « Verum numerum cum versus non caperet, posuit poeta πολλάκις, quod si non metro, at numeris satisfacere videbatur. » Kaibel. — 2. Κοίρανος fuit auriga.

256. Romae. — *Insc. gr. Sic. et Ital.*, 1604.

[Εὐθυτ]όνῳ Τιβουρτ[ίνῳ ¹]. |
[᾽Ενθάδε] κεῖμαι πᾶσι φίλ[οις στονα|χὰς κατα]λείψας,
ἐν κλειτῇ Ῥώμῃ | τοῖς Πρ]ασίνοις<ν> ἀρέσας, ||
[......] θαλερὸν στέφος Ἡρακλῆο[ς... |
....]οντα ἐνὶ στήθεσσι κά|λυψε τὸ πάνσοφο[ν ἦθος |
.....] νῦν μνησθῆτε [... | ... ἐπ]ιδίξις ἃ ζωὸς ζωο[ῖς
ἐπέ|δειξα βρο]τοῖσι, μέμνησθε λό[γων | οὓς
...] ζωὸς ἔλεξα Εὐθύ|τονος · πᾶσιν ἔπ(ε)ισιν ².

1. « Videtur epitaphium Euthytoni Tiburtini, qui omnibus amicus omnibusque placuisse dicitur, et athletarum certamine vicit..... Hortatur superstites ne immemores sint eorum quae ipse vivus vivis ἐπίδειξε, meminerintque quae locutus sit. » Kaibel (*Epigr.*, n. 724). — 2. Intellige ὁ θάνατος. Carminum divisio non satis liquet.

257. Romae, in coemeterio Priscillae. — *Insc. gr. Sic. et Ital.*, 1608.

Εὐπορυς ¹ | Ουρβικῳ φι|λιω βενε με|ρεντι φηκι.

1. Sic in lapide : ΕΥΠΟΡΥΣ. Lege : Euporus Urbico filio bene merenti feci.

258. Romae, in herma acephalo. — *Insc. gr. Sic. et Ital.*, 1627. — Periit.

Θ(εοῖς᾽ κ(αταχθονίοις). |
Πατρὶς ἐμοὶ Ζήνω|νι μακαρτάτη ἔστ᾽ Ἀφροδ|[ι]σιάς ·

πολλὰ δε ἄστεα πισ[τός ‖ ἐμαῖσι τέχναισι διελθών |
καὶ τεύξας Ζήνωνι νέῳ | προτεθνηκότι παιδὶ |
τύμβον καὶ στήλην καὶ | εἰκόνας αὐτὸς ἔγλυψα ‖
ταῖσιν ἐμαῖς παλάμαισι | τεγνασσάμενος κλυτὸν | ἔργον.
[Ἔ]νθα φίλη ἀλό|χῳ Κλ[ε]ίνῃ καὶ παιδὶ | φίλοισ ι|
τεῦξα τάφον, ‖ ζήσας ἐτέ]ων κύκλα τε[τ|ρά]κι δέκα.
Ἐνθάδε νῦν [κε]ιμεσθα ἄλ.[αλ]οι | [ψυ]χὰς ὀλέσαντες,
κ[αὶ] πα[ῖς] καὶ ἄλογος καὶ ἐ[γώ] ‖ κ[λ]υτο<σ>εργὸς ὑπάρ χων .

259. Romae. — *Insc. gr. Sic. et Ital.*, 1628.

Ζω[ί]λος ἡ|νιόχων π|ροφερέστ|ατος ἐνθάδε ‖ κεῖται.

260. Romae. — *Insc. gr. Sic. et Ital.*, 1630.

Ζώσιμος | Νεικομηδεύς.

261. Romae, in columbario vineae Codiniorum. — *Insc. gr. Sic. et Ital.*, 1636; *C. I. L.*, VI, 5207.

a. Ἥδυκος ¹ Εὐόδου | πρεσβευτὴς Φανα|γορειτῶν τῶν κα|τὰ Βοὸς πόρον. |
b. Ἄσπουργος Βιομ|άτου υἱὸς ἑρμηνε[ὺ]ς ² Σαρματῶν Βω|σπορανός.

1. Nomen Ἥδυκων non semel legitur in titulis bosporanis; cf. B. Latyschew. *Insc. orae sept. Ponti Euxini*, I, 189 et II, 434. — 2. I. e. interpres. — De Phanagoria et regno bosporano et Sarmatis sub imperio Romanorum, cf. Mommsen, *Röm. Geschichte*, V, ed. III, p. 289-294.

262. Romae. — *Insc. gr. Sic. et Ital.*, 1642.

Θ(εοῖς) κ(αταχθονίοις) |
Μήπω γευσάμενος ἥβης | ὤλισθον ἐς Ἀδου
δάκρυα | καὶ στοναχὰς λείψας αἰῶνι γο|νεῦσιν
δύσμορος, οὐδ᾽ ἐνόησα | βροτῶν ψαῦσαι βιότοιο ·
ἑπτὰ | μόνους λυκάβαντας δύω | καὶ μῆνας ἔζησα.

10   ὧν τρεῖς ¹ | ἐξετέλουν Διονύσῳ ὄργια βά[ζων ·
      Ἡρόφιλόν δ' ἐκάλουν με | πατὴρ καὶ πότνια μήτηρ·
      Ἔ|γνως, ὦ παροδεῖτα, τίς ἤμην · | οὐκ ἐγενήθην |.

1. « Intellige : tres menses » Kaibel (*Epigr.*, n. 587).

---

263. Romae. — *Insc. gr. Sic. et Ital.*, 1648.

      ['Ετῶν δ]εχοκτὼ μονογενῆ καὶ παρθένον |
      [Θεοδο]σίαν ἔθαψε Δωρόθεος πατήρ, |
      [ἣν μ]ελλόνυμφον Τυβὶ μηνὸς εἰκάδι ¹ |
      [εἷλες, π]ονηρὲ δαῖμον, ὅς τὸν ἔμπαλιν ‖
5   [οἱ νόσ]τον οὐκ ἔκλωσας, ὥσπερ ἤλπισε. |
      ['Οκτω]καιδεχέτης, ἔτι παρθένος, οἰογένεια |
      [Θεο]δοσία κεῖται Δωροθέου θυγάτηρ · |
      [ἀλλ' ὦ ν]ηλεόθυμε Χάρον, τί σε τόσσον ἐνῆῃς |
      [τέρ]ψε λιποῦσα πατρὶ πένθος ἀπειρέσιον ‖
10   Kalupso ann. XVIII. |

1. Dies xx mensis aegyptii Tubi respondet diei xv mensis Januarii.

---

264. Romae. — *Insc. gr. Sic. et Ital.*, 1652.

Βενε μερεντι φιλιε | Θεοδωρε κυε βιξιτ | μησις XI δινς XVII...

Legendum : Bene merenti filiae Theodorae, quae vixit menses xi dies xvii.

---

265. Romae. — *Insc. gr. Sic. et Ital.*, 1655.

Θεοφίλου. Ουξωρ βενε μερεν|τι φηκιτ.

---

266. Romae. — *Insc. gr. Sic. et Ital.*, 1661.

5   Θ(εοῖς) κ(αταχθονίοις). | Ἰαμουρ Ἀτάμου | Σύρος Ἀσκαλω|νείτης Παλαι‖στείνη,
     ἀδελ|φὸς Ἀντωνεί|νου, στρατιώ|της χόρ(τη)ς η' πρ(αιτωρίας) ¹.

1. Nota militem praetorianum nomine mere barbarico designatum.

267. Romae. — *Insc. gr. Sic. et Ital.*, 1674.

[Γάιος Ἰού]λιος Γαίου Φαβ(ία) | [Ἀρταβάσδη, ϛ' Ἀρταβάσδου | ..... υἱὸς, βασιλέως | [Ἀριοβαρζάν]ου ² υἱωνὸς, | ὃς ἔζησ εν ἐνιαυτ(οὺς) λϛ'. |

[C. Iulius C. f. Fab.] Artabasdes, | [Artabasdis fili]us, regis Ariobarzanis | [nepos, qui uixi]t annos XXXVIIII.

1. De C. Iulio C. f. Fab. Artabasde cf. *Prosop. imp. rom.*, I, p. 151, n. 959. — 2. Ariobarzanes avus, rex Mediae et Armeniae ab Augusto datus, memoratus in *Indice rerum gestarum* (c. 33). Cf. *ibid.*, p. 130, n. 857.

---

268. Romae, in Esquilino. — *Insc. gr. Sic. et Ital.*, 1675.

Γ. Ἰουλίου | Βάσσου | ῥήτορος ¹.

1. C. Julius Bassus rhetor, rhetoris Senecae aequalis; cf. *Prosop. imp. rom.*, II, p. 171, n. 132.

---

269. Romae, extra portam Pincianam. — *Insc. gr. Sic. et Ital.*, 1680.

[Γάι]ος Ἰούλιος Θεμίσων | [Τι]ρ αλλιανὸς ἰατρὸς¹, | Τι[βε]ρίου Ἰουλίου Ἀρώγου | [υἱ]ὸς Τραλλιανοῦ.

1. De medicis Trallianis Romae morantibus cf. O. Rayet, *Milet et le Golfe Latmique*, p. 108 et seqq.

---

270. Romae. — *Insc. gr. Sic. et Ital.*, 1683.

Δαίμοσιν εὐσεβέσιν Γαίου | Ἰουλίου Καρακουττίου |
ποίησεν Κασία, τῷ τειμίῳ | καὶ ἀξίῳ ἀνδρί · ||
πᾶσι φίλος θνητοῖς εἰς τ' ἀ[θ]ανάτους δεισιδαίμων |
κοιμᾶται Καρακούττις | ἔχων μνήμην διὰ παντὸς, |
τέρψας σύνκλητον, ματρώ[ν]ας καὶ βασιλῆας. |
εὐφρανθεὶς ἐφ' ὅσον Μοῖραι χρόνον ὥρισαν αὐτῷ
εὐσεβίης ἕνεκεν δοξασθεὶς | καὶ μετὰ λήθην.

« Mimum fuisse hunc C. Julium Caracuttim vel Caracuttium ex vv. 9 et 10 optime collegit Welcker, collatis Ovidii versibus, in *Trist.*, II, 501 :

7

Nubilis hos virgo matronaque virque puerque
Spectat et e magna parte senatus adest. »
Kaibel (*Epigr. gr.*, n. 607).

271. Romae. — *Insc. gr. Sic. et Ital.*, 1684.

5 Ἰουλίῳ Κνώσῳ [1] | σοφιστῇ | καὶ φίλῳ ἀγαθῷ | Φλ. Οὐάλης || οὕτως βουλη-
θέντι | ἐποίησεν. |

1. « *Cnosus* cognomen non magis mirum quam *Cnidus*, quod saepius invenitur. » Kaibel.

272. Romae. — *Insc. gr. Sic. et Ital.*, 1691.

5 Θ(εοῖς) κ(αταχθονίοις). | Γ. Ἰουλίῳ | Σωσιβίῳ, | ζήσας ἔτη ιθ΄, || ἡμέρας ιγ΄, |
10 ἐποίησεν | Πετρώνιος | Σερῆνος | πατὴρ || Λακεδαιμό|νιος.

273. Romae. — *Insc. gr. Sic. et Ital.*, 1692.

Δις Μαν(ιβυς). | Γ. Ιουλιους Τ[ε]λεσφορος [1] | φηκετ ετ σιβι ετ σου|εις λειβερτεις
5 λειβερταβο|υσκε εωρυμ. Τερεντια Ακτη | φηκετ Τερεντιω Ανεικητω ετ λει|βερτω
ετ κονιουγει βενεμερεντει ετ σι|βι ετ σουεις λειβερτεις λειβερταβουσκ|ε εωρουμ.
10 Οκ μονομεντου ηδεφικατου || ες κομουνε [2] αβ Ιουνιω [3] Τελεσφορω ετ | Τερεντια
Ακτη.

1. Τιλεσφορος traditur. — 2. I. e : Hoc monumentum aedificatum est commune. Nota
lapicidae errorem, qui eidem viro nomen gentilicium diversum scil. C. *Julium* Telesphorum (v. 2), et *Junium* Telesphorum (v. 10) attribuit.

274. Romae. — *Insc. gr. Sic. et Ital.*, 1698.

5 Θ(εοῖς) κ(αταχθονίοις). | Ἰουλία | Ἀπολλωνίᾳ | μητρὶ ἱππι|κῶν [1] ὁ σύμβιος |
ἐποίησεν | μνείας χάριν.

1. Scil. matri filiorum qui ad equestrem dignitatem pervenerunt.

275. Romae, in via Tusculana. — *Insc. gr. Sic. et Ital.*, 1703; *C. I. L.*, VI, 20348.

Iuliae C. fil. Laudice et T. Fla[uio] | Aug. lib. Alcimo parentib. opti[mis] |
Flauia T. fil. Titiane fecit et sibi | libertis libertabusq. suis |

5 Οὐ δολιχὴ παρ' ὁδὸν σε γραφὴ στηλεῖδος ἐρύξει · |
στῆθι καὶ ἥτις ἐγὼν ἔνθα μαθὼν ἄπιθι · |
Λαυδίκη οὔνομά μοι, πατρὶς Σάμη, Ἄλκιμος ἀνήρ · |
Θῆλυ τέκος, μήτηρ καὶ τριχὶ γηραλέη, |
σὺν δὲ κασίγνητος καὶ ἀδελφεή, οὕσπερ ἄπαντας ‖
0 ἐς φάος ἠελίου κάλλιπον ὠκύμορος, |
οὐ πυρετοῖς φλεγθεῖσα, νόσων ἄτερ, οὐ μελεδώναις, |
....β]όρος δὲ ἀφάτως λαιμὸς ἔκλεισε πνοάς. |

V. 12 : « ἰχθυβόρος vel μηλοβόρος. » Kaibel.

---

276. Romae. — *Insc. gr. Sic. et Ital.*, 1705 ; *C. I. L.*, VI, 20616.

5 D. M. | Iulia Politice. | Doe se | Osiris | to psycron | hydor.

Titulus graecus latinis litteris scriptus. Est : Δόη, σε Ὄσιρις τὸ ψύχρον ὕδωρ.

---

277. Romae, ad portam S. Sebastiani. — *Insc. gr. Sic. et Ital.*, 1717.

Λούκιος Ἰούνιος | Εὐήμερος | ὀργανοποιὸς | ὧδε ἀναπάεται [1].

1. Sic lapis ; intellige : ἀναπαύεται, i. e. requiescit.

---

278. Romae. — *Notizie degli scavi*, 1892, p. 345.

Ἐνθάδε κεῖτε | Καίλιο[ς] Κυείντος Φιλοπάτωρ β', ἄρχων [1], ἐτῶν ι[γ] [2], παῖς ε[ὐ]ρ[α]ῖος [3].

1. Quae fuerit haec ἀρχή non liquet. — 2. IT Borsari. — 3. Sic Borsari : [ὠ]ραῖος potius legendum putat Haussoullier.

---

279. Romae. — *Insc. gr. Sic. et Ital.*, 1728.

Τῷδ' ἐνὶ τύμβῳ [ἐγὼ] κεῖμαι παίδων ὀγδ' ἄριστο ς] · |
οὔνομά μοι Κάλλιστος, ἔχω δὲ γένος Συρίηθεν,
ἕνδεκ' ἔτη [τελέ]σας, δωδεκ' ἀτου δ' ἐπιβάς ·
μηδὲν ἐν ἀνθρώποισι [κ]ακὸν γνούς, μὴ δὲ βι αίου? |
5 μικροτάτου μύστης, ἀλλ' ἀκέραιος ἔτι. |

παιδείαισι καλαῖς καὶ γ[υμ]νασίοις παρεδρεύων |
ἔσχα τέλος ζωῆς, μοῖρα[ι μίτο]ν? ὡς ἐπέκλωσαν. |
Μνημεῖον τόδε μοι [π]οίσεν? θρέψατα γλυκεῖα |
Φαυστείνα μητρὸς πλεῖον ἐμοὶ φιλίη, |
10   ἡ καὶ ζῶντα φίλησεν ἀεὶ θανέοντά τ' ἔτεισε.

---

280. Romae, ad Quirinalem. — *Insc. gr. Sic. et Ital.*, 1732.

Κανπᾶς [1]. | Θ(εοῖς) κ(αταχθονίοις). Χαῖρε, παροδεῖτα. | Καλπουρνία Ζωτικὴ
5 Γ. Κ‖αλπ. Ζωτικῷ | συμβίῳ ἀσυ|νκρίτῳ, συ|μβιώσαντι | ἔτη κγ', μνεί|ας χάριν.

1. « Καννᾶς fortasse nomen sodaliciarium, i. e. *Campanus*. » Kaibel.

---

281. Romae. — *Insc. gr. Sic. et Ital.*, 1397; *C. I. L.*, VI, 11933.

5 Αντισθεια Πισ|τη ρηκιτ μα|ρειτω μεω | Κανιω Κοδρα|τω δυλκισσι|μω ετ
ρειλι|αι Κλαυδειαι | Σαβειναι κα|ρισσιμε.

Titulus latinus graecis litteris scriptus. Lege : Antistia Piste fecit marito meo Canio
Quadrato dulcissimo et filiae Claudiae Sabinae carissimae.

---

282. Romae. — *Insc. gr. Sic. et Ital.*, 1750.

Κλαύδιος ἰητὴρ Ἀγαθήμερος [1] ἐνθάδε κεῖμαι, |
πάντοίης δεδαὼς κραιπνὸν ἄκεσμα νόσου · |
ξυνὸν τοῦτο δ' ἐμοὶ καὶ Μυρτάλη, εἶσα συνεύνωι
μνῆμα · μετ' εὐσεβέων δ' ἐσμὲν ἐν Ἠλυσίωι.

1. De Claudio Agathemero, qui fuit Persii poetae sodalis, cf. *Prosop. imp. rom.*, I,
p. 348, n. 633.

---

283. Romae, ad radices Capitolii. — *Insc. gr. Sic. et Ital.*, 1731.

5 Τι. Κλαυδίῳ | Ἀλκίμῳ ἰατρῷ | Καῖσαρος [1] ἐποί|ησε Ῥεστιτο‖ῦτα πάτρω|νι
καὶ καθηγ|ητῇ ἀγαθῷ καὶ ἀξίῳ · ἔζη ἔτη | πϛ'.

1. I. e. medico Caesaris.

284. Romae, extra portam S. Joannis. — *Insc. gr. Sic. et Ital.*, 1755.

Θ(εοῖς) κ(αταχθονίοις). | Χαίρετε παροδεῖται. | Κλ. Ζώσιμος ἰατρὸς | Ἐφέσιος |
5 Κλ. Συνέργῳ υῷ | ἥρωι μνήμης χάριν, ἔτ(ων) κβ΄.

285. Romae. — *Insc. gr. Sic. et Ital.*, 1757.

Κλαυδίωι Λακρίτωι | ἰατρῶι.

286. Romae, in via Ostiensi ad alterum ab Urbe lapidem. — *Insc. gr. Sic. et Ital.*, 1759.

Τιβερίωι Κλαυδίωι | Κουιρείναι | Μενεκράτει ¹ ἰατρῶι | Καισάρων ² καὶ
5 ἰδίαις ‖ λογικῆς ἐναργοὺς | ἰατρικῆς κτίστηι ἐν ¹ βιβλίοις ρνε΄, δι' ὧν | ἐτειμήθη
10 ὑπὸ τῶν ἐν|λογίμων πόλεων ψηρίσ‖μασιν ἐντελέσι, οἱ γνώριμοι | τῶι ἑαυτῶν
αἱρεσιάρχηι τὸ ἡρῶον.

1. De Tib. Claudio Menecrate cf. *Prosop. imp. rom.*, I, p. 388, n. 749. Idem esse
videtur atque Menecrates, a Galeno saepe memoratus, qui Tiberii vel Claudii imperatoris
medicus fuit. — 2. Scil. domus Augustae aut duorum Augustorum patris et deinde,
patre defuncto, filii.

287. Romae. — *Insc. gr. Sic. et Ital.*, 1761.

Τι. Κλ. Ὀψίμῳ ἀπελ. ευθέρῳ | Καισ αρος Τι. Κλ. Βειτάλιος | Θρέψαντι ἀξίῳ |
ἐποίησεν. ‖
-10 Θ εοῖς κατ(αχθονίοις). | Κλαυδίᾳ | Θαλλούσῃ | μητρὶ | ἐνταίμῳ ‖ Τιβ. Κλ. |
Οὐιτάλιος | υἱὸς | ἐποίει.

Nota Tib. Claudium v. 2 Βειτάλιος, v. 11 Οὐιτάλιος dictum; utrumque respondet
cognomini Vitalis.

288. Romae. — *Insc. gr. Sic. et Ital.*, 1323.

Ἀγλαὶς Κλαυδία ἀπελευθέρα | Βαλβίλλου ¹ ἔθηκεν τῷ ἰδίῳ ἀνδρὶ
5 Ἡρακλεῖ μνή|μης χάριν · ἔζησεν ἔ|τη... μῆνας) η΄. | Εἰς τὸ μνημῆν ² Λαίδος |
Εἰουλίας.

1. De Claudio Balbillo, praefecto Aegypti Neronis temporibus, cf. *Prosop. imp. rom.*,
I, p. 360, n. 662. — 2. Scil. μνημεῖον.

289. Romae. — *Insc. gr. Sic. et Ital.*, 1771.

Θ(εοῖς) κ(αταχθονίοις). | Κλ. Μαρινιανή ζῶσα τὸ | μνημῖον κατασκεύασεν ἑ|αυτῇ
5 καὶ τῷ γλυκυτάτῳ | ἀνδρὶ Αὐρηλίῳ Πρόκλῳ | Νικομηδῖ, ζήσαντι ἔτη ξ', |
μεθ' οὗ ἔζησα ἔτη ι', καὶ τοῖς ἀπελευ|θέροις καὶ τοῖς ἐξ αὐτῶν ἐσομένοις. | Ἰς
ὄψιν πόδες ι', ἰς πλευρὸν πόδες ια' ¹.

1. I. e. in fronte pedes x, in latere (= in agro) pedes xi.

290. Romae, in via Appia ad S. Xystum. — *Insc. gr. Sic. et Ital.*, 1781; *C. I. L.*, I, 857;
VI, 8247.

Σέξστος Κλώδιος | Δεκόμου λιβερτινος · | αντι διον τερτιον νωναις ¹.

1. Id est : ante diem tertium nonas.

291. Romae. — *Insc. gr. Sic. et Ital.*, 1782.

Κορελλία Αἴγλη | ἐτῶν κα' · ταῦτά σοι | πεποίηκεν Διονυττᾶς ὁ σὸς ἀνήρ ‖
5 τῇ ἀγαθωτάτῃ. Εὐψύχι | κυρία · δο(ίη) σοι Ὄσιρις | τὸ ψυχρὸν ὕδορ |.

292. Romae. — *Insc. gr. Sic. et Ital.*, 1786.

Κορνούτου | ἰατροῦ | καὶ Ῥουφίνης | θυγατρός.

293. Romae. — *Insc. gr. Sic. et Ital.*, 1787.

Θ(εοῖς) κ(αταχθονίοις). |
Ἐνθάδε κεῖμε ἄναυδον, | ἄπνουν, ξένον ἐνθάδε κε[ῖμαι] |
5 παιδίον, ἐκπρολιπὼν γλυκε[ρὸν] | φάος ἀελίοιο,
ζήσας μὲν λ[υκάβαν]|τας ἐγὼ δ[ύ]ο καὶ δύο μῆ[νας, |
........ἑβ]δομάδας δισσὰς μο[ῦ]νον τέ]λος ἔσχον ·
ἐκπρολιπὼ[ν | π]άτραν Σινώπην τῷδε πρόκε[ι‖μ]αι
τύμβῳ · ἐπὶ στήλης κεχαραγμέ|νον οὔνομα τοὐμὸν
Κορνουτίων · | κατάκειμε λιπὼν πένθος γονέο|ισι ·

10

τἀμὰ δὲ νηπιάχου δάκρυα πλῆ[σ'] Ἀχεροντίδα λίμνην.
Διόδωρ[ος θρε]|πτῷ ἰδίῳ.

---

294. Romae. — *Insc. gr. Sic. et Ital.*, 1788.

Κοσμᾶ ἰατροῦ.

---

295. Romae, ad portam S. Sebastiani. — *Insc. gr. Sic. et Ital.*, 1789.

M. Κοσσούτιος Φιλωτᾶς | ἱερατικὸς [1], ἀρχοντικός [2]. | Κοσσουτία |

1. Sacerdotalis. — 2. Duumviralis.

---

296. Romae. — *C. I. Gr. Sic. et Ital.*, 1790.

Γαι Κουριατι | Αθικτι | ρηκες Συρο|ς.

Titulus latinus, litterae graecae. Feces i. e. fecit.

---

297. Romae, ad viam Praenestinam. — *Insc. gr. Sic. et Ital.*, 1801.

Θεοῖς ὑποχθονίοις. | Ἐνθάδ' ἐγὼ κεῖμαι Λαυρέντιος, ᾧ τοὔνο|μα Αἰλιανός,
πρότερον βενεφ(ικιάριος) ἐπάρχου Αἰγύ|πτου [1] · νῦν δ' ἀδίκως θανέων κεῖμαι
5 ἐν τύμβῳ ‖ τῷδε, ὅπου λείψανά μου σπουδαῖοι κατέθεντο | φίλοι, Σωφρονιός
τε ἄμα Τηβεννίῳ Βελενίῳ | τε, συνῆν δὲ καὶ Φλωρέντιος ἄμα Βερηκούνδῃ |,
ἥτις τόνδε τὸν τόπον ἔδωκεν, καλῶν φίλων | ἀρεον (?) [2] καὶ εὐσεβὲς ἔργον ἀξίῳ
10 μοι περιποιησά|μενοι.

1. Beneficiarius praefecti Aegypti. — 2. Esse debuit ἄξιον, ita ut Laurentius haec dicat :
Optimis amicis dignum et pium opus (sepulchrum) mihi digno fecerunt. « Mommsenus
bonorum amicorum *aream* dici suspicatur, sed diffido. » Kaibel.

---

298. Romae, in vinea Amendola, ex monumento familiae C. Annii Pollionis. — *Insc.
gr. Sic. et Ital.*, 1813 ; *C. I. L.*, VI, 7408.

L. Lucilius Lupi l. Hiero | medicus.

[Εἰμὶ Λ]ύπου Ἱέρων πολύγους ἐμ πᾶσιν ἰητρός, |
[ἐλλογ]ίμου ¹ πάσης εὑρέσεως κάτοχος.

1. Ita Kaibel; [Εὐδοκ]ίμου, Mommsen.

---

299. Romae. — *Insc. gr. Sic. et Ital.*, 1815.

Ἀσίδος ἀρχιερῆος ἀγ|ακλυτοῦ υἱέα Μίθρου |
Λούκιον ἀθλοθετῆρα πά|σης Σμύρνης ἐρατινῆς ¹, ‖
5 εὐγενί[δ]αν (?), σοφίαισι κεκασμένον, ἔξοχον ἀνδρῶν, |
Αὐσόνιον δάπεδον βωμ|ός θ᾽ ὅδε σῆμά τε κρύπτει |.
10 Ὁ κεινήσας τὸν βωμὸν ‖ ἢ ἄλλο [τι] ² τῶν ἐκ τοῦ τάφου | ἀποδώσει δήμῳ
Ῥωμαίων | δηνάρια πεντακ(ι)σχίλια. |

1. Lucius erat filius Mithrae cujusdam, qui fuit sacerdos Asiae; ipse ludos edidit Smyrnae, in patria sua; dein Romam venit, ubi diem obiit et sepultus est. — 2. ΑΛΛΟΝ lapis.

---

300. Romae. — *Insc. gr. Sic. et Ital.*, 1819.

Θ(εοῖς) κ(αταχθονίοις). |
Ὧδε Λύκα κεῖμαι · ἀπὸ | Κρήτης ἦ[λθα] δὲ ἄνδρα, |
5 καὶ ἡ βασιλὶς Ῥώμη ὦ|δέ με ἐξέθετο.
....|..νω κεῖμα(ι) · ἄνδρα γὰρ ἐγὼ|κομ..? ¹

1. Finis v. 6 et v. 7 non intelliguntur.

---

301. Romae. — *Notizie degli scavi*, 1899, p. 136.

Μαίνιος Ἐπίγονος | ἐπιστάτης ¹ | Λικινίου Κορνούτου | συνκλητικοῦ ².

1. Procurator seu vilicus. — 2. Idem forsitan atque C. Licinius Cornutus Gabinianus, de quo cf. *Prosop. imp. rom.*, II, p. 275, n. 125.

---

302. Romae. — *Insc. gr. Sic. et Ital.*, 1824; *C. I. L.*, VI, 21812.

5 Memoriae | M. Maetiliani | Zosimi qui | vixit annis XXVIIII, ‖ mensibus X, diebus | viginti septem; | Scius Alexander | fratri rarissimo. Προκόπι ¹, ταῦτα.

1. Προκόπιος, nomen sodaliciarium.

303. Romae. — *Insc. gr. Sic. et Ital.*, 1825.

Μακάριε Φάννα ¹ | Βοσποραανὲ | χαῖρε.

1. Macarios, filius Phannae, quod nomen Φάννας in titulo prope Panticapaeum reperto legitur (B. Latyschew, *Insc. orae sept. Ponti Euxini*, II, 130).

---

304. Romae. — *Insc. gr. Sic. et Ital.*, 1834; *C. I. L.*, VI, 22176.

5   Μαρειτα Ασια | Κυιντω | Μαρειτω Λονγω | κοιογι | βενεμερεντι | ρηκιτ.

Titulus latinus litteris graecis scriptus : Marita Asia Quinto Marito Longo conjugi bene merenti fecit.

---

305. Romae. — *Insc. gr. Sic. et Ital.*, 1839.

Μνήμην τῆς ἰδίας γαμετῆς μετὰ μοῖραν ἄτρεπτον |
ἐν στέρνοισιν ἔχων ἴδιος πόσις ὢν ἔτι ζωός, |
ἥτις ἔφυ, στήλαις, παροδοιπόρε, τοῦθ᾿ ὑπέγραψ[ψ]α · |
πρῶτον μὲν τύπος ἦν αὐτῇ χρυσῆς Ἀφροδίτης, |
5   εἶχε δὲ καὶ ψυχὴν ἀφελῆ, στέρνοισι μένουσαν · |
ἦν ἀγαθή, νομίμοις δὲ θ᾿ ε οῦ παρεγείνετο πᾶσιν. |
Οὐδὲν ὅλως παρέβαινε · χαρίζετο, λειπομένοισιν, |
δουλὶς ὑπάρχουσα στέφανον τὸν ἐλεύθερον ἔσχεν. |
Ζωοὺς τρεῖς ἐκύησε γόνους · μήτηρ ἐγενήθη |
10   δισσῶν ἀρρενικῶν, τὸ δὲ θῆλυ τρίτον κατιδοῦσα |
ἠοῦς ἐνδεκάτης ἔλιπε ψυχὴν ἀμερίμνως. |
Κάλλος δ᾿ αὖ μετὰ μοῖραν Ἀμαζόνος ἔσχεν ἄπιστον, |
ὥστε νεκρὰς πλέον ἢ ζώσης εἰς ἔρωτα φέρεσθαι. |
Εἰκοστὸν δὲ βιώσασαν ἀφελῶς ἐνιαυτὸν ||
15   Μαρκίαν [τ]ὴν Ἑλίκην ζοφερὸς τάφος ἔνθα καλύπτει.

« Christianae originis olim ego (*Epigr. gr.*, 727), rectius Judaïcae doctrinae (v. 6-8) vestigia deprehendit Gomperz, *Zeitschrift für österreich. Gymnas.*, 1878, p. 438. » Kaibel.

306. Romae. — *Insc. gr. Sic. et Ital.*, 1848.

Μένανδρος | Ἱεραπολείτης [1] | πρὸς Μέανδρον | ποταμόν.

1. Hierapoli oriundus, quae urbs Phrygiae ad Maeandrum sita erat.

---

307. Romae, in via Nomentana. — *Insc. gr. Sic. et Ital.*, 1857.

Εὐφρανθεὶς συνεχῶς, γελάσας παίξας τε, τρυφήσας |
καὶ ψυχὴν ἱλαρῶς πάντων τέρψας ἐν ἀοιδαῖς, |
οὐδένα λυπήσας, οὐ λοίδορα ῥήματα πέμψας, |
ἀλλὰ φίλος Μουσῶν, Βρομίου [1] Παφίης [2] τε βιώσας, |
ἐξ Ἀσίης ἐλθὼν Ἰταλῇ χθονὶ ἐνθάδε κεῖμαι |
ἐν φθιμένοις νέος ὤν, τοὔνομα Μηνόφιλος.

1. I. e. Bacchi. — 2. I. e. Veneris.

---

308. Romae. — *Insc. gr. Sic. et Ital.*, 1859.

Θ(εοῖς) κ(αταχθονίοις). | Μινουκία | Σικελή, χρησ|τὴ καὶ ἄμεμπτος, ‖ κεῖται
ἐνθάδε | ζήσασα ἔτη | κε'. Εὐοδίων | συμβίῳ ἐποί|ησεν.

« Et Minucia cum nomine tum natione Sicula fuit, et Euodio vir Siculus : inde formula
Sicula χρηστὴ καὶ ἄμεμπτος explicanda. » Kaibel.

---

309. Romae. — *Insc. gr. Sic. et Ital.*, 1864. Lapis periit.

Ταρσέα Μουσαῖον φ[θ]ίμενον | κατεδέξατο γαῖα |
Ἰταλί[η]ς · [1] αἰᾶι, ποῖ πόθεν | ἧκε θανεῖν.

1. ΙΤΑΛΙΣ traditur.

---

310. Romae, ad portam Flaminiam. — *Insc. gr. Sic. et Ital.*, 1865.

Θ(εοῖς) κ(αταχθονίοις) . | Μυρόπνουι νάνῳ | χοραύλῃ.

In lapide anaglypho expressus est nanus, capite crasso, cruribus incurvis, utraque
manu tibias tenens.

311. Romae. — *Insc. gr. Sic. et Ital.*, 1874 a.

5 Θ(εοῖς) κ(αταχθονίοις) . | Νείκη ἡ καὶ | Μαρκελλεῖνα | Ἀπάμισσα ‖ ἐτῶν λε΄.
Εὐγένης . | Ἐν τοῖς κυρίου | Κέλσου χωρί|οις ἐνθάδε | [κεῖνται vel κείμεθα].

1. Apamaea oriunda.

312. Romae, ad viam Latinam. — *Insc. gr. Sic. et Ital.*, 1878.

Θ(εοῖς) κ(αταχθονίοις). | Νεικίας Ὀνησιφόρου | τοῦ Νεικίου, Ξάνθιος | τῆς
5 Λυκίας, ἀρχιερατάμε|νος τῶν Σεβαστῶν ¹ καὶ | πρ[ε]σβεύσας ² ἐκ τρίτου ὑ|πὲρ τῆς
10 πατρίδος · ³ Μ. | Αὐρήλιος Ἀγησίλαος | τῷ συνπολείτῃ μνή|μης χάριν ἐποίησεν.

1. Sacerdos Augustorum provinciae Lyciae. — 2. ΠΡΟΣΒΕΥΣΑΣ, lapis. — 3. Legatus patriae suae ad Augustos, loco tertio.

313. Romae. — *Insc. gr. Sic. et Ital.*, 1879.

Θ(εοῖς) κ(αταχθονίοις). |
Στήλην ἔθηκαν | Νικομήδει συνγε|νεῖς,
5 ὃς ἦν ἄριστος ‖ ἰητρὸς, ἐν ζωοῖς | ὅτ᾿ ἦν,
πολλούς τε | σώσας φαρμά|κοις ἀνωδύνοις |
10 ἀνώδυνον τὸ σῶ‖μα νῦν ἔχει θανών · |
εὐψυχῶ Νικομήδης, | ὅστις οὐκ ἤμην καὶ ἐγενό|μην, οὐκ εἰμὶ καὶ οὐ λυ|ποῦ-
15 μαι ¹, ζήσας ἔτη μδ᾿ | καὶ ἡμέρας κγ΄.

1. Latine : non fui, fui, non sum, non curo ; de qua formula aliisque similibus cf. R. Cagnat, *Cours d'épigraphie latine*, (ed. III), p. 262.

314. Romae. — *Insc. gr. Sic. et Ital.*, 1883.

Τίς ἦν σ᾿ ὁ θρέψας; — Ἦν Κίλιξ Ἀθήναιος. |
— Χρηστὸν τὸ θρέμμα · τίς καλῆι; — Νουμήνιος. |
— Πόσων δ᾿ ἔθνῃσκες τῶν ἐτῶν; — Δὶς εἴκοσιν. |
— Ἐχρῆν σ᾿ ἔτι ζῆν. — Ἀλλὰ καὶ θανεῖν ἐχρῆν. ‖
5 — Γενναῖά σου καὶ χαῖρε — Καὶ σύγ᾿, ὦ ξένε · |
σοὶ γὰρ μέτεστιν ἔτι χαρᾶς, ἡμῖν δ᾿ ἅλις.

315. Romae, in sepulcreto Esquilino. — *Insc. gr. Sic. et Ital.*, 1884.

Νυμφῶν Ἰρίνα | Μασσαλιῶτα | χαῖρε.

316. Romae. — *Insc. gr. Sic. et Ital.*, 1887.

Ξένων Ἀρχ[ύτα]? | Τυνδαρῖτ[α] | φιλόσοφε χαῖρ[ε].

317. Romae. — *Insc. gr. Sic. et Ital.*, 1890.

Θεοῖς καταχθονίοις. |
Ἐνθάδ' ἐγὼ κεῖμαι Ὀλυμπία ἐτῶν | κϛ',
Ἕλλην μὲν τὸ γένος, πατρὶς δέ μοι ἦτον | Ἀπάμεα ·
        οὐδένα λοιπήσασα
οὐ μεικροῦ ψυχήν, οὐ μεγάλου || κραδίην. |
Στήλην δ', ἣν ἐπύησα κατὰ χθόνα δάκρυσι θερμοῖς, |
παρθένον ἣν ἔλαβον, Σωτᾶς Ὀλυμπιάδι πεπόικα.
Στοργῇ | γὰρ μεγάλη τῶν ἀμφοτέρων διέμεινεν,
ὡς ὅπου φῶς | τὸ γλυκὺν παρέμεινε ἀκτεῖσι ἐπιλάμπ[ο]ν ¹,
ἡδὺν ἀπὸ | στόματος καὶ γλυκὺν ὡς μελίτιν.
Ταύτην τὴν στή|λην ἐπύησα Σωτᾶς σε φιλήσας.
Ψυχῇ διψώσῃ | ψυχρὸν ὕδωρ μεταδ[ὸ]ς ² · |
        ἀδελφὸς ταύτης ἐπέγραψεν.

1. ΕΠΙΛΑΜΠΩΝ, lapis. — 2. ΜΕΤΑΔΕΣ.

318. Romae, extra portam Latinam. — *Insc. gr. Sic. et Ital.*, 1898.

Ὀνήσιμε Ἰλιεῦ | χαῖρε.

319. Romae, inter portam S. Laurentii et portam Majorem. — *Insc. gr. Sic. et Ital.*, 1900.

Θ(εοῖς) κ(αταχθονίοις). | Ὀρτησεῖνος ¹ ἐνθάδε κεῖ|ται, γενόμενος μὲν ἀνὴρ ἄρι|στος, ἰατρὸς δὲ τὴν τέχνην, ἐν || λόγοις φιλοσόφοις καὶ ἤθει θαυ|μαστός, βιώσας ἔτη νβ', μῆνας | ϛ', ἡμέρας ιγ'. Σὺν ἐμοὶ δὲ τῇ συν|βίῳ ἐβίωσεν ἔτη

10 ιθ', παρά ἡμέ|ρας ζ'. Ἐποίησα Φλαβία Φῆστα | τῷ ἐμαυτῆς ἀγαθῷ ἀνδρὶ | μετὰ τῶν θυγατέρων μνή|μης χάριν.

1. Kaibel legit Ὁρτησαι[α]νός = Hortensianus, dubitans.

---

320. Romae, extra portam Flaminiam. — *Insc. gr. Sic. et Ital.*, 1901.

Θ(εοῖς) κ(ατα)χθονίοις. | Γ. Ὁστίλιος | Ἀγαθόπους Νει|καεὺς ἐνταῦθα | κεῖμαι Κλ. Εὐτυχίας συμβευθεὶς | χερί, ζήσας ἔτη λϛ', | προνοούσης τοῦ | μνήματος
10 Ἰουλί|ας Ἰταλικῆς. Ὃς δὲ | ἂν σκυλῇ, μ[ή]τε ¹ αὐ|τῷ θάλασσα πλω|τὴ μηδὲ γῆ βατή. |

1. ΜΕΤΕ traditur.

---

321. Romae. — *Insc. gr. Sic. et Ital.*, 1904.

Ὃς ἂν εἰς τοῦτο τὸ ἡρῷον ἔξω τοῦ γένους θῇ, | δώσει τῷ φίσκῳ δηνάρια μ(υριάδας) β' ¹. ...... ²? Μάκρα | Γ. Οὐαλέριος Διδᾶς πατὴρ ἐπέγραψε.

1. l. e., denariorum viginti millia. — 2. CIΕΝΤΗ, traditur.

---

322. Romae. — *Insc. gr. Sic. et Ital.*, 1906.

5 Οὐαλερία Ὀλυμ|πιὰς | Οὐαλερίου Μενάνδρ|ου θυγάτηρ Ἀσιανή || πόλεως Λαοδικεί|ας ¹, ζήσασα ἔτη | ιβ'.

1. Laodicea ad Lycum.

---

323. Romae, ad aedem S. Eusebii. — *Insc. gr. Sic. et Ital.*, 1907.

Οὐαρία Μάρκου ἐξελε[υ]|θέρα Δαίου ¹, χαῖρε.

1. « Varia, M. Varii liberta, Daii uxor. » Kaibel.

---

324. Romae. — *Insc. gr. Sic. et Ital.*, 1913.

Τοῦτο τὸ μνημεῖον | πεπόηκεν Μ. Οὔλπιος | Ἥρων Ἀλεξανδρεὺς | ἑαυτῷ

5 καὶ Φλαουίαι ‖ Δέξῃ συμβίωι καὶ | Φλαουίωι Τελεσείνῳ υἱῷ | αὐτῆς [καὶ ἀπελ]ευ-
θέροις | καὶ ἀπελ[ευθέραι]ς καὶ τῶν μετα|ξὺ [το]ύτων ¹. |

1. 1. e., τῶν μετὰ τούτους sive posterorum.

---

325. Romae, extra portam S. Johannis. — *Insc. gr. Sic. et Ital.*, 1915; *C. I. L.*, VI, 29132.

Τὸν Χαρίτων με γέμοντ' ἐσορᾷς | κλεινὸν Χαρίτωνα
μοῖραν ἀνα|πλήσαντ' Αὐσονίῃ ἐνὶ γῇ.
5   Τίκτε | δὲ Σαρδονίῃ με [πε]ρίρρυτος, ἐν δ' ἄ|ρα Τάρσῳ
πίστιν ἔχον ταβούλης | χρήματος Αὐσονίου ¹.
Ἀλλ' ἄρ' ἐσαθρή|σας φωτὸς δέκα τρὶς λυκάβαντας |
πρὸς πέντε, φθίμενος τήνδ' ἐπίκειμαι κόνι|ν. ‖

10   D. M. | M. Vlpio Augg. lib. Charitoni | Vlpia Charitine fratri dulc[i]s|simo, qui
15 uixit annis XXXV, dieb. | XVIIII et P. Aelius Augg. lib. Africanus ‖ cognato
bene merenti fec\r runt | et sibi et suis lib. lib. posterisq. | eorum. II. m. d.
m. a. ².

1. M. Ulpius Charito, Trajani imperatoris libertus, natus est in Sardinia, tabularius fuit
Tarsi in provincia Cilicia, et Romae diem obiit. — 2. *H(uic) m(onumento) d(olus) m(alus)
a(besto)*.

---

326. Romae. — *Insc. gr. Sic. et Ital.*, 1926.

Θ(εοῖς) κ(αταχθονίοις). | Παπίας Διοδώρου | Σαρδιανὸς ¹ ζῶν ἑαυτῷ ἐποίησεν ‖
5 καὶ Μ. Τιτίῳ Ἰανουαρίῳ | υἱῷ, ὃς ἔζησεν ἔτη ιη', καὶ ἀπελευθέραις καὶ ἀπε|-
λευθέροις ἑαυτῶν.

1. Sardibus, in Lydia, oriundus.

---

327. Romae. — *Insc. gr. Sic. et Ital.*, 1928.

5 Παπειρίῳ Ἡρακλεῖ|τῳ Λαρανδεῖ ¹ σοφι|στῇ Ἀπολλώνι|ος καὶ Νέων ‖ τῷ
χρηστῷ πάτρωνι.

1. Larandae natus, in Lycaonia.

328. Romae, ad viam Latinam, intra splendidum monumentum, in zophoro aediculae fastigiatae. — *Insc. gr. Sic. et Ital.*, 1934 d.

Πάτρωνος ἰ[α]τροῦ.

E titulis non paucis qui ejusdem monumenti parietibus sculpti aut picti fuerant, hunc referre satis habemus. De aliis et de ipso sepulcro cf. Secchi, *Monumenti inediti d'un antico sepolcro di famiglia greca scoperto in Roma* et quae disseruit Kaibel, *op. cit.*, 1934.

329. Romae. — *Insc. gr. Sic. et Ital.*, 1937.

Θ(εοῖς) κ(αταχθονίοις) |.

Τὴν σεμνῶς | ζήσασαν ἀμώ|μητόν τε σύνευ|νον
Παυλεῖναν | φθιμένην ἐννεακ[α]ί|δεκ᾿ ἐτῶν
Ἀνδρόνικος | ἰητρὸς ἀνὴρ μνημή|α τίνων
τήνδε πανυ||στατίην [στήσα]το μαρ|τυ[ρίην].....

330. Romae. — *Insc. gr. Sic. et Ital.*, 1342.

Π. Λ(ίλιος) Φαίδιμος Παύ|λῃ συνδίῳ τὴν | κόπαν [1] σὺν τῷ τί|τλῳ καὶ τοῖς περὶ αὐ|τὴν ἀναλώμασιν [2], | μνεία[ς] χάριν, ζησά[[τῃ]].....

1. Cupa vel cupula, quoddam sepulcri genus, de quo disseruit Joh. Schmidt : *Philologus*, XLVII (1888) p. 163 et seqq. — 2. Cum titulo et impensis.

331. Romae. — *Insc. gr. Sic. et Ital.*, 1944.

Πινίτας | Νικομάχου | Σαλάνιος [1].

1. « Fortasse Σαλα[μί]νιος. » Kaibel. Salamine oriundus.

332. Romae, ad viam Appiam. — *Insc. gr. Sic. et Ital.*, 1946.

Γ. Πλεινίωι | Εὐτύχωι | κωμῳδῶι | Γ. Πλείνιος | Ζώσιμος [1] συντρόφῳ καὶ | ἀπελευθέρωι | τειμιωτάτωι.

1. Hunc C. Plinium Zosimum non diversum esse a Zosimo, C. Plinii Caecilii Secundi liberto (*Epist.*, V, 19), opinatur Borghesi, Mommsen negat; cf. *Prosop. imp. rom.*, III, p. 52, n. 375.

333. Romae. — *Insc. gr. Sic. et Ital.*, 1951.

Θ(εοῖς) κ(αταχθονίοις). |
Ἐνθάδε κεῖται | ἀνὴρ πολλῶν ἀντάξιος ἄλλων |
Πομπῆιος Διοκλῆς, | τέρματ᾽ ἔχων | σοφίης.

« Diocles, ni fallor, medicus fuit, quod docte Homerico versu *Iliad.*, XI, 514) significavit.» Kaibel.

334. Romae. — *Insc. gr. Sic. et Ital.*, 1952.

Δ(ις) Μ(ανιβυς) | Γν. Πομπει Ισμηνι | Ἰουλία Τύχη | ουιρω βενε μερεντι. |

Titulum latinum graecis litteris scriptum, sic lege : D is) M(anibus) Cn. Pompei Ismeni; Julia Tyche viro bene merenti.

335. Romae, ad viam Appiam. — *Insc. gr. Sic. et Ital.*, 1956.

Θ(εοῖς) κ(αταχθονίοις). |
Ποντιανοῦ παῖς | κεῖτ᾽ ἐνθάδε | Βαρβαριανὸς, ‖
τόν ποτ᾽ Ἄμαστρις ¹ | ἔθρεψε νέον δ᾽ | ἥρπαξεν ὁ δαίμων |.

1. Amastris seu Sesamus, oppidum Bithyniae.

336. Romae. — *Insc. gr. Sic. et Ital.*, 1960.

Ἐνθάδε κεῖμαι δάμαρ ὑπάτου ἥρωος ἀγαυοῦ |
Ἀρρίου ¹ μου φιλίου, τῷδε μιγεῖσα μόνῳ · |
ἥν δὲ κὲ<ν> ἐκ προγόνων ποτὲ τοὔνομα Πουβλιανή ² μοι |
(Σκιπιάδαι δ᾽ ἔπελον εὐγενίῃ τ᾽ ἔπρεπον), ‖
χηρείαις αὐτὴ τὸν ἄπαντα χρόνον μείνασα |,
κώκυμόρων τεκέων πένθει τακομένη · |
ἐμ βιότῳ δὲ πόνον πουλὺν δ᾽ ἀνέτλην μογέουσ[α], |
Μούσαισιν μοῦνον τὴν φρένα θελγομένη. |

1. Arrios complures novimus consules. — 2. Aut Oscia Modesta Cornelia Publiana, avia M Flavii Arrii Oscii Honorati, ut vult Dessau (*Prosop. imp. rom.*, II, p. 439, n. 104, aut Seia Modesta V[ale]ria... Cornelia Patruina Publiana, quam tituli africani nuper inventi uxorem fuisse nos docuerunt C. Arrii Calpurnii Longini consulis. Cf. Ed. Groag, *Wiener Studien*, 1900, p. 141 et seqq.

337. Romae, ad S. Balbinam. — *Insc. gr. Sic. et Ital.*, 1962.

Ὥδ' ἔθανεν Πούπλιος | Μακεδών, ὅν ἐδέξατο | 'Ρώμη ·
δεξαμένη 'Ρώμη | ὥδ' ἔλιπεν τὸ φάος
5 ζήσας || ἔτη λε'. | Μαρκία σύνθιος | μνήμης ἕνεκεν ἐπέ|γραψα.

338. Romae. — *Insc. gr. Sic. et Ital.*, 1966.

Πρείμα τῇ ἰδίᾳ γυναικὶ Λεοντᾶς Τιβερίου | 'Ιουλίου Κέλσου Πολε|μαιανοῦ [1]
5 δοῦλος || κοσμίως καὶ ἀμέν|πτως συνζήσάτη | αὐτῷ ἔτη δέκα τὸ | μνημεῖον τοῦτο
10 ἐκ τῶν | ἰδίων ἐποίησε · | τοῦτο τὸ μνημεῖον ἔχει | εἴσοδον καὶ ἔξοδον.

1. — Ti. Julius Celsus Polemaeanus consul fuit suffectus anno p. C. n. 92 : de quo
cf. *Prosop. imp. rom.*, II, p. 186, n. 176.

339. Romae, in via Appia, prope sepulchretum libertorum Liviae Augustae. — *Insc. gr. Sic. et Ital.*, 1970.

Ἐννεακαι|δεκάμηνος | ἐγώ κεῖμαι | παρὰ τύμβῳ, ||
5 ὅν ποιεῖ πα|τὴρ Πρόκλος | Συρίης ἀπὸ | γαίης ·
10 οὔνο|μα δὲ ἐστι Πρό|κλα, γαία πατρὶς | ἤ παράκειμαι·

340. Romae, extra portam S. Pancratii Transtiberinam. — *Insc. gr. Sic. et Ital.*, 1976.

'Ρου[φειν.....?] |
'Ρουφείνου τάφος οὗτος, ὅν 'Αστέριόν ποτ' ἔκλη̄ζον, |
ἐς προλιπών 'Ρώμης δάπεδον, Νείλου πόλιν ἐλθών |
καὶ προκοπαῖς λάμψας, πολλοῖσι δὲ πολλὰ παρασχών, ||
5 μηδένα λυπήσας, ἀλλ' εἰς τὸ δίκαιον ἀθρήσας, |
Μοιρῶν οὐκ ἔφυγεν τρισσῶν μίτον, ἀλλὰ νεκρωθεὶς |
τὴν ψυχὴν ἀπέδωκεν ἐς ἀέρα, σῶμα δὲ πρὸς γῆν. |
'Αλλὰ καὶ εὐσεβίης ἔσχεν κρίσιν ἐν φθιμένοισιν, |
καὶ πάλιν εἶδε τὸ φῶς νεκρὸς ὤν καὶ πόντον ἔπλευσε ||
10 καὶ χώρης ἰδίης ἐπέβη · σὺν παισὶ δὲ κεῖται, |
ὤν οὐκ εἶδε τέλος θανάτου · πρῶτος γὰρ ἔθνησκε. |
Ἡ δὲ τέκνων δισσῶν μήτηρ, σεμνή) ἠδὲ φίλανδρος, |

8

καὶ πέλαγος διέπλευσε καὶ ἤγαγε σῶμα βυθοῖσιν |
καὶ καμάτους ὑπέμεινε καὶ ἐν θρήνοις διέμεινε ‖
15   καὶ τύμβῳ κατέθηκε καὶ αἴωσιν παρέδωκε |
Δαμοστρατείας ταῦτα τῆς φιλανδρίας.

« Rufini Romani Nilopoli defuncti corpus sepultum rursus erutum Damostrata uxor
in patriam reduxit; epigramma paullo post filiis duobus mortuis insculpendum curavit
eadem » Kaibel.

341. Romae, ad viam Latinam. — *Insc. gr. Sic. et Ital.*, 1980.

5   Θεοῖς μνή|μασι. Ῥώμη | καλῶς βιωσά|σῃ Ἀπολλινᾶ|ρις σύμβιος.

342. Romae, extra portam Flaminiam. — *Insc. gr. Sic. et Ital.*, 1989.

Θ(εοῖς) κ(αταχθονίοις). | Λ. Π. Σατορνεῖνος | ετ Αἰ. Ἡλιὰς ετ | Π. Λ. Διογένης ‖
5 κομπαραουηρουντ | σιβι ετ σουεις.

Titulus latinus graecis litteris scriptus. Sic lege : L. P..... Saturninus et Ae(lia) Helias
et P. Ae(lius) Diogenes comparaverunt sibi et suis.

343. Romae, extra portam Capenam, in sarcophago. — *Inscr. gr. Sic. et Ital.*, 1990.

Σατορνεῖνος ἐγὼ κικλήσκομαι · ἐκ | δέ με παιδὸς |
εἰς Διονύσου ἄγαλμ᾽ ἔθεσαν [1] μήτηρ | τε πατήρ τε.

1. « Parentes, cum in vivis esset, puerum Dionysi specie indutum in aliquo dei fano
posuerant, ideoque personati Bacchi imaginem etiam sarcophago mortui insculpendam
curaverunt. » Kaibel (*Epigr. gr.*, 705).

344. Romae, in Esquiliis. — *Insc. gr. Sic. et Ital.*, 1702.

Ἰουλία<ς> Κρισπεῖνα ἀνδρὶ γλυκυτάτῳ | καὶ σοφιστῇ, | ᾧ οὔνομα ἦν
Σέκκιος Τρόφιμος, γένει Σιδήτης [1], | καλὸν βίον καὶ ἀμέμπτως βιώσας μετ᾽
5 ἐμοῦ ‖ ἔτη δυοκαίδεκα · αὐτὸς δὲ ἀποδοὺς τὸ | δάνειον τῆς ζόης ὀγδοηκοστὸν
ἔκτο[ν] | ὧδε κεῖται οἴκῳ ἐωνίῳ παραλημφθε[ὶς] | ὑπὸ θεῶν καταχθονίων.

1. I. e. oriundus Side, quae est Pamphyliae urbs.

345. Romae. — *Insc. gr. Sic. et Ital.*, 1997.

Εὐψύχι Σεκοῦνδα · οὐ|δὶς ἀθάνατος · Ῥηγιτᾶνα¹.

1. Secunda Regio Lepido oriunda erat ut vidit Franz.

---

346. Romae, ad viam Flaminiam, in sarcophago. — *Insc. gr. Sic. et Ital.*, 2000.

M. Σεμπρώνιος Νεικοκράτης, | ἤμην ποτὲ μουσικὸς ἀνὴρ | ποιητής καὶ
5 κιθαριστής | μάλιστα δὲ καὶ συνοδείτης · | πολλὰ βυθοῖσι καμών, | ὁδηπορίας
δ᾽ ἀτονήσας, |
ἔνπορος εὐμόρφων γενόμην, | φίλοι, μετέπειτα γυναικῶν. |
10 Πνεῦμα λαβὼν δάνος οὐρανόθεν || τελέσας χρόνον αὐτ᾽ ἀπέδωκα, |
καὶ μετὰ τὸν θάνατον | Μοῦσαί μου τὸ σῶμα κρατοῦσιν.

« Fuit Sempronius sacrae synodi sodalis, ejus fortasse quam Τρ(α)ιανὴν Ἀδριανήν appel-
latam Romae fuisse scimus; postea, cum non jam lucri quidquam faceret ex studiis
musicis, ad magis lucrosa se convertit negotia. Denique, quas a puero adamaverat,
Musae eo potiuntur eumque tumulo tegunt » Kaibel (*Epigr. gr.*, 613).

---

347. Romae, duobus a porta S. Pauli chilometris. — *Insc. gr. Sic. et Ital.*, 2003.

Θεοῖς καταχθονίοις (sic). | Γ. Σεπτίμιος Ἡράκλειτος ἐποίη|σεν ἑαυτῷ καὶ
5 Αὐριδία Καπετωλίνῃ | συμβίῳ καὶ ἀπελευθέροις καὶ τοῖς || μετ᾽ αὐτοὺς ἐσομένοις
καὶ κληρο|νόμοις ἑαυτοῦ καὶ τοῖς ἐξ αὐτῶν | ἐσομένοις καὶ Σατορνίνῳ Ἀβα|-
10 σκάντου Κλαυδιανῷ Σμυρναίῳ | καὶ τοῖς ἐξ αὐτοῦ ἐσομένοις καὶ || Λουκίῳ Κατιλίῳ
Χρυσέρωτι μα|θητῇ ¹ καὶ Μ. Γαβίῳ Δίῳ καὶ τοῖς | [ἐξ] αὐτῶν ἐσομένοις · τά δὲ |
15 [λοι]πά, Ἡράκλειτε, εὔφραινε | [θυμ]ὸν ἀφθόνως · τὸ γάρ ποτε || [δεῖ]ν σε θανεῖν
μοίραις | [μ]εμέληται.

1. Quam artem Heraclitus exercuerit tacet. Aut sophistam aut medicum fuisse
opinatur Kaibel.

---

348. Romae. — *Insc. gr. Sic. et Ital.*, 2008.

5 [Εὐ]ψύχι τέ|κνον Σερῆ|νε [ἄ]ω[ρ]ε ¹? ἐτ|ῶν δ᾽, μηνῶ|ν η΄, ἡμερῶν ιθ΄ · | Φουσ-
10 κῖνος προ|βοκάτωρ ² Καίσα|ρος πατὴρ καὶ Ταῶν | μήτηρ Αἰγύπτιοι ἐποί|ησαν
[λ]οιπο[ύ]μενοι ³.

1. ΛΩΓΕ traditur. — 2. Provocatores erant genus quoddam gladiatorum. Fuscinus ad
familiam gladiatoriam Augusti pertinebat. — 3. ΛΟΙΠΟΝΜΕΝΟΙ traditur.

349. Romae. — *Insc. gr. Sic. et Ital.*, 1558.

Δόμνα Σιόήτη | υἱῷ ζήσαντι ἔτ'η) | κ', υἱῷ πραγματευ|τοῦ ¹ Περεγρείνου, ‖
5 μνίας χάρ(ιν) ἐποίησεν.

1. I. e., negotiatoris.

350-352. Romae, ad viam Salariam. — *Insc. gr. Sic. et Ital.*, 2012.

Deis Manibus sacrum. | Q. Sulpicio Q. f. Cla. Maximo domo Roma uix. ann. XI
m. V. d. XII. | Hic tertio certaminis lustro ¹ inter graecos poetas duos et L | pro-
5 fessus fauorem, quem ob teneram aetatem excitauerat, | in admirationem ingenio
suo perduxit et cum honore discessit ²; uersus | extemporales eo subiecti sunt
ne parent(es) adfectib(us) suis indulsisse uideant(ur). | Q. Sulpicius Eugramus et
Licinia Ianuaria parent(es) infelicissim(i) f(ilio) piissim(o) fec(erunt) et sib(i)
p(osterisque) suis |.

10   Κ. Σουλπικίου | Μαξίμου καίριον · | τίσιν ἂν λόγοις | χρήσαιτο Ζεὺς | ἐπι-
τιμῶν Ἡλίῳ | ὅτι τὸ ἅρμα ἔδωκε | Φαέθοντι. ‖

15   Ἡμετέρου κόσμοι|ο φαεσφόρον ἅρμε|λατῆρα
       οὐχ ἕτε|ρον πλὴν σεῖο θεοὶ | ποίησαν ἄνακτες · ‖
20   τίπτε κακόρρονα θῆ|κες ἐφ' ἀψίδεσσιν Ὀ|λύμπου
       υἱέα καὶ | πώλων ἄρατον τά|χος ἐγγυάλιξας, ‖
25   ἡμετέρην οὐδ' ὅσ|σον ὑποδείσας ἐπα|ρωγήν;
       οὐ τάδε πιστά | θεοῖς σέο δήνεα · ποῖ Φα|έθοντος
30   εὐσταθὲς ‖ ἅρμα φορεῖτο; τί σου | πυρὸς ἀκ|α|μάτοιο |
       φλὸξ ἄχρι καὶ θρόνον | ἦλθεν ἐμὸν καὶ ἐπ' εὐ|ρέα κόσμον;
35   μίγνυτο ‖ καὶ κύκλοισιν ὑπερ|μενὲς ἄχθος ἀπ' εἴ|λης ·
       Ὠκεανὸς γέρας | αὐτὸς (vel γέρα καὐτὸς) ἐς οὐρανὸν ἠέρ|ταζε ·
40   τίς ποταμῶν ‖ οὐ πᾶσαν ἀνεξηραίνε|το πηγήν;
       καὶ σπό|ρος ἐς Δήμητρα κα|ταίθετο, καὶ τις ἀπλ[α]|τον |
45   ἀζαλέην ἔκλαυσε παρὰ | δρεπάναισι γεωργός, |
       σπείρων εἰς ἀχάριστα | μάτην θ' ὑπὸ κυρὸν ἄρο|τρον ·
50   ταῦρον ὑποζεύ|ξας ὑπό τ' ἀστέρα βουλυ|τοῖο
       κάμψας ἄρρενα γυ|ῖα σὺν ἀχθεινοῖσι βόεσ|σι.
55   Γαῖα δ' ὑπέστενε πᾶσα | κακόρρονος εἵνεκα ‖ κούρου ·
       καὶ τότ' ἐγὼ πυ|ρὶ φέγγος ἀπέσβεσα. | Μηκέτι παιδὸς |

μύρεο λυγρὸν ὄλε[θ]ρον, | ἐοῦ δ᾽ ἔχε φροντίδα κόσ[μ]ου,
μή ποτε χειρὸς ἐμῆς | φλογερώτερον ἔγχος ἀθροί[σ]ῃς.
Γίνωσκ᾽ οὐρανίοιο | Διὸς νόον · οὐ μὰ γὰρ αὐτὴν
Ῥεί[ην] ἄλλο τι τ οὐδὲ κακώτερον | ἰδεῖν Ὄλυμπος · |
κόσμος ἐμὸς σὴ πίστις ἔφυ με[γ]ακύδεος ἔργου.
Οἰχέσθω τὰ | πάροιθε, τὰ δ᾽ ὕστερα φροντί[δ]ι κεῦθε ·
οὐ σὸς ἔφυ · πώ[λ]ων γὰρ ἀπείριτον ο[ὐ] σθένος | ἔγνω,
ῥυτήρων οὐδ᾽ ἔσχε | πολυρραδὲς ἔργον ἀνύσσαι. |
Ἔρχεο νῦν, πάλι κόσμον ἐποί[χ]εο, μὴ τεὸν εὐ[λ]ος
ἀλλο[τ]ρίαις παλάμαισι πόρῃ[ι]ς ἀμενηνὰ πονήσας · |
μούνῳ σοὶ πυρόεντος | ἐπειγομένῳ κύκλοιο |
ἀντολίη καὶ πᾶσα καλὸς | δρόμος ἔπλετο δυσμή · |
σοὶ τόδε πιστὸν ἔδωκε | φέρειν νόος ἄφθιτον εὖχος. |
Φείδεο γῆς καὶ παντὸς ἀρι[π]ρεπέος κόσμοιο,
ἴσχε δρό[μ]ον μεσάταισιν ἐπ᾽ ἀ[ψ]ίδεσ[σ]ιν Ὀλύμπου ·
ταῦτα πρέ[π]οντα θεοῖς, ταῦτ᾽ ἄρκια · μαί[ε]ο, δαῖ[μ]ον,
μιλίχιον πά[λ]ι φέγγος · ὁ σὸς παῖς ὤλεσε | πουλύ ·
καὶ τὸν ἀπειρέσιον | μέγαν οὐρανὸν αὐτὸς [ἐ]δευε, |
ἥμισυ μὲν γαίης νέρθεν, | τὸ δ᾽ ὕπερθε τανύσσας · |
οὕτω γὰρ πρέψει ἐτεὸν φάος | Οὐρανίδαισι,
καὶ φωτῶν | ἀκάκωτος ἀεὶ λειφθήσε[τ]αι εὐχήι,
πηγνυμενῆ | δ᾽ ἕξεις Ζηνὸς νόον · ἢν δ᾽ ἐτέ[ρ]ῃ τις |
λείπηται σέο | φροντὶς ἀταρβέ[ος], ἴστορες αὐτοὶ |
ἀστέρες, ὡς πυ[ρό]εντος ἐμοῦ μ[έ]|νος αἶψα κεραυνο[ῦ] |
ὠκύτερον πώ[λ]ων .....δέ[μ]ας ....

351.

Ἐπιγράμματα. |

Μοῦνος ἀπ᾽ αἰῶνος δυοκαίδεκα παῖς ἐνιαυτῶν |
Μάξιμος ἐξ ἀέθλων εἰς Ἀίδην ἔμολον ·
νοῦσος καὶ κάματός με διώλεσαν · οὔτε γὰρ ἠοῦς. |
οὐκ ὄρφνης Μουσέων ἐκτὸς ἔθηκα φρένα. |
Λίσσομαι ἀλλὰ στῆθι δεδουπότος εἴνεκα κούρου, |

ὄφρα μάθῃς σχεδίου γράμματος εὐεπίην, |
εὐρήμου καὶ λέξον ἀπὸ στόματος τόδε μοῦνον |
δακρύσας · « εἴης χῶρον ἐς Ἠλύσιον · ||
10   ζωούσας ἔλιπες γὰρ ἀηδόνας, ἃς Ἀιδωνεὺς |
οὐδέποθ' αἱρήσει τῇ φθονερῇ παλάμῃ. »

352.

Βαιὸν μὲν τόδε σῆμα, τὸ δὲ κλέος οὐρανὸν ἵκει, |
Μάξιμε, Πιεριδῶν ἐξέο ³ λειπομένων, |
νώνυμον οὐδέ σε Μοῖρα κατέκτανε νηλεόθυμος, |
ἀλλ' ἔλιπεν λήθης ἄμμορον εὐεπίην. |
5   Οὔτις ἀδακρύτοισι τεὸν παρὰ τύμβον ἀμείβων |
ὀφθαλμοῖς σχεδίου δέρξεται εὐστιχίην. |
Ἄρκιον ἐς δόλιχον τόδε σοι κλέος · οὐ γὰρ ἀπευθὴς |
κείσεαι οὐτιδανοῖς (ε)ἰδόμενος νέκυσι, |
0   πουλὺ δὲ καὶ χρυσοῖο καὶ ἠλέκτροιο φαεινοῦ |
ἔ(σ)σετ' ἀεὶ κρέσσων ἣν ἔλιπες σελίδα.

1. Quum certamen vel ludum Capitolinum imperator Domitianus anno p. C. n. 86 condiderit, tertium lustrum a. 94 actum est. — 2. Ex his verbis recte Henzen collegit Q. Sulpicium Maximum non victorem e certamine discessisse. — 3. I. e. ἐκ σέο. De titulo cf. C. L. Visconti, *Il sepolcro del fanciullo Q. Sulpicio Massimo;* Henzen, in *Bullett. dell' Instit.*, 1871, p. 98 et seqq. ; Kaibel, *Epigr. gr.*, 618.

---

353. Romae. — *Insc. gr. Sic. et Ital.*, 2023.

Ἐνθάδε κεῖται | Σύμφορος Σικε(λὸς) | Πανορμίτης.

---

354. Romae, ad viam Tiburtinam. — *Insc. gr. Sic. et Ital.*, 2030.

Θεοῖς καταχθονίοις. | Σωτηρίχῳ λυριστῇ ἐτῶν | λϛ' ἡμίσου Λούκις | Πομ-
5   πώνις Σωτήριχος ¹ | πατὴρ ἐποίησε · εὐψύχι.

1. Lucius Pomponius Soterichus.

355. Romae, in via Appia. — *Insc. gr. Sic. et Ital.*, 2012.

5 Δ(ις) Μ(ανιδυς). | Τιτίαι Ἐλπίδι Μαρ|κους Τιτιους Ζηνο|διους κοιουγι βενε|μερεντι φηκιτ.

Titulus latinus graecis litteris scriptus. Sic lege : D(is) M(anibus). Titiae Elpidi Marcus Titius Zenobius conjugi bene merenti fecit.

356. Romae. — *Insc. gr. Sic. et Ital.*, 2045.

Τρόφιμος βουκόλος.

357. Romae, juxta aedem Sanctae Virginis in Minerva. — *Insc. gr. Sic. et Ital.*, 2047.

5 Ἐνθάδ|ε κεῖται | Τρύφων | Λα(ο)δικ(ε)ὺς || τῆς πρὸς | Λύκον.

358. Romae, in Esquiliis, in Statiliorum sepulcreto. — *Insc. gr. Sic. et Ital.*, 2050.

Τύραννος κωμῳδὸς | ἔζησεν ἔτη ιη΄. |
5   Τῆς εἰς ἐν φιλίης | Χρυσέρως καὶ παι|δὸς ἀρετῆς
       τήνδ᾿ ἐπὶ τῷ μνή|μης εἴνεκ᾿ ἔθηκε Πάρον.

« Chryseros Tyranno filio amoris simul ac virtutis ergo posuit monumentum Pario lapide factum. » Kaibel.

359. Romae, trans Tiberim. — *Insc. gr. Sic. et Ital.*, 2057.

5 Θ(εοῖς) κ(αταχθονίοις). | Φαυστίνῳ τε|λευτήσαντι, πραγ|ματευτῇ [1], Θεόφι|λος σύνδουλος | ἐποίησεν μνή|μης χάριν.

1. Πραγματευτής, id est, ut Mommsen opinatur, servus actor.

360. Romae. — *Insc. gr. Sic. et Ital.*, 2064.

Σεμνὴν Πηνελόπην ὁ πάλαι βίος, ἔσχε δὲ καὶ νῦν
σεμνὴν Φηλικίταν [1] οὐ τάχα μιοτέρην · |
βουλομένης δὲ θανεῖν ἀνδρὸς προτέρην σφετέροιο
ἔκλυες, ὦ δαίμων, πολλάκις εὐχομένης |.

Τοιγάρτοι καὶ ἐμεῖο δικαιοτέρην ὄπ' ἄκουσον
εὐχομένου, Πλούτων, | ἤν εἰς 'Αΐδαο περήσω,
εὑρεῖν τὴν ἰδίαν Φηλικίταν παρὰ σοί. ‖
Κλαύδιος ἰητὴρ 'Αγαθεῖνος τήνδε ἀνέθηκεν
εἰκόνα Φηλικίτας, μάρτυρα σωφροσύνης.

1. I. e. Felicitas.

---

361. Romae. — *Insc. gr. Sic. et Ital.*, 2068.

Θ(εοῖς) κ(αταχθονίοις). |
Ἤμην ὡς ἤμην φωνὴν καὶ πνεῦμα καὶ εἶδος, |
ἀρτιτόκου φωτὸς | ψυχίον ἔνδοθ' ἔχ[ω]ν, ‖
αἴσιος ἐμ φιλότητι καὶ ὄλβιος ἐμ πραπίδεσσι, |
μηδὲν ἄγαν φρονέων, θνητὰ δὲ πάνθ' ὁρόω[ν]. |
Ἦλθον, ἀπῆλθον ἄμεμπτος, ἃ μὴ θέμις οὐκ ἐδό|κευσα, |
εἴτ' ἤμην πρότερον, εἴτε χρόνοις ἔσομαι · ‖
παιδεύθην, παίδευσα, κύτος κόσμοιο πέδη|σα, |
θείας ἐξ ἀθανάτων φωσὶ φράσας ἀρετὰς · |
Κεύθι γαῖα φίλη με · τί δ' ἀγνὸν ὅμως ὄνο|μ'; ἤμην ‖
πᾶσι Φίλητος ἀνήρ, τῆς Λυκίης Λιμύ|ρων [1].

1. Philetus oriundus erat Limyra apud Lycios. — « Epitaphium est ludimagistri disciplinae, ut videtur, Pythagoricae. » Kaibel (*Epigr. gr.*, 615).

---

362. Romae. — *Insc. gr. Sic. et Ital.*, 2088.

Φλάουιος | Τέρπνος | κιθαρωιδὸς [1] | 'Αλεξανδρε‖ὺς ἐτῶν κς', | ἄφθορος.

1. Fuerunt qui hunc Flavium Terpnum non diversum esse putaverunt a Terpno citharista, quem Nero dilexit (de quo cf. *Prosop. imp. rom.*, III, p. 306, n. 84); at verisimillimum est eum ante Vespasiani tempora manumissum esse.

---

363. Romae. — *Insc. gr. Sic. et Ital.*, 2090.

Φαβία Λιλία Φαβιανὴ Φαβίῳ 'Ονήτορι τῷ ἰδίῳ | χαίρειν. | Τόπον ὃν παρεκάλεσεν ἐν τοῖς κήποις μου |, ἵνα οἰκοδομήσης μνημάφιον ἐκεῖ, συνκε‖χωρηκέναι μέ σοι καὶ ἐπ[ιτ]ετροφέναι [1] οἰκο δομῆσαί σε, ἵνα διὰ παντός σοι ἀνῆκεν, τού|τοις

τοῖς <τοῖς> γράμμασί μου, οἷς ὑπέγραψα | τῇ πρὸ ι' καλανδῶν Αὐγούστων Κλ.
10 Ἰουλια|νῷ τὸ β' καὶ Βρουττίῳ Κρισπίνῳ ὑπάτοις², | δῆλόν σοι ποιῶ · οὐ μηδεμίαν
ἀμφισβήτη|σίν σέ ποτε ἕξειν ἐξ αὐτῶν τῶν γραμ|μάτων μου δῆλόν ἐστιν, σοὶ δὲ
διαφέρειν | τὸν τόπον τοῦ μέτρου τοῦ... οἰκοδομῆσαι³. | Ἐρρῶσ[θαί] σε εὔχομε.
Ἔρρωσο.

1. ΕΠΠΕΤΡΟΦΕΝΑΙ, lapis. — 2. Die xxiii mensis Julii anni p. C. n. 224. — 3. ΟΙΚΟΔΟΜΗΣΑΣ
lapis.

---

364. Romae. — *Insc. gr. Sic. et Ital.*, 2098.

Φλαουία Σερουάνδα¹ ἢ καὶ | Ἀγριππεῖνα, πανάρετε, | εὐψύχι μετὰ τοῦ Ὀσείριδος.

1. I. e. Flavia Servanda.

---

365. Romae. — *Insc. gr. Sic. et Ital.*, 2100.

Φλαβιανῶι ἥρωι πατήρ | Δῶρος τόδε σῆμα, |
ἐξ ἐπὶ τοῖς δέκ' ἔτη | μοῦνα βιωσαμένωι · ||
5 Μοῖρα γὰρ Αἰολίδος με | πάτρης ἀπάνευθε | Μυρίνης,
θάψε τε | καὶ Μουσῶν εὖνι|ν ἔθηκ' ἀρετῆς.

---

366. Romae. — *Insc. gr. Sic. et Ital.*, 2104.

Θ(εοῖς) κ(αταχθονίοις). |
Ἔν τε φίλοισι φίλοιο καὶ ἰη|τῆρος ἀρίστου |
5 παιδείης θ' ἱερῆς ἐγγύθεν || ἁψαμένου |
σῶμ' Ἀσκληπι[άδα]ο καὶ υἱέος | ἐνθάδε Βήρου, |
10 ὡς ἐπέτελλε φίλοις, εἰς ὅ|δε τύμβος ἔχει. ||
Λ. Φοντείῳ Φόρτι Ἀσκληπιά|δῃ, τῷ γένει Ἐρέσιον, | βιώσαντι ἔτεσιν μ', |
15 μησὶν β', ἡμέρ(αις) κε', ὥρ(αις) ζ', | Ἐγνατία Βρισηὶς σύμβιος || μνήμης χάριν.

---

367. Romae. — *Insc. gr. Sic. et Ital.*, 2111 ; — *C. I. L.*, VI, 18487.

Τὴν Διὸς ἀμφίπολόν με Χελειδόνα, τὴν ἐπὶ βωμοῖς |
σπένδειν ἀθανάτων γρηὺν ἐπισταμέναν, |

εὔτεχνον, ἀστονάχητον ἔχει τάφος · οὐ γὰρ ἀμαυρῶς |
δαίμονες ἡμετέρην ἔβλεπον εὐσεβίην. ‖

5   Dis Manibus Chelidonis sa[crum]. | Floria Chelidon | Floriae P. f. Festae; | uixit
10 annis LXXV. | In agr(um) p(edes) XIV, in fr(ontem) p(edes) XII. | H(oc) m(onu-
mentum) h(eredes) n(on) s(equitur).

« Chelido videtur peregrini alicujus Jovis sacris in Urbe praefuisse. » Kaibel.

---

368. Romae. — *Insc. gr. Sic. et Ital.*, 2124.

Ἱστορίας δείξας | καὶ χειρσὶν ἄπαντα | λαλήσας,
ἔμπειρος Βρομίοιο | σοφῆς ἱερῆς τε χορείας,
5   συνπάσχων | κείνοις [οἶσ]περ¹ κεινεῖτο προσώποις, |
κοσμήσας π[ᾶ]σαν θυμέλην διδαχαῖς | πολυδόξοις
οὗτος ὁ παιδίας | θαλερῆς ἐνκώμια λίψας |
10   κεῖτε δ[ὴ]² γήρᾳ βεβαρη[μέ]νος ·³ ‖ οὐκ ἔθανεν γάρ,
ζώσης | εὐρυχόροιο τέχνης | ἀρεταῖσι μαθητῶν.

1. ΚΕΙΝΟΙϹΠΕΡ lapis. — 2. ΔΕ lapis. — 3. ΒΕΒΑΡΗΝΟϹ lapis.
« Est pantomimi epitaphium » Kaibel (*Epigr. gr.*, 608).

---

369. Romae, ad radices Quirinalis. — *Insc. gr. Sic. et Ital.*, 2143.

Ἐν ζωοῖς ἀρέσα[ντα......   ] | βιώσαντα ἐτῶ[ν.........] | κοιτῶνος ἔχων
5 [........   ] | Σεβαστοῦ μεγάλου [¹.........] ‖ κασιγνήτοιο...

1. Erat defunctus a cubiculo vel cubicularius Augusti.

---

370. Romae. — *Insc. gr. Sic. et Ital.*, 1528.

.... | ἀπελεύθε|ρος καὶ Γρα|φικὸς¹ ἐπ|οίησαν.

1. Mommsen legit ἀπελεύθερος καὶ γραφικός, i. e. libertus et notarius ; at Graphicus etiam
pro nomine virili haberi potest.

LATIUM

371. Fidenis. — *Insc. gr. Sic. et Ital.*, 1346.

Αἰλία | Καικι[λ]ία | Φιλίππη τῇ | κρατίστῃ ¹, γλυκυτάτῃ ‖ τεκούσῃ, |
Σέριος Αὐγουρεῖνος | ὁ κράτιστος ¹.

1. Κράτιστος, κρατίστη, egregius, egregia. — De Aelia Caecilia cf. *Prosop. imp. Rom.*, I,
p. 23, n. 190.

---

372. Ficuleae. — *Insc. gr. Sic. et Ital.*, 1686.

[Θ(εοῖς)] κ(αταχθονίοις). | Ἰούλιος | Μενέμαχος | Σωτηρίχῳ ‖ βεστιαρίῳ ¹ |
μνήμης χάριν.

1. Vestiarius vel bestiarius.

---

373. Prope Ficuleam. — *Insc. gr. Sic. et Ital.*, 1791.

[Τ]ὴν στήλην, παροδεῖτα, διελθὼν γνώσῃ [τίς εἰμι?] |
καὶ πῶς μοι βεβίωται καὶ πῶς ἀνέλυσα μαθήσ[ῃ]. |
[Ἐ]σπειράν με γονεῖς παρ' Αἰγύπτοιο δ' ἀρούραις |
[ἐ]ν κώμηι Ἱεραπενθεβυλείη · νομὸς ἡ Ξόις ¹. ‖
. . . . Ἀλεξάνδρι[α. . . . . . .] ε πατράσσιν |

. . . .

[κ]αὶ ἐν στρατιᾶι [πα]νημερίῳ (?) μετέπιτα θελήσας, |
[κ]αὶ κόσμον κεκ[ράτ]ευκα, σχεδὸν εἴποιμι παρ' αὐτό, |
οὐ πόλεμόν π[οτ]ε εἰδὼν, οὐ χεῖρα φόνοισι μιάνας, |
[Κ]ρόνιος ὁ καὶ Ἀρτεμίδωρος Εὐόδιος ἐνθάδε κεῖμαι ‖
[ἑ]ξηκονταέτης, γυναῖκά τε μηδαμοῦ γήμας, |
μήτε δίκην εἴπας, μήτ' ὅρκον δούς ποτ' ὁμοίῳ · |
εὐτυχίην δὲ βίου ταύτην νόμισον, παροδεῖτα. |
Σεράμμων ² ἐνθάδε κεῖμαι Ἀλεξανδρεύς, πολλὰ μογήσας |

ἐν βιότῳ περιών, λήθῃ, πλάνῃ, ἐλπίδι διώκων ‖

15   . . . . τοῦτο γένωμαι ὃ βλέπις.

1. Χοῖς urbs a Strabone abscribitur nomo Sebennytico (XVII, 1, 19), cujus nomi caput esse Ptolemaeus asserit (IV, 4, 50). — 2. Serammon omnino diversus est a Cronio qui et Artemidorus Euodius.

---

374. Tibure. — *Insc. gr. Sic. et Ital.*, 1123; *C. I. L.*, XIV, 3533.

In antica :

Ἀγαθῶι | δαίμονι.

In parte aversa :

Agathodaemoni | sacrum. | E u(oto) s(uscepto).

---

375. Tibure, in tabula marmorea utrinque inscripta. — *Insc. gr. Sic. et Ital.*, 1124.

Ab una parte :

5   Τῇ κυρίᾳ Ἀρτέμι|δι εὐχὴν ἐποίη|σεν Πακκία Λουκί|ου θυγάτηρ Σεκον|δεῖνα ὑπὲρ αὐτῆς | καὶ Ποστουμίλλης | θυγατρός. |

Ab altera :

10   Τῇ κυρίᾳ | Ἀρτέμιδι εὐχὴν ‖ ἐποίησεν Πακκία | Σεκονδεῖνα ὑπὲρ | σωτηρίας Μάρκου | καὶ Φαδίλλης [1].

1. Marci Aurelii Antonini imperatoris et Fadillae ejus filiae.

---

376. Tibure. — *Insc. gr. Sic. et Ital.*, 1125.

Ἀσκληπιῷ θ[εῷ] σωτῆρι. | Λ. Μινίκιος Νατάλιος | ὕπατος [1] ἀνθύπατος Λι-
5 βύης, ‖ αὔγουρ, πρεσβευτὴς καὶ | ἀντιστράτηγος Σεβαστοῦ | Μυσίας τῆς κάτω | τὸν ναὸν καὶ τὸν βωμὸν | ἀνέθηκεν.

1. Quo anno L. Minicius Natalis consul fuerit nescimus; sed, quum Africae proconsulatum egerit anno p. C. n. 139, consulatum gessisse videtur circa annum p. C. n. 127. De quo cf. *Prosop. imp. rom.*, II, p. 379, n. 440, et Pallu de Lessert, *Fastes des provinces africaines*, I, p. 190 et seq.

377. Praeneste. — *Insc. gr. Sic. et Ital.*, 1127; *C. I. L.*, XIV, 2901.

Domus C. Valeri Hermaisci templum | Sarapis schola Faustiniana fecit; C. | Valerius Hermaiscus | dedic. idib. Dec. | Barbaro et Regulo cos ¹. |

Γ. Βαλέριος Ἑρμαίσκος ἐποί[ησεν | τὸ] Σαραπεῖον Δι̇ Ἡλίῳ μεγάλῳ | Σαρά-π[ιδι κα]ὶ τοῖς συννάοις θεοῖς.

1. Anno p. C. n. 157.

---

378. Praeneste. — *Insc. gr. Sic. et Ital.*, 1302.

In opere musivo quod Nili crescentis imaginem referre et Hadriani imperatoris in Aegyptum adventum memorare putant, supra vel infra vel juxta varias animalium figuras, leguntur haec.

Σφινγία	Ἔνυδρις ⁷	Λύνξ
Κροκόττας ¹	Ἄρκ[τ]ος	Κροκοδιλοπάρδαλις ⁹
Ἡ? ὀνοκενταύρα ²	Τίγρις	Ῥινόκερως
Θώαντες ³	Κ[α]μηλο[π]άρδαλι[ς] ⁸	Χοιροπίθηκ(ος)
Ξιφι.... ⁴	Λέαινα	[Κ]έφαλος?
Κῆπ[ον] ⁵	Κροκόδιλος χερσαῖος	[Τρ]αγέλαφ[ος] ¹⁰
[Ν]αβοῦς ⁶	Σαῦ[ρ]ος....	

1. Plin., *Hist. nat.*, VIII, 107 : « (Hyaenae) coitu leaena aethiopica parit corocottam. » — 2. Aelian., *Hist. anim.*, XVII, 9. — 3. 1. e. Θῶες. — 4. Fortasse ξιφίας, quod nomen apro adscriptum legitur in gemma (*C. I. Gr.*, 7287). Figura tamen videtur hippopotami. — 5. Seu κῆρον : « Effigie lupi, pardorum maculis ». Plin., *Hist. nat.*, VIII, 70. — 6. *Ibid.*, 69, ubi asserit Plinius nabum et camelopardalin unum atque idem animal esse, alio nomine nuncupatum, non recte. — 7. I. e. lutra. — 8. Apud Gallos, *girafe*. — 9. Animal ignotum. — 10. Ita restituit Kaibel dubitans ; traditur ΔΓΕΛΑΡΥ : « Eadem specie (ac cervi), barba tantum et armorum villo distans » Plin. (*Hist. nat.*, VIII, 120).

---

379. In agro Praenestino. — *Insc. gr. Sic. et Ital.*, 1601.

Θ(εοῖς) κ(αταχθονίοις). |

Πατρίδος ἐκ Ζμύρνης βρο|τοί μ᾽ Εὔθαλέα καλέεσκον |
εἴνεκ᾽ ἐμῆς ὥρης καὶ ‖ μεγέθους ἐρατοῦ · |
ἀλλά με μοῖρ᾽ ὀλοὴ πρὶν ἰού|λοις πλῆσαι παρειάς, |
ἥρπασε πὰρ φιλίων οὓς | τροφέας ἐκάλουν.

380. Portu. — *Insc. gr. Sic. et Ital.*, 917.

Ὑπὲρ σωτηρίας καὶ ἐπανόδου [1] | καὶ αἰδίου διαμονῆς τῶν κυρίων | αὐτοκρατό-
ρ(ων) Σεουήρου καὶ Ἀντωνίνου | καὶ Ἰουλίας Σεβαστῆς) καὶ τοῦ σύνπαντος ‖
5 αὐτῶν οἴκου καὶ ὑπὲρ εὐπλοίας | παντὸς τοῦ στόλου τὴν Ἀδράστιαν [2] | σὺν τῷ
10 περὶ αὐτὴν κόσμῳ | Γ. Οὐαλέριος Σερῆνος νεωκόρος | τοῦ μεγάλου Σαράπιδος, ‖ ὁ
ἐπιμελητὴς παντὸς τοῦ | Ἀλεξανδρείνου στόλου [3] |, ἐπὶ Κλ. Ἰουλιανοῦ ἐπάρχου |
εὐθενείας [4].

1. Anno 200 Severus Aegyptum e Syria adiit, qua perlustrata anno 201 in Syriam
reversus est. — 2. De dea Adrastia cf. Roscher, *Lexicon der gr. und röm. Mythologie*, s.
v. et Pauly-Wissowa, *Realencyclopädie*, s. v. — 3. De C. Valerio Sereno, curatore (?) classis Alexandrinae, cf. *Prosop. imp. rom.*, III, p. 377, n. 131. — 4. Claudius Julianus praefectus annonae anno p. C. n. 201; cf. *ibid.*, I, p. 382, n. 723.

381. Portu. — *Insc. gr. Sic. et Ital.*, 916. — In columna marmorea :

Δὶ Ἡλίῳ μεγάλῳ | Σ[αρ]άπιδι καὶ τοῖς | συ[ν]νάοις θεοῖς | τὸν θεοφιλέστατον ‖
5 πά[ππ]ον Μ. Αὐρ. | Σαρ[α]πίων παλαιστὴς | παράδοξος σὺν τῷ | πατρὶ Μ. Αὐρ.
10 Δη[μ]ητρίῳ | τῷ [κα]ὶ [Ἀ]ρποκρα[τ]ίωνι, ‖βο[υ]λευτῇ τῆς λαμ|προτάτης πόλεως |
15 τῶν Ἀλεξανδρέων | εὐξάμενοι καὶ εὖ | τυχόντες ἀνεθήκα‖μεν ἐπ᾽ ἀγαθῷ. |

Sub columna, in corona :

Χρυ|σάν|θινα [1].

1. Chrysanthina, ludi qui Sardibus celebrabantur.

382. Portu. — *Insc. gr. Sic. et Ital.*, 924.

Μ. Αὐρ. Δομνῖ[νος?.......] | βουλευτὴς ἀ[νέθηκεν?....] | τοὺς πατρίους
[θεούς?........]

383. Portu. — *Insc. gr. Sic. et Ital.*, 923.

..... ναύκληρος ὑπὲρ τῆς τῶν κυρίω|ν σωτηρίας καὶ τοῦ λαμπ[ροτάτου [1].........]|
θεῷ ἀνέθηκα.

1. Cf. (*Insc. gr. Sic. et Ital.* 879) titulum sepulchralem Elpidii cujusdam naucleri
Συμμάχων τῶν λαμπροτάτων.

384. Portu. — *Insc. gr. Sic. et Ital.*, 919.

5 Σερῆνος | Ξιρίδιος ¹ | ὁ κράτιστος ² | νεωκόρος || ἐκ τῶν ἰδίων | ἀνέθηκα.

1. Videtur esse idem atque C. Valerius Serenus, curator classis Alexandrinae, de quo
cf. supra n. 380. — 2. Dubium est utrum ὁ κράτιστος = vir egregius, an legendum sit :
ὁ κράτιστος νεωκόρος, i. e. egregius neocorus.

---

385. Portu. — *Insc. gr. Sic. et Ital.*, 925.

Ἀγνῆς εὐσέμνοιο σπείρης ¹ Τραιανησίων ² οἵδε |
ἱερεῖς ἱερειά τε θεοῦ μεγάλου Διωνύσου. |
Λ. Σούλλιος Λ[ε]ωνίδης καὶ (vacat) | καὶ Ἰουλία Ῥουρεῖνα, ἐπὶ παραστάτῃ ³
Σεκούνδῳ.

1. I. e. collegii; cf. supra n. 52. — 2. Trajanenses memorantur in titulo Ostiensi
(*C. I. L.*, XIV, 4). — 3. Praepositus seu magister collegii.

---

386. Portu. — *Insc. gr. Sic. et Ital.*, 922.

Ὑπὲρ ὑγίας καὶ νίκης Αὐτοκ[ράτορος Καίσαρος Μ. Αὐρηλίου Ἀντωνίνου....] |
καὶ Ἰουλίας Σεβαστῆς μητρ[ὸς Σεβαστοῦ καὶ στρατοπέδων] | Φηλικίσσιμος
εὐξάμ[ενος ἀνέθηκεν.....]

---

387. Portu. — *Insc. gr. Sic. et Ital.*, 926.

Ἀγα[θ]ῇ τύχῃ. | Αὐτοκράτορα Καίσαρα | Μ. Ἀντώνιον | Γορδιανὸν Εὐσεβῆ ||
5 Εὐτυχῆ Σεβαστὸν | τὸν θεοφιλέστατον | κοσμοκράτορα ἡ πόλις | ἡ τῶν Γαζαίων ¹
10 ἱερὰ καὶ | ἄσυλος καὶ αὐτόνομος, || πιστὴ [καὶ] εὐσεβής, λαμπρὰ | καὶ μεγάλη, ἐξ
ἐνκ[ε]λ[ε]ύσεως | τοῦ πατρίου θεοῦ ² | τὸν ἑαυτῆς εὐεργέτην, | διὰ Τιβ. Κλ. Παπει-
15 ρίου || ἐπιμελητοῦ τοῦ ἱεροῦ.

1. Gaza, urbs Palaestinae notissima. — 2. Gazae deus patrius, Marnas; cujus templum
Marneion dictum, a scriptoribus christianis memoratum est. Verisimile est propter ejus
dei cultum Gazam ἱερὰν dictam esse. De deo Marno cf. De Saulcy, *Numismatique de la
Terre Sainte*, p. 209; Barclay V. Head, *Hist. num.*, p. 680-681.

388. Portu. — *Insc. gr. Sic. et Ital.*, 949.

5   Κλαύδιος | Ἰωσῆς ἄρ|χων ¹ ἐζῇ|σεν ἔτη ‖ λε΄.

1. Ἄρχων scilicet synagogae Judaïcae, ut vult J. B. de Rossi, qui titulum aetati imperatoris Claudii tribuit (*Bull. di archeol. crist.*, IV, 1866, p. 40).

389. Ostiae. — *Insc. gr. Sic. et Ital.*, 914.

In antica :

[Ὑπὲρ] σωτη[ρίας] |.... Μάρκου Αὐρηλίου | Σεουήρου Ἀλεξάνδρου | Εὐτυχοῦς
5   Εὐσεβοῦς Σεβ(αστοῦ) ‖ καὶ Ἰουλίας [Μαμαίας] | Σεβαστῆς μητρὸς Σεβ(αστοῦ) |
10 Διὶ Ἡλίῳ | μεγάλῳ Σαράπιδι | καὶ τοῖς συννάοις ‖ θεοῖς | Μ. Αὐρήλιος Ἥρων |
15 νεωκόρος τοῦ ἐν | Πόρτῳ Σαράπιδος, ἐπὶ | Λαργινίῳ Βειταλίωνι ‖ ἀρχιυπηρέτῃ ¹
    καὶ κα|μεινευτῇ ² καὶ Αὐρηλίῳ | Ἑρήβῳ καὶ Σ[α]λωνίῳ Θε[ο]|δότῳ ἱεροφώνοις ³ |
20 καὶ καμεινευται[ς ² κ]αὶ ? | τῇ ἱεροδουλείᾳ ⁴, ἀνέ[θ]ηκεν ἐπ᾽ ἀγαθῷ. |

In latere :

Ἐπ᾽ ἀγαθῷ · | ἐπὶ | Γρανίου Ῥωμα[νοῦ ?]

1. Supremus dei minister. — 2. Καμεινευταὶ sacrum ignem curabant. — 3. Ἱερόφωνοι
dicebantur ii qui fatidica responsa dei tradebant. — 4. Tacetur nomen hierodulae. —
De hoc titulo cf. Lanciani, in *Bullett. dell' Instit.*, 1868, p. 237 ; G. Lafaye, *Histoire du
culte des divinités d'Alexandrie*, p. 133 et seq.

390. Ostiae. — *Insc. gr. Sic. et Ital.*, 915 ; *C. I. L.* XIV, 47.

Διὶ Ἡλίῳ μεγάλῳ | Σαράπιδι καὶ τοῖς συννάοις | θεοῖς τὸ κρηπίδειον, λαμπάδα |
5   ἀργυρᾶν, βωμοὺς τρεῖς, πολύλυχνον, ‖ θυμιατήριον ἔνπυρον, | βάθρα δύο |
10 Λ. Κάσσιος | Εὐτύχης, | νεωκόρος τοῦ μεγάλου ‖ Σαράπιδος, | ὑπὲρ εὐχα-
ριστίας | ἀνέθηκεν ἐπ᾽ ἀγαθῷ. |

15 Permissu | C. Nasenni ‖ Marcelli | pontificis Volcani ¹ | aedium sacrarum |
20 Q. Lolli Rufi Chrysidiani | et M. Aemili Vitalis ‖ Crepereiani II uir.

1. De sacris et sacerdotibus Volcani Ostiensis cf. *C. I. L.*, XIV, p. 5.

391. Ostiae. — *Insc. gr. Sic. et Ital.*, 920.

Σερῆνος [1] νεοκόρος ἀνέθηκεν.

1. Cf. supra n. 384; adde *Insc. gr. Sic. et Ital.*, 921, originis non salis certae, ubi legitur :

Σερῆνος | ὁ πρεσβύτατος | νεωκόρος ἀνέθηκα.

---

392. Ostiae. — *Insc. gr. Sic. et Ital.*, 918.

Ὑπὲρ σωτηρίας καὶ διαμονῆς | τοῦ κυρίου αὐτοκράτορος | Κομμόδου Σεβασ-
τοῦ [1] | οἱ ναύκληροι [2] τοῦ πορευτικοῦ Ἀλεξανδρείνου στόλου [3].

1. Nomina Commodi erasa, postea in litura reposita sunt. — 2. Ναύκληροι = navicularii.
— 3. Classis oneraria, per quam Aegyptium frumentum Ostiam vehebatur, jam supra me-
morata (n. 380); aliud est Alexandrina classis, quae Ægyptum tuebatur.

---

393. Ostiae. — *Insc. gr. Sic. et Ital.*, 933. Periit lapis.

Εὐτυχεῖτε. |

5   Μάγνης ἐκ | Φρυγίης [1]. Σκυ|θίη δέ με παρ‖θένος Αἴπη [2]
    ἔ|στρεφ' ἐλαιηρῶι | Μανθίωι ἐν πε|δίωι [3],

0   παλίσκι|ον λιπόντα Μα|γνήτων πόλιν. |
    Εὐπλοεῖτε.

1. Immo ex Ionia. — 2. Sensus paulo obscurior. Pro ΑΙΙΙΙΙ nonnulli inter priores editores conjecerunt ΑΓΝΗ. Quod si probaveris, scribere poteris σκυθίη, Παρθένος ἀγνή, nempe
Ἄρτεμις Λευκοφρυηνή, quam urbis patronam Magnetes colebant. — 3. Planities non longe ab
oppido sita; cf. *Die Inschr. von Magnesia am Maeander*, 1900, n. 17, v. 18 : κ[α]ὶ Ἀμανθίου
αἰπὺ ῥέεθρον.

---

394. Ostiae. — *Insc. gr. Sic. et Ital.*, 928.

5   D. M. | Ἔλεις [1] Μοσχιαν|ὸς βετρᾶνος ἐ|πύ<ε>ησεν [2] Ἐλείῳ | πατρεὶ βετρά|νῳ
μνία(ν) Μοσχ|ιανῷ.

1. I. e. Αἴλις = Αἴλιος = Aelius. — 2. Ἐποίησεν.

---

395. In agro Tusculano. — *Insc. gr. Sic. et Ital.*, 1120.

Φήμηι εὐαγγέλωι.

396. Haud procul a Tusculo. — *Insc. gr. Sic. et Ital.*, 1860.

Θ(εοῖς) καταχθονίοις). |
Σμυρναῖος Μοσχιανὸς | ἐπεὶ θάνον ἐνθάδε | κεῖμαι,
κωμῳδὸς καὶ || τοῦτο διακρίνει γε | τὸ σῆμα [1].
Μαρκιανὸς | δέ μ᾿ ἔθαψε καὶ ἐκήδευ|σεν, ὁδεῖται,
μήτε νέ|κυν προλιπὼν μητ᾿ ἐν | ζωοῖς ἔτ᾿ ἐόντα · |
νοσφισθεὶς βιότου | δὲ τέλος καὶ μοῖραν | ἔπλησα.

1. « Σῆμα fortasse πρόσωπον κωμικόν in sepulcro exsculptum. » Kaibel.

397. Prope Lanuvium, in ruderibus villae Antonini Pii. — *Inscr. gr. Sic. et Ital.*, 1249.
— Uterque titulus inscriptus est truncis, quibus innitebantur duae Panis imagines plane aequales.

a) Μάαρκος | Κοσσού|τιος | Μαάρκου | ἀπελεύ|θερος | Κέρδων [1] | ἐποίει.

b) Μάαρκος | Κοσσού|τιος | Κέρδων [1] || ἐποίει.

1. De M. Cossutio Cerdone, cf. Mommsen, in *Eph. epigr.*, I, p. 286; Löwy, *Inschr. griech. Bildhauer*, n. 376.

398. Sub monte Albano. — *Inscr. gr. Sic. et Ital.*, 1118.

Διὶ Κεραυνίωι [1].

1. Jupiter Tonans vel Fulgurator.

399. In vico Genzano. — *Inscr. gr. Sic. et Ital.*, 1122; *C. I. L.*, XIV, 2109.

A. Terentio A. f. Varr(oni) | Murenae [1] | Ptolemaici Cyrenens(es) [2] | patrono ||
διὰ πρεσβευτῶν | Ι=θαλλάμονος τοῦ Ἀπελλᾶ, | Σίμωνος τοῦ Σίμωνος.

1. Consul anno 731 = 23 a. C. n. (cf. Henzen, *Bullett. dell' Inst.*, 1848, p. 75, et *Prosop. imp. rom.*, III, p. 303, n. 74). Titulum Augusto antiquiorem judicabat Borghesi et Murenam pro consulis ejusdem patre, anno 711 a triumviris proscripto, habebat (*Œuv.*, VII, p. 489). — 2. I. e. cives urbis Ptolemaïdis in Cyrenaïca.

400. Albae, in cippo utrinque inscripto. — *Inscr. gr. Sic. et Ital.*, 1584.

a. Ἑρμίαι | Βαργυλιήτηι [1] | Λ. Ἀτείλιος | Καισειλιανὸς || φίλωι καὶ | τροφίμωι.

b. Λ. Κλαυδίωι | Διοδώρωι | Λ. Ἀτείλιος | Καισειλιανὸς | φίλωι καὶ | τρο-φίμωι | εὐσεβεστάτωι | καὶ γλυκυτάτωι.

1. Bargylia, urbs Cariae.

---

401. Nemore, in area Artemisii. — *Insc. gr. Sic. et Ital.*, 1121; *C. I. L.*, XIV, 2218.

C. Salluio C. f. Nasoni leg. pro pr. [1] | Mysei Ab[b]aitae et Epict[ete]s [2], | quod eos bello Mithrida[ti]s | conseruauit, uirtutis ergo. ||

Γ[αί]ωι Σαλλουίωι Γαίου υἰῶι Νάσωνι [1] | πρεσβευτῆ καὶ ἀντιστρατήγωι Μυσοὶ | Ἀββαιεῖται καὶ Ἐπικτητεῖς [2], ὅτι αὐτοὺς | ἐν τῶι πολέμω τῶι Μιθρι-δάτους | διετήρησεν, ἀνδρήας ἕνεκεν.

1. Circa annum 72 p. C. n. Naso videtur in Asia vices gessisse L. Luculli proconsulis; cf. Th. Reinach, *Rev. de philol.*, 1890, p. 148 et *Mithridate Eupator*, p. 329. — 2. Populi Mysiae memorati a Strabone (XII, 8, §§ 11 et 12; XIII, 4, § 4).

REGIO I

402. Velitris. — *Insc. gr. Sic. et Ital.*, 911 ; *C. I. L.*, X, 6569.

In sinistra frontis parte :

Sex. Vario Marcello | proc. aquar. c̄ [1]. proc. prou. Brit(anniae) c̄c̄ [2], proc. rationis | priuat. c̄c̄c̄ [3], uice praef(ectorum) pr(aetorio) et Vrbi functo, | c. u., praef. aerari
5 militaris, leg. leg. iii Aug., ‖ praesidi prouinciae Numidiae, | Iulia Soaemias Bassiana c. f. cum filis | marito et patri amantissimo [4].

In dextra frontis parte :

Σέξτῳ Οὐαρίῳ Μαρκέλλῳ | ἐπιτροπεύσαντι ὑδάτων, ἐπιτροπεύσαντι ἐπαρχείου | Βριταννείας, ἐπιτροπεύσαντι λόγων πρειβάτης, πιστευ|θέντι τὰ μέρη τῶν ἐπάρχων
5 τοῦ πραιτωρίου καὶ Ῥώμης, ‖ λαμπροτάτῳ ἀνδρί, ἐπάρχῳ ἐραρίου στρατιωτικοῦ, | ἡγεμόνι λεγειῶνος γ´ Αὐγούστης, ἄρξαντι ἐπαρχείου Νουμιδίας | Ἰουλία Σοαιμιὰς Βασσιανὴ σὺν τοῖς τέκνοις τῷ προσ|φιλεστάτῳ ἀνδρὶ καὶ γλυκυτάτῳ πατρί.

1. Centenario. — 2. Ducenario. — 3. Trecenario. — 4. De Sex. Vario Marcello, patre imperatoris Elagabali, cf. *Prosop. imp. rom.*, III, p. 386, n. 192 ; Pallu de Lessert, *Fastes des provinces africaines*, I. p. 417 et sqq.

---

403. Velitris. — *Insc. gr. Sic. et Ital.*, 912. Periit.

Δ(ις) Μ(ανιβυς). | Σπιριτ. Β. | Φλαβιαι Αλβιναι | Λ. Π. φιλιαι κομμενδατο ‖
5 κινερες | αρκα κονδο. | Λ. Β. Κ. Φ´ Λ´ Δ´.

Titulus latinus litteris graecis; pleraque non plane intelliguntur : *D(is) M(anibus).* *Spirit(ibus) b(onis)? Flaviae Albinae L. P.? filiae cum mandato? cineres arca condo.* Ultimi versus litterae quid significent omnino nos fugit.

---

404. Sorae. — *Insc. gr. Sic. et Ital.*, 905.

Θ(εοῖς) κ(αταχθονίοις). | Κεῖτε ὧδε Λβιδία Ἀγριππῖνα ἐκδημήσασα | δυσὶν καὶ

5 ἀνατολήν ¹, καλῶς βιώσασα, μηδενὶ μηδὲν ὀφείλουσα. Κελεύω] τοὺς | ἀπελευ-
θέρους μου καὶ εἴ τις ἕτερος | ἄλλος, μὴ ἐξὸν αὐτῷ εἶνε μήτε | . . . .

1. l. e., postquam et Occidentis et Orientis partes peragravit.

---

405. Ad Lirim, in oppido nunc dicto Ponte Corvo. — *Insc. gr. Sic. et Ital.*, 904;
C. I. L., X, 5385.

5 Εὐχή | Ἡρακλῆ Θαλλοφόρῳ ¹ | ἱερῷ εὐακούστῳ · | Λ. Κορνήλιος Λ. Κορνη[λίου
Πρειμιγενίου | υἱὸς Παλ(ατίνᾳ) Τερεντιανὸς | καὶ Λήμνιος ἀπελεύθερος | ἐποίησαν. |

10 Herculi Pacifero | inuicto sancto | sacr. | noto suscepto | L. Cornelius L. f. |
15 Pal. Terentianus || et Lemnius libertus | merito libentes | fecerunt.

1. Ramum olivae ferenti, hinc Pacifero.

---

406. Caietae, in fragmento columnae duodecim angulorum, quorum quinque muro
inserti legi nequeunt. — *Insc. gr. Sic. et Ital.*, 906; *C. I. L.*, X, 6119.

a. Λίψ. | Afri|cus.
b. Λιβό|νοτος. | Austro|africus.
c. Νό|τος. | Aus|ter.
d. [Εὐρό]|νοτος. | Euro|auster.
e. Εὖ|ρος. | Eu|rus.
f. ['Απηλ]ιώ|της. | [S]ola|nus *sive* [Subs]olanus.
g. [Κ]α[ι]κί]ας?, [Vultur]|nus.

---

407. Suessae Auruncae. — *Insc. gr. Sic. et Ital.*, 888.

Τὸν πάσης ἀρε|τῆς εἰδήμονα ῥῶτα | Φίλιππον
πρέσβυν Εἰκο|νίης ἐμπέραμον σοφίης. |
5 Αὐσονίων ὑπάτου πατέρα κλυ|τὸν 'Αντιγόνοιο ¹
θρέψε Μακη|δονίη, δέξατο δὲ Ἰταλίη.

1. Antigonum ab imperatore Antonino Severi filio inter praetorios adlectum esse
adnotat Klebs (*Prosop. imp. rom.*, I, p. 81, n. 573). Consulatu postea eum functum esse
hoc titulo monemur.

408. Sinuessae. — *Insc. gr. Sic. et Ital.*, 889.

'Ιουνίωρος '. |

'Ακταῖς τὴν ὅμορον Σινυητίσιν 'Αφρογένειαν, ² |
ξεῖνε, πάλιν πελάγους βλέψον ἀνερχομένην · |
ναοί μοι στίλβουσιν ὑπ' ἠόνος, ἥν ποτε κόλποις ‖
Δρούσου ³ καὶ γαμετῆς θρέψεν ἄθυρμα δόμος. |
'Εκ δὲ τρόπων πειθώ τε καὶ εἵμερον ἔσπασε κείνης |
πᾶς τόπος, εἰς ἱλαρὴν ἄρτιο[ς] εὐφροσύνην. |
Βάκχου γὰρ κλισίαις ⁴ με συνέστιον ἐστεφάνωσεν, |
εἰς ἐμὲ τὸν κυλίκων ὄγκο[ν] ἐφελκομένη |.
Πηγαὶ δ' αὖ περὶ πέζαν ἀναβλύζουσι λοετρῶν ⁵, |
παῖς ἐμὸς ἃς καίει σὺν πυρὶ νηχόμενος. |
Μή με μάτην, ξεῖνοι, παροδεύετε, γειτνιόωσαν |
πόντῳ καὶ Νύμφαις Κύπριδα καὶ Βρομίωι.

1. Est nomen poetae qui haec carmina finxit, Veneris statuae subscripta. Hunc Juniorem Kaibel habet pro Lucilio Juniore Senecae amico ; Rubensohn vero negat (*Jahrbüch. für class. Philolog.*, 1889, p. 774 sqq.). Cf. *Prosop. imp. rom.*, II, p. 232 n. 464ᵃ. — 2. Venerem. — 3. Drusus major, Antoniae, vel Drusus minor, Liviae maritus. — 4. Intellige tabernas vinarias. — 5. Thermae.

---

409. Capuae. — *Insc. gr. Sic. et Ital.*, 882 ; *C. I. L.*, X, 3812.

Δεσποίνῃ Νεμέσει | καὶ συννάοισι θεοῖσιν |
'Αρριανὸς ¹ βωμὸν | τόνδε καθειδρύσατο. ‖
Iustitiae, Nemesi, | Fatis quam uoueral aram |
Numina sancta colens | Cammarius ¹ posuit.

1. « Nota hominem in graeco epigrammate justo cognomine usum esse, in latino, signo. » Mommsen.

---

410. In Aenaria insula. — *Insc. gr. Sic. et Ital.*, 891.

'Ηλίῳ | Μίθρᾳ | ἀνικήτῳ.

411. In Aenaria insula. — *Insc. gr. Sic. et Ital.*, 892.

Μ[έ]νιππος ἰατρὸς Ὑπαλπῖνος ¹ Νύμφαις |
Νιτρώδεσι καὶ Ἀπόλλωνι ε[ὐ]χὴν ἀνέθηκεν.

1. « Menippum putat Mommsenus certa sede nulla per Transpadanam artem exercuisse, nam loci indicationem neque origini neque domicilio enuntiando aptam esse. » Kaibel. Cf. *C. I. L.*, X, ad n. 6786.

412. In Aenaria insula. — *Insc. gr. Sic. et Ital.*, 893; *C. I. L.*, X, 6797.

In antica :

L. Ranlius L. f. Tro. Lymphieis ¹ (*sic*).

Λεύκιος Ῥάντιος Λευκίου | υἱὸς Νύμφαις.

1. I. e. Nymphis.

413. In Caprea insula. — *Insc. gr. Sic. et Ital.*, 897.

..... Σεβαστῶι.... [.... Φού]λουιος Ἀπε[λλῆς?......] | [....... ἀγορὰ νομή-σαντε[ς.....

« Scripta fuerunt sub statua Augusti cujusdam, quam duo vel tres homines ἀγορανομή-σαντες..... dedicaverunt. » Kaibel.

414. Cumis vel Miseni. — *Insc. gr. Sic. et Ital.*, 873 ; *C. I. L.*, X, 3336.

Deo | Magno | et Fato | Bono | Val. Valens ¹ | u. p. praefect. | classis Mis. |
P. V. Gordianae ² | uotum soluit. |

Θεῷ Μεγίστῳ καὶ Καλῇ Μοίρᾳ | Οὐάλης ¹
ἀρχὴν λαχὼν ἔπαρ|χον Μεισηνῶν στόλου
ἔστη|σα βωμὸν ἐκτελῶν εὐχὴν | ἐμήν.

1. De Valerio Valente, viro perfectissimo, praefecto vigilum vices agente praefectorum praetorio inter annos 241-244, cf. Borghesi, *Œuvr.*, X, p. 129 et *Prosop. imp. rom.*, III, p. 378-379, n. 147. — 2. Quum Gordianus imperium adeptus sit anno 238, titulus post eum annum exaratus est.

415. Cumis, in lamina plumbea, cui insculpta sunt mystica signa. — *Insc. gr. Sic. et Ital.*, 872.

Ὀ[ρρν]αία ὁριορόρ<ι>ος, γλώ[σσ]|ης τούτῳ σ[ε] ὑπ' ἐμὸν δεσμ[ὸν ἄγω?] '. |
5 Δαίμονες καὶ πνεύματα οἱ ἐν τῷ [τό]|πῳ τούτῳ θηλυκῶν καὶ ἀρρενικ[ῶν],]ἐξορκίζω
ὑμᾶς τὸ ἅγιον ὄνομ[α] · | Ἐρηκισ[ι]θρη Αραρ Αραχαραρα Πρθισ.... ²| Ἰαὼ Βέζεβυθ
Λαναθις Αρλαν |.......... τὸν "Αιδην τινάξω · ὁ τῶν ὅλων βασιλεὺς, ἐξεγέρ-
10 θητι....] ὁ τῶν ρθιμένων βασιλεὺς, ἐξα[νάστηθι] | μετὰ τῶν καταχθονίων θεῶν ·
ταῦτα γὰρ | γείνεται διὰ Οὐαλερίαν Κοδράτιλλαν, | ἣν ἔτεκεν Οὐαλερία Εὔνοια,
15 ἣν ἔσπει|ρε Οὐαλέριος Μυττικός, ὡς [σ]αρῶς ἀγγέ[λλω] | πᾶσι ἔχθιστα [τὰ ὑπὸ]
σκότος κατεπραγμ[ένα?]. | ....ρορμα .... μενορσε... | ..μεν... διακόψ[ω....
τὴ]ν ὀργὴν τὴν | [... τῶν ἐνερθε]ν θε[ῶ]ν ³ τήν [τε..π]αρὰ τοῖς | ἐν φωτὶ [ρ]ίλοι[ς
20 εἰ]ς μεῖτος, εἰς χ[ό']λον θεῶν, εἰς [ὀργὴν?] ἐλ[θ]έτω | ἡ? Οὐαλερία Κοδράτιλλα,
ἣν ἔτεκεν | Β[α]λερία Εὔνοια, ἣν ἔ[σπ]ειρε Βαλέριος | Μυττικός · μεισε[ίτω]
25 αὐτὴν, λήθην | αὐτῆς λαβέτω Βετρούθιος ‖ Φη[λ]ιξ, ὃν ἔτεκεν Βετρουθία Μαξι-
μιλ[λα], ὃ]ν ἔσπει[ρε Βετρού]θιος Εὐέλπιστος |............. Τυρών |........ βάρ-
30 θαρα....|.. δότε εἰς μ[εῖ]|τος Βετρουθίῳ Φήλικι, ὃν ἔ[τεκ]ε Βε[τρουθία Μαξι-
μιλλα, ὃν ἔσπειρ[ε Βε]τρού[θιος Εὐέλπιστος, εἰς μεῖτος ἐλθεῖν | καὶ λήθην λαβεῖν
35 τῶν πόθων | Οὐαλερία[ς] Κοδρατίλλης, ἣν ἔσ[π]ειρε ‖ Βα[λέριος] Μυ[στι]κὸς, ἣν
ἔτεκεν Βαλερία | [Εὔνοια ..... ὑ]ποκατέχετε ὑμεῖς | [αὐτὴν.... ταῖς ἐ]σχάταις
τειμωρίαις | [καὶ ποιναῖ]ς ὅτι πρώτη ἠθέτησ[ε | τὴν πίστιν? πρὸς Φ]ήλικα τὸν
40 ἑαυτῆς ἄνδρα ‖ [.......... κ]αὶ ἀκού[σ]ατε ὑμ[εῖς......

1. Ita Franz in *C. I. Gr.*, 5858 *b*. — 2. De his formulis vel nominibus cf. R. Wünsch, *Sethianische Verfluchungstafeln aus Rom*, pp. 45 et 81. — 3. Ita, in *C. I. Gr.*, loc. cit.

---

416. Baiis. — *Insc. gr. Sic. et Ital.*, 879.

Ἐλπίδιος ναύ|κληρος Συμμά|χων τῶν λαμπ|ροτάτων ἐνθ]άδε κῖται.

« Aut collegium vel societas Symmachorum dicitur, cujus Elpidius ναύκληρος fuit, aut, quod Mommseno videtur, Symmachorum virorum clarissimorum Elpidius servus dicitur navi praefectus. » Kaibel.

---

417. Ad Baias. — *Insc. gr. Sic. et Ital.*, 880.

Θ(εοῖς) κ(αταχθονίοις). Ἱέρων ' | Μάρκου κυβερ|νήτης ² Νικομη|δεὺς, ζήσας
5 ἔτη ‖ ξε'. Διονῦσις Ἱέ|ρωνος υἱὸς αὐ|τοῦ ἔθαψα ἐκ τῶν | ἰδίων.

1. Sic legit Henzen; in lapide Ο·ΚΙΚΕΡΩΝ. — 2. I. e., gubernator navis.

418. Puteolis. — *Insc. gr. Sic. et Ital.*, 829.

['A]γαθῆι τύ[χ]ηι. Ζεὺς σω[τῆς] |. 'Η Κιβυρατῶν πόλις ¹ ἄποικος Λακεδαι-
μονίων ² καὶ] | συγγενὶς 'Αθηναίων καὶ φιλορώμαιος ³ καὶ αὐτὴ τοῦ κοινοῦ τῆς
5 'Ελλάδος ⁴ [ἐν ταῖς μάλιστα] | ἐνδόξοις οὖσα καὶ μεγάλαις [τῆς 'Ασίας πόλε]|σιν
διά τε τὸ γένος 'Ελληνι κὸν καὶ διὰ τὴν] | πρὸς 'Ρωμαίους ἐκ παλαιοῦ φιλίαν
καὶ εὔνοι]|αν καὶ διὰ τὸ εὐξῆσθαι τειμαῖς μεγάλαις ὑπὸ] | Θεοῦ 'Αδριανοῦ ἀνέθηκε
10 τῆι [...........δόξ]ι]μα τ[οῦ] Πανελληνίου ⁵ ἐνγρα[...

1. Cibyra, urbs in confinio Phrygiae et Lyciae sita. — 2. Restituit Ad. Wilhelm, *Arch.
epigr. Mittheil.*, XX 1897), p. 78, collato titulo Oenoandis reperto Benndorf, *Reisen in
Lykien*, II, p. 180 et seqq.). Quo docemur Cibyram urbem a Lacedaemoniis Amycla et
Cleandro conditam esse. Cf. etiam Benndorf, *Arch. epigr. Mittheil.*, *ibid.*, p. 79. —
3. Vel φιλόκαισαρ vel φιλοτιβάριος ut vidit W. Drexler, *Jahrb. für class. Philol.*, 1894, p. 329.
— 4. Hoc κοινὸν τῆς 'Ελλάδος nihil aliud est atque τὸ Πανελλήνιον, ab Hadriano imperatore
institutum, de quo cf. P. Guiraud, *Les Assemblées provinciales*, p. 47. — 5. Cur hic titulus
Puteolis positus fuerit, nos fugit.

---

419. Puteolis. — *Insc. gr. Sic. et Ital.*, 831; *C. I. L.*, X, 1601.

[S]acerdos siliginius ¹ ...... | Tyros m[etropolis ....] | foede[rata ² ......]. | Τύρος
5 ἱερὰ καὶ ἄσυλος κ[αὶ αὐτόνομος μητρό]|πολις ³ Φοινείκης [καὶ τῶν κατὰ Κοίλην
Συρίαν ⁴] | πόλεων | [Θ]εῷ ἁγίῳ.......

1. Haec verba videntur posterius addita fuisse. — Sacerdos siliginius is erat forsitan
qui accipiebat deo offerendos panes siliginios, i. e. e siligine, tritici laudatissimo genere,
factos. — 2. « Foederata urbs Tyrus alibi quod sciam non dicitur. » Mommsen. — 3. Cf.
infra n. 421. — 4. Haec supplementa Haussoullier nobis suppeditavit deprompta ex
titulo adhuc inedito quem Didymis reperit.

---

420. Puteolis. — *Notizie degli scavi*, 1891, p. 167. Nunc Michigan, in museo. Ectypum
benigne misit Walter Dennison.

'Επὶ ὑπάτων Λουκίου Καισε ¹....... | καὶ Τυρίοις ἔτους σδ' μηνὸς 'Αρ[τεμ]|ι-
5 σίου ια' ² κατέπλευσεν ἀ[πὸ] | Τύρου εἰς Ποτι[ό]λοις Θεὸς ["Ηλ]ιο[ς] Σαρεπτη-
νὸ[ς] ³ ἤγαγεν [δὲ] | 'Ηλειμ ⁴ κατ' ἐπιτολήν.... |
Pro salute Imp. Domitiani [Aug. ⁵....;] | l(ocus) c(oncessus) [d(ecreto) ¹.....

1. V. 1 et 7, litteris paulo minoribus exarati sunt. — 2. Dies XI mensis Artemisii est
dies XXIX mensis Maii; annus 204 aerae Tyriorum respondet anno p. C. n. 79 cf. Pauly-

Wissowa, *Realencyclopädie*, s. v. Aera, I, p. 647. At eo anno ordinarium consulatum egerunt Vespasianus VIIII, Titus VII; nec suffectos consules ullos fasti memorant. — 3. Vel ιος Ἀρεπτηνός, Σαρεπτηνός proposuit Am. Hauvette : urbs Sarapta inter Tyrum et Sidonem sita erat. Areptam vicum nullum novimus ; Arefa memoratur in Phaenicia (*Notit. Dignit. Or.*, XXXII, 39). Cf. etiam Ἀρεμθηνός in titulo lectionis certae apud Clermont-Ganneau, *Rec. d'arch. orient.*, I, 95. De Aremtha nihil scimus. — 4. Nomen viri. — 5. Anno 79 Domitianus nondum praenomen imperatoris acceperat, quod habuit demum, patre mortuo, anno 81 (Gsell, *Essai sur le règne de Domitien*, p. 30). Fieri potest ut titulus biennio aut triennio postquam res advenerat exaratus sit.

---

421. Puteolis. — *Inscr. gr. Sic. et Ital.*, 830.

Ἐπιστολὴ γραφεῖσα τῇ πόλει | Τυρίων, τῆς ἱερᾶς καὶ ἀσύλου καὶ αὐτονόμου
μητροπόλεως Φοινείκης καὶ ἄλλων πόλε|ων καὶ ναυαρχίδος. Ἄρχουσι, βουλῇ καὶ
δήμῳ ¹ τῆς κυρίας πατρίδος οἱ ἐν | Ποτιόλοις κατοικοῦντες χαίρειν. |
5   Διὰ τοὺς θεοὺς καὶ τὴν τοῦ κυρίου ἡμῶν αὐτοκράτορος ² τύχην εἰ καί τις ἄλλη
στατί|ων ἐστὶν ἐν Ποτιόλοις, [ὡ]ς οἱ πλείους ὑμῶν ἴσασι, καὶ [ἡ] ἡμετέρα ἐστὶν
καὶ κόσμῳ καὶ | μεγέθει τῶν ἄλλων διαφέρουσα · ³ ταύτης πάλαι μὲν ἐπεμελοῦντο
οἱ ἐν Ποτιόλοις κα|τοικοῦντες Τύριοι <οἳ> πολλοὶ ὄντες καὶ πλούσιοι · νῦν δὲ εἰς
ὀλίγους ἡμᾶς περιέστη τὸν | ἀριθμόν, καὶ ἀναλίσκοντες εἴς τε θυσίας καὶ θρησκείας
10 τῶν πατρίων ἡμῶν θεῶν ἐνθά|δε ἀφωσιωμένων ἐν ναοῖς, οὐκ εὐτονοῦμεν τὸν μισθὸν
τῆς στατίωνος παρέχειν κα|τ' ἔτος δηναρίων σν', μάλιστα ᾗ καὶ τὰ ἀναλώματα
εἰς τὸν ἀγῶνα τὸν ἐν Ποτιόλοις τῆς βουθουσίας ⁴ | ἡμεῖν προσετέθη. Δεόμεθα οὖν
προνοῆσαι ὑμᾶς τοῦ διαμένειν ἀεὶ τὴν στατίωνα · δειαμεν|εῖ δέ, ἐὰν πρόνοιαν τῶν
κατ' ἔτος διδομένων εἰς τὴν μίσθωσιν δηναρίων σν' ποιήσασθε · τὰ γὰρ ἕτε|ρα
ἀναλώματα καὶ τὰ γεινόμενα εἰς ἐπισκευὴν τῆς στατίωνος εἰς τὰς ἱερὰς ἡμέρας
15 τοῦ || κυρίου αὐτοκράτορος συνπεσούσης ἑαυτοῖς ἐλογισάμεθα, ἵνα μὴ τὴν πόλιν
βαρῶμεν. | Ὑπομιμνήσκομεν δὲ ὑμᾶς, ὅτι οὐδεμία πρόσοδος γείνεται οὔτε παρὰ
ναυκλήρων | οὔτε παρὰ ἐμπόρων τῇ ἐνθάδε στατίωνι ὡς ἐν τῇ <βασιλί> βασι-
λίδι Ῥώμῃ. Παρακαλοῦμεν | οὖν καὶ δεόμεθα ὑμῶν τῆς τύχης φροντίσα[ι] τε
(καὶ) τοῦ πράγματος. Ἐγράφη ἐν Ποτι|όλοις πρὸ ι' καλανδῶν Αὐγούστων Γάλλῳ
καὶ Φλάκκῳ Κορνηλιανῷ ὑπάτοιν ⁵. |
20 Ἀπὸ ἄκτων βουλῆς ἀχθείσης κα' Δίου τοῦ ἔτους ς' ⁶, ἐφημεροῦντος ⁷ Γ. Οὐα-
λερίου | Καλλικράτους Παυσανίου προέδρου. |
Ἀνεγνώσθη ἐπιστολὴ Τυρίων στατιωναρίων ἀναδοθεῖσα ὑπὸ Λάχητος | ἑνὸς
αὐτῶν, ἐν ᾗ ἠξίο[υ]ν πρόνοιαν ποιήσασθαι αὐτοῖς δηναρίων σν' · (ἀναλίσκειν γὰρ)

εἰς τε θυσίας | καὶ θρησκείας τῶν πατρίων ἡμῶν θεῶν ἐκεῖ ἀφωσιωμένων ἐν
25 ναοῖς, | καὶ μὴ εὐτονεῖν τὸν μισθὸν τῆς στατίωνος παρέχειν κατ' ἔτος δηναρίων
[σν'], | καὶ τὰ ἀναλώματα εἰς τὸν ἀγῶνα τὸν ἐν Ποτιώλοις τῆς βουθουσίας αὐ|τοῖς
προστεθῆναι · τῶν γὰρ ἑτέρων ἀναλωμάτων (καὶ τῶν) γεινομένων εἰς ἐπι|σκευὴν
τῆς στατίωνος εἰς τὰς ἱερὰς ἡμέρας τοῦ κυρίου αὐτοκράτορος σ᾽υν|πετούσης
30 αὐτοῖς ἐλογίσαντο. ἵνα μὴ τὴν πόλιν βαρῶσιν · καὶ ὑπεμίμνη|σκον ὅτι οὐδεμία
πρόσοδος γείνεται αὐτοῖς οὔτε παρὰ ναυκλήρων οὔτε | παρὰ ἐμπόρων ὡς ἐν τῇ
βασιλίδι Ῥώμῃ. Μεθ' ἣν ἀνάγνωσιν Φιλοκλῆς Διο|δώρου εἶπεν · Οἱ ἐν Ῥώμῃ
στατιωνάριοι ἔθος εἶχον ἀεί ποτε ἐξ ὧν αὐτοὶ λαμ|βάνουσιν παρέχειν τοῖς ἐν
Ποτιόλοις δηναρίους σν' · ἀξιοῦσι καὶ νῦν οἱ ἐν Ποτιόλοις | στατιωνάριοι αὐτὰ
35 ταῦτα αὐτοῖς τηρεῖσθαι ἢ εἰ μὴ βούλονται οἱ ἐν Ῥώμῃ αὐ|τοῖς παρέχειν, αὐτοὶ
ἀναδέχονται τὰς δύο στατίωνας ἐπὶ τῇ αὐτῇ αἱρέσι. Ἐ|πεφώνησαν · Καλῶς
εἶπεν Φιλοκλῆς · δίκαια ἀξιῶσι οἱ ἐν Ποτιόλοις · ἀεὶ | οὕτως ἐγείνετο καὶ νῦν
οὕτως γεινέσθω · τοῦτο τῇ πόλει συμφέρει · φυλαχθή|τω ἡ συνήθεια. Ἀνεγνώσθη
40 πιττάκιον δοθὲν τὸ ⁸ ὑπὸ ? Λάγγιος Πρειμογε|νείας καὶ Ἀγαθόποδος υἱοῦ αὐτοῦ
Τυρίων στατιωναρίων στατίωνος Τυρια|κῆς τῆς ἐν κολωνίᾳ Σεβαστῇ Ποτιόλοις,
ἐν ᾧ ἐδήλουν παρέχειν τὴν ἡμετέραν | πατρίδα στατίωνας δύο, τὴν μὲν ἐν τῇ
βασιλίδι Ῥώμῃ, [τ]ὴν δὲ......

1. In lapide ΔΗΜΩΚΑΙ, lapicidae errore. — 2. M. Aurelii Antonini. — 3. De stationibus,
quas sive Romae sive Puteolis instituerant urbes nonnullae, cf. supra n. 111; adde quae
nuper disseruit L. Cantarelli, *Le Stationes municipiorum*, in *Bullett. comun.*, 1900, p. 124
et sqq. — 4. De Buthysiae agone, fere nihil est quod sciamus. — 5. Die XXIII mensis Julii
anni 174 p. C. n. — 6. Die XXI mensis Tyrii, cui Δῖος nomen erat, anni 300 aerae Tyriae;
qui annus optime respondet anno 174 p. C. n. Dies est octava mensis Decembris. —
7. ΕΦΗΜΕΡΟΝΤΟϹ in lapide : lege ἐφημερεύοντος. — 8. Sic in lapide, forsan legendum :
πιττάκιον τὸ δοθέν..... Πιττάκιον est tabella cerata.

---

422. Puteolis, in lamina plumbea. — *Insc. gr. Sic. et Ital.*, 859.

Supra, arae imago leviter incisa, cui inscriptae sunt litterae mysticae. Ad dextram arae :

Σεωθη ? | Σαβαωθ | Σαβαωθ '.

Infra aram :

Ἅγιον ὄν|[ο]μα.

Ἰαώ, Ἤλ, Μιχαὴλ, Νερθώ '. | Γάιος Στάλκιος Λειβεράριος ² ὅν | ἔτεκεν

5 Φιλίστα γένοι|το έχθρος Λολλίας Ρουφείνης, | γένοιτο έχθρος ³ Άπλου, γένοιτο
έχ|θρός ³ Εύτύχου, γένοιτο έχθρός ³ | Κέλερος, γένοιτο έχθρός ³ Ρούρου, | γένοιτο
10 έχθρός ³ τῆς οίχίας όλης | Ρουφείνης, γένο'ι]το έχθ[ρ]ός Πολυβίου, | γένοιτο
έχ[θ]ρός Άμωμίδος, γένοιτο έχ[θρός] ³ | Θήβης.....

1. Haec nomina sunt ex hebraïca lingua decerpta. — 2. Intellige Stlaccius Liberalis. —
3. Ita pro έχθρος.

---

423. Puteolis. — *Insc. gr. Sic. et Ital.*, 833.

[Αύτοχράτορα Καίσαρα ¹, Θ]εοῦ Μ. Α[ὐρηλίου υίὸν, Θεοῦ Άντωνείν]ου υίω[νὸν,
Θεοῦ Άδριανοῦ έγγονον, Θεοῦ] Τραιανο[ῦ άπόγονον.....

1. Est. L. Septimius Severus.

---

424. Puteolis? — *Insc. gr. Sic. et Ital.*, 841.

Ένειπέα Σα|χέρδωτος ναύ|χληρον Κωρυχι|ώτην ¹ έτῶν χβ'.

1. Enipeus, Sacerdotis filius, navicularius, Coryco, ex urbe Ciliciae, oriundus erat.

---

425. Puteolis. — *Insc. gr. Sic. et Ital.*, 854.

Σείλιον Πονπηίου Κωρυχιώτης ναύχληρος ¹.

1. Cf. supra n. 424.

---

426. Puteolis. — *Inscr. gr. Sic. et Ital.*, 838.

5 Αύρήλιος Φιλο|χύριος Περγαῖος ¹ Αύρ. Άντιό|χω Περγαίω ¹| γλ[υ]χυτάτω
άπε|λευθ[έ]ρ(ω) μνήμης χάριν.

1. Perga oriundus, quae urbs Pamphyliae erat.

---

427. Puteolis. — *Inscr. gr. Sic. et Ital.*, 837.

Σεουηριανὸς Άσχληπιόδοτος | τῆ γ[λ]υχυτάτη συμβίω Αύρ. Φλαουία | Άρρία
Νειχομηδίσση ¹ μνήμης χάριν ζη(σάση) έτ(η) ιε'.

1. Nicomediae nata.

428. Puteolis. — *Insc. gr. Sic. et Ital.*, 844.

5 Αὐρήλις Ὁσπιτιανος | Ἰολιος Σερηνος | Ἰολιε Ζοσκορουτι | κουε βειξιτ αννις | XVIII,
δίης VI, βενε<ν> | μερεντι ποσουερ.

Titulus latinus graecis litteris scriptus. Lege : Aurelius Hospitianus, Julius Serenus
Juliae Dioscor[e]ti (?), quae vixit annis xvIII, dies vI, bene merenti posuer[unt].

---

429. Neapoli. — *Insc. gr. Sic. et Ital.*, 714.

Τιβέριος Ἰούλιος Τάρσος Διοσκούροις [1] | καὶ τῆι πόλει τὸν ναὸν καὶ τὰ ἐν τῶι
ναῶι. | Πελάγων Σεβαστοῦ ἀπελεύθερος καὶ | ἐπίτροπος συντελέσας ἐκ τῶν ἰδίων
καθιέρωσεν.

1. Dioscurorum sacra Neapoli antiquitus recepta fuisse quidam opinantur. Cf. Kaibel,
op. cit., p. 192.

---

430. Neapoli. — *Insc. gr. Sic. et Ital.*, 716.

5 Ἥβωνι | ἐπιφανεστάτωι θεῶι [1] | Γ. Ἰούνιος | Ἀκύλας Νε[ώ]τερος στρα[τευσά-
10 μενος [2], | ἐπιτροπεύσας, | δημαρχήσας [3], | λαυκελαρχήσας [4].

1. Dionysius Hebon, proprius Neapolitanorum deus. Cf. Macrob, *Saturn.*, I, 18, 9 :
*Liberi patris simulacra partim puerili aetate, partim juvenis fingunt; praeterea barbata
specie, senili quoque..... ut in Campania Neapolitani celebrant,* Ἥβωνα *cognominantes.*
Cf. Roscher, *Lex. der gr. und röm. Mythol.*, I, p. 1871. — 2. A militiis, ut vult Mommsen.
— 3. Demarchus, summus apud Neapolitanos magistratus. — 4. Quod sit λαυκελαρχία,
incertum est. Hanc sacerdotiis adnumerandam esse opinatur Mommsen (*C. I. L.*, X,
p. 172; Beloch, *Campanien*, p. 47); Kaibel « cum nec ipsum vocabulum quod ἀρχήν significat, neque usus ejus huic opinioni faveat » credere non potest (*Insc. gr. Sic. et Ital.*,
p. 191 et 192).

---

431. Neapoli. — *Insc. gr. Sic. et Ital.*, 719.

5 Ἴσιδι | Ἀπόλλωνα, Ὧρον, | Ἀρποκράτην | Μ. Ὄψιος Νάουιος ‖ Φαννιανὸς |
στρατηγὸς [1], ἔπαρχος | σείτου δόσεως δόγματι | συνκλήτου Ῥωμαίων [2], | ἀγο-
10 ρανόμος, ταμίας Πόν[του Βειθυνίας, χειλίαρ[χος] λεγ(εῶνος) ε΄ | Μακεδονικ[ῆς],
ἄρξας ι΄ ἀνδρῶν | ἀρχὴν ἐπὶ Ῥώμης [3].

1. M. Opsium quemdam praetorem anno 28 p. C. n. memorat Tacitus (*Ann.*, IV, 68)

de quo vide *Prosop. imp. rom.*, II, p. 436, n. 81-82. — 2. Praefectus frumenti dandi ex senatusconsulto. — 3. Decemvir stlitibus judicandis.

---

432. Neapoli. — *Insc. gr. Sic. et Ital.*, 721.

Μ. Κοκκήιος Σε[βαστοῦ] | ἀπελεύθερος Καλ[.....] | σὺν τοῖς ἰδίοις τέκ[νοις] |
5 Τιτίῳ Ἀκιλείνῳ | καὶ Φλαυίῳ Κρήσκεντι | τὸν σκύφον ἐκ λ(ιτρῶν) νς΄ | οὐ(γγιῶν)
δ΄ (καὶ) ἡμισείας ¹ | θεοῖς φρήτορσι Κυμαίων ².

1. « Quamvis immane videatur scyphi pondus, tamen aliter explicari nequit. » Kaibel.
— 2. Omnes cives Neapoli in phretrias distributos fuisse notum est (cf. Beloch, *Campanien*, p. 41); quarum una Κυμαίων nomine designabatur. Singulis phretriis sui dii, φρήτριοι vel φρήτορες, erant.

---

433. Neapoli. — *Insc. gr. Sic. et Ital.*, 723.

[Θε]οῖς Σεβ(αστοῖς) καὶ θεοῖς φρητρίοις ¹ Θεωτάδαι ².

1. Cf. n. 432. — 2. Phretriaci unius e Neapolitanis phretriis.

---

434. Neapoli. — *Insc. gr. Sic. et Ital.*, 728.

Κλαύδιον Καίσαρα Σεβαστὸν | θεοῖς φρητρίοις | Νάουιος Ἄττος | ἀποκαταστα-
5 θεὶς ὑπὸ αὐτοῦ | εἰς τὴν πατρίδα.

---

435. Neapoli. — *Insc. gr. Sic. et Ital.*, 729; *C. I. L.*, X, 1481.

[Αὐτοκράτωρ] Τίτος Καῖσα[ρ | Θεοῦ Οὐεσπασιανοῦ υἱὸς Ο]ὐεσπασιανὸς
Σεβαστὸς | [ἀρχιερεὺς μέγιστος, δημαρχ]ικῆς ἐξουσίας τὸ ι΄, | [αὐτοκράτωρ τὸ
5 ιε΄?, πατὴρ πατρίδ]ος, ὕπατος τὸ η΄ ¹, τειμητής, ‖ [ἐν Νέαι πόλει δ]ημαρχήσας,
ἀγων]οθετήσας τὸ γ΄, γυμνασιαρχήσας | ² .... [ὑπὸ σεισμῶν σ]υμπεσόντα ³
ἀποκατέστησεν. |

[Imp. Titus Caesar diui Vespasia]ni f. Vespasianus Aug. | [pontifex max., trib. potest. X, imp. XV?], cos. VIII, censor, p. p. | ..... [terrae mo]tibus conlapsa restituit.

1. Inter kalendas Julias anni 80 et kalendas Julias anni 81. — 2. Quae officia municipalia in titulo latino non enuntiantur. — 3. Terrae motus ad Vesuvii eruptionem perti-

ncre adnotat Mommsen quae Pompeios et Herculanum evertit. Ipsi Neapoli montem non pepercisse testatur Statius (*Silv.*, IV, 8, 5 : *Insani solatur damna Vesevi.*

---

436. Neapoli. — *Insc. gr. Sic. et Ital.*, 730.

Τῇ θειοτάτῃ καὶ εὐσεβεσ|τάτῃ Σεβαστῇ [1] | ρρ..... | ευμειδαι [2].

1. Quidam propter laudes sanctitatis et pietatis hunc titulum Helenae Augustae tribuunt; negant alii, inter quos Mommsen « quod publicus sermonis graeci usus non ad illa tempora pertinuisse videtur ». — 2. Lectio incerta; alii ΕΥΗΡΕ. Fortasse hic fuit nomen phretriae alicujus.

---

437. Neapoli. — *Insc. gr. Sic. et Ital.*, 731.

....τῆς ἀναστάσεως? ἐπ]ιμελ ηθέντων | Πανέρωτος? κα[ὶ] | Συβάριδος? | Ἀντ[ω]νίας Σεβαστῆς (δούλων).

Versuum divisio incerta.

---

438. Neapoli. — *Insc. gr. Sic. et Ital.*, 743.

5   Λ. Κλαύδιον | Ἀρριανὸν | ὕπατον [1] | τὸν εὐεργέτην ‖ Κρητόνδαι [2].

1. Consul anni incerti; cf. *Prosop. imp. rom.*, I, p. 350, n. 645-646. — 2. Una ex phretriis Neapolitanis.

---

439. Neapoli. — *Insc. gr. Sic. et Ital.*, 744. Periit.

Λ. Κρεπερ[έ]?ιον [1] Πρόκλον | ὕπατον [2], ἀνθύπατον, τὸν ἴδιον | εὐεργέτην Ἀρτεμίσιοι φράτορες | ἀμοιβῆς χάριν.

1. Exempla dissentiunt; ΚΡΕΠΕΛΛΙΟΝ, aut ΚΡΕΠΕΡΛΙΟΝ aut ΚΡΕΠΕΡΕΙΟΥ traditur. — 2. Suffectus; annus ignoratur. Cf. *Prosop. imp. rom.*, I, p. 480, n. 1286.

---

440. Neapoli. — *Insc. gr. Sic. et Ital.*, 730.

..... [πρεσβε]υτῇ ἀντιστρατήγῳ ἐπαρχείας | [Μακε]δονίας, ἀνθυπάτῳ ἐπαρ-χ[εία]ς [1] | Ναρβωνησίας, ἀγ[ω]ν[ο]θέτῃ | ἡ πόλις.

1. Traditur ΕΠΑΡΧΗΣ.

441. Neapoli. — *Insc. gr. Sic. et Ital.*, 731.

....νιανωι | [πρεσβευτῆι ἀντιστρατήγωι? ἐν Π]αννονίαι | .... ταμιεύσαντι |

5 ..... ιεν αἱρε[θ]έντι | ..... [ε]ύσαντι | .... [ἄρξ]αν[τ]α? ἱππέων¹.

1. « Ex Mommseni conjectura, i. e. *sevirum equitum romanorum.* » Kaibel.

---

442. Neapoli. — *Insc. gr. Sic. et Ital.*, 737.

Δόγματι βουλῆ[ς καὶ δήμου Νέας πόλεως] | Π. Αἴλιον Ἀντιγενίδα[ν Νεικο-
μηδέα καὶ Νεαπο]|λίτην, δημαρχήσαντα [καὶ λαυκελαρχήσαντα, διὰ βίου] | ἀρχιε-
5 ρέα ἱερᾶς συνόδου θυ[μελικῆς τῶν περὶ τὸν Διόνυσον τεχνιτῶν], | πρῶτον καὶ
μόνον ἀπ' αἰῶνος νεικήσαντα το[ὺς ὑπογεγραμμένους] | ἀγῶνας οὕσπερ καὶ
μόνους ἠγωνίσατο ἄλειπτος · Ῥώμην β', Νεά[ν πόλιν] | γ' καὶ τὸν διὰ πάντων,
καὶ Ποτιόλους τὰ πρῶτα διατεθέντα ὑπὸ [τοῦ] | κυρίου αὐτοκράτορος Ἀντωνεί-
νου Εὐσέβεια ² καὶ ὁμοίως τὰ ἑξῆς · ἔχει ὁ[ὲ] | καὶ τὰ ἐν Νεικομηδείᾳ τῇ ἑαυτοῦ
10 πατρίδι ἐπιλεγόμενα Ἀσκλήπεια, τῷ αὐ[τῷ] ‖ ἀγῶνι πυθαύλας, χοραύλας · ἐπαύ-
σατο δὲ ἐτῶν λε', αὐλήσας δήμῳ Ῥωμ[αί]ων ἔτεσιν εἴκοσι.

Supplementa quae dedit Kaibel recepimus.

1. Collegium artificum scenicorum ; cf. supra n. 17. — 2. Ludi in honorem Hadriani
ab Antonino Pio instituti. Cf. *Vita Had.*, 27. « *Templum ei apud Puteolos constituit et
quinquennale certamen*, et Artemidor., *Oneirocr.*, I, 28 : τὰ ἐν Ἰταλίᾳ ἀχθέντα ὑπὸ βασιλέως
Ἀντωνίνου ἐπὶ τῷ πατρὶ Ἀδριανῷ. Vide etiam supra n. 153.

---

443. Neapoli. — *Insc. gr. Sic. et Ital.*, 738.

Μᾶρ. Αὐρήλιος Ἀρτεμίδω|ρος Σεττηνὸς ¹ ἀνὴρ παλαισ|τὴς ζήσας ἔτη κς',
μῆνες θ', | νεικήσας ἀγῶνας ·

Circa, in coronis sex :

a) Κύζικον, | κοινὰ Ἀσί|ας παί|δων ·

b) Πέργαμον, | Τραιάνεια | ἀγενείων ·

c) Κομμό|δεια ἐν Κα|ππαδοκεί|ᾳ ἀγενεί|ων ·

d) Κύζικον, | Κομμόδει|α ἀγενεί|ων ·

e) Νεικαί|αν, Κομμό|δεια ἱεράν ·

f) Αὐγούστει|α ἐν Περ|γάμῳ ἱε|ράν.

1. Settae, ἐν μεθορίοις Μυσίας καὶ Λυδίας καὶ Φρυγίας (Ptolem., V, 2).

444. Neapoli. — *Insc. gr. Sic. et Ital.*, 739.

In parte tabulae superiore :

M. Αὐρ. Ἑρμαγόρας Μάγνης | (ἀπὸ) Σιπύλου, παλαιστής, ξυ|στάρχης Ἀκτίων
5 καὶ Μομψου|εστίας καὶ Μαγνησίας τῆς πα|τρίδος, πρωτελληνοδίκης΄ | Ὀλυμπίων
ἐν Ἐφέσῳ καὶ ἐν | Σμύρνῃ, νεικήσας ἱεροὺς ἀγῶ|νας κθ΄ καὶ θεματικοὺς ρκζ΄ ² |.
Ὀλύμπια ἐν Πείσῃ ἱεράν, ἄλλας ἱερὰς ιη΄.

Infra, in coronis septem et decem :

a) Ἄκτια | β΄ ·
b) Νέμεια | γ΄ ·
c) Ἀσπίδα | β΄ ·
d) Ἴσθμια | β΄ ·
e) Παναθή|ναια | β΄ ·
f) Πανελλή|νια | β΄ ·
g) Ὀλύμπεια | α΄ ·
h) Ἀδριάνεια | ἐν Ἀθήναις | β΄ ·
i) Ποτιόλους | β΄ ·

j) Κοινὸν | Ἀσίας ἐν | Σμύρνῃ | α΄ ·
k) Ὀλύμπια | ἐν Σμύρνῃ | α΄ ·
l) Ὀλύμπια | ἐν Ἐφέσῳ | α΄ ·
m) Ἀδριάνεια | ἐν Ἐφέσῳ | α΄ ·
n) Βαρβίλληα | ἐν Ἐφέσῳ | α΄ ·
o) Αὐγούστεια | ἐν Περγάμῳ | γ΄ ·
p) Τραιάνεια | ἐν Περγάμῳ | α΄ ·
q) Ἄλεια | ἐν Ῥόδῳ | β΄ ·

« Enumerantur victoriae sacrae in certaminibus coronariis partae XXIX ; accedunt praeterea Olympica una, sacrae aliae non nominatae XVIII... Tabula posita videtur ante Commodiorum ludorum, quorum nullam Hermagoras victoriam rettulit, institutionem, et post Eusebios ludos Puteolanos ab Antonino institutos. » Kaibel.

1. Ἑλληνοδίκης, judex in ludis sacris Olympiis, πρωτελληνοδίκης, praeses eorum. Nota etiam in iis ludis qui Ephesi et Smyrnae ad instar Olympiorum instituti erant, titulum ἑλληνοδίκης fuisse usitatum. — 2. θεματικοί dicebantur ludi in quibus praemium victoribus decernebatur, non corona; alii autem ἱεροί et στεφανῖται.

445. Neapoli. — *Insc. gr. Sic. et Ital.*, 746.

T. Φλάουιος Ἀρτεμιδώρου | υἱὸς Κυρείνᾳ Ἀρτεμίδωρος | Ἀδανεὺς ὁ καὶ
5 Ἀντιοχεὺς ἀπὸ | Δάφνης ¹, νεικήσας τὸν ἀγῶνα τῶν ‖ μεγάλων Καπετωλείων
τὸν πρώτως ἀχθέντα ² | ἀνδρῶν παγκράτιον, Ὀλύμπια β΄, Πύθια β΄, Νέμεια β΄, |
Ἄκτια, Νέαν πόλιν ἀνδρῶν πανκράτιον, Ἴσθμια ἀγε|νείων πανκράτιον, κοινὸν
10 Ἀσίας ἐν Ζμύρνῃ ³ ἀγενεί|ων πανκράτιον καὶ τῇ ἑξῆς πενταετηρίδι ἀνδρῶν |
πάλην καὶ πανκράτιον καὶ πάλι ἀνδρῶν πανκράτιον | πρῶτος ἀνθρώπων, κοινὸν

10

Ἀσ(ίας) ἐν Περγάμω ³ ἀνδρῶν πανκράτιον, ἐν Ἐφέσω Βαλβίλλῃα ⁴ παίδω[ν |
παγκρά]τι[ον κα]ὶ πάλι κατὰ τὸ ἑξῆς ἀνδρῶν πανκρά[τιον], ἐν Ἀλεξανδρεία τὸν
15 ἱερὸν πεντaετη[ρικὸν], κοινὸν Συρίας, Κιλικίας. Φοινείκης ⁵ ἐν Ἀν[τιοχεία β'
ἀνδρῶν πανκράτιον, Ἐφεσ[ον], Τράλ[λεις] δ', Σάρδεις ε', Λαυδίκειαν ε',.. |
[τὴ]ν ἐξ Ἄργους ἀσπίδα ⁶ καὶ ἄλλους [π εν τaετη ρικ]οὺς ἀγῶνας ιδ'........ |
20 Ἀρτεμίδωρον Ἀθηνοδώρου Λ?... [ἐπι|μελ]ηθέντος Ἀθηνοδώρ[ου.....

1. Civis duarum civitatium, Adanae in Cilicia et Antiochiae illius cujus Daphne suburbium erat. — 2. Ludos Capitolinos instituit Domitianus anno p. C. n. 86. Cf. Gsell, *Essai
sur le règne de l'empereur Domitien*, p. 123. — 3. Communi Asiae, quotannis mutata sede,
omnes primores provinciae civitates vicissim addictas esse notum est. — 4. Cf. supra
n. 153, not. 6. — 5. Nota trium provinciarum legatos, Syriae, Ciliciae, Phoeniciae, in
unum concilium eo tempore convenisse. — 6. Cf. supra n. 153, not. 2. Hunc titulum et
sequentem tractavit Henzen, *Annali*, 1865, p. 97 et sqq.

---

446. Neapoli. — *Insc. gr. Sic. et. Ital.*, 747.

Ἀγαθῆι τύχηι. | Ἡ φιλοσέβαστος καὶ φιλορώμα[ιος ['Αλε]]ξανδρέων περι-
πολιστικὴ εὐσεβή[ς σύνοδος] | ἐτίμησεν Τ. Φλάουιον Κυρ(είνα) Ἀργίβιον τὸν
5 [......] | Ἀλεξανδρέα, ἀρχιερέα διὰ βίου τοῦ σύμπ[αντος ξυστοῦ,] | παραδοξο-
νίκην, νικήσαντα τὴν σκ' ὀλυ[μπιάδα κα]ὶ τὴν σκα' ὀλυμπιάδα ἀνδρῶν παγκρά-
τ[ιον καὶ ἐν Ῥώμῃ τὰ μεγάλα Καπετώλεια τὴν τρίτην [πενταετηρίδα] | ἀγενείων
10 παγκράτιον στεφανωθέντα κα[ὶ τὴν τετάρτην] | ἀνδρῶν παγκράτιον νικήσαντα
καὶ τὴν πέμπ[την ἀνδρῶν] | παγκράτιον στεφανωθέντα καὶ τὴν ἕκτην ὁ[μοίως
ἀνδρῶν] | παγκράτιον στεφανωθέντα πρῶτον ἀνθρώπω[ν · τὰ ἐν...] ⁷ Ἡράκλεια
ἐπινίκια ² Αὐτοκράτορος Νέρουα Τραιανοῦ Κ[αίσαρος Σεβαστοῦ] | Γερμανικοῦ
15 Δακικοῦ ³ στεφανωθέντα ἀνδρῶν παγκρά[τιον · Πύθια ἀγενείων |] παγκράτιον καὶ
τῆι ἑξῆς πυθιάδι ἀνδρῶν πάλην καὶ π[αγκράτιον καὶ τῆι] | ἑξῆς ἀνδρῶν παγκράτιον
πρῶτον ἀνθρώπων · Νέμεια π[αίδων παγκράτιον] | καὶ τρὶς κατὰ τὸ ἑξῆς ἀνδρῶν
παγκράτιον πρῶτον ἀν[θρώπων · Ἴσθμια ?)] | ἀνδρῶν παγκράτιον · Ἄκτια ἀγε-
νείων πάλη(ν) παγκράτ[ιον καὶ..... κατὰ] | τὸ ἑξῆς ἀνδρῶν παγκράτιον πρῶτον
20 ἀνθρώπων · Νέαν π[όλιν ἀγενείων] | παγκράτιον καὶ δὶς κατὰ τὸ ἑξῆς ἀνδρῶν
παγκράτιον · [...... ἀγενεί]|ων πάλην παγκράτιον καὶ δὶς κατὰ τὸ ἑξῆς ἀνδρῶν
πάλην παγκρ[άτιον,......] | ἀνδρῶν παγκράτιον πρῶτον ἀνθρώπων · τὰ ἐν Ἐφέσωι
Βαλβίλλεια ⁴ [ἀνδρῶν πάλην πυγ|μὴν παγκράτιον πρῶτον ἀνθρώπων καὶ τὸν ἐν
Ἀντιοχείαι ἱερὸν πεν[τaετηρικὸν ἀγῶνα | Ἀκτιακῶν παίδων παγκράτι[ο]ν καὶ τῆι

25 ἑξῆς πενταετηρίδι ἀγεν[είων πάλην καὶ πυγ|μὴν καὶ τῆι ἑξῆς ἀνδρῶν παγκράτιον
καὶ τῆι ἑξῆς ὁμοίως ἀνδ]ρῶν παγκράτιον] | πρῶτον ἀνθρώπων · Σμύρναν κοινὸν
Ἀσίας ἀγενείων πά[λην παγκράτιον] | καὶ τὸν ἐν Ἀλεξανδρείαι ἱερὸν πενταετη-
ρικὸν ἀγῶνα Ἀκ[τιακῶν ἀγενείων] | παγκράτιον καὶ μετὰ μίαν πενταετηρίδα
ἀνδρῶν πα[γκράτιον] | καὶ τῆι ἑξῆς ὁμοίως ἀνδρῶν παγκράτιον καὶ τῆι ἑ[ξῆς... |
30 ἀνδρῶν πάλην παγκράτιον πρῶτον ἀνθρώπων · ἔχε[ι δὲ καὶ τὴν ἐξ] | Ἄργους
ἀσπίδα [5] καὶ ἄλλους πλείστους πενταετηρικ[οὺς ἀγῶνας] | παίδων, ἀγενείων,
ἀνδρῶν πάλας καὶ παγκράτια.

« Vicit T. Flavius Archibius Alexandrinus olympiadas Eleas duas 220 et 221 (an. p.
Chr. 101 et 105), Capitolinas quattuor (an. 94, 98, 102, 106) et primam quidem imberbis,
reliquas tres vir factus. Itaque aetatem virilem ingressus est inter annos 94 et 98. »
Kaibel.

1. Τὰ ἐν Ἰατῶι proponit idem dubitans, collato titulo edito in *Bull. de corr. hellén.*, V
(1881), p. 230, n. 20. — 2. Ludi, ut videtur in honorem victoriae alicujus a Trajano instituti. — 3. Quum Trajanus Dacicus non Parthicus nuncupetur, titulus ante annum 116
exaratus est. — 4. Supra, n. 153. not. 6. — 5. Supra, *ibid.*, not. 2.

---

447. Neapoli. — *Insc. gr. Sic. et Ital.*, 754.

..... Ἀπολλώνιος Ἀμμ(ωνίου) Ἀλε[ξανδρεύς..] | Σεβ [1] · κρίσ(εως) πανκρ(α-
5 τιαστάς) · | Σεραπίων Ποπλίου Ἀλε[ξανδρεὺς] | ἀποβάτας · ‖ Λ. Ποστούμ(ιος)
Ἰσίδωρ(ος) Ἀλε[ξανδρεὺς] | [Σεβ.] κρίσεως πεντ(άθλους) [1].

1. « Est catalogi fragmentum quo ei enumerantur qui ludos Neapolitanos (fortasse
Augustales quinquennales) vicerunt. Itaque non potest v. 2 ipsorum ludorum nomen
Σεβ(αστὰ) suppleri; pertinet hoc potius ad genetivum κρίσεως, velut Σεβαστοῦ vel Σεβαστῆς
κρίσεως, ut de praemio ab ipso imperatore sive constituto sive distributo cogitaverim. »
Kaibel. Cf. titulum similem, nisi pars est ejusdem catalogi : *Insc. gr. Sic. et Ital.*, 755.

---

448. Neapoli. — *Notizie degli scavi*, 1890, p. 90; G. Civitelli, *Atti della reale Accad. di
Napoli*, XVII (1896), pars II, n. 3, p. 57.

[Ἐνείκων ἐπὶ] Φλάκκου..... [ἀγωνοθετοῦντος | Ἰταλι]κῶν Ῥωμαί[ων Σεβα-
στῶν ἰσολυμ(πίων)] [1], δημαρχοῦν[τος [2] δὲ........ |
a) Μουσικὸν..............]

5 b) Ἱππικὸν · | συνωρίδι πώλ[ων] | Δ. Οὐαλέριος · | κέλητι πώλων | Τ. Φλάβιος
'Ρουφεῖνος · | συνωρίδι πώλων | [..Οὐ]αλέριος Παυλεῖνο[ς] · | συνωρίδι [τ]ελείων |
. . . . . . [Π]αυλεῖνος.
c) [Γυμνικὸν. . . . .]

Restituit Civitelli, *loc. cit.*

1. His nominibus designabantur ludi in Augusti honorem Neapoli quinto quoque anno
acti (Strab., V, 7; de quibus cf. Beloch, *Campanien*, p. 58 et Civitelli, *loc. cit.*, p. 55 et
suiv. (*Il ginnasio di Napoli ed i ludi Augustali*). — 2. Desideratur nomen demarchi.

449. Neapoli. — *Inscr. gr. Sic. et Ital.*, 748.

Τ. Φλαβίωι Τ. υἱῶι | Εὐάνθηι, νικήσαντι | Ἰταλικὰ 'Ρωμαῖα Σεβαστὰ |
Ἰσολύμπια ¹ τῆς μγ' || Ἰταλίδος ² παίδων | πολιτικῶν ³ δίαυλον, | ἀναθέντι ἐν τῆι
5 φρητρίαι ⁴ | ἀνδριάντας Διοσκούρων | σὺν Τ. Φλαβίωι Ζωσίμωι || ἀδελφῶι τῷ
10 αὐτῷ ἀγῶνι | τάγμα νικήσαντι καὶ | βραβῖον λαβόντι, | Εὐμηλεῖδαι φρήτορες |
ἀμοιβῆς χαρίν.

In altero latere :

Σεουήρωι καὶ Ἑρεννιαν(ῶι) ὑπάτ(οις) ⁵ | πρὸ ε΄ εἰδῶν Μαρτίων ⁶ | Τ. Φλάβιος
Ζώσιμος καὶ | Φλαβία Φορτουνᾶτα γονεῖς || χαρισάμενοι λυχνίας μετὰ | λύχνων
5 καὶ βωμοὺς Διοσκούρ(οις) | αὖθις καθιέρωσαν.

Infra in corona :

Σεβαστὰ ¹

1. Hic agitur de ludis Augustalibus Neapoli institutis anno U. c. 752 (= 2 a. C. n.),
de quibus vide Beurlier, *Essai sur le culte rendu aux empereurs romains*, p. 161 et n. 6.
— 2. Quadragesimae tertiae Italidis. Quum ludi Augustales Neapolitani quinquennales
essent, quadragesima tertia Italis anno p. C. n. 170 respondet. — 3. Intellige : inter
liberos civium Neapolitanorum. — 4. De phretriis Neapolitanis, cf. supra n. 432 et seqq.
— 5. Anno p. C. n. 171. — 6. Est undecima dies mensis Martii.

450. Neapoli. — *Inscr. gr. Sic. et Ital.*, 757; *C. I. L.*, X, 1489.

Ψ(ήφισμα) · | ια΄ πρὸ καλ(ανδῶν) Ἀπρειλίων ¹ | γραφ(ομένων) παρῆσ(αν) Φού-
5 λουιος | Πρόβος, Λούκιος Πούδης, Νεαπολ(ιτανὸς) || Πούλχερ · περὶ οὗ προσανή-

νεγκεν | τοῖς ἐν προσκλήτῳ Κορνήλιος | Κερεᾶλις ὁ ἄρχων, περὶ τούτου τοῦ |
10 πράγματος οὕτως εὐηρέστησεν · | Λικινίῳ Πωλλίωνι ἀνδρὶ τοῦ | ἡμετέρ(ου)
τάγματος πατρός τε | βουλευτοῦ ἐπιεικῶς καὶ ἀξίως | τῆς πόλεως ἀναγραφ(ευόν-
τος) ² τόπον | εἰς κηδ(είαν) δίδοσθαι, ὃν ἂν οἱ προσ|ήκοντες αὐτοῦ ἕλωνται ἐκτὸς ‖
15 τῶν ἱερῶν ἢ μεμισθ(ωμένων) τόπων, | λιβ(ανωτοῦ) τε λ(ίτρας) κ´ εἰς παρα-
μυθ(ίαν) τῶν γονέων ³.

C. Licinius Proclus et Meclonia | C. f. Secundilla parentes. L(ocus) d(atus)
d(ecreto) d(ecurionum).

1. Die vicesima secunda mensis Martii. Annus non indicatur. Sed quum Fulvius
Probus, Lucius Pudens, Cornelius Cerealis in simili de Tettia Casta decreto anni
p. C. n. 71 (v. infra, n. 453) occurrant, Licinio Pollioni honores eodem fere tempore
decretos esse recte conjicias. — 2. Ἀνα(γε)γραφ(ευόντι) Kaibel; cf. infra n. 453 : *scribae
publico Neapolitanorum;* ἀναγραφ(ευόντος), Mommsen, ad patrem referens. — 3. Parentibus
librae viginti turis mittuntur pro solacio, i. e., quae in funere cremuntur. Cf. de hoc
genere decretorum (παραμυθητικὸν ψήφισμα) : K. Buresch, *Die griechischen Trostbeschlüsse*
(*Rhein. Museum*, XLIX (1894) p. 424 et sqq.)

451. Neapoli. — *Inscr. gr. Sic. et Ital.*, 758; *C. I. L.*, X, 1490.

Ὀκτάουιος Καπράριος Ὀκταουίωι | Καπραρίωι υἱῶι εὐσεβεστάτωι κατὰ τὸ τῆς |
βουλῆς ψήφισμα · ι´ πρὸ καλαν(δῶν) Ἰανουαρίων ¹, | γραφομένων παρῆσαν Πετρώ-
5 νιος Σκάπλας, Μαννεῖος ‖ Πρεῖσκος, Ποππαῖος Σεουῆρος · περὶ οὗ προσανήνεγκαν
τῆι | βουλῆι Πάκκιος Κάληδος καὶ Οὐείβιος Πολλίων οἱ ἄρχοντες, περὶ | τούτου
τοῦ πράγματος οὕτως ἔδοξεν · παντὶ μὲν πολείτηι | συνάγθεσθαι δεῖν ἐπὶ τέκνου
τελευτῆι, μάλιστα δὲ Ὀκταουίωι Καπρα|ρίωι ἀνδρὶ ἀξιολόγωι, βιοῦντι ἐπι(ι)εικῶς
καὶ ἀγορανομήσαντι σεμνῶς, ἀποβα|λόντι υἱὸν Καπράριον νεώτερον, μεμαρτυρη-
μένον ὑφ᾽ ἡμῶν διά τε τὴν τῶν τρόπων κοσμιότητα καὶ διὰ τὴν ὁμοίαν τῶι
10 πατρὶ ‖ ἐπιτελεσθεῖσαν αὐτῶι ἀγορανομίαν · παραμυθεῖσθαι οὖν αὐτὸν | δημοσίαι
καὶ δίδοσθαι τόπον εἰς κηδείαν ὃν ἂν ὁ πατὴρ αὐτοῦ ἕληται. | (Locus) d(atus)
p(ublice) d(ecreto) d(ecurionum).

1. Die vicesima tertia mensis Decembris. Annus non indicatur: sed, cum Poppaeus
Severus in simili de Tettia Casta decreto anni p. C. n. 71 (infra n. 453) inter testes
occurrat, eodem fere tempore honores Octavio Caprario decretos fuisse verisimile
videtur.

452. Neapoli. — *Notizie degli scavi*, 1891, p. 236; *Monumenti antichi*, I, p. 553 et seq.

P. Plotio P. f. Pal. Faustino, | scribae publico Neapolitan. | aedilicio, Plotia
Nomc uxor.

Ἐπὶ ὑπάτων Λ. Ἀκειλίου Στράβωνος | καὶ Σέξτου Νερανίου Καπίτωνος [1],
δημαρ|χοῦντος Ἑρεννίου Μνηστῆρος, ιη΄ πρὸ καλ(ανδῶν) | Ὀκτωβρίων [2] · γρα-
5 φομένων παρῆσαν ‖ Ἰούλιος Ἀπολλινάρις, Δομίτιος Ἀσιατικός, | Ἰούλιος Πρόκλος
Ἀρτ[εμίδωρος?] · | περὶ οὗ προσανήνεγκεν τοῖς ἐν προσκλήτῳ | Ἰούλιος Λειουεια-
10 νὸς ὁ ἀντάρχων [3], περὶ τούτου | τοῦ πράγματος οὕτως εὐηρέστησεν [4], εἰση‖γου-
μένων τὴν γνώμην τῶν ἐν προσκλήτ(ῳ) · | καὶ συνπαθίας χάριν καὶ μνήμης
ὀφειλομέ|νης τοῖς σεμνῶς βιώτασι τῆς ἐκ τῶν ζώντων | τειμῆς, ἢ μόνη παραμυθία
15 τοῦ βίου τὴν ὑστά|την ἡμέραν παρηγοροῦσά (ἐστι), μάλισθ᾽ ὅταν τις ‖ μετὰ τῆς
τῶν τρόπων ἐπ(ι)εικείας καὶ τὴν ἐπὶ | τῆς πατρίδος φιλοτειμίαν κατὰ τὸ δυνατὸν |
παράσχῃ, ὥσπερ καὶ Πλ[ώτιος] | Φαυστεῖνος κεράσας τῇ [τῶν τρό]|πων χρηστό-
20 τητι καὶ τ[ὴν τῶν πραγμά‖των πεπιστευμένο[ν φιλοτιμίαν?] |, φθονερῷ δαίμονι
συν[τυχὼν?] | τῶν πεπειρακότων κ[ατὰ τὸ δυνα]|τὸν μαρτυρίας ἄξιός [ἐστι ·
25 συμπαθοῦν]|τες? εἰς τὸ κῆδος αὐτ[οῦ λιβανωτοῦ λ(ίτρας)] ι΄ [4] ἀποστέλλειν
ἐγν[ώκαμεν καὶ ἐξοδία]|ζειν ἐπ(ι)τρέπον[τες... εἰς κη]|δείαν δίδομεν [τόπον ὃν ἂν
οἱ προσήκον]|τες αὐτοῦ ἕλ[ω]ν[ται ἐκτὸς τῶν ἱερῶν | ἢ μεμισθ(ω)μέ[νων τόπων..]
30 μήκους ποδῶν.... ‖ καὶ πλάτους π[οδῶν.......] | ρομένοι τὸ τη....| μηδὲ τῶν κα...

1. Sogliano (*Monum. antichi*, I, p. 558 et seq.) vult L. Acilium Strabonem et Sex. Nera-
nium Capitonem consules suffectos esse anni 71 p. C. n., inde a kalendis Septembribus.
— 2. Die decima quarta mensis Septembris. — 3. Praefectus juri dicundo pro duumviris.
— 4. Cf. n. 450, not. 3.

453. Neapoli. — *Inscr. gr. Sic. et Ital.*, 760.

Τεττίαι Κάσται ἱερείαι τ[οῦ.....] | [1] τῶν γυναικῶν οἴκου διὰ βίου ψη[φίσματα] · |
ἐπὶ ὑπάτων Καίσαρος Σεβαστοῦ υἱοῦ Δομιτι[ανοῦ καὶ Γαίου] | Οὐαλερίου Φήστου
5 ιδ΄ Ἀγναιῶνος [2] · γραφ[ομένων παρῆσαν] ‖ Λούκιος Φροῦγι, Κορνήλιος Κεριᾶλις,
Ἰούνιος...... · | περὶ οὗ προσανήνεγκεν τοῖς ἐν προσκλήτωι Τρανκουίλλιος
Ῥοῦφος ὁ ἀντάρχων [3], περὶ τού[του τοῦ πράγματος οὕτως εὐηρέστησεν ·] | τὴν
γνώμην ἁπάντων ὁμολογοῦντας κοινὴν εἶναι λύπην τὴν πρόμοιρον Τεττίας Κά[στας
τελευτήν, γυναικὸς φιλοτιμησαμέ]|νης εἴς τε τὴν τῶν ἁπάντων εὐσέβειαν καὶ
εἰς τὴν τῆς πατρίδος εὔνοιαν, ἀργυρῶν ἀνδριάντων ἀνε[κλείπτους ἀναστάσεις

τοῖς θεοῖς ποιη||σαμένης πρὸς τὸ μεγαλοψύχως εὐεργετῆσαι τὴν πόλιν, τιμᾶν
10 ἀνδριάντι καὶ ἀσπίδι ἐγγ[εγραμμένηι Τεττίαν Κάσταν καὶ θάπτειν αὐτήν] ‖ δαπάνη
μὲν δημοσίαι, ἐπιμελείᾳ δὲ τῶν προσηκόντων, οὓς δυσχερές ἐστιν παραμυθή-
σασθαι ἰδί[αι............. καὶ τό]|πον εἰς κηδείαν δίδοσθαι καὶ εἰς ταῦτα ἐξοδιάζειν.
Ἐπὶ ὑπάτων Καίσαρος Σεβαστοῦ [υἱοῦ Δομιτιανοῦ καὶ Γ. Οὐαλερίου Φήστου...
πρὸ καλ(ανδῶν)] | Ἰουλίων · γραφομένων παρῆσαν Γράνιος Ῥοῦφος, Λούκιος
Πούδης, Ποππα[ῖος Σεουῆρος?] · | περὶ οὗ προσανήνεγκεν τοῖς ἐν προσκλήτωι
Φούλβιος Πρόβος ὁ ἄρχων, περὶ τούτου τοῦ πρ[άγματος οὕτως εὐηρέστησεν · τὴν
μὲν εἰς τὸν ἀνδριάντα] | δημοσίαν δαπάνην, ἣν ἡ βουλὴ συμπαθοῦσα ἐψηφίσατο
15 Τεττίᾳ Κάστᾳ, εὖ [ἔχειν · ἄξιον δὲ καὶ ἐπαινέσαι αὐτὴν καὶ στεφανῶσαι] |χρυσῶι
στεφάνῳ μαρτυροῦντας αὐτῆς τῶι βίωι δημοσίωι ἐπαίνωι............
[Ἐπὶ] | ὑπάτων Λουκίου Φλαουίου Φιμβρία καὶ Ἀτειλίου Βαρβάρου [4[........ ·
γραφομένων παρῆσαν] | Ἀρίστων Βύκκου, Λουίλλιος Ἀρριανός, Οὐέρριος
Λειβ[εράλις............ · | περ]ὶ οὗ προσανήνεγκεν τοῖς ἐν προσκλήτωι Ἰούλιος
Λειουεια[ν]ὸ[ς ὁ ......5, περὶ τούτου τοῦ πράγματος οὕτως εὐηρέστησεν · |
Τεττ]ίᾳ τόπον εἰς κηδείαν ἀπὸ τοῦ τείχους ἐν μετώπωι μέχρι [............ ‖
20 ..]κοντα ἐξοι κοδομεῖν ἐπιτρέπειν καὶ ἀπὸ τῆς στ[ήλης εἰς....... πανταχόσε ἄλλῳ
μηδενὶ κηδείαν | ἐπὶ] τῶι αὐτῶι τόπῳ δίδοσθαι. |.. Δομίτιοι Λέπιδ[ος καὶ........] |
τῇι μητρὶ καὶ Λ. Δομ[ίτιος...... τῇι γυναικὶ ἐποίησαν.]

1. Franz supplet τ[οῦ ἱεροῦ] (C. I. Gr., 5838). — 2. Ex titulis (C. I. L., III, p. 850
et 851) patet Domitianum et C. Valerium Festum non ante kalendas Maias anni 71 p. C.
n. consulatum una egisse (cf. Klein, Fasti consulares, 71 p. C. n.); unde sequitur
mensem Λεναιῶνα non eumdem Neapoli esse atque in nonnullis graecis urbibus, ubi
Januario exeunti et Februario incunti respondebat (S. Reinach, Traité d'épigraphie
grecque, p. 488-489). Hoc primum decretum factum est inter kalendas Maias et mensem
Junium exeuntem. — 3. Praefectus juri dicundo pro duumviris. — 4. L. Flavius Fimbria
et C. Atilius Barbarus consulatum jam agebant ante diem quartum decimum kal.
Augustas (C. I. L., I, 773). — 5. Utrum ἄρχων an ἀντάρχων Julius Livianus tunc fuerit,
latet.

---

454. Neapoli. — Inscr. gr. Sic. et Ital., 791.

Θεοῖς κατα[χθονίοις]. | Κλαυδίᾳ Ἀντων[ίνηι] | συμβίῳ γλυκυτά[τηι] | Τιβέριος
5 Κλαύδιος Κυρίνα ‖ Αὐρήλιανὸς Πτολεμαῖος | χιλίαρχος λεγιῶνος | ζ΄ Γεμεί-
ναις 1.

1. Tribunus legionis VII Geminae.

455. Neapoli. — *Inscr. gr. Sic. et Ital.*, 794; *C. I. L.*, X, 1504.

M. Cominio M. f. Mae(cia tribu) Verecundo | Quinta Dia filio piissimo. |

Ἐπὶ ὑπάτων Γ. Οὐειψτανοῦ Ἀπρωνιανοῦ καὶ Γ. Φοντείου | Καπίτ(ωνος) [1].

1. Anno p. C. n. 59.

456. Neapoli. — *Inscr. gr. Sic. et Ital.*, 803; *C. I. L.*, X, 1494.

Τρεινακρία γαῖα με λογεύσατο, τοὔνομα Οὐήραν |
σωφροσύνης βιότῳ κῦδος ἐνεικαμένην. |
Κουρίδιος δὲ πόσις κρύψε χθονὶ τῇδε καλύψας |
δακρυχέων ἐπ' ἐμοὶ συχνὸν ἀπὸ βλεφάρων, |
κηδεύσας ἀρετῆσ' ἀντάξιον ἡμετέρῃσιν, |
ἡλικίης ἐτέων εἴκοσι καὶ τετόρων. |
Ὦ θνητῶν ὀλίγος τε βίος καὶ ἄφευκτος ἀνάγκη, |
ὥς με τάχος βιότου νόσφισε καὶ γαμέτου. |

Cornelianus scriba coniugi | incomparabili contra uolum.

457. Neapoli. — *Inscr. gr. Sic. et Ital.*, 809; *C. I. L.*, X, 1497.

D. Scruili D. l. Apolloni | medici Scruilia D. l. | Ambrosia fecit patrono | suo et sibi et suis.

Ὧδ' Ἐπάφου γέννημα, σοροῖς ἐπ(ι)είκελος ἀνήρ |
κεῖμαι, Ῥωμαίων σπέρμα πολυκτεάνων, [1] |
κληζόμενος Δέκμος Σερουίλιος, εἰς ἔτη ἐλθών |
ἐννέα που δεκάδων καὶ τρία, ὡς ἔλεγον. |

1. « Apollonius D. Servilio et patrono et patre usus esse videtur et matre natus Aegyptia : Ἐπάφου γέννημα, quamquam non bene σπέρμα et γέννημα inter se opposita sunt. » Kaibel.

458. Pompeiis. — *Inscr. gr. Sic. et Ital.*, 701.

Γάιος Ἰούλιος Ἡφαιστίωνος | υἱὸς Ἡφαιστίων, ἱερατεύσας | τοῦ πολιτεύμα-

5 τος τῶν Φρυ|γῶν ¹, ἀνέθηκε Δία Φρύγιον, ‖ ἔτους κζ' ² Καίσαρ(ος), Φαρμου(θι) ³
Σεβαστῇ ⁴.

1. Sacerdotio functus publico apud Phrygas. Nota hic πολίτευμα pro ἔθνος usurpari. —
2. Anno 27 Caesaris, sive U. c. 751 = 3 a. C. n. — 3. Φαρμουθί, mensis aegyptius Aprili
fere respondens. — 4. Σεβαστή ἡμέρα == prima mensis dies, quae appellatio apud
Aegyptios et Asiaticos in usu erat.

---

459. Pompeiis. — *Inscr. gr. Sic. et Ital.*, 702.

Τερεντία Παραμόνη ἱέρεια | Δήμητρος Θεσμοφόρου.

---

460. Pompeiis, in columna, litteris scariphicatis. — Sogliano, *Notizie degli scavi*, 1896,
p. 429.

Ἐμνήσθη Θεόφιλος Βερόης ἐπ' ἀγαθῷ παρὰ τῇ κυρίᾳ ¹.

1. Domina Isis.

---

461. Acclani. — *Inscr. gr. Sic. et Ital.*, 689.

Γ. Σάλουιος Ἀττικιανὸς | ἀρχίατρος ¹ πόλεως ἀνάθημα | θεῶι Ἀσκληπιῶι.

1. Medicus publicus. De archiatris cf. quae disseruit R. Briau, *L'archiatrie romaine*,
p. 53 et seq, et apud Daremberg et Saglio, *Dict. des antiq.*, s. v.; Liebenam, *Städtever-
waltung*, p. 101.

---

462. Salerni. — *Inscr. gr. Sic. et Ital.*, 694 a (p. 689).

Γεωργικῷ συνβίῳ γλυκυ|τάτῳ Πεδία μνίας χάρ[ιν]. | Ἐπέγραψα αὐτὸς ἑαυτῷ |
5 τὸ μνημῖον · ζῶν ἠγόρασεν ‖ γένους ἐκ γένους ¹, | ἀπελευθέροις, δούλοις.

1. Intellige : (τοῖς) γένους ἐκ γένους, posteris suis.

---

463. Surrenti. — *Inscr. gr. Sic. et Ital.*, 698.

5 Δε. Μ. | Αυρηλιους | Ινπετρατους | β. κ. Μ. βεισ. ανο. ‖ ν', μησες ζ', δει.
η', | κοζους Ιμβεια Ει|ρηνα μαριτο βενε|μερεντι φη|κετ.

Titulus latinus graecis litteris inscriptus. Lege : De(is) M(anibus). Aurelius Impetratus
v(eteranus) c(lassis) M(isenensis) vix(it) a(n)no(s) L, me(n)ses VII, di(es) VIII, conjux
Imbia? Irene marito bene merenti fecit.

464. Venusiae. — *Inscr. gr. Sic. et Ital.*, 688.

5 Ἡλίῳ | Μίθρᾳ | ὑπὲρ σωτηρίας | Βριττίου Πραι⟦σεντος⟧ [1] Σάγαρις οἰκο|νόμος [2].

1. Bruttios Praesentes complures novimus, de quibus vide *Prosop. imp rom.*, I, p. 241, n. 136-143. — Idem Venusiae alterum titulum posuit, latine conceptum : (*C. I. L.*, IX, 425) *Mercurio invicto pro Praesentis salute Sagaris actor.*

465. Brundisii. — *Inscr. gr. Sic. et Ital.*, 680.

... Οὐάλεντι | [π]ρ(αιφέκτῳ) χώρ(της) α´ | [N]ουμιδῶν [1] | [ἐκ] Πέργ(ης) τῆς ‖
5 [Π]αμφυλίας | ['Aθ]ηνόδωρος | [τ]ῷ πάτρωνι | [μνήμ]ης χάριν.

1. Cohors I Flavia Numidarum in Lycia Pamphylia tendebat (*C. I. L.*, III. p. 1993 : Dipl. LXXVI, anni p. C. n. 178).

466. Brundisii. — *Inscr. gr. Sic. et Ital.*, 674; *C. I. L.*, IX, 48. Lapis periit.

Εὐκρατίδας Πεισιδάμου | 'Ρόδιος | φιλόσοφος 'Επικούρειος, | τὸν τόπον τῆς
5 Βρενδεσίνων [1] βουλῆς ‖ εἰς ταφὴν ψηφισαμένης.

Eucratidas Pisidami f. Rhodius | philosophus Epicurius | l(oco) p(ublice) d(ato) d(ecreto) d(ecurionum).

1. Ita Kaibel, secutus apographum quod fecit Vallambert; Mommsen (*C. I. L.*, IX, 48) Βρουντεσίνων accepit ex apographo Ligorii. Traditur etiam ab aliis Βρουνδεσίνων.

467. Tarenti. — *Notizie degli scavi*, 1896, p. 541, n. 6.

A. Titinius A. f. [Di]anae | aidicolam uotum | dedit meretod.

Αὖλος Τιτίνιος Αὔλω | υὸς 'Αρτάμιτι εὐχὰν | ναίσκον ἀπέδωκε.

468. Regii. — *Inscr. gr. Sic. et Ital.*, 612; Dittenberger, *Sylloge* (ed. altera), I, n. 323.

'Επὶ πρυτάνιος Νικάνδρου τοῦ Νικοδάμου, βουλᾶς προστατέοντος Σωσιπόλιος τοῦ Δαματρίου Χιω [1] (?), 'Ιππίου [2] δυοδεκάται, ἔδοξε τᾶι ἁλίᾳ | καθάπερ τᾶι ἐσκλήτωι [3] καὶ τᾶι βουλᾶι · ἐπεὶ ὁ στραταγὸς [4] τῶν 'Ρωμαίων Γναῖος Αὐφίδιος Τίτου υἱὸς [5] εὔνους ὑπάρχει τᾶι ἁμᾶ πόλει, ἄξιος φαινόμενος | τᾶς αὐτοῦ καλο-

κἀγαθίας, δεδόχθαι Γναῖον Αὐφίδιον Τίτου υἱὸν στραταγὸν Ῥωμαίων στεφανῶσαι
ἐν τῷ ἀγῶνι τοῖς πρώτοις Ἀθανίοις [6] ἐλαία(ς) στεφά|νῳ καὶ πρόξενον καὶ εὐεργέταν
ποιῆσαι τοῦ δάμου τῶν Ῥηγίνων καὶ ἐγγόνους αὐτοῦ εὐνοίας ἕνεκεν ἃς ἔχων
5 διατελεῖ εἰς τὸν δᾶμον τῶν Ῥηγί|νων · τὰν δὲ βουλὰν τὸ ἀλίασμα κολαψαμέναν
εἰς χαλκώματα δισσὰ τὸ μὲν ἀναθέμειν εἰς τὸ βουλευτήριον, τὸ δὲ ἀποστεῖλαι
Γναίῳ Αὐφιδίῳ.

1. Locus obscurus; alii hic latere nomen loci, in quo contio habita esset; alii
Sosipolidis cognomen, per compendium scriptum, rati sunt. In lapide, ΧΙΩ. — 2. Hippios,
mensis appellatio apud Reginos usitati. — 3. Ἐκκλητος, secundum Dittenberger, contio
minor erat, ad quam rogationes a senatu ferri debebant, priusquam totius populi
suffragiis subjicerentur. — 4. Praetor. — 5. Cn. Aufidios complures novimus, at quorum nullus Titum patrem habebat. — 6. Ἀθάνια, festa in honorem Palladis celebrata.

469. Regii. — Inscr. gr. Sic. et Ital., 617.

Πρύτανις ἐκ τοῦ ἰδίου καὶ ἄρχων πεντα|ετηρικὸς ¹ Σεξ. Νουμώνιος Σέξ. υ(ἱὸς)
Ματοῦρος. | Συνπρυτάνεις Κ. Ὀρτώριος Κ. υ(ἱὸς) Βάλβιλλος, Μ. Πε[τρ]ώ|νιος
5 Μ. υ(ἱὸς) Πούλχερ, Μ. Κορνήλιος Μ. υ(ἱὸς) Μαρτιᾶλις. | Ἱεροσκόποι Μάνιος
Κορνήλιος Οὖφρος, Γ. Ἀντώνιος | Θύτης ². Ἱεροσαλπιστὴς Γ. Ἰούλιος Ῥηγῖνος.
Ἱεροκῆ(ρυξ) | Γ. Καλπούρνιος Οὖφρος. Ἱεροπαρέκτης Κ. Κακίλιος | Ῥηγῖνος.
Ταμίας Μελίφθονγος Ματούρου. Σπονδαύλης | Νατᾶλις. Καπναύγης Ἑλίκων
Ματούρου. Μά[γι]ρος Ζώσιμος.

1. Quatuorvir quinquennalis. — 2. Mommsen negat θύτης cognomen esse; hoc verbo
significari opinatur C. Antonium simul haruspicis locum obtinuisse et victimarii.

470. Regii. — Inscr. gr. Sic. et Ital., 618.

[Πρύτ]ανις καὶ ἄρχων ἐκ τῶν ἰδίων Γ. Ποπίλλιος | .. [υἱὸς Ἰ]ουλιανός. Συνπρυ-
τάνεις Γ. Ποπίλλιος Γ. υ(ἱὸς) Φρε[κουεντ]εῖνος, Τ. Βέττιος Δομιτιανός. Μάντις
5 Γ. Νουμώ|[νιος Κε]φεάλης. Ἱεροκῆ(ρυξ) Γ. Ἰούλιος Συντροφιανός. || [Σπονδαύ]λης
Κτῆτος. Καπναύγαι Βρύανθος, Φησ[[.............]ς, Ἐπιτύγχανος Ἰουλιανοῦ.

Cf. titulos similes sed omnino mutilos nn. 619, 620.

---

471. Regii. — *Inscr. gr. Sic. et Ital.*, 626 ; *C. I. L.*, X, 11.

D. M. Fabia Sperata Sallustis ¹ Agathocles o cae Rodios ² ἀτοῖς ἐπόησαν.

1. Lege : Sallustius. — 2. Verba graeca litteris latinis scripta : ὁ καὶ Ῥόδιος.

---

472. Vibone sive Valentiae. — *Inscr. gr. Sic. et Ital.*, 634.

..... τοῖ]ς ἀπελευ|[θέροις. Εἴ τις] ἀνύξει, δώ|[σει πρόσ]τειμον τῷ τα|[μιείῳ
5 σεστ]έρτια τριάκον|τα.

---

473. In agro Atinate. — *Inscr. gr. Sic. et Ital.*, 666 ; *C. I. L.*, I, 1236; X, 388.

L. Manneius Q. ¹ medic|[us] uciuos fecit, φύσει δὲ | Μενεκράτης Δημη|τρίου ²
5 Τραλλιανός, ‖ φυσικὸς οἰνοδότης ³, | ζῶν ἐποίησεν. | Maxsuma Sadria S. f. | bona,
proba, frugei salue.

1. Intellige : Q. libertus. — 2. Hic vir de patre servo, Demetrio nomine, natus primum
Menecrates vocabatur; post libertatem L. Manneius. — 3. Hujus medendi generis
inventorem fuisse Asclepiadem Prusiacum notum est. Cf. Rayet, *Milet et le golfe
Latmique,* p. 108.

---

474. Curibus. — *Inscr. gr. Sic. et Ital.*, 2239.

Σαβεῖναν Σεβασ|[τὴν, Αὐτοκράτορος Καίσαρος, Θεοῦ] Αὐτοκράτορος Τρα|-
[ιανοῦ Παρθικοῦ υἱοῦ ...., Τραιανοῦ Ἀδριανοῦ Σεβαστοῦ γυναῖκα...

---

475. Auximi Picenorum. — *Inscr. gr. Sic. et Ital.*, 2244; *C. I. L.*, IX, 5824.

10 Ioui | Soli | Serapi. | Διὶ ‖ Ἡλίωι | Σεράπιδι | C. Oppius | Irenion | u. s. |l. m.

---

476. Arimini. — *Inscr. gr. Sic. et Ital.*, 2254.

.... M. Aὐρ. Μᾶρκος | Σεβ(αστοῦ) ἀπελεύ|θερος μνή|μης χάριν.

---

477. Pisis, aut Florentiae, ubi nunc extat, in sarcophago. — *Inscr. gr. Sic. et Ital.*,
2273.

Ἀχιλλεὺς Ἐπαφρᾶ τῇ | ἰδίᾳ γυναικὶ Γεμινίᾳ | Μυρτάλῃ μνήμης | τελευταίας

5 χάριν | τὴν σορόν, ἐφ' ᾧ μηδέ|να μήτε πωλῆσαι, | μήτε θεῖναι ἐξουσίαν | ἔχειν,
10 πλὴν εἰ μή τι | αὐτὸς ὁ Ἀχιλλεὺς || πάθοι τι ἀνθρώπι|νον · εἰ δέ τις | ἐκβάλη τὴν
15 Μυρ|τάλην, δώσει | τῷ φίσκῳ || (δηνάρια), βφ'. |

---

478. Augustae Taurinorum. — *Inscr. gr. Sic. et Ital.*, 2278.

Κοίντω[ι Γλιτίωι Ποπλίου υἱῶι Στελλατίναι] | Ἀτειλίω[ι Ἀγρικόλαι ¹ .....
.... | .... ἡ πόλις τῶν ....] | καὶ φίλη, πιστὴ καὶ συγγενὶς
5 κα[ὶ ἄποικος?] || τῶν ἀνεικήτων Ῥωμαίων | πάτρωνι.

1. De Q. Glitio P. f. Stell. Atilio Agricola, qui fuit consul iterum anno p. C. n. 103,
et praefectus Urbi sub Trajano vide *Prosop. imp. rom.*, II, p. 119, n. 114. Tituli ejusdem
hominis satis multi Taurinis reperti sunt : *C. I. L.*, V, 6974-6987.

---

479. Ad Trevisam. — *Inscr. gr. Sic. et Ital.*, 2323.

Κλαυδιανὸν πύκτην | λεντιάριοι ¹ ἐνθάδε ἔ|θηκαν
5 τειμῶντες | καὶ νῦν εἰκόνι καὶ στε||φάνοις.

1. Lintearii collegiati.

---

480. Ferrarae. — *Inscr. gr. Sic. et Ital.*, 2318.

Σωσανη φιλιη ματηρ βηνη μηρηντι φηκι. βιχ. υν ¹ μησιβος XVIII.

Titulus latinus graecis litteris scriptus. Lege : Sosanae filiae mater bene merenti feci(t)
Vix(it) [a]n(no) ? me(n)sibus xviii.

1. BIXϒN traditur.

---

481. Aquileiae. — *Inscr. gr. Sic. et Ital.*, 2340.

5 Αὐρήλιος Ἀρτε|μίδωρο[ς] στρα|τιώτης Αὐρ. | Ἐπικτήτῳ || στρατιώτῃ |
λεγιῶνος | οὐνδεκίμης | Κλαυδίας μή|τωρι ¹, μνήμης || χάριν.

1. Aurelio Epicteto militi legionis undecimae Claudiae me(n)sori.

482. Aquileiae. — *Inscr. gr. Sic. et Ital.*, 2343.

Θ(εοῖς) κ(αταχθονίοις). Σεργίῳ | Ἑστιαίῳ | Σερουιλίου | Φαβιανοῦ | ὑπατικοῦ [1] | φίλῳ καὶ ἰατρῷ | Οὐιψανία | Ὁστιλία | ἐποίησεν.

1. De M. Servilio Fabiano Maximo, viro consulari, cf. *Prosop. imp. rom.*, III, p. 226, n. 415.

---

483. Polae. — *Inscr. gr. Sic. et Ital.*, 2386.

Κλαυδία Καλ|λικράτεια | καὶ Κορνήλι|ος Διαδουμε|νὸς ἐξ ἐπιταγῆς | θεοῦ [1] τὸν βω|μὸν ἀνέθη|καν.

1. Ex imperio, ex jussu dei.

SICILIA

SICILIA

484. Messanae. — *Inscr. gr. Sic. et Ital.*, 402.

Αἰλίῳ Ἀδριανῷ | Ἀντωνείνωι | Σεβαστῷ Εὐσεβεῖ | π(ατρὶ) π(ατρίδος).

In fronte ejusdem lapidis inscriptus est titulus, temporis incerti, Ἀσκληπιῷ καὶ Ὑγιείᾳ dedicatus.

---

485. Messanae. — *Inscr. gr. Sic. et Ital.*, 408.

Ἰούλιος Διαδου|μενὸς Ἰουλίου | Κουαδράτου [1] ἀπε|λεύθερος.

1. Forsitan idem atque Λ. Julius Quadratus, consul suffectus anno 93, consul iterum ordinarius anno 105. De quo vide *Prosopogr. imp. rom.*, II, p. 209-210, n. 338.

---

486. Messanae. — *Inscr. gr. Sic. et Ital.*, 419.

Οὔλπιος Νικήφορος Ἀντιοχεὺς | Κοίλης Συρίας τῆς πρὸς Δάφνην [1] ἔμπορος | Τυχαίων [2] ἐνθάδε ..... [3].

1. I. e. oriundus Antiochia, quae est in Coele Syria, prope illud celeberrimum suburbium cui Daphne nomen erat. Cf. n. 445. — 2. Forsitan, mercator apud Tychaeos sive incolas vici Syracusani, cui nomen erat Tyche vel Tycha. — 3. .... ⁱⁱⁱHΓΑΠΟΑΙΘΑϹ lapis.

---

487. Messanae. — *Inscr. gr. Sic. et Ital.*, 413.

Σέξτος Πομ|πήιος Φοῖβος | ἀπὸ Ῥώμης | ἐνθάδε κεῖται.

---

488. Messanae. — *Inscr. gr. Sic. et Ital.*, 403.

Ἀγριππεί|νῳ μου|σικῷ μν|ημόσυ|νον.

11

489. Tauromenii. — *Inscr. gr. Sic. et Ital.*, 435.

Γάϊος Κλαύδιος | Μαάρκου υἱὸς Μαάρκελλος [1].

1. Videtur is C. Claudius M. f. Marcellus esse, qui anno U. c. 676 (a. C. n. 78) pro praetore Siciliae fuit; cf. Cicero, *Verr.*, act. sec., II, 3 et 21; III, 16.

---

490. Centuripis. — *Inscr. gr. Sic. et Ital.*, 575. Lapis videtur periisse.

5　'Απόλλωνι | 'Ηράκ(λ)ειος | 'Αριστοφύλου | δεκυρεύσας [1] ‖ ἐκ τῶν ἰδίων.

1. l. e. forsitan inter decuriones allectus, aut si cum Mommseno conjicias δεκατεύσας, ex decumano.

---

491. Catanae. — *Inscr. gr.Sic. et Ital.*, 502.

Εὐσεβέων κλυτὸν | ἄστυ πανόλβιον | ἄνδρα ἀνέθηκε, |
5　Ζωσυμιανείδην ‖ ἀγωνοθετῆρα | Σεβῆρον, |
ὄφρα καὶ ἐσ(σ)ομένοισι....... βρο[τοῖσιν].

---

492. Syracusis. — *Inscr. gr. Sic. et Ital.*, 19.

'Ενθάδε κεῖτε | 'Αγαλματίς καὶ | Τριανὸς (?) δούλου (sic) | Σοφίας λαμπρ(οτά-
5　της) [1] ‖ γυναικός?...

1. Clarissimae.

---

493. Syracusis. — *Inscr. gr. Sic. et Ital.*, 24.

5　Δεκομία | Συρίσκα | πανδόκια [1] | χρηστὰ ‖ χαῖρε.

1. Πανδόκια pro πανδοκεύτρια, i. e. copa.

---

494. Syracusis. — *Inscr. gr. Sic et Ital.*, 54.

Φρετηνσία [1] Στατία Σκρειβωνία | ἔζησεν ἀμέμπτως καὶ σεμνῶς | ἔτη λγ΄,
μῆν(ας) η΄, ἡμέρ(ας) κδ΄.

1. Agnomen, ut videtur, loco praenominis usurpatum; latine Fretensis, a freto Siculo.

495. Loco qui nunc dicitur Buscemi, prope Syracusas. — Orsi et Halbherr, *Notizie degli scavi*, 1899, p. 458, n. 3.

Ἐπὶ ὑπάτων Γ. Κεττί|ου, Μ. Σερουιλίου Νω|νιανοῦ ¹, ἀμφιπόλου ² δὲ | ἐν
5 Συρακούσαις Λ. Βαλερί|ου Ἀραβικοῦ, τᾶν δὲ Παί|δων ³ Λ. Βηδγίου Κλάδου, |
10 ἱερείας δὲ Κλωδίας Πόλ|λας, μηνὸς Πανάμου | ¹ ϛκ ⁵, παρεγένοντο πρὸς | τὰς
Παῖδας μετὰ Αὐλί[ας] | Τίτου θυγατέρα ς| ⁶ Φαβί'α] | Σρογγέος ἡ μήτηρ καὶ
15 Φα[6ίλ]|λα θυγάτηρ καὶ Ἀπία [καὶ] | τριακάδι ⁷ Εὐρράνω'ρ' | καὶ εὐχα-
ρισ[τ]οῦ[ν]τες Ἀ[πόλ]|λωνι καὶ Παῖδε[σσι... | ......

1. Est annus p. C. n. 35. — 2. De amphipolo Syracusano, cf. *Notizie degli scavi*, *loc. cit.*, p. 467 et seq. — 3. De his numinibus, vide *Notizie*, *ibid.*, p. 455 et seq. — 4. Nescimus cui mensi responderit Syracusis mensis Panamus. — 5. l. e. κϛ' = 26. — 6. ΘΥΓΑΤΕΡΑ' esse in lapide testatur Halbherr, qui addit : « Sarebbe un genetivo metaplastico dal nominativo volgare θυγατέρα. » Possis quoque aut corrigere θυγατέρ[ος], aut legere : μετὰ Αὐλί[αν] Τίτου θυγατέρα vel etiam Αὐλί[ας] θυγατέρας = filias. Res incerta manet. — 7. l. e. die trigesimo, ut monuit Haussoullier.

496. Loco qui nunc dicitur Buscemi, prope Syracusas. — Orsi, *Notizie degli scavi*, 1899, p. 462, n. 10.

.... Χαρ.... Παῖδεσσι καὶ | Αμ...... | Ἐπὶ ἀμφι[πόλου ἐν Συρακούσαις | Μι....
5 [ἀμφιπόλου] δὲ ‖ τᾶν Παίδων........ιας, | οἱ παρα[γενόμενοι].... | ... πάντ ες
10 μηνὸς | Ἀπελλαίου ¹ τρίτα | Λ. Μάρκις ² Λόγγος, ‖ Λ. Σέππις ³ Κανακίων, | Κ.
Ἄμπιους Κρήσκης, | Αἰμίλις ⁴ Σελλάρης, | Κ.....ωτιανος. | Γ.....κρατος, |
15 Γο.....ίμητος.

Vide n. 495.

1. Nescimus cui mensi responderit Syracusis mensis Apellaeus. — 2. Marcius. — 3. Seppius. — 4. Aemilius.

497. Acris. — *Inscr. gr. Sic. et Ital.*, 235.

Ἄλφ(ιος) Κλῶδις ¹ ἐτελεύτησεν πρὸ η' εἰδ(ῶν) | Νοβεμ βρίων) ἡμέρ(ᾳ) Ἡλίου,
υἱὸς Λουκίου καὶ | Καικειλίας τῶν κειμένων ἰς τὸν πυ λῶνα'? ἰσερχομένων ἰς
δεξιὰ, ἄρξας τὴν δευτέ|ραν ἀρχὴν ² καὶ πρεσβίας πρεσβεύσας πρὸς | βασιλέα ³ καὶ
5 γ' παραπονπᾶς ⁴? ἔζησ(εν) ἔτη λα', μῆνες ι', ἡμέ(ραι) κα'.

1. Claudius. — 2. Quid sit haec δευτέρα ἀρχή non liquet. — 3. Intellige imperatorem.
— 4. Dicitur παραπομπῆς, is qui comitatur aliquem praesidii vel honoris causa; unde fieri

potest ut Alfius Claudius ter electus fuerit ad comitandos sive legatos sive praesidem
provinciae iter facientes. Mommsen παραπονείας, i. e. transmarinas legationes, fortasse
legendum esse opinatur. contra solitum verbi sensum.

---

498. Prope Selinuntem. — *Inser. gr. Sic. et Ital.*, 272.

Θεοῖς κατα χ(θονίοις). | Μαρκία Καίσαρος ὁ(ούλη) | ἔ ζησεν ἔτη λε', | Μύστις
5 θυγατρὶ ‖ ἰδίᾳ μνήμης χάριν.

---

499. Lilybaci. — *Inser. gr. Sic. et Ital.*, 277; *C. I. L.*, X. 7240. Lapis periit.

Οἱ δεκορίωνες | Μ. Οὐαλέριον Διογνήτου | Μῆγα ¹ υἱὸν Χόρτωνα | εὐεργέταν.

Ordo et populus ciuit. Lilybit. | patrono perpetuo.

1. De lectione cognominis non constat.

---

500. Lilybaci. — *Inser. gr. Sic. et Ital.*, 278.

5   .. Φλάουιον... | φιλόσο[φον | ἀ]πὸ κολωνείας / [Φλ]αουίας Αἰτ... |..ς Κωνστα[ν-
10 τίας] ¹ | φιλήμο[να] | οἱ Αιλυ[6αῖοι] | πο[λίτην ?] |........ ‖........ |
          [Π]ᾶσι μόνο[ς..... | .... Λι]λυδαίων
          [ἄνδ]ρα σοφὸν....... | .... κλέος ἄν[δρῶν]?....

A latere :

..........|φιλόσο[φον?..] | ἡ πόλ[ις?...]

1. Quae sit haec colonia *Flavia Aet......* *Constantia* non liquet, eo magis quod mutilus
titulus valde corruptus esse videtur.

---

501. Ad montem Erycem. — *Inser. gr. Sic. et Ital.*, 282; *C. I. L.*, X, ad n. 7258
(pag. 747-750).

Ἐπὶ ταμία Λευκίου Καικιλίου | Λευκίου υἱοῦ Μετέλλου ¹ | Πασίων Δεκκίου
Σεισυρίων | Ἐγεσταῖος χιλιαρχήσας ².

1. Hunc eumdem esse atque L. Caecilium Metellum, filium L. Metelli praetoris Siciliae
anno U. c. 685 (a. C. n. 69., noti ex Verrinis, et ipsum tribunum plebis anno U. c. 705
(a. C. n. 49), opinatur Mommsen *(C. I. L.*, X. p. 750). — 2. Tribunus eorum ducentorum

militum, quos Diodorus (IV, 83) ait jussu senatus romani aedem Veneris Erycinae custo-
dire. « Praefuisse iis tribunum militum tituli tres ostendunt, sed duo certe eorum eum
appellant nomine graeco praeter consuetudinem. Quid subsit, explicat lex coloniae Gene-
tivae (c. cm), ubi duoviro ejus coloniae armatos educenti ad fines tuendos eive quem is
armatis praefecerit *idem jus eademque animadversio* tribuitur *uti tribuno militum populi
Romani in exercitu populi Romani est*. Videntur igitur ducenti illi milites cum ipso duce
ex Sicilia scripti esse, et dux pro tribuno fuisse, quod deinde Graeci ore rotundo, ut
solebant, paullo inflatius extulerunt ». Mommsen (*loc. citat.*)

　　Nota hic quaestoris, non praetoris nomen inscriptum esse. Res forsan ita se habet,
quod praesertim quaestoris erat templum Veneris Erycinae thesaurosque ibi reconditos
curare. Quum autem in Sicilia duo quaestores essent, quorum alter Lilybaei, alter
Syracusis sedem haberet, inde sequitur L. Caecilium Metellum, Lilybaei quaestorem
fuisse.

---

502. Drepani. — *Inscr. gr. Sic. et Ital.*, 283, 284.

5　　[Γ. Ἀσίννι]ον [1] | Νεικόμαχο[ν] | Ἰουλιανὸν [2], | λαμπρότατον, ‖ ὕπατον [3] |,
10　ἀνθύπατον | Ἀσίας | δικαιότατον, | Ἀσίννιος | Ἀμίαντος | ἐπίτροπος [4] | τὸν
　　δεσπότη[ν].
15　　[Γ. Ἀσίννιον | Ν]εικόμ[αχον | Ἰ]ουλιανὸ[ν] | ὕπατον | Εὐτυχίω[ν] ἐπί-
　　τροπο[ς].

1. Nomen gentile supplevit Klebs ex nomine procuratoris Asinii Amianti (*Prosop. imp.
rom.*, I, p. 163). — 2. De eo, cf. Klebs, *loc. cit.* — 3. Consul suffectus anno incerto tertii
p. C. n. saeculi ut monuit Borghesi (*Œuvres*, V, p. 447 ; cf. Waddington, *Fastes des
provinces asiatiques*, p. 381, n. 180. — 4. Procurator seu vilicus.

---

503. Panormi, in museo. — *Inscr. gr. Sic. et Ital.*, 297 ; *C. I. L.*, X. 7296.

5　Στῆλαι | ἐνθάδε τυποῦνται καὶ | χαράσσονται | ναοῖς ἱεροῖς ‖ σὺν ἐνεργείαις |
　δημοσίαις.

5　Tituli | heic | ordinantur et | sculpuntur ‖ aidibus sacreis | cum operum | pu-
blicorum.

　　Lapidis origo est incerta; hunc Siciliae attribuit Mommsen « quod bilinguis est. »
Omnes qui de eo egerunt antiquum esse credunt, sed marmorarii ineptiam mirantur :
« Marmorarius, ait Mommsen (ad *C. I. L.*, *loc. cit.*) hic utriusque linguae infantiam
prae se fert : nam ἐνέργεια de opere publico non magis recte dicitur quam recte se
habet genitivus post *cum* praepositionem. » Suspicatur Foucart titulum saeculo fere
octavo decimo factum fuisse ad recentioris cujusdam marmorarii graeci, in Sicilia con-
sistentis, tabernam commendandam.

504. Thermis Himeraeis. — *Inscr. gr. Sic. et Ital.*, 315.

[Π.] Κορνήλι[ος Ποπλίου υἱὸς Σκιπίων Ἀφρι|κα]νὸς ὕπατος ἐ[πανακομισά-
μενος ἐκ Καρχηδό|ν]ος τοὺς ἐξ Ἱμέρ[ας συληθέντας ἀνδριάντας] | Ἱμεραίο[ις
Θερμιτανοῖς...]

« Mommsenus vidit titulum subscriptum fuisse marmoreis quibusdam aeneisve ima-
ginibus, quas multas anno a. C. n. 409, Himera eversa, a Carthaginiensibus direptas,
P. Cornelius Scipio Aemilianus post Carthaginis excidium Thermitanis restituit » Kaibel.
Cf. Cicero, *Verr.* act. sec., II, 35.

---

505. Thermis Himeraeis. — *Inscr. gr. Sic. et Ital.*, 339.

5 [Αὐρη]λία | [Σπ]αρτειαν[ὴ | Λι]λυβαῖτις ¹ | [ἔζη]σεν ἔτη || κϛ΄.

l. l. e. oriunda Lilybaeo.

---

506. Thermis Himeraeis. — *Inscr. gr. Sic. et Ital.*, 336.

Γαῖε Σήϊε | Πτολεμαῖε | Σαμαρεῦ ¹ | χαῖρε.

1. Σαμαρεὺς idem videtur qui alias Σαμαρίτης vel Σαμαριτανός dici solet; intellige :
oriundus Samaria Sebaste.

---

507. Halaesae. — *Inscr. gr. Sic. et Ital.*, 355.

5 Θεοῖς πᾶσι. | Οἱ στρατ[ευσ]άμενοι | ἐν Ἔ[ρυκ]ι | ἐκ [τ]ῶν [ἐτ]οίμων || τῶν.....
ει|μέν[ων?]..... .... | Ἡράκλειον [Δ]ιοδώρου | Κα........ | χιλιαρχήσαν[τα] ἐν
10 Ἔρυκι || [εὐ]ν[οίας? ἕν]εκεν·

De his militibus et tribuno in Eryce monte agentibus, vide supra n° 501.

---

508. Halaesae. — *Inscr. gr. Sic. et Ital.*, 356.

Γάϊον Οὐεργίλιον Γαίου υἱὸν Βάλβον ¹ | ἀντιταμίαν [ὁ] δᾶμος τῶν Ἀλαισίνων |
εὐνοίας ἕνεκεν.

1. Notus est C. Vergilius quidam pro praetore in Sicilia anno U. c. 694 (a. C. n. 60)
quem memoravit non semel Cicero (*pro Planc.* 40, 95; *Ad Q. fr.* I, 2, 2 § 7; *ad. fam.*, II,
19, 2), at quo cognomine usus fuerit nescimus.

509. Haluntii. — *Inscr. gr. Sic. et Ital.*, 367.

Τὸ μουνικίπιον τῶν | Ἀλοντίνων Γναῖον | Πολλιηνὸν Εὐμαρέα | υἱὸν εὐεργ[ε]-
τ[ῶν] ἀπό||γονον εὐνοία[ς ἕ]νεκ[ε]ν.

510. Loco incerto in Sicilia. — *Inscr. gr. Sic. et Ital.*, 466.

.... ζητησον?.... | [ἐνθ]άδε κεῖμε νήπι|[ος ὠκύμο]ρος, Ἐρέσου μεγά|[λης δὲ
πολ]είτης? πατρὸς δὲ | [ἐστιν ὄνομ]α Ἀχιλλεύς, Στρατο|[νίκη δὲ μ]ου μήτηρ ·
μοῖρα δ᾽ ἔδω||[κε μοι ὧ]δε θανεῖν, ἐκκέδεκα | [ἔτη ζή]σας · κεῖμαι δὲ νῦν | [λείπων
φάος] ἠελίοιο. Μνῆμα δὲ μοι || ...... Αἶλις Ἀχιλλεὺς ¹ πατήρ.

1. An is, qui fuit rationalis Septimii Severi anno p. C. n. 193? Cf. *Prosop. imp. rom.*,
I, p. 12, n. 102.

SARDINIA

ET

MELITA INSULA

SARDINIA ET MELITA

INSULA

---

511. Prope vicum Pauli Gerrei in Sardinia, in basi columnae aereae. — *Inscr. gr. Sic. et Ital.*, 608; *C. I. L.*, X, 7856; *C. I. Sem.*, Pars I, t. I, 14.

Titulus trilinguis, graeco, latino et punico simul sermone conceptus.

Ἀσκληπιῶι Μήρρη ἀνάθεμα βωμὸν ἔστη|σε Κλέων ὁ ἐπὶ τῶν ἁλῶν [1] κατὰ πρόσταγμα [2].

Cleon salari(us) soc(iorum) s(eruus) [1] Aescolapio Merre donum dedit lubens merito merente.

1. I. e. servus eorum sociorum qui conduxerant salinas et ipse praepositus salinis. — 2. Latine, ex imperio (dei).

Sermone latino sic vertendus est titulus punicus : Domino Esmuno Merre. Altare aereum, pondo librarum centum, quod vovit Cleon (servus sociorum), curans salinas; audivit vocem ejus, sanavit eum. Anno sufetum Himilcati et Abdesmuni filii Himilci.

---

512. Melitae. — *Inscr. gr. Sic. et Ital.*, 601.

Λ. Κα[στρί]κιος Κυρ(είνᾳ) Προύδηνς ἱππεὺς Ῥωμ(αίων), πρῶτος Μελιταίων [1] | καὶ πάτρων [2], ἄρξας καὶ ἀμφιπολεύσας Θεῷ Αὐγούστῳ [3]......

1. Cf. *C. I. L.*, X, 7495 : [munic]ipi Mel itensium) primus omni[um...], et *Acta Apostolorum*, 28, 7, ubi Publius ille, qui Melitae Paulum apostolum hospitio excepit dicitur πρῶτος τῆς νήσου. — 2. Patronus. — 3. Flamen Divi Augusti.

INSTRUMENTUM ITALIAE
SICILIAE, SARDINIAE

A. AMPHORAE

513. Pompeiis, in amphora, atramento scriptum. — *C. I. L.*, IV, 2560.

5 Ὑ' .. | Ταμπίου | Φλαουιανοῦ ² | Πομπείου ‖ Σιλουανοῦ ³ | β' ⁴.

1. Forte legendum est ὑ[πάτ] = ὑπάτων, quanquam saepius reperitur Ἐπὶ ὑπάτων. — 2. De L. Tampio Flaviano cf. *Prosop. imp. rom.*, III, p. 294, n. 5. — 3. De M. Pompeio Silvano, cf. *ibid.*, p. 71, n. 495. — 4. L. Tampius Flavianus et M. Pompeius Silvanus videntur consules suffecti fuisse circa annum p. C. n. 74; de quorum altero consulatu vide Henzen, in *Bull. dell' Inst.*, 1862, p. 217.

---

514. Pompeiis, in amphora atramento scriptum. — *Notizie degli scavi*, 1891, p. 134, n. 4.

Κατονίῳ Κομόδῳ | ὑπά(τῳ) ¹

1. Anno p. C. n. 78.

---

515. Loco dicto Boscoreale, in amphora, atramento scriptum. — *Notizie degli scavi*, 1899, p. 16.

Thettalisco. | Μυρτείτης ¹ ἐξ οἴνου ² | Vipstani Cosmi.

1. Lege Μυρτίτης = μυρρινίτης οἶνος, vinum myrta redolens. — 2. De vino, vel potius, de cella vinaria.

516. Pompeiis, in amphora. — *Notizie degli scavi,* 1897, p. 271.

In collo :

Κορνελίου

In ventre, ab una parte :

Corneliu.

Ab altera parte :

Leuc. | uet. [1] | C. T. C

1. Leuc(ovin um) vet(us).

De titulis hujus generis cf. *C. I. L.,* IV, p. 171 et seq.

B. TEGULAE

517. Puteolis. — *Inscr. gr. Sic. et Ital.,* 2404, 2.

Ex figlinis Domit. Domitia[n.]. | C. Caluisi Mnester. | Καλβεισι. |

De figlinis Domitianis cf. H. Dressel, *C. I. L.,* XV, 1, p. 45 et seq.

C. VASCULA CRETACEA

518. Romae, in vasculo cretaceo, effigie M. Aurelii imperatoris ornato. — *Inscr. gr. Sic. et Ital.,* 2406, 5.

Αὐτ. Μ. Ἀντωνεῖνος Σεβ.

---

519. Romae, in vasculo cretaceo, capitibus M. Aurelii et L. Veri imperatorum ornato. — *Inscr. gr. Sic. et Ital.,* 2406, 6.

[Αὐτ. Μ. Ἀντων]εῖνος [καὶ Λ.] Οὐῆρος.

520. Tuderi (nunc Todi), in dolio. — *Inscr. gr. Sic. et Ital.*, 2406, 63.

Κ. Οὐίβ(ιος) Γάλλ(ου) ἀπελ(εύθερος) καὶ Στέφ(ανος) ¹.

1. Nisi legas κ. Οὐίβ. Γάλλ(ος) ἀπελ. Καίσ(αρος) τερ?

D. VASCULA PLUMBEA

521. Faleriis, in vasculo plumbeo. — *Inscr. gr. Sic. et Ital.*, 2411,

Ab una parte :

Φλ. Τερ|τιανοῦ ἀ|γορανέ|μου.

Ab altera :

S¹

1. Legunt : Borghesi, *Op.* VIII, p. 140 : s(emis) vel s(emissis); Matranga, in *Rev. arch.*, IX (1853), p. 647 : s(extarius).

E. TESSERAE

522. Romae, in tessera ex osse. — *Inscr. gr. Sic. et Ital.*, 2414, 43.

Νερώνε(ι)α ¹.

1. De ludis Neronianis, vide Friedlaender, *Sittengeschichte* (ed. vi), II, p. 480-481.

F. MASSAE PLUMBAE

523. Romae, in massa plumbea, capite Severi Alexandri imperatoris ornata. — *Inscr. gr. Sic. et Ital.*, 2416, 15.

Αὐτ. Κ(αῖσαρ) Μ. Αὐρ. Σεβ(ῆρος) Ἀλέξανδρος.

G. PONDERA

524. Inter Antium et Circeios, prope ostium Asturae in pondere plumbeo. — *Inscr. gr. Sic. et Ital.*, 2417, 2 ; Ruggiero, *Catal. mus. Kircher*, 1, p. 58, n. 191.

In uno latere :

5 "Ετους δι' ¹, | ὑπατεύον|τος Τ. Ἰου(λίου) Κλα|τίου Σεου|ήρου ², Ἰτα|λικόν.

In altero :

5 'Αγορανο|μοῦντος | Μενεσθέ|ως Χρηστ|οῦ, δίλειτρον ³.

1. Anno quartodecimo Severi Alexandri imperatoris, i. e. p. C. n. 235. — **2.** De T. Julio Clatio Severo, consule ignoto, cf. *Prosop. imp. rom.*, t. II, p. 187, n. 183, ubi conjecit Dessau forsitan legendum esse : *T. I. Uclatius Severus;* at gentilicium Uclatius ignotum est; Clatios plurimos in titulis habemus. — **3.** *Bilibra italica.*

---

525. Pondus aeneum in Italia emptum, nunc in museo Britannico. — *Inscr. gr. Sic. et Ital.*, 2417, 3.

Θεοῖς Σεβαστοῖς καὶ τῷ δάμῳ, | ἀγορανομούντων Τι. Κλωδίου Ῥούφου καὶ Τερτίου Βεκιλίου.

---

526. Loco Italiae incerto, in pondere aeneo. — *Inscr. gr. Sic. et Ital.*, 2417, 11.

Οὐ(γκίαι) γ'. Μᾶρκος.

---

527. Loco Italiae incerto, in ponderibus duobus. — *Inscr. gr. Sic. et Ital.*, 2417, 20.

Τριούγκιον Ἰταλικόν.

H. SUPELLEX VARIA

528. Florentiae, in lamina aenea. — *Inscr. gr. Sic. et Ital.*, 2419, 1.

M. Ἀγρίππας ὕπατος τρίτον [1].

1. Anno a. C. n. 27.

I. COLUMNARUM NOTAE

529. Romae, sub columna Antonina. — *Inscr. gr. Sic. et Ital.*, 2421, 1.

Διοσκούρου. | Ἔτει θ' [1] Τραιανοῦ...... | δύο ἀνά πόδες [2] ν'. | [Ἀριστείδου ἀρχιτέκτου [3].

1. Annus nonus Trajani more aegyptiaco numerabatur ab die XXIX mensis Augusti anni 105 ad diem XXVIII ejusdem mensis anni 106. — 2. Corr. πόδας. — « Aristidam non ipsius columnae artificem vel architectum esse ipse locus probat quo titulus inscriptus est; fuit potius redemptor lapicidinarum e quibus columna excisa erat. Dioscurum credunt Aegypti praefectum fuisse, neque videtur nomen ab initio casu secundo positum aliter explicari posse » Kaibel.

530. Romae, sub pede columnae cujusdam. — *Inscr. gr. Sic. et Ital.*, 2421, 2.

Ἐπὶ Λούπωι [1] ἐπάρχωι | Αἰγύπτου διὰ Ἡρακλείδου | ἀρχιτέκτονος.

1. Ti. Julius Lupus, praefectus Aegypto annis p. C. n. 71-72. aut M. Rutilius Lupus, praefectus Aegypto annis p. C. n. 113-117; de quibus cf. *Prosop. imp. rom.*, II, p. 199, n. 263 et III, p. 149, n. 173.

PANNONIA,

DACIA, DALMATIA

PANNONIA

531. Brigetione. — *C. I. L.*, III, 11034.

D. M. | Epaphro|dito alumno | suo T. S|t]a[til]ius Solo | p. p. leg. I Ad. P. F. |
et Postumia | Flora. | Ἐπαφρόδειτε ἥρως | χρηστὲ χαῖρε.

532. Brigetione, in sarcophago. — *C. I. L.*, III, 4327.

In operculo :

Παλμυρὶ [1] εὐψύχει μετὰ πατρός.

In area :

D. M. | M. Val. Valeriani > leg. | IIII Fl. uixit an. XLII | et M. Val. Vlpio eq.
pu|bl. fil. uixit an. VIII simu[l conditis, Vlpia Para|tiane marito et filio | et Vlpia
Valeria filia | heredes f. c.

« Non omnino constat operculum ad aream pertinere; plerique tamen testantur ».
C. I. L., loc. cit.

1. Παλμυρίς, nomen muliebre.

533. Brigetione? — *Arch. Ertesetö*, 1891, p. 236.

Μεμορια Ιυδατι πατιρ. Μεμορια Κασετε Ευλ...

Titulus latinus graecis litteris scriptus.

534. Loco nunc dicto Tolna (Altinum ad Danuvium?) — *Arch. Koslemeniek*, 1864, p. 47.

Θεοῖς Σωτῆρσ|ιν Ἀσκληπιῷ καὶ Ὑγείᾳ Λούκιος | Οὐαλέριος Ο|υήσιμος...|
..... | χαριστήρι|ον ἀ|νέθηκεν.

535. Poetovione. — *C. I. L.*, III, 4075.

Εὐστάθι [1] ταῦτα qui | uixit ann. II. m. VIII. d. | VIII. Αὐρήλιοι Δημήτριος καὶ
5 Φηλικίτας γε|ὑεῖς υἱῷ γνησίῳ.

1. Nomen virile, Εὐστάθιος.

---

536. Incerto loco Pannoniae Inferioris. — *C. I. L.*, III, 10611; cf. *Arch. Ertesitö*,
1891, p. 232.

Μημορια Ανεστασιο ετ Δηκουσανι | ετ Βηνειμι ετ Φειλειω | νοστρω. | Εις θεως.

5 Bone memoriae | Cl. Maximillae | q(uae) uixit ann. XXV | et Dom. Domnio|ni
qui d(e)f(unctus) est in | Relia conjugi ei̦us q(ui) u(ixit) ann. XXXVII | Aur.
10 Vrbana et In|genua sorori bene |‖ merenti.

Titulus graecis litteris scriptus est judaïcus, et recentior videtur quam titulus latinus.
Infra et supra titulum graecum insculptum est judaïcum illud candelabrum septemplex.
Intellige : Memoria Anastasio et Decusani et Beneimi et Pheileio (aut filio) nostro. Εις
θεός !

DACIA

---

537. Loco nunc dicto Also-Ilosvac, in parte septentrionali Daciae. — *C. I. L.*, III, 786.

Ἀσκληπι(ῷ) | καὶ Ὑγείᾳ | Κόιντος.....

Ibidem titulus latinus est repertus : *Aesculapio Hy[giae]* | *C. Iul. Atianus praef. eq. ob resti[tutam sibi valetudinem?]*

---

538. Alburno Majore, in urceo. — *C. I. Gr.*, 6814.

5   Εἴλε|ως μοι | ὁ Σέραπις | καὶ οἱ θεοὶ ‖ πάντες.

---

539. Alburno majore. — *C. I. L.*, III, p. 933.

[Γάιος Τίτῳ χαίρειν . Τῶν χρημάτων, ἅ μοι παρεγγυῆσαι ὑπισχνοῦ εἰς τὴν ἡμέραν τὴν ...., ὠνήν σοι ἀποδώσειν εἰς τὴν δ' καλάνδας Ὀκτωβρίας ὑπισχνοῦμαι τῶν τόσων δηνάρια....] καὶ τῶν λοιπῶν κ'.... γων δηνάρια κγ' κ[αὶ] | τούτων ἑκατοστῇ[ν τίσει]ν ἀπὸ τῆς | προγεγραμμένης ἡμέρας εἰς [τὴν δ'] κ[αλάν-
5 δας) Ὀκ[τω]|βρίας ἐὰν δὲ μὴ ἀποδῶ σ[οι εἰς] τὴν ἡ‖μέραν ὡρισμένη[ν], ἀποδώσω ὡ[ς] | παρίον ¹ ἔτι δηνάρια κε'. Ἐγένετο εἰς [Ἀλ]β[ουρ]|νον μεγάλην.

Cautio graece scripta, fortasse crediti. In principio quod deest restituit Detlefsen.

1. Hesychius : παρίον · πιστόν, κάτοχον, i. e. pignus.

---

540. Apuli. — *C. I. L.*, III, 7766 a.

5   Ἀθηνᾷ | κατὰ ἐπι|ταγὴν ἀ|νέθηκε | Ὀκ. Πρισ. ¹.

1. Lege Ὀκ.τάουιος Πρισ.ῖνος .

541. Apuli. — *C. I. Gr.*, 6815; *C. I. L.*, III, 7740 a.

Κυρίῳ Ἀσκλη|πιῷ καὶ Ὑγίᾳ | θεοῖς ἐπηκόοις ¹ | Μᾶρ κος Μέμμ ιος) Λόν|γος βενεφ(ικιάριος) εὐχῆς | χάριν ἀνέθηκεν·

1. Sic *C. I. L.*, ἐπικουρίοις, *C. I. Gr.*

542. Apuli. — *C. I. L.*, III, 1107.

Soli inuic|to uotum. | Ἡλίῳ ἀνικήτῳ | εὐχὴν ἀνέθη|κεν | Ἀ. Βεδ. Ἀλ. λαθ.

Nomina ejus qui votum posuit : A ulus) Bed ius), id est Vedius; in fine ΑΛ · ΛΑΘ traditur.

543. Apuli. — *C. I. L.*, III, 7766.

Ἐξ ἐπιτ|αγῆς Μη|τρὸς Τρο|κλιμηνῆ|ς ¹·

1. Numen adhuc ignotum.

544. Apuli. — *C. I. L.*, III, 7782.

Αὐρήλις Στέφανος θεῷ Μίθρᾳ εὐχαριστήρι ο)ν.

545. Apuli. — *C. I. L.*, III, 7762.

Ζευ ¹ Σαρ|δενδην|ῷ ² Ροῦφος | Ἀντιπά|τρου εὐ|χὴν ἀνέθ ηκεν).

1. « Ζευ pro Διὶ positum esse videtur. » Domaszewski. — 2. Nomen ignotum.

546. Sarmizegethuzae. — *C. I. Gr.*, 6813.

Ἀσκληπιῷ καὶ | Ὑγιείᾳ θεοῖς | φιλανθρώποις | Ἄξιος Αἰλιαν ός] | ὁ νεώτερος ¹ | εὐ|χαριστήριον. | Ἰόνιος ².

1. De Axio Aeliano Juniore, filio Q. Axii Aeliani procuratoris provinciae Daciae Apulensis sub Maximino et Maximo, cf. *Prosop. imp. rom.*, I, p. 222, n. 1355. — 2. Signum Axii Aeliani : cf. *C. I. L.*, III, 1423.

DALMATIA

547. Seniae. — *C. I. L.*, III, 10055.

Αυρηλιους Διονυσιους Ιουδεους Τιβε[ρ]ιηνσις αν χχχχ, φι[λ]ιωρουν τριουν πατερ.

Titulus latinus graecis litteris scriptus : Aurelius Dionysius Judaeus Tiberiensis (Tiberiade oriundus) an norum XXXX, filiorum trium pater.

---

548. Seniae. — *C. I. L.*, III, 15094.

Δ(ις) Μ(ανιβυς). | Μ. Κλαύδιος | Μαρκειανὸς | Μ. Κλαυδείου Στρα|τονείκου | υἱὸς Νεικομηδεὺς [1] | ζήσας ἔτη ις' ἐνθάδε | κεῖμαι.

1. Nicomedia oriundus.

---

549. Salonae. — *Bullett. di archeol. e storia dalmata*, XXIII 1900 , p. 114, n. 2763.

..... Ἀπολλέ[δ]ωρος ·
ἔστι δέ | μοι Λιόύ η πα|τρὶς μα...|σιν δεξαμένη,.....

---

550. Salonae. — *Bullett. di archeol. e storia dalmata*, XXIV 1901 , p. 52, n. 2860.

Ἐνθάδε κῖτε Λύρ. | Μαθθέου [υ]ἱὸς Ἀ_σκαλ[ωνίτης [1]...

1. Ascalone, Judeae urbe, oriundus.

---

551. Salonae. — *Bullett. di archeol. e storia dalmata*, VII 1884 , p. 166, n. 35.

Φιλο[ξένῳ] | Παπίου ἀνθρ|ώπῳ ἀγαθοτάτ[ῳ] | Τρόφιμος καὶ Κουί|ν|τιλλα ἀπελεύθερ[οι | καὶ κληρονόμοι [1] αὐ|τοῦ ὑπὲρ τῆς εὐσε|βείας ἐποίησαν | θρέψαντι.

1. Liberti et heredes.

---

552. Salonae. — *Bullett. di archeol. e storia dalmata,* XXI (1898), p. 207; *C. I. L.,* III, 14695.

5   Φλ. Ζήνωνι | ἡμερίτῳ | στόλου Μει|σηνῶν ¹, βιο|λόγῳ ², ζήσ(αντι) | ἔτη σε΄, Ζή|νων υὸς πατρὶ | εὐσεβεῖ.

1. Emerito classis Misenatium. — 2. « Biologos non ad classem referendus est; videtur idem esse quod mimus » *C. I. L.*

---

553. In urbe Perasto. — *Arch. epigr. Mittheil.,* IX (1885), p. 27, n. 43 a.   •

5   Μουκία Ἐπίκτη|σις Ποτιολαν[ῷ] ¹ | ἰδίῳ ἀνδρὶ καὶ | ἑαυτῇ κατεσκεύ|ασεν μνη-μεῖον ε[ἰς] | ὃ εἴ τις βαλεῖ ἄλ|[λ]ο σῶμα δώσει | εἰς τὴν πόλιν | δηνάρια ϥ΄.

Hunc titulum perhibent nonnulli ex Asia in Dalmatiam translatum, cf. *Jahreshefte der Oesterr. arch. Institutes,* II (1899), *Beiblatt,* p. 104.

1. Ποτιολανο, lapis.

---

554. Issae. — *C. I. L.,* III, 3076.

5   [L.] Pontius Cn. f. | Mircurio | dedit. | Λεύκιος ‖ Πόντιος | Γναίου υἱὸς | Ἑρμᾶι δῶρον.

---

555. Issae, in tessera eburnea. — *Bullett. di archeol. e storia dalmata,* XX (1897), p. 11.

XV. | Πολυδεύκ(ης). Ιέ.

---

556. Corcyrae Nigrae. — *Arch. epigr. Mittheil.,* VIII (1884), p. 87.

5   Θ(εοῖς) [καταχθονίοις]. | Μαρκέλλῳ | Ἐπιφανεῖ | τῆς Κιλικί|ας Μηνό|φιλος | ὁ υἱὸς | μνήμης | χάριν.

1. Epiphancia, urbe Ciliciae, oriundus.

MOESIA SUPERIOR

ET

MOESIA INFERIOR

MOESIA SUPERIOR

557. Scupis. — A. Evans, *Antiquarian researches in Illyricum*, in *Archaeologia*, XLIX, p. 101 et 120-121, fig. 57.

Fragmentum tituli graeci mutili, quem A. Evans ad dedicatum putat « from its having an eagle relief on its side ».

..... ιππο... | εὐχήν. | Γερόντιος ἐποίησε. |

Infra, ut videtur :

Felix.

MOESIA INFERIOR

558. Vlasko-selo, sub Haemo monte. — *C. I. L.*, III, 13718.

5 Ἀγαθ[ῇ] τύχ[η]. | I. O. M. Rector., | Iunoni Regin., | Miner., Victor., ‖ Volk., Mercur., | Fatis Diuinis | Aur. Pudens | strat. cos. v. l. p.

559. Loco nunc dicto Mezdra, ad viam romanam Oesco Serdicam ducentem, in sinistra ripa fluvii Isker hodie nuncupati. — *Arch. epigr. Mittheil.*, XV (1892, p. 205, n. 7.

5 Ἀγαθῇι τύ[χηι]. | Τὸν μέγισ[τον] | καὶ θειότατο[ν] | αὐτοκράτο[ρα] ‖ Μ. Αὐ[ρήλιον Σεου]ῆρον Ἀλέξανδρον?] | Σεβ(αστὸν), ἡγεμ[ονεύ]|οντος τῆ[ς,
10 Θρακῶν] | ἐπαρχείας [.. Σα]τορνείνου [1] π[ρεσβ(ευτοῦ)]] | ἀντισ(τρατήγου), ἡ λα[μ-προτά]|τη Σερδ[ω]ν [2] π[όλις. | Εὐτυχ[ῶς].

1. De M. Ulpio Senecione Saturnino, leg. Aug. pr. pr. prov. Thraciae, cf. *Prosop. imp. rom.*, III, p. 452, n. 568. — 2. Lectio certa.

Lapis ille repertus est loco nunc dicto Mezdra, sub Haemo monte septentrionem versus sito, in ea regione cui eruditorum consensu inditum est nomen Moesiae Inferioris. Cf. *C. I. L.*, Tab. IV, IIb.) Unde sequitur, aut lapidem Serdica in locum nunc dictum Mezdra nescimus quo tempore allatum, aut imperatoris statuam hic a Serdicensibus in sacello quodam erectam et dedicatam, aut etiam fines provinciarum Moesiae Inferioris et Thraciae multo magis septentrionem versus directos esse, quam vulgo creditur. Quum adhuc sub judice lis sit, nobis satius visum est hunc titulum inter titulos Moesiae Inferioris suo loco ponere.

560. Kamenec, inter Oescum et Nicopolim. — *Arch. epigr. Mittheil.*, XVII (1894, p. 176.

Ἀγαθ[ῇ] τύχῃ. | Δὶ Ὀκκολῃνῷ [1] εὐχαριστήριο[ν] Γ. Ἀντώνιος Δωνᾶτος.

1. Idem cognomen occurrit forsitan in titulo a Kanitz edito (*Donau-Bulgarien*, III, p. 341 ; aliunde non notum est.

561. Prope Trajani fauces, in Haemo monte. — *Arch. epigr. Mittheil.*, XV (1892), p. 96, n. 17.

.... στάτωρ [φυλά][ξας ἀμέμ[πτως] | τὴν στατι[ῶνα] | τὸ ἄγαλμ(α) ἔ[στη-
5 σεν] ‖ εὐτυχῶς.

Est titulus votivus statoris cujusdam militis, in statione degentis prope fauces per quos via a Nicopoli ad Philippopolim tendebat.

562. Nicopoli ad Istrum. — Dobrusky, *Matériaux d'archéologie bulgare*, V (1901), p. 27, fig. 17. Imaginem photographicam nobiscum benigne communicavit Dobrusky.

Ἀγαθῇ τύχῃ. | Διεὶ καὶ Ἥρα καὶ | Ἀθηνᾷ ὑπὲρ τῆς τῶν | αὐτοκρατόρων
5 τύ[χ]ης καὶ διαμονῆς ὑ[μνωδοὶ [1] πρεσβύτε[ρ]οι, χοροστατοῦντος | Θεαγένου, ἐκ τῶν
10 ἰδί[ω]ν ἀνέστησαν ..|... ...νης...

1. De hymnodis cf. Th. Reinach, in Daremberg et Saglio, *Dictionnaire des antiquités*, s. v.

563. Nicopoli ad Istrum. — *Arch. epigr. Mittheil.*, X (1886), p. 242, n. 7; Dobrusky, *Matériaux d'archéologie bulgare*, V, p. 28, fig. 18. Imaginem photographicam habuimus.

5 [Ἀγαθ]ῆι τύχηι. | Διὶ Κεραυνίῳ | εὐχαριστοῦσα | ἡ πόλις ἀνέστησεν | πρὸ ις′
κ(αλανδῶν) Αὐγούστω(ν) | Μαξίμῳ κὲ Πατέρνῳ ὑπ(άτοις) [1].

1. Die XVII mensis Julii anni 233 p. C. n.

564. Nicopoli ad Istrum. — *Arch. epigr. Mittheil.*, X (1886), p. 242, n. 9.

Διὶ Ὀλυμπίῳ καὶ Ἥρα καὶ Ἀθηνᾷ | Τ ιϛ.] Κλ. Πρεισκεῖνος ἀργυροταμίας [1]
καὶ γ′ ἄρ[ξ]αντα τὴν α′ ἀρχὴν [2] τὰ ἀγάλματα ὑπὲρ τῆς πόλεως | ἐκ τῶν ἰδίων
ἀνέστησα.

1. De argyrotamiis, cf. Paris, in *Bull. de Corr. hellén.*, X (1886), p. 373 et seq.; Ruggiero, *Dizion. epigr.*, s. v. *Calendarium.* — 2. Tib. Claudius Priscinus, ut videtur, quaestor vel curator calendarii et ter duumvir in civitate sua fuerat. Corrige : ἄρξας.

565. Nicopoli ad Istrum. — *Arch. epigr. Mittheil.*, t. XV (1891), p. 220.

Ἀγαθῇ τύχηι. | Διὶ Ὀλυμπίωι καὶ Ἥραι Ζυγία [1] | καὶ Ἀθηνᾷ Πολιάδι

5 Δοοχας | Ζένωνος Νειχαιεὺς καὶ | Νιχοπολείτης ² ὑμνῳδοῖς | φιλοσεβάστοις ³ τὸν
βωμὸν ἐκ τῶν ἰδίων ἀνέθηκεν.

1. Jononi Jugae vel Jugali vel Pronubae. — 2. Ut videtur, Nicaea oriundus, Nicopoli
incola aut civis. — 3. Cf. n. 563.

566. Nicopoli ad Istrum. — Dobrusky, *Matériaux d'archéologie bulgare*, V (1901), p. 60.

I. O. M. | pro s(alute) Imp. nic(ani) | Trullens(es) ⁴ per | mag(istros) P. Ael.
5 Al|lalum et T. A. Secu[n]|dum. Ἀγαθοκλῆς ἐποί|ει.

1. Docet titulus latinus quidam (*C. I. L.*, III, 14409), vicum Trullensium situm fuisse
in valle fluminis Oesci, ab Nicopoli occidentem versus.

567. Nicopoli ad Istrum. — Dobrusky, *Matériaux d'archéologie bulgare*, IV (1899),
p. 42 ; Cumont, *Textes et monuments figurés relatifs aux mystères de Mithra*, II, p. 489,
n. 131 bis, fig. 423.

5 Ἀγαθῆι τύχῃ. Ἡλίῳ | Μίθρᾳ | θεῷ | ἐπηκόῳ | Αὐρ. | Μᾶρκος | γναφεὺς ¹ | τὸ
10-15 στήλιον | σὺν τῇ | ζωγραφίᾳ ² | κατεσκεύ|ασεν | ἐκ τῶν | ἰδίων | εὐχαρισ|τήριον.

1. Fullo. — 2. Anaglyphum pictum, de quo cf. Cumont, *loc. cit.*, et p. 429, n. 223 a.

568. Nicopoli ad Istrum. — *Arch. epigr. Mittheil.*, XVII (1894), p. 180, n. 25.

Ἀγαθῆι τύχῃ. | Θεοῖς Ὁσίωι καὶ Δικαί|ωι ¹ κατὰ ἐπιταγὴν ἐ|νείρου ἡ βουλὴ
5 καὶ ὁ | δῆμος Οὐλπ(ίας) Νεικοπό|λεως τῆς πρὸς Ἴστρον | τὸν βωμὸν ἀνέστησεν |
ἐπὶ συναρχίας Φ[λ]εικος Μουκα|πόρεος ².

1. θεὸς Ὅσιος καὶ Δίκαιος nonnunquam memoratur titulis in Asia Minore repertis ;
cf. Nordtmann, in *Athen. Mittheil.*, X (1885), p. 11 sq., et Ramsay, in *Journ. of hellen.
studies*, V (1884), p. 253. Quem deum Puchstein vult eumdem esse atque Mithram
(Puchstein, *Reise*, p. 311); cf. Cumont (*Textes et monuments figurés relatifs aux mystères
de Mithra*, II, p. 172, n. 548). Nota hic non unum deum Ὅσιος καὶ δίκαιος, sed duos
significari : θεὸν Ὅσιον et θεὸν Δίκαιον. — 2. Felice Mucaporis filio praeeunte collegio
magistratum Nicopolitanorum. De synarchia, v. Liebenam, *Städteverw.*, p. 246; Is.
Lévy, *Études sur la vie municipale de l'Asie-Mineure*, in *Revue des Études grecques*,
1899, p. 268 et sq.

569. Nicopoli ad Istrum. — Dobrusky, *Matériaux d'archéologie bulgare*, V 1901, p. 15, n. 1.

Ἀγαθῇ τύχῃ. | Λούκιον Αἴλιον Καίσα|ρα Αὐτοκράτορος Τρα|ιανοῦ Ἀδριανοῦ
5 Καί|σαρος Σεβαστοῦ υἱὸν | Θεοῦ Τραιανοῦ Παρθικοῦ υἱωνὸν Θεοῦ Νέρ|ουα
10 ἔκγονον, δημαρ|χικῆς ἐξουσίας, ὕπατον | τὸ β΄, ἡ βουλὴ καὶ ὁ δῆ|μος Οὐλπίας
Νεικοπό|λεως τῆς πρὸς Ἴστρῳ.

1. Anno 137 p. C. n., quo iterum consulatum egit L. Aelius Caesar; kalendis Januariis
anni 138 periit. Cf. de eo *Prosop. imp. rom.*, I, p. 326, n. 503.

---

570. Nicopoli ad Istrum. — Dobrusky, *Matériaux d'archéologie bulgare*, V 1901, p. 17,
n. 4. Imaginem photographicam nobiscum communicavit Dobrusky.

... Καίσ αρος [1] καὶ Φαυστεί[νης [2] κ]αὶ τῶν παίδων καὶ τῶν | ....υ
τοῦ Σεβαστοῦ [3] ἀν[έστ]ησεν ἐκ τῶν ἰδίων.

1. M. Aelius Aurelius Verus Caesar adoptatus ab imperatore Antonino Pio anno p. C.
n. 138. — 2. Faustina Junior uxor M. Aelii Aurelii Veri Caesaris. — 3. Imperator Antoninus Pius.

---

571. Nicopoli ad Istrum. — Dobrusky, *Matériaux d'archéologie bulgare*, V 1901,
p. 16, n. 2.

[Ἀγαθῇ τύχῃ]. | Αὐρήλιον Οὖρον Καίσαρα | Αὐτοκράτορος Καίσαρος
5 Τ. Αἰλίου | Ἀδριανοῦ Ἀντωνείνου Σεβαστοῦ Εὐ|σεβοῦς, ἀρχιερέως μεγίστου,
δημαρ|χικῆς ἐξουσίας τὸ κβ΄, ὑπάτου τὸ δ΄, | πατρὸς πατρίδος [1], υἱόν, ἡ βουλὴ
καὶ ὁ δῆμος | Οὐλπίας Νεικοπόλεως πρὸς Ἴστρον | ἀνέστησεν.

1. Anno 159 p. C. n.

---

572. Nicopoli ad Istrum. — Dobrusky, *Matériaux d'archéologie bulgare*, V 1901,
p. 16, n. 3.

Ἀγαθῇ τύχῃ. | Λούκιον Αἴλιον Κόμμοδον [1] | Αὐτοκράτορος Καίσαρος Τίτου
5 Αἰλίου | Ἀδριανοῦ Ἀντωνείνου Σεβαστοῦ υἱὸν | .....

1. L. Aelius Commodus qui postea L. Aurelius Verus Aug. appellatus fuit. Titulus
positus est ante annum 161, quo in imperii consortium a fratre M. Aurelio vocatus est.

573. Nicopoli ad Istrum. — Dobrusky. *Matériaux d'archéologie bulgare*, V 1901 , p. 22, n. 11. Imaginem photographicam habuimus.

Ἀγαθῆι τύχηι. | Ὑπὲρ τῆς τοῦ κυρίου Αὐτοκράτορος Καίσαροςι Μ. Αὐρ. [Κομμόδου] Ἀντ[ω]νείνου Σε[βαστοῦ] Γερμ[ανικοῦ] Σαρμ[ατικοῦ], Βρετανίνικοῦ, ἀρ[χ]ιερέω ς μεγίστου, δ[η]μαρχικῆς ἐξουσίας τὸ.. | αὐτοκράτορος τὸ.., ὑπάτου τὸ δ'', πατρὸς πατρίδος, τύχης καὶ νίκης κ]αὶ αἰωνίου διαμονῆς καὶ τοῦ σύμπαντος [αὐτοῦ οἴκου ἱε[ρ]ᾶς τε συγκλήτου καὶ δήμου Ῥωμ[αίων, | ἡγι(ε-μονευόντων) τῆς ἐπαρχείας τοῦ λαμπροτάτου ἡγεμόνος Ἰουλίου Κάστου ² πρεσβ[ευτοῦ] Σε[βαστοῦ] ἀντιστρατήγου] καὶ τοῦ κρατίστου ἐπιτρ[όπου] τοῦ
5 Σε[βαστοῦ] Κλ. [Κ]ηνσωρείνου, ἡ Νικοπολειτῶν | [πρὸς ῎Ιστρον πόλις τὸν] περίπατον κατεσκεύασεν ἐκ τῶν ἰδίων προσόδων, ἡγεμονεύοντος τῆς ἐπαρχείας Ἰου λίου Κάσ]του καὶ ἀποιερώσαντος αὐ[τὸν.....

1. Anno 184 vel 185 p. C. n. Commodus consul V fuit anno 186, Britannici cognomen anno 184 accepit. Restituendum igitur : δημαρχικῆς ἐξουσίας τὸ θ' vel ί, αὐτοκράτορος τὸ ς' vel ζ', ὑπάτου τὸ δ'. — 2. De hoc viro cf. *Prosop. imp. rom.*, II, p. 186, n. 170.

574. Nicopoli ad Istrum. — Dobrusky, *Matériaux d'archéologie en Bulgarie*, V (1901), p. 18, n. 7.

Ἀγαθῆι τύχηι. | Ἰουλίαν Σεβαστὴν ¹ μητέρα κ[ά]στρων | ἡ βουλὴ καὶ ὁ
5 δῆμος Νεικοπολειτῶν πρὸς | ῎Ιστρῳ πόλεω[ς ἀνέστησεν ‖ εὐτυχῶς.

1. Julia Domna, L. Septimi Severi conjux, Caracallae et Getae mater.

575. Nicopoli ad Istrum. — Dobrusky, *Matériaux d'archéologie en Bulgarie*, V (1901), p. 6. Imaginem photographicam nobiscum benigne communicavit Dobrusky.

Ἀγαθῆι τύχηι. | Ἰουλίαν Δόμναν θεὰν Σεβ(αστήν), μητέ|ρα κάστρων, Αὐτο-
5 κράτορος Α. Σεπτιμί[ου Σευήρου Περτίνακος Σεβ(αστοῦ) Εὐσεβοῦς ‖ Παρθικοῦ Βρεταννικοῦ Ἀραβικοῦ Ἀδιαβη|νικοῦ, ἀρχιερέως μεγίστου, δημαρχικῆς ἐ[ξου-σίας τὸ ς' ¹, αὐτοκράτορος το ιά, ὑπά|του τὸ ή ², πατρὸς πατρίδος, γυναῖκα
10 κ(αὶ) | Αὐτοκράτορος Καίσαρος Μάρκου Αὐρηλ[ίου Ἀντωνίνου ‖ Σεβ(αστοῦ) καὶ [Λ. Σεπτιμίου Γέτα Καίσαρος] μητέρα, ὑπα[τεύοντος τῆς ἐπαρχείας Γ. Ὀουεινίου Τερτύλ[λου ³ πρεσβ[ευτοῦ] Σε[β(αστῶν) ἀντιστρ(ατήγου), ἡ ἱερω-

τάτη βουλή κ αὶ) ὁ κράτιστος δῆμος Οὐλπίας Νικοπόλε|ως τῆς πρὸς Ἴστρον
ἀνέστησεν.

1. Anno p. C. n. 198. Ejus anni mense Julio C. Ovinium Tertullum Moesiae Inferiori jam
praefuisse docemur titulo recentius invento *C. I. L.*, III, 14428. — 2. ΥΠΑΤΟΥ ΤΟ Η
lapis. Lectio est certissima. At anno 198 Septimius Severus bis tantum consulatum
adeptus erat; tertium iniit anno 202; nec unquam postea gessit consulatum. Erravit
ergo quadratarius. Omnia plana fient dummodo interpretemur non ὑπάτου τὸ η, sed
ὑπάτου τὸ δεύτερον, quanquam in titulis graecis, ut aequum est, semper littera B more
graeco, non numerus II iterationem significat. Cognomina imperatoris item perturbavit
quadratarius. Ante annum 199 Severus vocabatur *Parthicus Arabicus, Parthicus Adia-
benicus*; postea non *Parthicus* sed *Parthicus Maximus* dici solebat; nec ante annum 210
cognomen Britannicus ei est inditum. — De C. Ovinio Tertullo cf. *Prosop. imp. rom.*, II,
p. 443, n. 127.

---

576. Nicopoli ad Istrum. — Dobrusky, *Matériaux d'archéologie en Bulgarie*, V 1901 ,
p. 19, n. 9. Imaginem photographicam benigne misit Dobrusky.

Ἀγαθῆι τύχηι. | Ἰουλίαν Δόμναν θεὰν Σεβαστήν, μητέρα κάστρων, Αὐτο-
κράτορος Λ. Σεπτιμίου Σευήρου Περτίνακος Σεβαστοῦ | Εὐσεβοῦς Παρθικοῦ
Βρετανικοῦ Ἀραβικοῦ Ἀδιαβηνικοῦ, ἀρχιερέως μεγίστου, δημαρχικῆς ἐξουσίας
τὸ ς | αὐτοκράτορος τὸ ια , ὑπάτου τὸ η , πατρὸς πατρίδος γυναῖκα καὶ Αὐτο-
κράτορος Καίσαρος Μ. Αὐρηλίου | Ἀντωνίνου Σεβαστοῦ καὶ Λ. Σεπτιμίου
Γέτα Καίσαρος μητέρα, ὑπατεύοντος τῆς ἐπαρχείας Γ. Ὀυεινίου Τερ-
τύλλου π|εσβ(ευτοῦ) Σεβ(αστῶν) ἀντιστρατήγου, ἡ ἱερωτάτη βουλή καὶ ὁ
κράτιστος δῆμος Οὐλπίας Νεικο|πόλεως τῆς πρὸς Ἴστρον ἀνέστησεν.]

Idem titulus atque n. 575; cf. quae annotavimus.

---

577. Nicopoli ad Istrum. — Dobrusky, *Matériaux d'archéologie en Bulgarie*, V (1901),
p. 17, n. 5. Imaginem misit Dobrusky.

Ἰουλίαν Δόμναν θεὰν Σεβ(άστην), μη|τέρα Αὐτοκράτορος Καίσαρος) Μ. Αὐρ. |
Σευήρου Ἀντωνείνου Εὐσεβοῦς Σεβ(αστοῦ) | Παρθι(κοῦ) Μεγ(ίστου) Βρυτανvι-
κοῦ) Μεγ(ίστου) ¹ καὶ μητέρα | ἱερῶν στρατευμάτων καὶ συνκλή του καὶ δήμου
Ῥωμαίων, Μ. Ἰού|νιος Λουκιανὸς ἀρχ(ι)ερατικὸς ² | καὶ Οὐλπία Ἀγριππεῖνα
ἀρχ(ι)ε ρατικὴ ³ σύμβιος αὐτοῦ ἐκ τῶν ἰ|δίων ἀνέστησαν.

1. Titulus positus est post diem III ante kal. Martias anni 212, quo P. Septimius Geta

occisus est, sed ante exeuntem annum 213, quo Caracalla Germanicum cognomen accepit. — 2. Sacerdotalis provinciae Moesiae Inferioris. — 3. Ut conjux sacerdotis ipsa ἀρχιέρεια vocabatur, ita post peractum a marito legitimum honoris tempus ἀρχιερατική dicebatur.

---

578. Nicopoli ad Istrum. — Dobrusky, *Matériaux d'archéologie en Bulgarie*, V (1901), p. 18, n. 7. Imaginem photographicam habuimus.

Ἰουλίαν Δόμναν Θεὰ ν Σεβ(αστήν) Αὐτο||κράτορος Καίσαρος [Μ. Αὐρ.
Σευήρου] | Ἀντωνείνου Εὐσεβ(οῦς) Σεβ(αστοῦ) ἀρχιερέως] | μεγ(ίστου) ¹ καὶ
5 μητέρα ἱερ[ῶν στρατευμάτων] ‖ καὶ συγκλήτου...

1. Titulus positus post diem III ante kal. Martias anni 212, quo P. Septimius Geta a fratre occisus est.

---

579. Nicopoli ad Istrum. — Dobrusky, *Matériaux d'archéologie en Bulgarie*, V (1901), p. 19, n. 8.

[Ἀγαθῆι τύχηι. | Αὐτοκράτορα Καίσα]ρα Μᾶρκον Αὐρήλιον Σεβῆρον | [Θεοῦ
Ἀντω]νείνου ἔκγονον Θεοῦ Σεβήρου [υἱὸν ¹ | ἡ βουλὴ καὶ ὁ δῆμος Νεικοπολειτ]ῶν
πρὸς Ἴστρῳ πόλεως ἀνέστησεν.

1. M. Aurelius (Antoninus) Severus, sive Caracalla.

---

580. Nicopoli ad Istrum. — Dobrusky, *Matériaux d'archéologie en Bulgarie*, V (1901), p. 20, n. 10.

Ἀγαθῆι τύχηι. | Τὸν μέγιστον κ(αὶ) θειότατον αὐτοκράτο|ρα Καίσαρα Μᾶρκον
5 Ἀντώνιον Γορδιανὸν | Εὐσεβῆ Εὐτυχῆ Σεβαστόν, ἡ βουλὴ κ(αὶ) ὁ ‖ δῆμος τῆς
λαμπροτάτης Νεικοπολειτῶν | πρὸς Εἴστρῳ πόλεως, ὑπατεύοντος τῆς ἐπαρ|-
χίου....... ¹ πρεσβ(ευτοῦ) Σεβ(αστοῦ) ἀν|τιστρατήγου, ἐπὶ συναρχίας ² Ἰουλίου
10 Ἰουλί᾿α νοῦ ἀρχιερατικοῦ κ(αὶ) πρώτου ἄρχοντος, ἐπιμε‖λουμένου Ποπλίου
Αἰλίου Μηνιανοῦ | ἀρχιερέως ³ φιλοτίμου. Εὐτυχῶς.

1. Nomen legati erasum est; restitue nomina vel Tullii Menophili, qui praefuit Moesiae Inferiori inter annos 238 et 241, de quo cf. *Prosop. imp. rom.*, III, p. 341, n. 281, vel Prosii aut P. Rosii Tertulliani, de quo vide titulum insequentem. — 2. De synarchia, vide supra n. 568. — 3. Nota eodem titulo nominari sacerdotalem et sacerdotem provinciae.

581. Nicopoli ad Istrum. — *Arch. epigr. Mittheil.*, XVII 1894 , p. 181.

. . . . Αὐτοκράτορα) Καίσαρα Μ. Ἀντώνιον) Γ ορδι αν ὸν καὶ Σα δι-
5 ν̓ αν Τ ρανγ]λ υλλεῖνα ν Σ εδ(αστὴν) Λὑγ οὑσταν | ἡ βου λὴ καὶ ὁ ἱερώτατος |
10 δῆμος Νεικ οπολειτῶν | Οὐλπίας Νεικοπ ὁλεως | ἀνέστησα ν εὐτυχῶς. | ὁ πα-
τεύ ον τ ος Προσίου Τερτ υλ λιανοῦ ' πρε σ δ ευτοῦ ἀν τιστ ρατήγου .

1. In lapide ΠΡΟΣΙΟΥ, Prosii, vel P. Rosii; hic primum novimus gentilicium nomen
hujus legati, quem nonnulli haud jure credebant eumdem esse atque M. Ulpium Tertul-
lianum Aquilam: cf. *Prosop. imp. rom.*, III, p. 306, n. 89 et p. 463, n. 372.

---

582. Nicopoli ad Istrum. — *Arch. epigr. Mittheil.*, XV 1892 , p. 211, n. 86.

Τὸν γῆς καὶ θαλάσσης δε σ]πότην | . . . . Εὐτυχῇ Σεδ(αστὸν) Γ ε τ ι-
5 κὸν? Μέγιστον Παρθικὸν | Μέγιστον' ἡ κρατίστη βουλή, | καὶ ὁ ἱερώτατος δῆμος |
τῆς Νεικοπολειτ ῶ ν 'πρὸ ς Ἰσ τρον πόλεως ἀνέστ<αν>ησαν ² | εὐτυχῶς, ὁπα-
0 τεύοντος) | Κλ. Ἀνινίου) Ν ατ αλιανοῦ | πρεσδ ευτοῦ Σεδ. ἀντιστρ ατήγου ², |
ἐπι τ μελουμένου Ἀσκλη] πιοδ ώρ]ου Ἀσκλη πι] άδου ἀρχιερατικοῦ ³.

1. Videtur esse Aurelianus, Gothicus Maximus anno 270 vel 271, Parthicus Maximus
anno 271 vel 272. At nomina Aureliani raro rasuram passa sunt. [M. Αὐρήλιον Π ρόδον
proponit Frankfurter dubitans (*Register zu den arch. epigr. Mittheil.*, p. 125 . — 2. De eo
legato, aliunde ignoto, cf. *Prosop. imp. rom.*, I, p. 347, n. 629. — 3. Sacerdotalis provinciae.

---

583. Nicopoli ad Istrum. — *Arch. epigr. Mittheil.*, XV 1892 , p. 215, n. 96.

Ἀγαθ ῆι τύχη ι. Τὸν θεῶν ἐνφανέστατον Κ αίσ α ρα.] | . . . .
ἡ Νικοπολειτῶν πόλις? . . . , | ἐπιμελουμένο υ Οὐ λ]π ι]ανοῦ ἀρχ(ι)ερέως το . . .

---

584. Nicopoli ad Istrum. — Dobrusky, *Matériaux d'archéologie en Bulgarie*, V 1901 ,
p. 23, n. 12.

Ἀγαθῆι τύχη ι . . . . πα]τρὸς πατρίδος, ἀνθυπάτου, | ἡγεμονεύοντος
τῆς ἐπαρχείας Τ. Σουελλ ίου Μαρκιανοῦ ' πρεσδευτοῦ Σεδαστοῦ ἀντιστρα-
τήγου].

1. T. Suellius Marcianus Moesiae Inferiori praefuit Commodo imperante. Cf. *Prosop.*
imp. rom., III, p. 277, n. 690.

585. Nicopoli ad Istrum. — Dobrusky, *Matériaux d'archéologie en Bulgarie*, V (1901), p. 39, n. 35.

..... Ὀνησίων Διομήδου ἀγορανομήσας καὶ εἰ[ρ]ηναρχήσας | τῇ ἑαυτοῦ] συνβίῳ Καλεικρατείᾳ Μαρκειανοῦ φιλότειμος | αὐτοῖς μνείας χάριν τοῦτο ἔργον.

1. Onesion, Diomedis f., aedilis et irenarcha fuit Nicopoli, si Dobrusky apte titulum restituit. Hic primum habemus irenarchae exemplum extra Aegyptum vel Asiam minorem. Cf. R. Cagnat, ap. Saglio, *Dict. des Antiquités*, s. v. *Irenarcha*, et Hirschfeld, *Sitzungsber. der Akad. zu Berlin*, 1891, p. 869.

586. Nicopoli ad Istrum. — Dobrusky, *Matériaux d'archéologie en Bulgarie*, V (1901), p. 35, n. 30.

Θεοῖς καταχθονείοις. | Αὐρ. Σαβαστιανῷ ἱππο ιατρῷ [1] καὶ Αὐρ. Σαβίνᾳ, ἡ |
5   καὶ Νήνης [2], Αὐ[ρη]λία) Σαβῖνα ‖ μήτηρ ζῶσα τοῖς τέκν|οις μνήμις χάριν ἔθη|κεν ·
μετὰ δὲ τὴν ταφὴν τούτων εἴ τις εἰς τὸν | τόπον ἰδ(ι)ο)ν νεκρὸν θή|σι, δώσι ἰς τὸ
10 ταμῖον [3] δηνάρια δισχίλια πεντακόσια ‖ καὶ ἅμα τῇ πόλι [4] δηνάρια δισχίλια πεντα-
κόσια. | Χαίροις παρο,δῖτα.

1. Veterinarius. — 2. Signum Aureliae Sabinae. — 3. Aerario publico imperii romani. — 4. Arcae publicae Nicopolitanorum.

587. Nicopoli ad Istrum. — Dobrusky, *Matériaux d'archéologie bulgare*. V (1901), p. 37, n. 31, fig. 30.

Θ[εοῖς] [κ(αταχθονίοις]. | Γ. Κορνήλιος Ιοσ[στος?] | Νεικομηδεὺς ζῶν | καὶ
5   φρονῶν τὴν πυραμί[[δαν? σὺν τῷ ὑποκ[ειμένῳ] | γράδῳ [1] ἑαυτῷ κα[ὶ τῷ ἀ]δελφῷ
10 ἑαυτοῦ Κορ]]νηλίῳ Πολλίω[νι, ζήσαν]τι ἔτη ξ΄ καὶ τῇ.... ...[ἑαυ]τοῦ Οὐαλερίᾳ
[ζησάσῃ ἔτη ...] | καὶ Κορνηλίᾳ ......[τῇ] | συνβίῳ ζώ[σῃ καὶ φρονούσῃ]. |
Χαῖρε, πα[ροδεῖτα].

1. Est, ut videtur, « pyramida cum subjectis gradibus ». Γράδῳ = *grado* pro *gradu*; verbum latinum litteris graecis scriptum.

588. Prope Nicopolim ad Istrum. — *Arch. epigr. Mittheil.*, XIV 1891, p. 154, n. 37.

In sepulcro quod paravit quidam Ἀφροδείσιος πραγμα[τ]ευτῆς Οὐλπίου Ἀππιανοῦ *post 15 versus legitur :*

εἴ τις δὲ τολμ[ή |σ ε]ι, δώσ(ει) τῷ ἱερωτάτῳ τ|αμίῳ Ἀττικὰ(ς) ¹ πεντα-
20 κι|σχιλίας καὶ τῇ πόλ(ει | ἅμα τοσαῦτα.

1. Atticas drachmas .

---

589. Prope Nicopolim, loco nunc dicto Ialar. — Kanitz, *Donau-Bulgarien*, ed. II, t. III,
p. 435, n. 19: *Arch. epigr. Mittheil.*, XV 1892 , p. 216, n. 99.

Κ. Ἰούλ(ιος) ...ης? βουλ(ευτὴς) καὶ ἱερεὺς Ῥώμ[ης ζῶ ν καὶ φρονῶν ἑαυ-
[τοῦ] | καὶ τοῦ πατρὸς καὶ μητρὸς μν(ε)ίας χάριν ἐποίησ[εν .

---

590. Prope vicum nunc dictum Ieni-Nikup, *Arch. epigr. Mittheil.*, X 1886 , p. 242,
n. 8; cf. XV 1892), p. 214, n. 92.

(Θ)εοῖς κ(α)ταχθονίοις). | Γάιος Βιόνορος Νεικαεὺς | δόμο, τέκτων. πολείτης
5 φυλῆς | Καπιτωλείνης ¹, ζήσας καλῶς | ἐτη ἑβδομήκοντα ζ]ῶν κὲ φρο νῶν...

1. Domo Nicaea et phylae Capitolinae adscriptus, faber lignarius.

---

591. Loco nunc dicto Gostilica, ad Iatrum flumen, haud longe Nicopoli. — *Arch. epigr.
Mittheil.*, XVII 1894 , p. 188.

Ἀγαθῆι τύχηι. | Τὸν γ]ῆ ς κ α ὶ] θαλάσ σ ης καὶ πά σης | οἰκουμένης δε]σπό-
5 τ ην | Αὐτ. Καισ. Αὐρηλιανὸν ‖ Εὐσεβῆ, Εὐτυχ]ῆ Σεβ(αστὸν) ἡ κρατί στη, |
βουλή καὶ ὁ ἱερώτατος δῆμος | τῆς Νεικοπ ο'λει τῶ]ν πόλεως, | ὑπ α τε ύον τ ο ς
10 τῆς] ἐπα ρχείας | το[ῦ δια'σημ'οτάτου Αὐρ. ¹...... ... ‖ εὐτυχῶς | ἐν ἐμ'π ορίῳ
[Ν εικο πολειτῶν] Δουροτέλις (?) ².

1. Nomen legati incertum. Traditur : AYPCEBAC; praeses hactenus ignotus. —
2. Aureliani statua erecta fuit, non intra moenia ipsius Nicopolis, sed in emporio urbis.
Douroteli (?) ad Iatrum, cujus locum nunc obtinet Bulgaricus pagus, Gostilica nun-
cupatus.

---

592. Prope urbem Tirnovo. — *Arch. epigr. Mittheil.*, XIV 1891 , p. 153, n. 36.

Ἀγαθῆι τύχηι. Ἀπόλλωνι Αὐλαριοκῷ ¹ θεῷ ἐπηκόῳ | Στράτων Στράτωνος
ἄρξας τῶν ἐν τοῖς σ ι δ η ρεί οι]ς Ἑλλήνων τῶν ἐ[πὶ τ]ῆς Ἀντωνείνου βασι-

5 λείας ² | ὑπὲρ τῆ̣ς ἑαυτοῦ καὶ τῶν ἰδίων [κα̣ὶ τῶν ἐργαστῶν [σ]ω[τ̣ηρίας] καὶ
  ε̣ δε ρ̣γεσ[ία]ς εὐξάμενος τὸν [β̣ωμὸν | ἀν[έθη]κα.

1. Dei cognomen aliunde ignotum. — 2. Straton Stratonis filius, qui praefuit Graecis
in ferrariis operantibus, Antonino imperante; de quibus ferrariis cf. *Arch. epigr. Mittheil.*, X 1886), p. 79 et sq.

---

593. Loco dicto Polikraste prope Tirnovo. — *Arch. epigr. Mittheil.*, X 1886´, p. 243;
Dumont-Homolle, *Mél. d'archéol. et d'épigr.*, p. 364, n. 62³³.

... M............. ἐπ[ι]|φανέστατον καὶ Εὐσ(εβῆ) | Σεβ(αστὸν), ὑπατεύοντος
5 ἐ|παρχίας Οὐιτεννίου ‖ Ἰουβενίου ¹ ἀντ[ι]στρ(ατήγου)], ἐπιμελουμένου | Ἰουλίου
Εὐτυχοῦς ἀρχιερατικοῦ, ἐκ τῶν | ἰδίων ἀνέστησε ὑπὲρ φι]λοτιμίας.

1. Hic Vitennius Juvenis? auctore Homolle (*op. cit.*, p. 345, n. 60) non alius est atque
L. Vettius Juvenis (Λ. Οὐέττιος Ἰούβενς), leg. prov. Thraciae, quem novimus titulo apud
Philippopolim reperto; addit Homolle fieri posse ut titulus supra relatus, intra fines
Moesiae extans, ex Thracia in vicum Polikraste adductus sit. Quam opinionem nobis
non probavit. Alter enim *Vitennius*, alter L. *Vettius* appellatur. Moesiam Inferiorem
Vitennius rexit tertio, ut videtur, saeculo, sub imperatore aliquo damnatae memoriae.
Cf. *Prosop. imp. rom.*, III, p. 454, n. 516.

---

594. Loco nunc dicto Aboba, triginta fere millibus passuum a Marcianopoli inter
occidentem et septentrionem. — Kanitz, *Donau-Bulgarien*, ed. II, t. III, p. 355, n. 41.

[Αὐτο]κράτορι Τίτωι Καίσαρι Σεβα[στῶι | Αὐτοκράτορ]ος Οὐεσπασιανοῦ υἱῶι,
ἀρχιερ[εῖ μεγίστωι, | δη]μαρχικῆς ἐ[ξ]ουσίας ¹, Ἡρακλέων [...|...] ἱερεὺς ἐκ
5 τῶν ἰδίων τὸν ἀνδριά[ντα ‖ ἀνέ]στησεν, | δο[ὺ]ς καὶ νομὸν πολείταισι.

1. Inter calendas Julias anni p. Chr. n. 71 et calendas Januarias anni p. Chr. n. 72.

---

595. In vico nunc dicto Aptaat vel Ablat, tredecim millibus a Tropaeo Trajani meridiem versus. Juxta titulum lapidi incisum est anaglyphum deae Eponae. — Dobrusky,
Matériaux d'archéol. en Bulgarie, V 1901), p. 66, n. 67.

Θεὰν ἐπήκοον [Ἐπόνην] | Αἴλιος Παυλίν[ου ἀνέθηκεν].

596. Prope Tropaeum Trajani.   *Arch. epigr. Mittheil.*, XVII 1894, p. 113, n. 59.

5   ....' μα γίστρατος ² | ἀνέστησε, | τὸν θε . ν......

1. Primi versus sic in lapide : KAPΔICΘA | ΘΓΙΟΔΕΙΛ . ΔΙΡΝΑΙC ΜΑ|ΓΙC-
TPATOC.....? — 2. Forte *magister* (vici); cf. infra, n. 599.

---

597. Prope Cium. — *Arch. epigr. Mittheil.*, XIV 1891, p. 20, n. 45. Ectypum habuimus.

Φλάβιον Παννόνιον τὸ[ν] | κράτιστον ' Αὐρ. Θεόδ ω |ρος Θεοδώρου τὸν [ἐ]αυτοῦ
5 εὐεργέτην | τιμῆς χάριν | δ(όγματι) β(ουλῆς), δ(ήμου).

1. Virum egregium.

---

598. Tyrae. — *C. I. L.*, III, 781; cf. p. 1009.

[Exemplum epistulae ad Tertullum].

[Misimus tibi epistulam ad Heraclitum, unde intellegos quid statuerimus de
immunitate, quam Tyrani sibi concessam esse contendunt. Quam licet admittere
non soleamus nisi | privilegii auct[oritate] perpensa et origine immunitatis ins-
pecta, quod [usu receptum esse qua]qua ratione videbatur, cum iusta [modera-
5 ti]one seruauimus, ut neque ipsi con suetudi |ne diuturna pellerentur et in
poster um] | decreta ciuium adsumendorum consi liis] praesidis prouinciae c. u,
perpenderentu[r].

Exemplum epistulae ad Heraclitum '. | Quamquam Tyranorum ciuitas origi-
10 nem || dati beneficii non ostendat nec facile quae | per errorem aut licentiam
usurpata sunt prae|scriptione temporis confirmentur, tamen | quoniam Diui
Antonini parentis nostri ² litte ras, sed et fratrum imperatorum ³ cogitamus,
15 item | Antonii liberi grauissimi praesidis ⁴, quod attinet | ad ipsos Tyranos
quique ab iis secundum leges | eorum in numerum ciuium adsumpti sunt ex
pri|stino more nihil mutari uolumus. Retineant igitur quaqua ratione quaesitam
20 siue possessam | priuilegii causam in promercalibus quoque re|bus, quas tamen
pristino more professionibus | ad discernenda munifica mercimoniorum eden|das
esse meminerint. Sed cum Illyrici ⁵ fructum | per ambitionem deminui non
25 oporteat, sciant | eos qui posthac fuerint adsumpti fructum | immunitatis ⁶ ita
demum habituros, si eos legatus | et amicus noster u. c. iure ciuitatis dignos esse
de|creto pronuntiauerit, quos credimus satis a|bundequae sibi consultum, si grati
30 fuerint, exi|stimaturos, quod origine beneficii non quaesita dignos honore ciues
fieri praeceperimus.

Ὀουίνιος Τέρτυλλος [7] ἄρχουσι, βουλῇ, δή|μῳ Τυρανῶν χαίρειν. | Ἀντίγραφον
35 τῶν θείων γραμμάτων πεμ|φθέντων μοι ὑπὸ τῶν κυρίων ἡμῶν ἀνει|κήτων καὶ
εὐτυχεστάτων αὐτοκρατόρων [8] | τούτοις μου τοῖς γράμμασιν προέταξα, ὅ|πως
40 γνόντες τὴν θείαν εἰς ὑμᾶς μεγαλο|δωρίαν τῇ μεγάλῃ αὐτῶν τύχῃ εὐχαριστή|σητε.
Ἐρρῶσθαι ὑμᾶς καὶ εὐτυχεῖν πολ|λοῖς ἔτεσιν εὔχομαι.
Ἀπεδόθη πρὸ | ιγ´ καλανδῶν Μαρτίων [9], Ληνεῶνος ιζ´ [10]. | Ἀνεστάθη ἐπὶ Μου-
45 κιανοῦ καὶ Φαβιανοῦ | ὑπάτων [11], ἐν τῷ εμρ´ ἔτει [12], | ἀρχῆς Π. Αἰλίου Καλ-
πουρνίου.

1. De Heraclito, procuratore, ut videtur, portorii Illyrici, cf. *Prosop. imp. rom.*, III,
p. 135, n. 62. — 2. T. Aelii Hadriani Antonini Pii. — 3. M. Aurelii Antonini et L. Veri.
— 4. De Antonio Hibero, praeside provinciae Moesiae inferioris, cf. *Pros. imp. rom.*, I,
p. 100, n. 667. — 5. Portorium Illyrici, de quo cf. R. Cagnat, *Étude historique sur les
impôts indirects chez les Romains*, p. 20 et seq., et von Domaszewski, *Arch. epigr. Mittheil.*,
XIII (1890), p. 126 et seq. — 6. De portorii immunitate, cf. R. Cagnat, *op. cit.*, p. 120
et sq. — 7. C. Ovinius Tertullus legatus pr. pr. Moesiae Inferioris Severo et Caracalla
imperantibus: *Prosop. imp. rom.*, II, p. 443, n. 127. — 8. L. Septimius Severus et M. Aurelius Antoninus (Caracalla). — 9. Die tertio decimo ante kal. Martias, i. e., die XVII mensis
Februarii. — 10. Octavo die mensis Lenaeonis, secundum calendarium quo uti solebant Ionii, inter quos Milesii, unde Tyra colonia originem duxit (cf. *C. I. L.*, III, p. 148).
— 11. Anno p. C. n. 201. — 12. Anno 145; unde fit ut annus p. C. n. 201 respondeat
anno 145 aerae Tyranae; Tyranorum ergo aerae incipium fuit annus p. C. n. 56.

---

599. Istropoli. — *Arch. epigr. Mittheil.*, XI (1887), p. 69, n. 142.

5 Διονύσιος καὶ Η|ρόδωρος οἱ | Σατυρίωνος | καὶ Ἀρτεμίδωρ|ος Διονυσίου | τὸ
10 ἔργον τοῦ | ἀβιτωρίου [1] κατ|εσκεύασαν ἐκ | τῶν ἰδίων τῇ κώ|μῃ ὑπὲρ μαγισ-
τράτ|ης [2].

1. Abitorium, germanice *Abtritt* (*Register zu den Arch. epigr. Mittheil.*, p. 178), i. e.
sive latrina publica, sive forica aut taberna foro vicina. — 2. Hic agitur de magisterio vici.

---

600. Tomis. — *Arch. epigr. Mittheil.*, VI (1882), p. 21, n. 41. Ectypum habuimus.

5 Ἀγαθῇι τύχῃ(ι). | Ἡ βουλὴ καὶ ὁ | [δ]ῆμος τῆς μη|[τ]ροπόλεως Τό[με]ως
Πό πλιον Αἴλιον | [Ἀν]τώνιον Ζωί[λο]ν τὸν ἀρχιε[ρέα] [1] καὶ ἱερέα Δ[ημήτ]ρος,
τειμῆς ἕνε(κεν).

1. Sacerdotem provinciae Moesiae Inferioris.

601. Inter Tomos et Callatim. — *Arch. epigr. Mittheil.*, XIV 1891, p. 37, n. 95.

Ῥοῦρον Πρίσκου ἱερατεύσαντα θεῷ Δολογηνῷ ἔτη π(έντε)?, Ἰουλιανός
Ἀλεξάνδρο|ου τὸν<ον> συνιερέα ἐν ἰδίῳ τόπῳ. | μνήμης χάριν.

602. Tomis. — *Arch. epigr. Mittheil.*, VI 1882, p. 22, n. 45. Ectypum habuimus.

Ἀγαθῇ τύχῃ. | Ἡ βουλὴ καὶ ὁ δῆμος | τῆς μητροπόλεως | Τόμεως Σοσσίαν
5 Ἀ|ρρικανὰν γυναῖκα | Κυήτου¹ ἱερασαμέ|νην Μητρὶ θεῶν, | θυγατέρα Γ. Ἰουλίου
10 Ἀ|ρρικανοῦ, ὑπερβα|λομένην τὰς πρὸ ἑαυτῆς καὶ ἐπικοσμή|σασαν τὴν θεὸν
ἀνα|θήμασιν χρυσέοις, | τειμῆς χάριν.

1. Legendum Κυ : ήτου — Quieti, latinum cognomen.

603. Tomis. — *Arch. epigr. Mittheil.*, VIII 1884), p. 8, n. 21. Ectypum habuimus.

5 ... Σατύρου, | Νουμήνιος Διο|σκουρίδου καὶ Μᾶρ κος Ῥούρου τοῦ αὐ|τοῦ καὶ
ἄρξαν|τος καὶ ἱερατεύ σ]|αντος Πλούτων ι | καὶ Δήμητρι καὶ | θεᾷ Κόρῃ, Μᾶρκος
10 Μά :|κ ου νεώτερος ἀν[ε]θ]έμην ἐκ τῶν ἰδ ί|ων, ὁ κα(ὶ) ἱερεὺς γενόμενος ...

604. Tomis. — Allard, *La Bulgarie orientale*, p. 283.

Θεῷ μεγάλῳ Σαράπ ιδι καὶ] τοῖς συννάοις θεοῖς καὶ τῷ αὐ τοκράτορι Τ. Αἰλίῳ
Ἀδριαν ῷ Ἀ ντωνείνῳ Σεβαστῷ Εὐσεβ εῖ καὶ Μ. Αὐρηλίῳ Οὐήρῳ Καίσαρι
Καρπίων Ἀνουβίωνος τοῦ οἴκῳ τῶν Ἀλεξανδρέων ¹ | τὸν βωμὸν ἐκ τῶν ἰδίων
ἀνέθηκεν ἔτους κγ ², Φαρμουθι α´ ³, ἐπὶ ἱερέων Κ ορνούτου τοῦ καὶ Σαραπίωνος,
Πολύ μνου τοῦ καὶ Λονγείνου.

1. Collegium negotiatorum Alexandrinorum in civitate Tomitana morantium; cf.
Mommsen, *Röm. Gesch.*, V, p. 284. — 2. Anno XXIII. secundum Aegyptiorum compu-
tationem, principatus T. Aelii Hadriani Antonini Pii. — 3. Die XXIX mensis Martii,
anno p. C. n. 160.

605. Tomis. — *Arch. epigr. Mittheil.*, XI 1887, p. 50, n. 61. Ectypum habuimus.

[Ὑπὲρ Αὐτ. Νέρο υα Τραιανοῦ | Σεβασ τοῦ σωτηρίας .....μης καὶ Τ. Φλ.
5 Τ. | υἱὸς Καπίτ ων δήμῳ | Τομειτῶν ἀριέρ ωσαν.

Supplementa non satis certa sunt.

606. Tomis. — *C. I. L.*, III, 7539, cf. 12493. Ectypum benigne nobiscum communicavit Tocilesco.

Imp. Caesari Dini Traiani Pa rthici | [fil. Dini Neruae nepot. Traian]o Hadria[[no Aug. pont. max. trib.˙ pol. IIII cos. [I]II¹, resp. Tomila[[norum dedicante .... Arto rio leg. Aug. pr. pr. ‖

5   [Αὐτοκρ. Καίσ. Θεοῦ Τραιανοῦ] Παρθικοῦ υἱῷ Θεοῦ | [Νέρουα υἱωνῷ Ἀδριανῷ Σεβαστῷ], ἀρχιερεῖ μεγίστῳ, δη[[μαρχικῆς ἐξουσίας τὸ δ', ὑπάτῳ τὸ γ'], βουλή, δῆμος Τομειτῶν | ἀνέθηκεν · Ἀ]ρτώριος πρεσβευτής τοῦ | [Σεβαστοῦ καὶ ἄντιστρά]τηγος καθιέρωσεν.

1. Anno p. C. n. 120. Nomen legati aliunde non notus est.

---

607. Tomis. — *Arch. epigr. Mittheil.*, XIX (1896), p. 97, n. 45.

5   Αὐτοκρά[το]ρι Καίσαρι ......|α<ι>νῷ ¹ Σεβα σ [τῷ Ἐλε[υ]θ[ερί]ῳ Ὀλυμ-π[ίῳ | σ ωτῆρι | χα]ριστή[ρ]ιο]ν.

1. Scilicet Hadrianus, cui nonnunquam attributa sunt cognomina Ἐλευθέριος, Ὀλύμπιος.

---

608. Tomis. — *Arch. epigr. Mittheil.*, VI 1882, p. 21, n. 42. Ectypum habuimus.

Ἀγαθῆι τύχηι. | Β ουλή, δῆμος τῆς | μητροπόλεως | Τόμεως Π. Αἴλιον |
5 Γάιον ἄρξαντα ἐπι φανῶς, ἐκδικήσαντα ¹ | πιστῶς, πρεσβεύσαν]τα εἰς Ρώμην
10 παρά | τὸν θειότατον αὐτ]οκ ράτορα Τ. Αἴλιον Ἀδρι α νὸν Ἀντωνεῖνον | [ὁ ἀπά-ναις ἰδίαις.

1. Ἔκδικος, defensor civitatis. Cf. Liebenam, *Städteverwalt.*, p. 303.

---

609. Tomis. — Tocilesco, *Fouilles et recherches en Roumanie*, p. 218, fig. 102 et 102ᴬ.

a) Αὐτοκράτορι Τίτῳ Αἰλίῳ˙ Ἀδριανῷ Ἀντωνείνῳ Εὐσεβεῖ Σε[βαστ ῳ καὶ [Μάρκῳ Αὐρηλίῳ Κ αίσαρι.....

b) Φ ουρικίου Κοι[ντιανοῦ ¹.....

c) ....ος Θεόδω[ρος.....

d) ..... εν αγόρασας κα[ὶ....

e) τ]ὸν τόπον.

f) ιων...

g) λου μο...

Fragmenta ejusdem, ut videtur, tituli.

1. Sic restituit Tocilesco. Fuficius Quintianus est omnino ignotus; at Fuficium alium habemus, cognomine Cornutum qui fuit legatus pro praetore Pannoniae Superioris, inter annos 138 et 148 p. C. n.; cf. *Prosop. imp. rom.*, II, p. 89, n. 387. Fortasse hic restituendum Κο[ρνούτου].

610. Tomis. — *Arch. epigr. Mittheil.*, XIV (1890), p. 93.

5   'Αγαθῆι τύχηι. | Τὸν υἱὸν τοῦ αὐτοκρά|τορος Μ. Αὐρή|λιον Οὐῆρον Καίσα|ρα [1] ὁ οἶκος τῶν ἐν Τό|μει ναυκλήρων [2], ἀνα|στήσαντος τὸν ἀνδ]ριάντα ἐκ τῶν ἰδίων
10 Τίτου Τίτου ‖ νεωτέρου.

1. M. Aurelium Verum Caesarem, postea imperatorem, filium Antonini Pii adoptivum. — 2. Corpus naviculariorum.

611. Tomis. — Tocilesco, *Fouilles et recherches en Roumanie*, p. 221, fig. 104.

['Αγαθῇ] τύχη. ['Υπὲρ τῆς τῶν αὐτοκρατόρων Μάρκου] Αὐρηλίου 'Αντωνείνου καὶ Λουκίου Αὐρηλίου | Οὐήρου [1] τύχης τε καὶ νείκης καὶ αἰωνίου δια[μονῆς ἱερᾶς τε συνκλή[του...] | .... ι. νειχ...

1. Inter annos p. C. n. 161 et 169.

612. Tomis. — *C. I. L.*, III, 7540. Ectypum nobiscum communicavit Tocilesco.

Imp. Caes. Diui M. Antonini Pii Germ. Sarm. fil. Diui Commodi fratri Diui Antonini Pii nep. Diui Hadriani pron. Diui Traiani Part.hici abnep. Diui Neruae adn.. | L. Septimio Seuero Pio Pertinaci Augusto Arabico Adiabenico Parthico Maximo, pont. max., trib. pot. VIIII [1], imp. XI, cos. II, p. p. procos. et | Imp. Caes. L. Septimii Seu er i Pii Pertinacis Aug. Arab. Adiab. Parth. Max. fil. Diui M. Antonini Pii Germ. Sarm. nep. Diui Antonini Pii pro nep. Diui Hadriani abn., | Diui Traiani Part hici et Diui Neruae adnep. M. Aurelio Antonino Pio Fel. Aug. trib. pot. IV [2], procos. et P. Septimio Getae nob. Caes. Aug. Seueri

5 Aug. fil. Antonini Aug. fratri et Iuliae Domnae Aug. matri | castr. et Aug'g.
Imperatoris L. Septimii Seueri Aug. coniugi res publica Tomitanorum per C.
Ouinium Tertullum leg. Au]gg. pr. pr.

[Αὔτοκρ. Καῖσ. Θεοῦ Μ. Ἀντωνείνου Εὐσεβοῦς Γερμ. Σαρματ. υἱὸν Θεοῦ
Κομμόδου ἀδελφὸν Θεοῦ Ἀντωνείνου Εὐσεβοῦς υἱωνὸν Θεοῦ Ἀδριανοῦ ἔκγονον
Θεοῦ Τραιανοῦ Παρθικοῦ καὶ | Θεοῦ Νέρουα ἀπόγονον, Λ. Σεπτίμιον Σεουῆρον
Εὐσεβῆ Περτίνακα Σεβ. Ἀραβ. Ἀδιαβ. Παρθ. Μέγιστον, ἀρχιερέα μέγιστον,
δημαρχικῆς ἐξουσίας θ΄ ¹, αὐτοκράτορα ια΄, ὕπατον β΄, π(ατέρα) π(ατρίδος)
ἀνθύπατον καὶ | Αὔτοκρ. Καῖσ. Λ. Σεπτιμίου Σεουήρου Εὐσεβοῦς Περτίνακος
Σεβ. Ἀραβ. Ἀδιαβ. Παρθ. μεγίστου υἱὸν Θεοῦ Μ. Ἀντωνείνου Εὐσεβοῦς Γερμ.
Σαρματ.ικ. υἱωνὸν Θε.οῦ Ἀντωνείνου Εὐσεβοῦς ἔκγονον | Θεοῦ Ἀδριανοῦ ἀπό-
γονον Μ. Αὐρήλιον Ἀντωνεῖνον Εὐσεβῆ Εὐτυχῆ Σεβ., δημαρχικῆς ἐξουσίας δ΄¹,
καὶ Π. Σεπτίμιον Γέταν Καισ. Σεβαστ τὸν υἱὸν τοῦ αὐτοκράτορος καὶ Ἰουλίαν
10 Δόμναν | μητέρα στρατοπέδων καὶ Σεβαστῶν, γυναῖκα τοῦ αὐτοκρ. Λ. Σεπτι-
μίου Σεουήρου Σεβ. ἡ βουλὴ καὶ ὁ δῆμος Τομειτῶν ἀνέθηκεν · Γ. Ὀουίνιος
Τερτοῦλλος πρεσβευτής Σεβαστῶν καὶ ἀντιστράτηγος καθιέρωσεν.]

1. Est annus p. C. n. 201. — 2. De Ovinio Tertullo, cf. *Pros. imp. rom.*, II, p. 443,
n. 127 et supra n. 598.

---

613. Tomis. — *Arch. epigr. Mittheil.*, XI (1887), p. 47, n. 59.

[........ Σεπτιμίου Σεουήρου] Περτί[νακος Σεβαστοῦ Ἀραβικοῦ Ἀδι]αβ̣ηνι-
κοῦ | Παρθικοῦ Μεγίστου ¹ κ]αὶ αἰωνίου δια|[μονῆς Μάρκου Αὐρη]λίου Ἀντω-
5 νείνου | Σεβαστοῦ καὶ Π. Σεπτ. Γέτα] Καίσαρος καὶ | [συνπάσης οἰκία]ς
Αὐγούστης καὶ ἱερᾶς | [συγκλήτου καὶ ἱ]ερῶν στρατευμάτων | [καὶ δήμου
10 Ῥωμαίων καὶ βουλῆς καὶ δή[μου τῆς μητροπό]λεως Τόμεως ‖ .... ὁ
καὶ Λέων πρ|......

1. Inter annos 199 et 210 p. C. n.

---

614. Tomis. — *Arch. epigr. Mittheil.*, XI (1887), p. 44, n. 57.

Ἀγαθῇ τύχῃ. | Ὑπὲρ τῆς τῶν θειοτάτων αὐτοκρατόρων τύχης τε καὶ νείκης
5 καὶ αἰωνίου | διαμονῆς Λ. Σεπτιμίου Σεουήρου Περ|τίνακος καὶ Μ. Αὐ[ρηλίο]υ
Ἀντωνείνου | Π[αρθι]κῶν Μηδ[ικῶν ¹ Βρ]ιταν]νικῶν ² | [καὶ Π. Σεπτιμίου

Γέτα ἐπιφανεστάτου | Καίσαρος| καὶ τῆς μητρὸς Ἰου||λίας Αὐγούσ-
10 της καὶ τοῦ σύν παντος αὐ|τῶν οἴκου καὶ ὑπὲρ τοῦ διέποντος τὴν | ἐπαρ-
χείον ὑπατικοῦ Ὀουινίου Τερτύλ|λου, τῶν ἡμεῖν τὴν δωρεὰν δεδωκότων.

T. Φλ. Σαλλούστιος.   Νάνας Θεάδωνος μήτηρ δενδροφόρων.

T. Φλ. Σαλβιανός.   Π. Αἰλία Ὄλυμπ ιά ἀρχιραβ<δ>δουχῖσα'.

15 | Πολλίων Πολλίωνος ἱερεύς.   *Sequuntur nomina 11.*

Ἀχιλλεὺς Ἀχιλλᾶ πατήρ.

Ἀλέξανδρος Ἤδει ἀρχιδενδροφόρος.

Ἀλέξανδρος Ἀλεξάνδρου ἀρχιδενδροφόρος[3].

Sequuntur nomina 19.

1. Medicus cognomen insolitum est tam Severo quam Caracallae. — 2. Traditur
ᴺᴺΙΚΩΝ; at eo tempore quo Ovinius Tertullus Moesiae Inferiori praeerat 200-201 ; cf.
Prosop. imp. rom., II, p. 403, n. 127 Severus et Caracalla nondum Britannici dicti
erant, quo cognomine non ante annum 210 usi sunt. Aut erravit quadratarius aut fuit in
lapide ''ΝΙΚΩΝ i. e. [Ἀδιαβ]ηνικῶν. — 3. Nomina subscripta sunt sociorum Matris
Magnae. De patribus et matribus in collegiis cf. Waltzing, *Corporations professionnelles
chez les Romains*, I, p. 446. — 4. Princeps cannophorarum, ut videtur.

---

615. Tomis. — Tocilesco, *Fouilles et recherches en Roumanie*, p. 221, fig. 103.

Ἀγαθῇ τύχῃ. | Ὑπὲρ τῆς τοῦ κυρίου Αὐτοκράτορος Καίσαρος Μ. Ἀντωνίν(ν)ου |
[Αὐρη]λίου Εὐσ(εβοῦς) Εὐσ(υχοῦς) Σεβ(αστοῦ) ' τύχης τε καὶ νείκης καὶ αἰωνίου |
[διαμονῆς].....

1. Est Caracalla, quum nulli principi ante Commodum indita fuerint cognomina
Pius Felix.

---

616. Tomis. — *Arch. epigr. Mittheil.*, XVII (1894), p. 92, n. 23.

Αὐτοκράτορα Καίσαρα Λουκίου | Σεπτιμίο]υ Σευήρου Π ερτίνακος | Ἀρα-
5 βικο ο Ἀδιαβη]νικου υἱὸν | Θεοῦ Μ'άρκου [Ἀντωνείνου |] Εὐσεβοῦς υἱ ωνὸ ν Θεοῦ
Ἀντωνείνου | ἔκγονον καὶ Θεοῦ Τραιανοῦ Παρθικ οῦ κ αὶ Θεοῦ Νέρουα ἀπόγο-
νον Μᾶρ[κον Αὐρήλιον '.....

1. I. e. Caracalla.

617. Tomis. — *Arch. epigr. Mittheil.*, VI 1882 , p. 18, n. 37. Ectypum habuimus.

5 Ἀγαθῆι τύχηι. | Τὸν θεοφιλέστα|τον αὐτοκράτορα | Γάιον Οὐαλέριον ‖ Διοκλη-
τιανὸν | Εὐσεβῆ Εὐτυχῆ | Σεβαστὸν | βουλή, δῆμος | Τομειτῶν.

---

618. Tomis. — *Arch. epigr. Mittheil.*, XI 1887 , p. 52, n. 72.

.... ἀρχιερεῖ μεγίστῳ δημαρ[χικῆς ἐξουσίας] .... | Τομειτῶν.......

---

619. Tomis. — *C. I. L.*, III, 14214 ²⁷.

Heroi sacrum. | T. Claudius Mu[c]asius u. s. l. m. | Ἥρωι κατα ¹. Τι. ‖
5 Κλαύδιος Μου[κ]άσιος εὐξάμε|νος καθιερῶσεν.

1. Tocilesco supplet κατα(χθονίῳ).

---

620. Tomis. — *Arch. epigr. Mittheil.*, VIII 1884 , p. 11, n. 25. Ectypum habuimus.

...... | τε καὶ ἴδια ὅσα π[αρεγένετο πα |ρὰ τῆς τύχης κ[αὶ τοῦ αὐτο]|κράτορος
5 ἡ[μῖν, δίδομεν Ἀσκλη|πιῷ Δήμη[τρι........| μάρτυ[ρες......

---

621. Tomis. — *Arch. epigr. Mittheil.*, XI (1887), p. 41, n. 54. Ectypum habuimus.

Τύχ[ῃ ἀγαθῇ]. | Ὑπὲρ θεᾶς Ἀγριπ[πείνας ¹] ..... | ..ενος. εκτηπα... | ...
5 τικῆς, ἐπιμελ]ουμένου... | ..... Ἀντ[ω]νίου Ἀρχ..... [ἱερέως | Σαράπιδ]ος καὶ
Ἰσιδ[ος..... | δι' ακειμεν [........ .... | .... πα]τρίδα φιλ?... ...... | ..... θεοῖς
10 ... | ... ἐκ] τῶν ἰδίων κατέσθησεν].

1. Est Agrippina, imperatoris Claudii uxor, Neronis mater.

---

622. Tomis. — *Arch. epigr. Mittheil.*, VIII 1884 , p. 20, n. 60. Ectypum habuimus.

Τ[ύχᾳ ἀγαθᾷ]. | Ἁ βουλὰ κ[αὶ ὁ δᾶμος | τᾶς θεοκτίστ[ου Ἡρα]|κλείας ¹
ἐτείμασ[αν τὸν |ἑαυτᾶς πάτρωνα κ[αὶ εὐ |εργέταν Τ. Φλ. Παλλατείνα [Λογγῖ|νον
Κ. Μάρκιον Τούρβω[να] ² ὕπατον, πρεσβ(ευτὰν) Σεβ(αστοῦ) καὶ ἀ[ντιστράτηγον |

5 ἐ παρχείας Μυσίας τῆς κάτω , | ἐπιμελητὰν τόπων καὶ ἔργων | δημοσίων ²,
πρεσβ(ευτὰν) καὶ ἀντιστράτηγον | Γαλλίας Λυγδωνησίας, π ρεσβ ευτὰν | |
10 λεγ(εῶνος) α´ Βοηθοῦ, στρατηγόν, ἀ γοράνομον , | ταμίαν Α. Καίσαρος... | .....
[ἔ]παρχον εἴ λης γ´ ἱππέων Ῥωμαίων ¹, χιλίαρχον | σπείρης α´ Γερμάνω γ ³,
ἐπὶ |μελητὰν πρεσβευτὰν τᾶς ἰδί ας πόλεως ⁶, Φιλο τ είμου Ἱππονείκου καὶ
15 Ἡρα[κλείδου καὶ] | Λευδίκου καὶ Διονυσίου ⁷.....

1. Heraclea in Chersoneso. — 2. De T. Flavio Longino Q. Marcio Turbone, legato
Moesiae Inferioris anno 155, cf. *Prosop. imp. rom.*, II, p. 70, n. 199. — 3. Curator
locorum operumque publicorum. — 4. Sevir turmae tertiae equitum romanorum. —
5. Praefectus cohortis primae Germanorum. — 6. Curator civitatis lato clavo nondum
accepto. — 7. Sunt, ut Hirschfeld opinatur, nomina Heracleensium civium qui monumentum Tomis erigendum curaverunt.

---

623. Tomis. — *Arch. epigr. Mittheil.*, VIII 1884, p. 22, n. 61. — Ectypum habuimus.

Ἀγαθῆι τύχηι. | Πόπλ. Αἴλ. Ἀμμώνιον ¹ τὸν κράτισ τον ἐπίτροπον τοῦ
5 Σεβ(αστοῦ) ², πράξαν|τα τὴν ἐπαρχείαν πιστῶς, ἔπαρχον | χώρτης Ἑσπάνων ¹,
τρίβοῦνον | χώρτης α´ Γερμάνων, ἡγησάμενον | στρατιωτικοῦ ἐν παρατάξει
10 Ἀρ|μενιακῇ στρατιωτῶν ἐπαρ|χείας Καππαδόκων ³, ἔπαρ|χον ἄλης α´ Φλ(αουίας
Γετούλων ⁵, | ἡγησάμενον στρατιωτι|κοῦ τῆς ἐπαρχείας ταύ|της ⁶, ἔπαρχον
15 κλάσσης | Φλ(αουίας) Μυσικῆς Γορδιανῆς, | Κατυλλεῖνος ἀπελεύθε|ρος τοῦ κυρίου
αὐτο|κράτορος Μ. Ἀντ(ωνίου) Γορ|διανοῦ Σε(βαστοῦ), λιβρά|ριος, τὸν ἑαυτοῦ |
20 πραιπόσιτον.

1. De P. Aelio Ammonio, aequali Gordiani imperantis, cf. *Pros. imp. rom.*, I, p. 13,
n. 107. — 2. Procurator Augusti. — 3. Praefectus cohortis Hispanorum. — 4. Praepositus
vexillationibus Cappadocianis in expeditione Armeniaca. — 5. Praefectus alae Flaviae
Gaetulorum. — 6. Praepositus vexillationibus in provincia Moesia Inferiore). — 7. Praefectus classis Flaviae Moesicae Gordianae.

---

624. Tomis. — *Arch. epigr. Mittheil.*, VIII (1884, p. 24, n. 63.

... [Ἀ]ννίῳ Σουπέρῳ ζήσαντι ἔτη κζ´, υ ἱῷ | σημαι]αφόρου λεγ(εῶνος) ιγ´
Διδύμης ¹, κατεσκεύασε | [τ]αύτην τὴν πύαλον · κληρονόμος οὐ μ εθέξει αὐτῆς ·
5 ἐὰν δέ τις | τολμήσῃ] εἰς αὐτὴν ἕτερόν τινα καταθέσθαι δώσε[ι..... τῇ | πόλει.....

1. Annius Superus erat filius signiferi cujusdam legionis XIII Geminae.

625. Tomis. — *C. I. L.*, III, 7545.

Γ. Ἀντώνιος | Φρώντων | οὐετ(ρανὸς) λεγι(ῶνος) ιγ′ | Διδύμης τὸ σύν|δενδρον
καὶ | τὸ μνημῖον | ζῶν ἑαυτῷ καὶ | τοῖς ἰδίοις | ἐξήρτισεν. ‖ C. Antonius | Fronto
uete(ranus) | leg. XIII Gem. | ex b(eneficiario) cos. Iucum | et sepulchrum ‖ uius
sibi et suis | exornauit. | Salue.

626. Tomis. — *Arch. epigr. Mittheil.*, VIII (1884), p. 17, n. 49.

[Πο]ὑπ[λι]ς Κορ|[ν]ήλις Καλπούρ|νις εἰδίῳ | ἀδελφῷ Που|πλείῳ Κορνηλ|[ι]ῳ
Μαξίμῳ βε|[τεράν]ῳ? *vel* βε|[νεφικιαρί]ῳ.

627. Tomis. — *Arch. epigr. Mittheil.*, VI (1882), p. 27, n. 54.

Εὐφροσύνη συμβίῳ | τειμιωτάτῃ | Καστρήσιος Ἰουλίου | Φρόντωνος πρειμο-
πει|λαρίου πραγματευτῆς ¹ κατεσκεύασεν | ζησάσῃ ἔτη κε′. |
Πραγματευτῆς | ζῶν ἑαυτῷ τε καὶ | τῇ συμβίῳ ἑαυτοῦ ‖ Εὐφροσύνη ζησά|σῃ
ἔτη κε′.

1. Habes alium « Juli Frontonis actorem » in titulo Polensi : *C. I. L.*, V, 90; cf. *Prosop.
imp. rom.*, II, p. 193, n. 218.

628. Tomis. — *C. I. L.*, III, 7552.

D. M. | Val. Valens uet(eranus) [classis] | Fl(auiae) Mo(e)si(ca)e me[moriam feci |
ui]uo meo mi\hi) et.. |.. me cojugi m[eae]... |
... [τὴν γλυκυ]τάτην σύνβιον. [Ὃς ἂν | ἄλλο]ν τιν′ ἀντέθῃ νε[κρὸν | ἢ πωλ]ή-
σει, [τ]ίν[ῃ] τῷ φίσκῳ δ[ηνάρια...

629. Tomis. — *C. I. L.*, III, 7549.

D. M. | Val. Felix princeps olli|ci presidis uixit an. XLV. | Aurel. Aemilia
bene meri|to conpari uirginio posuit. | Vale, uiator. |
Οὐαλ(έριος) Φήλιξ πρίνκιψ ὀφηκίου | ἡγεμόνος ζήσας ἔτη με′ · | Αὐρελ. Ἐμιλία
τῷ ἀειμνήστῳ | ἀνδρὶ παρθενικῷ τὴν στήλην ἀν[έ]θηκεν. Χαῖρε, παροδεῖτα.

630. Tomis. — *Pandora*, 1er juin 1868.

Ἀγαθῇ τύχῃ. | Κατὰ τὰ δόξαντα τῇ κρατίστῃ | βουλῇ καὶ τῷ λαμπροτάτῳ
5 δήμῳ τῆς λαμ|προτάτης μητροπόλεως καὶ | α′ ¹ τοῦ εὐωνύμου ² Πόντου Τόμεως
τὸν | ποντάρχην ³ Πρείσκιον | Ἀννιαν[ὸ]ν | ἄρξαντα τοῦ κοινοῦ τῶ[ν] Ἑλλήνων
10 καὶ τῆς μητρο|πόλεως τὴν α′ ἀρχὴν ⁴ ἁγνῶς καὶ ἀρχιερατά||μενον, τὴν δι′
ὅπλων καὶ κυνηγε[σ]ιῶν ἐνδόξως | φιλοτειμίαν μὴ διαλιπόντα, ἀλλὰ καὶ βου|-
λευτὴν καὶ τῶν πρωτευόντων Φλαβίας Νέας | πόλεως ⁵, καὶ τὴν ἀρχιέρειαν
15 σύμβιον αὐτοῦ | Ἰουλίαν Ἀπολαύστην, ‖ πάσης τειμῆς χά[ρ]ειν.

1. I. e. πρώτης. — 2. Εὐώνυμος = ἀριστερός; ὁ Εὐώνυμος Πόντος est ὁ ἐξ εὐωνύμου χειρὸς Πόντος
id est, ea Pontici littoris pars quae jacet a sinistra, si per Bospori ostia in Pontum
Euxinum penetraveris. Cf. Perrot, *Mémoires d'archéologie*, p. 450; Behrendt Pick, *Die
antiken Münzen von Dacien und Moesien*, p. 67 et sq. — 3. De pontarchis, cf. J. Toutain,
Les Pontarques de la Mésie inférieure, in *Mémoires de la Société des Antiquaires de France*,
t. LXII. — 4. Lege τὴν πρώτην ἀρχήν. — 5. Videtur esse Neapolis Syriae; cf. infra, n. 631.

---

631. Tomis. — *Pandora*, 1er juin 1868.

Ἀγαθῇι τύχηι. | Κατὰ τὰ δόξαντα τῇ κρατίστῃ | βουλῇ καὶ τῷ λαμπροτάτῳ
5 δήμῳ | τῆς [λ]αμπροτάτης μητροπόλε|ως Τόμεως Αὐρήλιον Πρείσκι|ον Ἰσίδωρον
τὸν ποντάρχην ¹ | καὶ ἄρξαντα τὴν πρώτην | ἀρχὴν ἁγνῶς καὶ ἀμέμπτως καὶ
10 ἀρχι|ερασάμενον, τὴν δι′ ὅπλων καὶ | κυνηγεσιῶν φιλοδόξως φιλοτειμί|αν ἐφεξῆς
ἡμερῶν ἓξ μὴ διαλιπόντα, | καὶ τὴν ἀρχιέρειαν σύνβιον αὐτοῦ | Οὐλπίαν
15 Ματρῶναν, | πάσης τειμῆς καὶ ἀρετῆς χάριν, τὸν ‖ καὶ βουλευτὴν καὶ τῶν
πρωτευόντων τῆς | λαμπροτάτης Φλαουίας Νέας Πόλε|ως ² καὶ Ἀντιπατρίδος.

1. De pontarchis, cf. supra, n. 630. — 2. Est Neapolis Syriae, sicut in titulo praecedenti.

---

632. Tomis. — *Arch. epigr. Mittheil.*, VI (1882), p. 22, n. 44. — Ectypum habuimus.

5 Ἀγαθῇι τύχηι. | Ἡ βουλὴ καὶ ὁ δῆ|μος Τ. Κομίνιον | Κλαυδιανὸν ‖ Ἑρμά-
10 φιλον τὸν | σοφιστὴν καὶ | ἀγωνοθέτην | ἀρετῆς χάριν | τὸν ποντάρχην ¹ ‖ τῆς
Ἑξαπόλεως ² | καὶ ἀρχιερέα καὶ ἱερέα | τῶν β′ αὐτοκρατόρων.

1. De pontarchis cf. supra, n. 630. — 2. De Hexapoli hac Pontica vide Mommsen, *Hist.*
rom., t. X, p. 74 et sq.; J. Toutain, *Les Pontarques de la Mésie inférieure*, in *Mémoires*
de la Société des Antiquaires de France, t. LXII.

633. Tomis. — *Arch. epigr. Mittheil.*, XI (1887), p. 43, n. 56. — Ectypum habuimus.

['Η βουλὴ καὶ ὁ] δῆμος τῆς [μητρο|πόλεως Τόμ]εως τὸν φιλάδε[λφον | Ἄττα-
5 λ]ον Εὐμένους, ἀδελφὸ[ν] | Κομινίου Κλαυδιανοῦ Ἑρμαφίλου | ποντάρχο[υ] ¹,
ἄρξαντα τὴν πρώτην | ἀρχὴν ἐπισήμως, ἀγορανομήσα[ν]|τα ὑγιῶς, πανηγυριαρ-
χήσαντα τῆς | θυμελικῆς συνό[δ]ου ² φιλοτείμως, | ταμιεύσαντα πιστῶς...... |
10 δήμου...

1. De pontarchis, vide supra. — 2. De hac sacra synhodo cf. n. 17.

---

634. Tomis. — Perrot, *Mémoires d'archéologie*, p. 447.

['Αγαθ]ῇ τύχῃ. | [T]ὸν ποντάρχην καὶ ἄρ[ξαν]|τα τῆς Ἑξαπό[λ]εως | [τὸν] υἱὸν
5 τοῦ Πόντου καὶ | [π]ρῶτον ἀγωνοθέτην | Θεοῦ Ἀντινόου T. Φλά[ο]υιον Ποσειδώ-
10 νιον | υἱὸν Φαίδρου τοῦ ποντάρ|χου καὶ υἱοῦ τῆς πόλε[ως, φυλὴ Ἀργαδέων | τὸν
ἑαυτῆς προστάτην.

De pontarchis et Hexapoli Pontica, cf. n. 630 et seq.

---

635. Tomis. — *Arch. epigr. Mittheil.*, VI (1882), p. 29, n. 59.

Θρέψε — Διονυσόδωρος — | ποντάρχης ¹ παῖδας ἵνα | πάτρῃ καταλείψῃ |
5 ἐκ γαμετῆς Ἰουλίας ἀρχ[ι]ερείης μεγακύδου, |
διαδόχους ἀνθ' αὐτοῦ, | ὡς θέμις ἦν, βιότῳ, |
ἀλλὰ νεμεσσήθη · κατῆλ[θ]αν γῆς ὑπένερθε, |
0 Ἰοῦλις Διονυσόδωρος, | Λεοντιανὸς καὶ Διονυσίς, |
καὶ θυγάτηρ Ἀγριππεῖνα τά|χος λείψασα τὸν ἄνδρα |
ὦ μοίρας ἀπαθοῦς · τό[κ]ους | ....

1. De pontarchis, v. supra. Versus facere sibi visus est is qui scripsit.

---

636. Tomis. — Tocilesco, *Fouilles et recherches en Roumanie*, p. 224, fig. 107. — *Rev. des Études grecques*, 1899, p. 390; 1900, p. 503; 1901, p. 138 et sq.

Σπείρατο μὲν Συρίης με Νε[ή]|πολις εὐρυάγυια, |
πλείονα δ' αὖ πάτρης | ἐστεφάνωσε Τομεύς, ||
5 ἥ μ' ἄλλων μερόπων | πλέον εἴσιδε κοσμηθέντα |

χρυσείοις στεφάνοις | πορφυραίοις τε πέπλοις ¹. |
Δὶς γὰρ ἐποντάρχησα ‖ καὶ Ἄραιως ² ἄθλα ἐτέλεσα, |
τρὶς τελέσας ἀρχὴν | καὶ πόλιν οὐχ ὑβρίσας. |
Ταῦτα δ᾿ ἅπαντα ἀν[ύ]σας | φθόνῳ πληγεὶς νεμεσήθ[ην] |
ἀλλὰ θεῶν βουλαῖς εἶχον | ψυχαί με μαράντα |
Ἄρεως ἀθλητῆρες οἱ ἐμοὶ | σταδίοισι δαμέντες |
μνήμην κἂν θανάτῳ ‖ τοῦτο φέρουσι γέρας.

1. De his insignibus cf. F. Cumont in *Revue des Études grecques*, 1901, p. 138 et sq. —
2. Lege : Ἄρεως.

---

637. Prope vicum nunc dictum Hirsova. — *Arch. epigr. Mittheil.*, VIII (1884), p. 4,
n. 9.

|.... ἡ βουλὴ] καὶ ὁ δῆμος | [τῆς μητροπό]λεως τοῦ Πόντου | Τόμεως.

---

638. Tomis. — *Arch. epigr. Mittheil.*, XIV (1891), p. 28, n. 57.

Ἀγαθῇ τύχῃ.... | Σπεῖρα Ῥωμαίω[ν...... ¹] | ἱερέα Βειτάλιον ..... | εἰκόσι
καὶ ἀνδριᾶσ[ι ... τειμῆς] | χάριν.

1. Est sacra quaedam cohors; cf. supra (n. 52) titulum urbanum.

---

639. Tomis. — *Arch. epigr. Mittheil.*, XVII (1894), p. 93, n. 26.

Αὐρήλιον Εὐτυχιανὸν | Διογένου[ς] τὸν ἱππικὸν | ἄρξαντα καὶ ἀγορανομή|-
σαντα ¹ τὸν ἥρωα ‖ Στατιλία Ἐλπιδία σύμβιο[ς] | καὶ Αὐρ. Μούσικις υἱὸς | μνή-
μης χάριν.

1. Duumviralis, aedilicius erat Aurelius Eutychianus.

---

640. Tomis. — *Arch. epigr. Mittheil.*, XVII 1894), p. 91, n. 21. Cf. Perrot, *Mémoires
d'archéologie*, p. 185.

[Ἀγαθῇ τύχῃ. | Ἡ βουλὴ καὶ ὁ δῆμος | τῆς μητροπόλεως | Τόμεως Ἀφρικα]-

5 νὸν Κυ[ὴ]τον στρα|τευσάμενον ἐνδό|ξως καὶ ἀγορανομή|σαντα ἐπιφανῶς | καὶ
10 ὑπερβαλόμενον | τοὺς πρὸ ἑα[υ]τοῦ τειμῆ[ς] || χάριν · ἀνεστησέν | τε τὸν ἀνδριάντα
Σοσ|σία Ἀφρικ(ανὴ) ¹ ἡ γυνὴ αὐτοῦ.

1. De Sossia Africana cf. supra titulum n. 602.

---

641. Tomis. — *Arch. epigr. Mittheil.*, VI (1882), p. 24, n. 47.

5 [Τύχηι ἀγ]αθῆι. | Λ[ικίννιο]ν Κυρείνα | ..... Οὐαλέρι|ο[ν].... Εὔπο ..|...
[Φλ]άου<υ>ιον (?) ἐρή|δους τῶν προηγου|μένων.....

---

642. Tomis. — *Arch. epigr. Mittheil.*, VI (1882), p. 22, n. 43.

5 Ἀγαθῆ τύχη. | Αὐρ. Εὐτυχὶς | ἀπελεύθερος | Αὐρ. Διονυσίου || τοῦ καὶ |
10 Αἱμονίου | ποιήσας τὸ | μνῆμα ἀνέ|θηκα τὴν || στηλεῖδα. | Χαῖρε, παροδεῖ|τα.

---

643. Tomis. — *Arch. epigr. Mittheil.*, VI (1882), p. 27, n. 55. Ectypum habuimus.

....ωτης τῇ π[ε]ν[θερᾶ καὶ] | τῇ ἰδία γυναικὶ | μνείας χάριν Iuni|ae Dometiae
5 et Iuni|ae Nicae ζῶν φρονῶν | [ἐμα]υτῷ κατεσκεύ|[ασα. Χαῖρε, φ]ίλε.

---

644. Tomis. — *Arch. epigr. Mittheil.*, XIX (1896), p. 96, n. 43.

..... frater [ejus fecit.] | Μητροδώ[ρῳ.......] | τοῦ Ἰουλίου....... | ἀπελευ-
5 θέ[ρῳ, ἔ]ζησεν] || ἔτεσι κε'. Ἑρμῆς? ἀδελ|φὸς αὐτοῦ [.....ζ]|ῶν ἐποίη[σε.
Χαῖρε] | παροδ[εῖτα].

---

645. Tomis. — Tocilesco, *Fouilles et recherches en Roumanie*, p. 222-224, fig. 106.

Ῥουφεῖνα Ἰάσονος Θεοκρίτῳ Θε|οκρίτου υἱῷ τὴν στήλην ἀνέστη|σεν ναυκλήρῳ
5 τῷ καὶ Βασιλεῖ | ζήσαντι ἔτη κδ'. μῆνας θ'. | Χαίρετε.

646. Tomis. — Tocilesco, *Fouilles et recherches en Roumanie*, p. 227, fig. 108.

Protome gladiatoris.

5 Σκίρτος Δακῆσις, | ἐλεύθ(ερος) Παρμῶ(νος) | .... | .... | .... |
.. ἐλθών | ..... ἐν πόλει τὸν | τάφον οἶκον ἔχω..... |

Pleraeque litterae non leguntur.

647. Tomis. — *C. I. L.*, III, 7568.

[... Ser. Sulpi]cius Festus uix. an. [XXVII], | fratres duo h. s. s. | Parentes
pientissimi f. c. |
5 Θεοῖς καταχθονίοις. | Σερ. Σουλπίκιος Πραισκεῖνος | ἔζησ' ἔτη λ' καὶ Σερ.
10 Σουλπ[ί]κιος Φῆστος ἔζησ' ἔτη κζ' ἀδ'ελ]|φοὶ ὧδε ἐτάφησαν · γονεῖς | εὐσε-
βέστατοι ποιῆ[σαι] προεῖδ[ον].

648. Tomis. — Perrot, *Exploration de la Galatie*, p. 68.

5 Τειμοκρά|της Ἀλεξάν|δρου, γένι Νικ|ομηδεὺς, | ὁ κὲ Τομίτης, | φυλῆς |
10 Ῥωμέων, ζήσας ἐπι|τείμως ἐν τῇ Τόμι, ζ|ῶν κὲ φρονῶν, ἑαυ|τῷ κὲ τῇ γυνεκὶ
ἑαυ|τοῦ Ὀλπία Κάστα κὲ | τῷ υἱεῷ ἑαυτοῦ Οὐλ|πίῳ Μαρτίνῳ, φυλῆ|ς Ῥωμέων
15 φι|λοτε(ί)μ[ω]ν [1] .... πόλε|ως, τὴν στηλεῖδα κ[α]|τεσκέδασα σὺν τ|ῷ τόπῳ
20 τῷ περιωρισ[μέ]|νῳ, ὅ ἐστί μοι κοινόν || μοι πρὸς Καλείνι|κον Στροφῇ. Χ[ε]ρε, |
παροδεῖτα.

1. Sic Perrot interpretatur ; in lapide φιλότεμον.

649. Callati. — *Arch. epigr. Mittheil.*, VIII (1884), p. 3, n. 5.

..... Καί]σαρι [1] καὶ Λουκίῳ Α[ὐρη]λίῳ [Κομ]μόδῳ [2] .....

1. M. Aurelius Caesar. — 2. L. Aelius Aurelius Commodus Verus, qui postea una cum
M. Aurelio principatum egit.

650. Callati. — *Arch. epigr. Mittheil.*, XIX (1896), p. 107, n. 60.

Ὑπὲρ τῶν κυρίων αὐτοκρατό[ρων Σεπτιμίου Σεουήρου καὶ Αὐρηλίου Ἀν|τω-

/ε έ]νου Σεβαστῶν 'Αραβικ[ῶν 'Αδιαβηνικῶν καὶ Γέτα Καίσαρος] | υἱοῦ τοῦ
αὐτοκράτορος Σεπ[τιμίου Σεουήρου]..... | νίκης καὶ αἰωνίου διὰ μονῆς........||
5 καὶ τοῦ σύνπαντο[ς] αὐτῶ]ν οἴκου..... ὀνόματος.....

---

651. Callati. — *Arch. epigr. Mittheil.*, VI (1882), p. 7, n. 13.

|Θ εοῖς ΙΙ ατρώοις? | ...] 'Αντων[είνω | ..... Σεβ]αστῶ καὶ....., | προνοο[υ-
5 μένου? | Οὐ αλερίο'υ..... | ... π]ονταρχή[σαντος...

---

652. Callati. — *Arch. epigr. Mittheil.*. VI (1882), p. 10, n. 17.

...... πρεσ δευτὴς Σεβαστῶν .... | .... ἔμαθον δεῖν τοὺς.... | .... συνλαμ-
5 δανομέ νους?... | ... τῶν ἑκατοντάρχ[ων ¹ ... | ..... μηδὲ ἐν τῇ χώρα... | ....
πόλει παρόντι | ...

Est, ut videtur, fragmentum valde mutilum epistulae praesidis provinciae, legati
Augustorum pro praetore.

1. Centuriones.

---

653. Callati. — *Arch. epig. Mittheil.*, XIX (1896', p. 108, n. 63.

.... κὸν Μέ δεστον χειλίαρχον | λεγ(ιῶνος α' Βο[ήθος ¹ καὶ λεγ(εῶνος)..
Νεικη [φόρου ², τ αμίαν ἀντιστράτηγον] | καὶ τῶ αὐ[τῶ χρόνω πρεσβευτὴν] |
5 ἀνθυπά του ³ ἐπαρχείας 'Ασίας ? , | στρατηγὸ[ν ⁴, πρεσβευτὴν λεγ(εῶνος) ..] |
Νεικηφόρου ⁵, ἐπιμελητὴν ὁδοῦ | Φλαμηνί[ας ⁶...

1. Legio ι Adjutrix. — 2. Sive [Κερχυνο'φόρου. — 3. Legatus proconsulis. — 4. Praetor.
— 5. Legio vi Victrix ou xx Valeria Victrix. — 6. Curator viae Flaminiae.

---

654. Callati. — *Arch. epigr. Mittheil.*, XIX (1896), p. 108, n. 62.

'Ο δῆμος........... Ποπλίω Οὐινικί[ω ¹ .... ὁ]παταγῶ ² τῷ
πάτρ[ωνι?

1. Bormann vult cum P. Vinicium eumdem esse atque P. Vinicium M. f., qui consulatum egit anno U. c. 755 — 2 p. C., de quo vide *Prosop. imp. rom.*, III, p. 436, n. 446. —
2. Idem Bormann censet hoc verbo, adhuc ignoto, significari P. Vinicium exercitui
cuidam praefuisse consulari potestate.

655. Callati. — *Arch. epigr. Mittheil.*, VIII 1884, p. 3, n. 6.

Ἀγαθῇ τύχῃ. | Βουλὴ δῆμος | Καλλατιανῶν | Πούπλιον Φλάου| ιον ......

656. Callati. — *Arch. epigr. Mittheil.*, XI (1887), p. 33, n. 32. — Ectypum habuimus.

.... Μ]ονιανίου . | ['Επὶ ἱερέως 'Α πόλλωνος 'Αγυέος ¹ τοῦ | .... Πεταγειτνίου ² νουμη,|[νίαι, ἔδοξε Καλλα τιανῶν τᾶι βουλᾶι καὶ | τῶι δάμωι. οἱ στρατη,γοὶ καὶ σύνεδροι ³ εἶπα[ν] · | ἐπειδὴ..... Μ ονιάνιος στρατη, γὸς .... | .... ας κεντορίας ⁴ .....|.......... σταθεὶς σ...|......λιου....

Supplementa addidit is qui descripsit Tocilescu.

1. Apollo Ἀγυεὺς est Apollo ἐνόδιος, i. e. in viis, de quo vide Pauly-Wissowa, *Realency-clopädie*, s. v. *Agyieus*. — 2. Petageitnius erat mensis quo utebantur nonnullae Doricae civitates, Chalcis, Cos, Calymnos, Rhodus; cui anni parti responderit, incertum est. — 3. Duumviri et decuriones vel βουλευται. — 4. Hic agitur fortasse de quadam Callatia-norum agrorum divisione, cui praefuit Monianius duumvir et ob quam de Callatianis civibus optime meritus est.

657. — Callati. — *Arch. epigr. Mittheil.*, XIX (1896), p. 103 et sq., n. 59. — *C. I. L.*, III, 14214³³. — Tocilesco, *Fouilles et recherches archéologiques en Roumanie*, p. 113-115.

A. .... a lapide ¹ septimo decimo itinere recto ad lapide]m octa[u]um de[ci-mum p. II ; a lapide octauo decimo | itinere recto ad lapidem no]num decimum qui [est in flexu inter.....; | a lapide nono d'ecimo dextrorsum ² [itinere recto ad lapidem uicensimum p. II; | a lapide uicensimo itin]ere recto ad lapidem u]icensimum et primum p. I; a lapide uicensimo [| et primo itinere recto] ad lapi-dem uicensim[um et secundum, qui est in flexu inter | Asbolodina et Sardes ³⁷, p. IICCCC; a lapide uicen[simo et secundo sinistrorsum ⁴ itinere | recto ad lapi-dem uicensi'mum et tertium p. II; a l apide uicensimo et tertio itinere recto | ad lapidem quartum et uicensi'mum p. II: a lapid'e quarto et uicensimo itinere recto | ad lapidem uicensimum et quin'tum p. [II......

B. ....ἐπὶ λίθον ¹ δωδέκατον, ὅς ἐστιν ἐν καμπῇ μεταξὺ κώμης Κα...... ... | ...ση ἀπὸ Καλλάτιδος [...... · | ἀπὸ λίθου τρισκαιδεκάτου ἐπ' εὐθεῖαν ὀρθὴν ἐπὶ [λίθον | τεσσαρακαιδέκατον ποδ. β · ἀπὸ λίθου τεσσαρακαιδεκάτου ἐπ' εὐθεῖ αν ὀρθὴν ἐπὶ λίθον π εντ'εκαι]δέκατον ποδ. β · ἀπὸ λίθου πεντεκαιδεκάτου ἐπὶ λίθον ἑκκαιδέκατον, ὅς ἐ]στιν ἐν καμπῇ μεταξὺ Οὐαλ[.....|......... · ἀπὸ λίθου ἐκ καιδεκάτου ἐξ ἀριστερῶν ¹ ἐπ' εὐθ ει]αν ὀρθὴν ἐπὶ λίθον ἑπτακαιδέκατον ποδ.

,β · ἀπὸ λίθου ἑπτακαιδεκάτου ἐπ᾽ ε]ὐθεῖαν ὀρθὴν ἐπὶ λίθον ὀκτωκαιδέκα|[τον
ποδ. ,β(?) · ἀπὸ λίθου ὀκτωκαιδεκάτου ἐπ᾽ εὐθεῖαν ὀρθὴν ἐπὶ λίθον ἐννεα]καιδέκα-
τον, ὅς ἐστιν ἐν καμπῇ μετ[α]ξύ........ · ἀπὸ λίθου ἐννεακαιδεκάτου ἐκ δεξιῶ]ν ²
10 ἐπ᾽ εὐθεῖαν ὀρθὴν ἐπὶ λίθον εἰκοστὸν ‖ [ποδ. ,β · ἀπὸ λίθου εἰκοστοῦ ἐπ᾽ εὐθεῖαν
ὀρθὴν ἐπὶ λίθον εἰκοστόπρωτο]ν ποδ. ,α · ἀπὸ λίθου εἰκοστοπρώτου ‖ [ἐπ᾽ εὐθεῖαν
ὀρθὴν ἐπὶ λίθον εἰκοστὸν δεύτερον, ὅς ἐστιν ἐν καμπῇ μετα]ξὺ Ἀσβολοδεινῶν καὶ
Σάρδεων ³, π[[οδ. ,βυ · ἀπὸ λίθου εἰκοστοῦ δευτέρου ἐξ ἀριστερῶν ⁴ ἐπ᾽ εὐθεῖαν
ὀρθὴν ἐπὶ λ]ίθον εἰκοστὸν τρίτον ποδ. ,β · ἀπὸ λί|[θου εἰκοστοῦ τρίτου ἐπ᾽ εὐθεῖαν
ὀρθὴν ἐπὶ λίθον εἰκοστὸν τέταρτον ποδ.] ,β · ἀπὸ λίθου εἰκοστοῦ τετάρτου ‖
[ἐπ᾽ εὐθεῖαν ὀρθὴν ἐπὶ λίθον εἰκοστον πέμπτον ποδ. ,β.....

Fragmenta tituli bilinguis, quo minutissime describuntur fines sive inter territoria
Callatidis et alterius civitatis (cf. C. I. L., III, 5787), sive inter agrum publicum et
agros privatos.

1. Lapides, λίθοι = termini. — 2. Ab hoc lapide fines dextrorsum directi erant. —
3. Sunt nomina vicorum vel pagorum Callatianorum civitati attributorum. — 4. Ab hoc
lapide fines sinistrorsum flexi erant.

---

658. Odessi. — C. I. Gr., 2056 c.

5 Ἀγαθῇ τύχῃ. | Πρόσοδον Φαρνά|γου ἄρξαντα τῆς πό|λεως καὶ ἄρξαντα ‖ τοῦ
κοινοῦ τῆς | Πενταπόλεως ¹ καὶ | τειμηθέντα ὑπὸ | τοῦ κοινοῦ τῆς Πεν|τα-
πόλεως.....

1. De hac Pentapoli illiusque communi cf. J. Toutain, Notes sur les Pontarques de la
Mésie Inférieure, in Mémoires de la Société des Antiquaires de France, t. LXII.

---

659. Odessi. — C. I. Gr., 2056 g.

Ὑπὲρ τῆς Αὐτοκράτορος | Τιβερίου Καίσαρος, Θεοῦ | Σεβαστοῦ υἱοῦ, Θεοῦ
5 Σεβα|στοῦ τύχης, κτ[ί]στου τοῦ ‖ καινοῦ περιβόλου ¹, [Ἀ]πολλώ|νιος Ἀπολλω-
ν[ί]ου τοῦ Προ|μαθίωνος [τὴν] σχοινίαν | τὴν μεταξὺ τῶν δύο πύρ|γων ² οἰκοδο-
10 μήσας καὶ στε|γάσας ἐκ τῶν ἰδίων θεοῖς | πᾶσι καὶ τῷ [δήμῳ?]

1. « Περίβολος est murus oppidum cingens » (C. I. Gr., loc. cit.). — 2. Quid sit σχοινία
latet; est forsitan περιβόλου pars quaedam inter duas turres, quam partem aedificandam
et muniendam curavit Apollonius.

660. Odessi. — *Arch. epig. Mittheil.*, XVII (1894, p. 203, n. 82.

5   Πεῖαν Ἀπολλοδώ|ρου τὴν ἀρχιέρει|αν, γυναῖκα δὲ | [τοῦ πο]ντάρχου [1] | Διο-
νυσίου Ἀγα| θ..... ἡ βουλή.......

1. In lapide ITΑΡΧΟΥ, supplet editor [πολ]ιτάρχου. Haud minus probabilis videtur lectio
[πο]ντάρχου.

---

661. Odessi. — *C. I. L.*, III, 14458[1].

[D. M. et memoriae Antistiae Firmi|ne coiugi rarissime quae uixit | mecum
ann. XXIII, Malius Secundus | bf. cos. maritus fecit me poni. |

5   Εἴ τις ἐν τούτῳ τῷ ἡρώῳ ὅπου κεῖτε | ἡ προγεγραμμένη θελήσι ἄλλον ἕτερον
θεῖναι, δώσι τῷ ταμίῳ δηνάρια ͵βρ' | καὶ τῇ Ὀδεσσειτῶν πόλι δηνάρια ͵βρ'.

---

662. Dionysopoli. — Latyschew, *Journal (russe) du ministère de l'Instruction publique*,
1896, p. 1 et sq.; Dittenberger, *Sylloge* [1], p. 347, n. 342.

.... αι πλι .... | .... τὸν δὲ ἔλαβε ..... | ..... ος Θεοδώρου καὶ ει..... |
5   ....αν τοῖς ἰδίοις δαπανήμασι....... | μετὰ τῶν συναπο[δ]η̣μων αἰτήσ̣ας
ἀσφάλειαν | ἐπορεύθη εἰς Ἀργέδα υ ον [1] πρὸς τὸν πατέρα τοῦ βασιλέως |
Βυρεβίστα [2] · παραγε νόμενος δὲ καὶ συντυχὼν αὐτῶι | τὴν μὲν εὔνοια ν τὴν
ἀπ' αὐτοῦ κατεκτήσατο τῇ [πόλει, | τῆς δὲ δαπάνης ἀπέλυσεν τὸν δῆμον.
10 Ἱερεύς τε γενόμενος ‖ Θεοῦ Διὸς μεγ άλου τάς τε πομπὰς καὶ τὰς θυσίας
ἐπε|τέλεσεν εὐσεβ ῶς καὶ τοῖς πολίταις μετέδωκε ν τῶν | κρεῶν [3] · τῷ τε
Σαρ]άπει λαχὼν ἱερεὺς ὁμοίως τοῖς δ α]π ανή|μασιν ἀνεστράφη καλῶς τε καὶ
φιλαγάθως · τοῦ τε ἐπων ύμου | τῆς πόλεως Διον]ύσου [4] οὐκ ἔχοντος [ἱε]ρῆ ἀφ'
15 ἐτῶν πλ[η]ό νων, ‖ ἐπικληθεὶς ὑπ ὸ τῶν πολιτῶν ἐπέδωκεν ἑαυτὸν [καὶ κα]τὰ
τὴν Γαίου Ἀ]ντωνίου [5] παραχειμασίαν ἀ ν αλ αβὼν | τὸν στέφανο ν τοῦ θεοῦ
τάς τε πομπὰ ς καὶ θυσίας ἐπε]τέλεσε καλῶ ς καὶ μεγαλομερῶς καὶ τοῖς
20 πολίταις [μετέ]δωκε τῶν κρε ῶ ν] ἀφθόνως · θεῶν τε [τῶ]ν ἐν Σαμοθρά κη, ‖ τὸν
στέφανον ἀνειληφὼς διὰ βίου τάς τε πομπὰς κ αὶ | τὰς θυσίας ἐπιτελεῖ ὑπέρ
τε τῶν μυστῶν καὶ τῆς [πό]λεως · νεωστ ί τε τοῦ βασιλέως Βυρεβίστα πρώτου
καὶ [με]γίστου γεγ ονότος τῶν ἐπὶ Θράκης βασιλέων καὶ πᾶσ αν | τήν τε πέρα ν
25 τοῦ ποταμοῦ καὶ τὴν ἐπὶ τάδε κατεισχη]κότος παραγε νόμενος καὶ πρὸς τοῦτον

ἐν τῇ πρώτῃ καὶ μ ε|γίστῃ βασιλ(ε) ιᾳ τὰ βέλτιστα κατεργάζεται τῇ πατρίδι
λέ|'γων ἀεὶ καὶ] συνδουλεύων τὰ κράτιστα καὶ τὴν εὔνοιαν τοῦ [βα|σιλέω]ς πρὸς
τὴν τ῀ῆ ς πόλεως σωτη[ρί]αν προσπαραμ υ|θού]μενος, ἔν τε τοῖς λοιποῖς ἅπασιν
30 ἀρειδῶς ἑαυτὸ[ν | ἐπιδ|ιδοὺς εἰς τὰς τῆς πόλεως πρεσβήας, καὶ κινδύνους
ἐπ ι|δ]εχόμενος [ἀό|κνως πρὸς τὸ πάντως τι κατεργάζεσ θαι | τ]ῇ πατρίδι συμ-
φέρον. Πρός τε Γναῖον Πομπήιον Γναίο[υ υ ἱ|ὸ]ν ⁷, αὐτοκράΐτ ορα Ῥωμαῖον,
ἀποσταλεὶς ὑπὸ βασιλέως Βυραβέ| σ τα πρεσβ ευτ ῆς, καὶ συντυχὼν αὐτῷ τῆς
35 Μακεδονίας ἐν το῀ῖς | π ερ[ὶ Ἡρά]κλην τὴν ἐπὶ [τ]οῦ Λύκου ⁸, οὐ μόνον τοὺς
ὑπὲρ τοῦ βα σι|λ έως χρηματισμοὺς διέθετο τὴν εὔνοιαν τὴν Ῥωμαίων πα[ρ|α-
γόμενος τῷ βασιλεῖ, ἀ λ λὰ καὶ περὶ τῆς πατρίδος τοὺς καλλίστου[ς | ὃ ιέθετο
χρηματισμούς, καθόλου δὲ κατὰ πᾶσαν περίστασιν κ αι|ρ]ῶν ψυχῇ καὶ σ ώ|ματι
40 παραβαλλόμενος καὶ δαπάναις χρώμ ε |ῃος ταῖς ἐκ τοῦ βίου ⁹ τινὰ δὲ καὶ
τῶν πο|λι τικῶν [χ ορ ηγί ων σωματ ο|π οιῶν παρ' ἑαυτοῦ, τὴν μεγίστην
ἐνδείκνυτ αι] σπουδὴν εἰς τὴν ὁ |πὲρ τῆς πατρίδος σωτηρίαν · ἵνα οὖν καὶ ὁ
δῆμος φαίνηται τιμῶ[ν| | τοὺς [καλ ού[ς καὶ ἀγ α]θοὺς ἄνδρας καὶ ἑαυτὸν
εὐεργετοῦντας, δε δό|χ]θαι τῇ] βουλῇ καὶ τ[ῷ] δήμῳ, ἐπῃνῆσθαι μὲν ἐπὶ τούτοις
45 Ἀκ ορ|νίων[α ¹⁰ | Δι ονυσ]ίου καὶ στερ α νωθῆναι [α ὐτὸν [ἑ]ν τοῖς Διονυσίοις
χρ[υσῷ | σ τ[ε ρά[ν ῳ καὶ εἰκόνι χαλκῇ, στεφανοῦσ θα ι δὲ αὐτὸν καὶ εἰς τὸν
[λοι|πὸ ν χρ όν ον καθ' ἕκαστον ἔτος ἐν τοῖς Διονυσίοις χρυσῷ στε[ρά|νῳ],
δε δό|σ]θαι δὲ αὐτῷ καὶ εἰς ἀνάστασιν ἀνδρι[ά]ντος τό|πον τὸν ἐπιφανέστ[α]τον
τῆ῀ς ἀγορᾶς.

Est decretum senatus populique Dionysopolitanorum, in honorem civis cujusdam cui
nomen erat Acornion Dionysii f., ut patet ex vers. 44-45.

1. Eadem urbs haec esse videtur atque Ἀργίδαυα, quam Ptolemaeus commemorat
inter praecipuas Dacorum urbes III, 8, 4). — 2. Burebista, rex Dacorum vel Getarum
temporibus Divi Caesaris et Augusti; de quo cf. Strabonem, VII, 3, § 5 et 11. — 3. I. e.
sacris peractis, victimarum membra civibus distribuenda curavit. — 4. Intellige : urbs
Dionysopolis. — 5. Hic agitur de C. Antonio, qui consulatum egit una cum M. Tullio
Cicerone et dein proconsul fuit Macedoniae, ubi bellum gessit contra barbaros illi
provinciae minimos. Liv., Epit., CIII ; Julius Obsequens, 123 ; Dio Cassius, XXXVIII,
10, 2.) — 6. Strabo (loc. cit.) refert regem Burebistam ultra flumen Istrum transisse
et ita praedavisse, ut Caesar et Octavianus bellum adversus Getas parare coacti sint.
— 7. Cn. Pompeius Magnus, qui anno 49 a. C. n. imperator a militibus appellatus
est post res prospere contra Caesarem apud Dyrrachium gestas. — 8. Intellige Heracleam in Lyncestide, ad viam Egnatiam. — 9. I. e. ex re familiari sua. — 10. Cf. titulum
Tomitanum editum in Arch. epigr. Mittheil., VI 1882), p. 19, n. 39, v. 14.

663. Dionysopoli. — *Arch. epigr. Mittheil.*, X 1886, p. 184.

['Αγαθῆι] τύχηι. | [Ουίτρ]άσιον Πολλίωνα [1] | [πρεσβε]υτὴν καὶ [ἀν]τιστρά-
5 τη[γον] Σεβαστοῦ Καίσαρ[ος], ‖ εὐ|εργέτην βουλὴ δῆμο[ς] | Διον υσοπολιτῶν.

1. T. Pomponius Proculus Vitrasius Pollio, consul iterum anno p. C. n. 176, de quo
cf. *Prosop. imp. rom.*, III, p. 78, n. 558.

664. Dionysopoli, in loco nunc dicto Junuscilar, a Balcik septentrionem versus —
Arch. epigr. Mittheil., XVII (1894), p. 210, n. 102.

... τὸν] ἀσύνκριτον ἀρχιερέα καὶ ἱε[ρέα θεῶν] | δώδεκα καὶ γυμνασιάρχ[ην
και[νῶν ἀγώ]|νων φιλότειμον καὶ ἄρξαντα τῆς πα[τρίδος] | ἁγνῶς καὶ πρεσβεύ-
5 σαντα παρὰ Θε[ὸν] ‖ 'Αντωνεῖνον [1] εἰς τὴν βασιλίδα 'Ρώμ η ν | καὶ ἐν ἐπιδόσει
χρημάτων ἄρξαντα τὴν π[ρώ]|την ἀρχὴν καὶ εὐεργέτην τῆς πόλεως, [ὃν] τα
καὶ διανομὰς τῇ κρατίστῃ βουλῇ [2] [ἐπὶ] | ἀναστάσει τοῦ ἀνδριάντος, Μ. Αὐ[ρή-
10 λιον] ‖ Δημήτριον Διογένους βουλὴ [τῶν Διονυ]|σοπολειτῶν τειμῆς [χάριν].

1. Sive T. Aelius Antoninus Pius, sive M. Aurelius Antoninus (Caracalla . — 2. Decu-
rionibus sportulas vel divisiones dedit.

665. Marcianopoli. — *C. I. L.*, III, 761.

D. M. | C. Val. Alexander ui|uus sibi fecit sepulcrum | et hic situs est. |
5 Γ. Ουαλέριος 'Αλέξανδρος ζῶν | τὸ μνιμεῖον ἑαυτῷ κατεσκεύασεν.

INSTRUMENTUM MOESIAE

666. Mensa mensuraria reperta in pago nunc dicto Kosovo, haud longe Nicopoli ad Istrum inter occidentem et septentrionem. — *C. I. L.*, III, 12415.

In parte superiore lapidis :

foramen	*foramen*
Ἡμεῖνα	Ξέστης ἐλης(ός)
foramen	*foramen*
Ἡμεῖνα	Ξέστης οἴν(ου)
foramen	*foramen*
Σημόδι(ο)ν	Μόδ(ιος)

In latere.

[..... gymnas]iarcha em'pori Piretensium | de suo posuit.

De hac mensa cf. von Domaszewski, *Das Σήκωμα von Kosovo in Bulgarien* in *Arch. epigr. Mittheil.,* XV (1892), p. 145 et sqq.

---

667. Tomis, in tessera fictili. — *Arch. epigr. Mittheil.,* VI (1882), p. 36, n. 77.

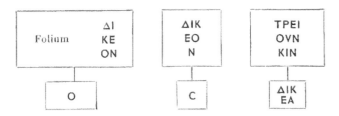

Videtur esse una ex iis formis quibus ad fabricanda pondera utebantur. Lege :
δίκαιον τριούγκιον.

---

668. Tomis, in pondere plumbeo. — *Arch. epigr. Mittheil.,* XIV (1891), p. 3, n. 5.

Ab una parte :

Διο|ὄν|κιν

Ab altera :

Ἰτα|λι|κόν.

THRACIA

THRACIA

669. Pautaliae, in miliario. — Dobrusky, *Matériaux d'archéologie bulgare*, IV 1899, p. 103-104.

['Αγαθῆι τύχηι. | Ὑπὲρ τῆς τοῦ ὁσιοτάτου] αὐτοκράτορος Καίσαρος | Μ. Αὐρη-
5 λίου Σεουήρου || 'Αλεξάνδρου] τύχης τε | καὶ νείκης καὶ αἰω|νίου διαμονῆς,
10 ἡγε|μονεύοντος τῆς | Θρᾳκῶν ἐπαρχε|ίας Ῥουτιλλ(ίου) | Κρισπείνου ¹, πρεσβ(ευ-
τοῦ) | Σεβ(αστοῦ) καὶ ἀντιστρα|τήγου, ἡ Παυτα|λεωτῶν πόλις τὸ | μείλι(ο)ν
15 ἀνέστησεν. Εὐτυχῶς.

1. Rutilius Crispinus qui fuit praepositus vexillationibus Palmyrae morantibus tempore quo Alexander in Oriente degebat memoratur etiam in titulo invento prope Hadrianopolim et infra relato (n. 772). De eo viro cf. *Prosop. imp. rom.*, III, p. 147, n. 166.

---

670. Pautaliae. — Dobrusky, *Matériaux d'archéologie bulgare*, IV (1899), p. 102, fig. 52.

['Αγαθῆι τύχηι. | Ὑπὲρ τῆς τοῦ ὁσιοτάτου αὐτοκράτορος | Καίσαρος Μ. Αὐρη-
5 λίου 'Αντωνίνου ¹] | τύχης τε καὶ νείκης καὶ || αἰωνίου διαμονῆς, ἡγε|μονεύοντος
τῆς Θρᾳκῶν | ἀιπαρχείας Α. Πρωσίου | Ῥουφίνου ² πρε(σ)β(ευτοῦ) Σεββα|στῶν ³
10 ἀντιστρατήγου, | τὸ μείλι(ο)ν ἡ Παυταλεω|τῶν πόλις. | Εὐτυχῶς.

1. Elagabalus, cujus nomine sine dubio erasa erant ut infra (n. 687. — 2. De hoc legato Thraciae cf. *Prosop. imp. rom.*, III, p. 139, n. 111 112 et Dobrusky, *loc. cit.*, p. 103. Idem L. Prosius Rufinus nominatur *C. I. L.*, III, 12338, 12339. — 3. Macrinus et Elagabalus; item in titulo latino (*C. I. L.*, III, 12339) legitur : *leg.* AVGG·PR·PR.

---

671. Pautaliae. — Dumont-Homolle, p. 321 II¹ :

... τήν] | Θεοφιλεστ[άτην Αὐγο|ύστην? Ἐρεν[νίαν Ἐτρο[υσκίλλα·ν] ¹... ἡ
· λα[μ]προτάτη Παυταλεωτῶν | πόλις.....

1. Herennia Etruscilla, uxor imperatoris Decii Trajani Aug.

15

672. In vico nunc dicto Volnjak, haud procul Serdica inter septentrionem et occidentem. — *Arch. epigr. Mittheil.*, XIV (1891), p. 155-156, n. 40; — Dumont-Homolle, p. 563, Qˢ.

Ἀγαθῇ τύχῃ. | Ὑπὲρ ἰγίας καὶ σω|τηρείας καὶ νίκης | τοῦ κυρίου ἡμῶν
5 Μ. Ἀν[τωνίου] | Γορδιανοῦ Εὐτυχοῦς | Εὐσεβ(οῦς) Σεβ αστοῦ) καὶ τῆς ἐ[κ]|ρι-
10 λεστάτης Αὐγούστης | Φαβουρίας Σαβινίας | Τραγκυλλίνης ¹, ἡγεμο|νεύοντος τῆς
Θρᾳ|κῶν ἐπαρχ είας] | Πομπωνίου [Ἀν τεσ][τι]α ν οῦ ² [πρεσ]|β(ευτοῦ) Σεβ(αστοῦ)
15 ἀ[ντ]ισ τρατήγου] ‖ ... ἡ ³ [Π]αυταλεω|τῶν πόλις τὸ μίλιον. | Εὐτυχῶς.

1. Sic, pro Φουρίας. Furia Sabinia Tranquillina. — 2. Traditur **ΤΕΣΠΑ//ΟΥ**. Cognomen legati valde incertum; legatus ipse adhuc ignotus. — 3. Traditur **ΓΗΗ**.

---

673. Pautaliae. — Dobrusky, *Matériaux d'archéologie bulgare*, IV (1899), p. 111, n. 18.

5 Ἀγαθῇ τύχῃ. | Τὸν κράτιστον | ἐπίτροπον | τῶν Σεβ(αστῶν) Αὐρ. | Ἀπολλώ-
10 νιον ¹ | Αὐρ. Ἡρώδης ὁ Πο|σιδωνίου δοῦλ(ος) | τὸν ἑαυτοῦ πά|τρωνα. | Εὐτυχῶς.

1. Idem fortasse atque Aurelius Apollonius procurator Aug., Apolloniae in Pisidia honoratus (infra t. III, n. 317), de quo cf. etiam *Prosop. imp. rom.*, I, p. 196, n. 1209.

---

674. Ad vicum nunc dictum Djumar-Bala, triginta circiter millibus passuum a Pautalia inter meridiem et orientem. — *Athen. Mittheil.*, XVI (1891), p. 267 et sq. — *C. I. L.*, III, 12336.

Bona Fortuna. | Fuluio Pio et [P]o[n]tio Proculo cons. XVII kal. Jan. ¹ descriptum [e]t reco[g]nitum factum | [e]x [li]bro [li]bellorum rescript[o]rum a domino n(ostro) Imp. Ca[e]s. M. Antonio Gordiano Pio Felice Aug. | [e]t propo[s]il[o]rum [R]oma[e] in portic[u the]rmarum Tr[a]ianarum in ue[r]ba [q]uae] i,nfra) s[cripta)
5 s(unt); | dat(um) per Aure(lium) Purrum mil(item) coh(ortis) X pr(aetoriae) [P(iae) F(elicis) G]ordiana[e ɔ] Proculi con[ui]canu[m] et con[p]ossess[o]rem. |

Αὐτοκράτορι Καίσαρι Μ. Ἀντωνίῳ Γορδιανῷ | Εὐσεβεῖ Εὐτυχεῖ Σεβ(αστῷ)
[ὁ]έησις παρὰ κωμη|τῶν | Σκαπτοπαρηνῶν τῶν καὶ Γρησειτῶν ². Ἐν τοῖς | εὐτυ-
5 χεστάτοις καὶ αἰωνίοις σου καιροῖς ‖ κατοικεῖσθαι καὶ βελτιοῦσθαι τὰς κώμας |
ἥπερ ἀναστάτους γίγνεσθαι τοὺς ἐνοικοῦν|τας πολλάκις ἀντέγραψας · ἔστιν γε καὶ
ἐπὶ | τῇ τῶν ἀνθρώπων σωτηρίᾳ τὸ τοιοῦτο καὶ | ἐπὶ τοῦ ἱερωτάτου σου ταμείου
10 ὠφελείᾳ. | [Δι'] ὅπερ καὶ αὐτοὶ ἔννομον ἱκεσίαν τῇ θειότητί | σου προσκομίσομεν,
εὐχόμενοι ἴλεως ἐπι|νεῦσαι ἡμεῖν δεομένοις τὸν τρόπον τοῦτον. | Οἰκοῦμεν καὶ

κεκτήμεθα ἐν τῇ προγεγραμμένῃ | κώμῃ οὔσῃ εὐεπεράστῳ διὰ τὸ ἔχειν ὑδάτων |
15 θερμῶν χρῆσιν καὶ κεῖσθαι μέσον δύο | στρατοπέδων τῶν ὄντων ἐν τῇ σῇ Θράκῃ,
καὶ | ἐφ' οὗ μὲν τὸ πάλλαι οἱ κατοικοῦντες ἀόχλητοι | καὶ ἀδειάσειστοι ἔμενον,
20 ἀνενδεῶς | τούς τε φόρους καὶ τὰ λοιπὰ ἐπι|τάγματα συνετέλουν, ἐπεὶ δὲ κατὰ
καιροὺς εἰς | βίαν προχωρεῖν τινες καὶ βιάζεσθαι | ἤρξαντο, τηνικαῦτα ἐλαττοῦσ-
θαι | καὶ ἡ κώμη ἤρξατο. Ἀπό γε μειλίων | δύο τῆς κώμης ἡμῶν πανηγύρεως |
25 ἐπιτελουμένης διαβοήτου οἱ ἐκεῖσε | τῆς πανηγύρεως εἵνεκεν ἐπιδημοῦν|τες ἡμέρας
πέντε καὶ δέκα ἐν τῷ | τόπῳ τῆς πανηγύρεως οὐ καταμέ|νουσιν, ἀλλ' ἀπολιμπά-
30 νοντες ἐπέρ|χονται εἰς τὴν ἡμετέραν κώμην | καὶ ἀναγκάζουσιν ἡμᾶς ξενίας |
αὐτοῖς παρέχειν καὶ ἕτερα πλεῖστα εἰς | ἀνάλημψιν αὐτῶν ἄνευ ἀργυρίου χο|ρη-
35 γεῖν. Πρὸς δὲ τούτοις καὶ στρατιῶται | ἀλλαχοῦ πεμπόμενοι καταλιμπά|νοντες
τὰς ἰδίας ὁδοὺς πρὸς ἡμᾶς πα|ραγείνονται καὶ ὁμοίως κατεπείγουσιν | παρέχειν
40 αὐτοῖς τὰς ξενίας καὶ τὰ ἐπι|τήδια μηδεμίαν τιμὴν καταβαλόντες. | Ἐπιδημοῦσι
δὲ ὡς ἐπὶ τὸ πλεῖστον | διὰ τὴν τῶν ὑδάτων χρῆσιν οἵ τε ἡγού|μενοι τῆς ἐπαρχίας
ἀλλὰ καὶ οἱ ἐπί|τροποί σου. Καὶ τὰς μὲν ἐξουσίας συ|νεχέστατα δεχόμεθα κατὰ
45 τὸ ἀναγκαῖον, | τοὺς δὲ λοιποὺς ὑποφέρειν μὴ δυνάμε|νοι ἐνετύχομεν πλειστάκις
τοῖς ἡγε|μόσι τῆς Θράκης, οἵτινες ἀκολούθως | ταῖς θείαις ἐντολαῖς ἐκέλευσαν
50 ἀοχλή|τους ἡμᾶς εἶναι, ἐδηλώσαμεν γὰρ μη|κέτι ἡμᾶς δύνασθαι ὑπομένειν, ἀλ|λὰ
καὶ νοῦν ἔχειν ἐνκαταλιπεῖν καὶ τοὺς | πατρῴους θεμελίους διὰ τὴν τῶν | ἐπεργο-
55 μένων ἡμεῖν βίαν, καὶ γὰρ | ὡς ἀληθῶς ἀπὸ πολλῶν οἰκοδεσπο|τῶν εἰς ἐλαχίστους
κατεληλύθα|μεν. Καὶ χρόνῳ μέν τινι ἴσχυσεν | τὰ προστάγματα τῶν ἡγουμέ-
60 νων | καὶ οὐδεὶς ἡμεῖν ἐνόχλησεν | οὔτε ξενίας [ὀνό]ματι, | οὔτε παροχῆς ἐπιτη-
δείων, | προϊόντων δὲ | τῶν χρόνων πάλιν | ἐτόλμησαν ἐπιφύεσθαι | ἡμεῖν πλεῖστοι
65 ὅσοι | [τ]ῆς ἰδιωτίας ἡμῶν | καταφρονοῦντες. Ἐπεὶ | οὖν οὐκέτι δυνάμεθα |
70 φέρειν τὰ βάρη καὶ | ὡς ἀληθῶς κινδυνεύομεν | ὅπερ οἱ λοιποὶ τό·δε καὶ | ἡμεῖς
προλιπεῖν τοὺς | προγονικοὺς θεμελίους, τούτου | χάριν δεόμεθά σου, ἀνίκητε |
75 Σεβαστέ, ὅπως διὰ θείας σου | ἀντιγραφῆς κελεύση[ς] | ἕκαστον τὴν ἰδίαν πορεύεσ-
θαι | ὁδὸν καὶ μὴ ἀπολιμπάνοντας | αὐτοὺς τὰς ἄλλας κώμας ἐφ' ἡμᾶς | ἔρχεσθαι,
80 μηδὲ καταναγκάζειν | ἡμᾶς χορηγεῖν αὐτοῖς προῖκα τὰ | ἐπιτήδια ἀλλὰ μηδὲ
ξενίαν αὐτοῖς | παρέχειν, οἷς μὴ ἔστιν ἀνάγκη, ὅτι | γὰρ οἱ ἡγούμενοι πλεο-
85 νάκις ἐκέ|λευσαν μὴ ἄλλοις παρέχεσθαι ξε|νίαν εἰ μὴ τοῖς ὑπὸ τῶν ἡγουμέ|νων
καὶ ἐπιτρόπων πεμ|πομένοις εἰς ὑπηρεσίαν · ἐὰν γε | βαρώμεθα, φευξόμεθα ἀπὸ
90 τῶν | οἰκείων καὶ μεγίστην ζημίαν τὸ | ταμεῖον περιβληθήσεται, ἵνα | ἐλεη-
θέντες διὰ τὴν θείαν σου | πρόνοιαν καὶ μείναντες ἐν | τοῖς ἰδίοις τούς τε ἱεροὺς

95 φόρους | καὶ τὰ λοιπὰ τελέσματα παρέχειν | δυνησόμεθα. Συμβήσεται δὲ |
τοῦτο ἡμεῖν ἐν τοῖς εὐτυχεστάτοις σου καιροῖς ἐὰν κελεύσῃς | τὰ θεῖά σου γράμ-
100 ματα ἐν στήλῃ ἀναγραφέντα δημοσίᾳ προκεῖσθαι, ἵνα τούτου τυχόντες | τῇ τύχῃ
σου χάριν ὁμολογεῖν | δυνησόμεθα, ὡς καὶ νῦν κα ταρ|ώμενοί σου ποιοῦμεν |.

105 Διογένης ὁ Τύριος ὁ π ραγμα|τικὸς ἀπὸ θείας φιλανθρω|πίας ἐπὶ τὴν ἐντευξιν
ταύ|την ἐλήλυθεν · δοκεῖ δὲ | μοι θεῶν τις προνοήσασθαι | τῆς παρούσης ἀξιώ-
110 σεως. | Τὸ γὰρ τὸν θειότατον αὐτο|κράτορα περὶ τούτων πέμ|ψαι τὴν ἰδίαν γνῶσιν
115 ἐπὶ | σε ὅτι δεήσῃ φθάσαντα | περὶ τούτου καὶ προγράμ|μασιν καὶ διατάγμασιν |
δεδωκέναι, τοῦτο | ἐμοὶ δοκεῖ | τῆς ἀγαθῆς τύχης | ἔργον εἶναι. |

120 [Ἔστι δὲ ἥδε ἡ ἀξίωσις. | Ἡ κώμη ἡ τοῦ | βοηθουμένου | στρατιώτου | [ἐστὶν]
125 ἐν | τῷ καλλίστῳ | τῆς πολειτίας | τῆς ἡμετέρας τῶν | Παυταλιωτῶν | πόλεως
130 κειμένη, | καλῶς μὲν τῶν | ὁρῶν καὶ τῶν | πεδίων ἔχουσα, | πρὸς δὲ τούτοις | καὶ
135 θερμῶν | ὑδάτων λουτρὰ | οὐ μόνον | πρὸς τρυφὴν | ἀλλὰ καὶ ὑγείαν | καὶ θερα-
140 πείαν | σωμάτων ἐπιτηδειότατα, | πλησίον δὲ καὶ πανήγυρις | πολλάκις μὲν ἐν τῷ
145 ἔτει | συναγομένη, περὶ δὲ καλ(ένδας) | ἐκτωμβρίας καὶ εἰς πέντε | καὶ δέκα ἡμερῶν
ἀγομένη. | Συμβέβηκεν τοίνυν τὰ δοκοῦν|τα τῆς κώμης ταύτης πλεον|εκτήματα
150 τῷ χρόνῳ περι|εληλυθέναι αὐτῆς εἰς ἔλλατ|τώματα · διὰ γὰρ τὰς | προσειση-
μένας ταύτας | προφάσεις πολλοὶ πολλά|κις στρατιῶται ἐνεπιδή|μοῦντες ταῖς τε
155 ἐπιξενώ|σεσι καὶ ταῖς βαρήσεσιν | ἐνοχλοῦσι τὴν κώμην · | διὰ ταύτας τὰς αἰτίας
160 πρότερον αὐτὴν καὶ πλουσιω|τέραν καὶ πολυάνθρωπον| μᾶλλον οὖσαν νῦν εἰς
ἐσχά|την ἀπορίαν ἐληλυθέναι · | ἐπεὶ τούτων ἐδεήθη|σαν πολλάκις καὶ τῶν ἡγου|-
165 μένων, ἀλλὰ καὶ μέχρις τι|νός ἴσχυσεν αὐτῶν τὰ | προστάγματα, μετὰ δὲ | ταῦτα
170 κατωλιγωρήθη, | διὰ τὴν συνήθειαν τῆς τοιαύτης ἐνοχλήσεως · | διὰ τοῦτο
ἀναγκαίως κατ|έφυγον ἐπὶ τὸν θειότατον | αὐτοκράτορα .

Imp. Caesar M. Antonius Gordianu[s Pius] Felix Au[g. ui]kanis [p]er Pyrrum
mil[item] con[pos]ses[s]orem : id genus quaerellae praecibus intentum an te] ius-
titia pr[aesi]dis | poti[us s]uper his quae a[l]legabuntur instructa disciu[ge qu]am
rescripto principali | certam formam reportare debeas. Rescripsi. Recognoui.
Signa.

1. Dies xvi mensis Decembris anno 238 p. C. n. — 2. Vicus Scaptoparenus qui et
Gresites attributus erat Pautaliae civitati; cf. v. 125-130.

« Totius negotii ordinem Mommsenus enucleavit hunc : Scaptopareni Romanorum ac
potissimum militum superbia et arrogantia multifariam pressi sumptibusque exhausti
precibus adierunt imperatorem per Aurelium Pyrrhum vicanum suum qui in praetorio
militabat (vers 1-104. Sed princeps rescripto per Pyrrhum ad vicanos dato respondit

tales querellas non statim ad se ipsum deferendas esse, sed prius praesidem provinciae adeundum, qui eas accurate examinaret. Hoc responsum ipsius principis signatione ejusque qui ei a libellis erat subscriptione munitum lapidi incidebatur et in porticu thermarum Trajanarum publice proponebatur. Inde die 16 mensis Decembris ann. 238 Pyrrhus apographum faciendum ejusque fidem testibus confirmandam curavit, quod exemplum ad vicanos quorum causam ille egerat relatum cum ipsis precibus huic lapidi incisum est. Quod quoniam non cognoverat de ipsa causa princeps, sed rem ad praesidem rejecerat, hunc jam a Scaptoparenis aditum esse consentaneum est. Atque ad ea quae cum hoc magistratu agebantur manifesto referendi sunt versus 105-171, etsi eorum ratio et argumentum difficultates quasdam habet. »

---

675. Serdicae. — Dobrusky, *Matériaux d'archéologie bulgare*, IV 1899, p. 38. Cumont, *Textes et monuments relatifs à Mithra*, II, p. 229, n. 224; p. 271, n. 123, fig. 115.

Supra, mithriacum sacrificium.

Θεῷ Ἀνεικήτῳ [1] δῶ[ρον?]. | Γ. Ἰούλ. Μάξιμος ὑπὲρ ἑαυτοῦ καὶ τῶν [τέκνων].

1. Deus invictus Mithra.

---

676. Serdicae. — Dobrusky, *Matériaux d'archéologie bulgare*, V 1901, p. 80, fig. 54.

5   Ἀγαθῇ τύχῃ. | Τῷ κυρίῳ καὶ | προστάτῃ Ἀσκληπιῷ Κουλ[κουσσηνῶι | Αὐρ. Τάρσας | Βάσσου β΄. | Εὐτυχῶς. | Ἀμαζόνι [1]. |

1. Amazonius, signum viri.

---

677. Prope vicum nunc dictum Sorlyik, haud longe Sofia. — Domaszewski, *Arch. epigr. Mittheil.*, X 1886, p. 239-240, n. 4; — Dumont-Homolle, p. 317 Q[1].

Ἥρα Σουκησηνῇ Τι. Κλαύδι[ος] | Κυρείνα Θεόπομπος Θεοπόμπου | στρατη-
5 γὸς [1] Ἀστικῆς περὶ Π.ε[[ρινθον, Σηλητικῆς ὀρεινῆς, Δενθ.ε[λ.ητικῆς τε δια.-
σί[α]ς [2], χαριστήριον.

1. Aetate romana Thracia divisa est in strategias Marquardt, *Organis. de l'empire romain*, II, p. 201 : cf. Plin., *Hist. Nat.*, IV. 40: Ptolem., III, 11, § 8 sq. — 2. Astike ad Perinthum, Seletike, Denthcletike, regiones vel strategiae in Thracia; Seletike et Denthelike partes occidentales provinciae obtinebant, ad Serdicam.

678. Inter Serdicam et Danuvium, in vico nunc dicto Golemo-Malovo. — Domaszewsky, *Arch. epigr. Mittheil.*, X (1886 , p. 239, n. 3; XIV (1891 , p. 160, n. 53; Dumont-Homolle, p. 315 L.

Ἀγαθῇ τύχῃ . Αὐρ. Μεστριά[ν]ὸς | στρατ(ιώτης) λε[γ](ιῶνος) β´ Ἰτ[α]-
5 [λικῆς] | κυρίῳ Σαβαζίῳ ἐ[κ] | προνοίας εὐχαρισ[τή]ριον ἔστησε[ν].

---

679. Serdicae. — Dobrusky, *Matériaux d'archéologie bulgare*, V (1901 , p. 82.

5 Ἀγαθῇ τύχῃ. | Ἐπηκόῳ Θεῷ | Σαβαζίῳ Μητρι|κῷ [1] Αὐρ. Ἀστικὸς ‖ Φειλίου
βοηθὸς | κορνικουλαρί[ων] [2] εὐξάμενος ἀνέστησ(εν) | εὐτυχῶς.

1. Cognomen Sabazii adhuc inauditum, ei inditum utpote filio Matris Deorum. —
2. Latine : adjutor corniculariorum (*C. I. L.*, III, 2052), vel officii corniculariorum (*Ibid.*, 1471, 3543 .

---

680. In vico nunc dicto Negovan, haud procul Serdica. — Skorpil, *Arch. epigr. Mittheil.*, XVII (1894 , p. 220, n. 124.

Ἀνέθηκα κατ᾿ εὐχὴν τῆς | Θεοῦ τὸ ἄγαλμα ἀρε|τῆς ἵνεκα, ὑπάτῳ | Σαβείνῳ τὸ
5 β´ καὶ Οὐενού|στῳ [1].

1. Anno 240 p. C. n.

---

681. Nunc Sofiae, loco incerto repertus. — Dobrusky, *Arch. epigr. Mittheil.*, XVIII
(1895 , p. 112, n. 19; *Matériaux d'archéologie bulgare*, I 1894), p. 32.

Θεοῖς ἐπηκόοις Διὶ κ(αὶ) Ἥρᾳ | Ἀλκαιδρηνοῖς [1] διὰ ἱερέος | Αὐξάνοντος
5 Ἑρμογένους | τὸ κοινὸν τῶ[ν] Διοσκόρων [2]. | Εὐτυχῶς.

1. Cognomen divinum adhuc ignotum. — 2. Idem forsitan atque τὸ κοινὸν τῶν Διοσ-κουριαστῶν, collegium cultorum Castoris et Pollucis.

---

682. In vico nunc dicto Dolistovo, haud longe Serdica. — Dobrusky, *Arch. epigr. Mittheil.*, XVIII (1895 , p. 108, n. 8.

5 Οἴκῳ | θείῳ [1] κὲ τοῖς | Ὀλυμπίοις | θεοῖς οἱ ἱερ ε[ῖ]ς ‖ Διογένης Ἀλύπου, |
Οὔλπιος) Φιλοσεβά στη,ς, | Κλαύ(διος) Ἄτταλος, | Φλαούιος Ἀπολινάριος, |

10 Τάρσας Μεστικένθου, ‖ Δύνας Ἑπτακόρου Π[όπλιος] Ἐλουίδιος ², | Ἀλέξανδρος
15 Ἀλεξάνδρου, | Δεῖος Δινέος, | Ἰουλιανὸς Καμορ......, | Ραισκήπορος, ‖ Ἀπολ-
λῶνις ο[ἰκ]ουρός?, | Ὀρφεὺς μακελλάρις ³, | Ἑπτέξενις ἐπίσκοπος ⁴, | Μεστίκενθος
κάπηλος ⁵ | ἐπεὶ συναρχίας ⁶......

1. Domus divina Augusti vel Augustorum. — 2. Ἡ. Ἐλουίδιος additum videtur post Δύνας
Ἑπτακόρου quum Dynas civitatem romanam adeptus est. — 3. Macellarius. — 4. Inspec-
tor; quid autem inspexerit, non liquet. — 5. Caupo. — 6. De synarchia cf. supra n. 368.

---

683. Serdicae. — Dobrusky, *Arch. epigr. Mittheil.*, XVIII (1895), p. 110, n. 14.

[Αὐτοκράτορα Καίσ]αρα Θεοῦ Ἀδρια[νοῦ υἱὸν Θεοῦ Τραιανοῦ | Παρθικοῦ
υἱω]νὸν Θεοῦ Νερούα ἔγγ[ονον Τίτον Αἴλιον | Ἀδριανὸν Ἀντ]ωνεῖνον Εὐσεβῆ
Σεβ[αστὸν ἀρχιερέα | μέγιστον, δημαρχ]ικῆς ἐξουσίας τὸ ζʹ] ¹, ὕπατον τὸ γʹ,
5 πατέρα πατρί[δος, ἡ] βουλὴ καὶ ὁ δῆμος [Σερδῶν, ἡγεμο|νεύοντος τῆς Θρ]ᾳκῶν
ἐπαρχείας Μ. Α..... | [πρεσβ(ευτοῦ) Σεβ(αστοῦ) ἀντ]ιστρατηγοῦ ἐπὶ συν[αρχίας....

1. Σ lapis. Correxit Dobrusky. Anno p. C. n. 144.

---

684. Inter Philippopolim et Serdicam. — Frankfurter, *Arch. epigr. Mittheil.*, XIV (1891),
p. 151, n. 30. Dumont-Homolle, p. 562, Gᵃ.

...... Κομ]μόδου ¹ πρε[σβευτοῦ] ἀν[τιστρατήγου] διὰ ἐπιμελητοῦ...

1. Forsitan C. Julius Commodus, leg. Aug. pro praet. prov. Thraciae Pio imperante,
de quo cf. *Prosop. imp. rom.*, II, p. 187, n. 185, et infra n. 709.

---

685. Inter Philippopolim et Serdicam, in miliario. — Frankfurter, *Arch. epigr. Mittheil.*,
XIV (1891), p. 155, n. 39. — Dumont-Homolle, p. 563, Q².

[Ἀγαθῇ] τύχῃ. | [Α]ὐτοκράτορα Καίσα[[ρα] Μ. Αὐρήλιον Ἀντο|νῖνον
5 Σεβαστὸν ἡ [λαμ.‖προτάτη Σ[ε]ρδῶν πό[λι ς ἡγεμονεύο ντος] | τῆς Θρακῶν
10 ἐπα[ρχεί]ας Κ. Σικινίου Κλά[ρου ¹] | πρεσβ(ευτοῦ) Σεβ(αστοῦ) ἀντιστ[ρατή[γ]ου
ἀπὸ......

1. De Q. Sicinio Claro, leg. Aug. pr. praet. Thraciae sub Severo et Caracalla, cf. *Prosop.
imp. rom.*, III, p. 241, n. 494.

686. In vico nunc dicto Pirot. — Dumont-Homolle, p. 315 M.

Ὑπὲρ τῆς τοῦ ὁσιωτάτου | αὐτοκράτορος [Καίσαρος] | Μ. Αὐρ. Ἀντωνίνου |
5 τύχης τε καὶ νίκης καὶ | αἰωνίου διαμονῆς, ἡγε|μονεύοντος τῆς Θρα|κῶν ἐπαρ-
χίας Α..|πωσίου Ῥουρίνου ¹ ἡ Σερ|δῶν πόλις].

1. Corrigendum A. Προσίου Ῥουρίνου; cf. titulum sequentem.

687. Inter Philippopolim et Serdicam, in miliario. — Frankfurter, Arch. epigr. Mittheil.,
XIV (1891), p. 156, n. 41. — Dumont-Homolle, p. 563 Q⁵.

Ἀγαθῇ τύχῃ. Ὑπὲ |ρ τῆς τοῦ ὁσιωτάτου | αὐτοκράτορος [Καίσ(αρος)
5 Μ. | Αὐρ. Ἀντωνίνου τύχης τε ¹ | καὶ νείκης καὶ αἰωνίο[υ] | διαμον[ῆ]ς,
ἡγεμονεύον|τος τῆς Θρακῶν ἐπαρ|χείας Α. Προσίου Ῥου[ρί|νου ² πρεσβ(ευτοῦ)
10 Σε[βαστοῦ) ἀ]ντιστ[ρατηγοῦ τὸ μείλιο[ν] ἀ|νέστησε[ν] ἡ Σερδῶν π[όλις.

1. Nomina Elagabali erasa sunt. — 2. De A. vel potius L. Prosio Rufino cf. supra,
n. 670, item titulum n. 686.

688. Serdicae. — Domaszewski, Arch. epigr. Mittheil., X (1886), p. 241, n. 5; Dumont-
Homolle, p. 312 A.

[Ἀγαθῇ τύχη. | Ὑπὲρ τῆς τοῦ αὐτοκρά]το[ρ]ο[ς | Μ. Αὐρ. Σεουήρου
5 Ἀλεξάνδρου | Σ εβ(αστοῦ) [τύ χης τ[ε] καὶ νείκης καὶ αἰ|ωνίου δ[ι[α]μονῆς
ἡγεμονεύον [τος] τῆς λαμπροτ[ά]της Θρακῶν | ἐπαρχείας Που]τιλίου Πούδεν|[τος
Κρισπείνου ¹ π ρεσβ(ευτοῦ) Σεβαστοῦ) ἀντι[[στ]ρατήγο[υ ἡ Σ]ερδῶν πόλις
10 α νέ|στ]η σε τ ὸ μ[ε]ίλιον.

1. Restituit Frankfurter (Register zu den Arch. epigr. Mittheil., p. 145) collato titulis
supra n. 669 et infra n. 719.

689. In vico nunc dicto Pirot. — Domaszewski, Arch. epigr. Mittheil., X (1886), p. 238;
Dumont-Homolle, p. 316 N.

5 Κορνηλίαν | Παῦλαν Αὐ|γοῦσταν ¹ ἡ Σ[ερ δῶν πόλι[ς] | ἐπὶ [Μ.] Αὐρ. |
Προΐδου | καὶ Πρόκλου.

1. Uxor imperatoris Bassiani, Elagabali dicti.

690. Serdicae. — Dobrusky, *Matériaux d'archéologie bulgare*, IV 1899, p. 110.

```
........ ανω ὑπὲρ τῆς ........ Σε̣ ουήρου ..... | ........] Σεβ̣ αστοῦ ὑγείας |
5 καὶ σύνπαντος οἴκου καὶ ἰε ρᾶς | ........ βουλ ῆς τε καὶ δήμου | .....ων ἀρχιε-
ρεὺς | τῆς Σερδῶν πό λεως..... | ....σινκυ... | ........ιτω.....
```

691. Serdicae. — Dumont-Homolle, p. 315 K.

```
Ἀγ α θῇ τύχη. | Κυ ρ ίο ις αὐτο κράτ ο ρσι Γ. Ἰουλίω Οὐήρω |
5 Μαξ ι μ εἴνω καὶ Γ. | Ἰου λ ίω Ο ὐή ρω Μαξίμω Κα ί σ αρι τὸ μεῖλι ο ν,
10 ἡγ εμονεύο ντος το ῦ λ αμπρο τάτου | ...πονίου ...... | .. ἡ λαμπρο τάτη, |
Σ ερδ ῶ ν πόλις.
```

1. Potest esse, ut volunt editores, Pomponius Julianus, de quo cf. *Prosop. imp. rom.*, III, p. 77, n. 543. Sed quum ipsi fateantur titulum male descriptum esse, potius legenda sunt nomina [Σι]μωνίου [Ἰουλιανοῦ], qui fuit legatus pro praet. prov. Thraciae Maximino et Maximo principibus; de quo vide titulum insequentem.

692. In vico Dragoman. — Skorpil, *Arch. epigr. Mittheil.*, XV 1892, p. 92, n. 3.

```
... Μα ξίμω Καίσ αρι ἡγεμονεύ οντος τῆς Θρα κῶν ἐ παρχίας τοῦ λα νπρο -
5 τάτου Σιμωνίο υ Ἰουλι ανοῦ ἡ λανπρο τάτη, | Σερδῶν πόλις τ ὸ μεῖλ ον
ἀ νεστησεν. | Εὐτυχ ῶς .
```

1. De D. Simonio Juliano cf. *Prosop. imp. rom.*, III, p. 248, n. 529. Eum sub Maximino Arabiae praefuisse nos docent miliaria duo nuper reperta inter Bostram et Philadelphiam *Bull. arch. du Comité, Comptes rendus des séances*, Novemb., p. IX.

693. In vico nunc dicto German. — Frankfurter, *Arch. epigr. Mittheil.*, XIV 1891, p. 157. — Dumont-Homolle, p. 564 Q⁷. Divisio versuum non indicatur.

```
...... ἡγεμονεύοντος τοῦ λαμπροτάτου Ἰουλιανοῦ πρεσβευτοῦ Σεβ̣ αστοῦ
ἀντιστρατήγου] ἡ Σερδῶν πόλις ἀνέστησεν τὸ μεῖλιον.
```

694. Inter Philippopolim et Serdicam. — Frankfurter, *Arch. epigr. Mittheil.*, XIV 1891, p. 157, n. 42, XV 1892, p. 92, n. 4. — Dumont-Homolle, p. 564 Q⁶.

```
Ἀγαθῇ τύχη. | Ὑπὲρ ὑγείας καὶ σω τηρίας κ αὶ νε ίκης καὶ | ἐωνίου
```

5 [δ]ια[μ]ονῆ|ς τοῦ [με]γί[στ]ου καὶ θ|ειοτάτο υ] αὐ[τοκρ]άτ|ορος Καίσ[αρος] |
10 [M]άρχ[ου Ἀ[ντωνίου] | Γορδια[νοῦ, ἡγεμον.]εύοντος τῆ[ς Θρακ]ῶν ἐπα[ρχ]εία[ς...

---

695. In vico nunc dicto Dragoman. — Skorpil, *Arch. epigr. Mittheil.*, XV (1892), p. 91, n. 2.

Ἀγαθῇ τύχῃ. | Ὑπ[ὲρ ὑγ]ιείας καὶ σ[ωτ]η|ρείας καὶ ἐ[ων]ίου [δ]|ιαμονῆς τοῦ
5 μεγί|στου καὶ θειοτά|του αὐτοκράτορος | Μ. Ἰο[υ]λίου Φιλίππου | Σεβ(αστοῦ) καὶ
10 Μαρκ[ε]ίας | Ὡτακιλίας Σευήρας|| Σ[ε]β'(αστῆς), ἡγεμονεύ[ο]ντος | Θρακῶν ἐπ[α]ρ-
χεί[ας.|......] πρεσ'βευτοῦ...

---

696. Inter Philippopolim et Serdicam. — Frankfurter, *Arch. epigr. Mittheil.*, XIV (1891), p. 151, n. 27. — Dumont-Homolle, p. 561 G⁵.

Ἀγ[αθῇ τύχῃ.] | Αὐτοκράτο[ρα Καίσαρα] | Γαλλ(ι)ηνὸν Ἐ[ὐσεβῆ Εὐτυχῆ
5 Σεβαστὸν, Οὐαλερια]|νοῦ Σεβασ[τοῦ......... υἱὸν], || Ἰουλιαν[ὸς?.........] ἀντὶ
τοῦ ἐρ.....

---

697. Serdicae. — Dobrusky, *Matériaux d'archéologie bulgare*, IV (1899), p. 109.

Τὴν θεοφιλεστάτην Αὐγ(οῦσταν) Κορ(νηλίαν) Σα|λωνεῖναν ¹ Σεβ(αστὴν) Φλ. |
5 Αἰθάλης καὶ Κα|λανδίων καὶ Διογένης ἀνέ[στησαν ||......

1. Uxor imperatoris Gallieni.

---

698. Serdicae. — Dobrusky, *Arch. epigr. Mittheil.*, XVIII (1895), p. 111, n. 16.

Ἀγαθῆι [τύχηι]. | Βάσσος Μοκα[πόρευς ἱε]|ρεὺς καὶ πρῶτος [ἄρχων καὶ εἰ]|ρη-
5 νάρχης καὶ σι[τάρχης γενό]|μενος τῆς ἰδίας [πόλεως, τὸ] | ἡρωεῖον καὶ τὸ[ν
βωμὸν] | ζῶν ἑαυτῷ κατε[σκεύασεν]. | Βελλικίῳ Τορκ[ουάτῳ Τηβα|νι]ανῷ τὸ
β΄ ¹ κ[αὶ.....

1. Novimus C. Bellicium Torquatum Tebanianum consulem anno 124 p. C. n. cum M' Acilio Glabrione, C. Bellicium Torquatum consulem anno 143, C. Bellicium Torquatum consulem anno 148; sed nullus eorum dicitur consulatum bis egisse (de Ruggiero, *Dizion. epigr.*, II, p. 960). Restituit Frankfurter (*Register zu den Arch. epigr. Mittheil.*, p. 169), κ[αὶ Ἀκιλίῳ Γλαβρίωνι] dubitans. Res est valde incerta.

699. Serdicae. — Kubitschek, *Arch. epigr. Mittheil.*, XVII (1894, p. 50, n. 3.

..... Μαρ]κια|νὴ ἑαυτ[ῇ] καὶ | τῷ ἀνδρὶ Λ[ὺρ. Δ]ιογέ|νει ἐκ τῶν ἰδίων. | Εἰ δέ
τις ἄλλος | τεθείη, δώσει [τῇ] | πόλει μέν... | κα[ὶ τῷ ταμ]εί[ῳ] δηνάρια μ(ύρια)?|
Χαῖρε, παροδεῖτα.

---

700. Bessaparae. — Dumont-Homolle, p. 325, n. 13.

D. M. | Iu[lii] Iu[li]ani mil(itis) [c]oh(ortis) [III] pr(aetoriae) | Ant(oninianae)
P(iae) V(indicis), c(enturiae) Felicis, Aur(elius) Muc[i]anu]s fratri | pientissimo.
Αὐρ. Μουκιανὸς πρετωριανὸς κώ[ρ της | τρίτης πρετωρίου, κεντ[ο]υρείας |
Φήλικος, ἔστησα στήλην ['Ιουλίου] 'Ιουλια[νοῦ] ἀδελ|φοῦ, τῆς αὐτῆς κεντουρείας
πρετωριανοῦ · | ἔζησεν ἔτη τριάκοντα, [ἐστρα]τεύσατο [δ]υ ώδεκα?]

---

701. Bessaparae. — Dumont-Homolle, p. 327, n. 15.

Imago viri coronam et gladium tenentis :

Βίκτωρ Σκευᾶς ἐνθάδε κεῖμαι, | πατρὶς δέ μου Θεσσαλονίκη · |
ἔκτινέ με δαίμων, οὐχ ὁ ἐπίορκος | Πίννας.
Μηκέτι καυχάσθω · | ἔσχον ἐγὼ σύνοπλο[ν] | Πολυνείκην,
ὃς κτείνας Πίνναν | ἐξεδίκησεν ἐμέ ·
κα[ὶ] Θάλλος | προέστη τοῦ μνημείου ἐξ ὧν κατέ[λι]πεν.

Loquitur gladiator quidam.

---

702. In vico nunc dicto Hadžili, haud longe Philippopoli occidentem versus. —
Dobrusky, *Arch. epigr. Mittheil.*, XVIII (1895), p. 112, n. 21 ; *Matériaux d'archéologie bulgare*, II (1895), p. 12, n. 11.

Sex fragmenta tituli mutili quorum haec tantum referre satis erit.

Ὑπὲρ τῶν αὐτοκρατ[όρων ..|..]ων Λουκ. Σεπτιμ[ίου Σεουήρου | Εὐσεβ]οῦς
Σεβ(αστοῦ)[... ¹ | π]ατ[ρὸς] πατρίδος [καὶ Μ. Αὐρηλίου || 'Αντω]νείνου
Αὐγ[ούστου πατρὸς | πατρί]δος 'Αραβικ[ῶν 'Αδιαβηνικῶν δεσποτῶν] | τῆς
οἰκου[μένης] ...|..... ².

1. Traditur CEBTONA. — 2. Traditur v. 8 : .... ONYCC.

763. In vico nunc dicto Voden, haud longe Philippopoli meridiem versus. — Dobrusky, *Matériaux d'archéologie bulgare*, IV (1899), p. 119, n. 27.

Ἀδριάνος Δημ η̣|τριανὸς καὶ Ἀ σκλη̣|πιάδης τὸν βω μὸν̣ καὶ τὸ ἄγαλμα
5 [ἐκ] ‖ τῶν ἠδίων¹ ἀνέ στη̣ σαν Δὶ Καπιτωλίῳ. Εὐ |τυχῶς.

---

704. In vico nunc dicto Aklami, non longe Philippopoli. — Dumont-Homolle, p. 232,
n. 28; Dobrusky, *Matériaux d'archéologie bulgare*, V (1901), p. 89, n. 102. — Imaginem
photographicam nobiscum communicavit Dobrusky.

Deo Μηδυζεῖ¹ mensam | C. Minutius Laetus uet e‹t›ran‹us› | leg. VII C. P. F. ²
5 pro se et suis | u. s. l. m. ‖ Imp. Vespasiano VII cos. ³ | Ἀντιοχέος τῆς πρὸς
Δάφνην⁴ | τόδε δῶρον.

1. De hoc deo cf. Roscher, *Lexik. der griech. und röm. Mythologie*, s. v. *Medyzis*. —
2. Legio septima Claudia Pia Fidelis. — 3. Anno p. C. n. 76. — 4. l. e. oriundus Antiochia ad Daphnen.

---

705. In vico nunc dicto Papazli. — Skorpil, *Arch. epigr. Mittheil.*, XVII (1894), p. 221,
n. 126. — Dumont-Homolle, p. 345, n. 59.

[Ὑπ]ὲρ τῆς τῶν Σε[β]α σ[τ]ῶν διαμονῆς κ[αὶ] τ οῦ σύνπαντος αὐτ[ῶ]|ν οἴκου
5 καὶ ἱερᾶς συ ν [κλ]ή̣ του καὶ δήμου Ρ|ωμαίων Ἕλληνες | Βειθυνοὶ¹ Χρῆστος
10 Δ[έ κμ]ου καὶ Μίκκαλο|ς Παπίου καὶ Ἀντ[ίφ]|λος [Χ|ρυσίππου | ἐπιμελητεύ-
15 σα|ντες τῆς κατασκ̣|ευῆς τῶν ναῶν | τὸν βωμὸν καὶ τὸ | ἄγαλμα Μητρὶ Θε|ῶν
ἐκ τῶν ἰδίων ἀρι έρωσαν .

1. Sunt homines Graeci, Bithynia oriundi, qui vitam in Thracia degebant.

---

706. In vico nunc dicto Voden. — Dobrusky, *Matériaux d'archéologie bulgare*, IV (1899),
p. 145.

Ἀγαθῆι τύχηι . | Νύμφαις καὶ Ἀφροδείτη̣ Τ. Φλ. Κ υρείνᾳ¹ Βειθύκενθος
Ἐσβένε|ιος καὶ Κλ. Μοντάνα ἡ γυνὴ αὐτοῦ τὴν πηγὴν ποιήσαντες ἀφιέρωσαν.

1. BYPEINA traditur.

707. Philippopoli. — Dobrusky, *Matériaux d'archéologie en Bulgarie*, IV, p. 76.

Ἀγαθῇ τύχῃ. | Λ. Αὐρ. Ῥοῦρος Ῥούρου τοῦ ' Θρακάρχου ' τὸν Πύθιον [a] τῇ μητροπόλει. | Εὐτυχῶς.

1. Nomen adhuc inauditum; sed commune vel notum Thraciae memoratur in rescripto quodam Pii imperatoris *Digest.*, XLIX, 1, 1 , item in nonnullis nummis Mionnet, I, p. 417, n. 349 et sq.; Suppl., II, p. 467, n. 1570 et sq. — 2. Est imago Apollinis Pythii; cf. Dobrusky, *loc. cit.*

---

708. Philippopoli. — Dumont-Homolle, p. 348, n. 61⁴⁶. Imaginem photographicam nobiscum communicavit Dobrusky.

.... τὸν Καίσαρα Σεβαστόν, Γερμανι|κὸν Δακικὸν [1], | Τι. Κλαύδιος
5 Πολέ|μαρχος ἀρχιερεύς.

1. Trajanus, ut videtur.

---

709. In vico nunc dicto Stanimaka, haud procul a Philippopoli. — Dobrusky, *Arch. epigr. Mittheil.*, XVIII 1895', p. 114, n. 26.

Ἀγαθῇ τύχῃ. | Ἐπὶ αὐτοκράτορος Τ. Αἰλίου Ἁδρι ανοῦ Ἀντωνείνου Καί-
5 σαρος Σεβ(αστοῦ) Εὐσεβοῦς, ἡγεμονεύοντος τῆς | Θρακῶν ἐπαρχείας Γ. Ἰουλίου |
Κομόδου ' πρεσβ(ευτοῦ) Σεβ(αστοῦ) ἀντιστρα|τήγου, ὅροι Κορτοκοπίων φύλης |
Ῥοδοπήδος τεθέντες [2] ὑπὸ Φλ. | Σκέλητος κριτοῦ καὶ ὁροθέτου [3].

1. De C. Julio Commodo, leg. Aug. pro praet. prov, Thraciae, cf. *Prosop. imp. rom.*, II, p. 187, n. 185. — 2. Hic agitur de terminis positis inter Cortocopios tribui Rhodopensi attributos et alterum populum ejusdem regionis. — 3. Fl. Skeles, tanquam arbiter inter Cortocopios et vicinum populum, terminos ponendos curavit.

---

710. Philippopoli. — Dumont-Homolle, p. 340, n. 57. — Kubitschek, *Arch. epigr. Mittheil.*, XVII 1894', p. 52.

Ἀγαθῇ τύχῃ. | Ὑπὲρ τῆς τῶν αὐτοκρατόρω'ν νίκης καὶ αἰωνίου διαμονῆς
Μ. Αὐρ'η λίου Αντ'ω νεί νου καὶ Λ. Αὐρηλίου Οὐήρου Ἀρ μ ενιακῶν [1]
5 Φιλίσκος και Γ άιος οἱ Μάρκ ου...| [2] ἀνέθηκαν Ἀρτ εμεισιάδι με τὰ ἱε|ρω,-

σύνην, ἐκδικοῦντος Ἀλφείου [Π‚οσειδωνίου ³, ἐπιμελ[η‚]τεύοντος Φλαουίου Εὐδαί|-μονος τοῦ καὶ Φλαουιανοῦ.

I. Inter annos p. C. n. 163 et 166. — 2. Dumont-Homolle ita restituunt : τῇ φυλῇ τὰ ἱερὰ. — 3. Alfius Posidonius ἐκδικος erat. De quo cf. Am. Hauvette apud Saglio, *Dict. des Antiq.*, s. v. et Liebenam, *Städteverw.*, p. 303.

---

711. Philippopoli. — Bormann, *Arch. epigr. Mittheil.*, XIX (1896), p. 234, n. 5.

Ἀγαθῇ τύχῃ. | Ὑπὲρ τῆς τῶν αὐτοκρ[ατό‚ρ[ων α]ἰ[ω[νίου διαμονῆς M. Αὐ[ρηλίου...

---

712. Philippopoli. — Dumont-Homolle, p. 338, n. 52; — *C. I. L.*, III, 7409. — Imaginem photographicam nobiscum communicavit Dobrusky.

Imp. Caesar M. Aurelius Antoninus [Aug. Germanicus], | imp. V. cos. III ¹ p(ater) p(atriae) murum ciuitati Philippopoli [dedit. C. Pantuleius Gra]ptiacus ² leg. Aug. pr. pr. faciundum cura‚uit. Ἡ μητρόπολις] | τῆς Θράκης Φιλιππόπολις ἐκδοθέντων] ‖ αὐτῇ χρημάτων ὑπὸ τοῦ θειο‚τάτου M. Αὐ ‚ρηλίου Ἀντωνείνου Σεβ(αστοῦ) Γερμανικοῦ [..... ἡγου‚]μένου τοῦ ἔθνους Παντουλείου Γρα[πτιακοῦ] ².

I. Ann. p. C. n. 172. — De C. Pantuleio Graptiaco, leg. Aug. pr. pr. prov. Thraciae, cf. *Prosop. imp. rom.*, III, p. 9, n. 71.

---

713. Philippopoli. — Dobrusky, *Matériaux d'archéologie bulgare*, IV (1899), p. 105.

Αὐτοκράτορα Καίσαρα | M. Αὐρ. Κ]όμ‚μοδον ¹] | Σεβ(αστὸν), τὸ(ν) τῆς οἰκουμ[ένης δε]|σπότην, ἡγεμονε[ύοντος] ‖ τῆς Θρακῶν ἐπαρχείας [Καικιλί]|ου Σερου[ε]ι<λι>λιανοῦ ², πρεσβ(ευτοῦ) [Σεβ(αστο) ἀντι]|στρατήγου, ἐπὶ συναρ-χ[ίας Ἀλεξάνδ‚ρου Βείθυος, α' ἄ[ρχοντος] ³.

I. Nomina erasa, ut videtur. — 2. De Caecilio Serviliano, leg. Aug. pro pr. prov. Thraciae, cf. *Prosop. imp. rom.*, I, p. 253, n. 62. — 3. i. e. πρώτου ἄρχοντος.

---

714. Philippopoli. — Dobrusky, *Matériaux d'archéologie bulgare*, V (1901), p. 72, n. 80.

Ἀγα[θῇ τύχῃ. | Ὑπὲρ τῆς τοῦ αὐτ[οκράτορος Καίσαρος Λ. Σεπτιμίου] |

Σεουήρου Περτίν[ακος καὶ Αὐτοκράτορος Καίσαρος Μ. Αὐρ. Ἀντω]|νίνου
Σεβ[αστῶν τύχης καὶ νείκης...

---

715. Philippopoli. — Dumont-Homolle, p. 341, n. 57ᶠ.

Ἀγαθῇ τύχῃ.] | Ὑπὲρ τῶν κυρίων αὐτοκρ[ατόρων Λ. Σεπτιμίου | Σεουήρου]
Περτίν[ακος]...

---

716. Philippopoli. — Dobrusky, *Matériaux d'archéologie bulgare*, IV (1899), p. 94.

Ἀγαθῇ τύχῃ. | Ὑπὲρ τῶν κυρίων αὐτοκρατόρων Λ. Σεπτιμίου | Σεουήρου
Περτίνακος.......

---

717. Philippopoli. — Dobrusky, *Matériaux d'archéologie bulgare*, V (1901), p. 70, n. 77.

Ἀγαθῇι τύχῃι. Ὑπὲρ ὑγείας καὶ νείκης Μ. Αὐρ. Ἀντωνείνου, κατὰ κέλευσιν
τοῦ λαμπροτάτου ὑπατικοῦ Κ. Ἀτρίου Κλονίου ¹, τέχνης βυ[ρ]σ[έων ²...

1. De Q. Atrio Clonio cf. *Prosop. imp. rom.*, I, p. 177, n. 1103. — 2. Est corpus coria-
riorum. Restituendum forsitan : τέχνης βυρσέων [δῶρον.....

---

718. Philippopoli. — Dobrusky, *Matériaux d'archéologie bulgare*, IV (1899), p. 104.

[Ὑπὲρ αὐτοκρά]τορος Μ. Αὐρηλίου Ἀντωνείνου καὶ............. | [Ἰουλίας
Δόμ]νης ¹ Σεβ[αστῆς) καὶ τοῦ σύνπαντος οἴκου [αὐτῶν καὶ ἱερᾶς συνκλήτου καὶ
δήμου Ρωμα[ίων καὶ βουλῆς καὶ δήμου Φιλοπποπολ[ειτῶν, ἡγεμονεύοντος τῆς
5 ἐπαρχείας ......]|ου Πούδεντος ², ἐκδικοῦν[τος.........] τῆς ...... | λεινου...
ρμο.....|....ιμνα.....

1. Juliae Domnae nomina vacuo spatio complendo non sufficiunt. — 2. Ρουτιλί[ου restituit Dobrusky. At Rutilius Pudens Alexandro principe provinciam rexit. Cf. titulum
sequentem.

---

719. Philippopoli. — Dobrusky, *Matériaux d'archéologie bulgare*, IV (1899), p. 101.

Ἀγαθῆι τύχηι. | Αὐτοκράτορι Μ. [Αὐρ. Σεουήρω | Ἀλεξάνδρω] ¹ Εὐτυχεῖ

5 Εὐσεβεῖ | Σεβ(αστῷ) ἡ λαμπροτάτη τῆς Θρακῶν | ἐπαρχείας μητρόπολις Φιλιπ-
πό|πολις νεωκόρος, ἡγεμονεύο|ντος Ρουτειλ(ίου) Πούδεντος Κρισπ[είνου] ²...

1. Nomina erasa. — 2. De Rutilio Pudente Crispino, cf. supra n. 669 et 688.

---

720. Philippopoli. — Dobrusky, *Matériaux d'archéologie bulgare*, fasc. IV (1899), p. 100.

[... ἡ λαμπροτάτη τῆς] Θρακῶν ἐπαρχείας μητρόπολις] Φιλιππόπο[λις, |
ἡγεμο]νεύοντος Ῥο υτειλίου] | Πο ύδεντος Κρισπείνου ¹.

1. De hoc legato cf. supra n. 669, 688, 719.

---

721. In vico nunc dicto Hissar, non longe Philippopoli. — Dobrusky, *Matériaux d'archéologie bulgare*, V (1901), p. 90, n. 103. Cf. Dumont-Homolle, p. 331, n. 26.

[Ἀγαθ]ῇ τύχῃ. | Εἰς αἰ ῶνα τὸν κύριον | [Σευῆρ(ον) Ἀ]λέξανδρον | [κ ω-
5 μαρχία Ζηρινο υ]λη νῇ καὶ κω μ.|αρχία ¹ Ζη|.ρ σβαστηνὴ εὐχαρι στοῦμεν διὰ
10 κω[μη τῶν | Βρεντοπάρων καὶ | Μωσυνηνῶν, εὐχαρι|στοῦμεν Αὐρηλί ῳ] | Καρ-
δένθη Βειθυνικο[ῦ | γενομένῳ φυλάρχῳ ² | φυλῆς Ἐβρηίδος | ἄρξαντι ἐν ἡμεῖν
15 ἀγνῶς καὶ ἐπιεικῶς κατὰ τοὺς | νόμους καὶ ἀπὸ |.....

1. In lapide ΚΩΚΑΡΧΙΑ, errore lapicidae. Κωμαρχία videtur esse quasi conventus non-
nullorum vicorum, cui inditum erat nomen vici maximi. — 2. Vici in Thracia distributi
erant per tribus, quarum unicuique praepositus erat φύλαρχος.

---

722. Geren, prope Philippopolim. — Dobrusky, *Matériaux d'archéologie bulgare*, IV
(1899 , p. 105; Dumont-Homolle, p. 345, n. 60.

Ἀγαθῇ τύχῃ. | Αὐτοκράτορα Καίσαρα | Δέκιον Καίλιον Καλβεῖνον | Βαλ-
5 βε(ῖ)νον ¹ Εὐτυχῆ Εὐσεβῆ || Σεβαστόν, Μέγιστον Μέγισ τον ², | ἡ λαμπροτάτη
μητρόπο|λις Φιλιππόπολις τὸν τῆς | οἰκουμένης δε σ π.|ό στην, ὑπατε(ύ)|οντος τῆς
10 Θρακῶν ἐπαρχείας Λ. || Οὐεττίου Ἰουβένως ³, ἐκ τῶν ὑπε|τείων ⁴ χρημάτων.
Εὐτυχῶς.

1. Anno p. C. n. 238. — 2. Ita Dobrusky. Μέγιστον ἱερέα, Dumont sequens duo apographa
quae fecit Scordelis. — 3. Ita Dobrusky. Cognomen Scordelis descripsit ita : IOYBENC.
De hoc legato Aug. cf. *Prosop. imp. rom.*, III, p. 413, n. 332, et p. 454, n. 516 et quae
diximus supra ad n. 593, p. 200. — 4. Y..ΣΕ.ΗΟ..Ν Scordelis.

723. Philippopoli. — Millingen, Έφημ. άρχαιολ., 1873 74, p. 168 et 169; Scorpil, *Arch. epigr. Mittheil.*, X (1886), p. 206; inde Dumont-Homolle, p. 346, n. 61ᵃ¹.

['Αγαθ]ῆ τύχ[η]. | Αὐτοκ[ρ]άτορι Καίσα ρι Μ. 'Αντω [νίω] Γορδιανῶ Εὐτυχ εῖ
5 Εὐσεβεῖ] | Σεβαστῶ καὶ τὴν θεοφιλ εστάτην Αὐ [τοῦ στ αν ' γυναῖκα αὐτοῦ Φου-
[ρίαν] | Σαβινιανὴν Τρανκυλλεῖναν, ἡ γεμο νεύοντος τῆς Θρακῶν ἐπαρχ ε ία ς
Πον τ(ίου)] Μα[γ μιανοῦ ² πρεσβ(ευτοῦ) Σεβαστοῦ] ἀντι στρα τήγου ἡ λαμπ ρο-
10 τάτη Θρακῶν μη τρό πολις [Φιλι ππόπολις. | Εὐτυχῶς.

1. αὐΓΟΥΠΑΝ, Millingen. — 2. ΠΟΝΙΜΑΤΙΑΝΟΥ Millingen, ΠΟΝΙΜΑΠΑΝΟΥ Scorpil. Correxit ΠΟΝΠΜΑΓΙΑΝΟΥ Dessau, ex conjectura in *Prosop. imp. rom.*, III, p. 73, n. 513. Res in incerto manet.

---

724. In vico nunc dicto Hissardjik, haud procul Philippopoli. — Dumont-Homolle, p. 323, n. 3.

Α'γ]αθῆι τύχηι. | [Αὐτοκράτορι] Καίσαρι Μ. 'Αντονίω | Γορδιανῶ Εὐσεβεῖ
Εὐτυχεῖ Σεβαστῶ ἡγεμονεύοντος | τῆς Θρακῶν ἐπ αρχείας Κ. 'Ατίου Κέλε-
5 ρ ος ' | πρεσβ(ευτοῦ) Σεβαστοῦ καὶ ἀ ντιστρατήγου ἡ λαμπροτάτη | τῆς Θρακῶν
ἐπαρ χείας μητρόπολις Φιλιπ]πόπολις ἀνές τησεν τὸ μείλιον. — | Γ.

1. Dumont-Homolle legunt Κατίου Κέλερος; idem legatus dicitur Catius Celer in *Prosop. imp. rom.*, I, p. 321, n. 470, haud recte. Patet enim ex titulis infra edendis n. 725 et 757, hunc virum fuisse Q. Atium vel Attium Celerem, non Catium Celerem.

---

725. In vico nunc dicto Karatair, prope Philippopolim. — Dobrusky, *Matériaux d'archéologie bulgare*, V (1901), p. 74.

Άγαθῆι τύχηι. | Αὐτοκράτορι Καίσαρι Μ. 'Αντωνίω | Γορδιανῶ Εὐτυχεῖ
5 Σεβαστῶ, ἡγεμονεύ]οντος τῆς Θρακῶν ἐπαρχείας 'Ατίου Κέ[λερος ' πρεσβευτοῦ
ἀντιστρατήγου ἡ λαμ]προτάτη τῆς Θρακῶν ἐπαρχείας μητρόπολις | Φιλιππόπολις
ἀνέστησεν τὸ μείλιον. — | ΙϚ'.

1. De (Q.) Atio Celere cf. titulum praecedentem.

---

726. Philippopoli. — Dobrusky, *Matériaux d'archéologie bulgare*, V 1901 , p. 72, n. 79.

[Ὑπὲρ τῆς τῶν μεγίστων αὐτοκρατόρων.......] νείκης καὶ αἰωνίου διαμονῆς

16

καὶ τοῦ σύνπαντος αὐτῶν οἴκου | .... [ναὸν Ἀφρο]δείτης (?) ἐκ τῶν
ἰδίων κατεσκεύασεν ἐπὶ............] τίου ¹ τοῦ λαμπροτάτου ὑπάτου.

1. Nomen T. Aelii Neratii vel Oneratii, iegati Aug. pr. pr. prov. Thraciae sub Severo,
dubitans restituit Dobrusky; de quo cf. *Prosop. imp. rom.*, I, p. 20, n. 162.

727. Philippopoli. — Dumont-Homolle, p. 340, n. 57 ᵇ; Kubitschek, *Arch. epigr. Mittheil.*, XVII (1894), p. 51.

['Ἀγαθῇ] τύχη | ....ήου τοῦ ὑπατικοῦ τὸν | [υἱὸν Πολλίω]να ¹ φυλὴ
Κενδρισεῖς.

1. Dumont-Homolle : τῶν [ἑαυτῆς εὐεργέτην καὶ πάτρω]να.

728. In vico Hissar, haud longe Philippopoli. — Dobrusky, *Matériaux d'archéologie
bulgare*, III (1896), p. 35-36.

Ἀγαθῇι τύχηι. | Κωμαρχίας ¹ Εἰ|τριζηνῆς | κωμῆται Ἐπρι|ζηνοὶ ² καὶ
κω|μῆται Γειζαγ|ρηνοὶ καὶ κω|μῆται Βυδεκυ|ρηνοὶ εὐχαρι|στοῦσιν Αἰμιλί|ῳ Βείθυι
φυλαρ|χήσαντι κατὰ | τοὺς νόμους | ἁγνῶς καὶ ἀ|[μέμπτως?]

1. Cf. supra n. 721, not. 1. — 2. Ita Dobrusky. Forsitan corrigendum sive Ἐπριζηνῆς,
sive Εἰτριζηνοί.

729. Philippopoli. — Dumont-Homolle, p. 340, n. 55.

Ἀγαθῇ τύχη. | Τιβ. Κλαύδιον Πασίνουν Μουκιανοῦ | ἡ ἱερὰ γερουσία τὸν
ἑαυτῆς ἔκδικον. | Εὐτυχεῖτε. | Ταμιεύοντος Γλα(ύ)κου? Θάλλου.

730. Philippopoli. — Dumont-Homolle, p. 336, n. 44.

['Ἀγαθῇι τύχηι. Ἐγδι]κο[ῦντος] Ἀλφίου [Π]ο[σειδωνίου] | Ἄκτιος Μαξίμου
τοὺς κλυντῆρας κατεσκ[εύασεν σὺν τοῖς ὑποθέ]|μασιν ἐκ τῶν ἰδίων φυλῇ Ἀρτεμι-
σιάδι ἀντὶ [τῆς πολιτείας, ἐπι]|μελητεύοντος Φλαβίου Εὐδαίμονος [τοῦ καὶ
Φλαβιανοῦ].

Cf. supra titulum n. 710.

731. Philippopoli. — Dumont-Homolle, p. 335-336, n. 42.

.....αρχην Κλ..... | τῆ ς λαμπροτά της μητρο πόλ εως Φιλιπ ποπόλε]ως,
5 ἀδ ελφὸν Γ..... | ... τ οῦ συγκλη τικοῦ]... Versus duo evanidi... | τὸ κυνηγῶν
10 κα ιν ὸν ¹ ἡ λα μπ]οοτάτη] φυλὴ ἡ .... | ἐ τίμησεν. | Ἐπιμελου μένου
Ἀσκλ[ηπιάδου τοῦ] Μενέρρον[ος].

1. Corpus venatorum.

---

732. Philippopoli. — Dumont-Homolle, p. 334-335, n. 37.

[Ἐπι]μελητεύοντος Μαξίμου Σουσίωνος, γραμματ[εύ οντος Αὔλου Λυκίου
Φροντίνου, τὸ κοινὸν τῶν ἐ[πὶ | Θραίκης Ἑλλή νων ¹ κατεσκεύασεν. | Συναγό-
5 μεν[οι | δέ εἰσιν οἵδε · Ἡ ρακλιανὸς, Φλαβιανὸς, Εὐτυχῆ ς | ..... Ἀπελ λικῶν,
Ἀπολλόδωρο ς, | ...... Φιλά ρετος, Φιλίσκος, Πωλίων, Πρόκλος.

1. Corpus Graecorum in Thracia degentium.

---

733. Philippopoli. — C. I. L., III, 7410.

[Dis] Manibus. | [Ti. Claudio] Palatina M artiali, | qui uixit ann.....] mensi-
5 bus VII, dieb[us..... | Ti. Claudius Pri]migenianus fratri | [et Siluia Primigenia]
mater filio pientissimo.

[Θεοῖς κ ἀταχθονίοις. | Τιβερίῳ Κλαυδίῳ Παλατίνᾳ Μαρτιάλι ζῇ] σαντι
ἔτη....., μῆνας ζ , ἡμ έρας..., Τιβέριος Κλαύ] διος Πριμιγενιανὸς καὶ Σιλουία
5 Πριμιγενί[α]. | Χαῖρε, παροδεῖτα.

---

734. Philippopoli. — Seure, Bull. de corr. hellén., XXV 1901 , p. 311, n. 4; Dobrusky,
Matériaux d'archéologie bulgare, V (1901), p. 72, n. 81.

Μ. Οὔλπιος Φίλιππος τοῦ Ἑρμογένους ¹ στρατευσάμε]νος βφ ² τὴν σορὸν
κατεσκεύασεν.

1. Φιλίππου Ἑρμογένους, Seure. — 2. βφ = bf = beneficiarius.

735. Philippopoli. — Dumont-Homolle, p. 341, n. 57ᶜ.

Ἐρέννιος Ἡρακλιανὸς γερου|σιαστὴς Φιλιππουπολείτης ¹ ἐκ | τῶν ἰδίων ἑαυτῷ
5 καὶ τῇ συμβίῳ ἑαυτοῦ Κλεοπάτρα Ἀθηνοδώ|ρου κατεσκεύασε τὴν σορὸν σὺν τῷ
τρα[.ο]φ ἀνεξοδία|στον. Ὃς ἂν δὲ πωλήσι, δώσι τῷ ρι.σκῳ δηνάρια....

1. Decurio Philippopolitanus.

736. Philippopoli. — Dumont-Homolle, p. 341, n. 57 ᵈ.

.....| .... ἐ]α[υτῇ ι καὶ | τ[ῷ] ἀν]δρὶ Γ αι[ῳ | ἐ ποίησ]εν [ἐ]κ τ[ῶν] ἰδ[ίων]. ||
5 Εἰ δέ τι]ς τ]ολμ[ήσει | τ]εθ[ῆναι ἕτερον] | π[τ]ῶ]μα..... [δώσει τῷ τα]μείῳ
δηνάρια μ'. | Χαῖρ[ε, π]αρωδεῖτα.

737. In vico nunc dicto Karaorman, procul Philippopoli orientem versus. — Dobrusky,
Matériaux d'archéologie bulgare, IV (1899), p. 63.

Διὶ Μεγίστῳ Δολιχηνῷ. | Ὑπὲρ σωτηρίας καὶ νείκης τῶν κυρίων αὐτοκρα-
τόρων | Κάστωρ καὶ Ἀκύλας καὶ Κάστωρ καὶ Πολυδεύκης κατὰ | κέλευσιν τοῦ
θεοῦ οἱ ἱερεῖς ἀνέθηκαν.

738. In vico nunc dicta Omurovo, inter Philippopolim et Trajanam Augustam. —
Dobrusky, Matériaux d'archéologie bulgare, IV 1899., p. 117, n. 24.

[Ἀγ]αθῇ τύχῃ. | [Κ]ωμῆτε ¹ Ζολου[ζ]ηνοῦ Αὐρηλίῳ Μο]υκιανῷ Εἰουλιανοῦ ²
5 π]ρ]ητωριανῷ ³. Ἔλαβ]εν εὐχαριστήρια | παρὰ κωμητῶν.

1. Lege κωμῆται Ζολουζηνοῦ. — 2. l. e. Ἰουλιανοῦ. — 3. Profecto Aurelius hic Mucianus
praetorianus optime de vicanis vici illius meritus erat, quemadmodum Aur. Purrus,
miles coh. X praetorianae de vicanis Scaptoparenis; de quibus v. supra n. 674.

739. In vico nunc dicti Meritchily, procul Philippopoli orientem versus. — Dobrusky,
Matériaux d'archéologie bulgare, IV (1899), p. 115, n. 22.

5 Ροῦρος Ρουρι|νιανὸς, στρατι|ώτης πραιτωρ|ιανὸς, Ἐπτησυ]κῳ Δορζίνθο|υ
μητρὶ, μνή]μης χά]ριν.

740. In vico nunc dicto Sliven. — Dobrusky, *Matériaux d'archéologie bulgare*, V 1901 , p. 86, fig. 57.

Ἀγαθῇ τύ]χῃ. | Θεῷ Ἀπόλλωνι Γε]νιακῷ Ἐστρακενῷ '| Ἄττιος Τερτια-
5 νὸς, | β]ουλευτὴς Τραιανέων ², | [ἀν]έστησαν ὑπὲρ ἑαυτοῦ | [καὶ τῆς σ υνβίου
Ῥηγείνης | καὶ τῶν] τέκνων. Εὐτυχῶς.

1. Cognomina dei adhuc ignota. — 2. Decurio Trajanae Augustae.

741. In vico nunc dicto Ali-pacha Karasura. — Seure, *Bull. de corr. hellén.*, XXII
(1898), p. 522, n. 12. — Dobrusky, *Matériaux d'archéologie bulgare*, IV (1899), p. 98-99,
n. 2 et fig. 51.

Ἀγαθῇι τύχηι. | Αὐτοκράτορι Λ. Σεπτι]μίῳ Σεουήρῳ Περτίνακι Ἀρα βικῷ
5 Ἀδιαβηνικῷ Παρθι]κῷ Μεγίστῳ κ[αὶ] Μ. Αὐρ. Ἀντωνεί]νῳ Σεβ(αστοῖς) κ[αὶ]
10 Πουπλίῳ Σεπτι]μίῳ Γέτα Καίσαρι ¹ ἡ Τραιανέ]ων πόλις μείζον | υ', | ἡγεμο-
νεύοντος τῆς ἐπαρ]χείας Γ. Καικίνα Λάργου | πρεσβ]ευτοῦ Σεβ(αστῶν) ἀντι-
στρατήγου.

1. Inter annos 199 et 210 p. C. n. — 2. De C. Caecina Largo, leg. Aug. pr. pr. prov.
Thraciae, cf. *Prosop. imp. rom.*, I, p. 256, n. 76.

742. In vico nunc dicto Ali-pacha-Karasura, inter Philippopolim et Trajanam Augustam. — Dobrusky, *Matériaux d'archéologie bulgare*, IV 1899 , p. 116, n. 23. — Seure,
Bull. de corr. hellén., XXV 1901 , p. 320, n. 20.

[Τ]ὸν πάλε στρατιώτην, [νῦν] ἐντείμως βιότοι ο] |
τέρμα ἐὸν πλήσαντα παῖς διεδέξατ' ὁμοίως, |
ζηλώσας στρατῆς ἐλπίδα τὴν γονέων, |
τοῦ χάριν ἄνστησαν ἀμφοτέρω τοκέας. |
5 Πατρὶ μὲν οὖν ἐστὶν οὔνομα Διοφάνης. |
κεδνὴν δὲ καλεοῦσιν μητέρα Κανδιδέαν, |
αὐτὸν δ' ἐμ μέσσοισιν Οὐαλεντεῖνον, μ' ἐσοράτε.

743. Trajanae Augustae. — Dumont-Homolle, p. 353, n. 61ᵐ.

Ἀγαθῇι τύχηι. | Αὐρ. Ἀσκληπιόδοτος | ὁ καὶ Φαλακρίων, ἱερεὺς Διὸς

5 Καπετω] λ ίου καὶ γερουσιαστή[ς] [1] | τὸν βωμὸν σὺν τῇ τρα|πέζη καὶ κονιατικοῖς | καὶ ταῖς ζωγραφίαις | ἐκ τῶν ἰδίων ἐποί[η]σα. | Εὐτυχῶς.

1. Decurio.

---

744. In loco nunc dicto Kespetli, haud procul Trajana Augusta. — Dobrusky, *Arch. epigr. Mittheil.*, XVIII (1895), p. 119, n. 36.

Ἀγαθῆι τύχ[ηι]. | Ἐπὶ αὐτοκράτορος Λ. Σεπτιμίου Σευήρου [καὶ Μ. Αὐρη-
λίου Αντω]|νίνου Καίσαρος ὑπάτων [1], Διὶ Σεβαζίῳ Αρσε......... ναὸν (?) |
5 κατασκευασθέντα ἐπὶ βασιλέως Θρ[ακῶν ..... καὶ ὁ]|πὸ τοῦ μακροῦ χρ[ό]νου
διαφθαρέντ[α...

1. Anno p. C. n. 202.

---

745. Trajanae Augustae. — Dumont-Homolle, p. 349, n. 61ᶜ.

Ἀγαθῆι τύχη. | Τὸν θειότατον καὶ μέ|γιστον Αὐτοκράτορα Καί|σαρ[α]
5 Μ. Αὐρήλ(ιον) Κόμμοδον | Ἀντωνεῖνον Σεβαστὸν | Γερμανικὸν Σαρμ[ατικὸν] |
Βρηταννικὸν, ἀρχιερέα | μέγιστον, δημ(αρχικῆς) ἐξο(υσίας) τὸ ιϛ', αὐτο|κράτορα
10 τὸ ι', ὕπατον τὸ ε' [1], || π(ατέρα) π(ατρίδος), ἡγεμονεύοντος τῆς Θρ[ακῶν] |
ἐπαρχείας Καικ(ιλίου) Ματέρ[ν]ου [2] | πρεσβ(ευτοῦ) Σεβ(αστοῦ) ἀντιστρατήγου, |
15 Ἀντίπατρος Ἀπολλωνίου | τοῦ ἀρχιερέως β' [3] κατὰ ὑπόσ|χεσιν τοῦ πατρὸς ἐκ
τῶν ἰδί|ων ποιήσας ἀνέστησεν.

1. Anno p. C. n. 187. — 2. De Caecilio Materno, leg. Aug. pr. pr. prov. Thraciae,
cf. *Prosop. imp. rom.*, I, p. 250, n. 42. — 3. Apollonius, Antipatri pater, bis sacerdos
provinciae videtur fuisse.

---

746. Prope Trajanam Augustam. — Skorpil, *Arch. epigr. Mittheil.*, XV (1892), p. 104,
n. 42.

Ἀγαθῆι τύχηι. | Αὐτοκράτορα μέγιστον | Λ. Σεπτίμιον Σεου[ῆ]ρον | Περ-
5 τίνακα Εὐτυχῆ Εὐσεβῆ | Ἀραβικὸν Ἀδιαβηνικὸν ἡ ἱε|ρὰ βουλὴ κ αὶ ὁ λα|μπρό-
τατος | δ ῆμος Τρ αιανέ ων, ἡγεμο[ν]εύο[ν]τος Στατειλίου Βαρ|βάρου ὑπάτου
10 ἀποδε|δειγμ ένου [1] ἐπ ὶ ξυναρχία(ς) Σεπτιμίου | [Λ]ὐ[ρ]η λίου Βάσσου.

1. De T. Statilio Barbaro, leg. Aug. pr. pr. prov. Thraciae, cf. *Prosop. imp. rom.*, III,
p. 258, n. 591. Quo anno consulatum egerit, adhuc latet.

747. In vico nunc dicto Dalbiki, haud procul Trajana Augusta. — Dobrusky, *Arch. epigr. Mittheil.*, XVIII 1895), p. 118, n. 35.

.... [ἡγεμονεύοντος Στα]|ταιλίου Βαρβάρου [¹] | ὑπάτου ἀποδεδειγμένου [.....|
5 .... ἐ |πὶ συναρχίας Σεπτ[ιμ]ίου Αὐ[ρ(ηλίου)]| | Βάσσου.

1. Cf. titulum praecedentem.

---

748. Trajanae Augustae. — Dumont-Homolle, p. 356, n. 61 [a].

Ὑπὲρ τῆς τῶν μεγίστων καὶ θε[ιο]τάτων αὐτοκρατόρων Λ. Σ[επτιμίου Σεουήρου
5 Περτίνα|κος κ(αὶ) Μ. Α[ὐρ.] Ἀντωνείνου Σεβ(αστοῦ) [καὶ] | Ἰουλίας Δόμνης
μητρὸς κάσ|τρων νείκης καὶ αἰωνίου [δ]ιαμονῆς....

---

749. Trajanae Augustae. — Skorpil, *Arch. epigr. Mittheil.*, XV (1892), p. 100-101, n. 30.

Ἀγαθῇι τύχῃι. | Αὐτοκράτορα Καίσα|ρα Μ. Αὐρήλ(ι)ον Ἀντ[ων]εῖνον |
5 [Ε]ὐσεβῆ Εὐτυχῆ Σεβαστὸ[ν]|Π]αρθικὸν Βρεταννικὸ[ν] | μ[έ]γιστον ἡ βουλὴ | [κ]αὶ
ὁ δῆμος ὁ Τραιανέ[ων] | ἐπιμελουμένου Τί[τ(ου) Φλ(αουίου) | [Ἀ]πολλοδώρου αʹ
ἄρχοντ[ος]¹.

1. I. e. πρώτου ἄρχοντος.

---

750. Trajanae Augustae. — Skorpil, *Arch. epigr. Mittheil.*, XV 1892), p. 101, n. 31.

Ἀγαθῇι τύχῃι. | [Τὸν] θεῖο<ιο>ν αὐ[το]κράτορα | Μ. Α[ὐρ. Ἀντωνεῖνον
5 Αὔγουστον | ἡ Τραιανέων πόλις πρωταρ|χ[ο]ῦντος Ἀρχία Ἀρχεδήμου.

---

751. Trajanae Augustae. — Dumont-Homolle, p. 355, n. 61ᵛ.

Ἀγαθῇι τύχῃι. | [Μη]τέρα κάστρων Ἰου(λίαν) Δόμναν | Σεβ(αστήν) ἡ πόλις ἐπὶ
συ[ν]αρχίας Α.... | Δημητρίου Ἀπο(λλ)ου. Εὐτυχῶς.

---

752. Trajanae Augustae. — Dobrusky, *Arch. epigr. Mittheil.*, XVIII 1895), p. 117, n. 32.

[Ἀγα]θῇι τύχ[ηι]. | [Αὐτοκρ]ά[τ]ορα Καίσαρα Μ. Αὐρ[ήλιον] Σεβῆρον | Ἀλε-

ξαν ὅρον ¹ Εὐτυχῆ Εὐσεβῆ Σεβ[α](στὸν) | [ἡ] βουλὴ καὶ ὁ λαμπρότατο(ς) δῆμος |
5 Τ ραιανέων, ἐπιμελουμένου τῆς ἀναστά σε ως [τοῦ] ἀνδριάν τος............]
Κέλερος .|....

1. Nomina Alexandri rasuram passa esse videntur.

---

753. In vico nunc dicto Akbunar. — Skorpil, *Arch. epigr. Mittheil.*, XV 1892), p. 108,
n. 63.

Ἀγαθῆι τύχηι. | Αὐτοκράτο[ρι Καίσαρι] | Μ. Αὐρ[η λίω [Σεουήρω] | Ἀλε-
5 ξάνδρω] (Θε[οῦ Ἀντωνεῖ |νου υῶ, (Θεοῦ Σε[β υ[ή ρου ἐγγ[όνω] | ἡ Τραιανέων
π όλ ις μ εἰλ ιον .., | ἡγεμονεύοντος τῆς (Θ ρ[α]κῶν.....

---

754. Trajanae Augustae. — Skorpil, *Arch. epigr. Mittheil.*, XV (1892), p. 101-102, n. 34.

..... μητρὸς Σεβαστοῦ...] καὶ ἱερᾶς συνκλήτου καὶ δή[μ]ου Ῥωμαίων καὶ
ἱερῶν στρατευμάτων, ἡγεμονεύοντος Θρακῶν ἐπαρχείας Μ. Ο[ὐλπίου] Σενεκίωνος
Σατορνείνου ¹.

1. De M. Ulpio Senecione Saturnino, leg. Aug. pr. pr. prov. Thraciae, cf. *Prosop. imp.
rom.*, III, p. 462, n. 568, et supra n. 559, unde forsitan concludere est hunc legatum
Thraciae praefuisse sub Severo Alexandro.

---

755. Trajanae Augustae. — Dumont-Homolle, p. 351, n. 61ᵉ².

Ἀγαθῆ τύχη. | Τὸν μέγιστον καὶ θειότατον | καὶ θεοφιλέστατον Καίσαρα |
5 [Γ. Ἰούλιον Οὖρον Μαξι|μεῖνον αὐτοκρ[ά]το|ρα Σεβα(στὸν) [Γερ|μαν]ικὸν
10 μέγιστον, | Δακικὸν μέγιστον, Σαρματικὸν | μέγιστον, [ἡ λαμπροτάτη] | Τραια-
νέων πό[λις | Εὐτυχῶς.

---

756. Trajanae Augustae. — Dumont-Homolle, p. 350, n. 61ᵈ.

5 Ἀγαθῆι τύχ ηι . | Τὸν μέγιστον καὶ | θειότατον αὐτο|κράτορα δεσπό|την τῆς
οἰκουμένης | Μ. Ἀντώνιον Γορδια|νὸν Εὐσεβῆ Εὐτυ|χῆ Σεβ(αστὸν), ἡ ἱερ[ω]τά[τη
10 βουλὴ καὶ ὁ λαμ|πρότατος δῆμος Τρα[ι]|ανέων ἐκ τῶν Ὑπερπαι|όνων ¹, ἡγεμο-

5 νεύοντος | τῆς Θρακῶν ἐπαρχείας | Κ. Ἀττίου Κέλερος [2]. ‖ Εὐτυχῶς. | Ἐπιμελουμένου Αὐρ. | Κοίντου Κοίντου αʹ ἀρχῆς.

1. Hyperpaeones vallem fluminis Tundja obtinebant, ab Haemo monte meridiem versus; cf. Dumont-Homolle, p. 499. — 2. De Q. Attio Celere, cf. supra n. 724.

757. In vico nunc dicto Akbunar. — Skorpil, *Arch. epigr. Mittheil.*, XV (1892), p. 108, n. 62.

Ἀγα[θῆ τύχ]η. | ['Υπ]ὲρ ν[είκης καὶ αἰω]νίο[υ] ὁ ιᾳ | [μο]ν[ῆ]ς τοῦ θειο-
5 τά[το]υ [αὐ]το[κ]ράτ[ορο]ς Κ[αίσ]αρος] Μ. Ἰουλί[ου] | Φιλίππου Εὐτυχοῦς
Εὐσ[εβοῦς] | [Σεβ(αστοῦ) κ]α[ὶ τῆς θε]οφιλεσ[τάτης] | [Αὐ]γο[ύσ]της Μαρκίας
['Ω]τα[κειλίας] | Σ[ευή]ρας, ἥγε μονεύο[ντος | τῆ]ς Θρα[κῶν ἐ]παρχείας... |
10 Ὀ[υιν]ί[ου Φ]αβ[ι]ανοῦ [[π[ρεσβ(ευτοῦ)] | Σεβ(αστοῦ)]] ἀντισ τρα τ ήγου ἥ λα[μ]-
[προτάτ]η Τραιαν[έ]ω[ν] πόλις. | [Εὐ]τυχ ῶς.

1. Legatus adhuc ignotus.

758. Trajanae Augustae. — Skorpil, *Arch. epigr. Mittheil.*, XV 1892, p. 102, n. 36.

Ἀγαθῆι [τύχηι] | ['Υπὲρ νείκης καὶ αἰωνίου διαμονῆς?] | τοῦ [αὐ]το κρ άτορος
5 [Καίσαρος | Μ. Ἰο[υ]λίου Φιλ]ίππ[ου καὶ τοῦ αὐτοκράτορος] | Καίσα[ρο]ς
Μ. ['Ιου]λίου [Φιλίππου καὶ] | τῆς γυναικὸς αὐτοῦ ['Ωτακιλίας Σεουήρας καὶ |
10 τοῦ] σύνπαντος αὐ[τῶν οἴκου.... | .... | ...Τραιανοπ]ολεῖται?... |
..... [ὑπο]γεγ[ρ]αμμένοι.

759. Trajanae Augustae. — Dumont-Homolle, p. 351, n. 61*ᵃ*.

Τὸν μέγιστον καὶ θειότατον αὐτοκράτορα Πο. | Λικίνιον Γαλλιηνὸν Εὐτυχῆ,
Εὐσεβῆ Σεβαστὸν) τ[ὸν] | ἄρχοντα τῆς οἰκουμένης, ἄρξαντα δὲ καὶ τὴν
5 ἐπώ]|νυμον ἀρχὴν [1] ἐν τῇ λαμπρᾷ καὶ ἐλευθέ]ρᾳ Τραιανέων π[όλει] , | ἥ βουλὴ
καὶ ὁ δῆμος, ἐπιμελουμένων τῆς ἀρχῆς καὶ τῆς | ἀναστάσεως τῶν ἀνδριάντων
Σεπτιμ(ίου) Μαρκιανοῦ | καὶ... Μαρκιανοῦ κρατίστων....

1. Videtur esse ἡ πρώτη ἀρχή.

760. Trajanae Augustae. — Dumont-Homolle, p. 351, n. 61ᶠ.

.... | δέσποιναν τῆς οἰ[κ]ουμένης, ἡγεμονε|ύοντος τῆς Θρακῶν | ἐπαρχείας
5 Φλ. Οὐλπ(ίου) Ἀ|..... εἰου ¹ πρ[ε]σβ(ευτοῦ) Σεβ(αστοῦ) | ἀντιστρατήγου, ἡ
ἱερω|τάτη βουλὴ καὶ [ὁ] | λαμπρότατος δῆμ[ος] | Τραιανέων...

1. De Fl. Ulpio Α... eio, leg. Aug. pr. pr. provinciae Thraciae, saeculo, ut videtur
tertio, cf. *Prosop. imp. rom.*, II, p. 80, n. 271.

---

761. Trajanae Augustae. — Dumont-Homolle, p. 356, n. 61ᶻ.

Ἀγαθῆι τύχηι. | Ο(ὐ)λ(πιον) Ποπ[ί]λιον [Ε]|ὐκράτους ἀρ[χ]|ιερέα κατὰ
5 δό[γ]μα τῆς γλυκυ|τάτης πατρίδος | οἱ παῖδες αὐτοῦ. | Εὐτυχῶς.

---

762. Trajanae Augustae. — Dumont-Homolle, p. 349, n. 61ᵇ.

5 Ἀγαθῆ τύχη. | Τὸν φιλότιμον | ἀρχιερέα | δι' ὅπλων || Μ. Αὐρ. | Ἀπολλό-
10 δωρον | Δημοσθένους | τειμήσασα | ἡ πατρίς. || Εὐτυχῶς.

---

763. Trajanae Augustae. — Dobrusky, *Arch. epigr. Mittheil.*, XVIII (1895), p. 118, n. 34.

... μπου υἱὸς Κυρείνα Διό[[δ]ωρος ἥρως.

---

764. In vico nunc dicto Dinikly, inter Philippopolim et Hadrianopolim. — Dobrusky,
Matériaux d'archéologie bulgare, I (1894), p. 9.

Κυρίῳ Ἀπόλλωνι | Γινκισηνῷ ¹ | Φλ. Οὐάλης στρατιώτης Δυσυργηνός ²
χαριστήριον.

1. Cognomen dei adhuc ignotum, a loco ignoto depromptum. — 2. Oriundus vel
Dusura, e vico ignoto, vel ex gente Dusurenorum item ignota.

---

765. In vico Dinikly. — Dobrusky, *Matériaux d'archéologie bulgare*, I (1894), p. 8.

Ἀπόλλωνι Γεικεσηνῷ εὐχαριστή<σ>|ριον ἀνέθηκεν Μουκιανὸς στρα[τιώτης.

Cf. titulum praecedentem.

766. Pizi. — G. Seure, *Bull. de corr. hellén.*, XXII (1898), p. 180 et sq., et pl. II;
Dittenberger, *Sylloge insc. graec.* (ed. II), n. 932.

Ἀγαθῆι τύχηι. | Ὑπὲρ τῆς τῶν μεγίστων καὶ θειοτάτων αὐτοκρα|τόρων
Λ. Σεπτιμίου Σευήρου Περτίνακος κ(αὶ) Μ. Αὐρη(λίου) | Ἀντωνείνου Σεβ(αστῶν)
5 κ(αὶ) Π. Σεπτ(ιμίου) Γέτα Καίσαρος κ(αὶ) | Ἰουλίας Δόμνης μητρὸς
κάστρων νείκης καὶ αἰωνίου | διαμονῆς καὶ τοῦ σύνπαντος αὐτῶν οἴκου καὶ ἱερᾶς
συν|κλήτου καὶ δήμου τοῦ Ῥωμαίων καὶ ἱερῶν στρατευμάτων, | ἐκτίσθη κατὰ
δωρεὰν τῶν κυρίων ἐμπόριον Πίζος, ἐπὶ | ὑπάτων τῶν κυρίων αὐτοκρατόρων
10 Λ. Σεπ(τιμίου) Σευήρου Περ|τίνακος καὶ Μ. Αὐρ. Ἀντωνείνου Σεβ(αστῶν) ¹, καὶ
μετῴκισαν εἰς αὐτὸ | οἱ ὑποτεταγμένοι ·

Sequuntur, disposita per quattuor columnas, nomina novorum incolarum :

Columna prima : Κώμης Σκελαβρίης, decem nomina; — κώμης Στρατοπάρων,
viginti nomina, quorum duobus addita sunt verba σὺν ἀδελφῷ ; — κώμης
Κρασαλοπάρων, viginti et duo nomina, quorum duobus addita sunt verba σὺν
ἀδελφῷ.

Columna secunda : Κώμης Σκέπτων, sex nomina, quorum unum erasum, alteri
addita sunt verba σὺν ἀδελφῷ ; — κώμης Γελουπάρων, duodecim nomina;
— κώμης Κουρπίδου, quinque nomina ; — κώμης Βασοπάρων, septuaginta et
sex nomina, triginta et unum in fine columnae secundae, quadraginta quinque
initio columnae tertiae, quorum unum erasum, tribus addita sunt verba
σὺν ἀδελφῷ, aliud ita inscribitur : κληρ(ονόμοι) Ρουστίκου Βείθυος.

Columna tertia : post quadraginta quinque ultima nomina κώμης Βασοπάρων,
legitur : κώμης Στρουνείδου, sex nomina; — κώμης Βουσιπάρων, unum nomen.

Columna quarta : Ὕπατοι οἰκήτορες, novem nomina.

Dein lapidi inscriptum est editum praesidis provinciae :

I Κ. Σικίννιος Κλᾶρος ² | πρεσβ(ευτὴς) Σεβ(αστῶν) ἀντιστρά|τηγος λέγει · |
5 II Τῇ προόψει τῶν σταθμῶν ἠσθέ[ν]|τες οἱ κ]ύ[ρ]ιοι ἡμῶν μέγιστοι | καὶ θειότατοι
αὐτοκράτορες | διὰ παντός τε τοῦ ἑαυτῶν αἰῶ|νος βουληθέντες ἐν τῇ αὐτῇ εὐπρε|-
10 πείᾳ διαμεῖναι τὴν αὐτῶν | ἐπαρχείαν, προσέταξαν τὰ ὄν|τα ἐνπόρια ἐπιφανέστερα
ὑπ[άρ]|ξαι, καὶ τὰ μὴ προτέρον ὄντα | γ[ε]νέσθαι · καὶ γέγονεν. | III, ἃ ι [Ἐ πεὶ
15 οὖν δεῖ τὰ ἐκ θείας δωρε|ᾶς ὁρμώμενα εὐτυχέστε|ρα εἶναι καὶ ἐκ τῆς τῶν ἐρα στώ|-
των τάξεως, οὐκ ἐνπορι[κ]οὺς δημότας, ἀλλὰ τοπάρχους βουλευτὰς³ ἐκέλευσα |
20 [ἐκπέ μπε[σθαι] εἰς ταῦτα τὰ | [ἐν]πόρια, δοὺς αὐ τοῖς καὶ δι᾽ ἐπιστο[λῆς σημαν-

[τῆς α καὶ δικαιοδοσίαν | καὶ ἐντειλ ας μὴ ὕϐρει μηδὲ βίᾳ, | δικαιοσύνῃ δὲ καὶ
25 ἐπιεικείᾳ | κρατ εῖν ⁴ τοὺς ἐνοικοῦντας καὶ | μὴ μό]νον αὐτοὺς ταῦτα πράσσ||ειν,
ἀλλὰ κ αὶ ἀπὸ τῶν ἄλλων τι ἀδικο[ν] | .... ζειν ⁵ προῃρημένων ἐρύε[σ 0αι ἐπ᾽
30 ἀδ είας καὶ πολυπλη0είας. | ⸹ 2 Πρ ὸς τ οῦ εἶναι εὐδαιμονέστερα | ταῦτα ἐμπόρια
ἔπειθον μὲν ἄνδρα]ς παρεπιδ ημεῖν εὐδοκιμοῦντας ἐκ | τ ῶν πέ ριξ κωμῶν ⁶, πεί-
35 θοντας δὲ | ἄλλους καὶ μετοικίζειν εἰς ταῦ] τα τὰ ἐμπόρια, καὶ αὐτὸς δὲ προ|-
τ[ι0 έ μεν ος καὶ τοὺς βουλομένους | ἐκ ον τὴν τοῦτο ποιεῖν ἔξοντας | 0είας τύχης
40 τῶν Σεϐαστῶν | μεγάλας δωρεάς, τουτέστιν | πολειτικοῦ σεί τ]ου [ἂν εἰσφορίαν |
καὶ ἐπ᾽ιμελ είας βουργαρίων ⁷ καὶ | φρουρῶν καὶ ἀνγαρειῶν ⁸ ἄνεσιν · | καὶ ταῦτα μὲν
45 περὶ τῆς τάξεως | τοπάρχου καὶ περὶ τῆς ἀλειτουρ||γησίας τῶ]ν ἐνοικούντων ἢ
ἐνοικη | σόν των. ⸹ 3 Περὶ δὲ τῶν οἰκοδομη μάτων, ὅπως ἐπιμελείας τυν|γάνοντα
50 εἰς ἀεὶ διαμένοι, ¹ κελεύω τοὺς τοπάρχους καὶ τοὺς|| ἐπι[στά 0μους στρατιώτας ⁹ |
[π α ρ ὰ τῶν ἐπιμελητῶν παραλα ν]6 ά νειν τὰ πραιτώρια καὶ τὰ βα]λανεῖα
55 πανταγόθεν ὀλόκλη]ρα, τουτέστιν ἐν τοῖς οἰκοδομικοῖς | καὶ ἐν τοῖς λεπτουργικοῖς
καὶ ἐν | τοῖς χρηστικοῖς ¹⁰, παραδιδόντας | τοῖς με0 ἑαυτοὺς ἐγγράφ[ως], ὥσπερ |
60 παρ᾽α λαμϐάνουσιν. ⸹ 4 Ὅπως δ ὲ ἐπι]μελεστέρους αὐτοὺς παρασκευ]άσω πρὸς
τὴν παρά[λημ ψιν | καὶ τὴν π αρά]δοσιν, [κελεύ]ω ἀπὸ τοῦ χρόνου τῆς π[αρα-
65 λήμ|ψ]εως μέχρι τῆς παρ αδσ εω[ς] | τὰ ὑπάρχοντα τῶν το[πάρ χων | καὶ τῶν
ἀρχόντων οὓς ἐκέλευσα | τῷ ἰδίῳ κινδύνῳ αὐτοὺς προϐάλ]λεσθαι, ὑπεύθυνα εἶναι
70 τῷ | δημοσίῳ τῶν πόλεων, πρὸς δὲ ὁ ἥ] | εἰς ταῦτα τὰ ἐμπόρια εἰς τὸ | τετρα]-
πλάσιον τοῦ ἐνδεήσοντος.

Post edictum praesidis provinciae, in ima parte columnae quartae, legitur : Βασοπα-
ρῆνοι, dein duo nomina, quorum alteri addita sunt verba σὺν ἀδελφοῖς.

1. Anno p. C. n. 202. — 2. De Sicinio Claro cf. *Prosop. imp. rom.*, III, p. 241, n. 494.
— 3. Intellige : decuriones civitatis, cui emporium ita conditum attributum est. —
4. Ita supplevit Dittenberger; [δεή]ειν, Seure. — 5. [παρασκευά]ζειν, Seure. — 6. Vici circa
siti sunt ii qui nominantur in quattuor tituli columnis. — 7. Burgarii, praepositi finibus
imperii protegendis. — 8. Angarii, praepositi cursui publico. — 9. Praepositi militum
mansionibus. — 10. Intellige : quod attinet ad aedificium ipsum cum ornamentis et
omnibus rebus quae ad usum domus necessariae sunt.

Hunc titulum egregie commentatus est G. Seure, in *Bull. de corr. hellén.*, XXII (1898),
p. 480 et sq., p. 522 et sq. ; cf. quae adnotavit Dittenberger, *loc. cit.*

767. In loco nunc dicto Sliven, haud procul Hadrianopoli. — Dumont-Homolle, p. 568
'suppl. ad p. 363, n. 62²⁷).

Ἀγαθῆι τύχηι | [π όλεως Οὐλ πί α]ς Ἀγχι ά λου<ς> | [Ο]ὐλ(πία) Ἀνε-

5 ρελχὶς (?) καὶ Ἡρωὶς καὶ Βα κ]χὶς καὶ Τον' η, ι ς ἀνέθηκαν τὰ | π ρακε λευστὰ
τῶν θεῶν ἀγάλ| μ ατα κατὰ χρη,σμοὺς τοῦ　κυ ρ ί ου Ἀπόλλωνος Κολο-
10 ρω|νίου ¹, δι ὰ ἐπιμ ελητοῦ Τίτου | Φ λ α ουίου Ν ειχή,του, διαδε| ξαμ ε-
ν<ι>ου την ἐπ[ιμ ελείαν | τ ῶ ν] νι.... ων παρὰ τοῦ πα|τ ρο ς Μάρ κου
15 Φλ[α ουίου | ..λλικ...]ο υ κ ατὰ τὸ τῆς λα μ προ τ άτης βουλῆς | δόγμα...

1. Ex oraculo Apollonis Colophonii.

---

768. Prope vicum nunc dictum Iambol, in orientalibus Thraciae partibus, haud procul
Hadrianopoli. — Dumont-Homolle, p. 363, n. 62²⁶.

Ἀέρι ὀνορερ ῷ κεκαλυ μμ ένον ἤ περᾷ | οἴκον |
ὃυ σ άντητ ο]ν, [κ άνπτο υ σαν ἔθηκα |
παῖς Ἀπολινάριος Πέτραν ε κ] Ρώμη, ς . |
5　Εὐτυχῶς.

---

769. Mesembriae. — Dumont-Homolle, p. 460, n. 111ᵉ.

Ἀγαθῆι τύχηι. | Ἀγορανόμοι ¹ τῆς λαμπροτάτης Μεσαμ|βριανῶν πόλεως Ἀυρ.
5 Ἀσκληπιάδης Ἀ σκληπιάδου καὶ Δημοσθένης Τατᾶ βουλευ|ταὶ παρακαλοῦσιν
πάντας τοὺς κατερ|γαζομένους ² την πόλιν ἔρχεσθαι καὶ | ἀπογράφεσθαι κατὰ τὸν
νόμον τῆς | πόλεως καὶ τὸ ἔθος. Εὐτυχῶς.

1. Aediles. — 2. Intellige : omnes qui agris operam dant.

---

770. Ad Aquas Calidas. — Dobrusky. Matériaux d'archéologie bulgare, IV 1899 , p. 108 ;
C. I. L., III, 14207³⁵.

Imperator Cae[sar] diui Trai a n i] | P'arl hi c i fi lius diui' Neruae ne pos'
5 Traianus Hadrianus Augus[tus] | pontifex maximus, trib. pot. | VIII ¹. cos. III, |
per Q. Tineium. Rufum leg. Aug. pr. pr. ².

[Αὐ τοκρ ά τωρ Κα ῖ σ α ρ Θεοῦ Τραιανοῦ Παρθικοῦ υἱὸς Θεοῦ Νέρουα
5 [υἱ]ωνὸς Τ ρ α ι]ανὸς Ἀδριανὸς Σε 6α [στὸς, δημαρχικῆς ἐξου σί]ας το η' ¹,
ὕπατος τὸ γ'.

1. Anno p. C. n. 124. — 2. De Q. Tineio Rufo cf. Prosop. imp. rom.. III, p. 321,
n. 168.

771. Anchiali. — Jirecek, *Arch. epigr. Mittheil.*, X (1886), p. 172, n. 1, Dumont-Homolle, p. 464, n. 111°.

Αὐτοκράτορα Καίσαρα [M. Αὐρ. Ἀντ]ωνεῖνο[ν[1] Εὐσεβῆ Σεβασ[τὸν Ἀραβικὸν
Ἀδιαβηνικὸν Παρθικὸν Μέγ[ιστον[2] ἢ | βουλὴ καὶ ὁ λαμπρότατος δῆμος Οὐλπια-
νῶν Ἀγχιαλέων διὰ[3]] | Φλ. Κλαυδιανοῦ.

1. Caracalla. — 2. Inter annos 211 et 213. — 3. Vel ἐπί.

772. Prope Hadrianopolim, in miliario. — Skorpil, *Arch. epigr. Mittheil.*, XV (1892), p. 109, n. 65.

Ἀγαθῆι τύχηι]. | [Τῷ γ]ῆς καὶ θαλά[σ]σης | [καὶ π]αντὸς ἀνθρ[ω]π[ίνου] |
5 [γέν]ους δεσπότη.... || Αὐτοκράτορ[ι Κ]αίσαρ[ι Μ(άρκω) | Αὐρη(λίω) Σ[ε]ου]-
ἡ[ρω Ἀλεξάνδρω] | Εὐτυχεῖ Εὐσεβεῖ Σεβ(αστῷ) [καὶ | Αὐ[γ]ούστη τ]ῆ
10 μητρὶ τοῦ [Σεβ(αστοῦ)] | κ[α]ὶ [μη]τρὶ κάστρων Ἰουλία | [Μαμαία ἡ λα]μ-
προτάτη | [Ἀδρ]ιαν[ο]πολειτῶν πόλις | [τ]ὸ μ[εί]λιον | εὐ[τυ]χῶς, | Ῥο[υ]τιλίου
15 Κρι[σ]πε[ί]νου[1] || [πρεσβ(ευτοῦ) Σ]εβ(αστοῦ) ἀ[ντιστρατ]ή[γ]ου. | — Ι[β]΄.

1. De Rutilio Crispino cf. *Prosop. imp. rom.*, III, p. 147, n. 166.

773. Hadrianopoli? — Dumont-Homolle, p. 439, n. 106ᵃ. — Gladiatoris imagini adscriptus est titulus.

['Ενθάδε] μυρμύλλων[1], Ζμύρνης | [κλέος, ὦ π]αρο[δ]εῖτα,
5   κεῖμ[ε], | θανὼν πυγ[μῇ προσδο]κάτορος[1] Ὑα]κίνθου,
10   ἐν|δεκα πυ]κτεύσας · | νείκην | [δ' ἀπ' ἐμοῦ] λ[ά]βε(ν) οὐδὶς. |
       [Μοῖρα δ'] ἐμοί κατέκλω[σε θανεῖ]ν, ἐπέπρωτο γὰρ | [οὕτως.]
       [Κεῖμ]ε δ' ἐν γέῃ Θρακ[[ῶν Ἀδριανοπ]ολειτῶν.
15 Χρή[[στωι Ζμυρναίωι τῶ]ι ἀνδρὶ μνίας | [χάριν ἔστησεν.......

1. Murmyllo, provocator : genera gladiatorum.

774. Bergulis. — Kubitschek, *Arch. epigr. Mittheil.*, XVII (1894), p. 55, n. 2.

[Μά]ρια Κυίντα..... | ἐποίησα τὸ | [λα]τόμιν σὺν τῇ | στ]ήλλη τῷ γλυκυ]-
5 [τά]τω ἀνδρ[ί] μου Εὐ[[μή]λω μ[ν]είας χάριν. | [Εἰ]μὶ δὲ ἐξ Ὑγίας[1] · | [πρ]ὶν

10 φίλοπλος | [ἐν]θάδε κε[ῖ]με ἀλι..‖τος ἀλλὰ φίλη|[θε]ὶς ὑπὸ πάντων | [π]αρὰ τοιούτης ψυ[χῆ]ς. Χαῖρε, παροδεῖτα.

1. Υ[π]ίας correxit Kubitschek : locus ignotus.

775. Bizye. — Dumont-Homolle, p. 365, n. 62ᵃ.

Βασιλεὺς Κότυς [1] βασιλέα Σαδάλαν | καὶ βασίλισσαν Πολεμοκράτειαν, τοὺς ἑαυτοῦ γονεῖς, | θεοῖς πατρώοις.

1. De Coty, rege Thraciae, cf. *Prosop. imp. rom.*, I, p. 476, n. 1268.

776. In Hellesponto repertus titulus. — Gurlitt, *Arch. epigr. Mittheil.*, II (1878), p. 7, n. 3.

Ποπλάρις [1] τῷ ἰδίῳ πα|τρὶ Γαλάτῃ μνείας | χάριν.

Supra est imago gladiatoris.

1. Cognomen latinum : *Popularis*.

777. Selymbriae. — Mommsen, *Eph. epigr.*, II, p. 256; Dumont-Homolle, p. 377, n. 62ᶜ.

5 Θεῶι ἁγίωι ὑψίστωι | ὑπὲρ τῆς Ῥοιμη|τάλκου [1] καὶ Πυθο|δωρίδος ἐκ τῶν κα‖τὰ τὸν Κοιλα[λ]ητικὸν | πόλεμον [2] κινδύνου | σωτηρίας εὐξάμενος | καὶ ἐπιτυχὼν
10 Γάιος | Ἰούλιος Πρόκ(λος) χαρ‖στ[ήρι]ον.

1. De Rhoemetalce, rege Thraciae, cf. *Prosop. imp. rom.*, III, p. 131, n. 51, ubi titulus dicitur Bizye repertus. — 2. De hoc Coelaletico bello cf. Tacitum, *Annal.*, III, 38 et seq.

778. Selymbriae. — Mordtmann, *Arch. epigr. Mittheil.*, VIII (1884), p. 205, n. 12. — Dumont-Homolle, p. 368, n. 67ᵇⁱ.

Ἀγαθῆι τύχηι. | Ὑπὲρ ὑγείας τῶν | κυρίων ἡμῶν αὐ|τοκρατόρων Γαίου ‖
5 [Ἰ]ουλίου Μαξιμίνου | Σεβαστοῦ καὶ Γαί]ου Ἰουλίου Οὐή[ρου Μαξίμου [1]...

1. Inter annos 235 et 238 p. C. n.

779. Selymbriae. — Von Calice, *Jahreshefte des öster. arch. Institutes*, IV 1901), p. 207.

Μᾶρκος Κίνκιος Νιγρεῖνο[ς], | στρατιώτης χώρτης ἑνδεκάτης ὀρ[βανῆς [1], ἥρως ἀγαθοποιός.

1. Miles cohortis xi urbanae.

780. Inter Selymbriam et Heracleam. — Mordtmann, *Arch. epigr. Mittheil.*, VIII 1884, p. 214, n. 36. ; Dumont-Homolle, p. 377, n. 62⁶.

Αὐρ. Μαρκιανὸς ὁ κρ(άτιστος) ἔθηκα | τὴν σορὸν ἐμαυτῷ καὶ τῇ γλυ|κυτάτῃ
5 μου συμβίῳ Αὐρ. Οὐαλερίᾳ · | εἰ δέ τις ἕτερον τολμήσει καταθέσθαι, | δώσει
τῇ πόλ(ε)ι δηναρίων μυ(ρ)ιάδας) β'.

---

781. Heracleae-Perinthi. — Borghesi, *Œuv.*, III, p. 274; Dumont-Homolle, p. 381, n. 72ᵃ.

Διὶ Ζβελσούρδῳ ¹. | Αὐτοκράτορι Καίσαρι Δομιτια|νῷ Σεβαστῷ Γερμανικῷ
τὸ ιδ' | ὑπάτῳ ², ἐπιτροπεύοντος Θράκης || Κ. Οὐεττιδίου Βάσσου ³, Τι. Κλαύ|διος
Σεβαστοῦ ἀπελεύθερος | Ζηνᾶ, τριήραρχος κλάσσης Περιν|θίας ⁴, σὺν Κλαυδίοις
10 Τι. υἱοῖς Κυρείνᾳ | Μαξίμῳ, Σαβίνῳ, Λούπῳ, Φου‖τούρῳ, τέκνοις ἰδίοις, πρῶτος |
καθιέρωσεν.

1. De hoc deo dixit Perdrizet, *Revue des Études anciennes*, I, p. 23 cf. supra, n. 58. —
2. Inter annos 88 et 90 p. C. : Domitianus enim consulatum quartum decimum anno 88,
quintum decimum anno 90 egit. — 3. Q. Vettidius Bassus procurator prov. Thraciae :
Prosop. imp. rom., III, p. 410, n. 316. — 4. Trierarchus classis Perinthiae, ejusdem profecto atque Ponticae; cf. Daremberg et Saglio, *Dict. des Antiquités*, s. v. *classis*, p. 1234.

---

782. Prope Perinthum. — Kalinka, *Arch. epigr. Mittheil.*, XIX (1896), p. 67.

In antica :

... ὁ] διοικητὴς κα[ὶ | Μᾶ]ρκος Πομπήι[ος | Κ]ωμικὸς κω... | ...ος τὸν
5 βω‖ μ|ὸν τῇ συναγω|'γ]ῇ τῶν κουρέω|[ν ¹ π]ερὶ ἀρχισυνάγ|[ωγ]ον ² Γ. Ἰούλιον |
10 [Ο]ὐάλεντα δῶ|[ρ]ον ἀποκατέστη|[σα]ν κα[ὶ] τὸν τόπο[ν | παρεσκεύ]ασα[ν].

In postica :

Διὶ Λοφείτῃ ³ Ε·ὐ|[δίων Φιλλύδ·ου] | ἱερεὺς ⁴ νέοις α·ὐ| ρα]ρίοις? δῶρον.

1. l. e. collegio tonsorum. — Ἀρχισυνάγωγος, magister collegii. — 3. Cognomen Jovis
adhuc ignotum. — 4. Sacerdos collegii, ut videtur, aurariorum.

---

783. Heracleae-Perinthi. — Dumont-Homolle, p. 384, n. 72ⁱ.

Ματιδίαν Σεβαστὴν ¹ | ἡ βουλὴ καὶ ὁ δῆμος | ὁ Περινθίων.

1. Matidia Augusta, Ulpiae Marcianae Augustae, Trajani sororis, filia.

784. Heracleae-Perinthi. — *C. I. Gr.*, 2020; Dumont-Homolle, p. 388, n. 74ª.

Ἀγαθῆι τύχηι. | Αὐτοκράτορα Καίσαρα Θεοῦ Τραιανοῦ Παρ|θικοῦ υἱὸν Θεοῦ
Νερούα υἱωνὸν Τραιανὸν Ἀδρι|ανὸν Σεβαστὸν, δημαρχικῆς ἐξουσίας τὸ ι΄ ΄, ||
5 ὕπατον τὸ γ΄.

1. Anno p. C. n. 126.

---

785. Heracleae. — Kalinka, *Jahreshefte des österr. arch. Institutes*, I (1898), Beiblatt,
p. 10. — Cf. Dumont-Homolle, p. 379, n. 69 et seq.

[Αὐτοκράτορι Καίσαρι Ἀδριανῷ Σεβαστῷ] Ὀλυμπίῳ ΄ καὶ Ἐλευθερίωι καὶ
Σαβείνη Σεβαστῇ [τῇ νέα Δήμ]ητ[ρι ΄] διέποντος τὴν ἐπαρχείαν Ποπλίου | [Ἰουεν-
τίου Κέλσου Τίτου Αὐφιδίου Οἰνίου Σευηριανοῦ] ² Ἀρκία Γηπαιπυρὶς Ἀρχίου
Ἀσιατικοῦ θυγάτηρ τὸ [ἱερὸν σὺν τῇ εἰκόνι Θεοῦ Καίσ]αρ[ος κα]ὶ τοῖς ἄλλοις
ἀγάλμασιν τοῖς ἀνακειμένοις ἐν αὐτῷ ἐξ ἐντολῆς καὶ ἀναλωμάτων | πάντων τοῦ
πατρὸς κατασκευάσασα ἀνέθηκε.

1. Ergo post annum 129 p. C., ante 138 quo Hadrianus decessit. — 2. De P. Juventio
Celso T. Aufidio Hoenio Severiano, praeside prov. Thraciae, cf. *Prosop. imp. rom.*, II,
p. 255, n. 590.

---

786. Perinthi-Heracleae. — *C. I. Gr.*, 2022; Dumont-Homolle, p. 388, n. 74ᵉ;
Kalinka, *Jahreshefte des österr. arch. Institutes*, I (1898), Beiblatt, p. 14.

Ἀγαθῆι τύχη. | Αὐτοκράτορα Καίσαρα | Λ. Σεπτίμιον Σεουῆρον | Εὐσεβῆ
5 Περτίνακα || Σεβαστὸν Ἀραβικὸν | Ἀδιαβηνικὸν Παρθικὸ[ν] | Μέγιστον ΄ ἡ βουλὴ |
10 καὶ ὁ δῆμος τῶν | νεωκόρων || Περινθίων.

1. Inter annos 199 et 210 p. Chr. n.

---

787. Heracleae-Perinthi. — Mommsen, *Eph. epigr.*, III, p. 236; Dumont-Homolle,
p. 382, n. 72ᶜ.

Ἀγαθῇ τύχῃ, | ὑπὲρ ὑγείας καὶ νίκης τοῦ κυρί|ου ἡμῶν αὐτοκράτορος κ΄αὶ)
5 αἰωνίου | διαμονῆς Λουκίου Σεπτιμίου Σε|βήρου Περτίνακος Ἀραβικοῦ Ἀδια|βε-
νικοῦ καὶ Μάρκου Αὐρηλίου Ἀντω|νίνου Καίσαρος ΄ καὶ τοῦ σύμ|παντος οἴκου

10 καὶ ἱερᾶς συγκλή|του καὶ δήμου Περινθίων νεωκό|ρων, Μᾶρκος Ὥρου τὸν
τελαμῶνα² | τῷ Βακχείῳ Ἀσιανῶν³ ἐκ τῶν ἰδί|ων ὑπὲρ τῆς εἰς αὐτὸν ἀεὶ
15 τιμῆς | καὶ εὐνοίας ἀνέθηκεν, ἡγεμο|νεύοντος Στατιλίου Βαρβάρου, | ἱερομνημο-
νοῦντος Πομπονί|ου Ἰουστινιανοῦ καὶ ἀρχιμ(υ)στοῦν|τος Μαξίμου τοῦ Κλαυδίου,
ἱερα|τεύοντος Εὐτύχους Ἐπικτήτου⁴. | Εὐτυχεῖτε.

1. Inter annos 196, quo Caracalla Caesar factus est, et 198, quo Augustus. — 2. Intellige : lapidem cui titulus inscriptus est; cf. C. I. Gr., 2053 et 2056. — 3. Collegium cultorum dei Bacchi Asia oriundorum. — 4. Hieromnemon, archimysta, sacerdos collegii
cultorum Bacchi.

---

788. Heracleae-Perinthi. — Le Bas, 1664; Dumont-Homolle, p. 388, n. 74ᵈ.

Αὐτοκράτορα Καί|σαρα Γάιον Μέσιον | Κυίντον Δέκιον | Τραιανὸν¹ Εὐσεβῆ ‖
5 Εὐτυχῆ Σεβαστὸν | ἡ λαμπροτάτη δὶς | νεωκόρος Περινθίων | πόλις.

1. Inter annos 249 et 251 p. C. n.

---

789. Heracleae-Perinthi. — Mordtmann, Arch. epigr. Mittheil., VIII (1884), p. 217,
n. 44; Dumont-Homolle, p. 391, n. 74°.

Ἀγαθῆι τύχηι. | Τὸν κτίστην καὶ σω|τῆρα τῆς οἰκουμένης | αὐτοκράτορα Καί-
5 σαρα ‖ Γ. Οὐαλ(έριον) Διοκλητιανὸν | Εὐσεβῆ Εὐτυχῆ Σ[ε]β(αστὸν)¹ | ἡ λαμπρὰ
10 Ἡρακλεω|τῶν πόλις ἀνέστησεν | ἡγεμονεύοντος τοῦ ‖ διασημοτάτου Δο|μιτίου
Δομνείνου². | Εὐτυχῶς.

1. Inter annos 293 et 305; cf. titulos insequentes. — 2. Vir aliunde ignotus.

---

790. Heracleae. — Mordtmann, Arch. epigr. Mittheil., VIII (1884), p. 217-218, n. 46;
Dumont-Homolle, p. 392, n. 74ᵍ.

Ἀγαθῆι τύχηι. | Τὸν κτίστην καὶ σω|τῆρα τῆς οἰκουμένης | αὐτοκράτορα Καί-
5 σαρα ‖ Μ. Αὐρ. Οὐαλ(έριον) Μαξιμιανὸν | Εὐσεβῆ Εὐτυχῆ Σεβ(αστὸν) | ἡ λαμπρὰ
10 Ἡρακλεω|τῶν πόλις ἀνέστησεν | ἡγεμονεύοντος τοῦ ‖ διασημοτάτου Δο|μιτίου
Δομνείνου¹. | Εὐτυχῶς.

1. Cf. titulum praecedentem.

Heraclea THRACIA 259

791. Heracleae. — Mordtmann, *Arch. epigr. Mittheil.*, VIII (1884), p. 217-218, n. 47;
Dumont-Homolle, p. 392, n. 74ᵉ.

Ἀγαθῇ τύχηι. | Τὸν ἐπιφανέστατον | Καίσαρα Γαλέριον Οὐαλ(έριον) | Μαξι-
5 μιανὸν Εὐσεβῆ | Εὐτυχῆ Σεβαστὸν ἡ λαμ|πρὰ Ἡρακλεωτῶν πό|λις ἀνέστησεν
10 ἡγε|μονεύοντος τοῦ δι|ασημοτάτου Δο||μιτίου Δομνείνου ¹. | Εὐτυχῶς.

1. Cf. nn. 789, 790, 792.

792. Heracleae. — Mordtmann, *Arch. epigr. Mittheil.*, VIII (1884), p. 217-218, n. 45;
Dumont-Homolle, p. 391, n. 74ᵖ.

[Ἀγαθῇ] τύχηι. | Τὸν ἐπιφανέστατον | Καίσαρα Φλ. Οὐαλέριον | Κωνστάν-
5 τιον Εὐσε|βῆ Εὐτυχῆ Σεβαστὸν | ἡ λαμπρὰ Ἡρακλεω|τῶν πόλις ἀνέστη|σεν
10 ἡγεμονεύον|τος τοῦ διασημοτά|του Δομ(ιτίου) Δομνείνου ¹. | Εὐτυχῶς.

1. Cf. nn. 789-791. Ergo Domitius Domninus Thraciam rexit inter annum 293 quo
Constantius et Galerius Caesares dicti sunt et annum 305 quo Diocletianus se imperio
abdicavit.

793. Heracleae-Perinthi. — Aristarchis, *Hellen. philol. syllog.*, II, p. 264; Dumont-
Homolle, p. 378, n. 63.

Ῥεσκουπόρεως ¹ υἱὸν [ὁ] δῆμος καὶ οἱ σύνε|δροι τὸν ἑαυτῶν σωτῆρα καὶ
εὐεργέτην.

1. Videtur esse Rhescuporis, rex Thraciae sub Augusti, dein Tiberii principatu; cf.
Prosop. imp. rom., III, p. 128, n. 42. Titulum initio mutilum esse non traditur.

794. Heracleae-Perinthi. — Mordtmann, *Arch. epigr. Mittheil.*, VIII (1884), p. 217, n. 43;
Dumont-Homolle, p. 391, n. 74ⁿ.

5 .....ον | ¹ Π. Αἰ(λίου) Σεουηριαν[οῦ] | Μαξίμου τοῦ λαμ|προτάτου ὑπατι-
10 κο[ῦ] | υἱὸν Πόπλιον Αἴλ. | Σεουηριανὸν | Μάξιμον ² ‖ Αὐρ. Χρῆστο[ς] |... [κατὰ
τὸ δόγμα τῆς βουλ]ῆς καὶ [τοῦ δήμου...

1. ... N | ΤΟΥ.. ΔΙΙΕΡΩΣΟΜ | ΣΥΛ....ΟΝ.. traditur. — 2. De P. Aelio Severiano
Maximo patre cf. *Prosop. imp. rom.*, 1, p. 23, n. 180; de filio, *ibid.*, n. 181.

795. Heracleae-Perinthi. — Dumont-Homolle, p. 381, n. 72ᵇ.

Ἡ βουλὴ καὶ ὁ δῆμος τῆς λαμπρο|τάτης Περινθίων πόλεως Στατεί|λιον Κριτωνιανὸν¹ τὸν κράτιστον | ἐπίτροπον τ[ῶ]ν Σεβαστ[ῶ]ν².

1. De Statilio Critoniano cf. *Prosop. imp. rom.*, III, p. 260, n. 596. — 2. Virum egregium, procuratorem Augustorum.

---

796. Heracleae-Perinthi. — Aristarchis, *Hellen. philol. syllog.*, II, p. 265; Dumont-Homolle, p. 378, n. 64.

Μ. Οὔλπιον Σ[ε]|νεκίωνα Σατ[ουρ]|νεῖνον¹ πρεσβ(ευτὴν) | Σεβ(αστοῦ) ἀντιστρά-
5 τη‖γον τὸν τειμ[η]|τὴν² καὶ ὑγιέστ[α]τον³ ἡ βουλὴ | διὰ ἅπασαν ἀρε|[τ]ὴν τὸν
10 ἑαυτῆς ‖ [εὐ]εργέτην.

1. De M. Ulpio Senecione Saturnino cf. *Prosop. imp. rom.*, III, p. 462, n. 568. — 2. M. Ulpius Senecio Saturninus videtur fuisse legatus Aug. pr. pr. ad census accipiendos. — 3. Ita traditur. Forsitan [ἐπι]τι[ά]τ[η]ν, vel tale quid, ut nos monet Haussoullier.

---

797. Heracleae-Perinthi. — Dumont-Homolle, p. 378, n. 64ᵃ.

Τὸν λαμπρότατον καὶ ἁγνότατον | ἡγεμόνα Μ. Οὔλπιον [Σε]νεκίωνα Σα|τουρ-
5 νῖνον¹, τὸν τῆς ὁμονοίας τῶν | πόλεων προστάτην, ἡ λαμπροτάτη ‖ μητρόπολις
τῆς Ἀσίας νεωκόρος | Κυζικηνῶν πόλις, διὰ τῆς περὶ αὐ|τὴν εὐεργεσίας, ἐπιμε-
ληθέντος | τῆς ἀναστάσεως τοῦ ἀνδριάντος | Μ. Αὐρ. Ἀμερίμνου σειτορύ-
10 λακος² ‖ τῆς πόλεως.

1. Cf. titulum n. 799. — 2. Curatoris frumenti publici.

---

798. Heracleae-Perinthi. — Dumont-Homolle, p. 384, n. 72ᵏ.

Ἡ πόλις | τὸν πρῶτον τῆς πόλεως | καὶ τῶν Ἑλλήνων¹ Μ. Αὐρ. Θεμιστ|ο-
5 κλέα, ἱππικὸν², γραμματέα μόνον, ‖ Ἐφεσί[ω]ν α΄³ καὶ Ἀσι[ά]ρχ(ην), Αὐρ.
Ἡρκλᾶς τὸν ἑαυτοῦ | συνήγορον καὶ προστάτην⁴, ψ(ηφίσματι) β(ουλῆς).

1. Verisimile est multos homines Graecos Heracleae-Perinthi incolas fuisse sicut in aliis Thraciae urbibus, inter quos, simul atque inter cives, M. Aurelius Themistocles hic dicitur primas partes obtinuisse. — 2. Equitem romanum. — 3. Primum Ephesiorum. — 3. Defensorem et patronum.

799. Heracleae-Perinthi. — Dumont-Homolle, p. 384, n. 72ʰ.

Ὁ δῆμος | Πόπ[λ]ιον Κοσίνιον | Ποπ[λ]ίο[υ] υἱόν Καπίτωνα, ἀγορανομή-
σαντα ἐπιμελῶς.

800. Heracleae-Perinthi. — Le Bas, 1465; Dumont-Homolle, p. 389, n. 74ᵉ.

Ἀγαθῇ τύχῃ. | Ἡ βουλὴ καὶ ὁ δῆμος | ἐτείμησεν Πό(πλιον) Αἴλιον |
5 Ἀρποκρατίωνα τὸν καὶ | Πρόκλον, τὸν τὸ Τύχαιον ¹ | κατασκευάσαντα,
Ἀλεξανδρεῖς οἱ πραγματευόμενοι | ἐν Περίνθῳ ² τὸν ἀνδριάντα | ἀνέστησαν
τειμῆς χάριν.

1. Templum deae Tyches vel Fortunae. — 2. Perinthi, quemadmodum Tomis, degebant Alexandrini negotiatores.

801. Heracleae-Perinthi. — Mommsen, *Eph. epigr.*, II, p. 252; Dumont-Homolle,
p. 377, n. 62ᶠ.

[Τι]βέριος Ἰ[ο]ύλιος [Τ]οὐλ[λ]ος, στρατηγὸς Ἀστικῆς (τῆς) περὶ | Πέρινθον ¹,
εὐχαριστήριον.

1. Astike prope Perinthum una erat ex Thraciae strategiis.

802. Heracleae. — Mordtmann, *Arch. epigr. Mittheil.*, VIII (1884), p. 219, n. 49,
Dumont-Homolle, p. 392, n. 74ᵃ.

.... [νεικήσαντα ἱεροὺς ἀγῶνας τοὺς ὑπογεγραμμένους]....... ...λια,
Πύθια ἐν Χαρταγέννῃ, | Ἄκτια ἐν Περίνθῳ, Πύθια | ἐν Περίνθῳ, Πύθια ἐν
5 Φιλιπ|ποπόλει, ἱερὸν Κόρης ἰσο|πύθιον ἐν Κυζίκῳ, ...!... Πύθια ἐν Τρωάδι,
Ἀλε|ξάνδρεια Ὀλύμπια ἐν Βεροίᾳ ¹, | Ἀδριανὰ Ὀλύμπια ἐν Κυζίκῳ, | Πύθια
10 ἐν Καλχαδόνι, κοινὰ | Βειθυνίας ἐν Νεικομηδείᾳ.

1. Ex agonibus hoc titulo memoratis plerique jam noti sunt (cf. *C. I. Gr.*, Indices,
p. 42 et O. Liermann, *Anal. epigr. et agonist.*, p. 221 et seq.. Pythia Carthagine celebrata memorat Tertullianus (*Scorpiac.*, 6).

803. Heracleae. — Mordtmann, *Arch. epigr. Mittheil.*, VIII (1884), p. 222, n. 52;
Dumont-Homolle, p. 393, n. 74ᵛ.

M. Ἀπούστιος Ἀγρίππας πραγματικὸς ¹ ζήσας ἔτη μ' · χαῖρε καὶ σύ.

1. Actor.

804. Heraclae-Perinthi. — Kalinka, *Jahreshefte des österr. arch. Institutes*, I (1898),
Beiblatt, p. 109, n. 4.

Αὐρ. Ἐρασεῖνος Ἐρασείνου Περίνθιος | φυλῆς τετάρτης Εὐανθίδος ¹ ζῶν καὶ
φρο|νῶν κατεσκεύασα τὸ ὑπόρυκτον ἐμαυ|τῷ καὶ τῇ γλυκυτάτῃ μου συνβίῳ
5 Κλαυδίᾳ Τι|βερίᾳ Σωστράτᾳ Σωστράτου · ἐξὸν δέ μοι | ἔστω ζῶντι καταθέσθαι
ὃν ἂν βούλομαι · | μετὰ δὲ τὴν τελευτήν μου μηδενὶ ἐξὸν εἶ|ναι ἕτερόν τινα
10 ἐξωτικὸν τεθῆναι, ἐπεὶ | δώσει τῇ πόλει δηνάρια β' καὶ τοῖς κληρονέ||μοις μου
δηνάρια β'. Χαῖρε, παροδεῖτα.

1. Perinthi civitatis territorium per tribus divisum erat, quarum unicuique attributa
esse videntur et numerus et nomen; cf. *Jahreshefte des österr. arch. Inst.*, *ibid.*, n. 5 :
Περίνθιος φυλῆς Εὐανθίδος; *ibid.*, p. 111, n. 7 : Περίνθιος φυλῆς β' et supra, φυλὴ τετάρτη.

805. Heracleae-Perinthi. — Le Bas, 1468; Dumont-Homolle, p. 389, n. 74ᵇ.

Βεττίδιος Εὐτυχιανὸς, Περίνθιος | βουλευτὴς ¹, ἔθηκα τὴν σορὸν Αὐρ. |
5 Χρήστῳ. Ὃς δ' ἂν τολμήσει ἕτερον | καταθέσθαι κατὰ αὐτὸν, ‖ δώσει τῇ πόλει
δηνάρια ,βρ'.

1. l. e. decurio Perinthi.

806. Heracleae-Perinthi. — Mommsen, *Eph. epigr.*, III, p. 234, n. 7; Dumont-Homolle,
p. 396, n. 74²⁷.

In sepulcro quod sibi et conjugi paravit Aurelia quaedam Asclepiodote,
post 8 versus legitur :

10 ὅς ἂν δὲ ἕτερ[ο]ν, | [δ]ώσει τῷ τ(αμείῳ) δηνάρια φ'¹ καὶ | τῇ πόλη δηνάρια
φ'. | Χαῖρε, παροδεῖτα.

1. Cf. *Arch. epigr. Mittheil.*, VIII (1884), p. 223, n. 57, τῷ ταμείῳ καὶ τῇ πόλει ἑκάστῳ
δηνάρια ,βρ'; *Jahreshefte des österr. arch. Instit.*, I 1898, Beiblatt, p. 108, n. 3 : τῷ ταμείῳ
δηνάρια φ'.

807. Heracleae-Perinthi. — Aristarchis, *Hellen. philol. syllog.*, II, p. 263; Dumont-Homolle, p. 378, n. 63.

*In sepulcro quod sibi et conjugi et liberis paravit Aurelius quidam Eutyches, Symphori f.,
Perinthius, post 6 versus legitur :*

10 Εἰ δέ τις | τολμήσει ἕτερον | καταθέσθαι, δώσει ‖ τῇ πόλει δηνάρια ρ' καὶ τῇ |
τέχνῃ τῶν λιθουρ|γῶν ¹ δηνάρια φ'. Χαῖρε, πα|ροδεῖτα.

1. Corpus lapidariorum.

808. Heracleae-Perinthi. — *C. I. L.*, III, 7399.

Ti. Claudius Siluan(us) | uixit an. XXVI, d. IIII.

Τι(βερίῳ) Κλαυδίῳ Σιλβανῷ | ὅστις ἔζησεν ἔτη κς', ἡ(μέρας) δ'.

809. Heracleae-Perinthi. — Mordtmann, *Arch. epigr. Mittheil.*, VIII (1884), p. 221,
n. 51; Dumont-Homolle, p. 393, n. 74ᵃ.

Οὔνομά μοι πατρὸ[ς ἦν ¹....
καὶ πόλις Ἀργαίου...
Ῥωμουλὶς ἦν μοι σ[ύμβιος].... ²
οὔνεκα Ῥωμαίων ε...
Νῦν δέ με μοῖρα βρό[των...
ἔλλαβε πρὶν τελ[έσαι...
Ἀλλ' ἄγε, μῆτερ ἄνασ...
πηγάς μοι γοερῶ[ν...

1. Traditur ΠΑΤΡΟΕΠ. Correxit Haussoullier. — 2. Traditur ΜΟΙΣΙϹ. Correxit idem.

810. Perinthi? — Egger, *Annali*, 1868, p. 133 et seq.; Dumont-Homolle, p. 441, n. 110ᵇ.

Τὸν πρὸ πύλαις Ἥρωα, | τὸν ἄλκιμον ἐν τριόδοισιν, |
τὸν κλεινὸν ναέτου θῆκαν ἐρι|σθενέος
Κλαυδιανοῦ πρὸ δόμοισι ‖ σοροτεχνήτιες ἄνδρες ·
τεῦξαν ὅμως | γλυφικῆς ἀμφὶ καὶ εὐγραφίης
κλειτὸς | ὁ σὸς Καπίτων γλύψας, γράψας δὲ φίλος | σοι

Ἰανουάριος θεράπων, εἴνεκεν εὐσεβί|ης.

10   Ζώγρε[ι], δέσποτ' ἄναξ, τὸν σὸν νεετῆρα | μεθ' ἡμῶν
        Κλαυδιανὸν, Θρηκῶν πρῶτον | ἐν εὐσεβίη.
        Ὀρρίτῳ καὶ Σοσ|σίῳ Πρείσκῳ ὑπάτοις, εἴδοις νοεμβρίοις ¹...

1. Die xɪɪɪ mensis Novembris, anno p. C. n. 149.

---

811. Bisanthi. — P. Kerameus, *Hellen. philol. syllog.*, 1886, p. 90, n. 6; Dumont-
Homolle, p. 409, n. 83ᵇ.

In sepulcro quod sibi et conjugi et liberis paravit Zoilus quidam,
post 4 versus legitur :

Εἴ τις ἂν τολμήσει ἕτε|ρον καταθέσθαι, δώσει τῷ φίσ|κῳ δηνάρια ͵αφ' καὶ τῷ
ἐνσορίῳ δηνάρια φ'.

---

812. Chorae. — Le Bas, 1457; Dumont-Homolle, p. 421, n. 89ᵃ.

Ὑπὲρ νίκης....... αὐτοκρ|ατό]ρων [Οὐαλ(ερίου) Δ]|ιοκλητιανο[ῦ] | καὶ Μαξι-
5 μια νοῦ] | τῶ[ν] Σεβαστ ῶν | καὶ Κω[ν]σταντ[ίου] | καὶ Μαξιμι[ανοῦ] | τῶν
   ἐπιφανε[στάτων] | Καισ΄άρων ¹...

1. Inter annos 293 et 305 p. C. n.

---

813. Peristasi. — *C. I. Gr.*, 2018; Seure, *Bull. de corr. hellén.*, XXIV (1900 , p. 166-167.

5   Ἐπὶ τῶν δε|σποτῶν ἡ|μῶν | Διοκλητιανος ‖ κὲ Μαξιμιανοῦ | Σεβα(σ)τῶν κὲ |
10 τῶν ἐπιφα|νεστάτων | Κεσάρων | Κονσταντίου | κὲ Μαξιμια[νοῦ] ¹, | ἄγρου
    Σε[ικ]ο | ...τηνῶν ὅρο[ς] ἕως ὧδε.

1. Inter annos 293 et 305.

---

814. Callipoli. — Le Bas, 1441; Dumont-Homolle, p. 430, n. 100ᶜ.

Αὐτοκράτορα Κ αίσ]αρχ Θεοῦ Τραι|ανοῦ Παρθικοῦ υἱὸν Θεοῦ Νερούα |
υἱωνὸν Τραιανὸν [Ἀδρ]ιανὸν Σεβαστ ὸ]ν, | ἀρχιερέα μέγιστο[ν, δ]ημαρχικῆς
5 ἐξου|σίας τὸ η΄¹, ὕπατο΄ν τὸ γ'].

1. Ann. p. C. n. 124.

815. Callipoli. — Dumont-Homolle, p. 436, n. 100²¹; Besset et Mendel, *Bull. de corr. hell.*, XXV (1901), p. 325, n. 2.

Ἡ βουλὴ καὶ ὁ δῆμος | Γ. Ἰούλιον Ἄβρου | υἱὸν Φαβία Ὕμνον, | γυμνα-
5 σιαρχήσαν|τα ¹, ἐκ τῶν ἰδίων | ἐτείμησεν.

816. Callipoli. — Dumont-Homolle, p. 432, n. 100¹.

Ὁ δῆμος Λούκιον Φλάουιον Βαλώνιον Πολλίωνα | τὸν πρῶτον τῆς πόλεως,
εὐεργέτην πατρίδος | διὰ βίου καὶ πολλῶν καὶ μεγάλων ἀγαθῶν | α[ἴτι]ο[ν]
γεγονότα.

817. Callipoli. — Fontrier, *Bull. de corr. hellén.*, I (1877), p. 409-410; Dumont-Homolle,
p. 432, n. 100ᵐ.

Ἐπὶ ἱερέως Καίσ[αρ]ος... Λευκίου Φλαβίου | τὸ δεύτερον, οἱ δικτυαρχ[ή]σαν-
τε[ς] καὶ τε[λετ]|α[ρχ]ήσαντες ¹ ἐν τῶι Νε[ι]λαίωι — ἀργωνοῦντος Πο|πλίου
5 Λουίου Λυσιμάχου · δικ[τ]υαρχούντων Ποπλίου Λουίου | Λυσιμάχου, Ποπλίου
Λουίου Ποπλίου υἱοῦ Ποντικοῦ, Μάρ|κου Ἀπικίου Κουαδράτου, Ἐπαγάθου τοῦ
Ἀρτεμιδώρου, | Ποπλίου Λουίου Βείθυος · | σκοπιαζόντων Ἐπαγάθου | τοῦ
10 Ἀρτεμιδώρου, Ποπλίου Λουίου Βείθυος · | [κ]υβερνών|των Σεκο[ύν]δου τοῦ
Λουίου Λυσιμάχου, Τυβελλίου Λ... | Λαίτου · | σελ[λ]οχαλαστοῦντος Το γ γι-
15 λίου Κόσμου · ἐρη|μερεύοντος Κασσίου Δαμασίππου · | ἀντιγραφομέν|ου
Σεκο[ύν]δου τοῦ Λουίου Λυσι[μάχ]ου · | λεμβαρχ[ούν]|των Ἀσκλη[πιά]δου τοῦ
Ἀσκληπιάδου, Ἑρμαίσκου τοῦ Α|ουίου Λυσι[μάχ]ου, Εὐτύχου τοῦ Λουίου Βεί-
20 θυδος, | Μενάν[δρου τοῦ] Λευκίου, Ἰλάρου τοῦ Ἀσκληπιάδου — | συνναῦται.

1. Plerisque eorum qui hunc titulum tractaverunt inter quos novissime M. Rostowzew
(Geschichte der Staatspacht in der römischen Kaiserzeit, p. 86 in *Philologus, Ergänzungs-
band,* IX, p. 414) οἱ δικτυαρχήσαντες καὶ τε[λων]αρχήσαντες συνναῦται sunt viri qui piscatum et
telonium quoddam conduxerant in ora Hellesponti. Foucart autem qui propter verba
ἐν Νειλαίῳ pro τε[λων]αρχήσαντες complevit τε[λετ]αρχήσαντες opinatur eos sociatos fuisse ad
sacra agenda in honorem Isidis *(Recherches sur l'origine et la nature des mystères d'Éleu-
sis,* p. 37) : « La cérémonie est purement égyptienne. Elle a pour objet de représenter
Isis sur sa barque de papyrus, cherchant et repêchant les membres d'Osiris jetés dans
le Nil par Typhon; c'était la scène principale des mystères d'Isis. Le Nilaeum était une
pièce d'eau dans laquelle on avait versé un peu d'eau du Nil et qui simulait le lac sacré
sur lequel Hérodote vit représenter les malheurs d'Osiris. En tête du texte sont inscrits

ceux qui avaient joué un rôle principal : le chef du collège, ἀρχωνῶν; cinq chefs pour la manœuvre des filets, δικτυαρχοῦντες; deux guetteurs. σκοπιάζοντες; deux pilotes, κυβερνῶντες; un homme chargé de la mise à l'eau du filet, φελλοκαλαστῶν; un veilleur, ἐφημερεύων; cinq patrons de chaloupe, λεμβαρχοῦντες; un contrôleur, ἀντιγραφόμενος. Bien entendu, c'est une pêche simulée, faisant partie d'une fête d'initiation. »

---

818. Callipoli. — P. Kerameus, *Hellen. philol. syllog.*, 1886, p. 105; Dumont-Homolle, p. 436, n. 100¹².

Τ. Κλαυδίου Ἀνδρονείκου | Λαοδικέος, | ἱστοριογράφου ¹.

1. T. Claudius Andronicus, Laodicea oriundus, historiarum scriptor.

---

819. Callipoli. — Mordtmann, *Athen. Mittheil.*, VI (1881), p. 259, n. 8; Dumont-Homolle, p. 434, n. 100⁸.

5   Αὐρ. Κάρπος | ἑαυτῷ | κὲ τῇ [γ]υ|νεκί μου | κὲ τοῖς τέ|κνοις. Εἰ δέ | τις
10 ἕτερος | βουλήθη | ἀν[οί]ξι, δώσει ‖ τῷ ἱερῷ τα|μείῳ <δώσει> | [δ]ηναρίων
15 μυ|ριάδες τρι[α]κο|σίας ‖ κὴ τῇ πόλει δη|ναρίων μυριάδες ἑκατόν.

---

820. Sesti. — Michel, *Rec. d'inscr. gr.*, 327; Dittenberger, *Orientis graeci inscr. selectae*, n. 339.

Decretum civitatis Sesti in honorem Menantis cujusdam, Menetis filii, qui de patria sua optime meritus est. Inter multa beneficia, quae in civitatem contulit, haec memorare satis erit :

τάς τε πρεσβείας ἀνεδέχετο προθύμως πρός τε τοὺς στρατηγοὺς τοὺς ἀποστελ-
λομένους ὑπὸ Ῥωμαίων εἰς τὴν Ἀσίαν ¹ καὶ τοὺς πεμπομένους πρεσβευτὰς ἐν
αἷς ἐν οὐδενὶ καθυστέρησεν ὁ δῆμος ²...

1. L. Licinius Crassus Mucianus, M. Perperna, M. Aquillius, qui annis 132-129 a. C. n. exercitibus Romanorum in Asia praefuerunt. — 2. Hic, auctore Dittenberger, videtur agi de quinque legatis Romanis in Asiam missis, quo tempore Aristonicus bellum contra Romanos inchoavit (Strab., XIV, 1, § 38). Foucart autem (*La formation de la province romaine d'Asie* in *Mém. de l'Acad. des Inscr.*, XXXVII, p. 324, not. 2) animadvertit in titulo primum legatorum, imperatorum vero nomina secundo loco posita esse; quum ergo primus ex iis, Crassus, in Asiam anno 132 demum venerit, eos legatos, qui ante citati sunt, potius eos esse credit quos senatus ad constituendam provinciam cum M' Aquilio miserat.

821. Sesti. — Hauvette, *Bull. de corr. hellén.*, IV (1880), p. 517; Dumont-Homolle, p. 455, n. 111ᶜ⁸.

Ὁ δῆμος | Ἰουλίαν Θεὰν Αὐτοκράτορος | Καίσαρος Θεοῦ υἱοῦ Σεβαστοῦ ¹. Ὁ δῆμος | Μᾶρκον | Ἄγριπ[παν].

1. Julia, Augusti filia, Agrippae uxor.

---

822. Coelae. — Le Bas, 1450; Dumont-Homolle, p. 448, n. 110ᶜ.

..... Κοιλανῶν πόλεως | τὸν πρώτως ἀχθέντα | παίδων πάλην, | ἐπιτροπεύον-
5 τος τῆς ‖ ἐπαρχείας Φλ. Εὐγενέτορος ¹.

1. De Flavio Eugenitore cf. *Prosop. imp. rom.*, II, p. 68, n. 180.

---

823. Coelae. — Hauvette, *Bull. de corr. hellén.*, IV (1880), p. 514; Dumont-Homolle, p. 448, n. 110ᶜ².

In sepulcro quod sibi et conjugi et liberis paravit quidam Catius Tiberius,
post 3 versus, legitur :

5 εἰ δέ τις ἀνύξας ἕτερον ‖ νεκρὸν βαλεῖ, δώσει τῷ φίσκῳ | δηνάρια ͵βρ´ κὴ τῇ Κοιλανῶν πόλει | δηνάρια ͵βρ´.

---

824. Madyti. — Hauvette, *Bull. de corr. hellén.*, IV (1880), p. 507; Dumont-Homolle, p. 450, n. 111ᶜ¹. — Fragmenta duo ejusdem tituli.

A .....λοπου? ¹ [π]ατρὸς ἐπι[τ]ρό[που Θράκης?] | πεμφθέντι ἐπὶ στρατολογίαν ἀπὸ Ῥωμ[αίων] εἰς τὴν αὐτὴν ἐπαρχίαν ², χειλιάρχῳ...

B .....ἐ[π]άρχ]ῳ εἴλ]ης β´ Παννονίων, ἡγη[σα]μένῳ δεκαπόλεως τῆς ἐν Συρίᾳ, τετει[μη]]μένῳ δώροις στρατιωτικοῖς πᾶσιν ἔν τε τ[ῷ | Δ]ακικῷ πολέμῳ...

1. Traditur ΛΛΟΙΙΟΙ. — 2. Missus in Thraciam ad dilectum agendum.

---

825. Madyti. — Alexoudis, *Hellen. philol. syllog.*, IV (1865-1870), p. 124, n. 3; Dumont-Homolle, p. 449, n. 111ᵃ.

5 Μουκιανὴ | Μουκίῳ Σού[σου πατρὶ ἰδ]ίῳ ἔθηκεν · ‖ ἐὰν δέ τις | ἕτερος ἀνοίξῃ τὴν | σορόν, δώσει τῷ φίσκῳ δηνάρια ͵αφ´.

826. Aeni. — Dumont-Homolle, p. 437, n. 103.

Αὐρήλιος, ναύκληρος [1], Ο[ε]ραπευτὴς τοῦ φιλαν|[θρ]ώπου θεοῦ Ἀσκληπιοῦ.
Τά σοι λεγόμενα ταῦτ[α · | Ὅτ]αν ἀποθάνης, οὐκ ἀπέθανες, ἡ δὲ ψυχή σου........|
5 [ἀν]αχωρῆσαι, ἀνγεῖον....... [2] ‖ ....ωσιν ἀπέλαβες τῆς ἀποδημί[ας]....|.....[3].

1. l. e. navicularius. — 2. Traditur ΑΝΓΕΙΟΝΒΩΜΩΤΟΝΙΝΑΣΟ. — 3. V. 11, traditur... ΝΓΟΥΠΟΥΕΤΙ.

827. Aeni. — Deville, *Annuaire des études grecques*, 1873, p. 96, n. 2; Dumont-Homolle, p. 438, n. 103[c].

5 ['Αγαθῆ τ]ύχη..|............ανην | [Τραγκουλ]λεῖναν | [Σαβεῖν]αν [1] Σεβα[στὴν
ἡ βο]υλὴ καὶ | [ὁ δῆμος] ὁ Αἰνίων.

1. Furia Tranquillina Sabina, conjux imp. M. Antonii Gordiani Aug.

828. In vico nunc dicto Dédé-Agatch. — Deville, *Annuaire des études grecques*, 1873, p. 97, n. 5; Dumont-Homolle, p. 440, n. 110[a].

[Ἀγα]θῆ τύχη. | [Ὑπὲρ σωτηρίας] καὶ [νίκης | αὐτοκρατόρων Καισάρων]
5 Λ. | [Σεπτιμίου Σεουήρο]υ Περτίνα[κος καὶ Μ. Αὐρηλίου Ἀ]ντωνείνου | [Σεβασ-
τῶν καὶ Π. Σεπτιμίου Γέτα | Καίσαρος..... κ]αὶ Ἰουλία[ς | Δόμνας
10 Σεβαστῆς καὶ Πλαυτίλλας | καὶ σύμπαντος α]ὐτῶν οἴκου, ‖ [ἡγεμονεύοντ]ο[ς]
τῆς Θρακῶν ἐ|[παρχείας] Κ. [Σ]ικινίου [Κ]λάρου [1] Πο| .... πόλεως
15 φυλὴ | .... [ἀρχο]μένη ἀπὸ ταύτης | τῆς στήλης τὰ [ἑξῆς μείλια γ' ‖ ....
σ]τήλης κ.....|........ωμαι|..... μα..ρι...| ..σ....

1. Cf. supra n. 766.

829. Maroneiae. — S. Reinach, *Bull. de corr. hellén.*, VIII (1884), p. 52, n. 46; Dumont-Homolle, p. 445, n. 110[b7].

Ὁ δ[ῆμος | βασι]λέα Θρα[κ]ῶν Ῥοιμη[τάλκην [1] | Κ]ότυος υἱόν, τὸν | [Βιστ]ό-
νων [2] εὐεργέτην.

1. Rhoemetalces III, Cotyis filius, de quo cf. *Prosop. imp. rom.*, III, p. 131, n. 52. —
2. Bistones, Thraciae populus.

830. Maroneiae. — Deville, *Annuaire des études grecques*, 1873, p. 96, n. 3; Dumont-Homolle, p. 445, n. 110bis.

5 Αὐτοκράτο|ρα Τραιανὸν | Ἀδριανὸν | Καίσαρα Σεβ|αστὸν, τὸν σω|τῆρα, ὁ δῆμος.

---

831. Maroneiae. — S. Reinach, *Bull. de corr. hellén.*, V (1881), p. 93, n. 17; cf. VIII (1884), p. 51; Dumont-Homolle, p. 446, n. 110^b17.

5 Ἀγαθῇ τύχῃ | Ἱερεὺς Διὸς | καὶ Ῥώμης, Δι|ονύσ<ι>ου καὶ ‖ Μάρωνος [1], | Αὐρ. Τάρσας | Μύρωνος.

1. De Marone deo, qui nonnunquam Dionysi filius dictus est, cf. Roscher, *Lex. der Mytholog.*, s. v. *Maron*.

---

832. Prope Abderam. — *C. I. L.*, III, 7378.

Ἥρωι Αὐλωνείτῃ [1] θυσιασταὶ περὶ ἱερέα Ποπ(ί)λλιον Ζείπαν.

Heroi Aulonite [1] cultores sub sacerd. Popil(lio) Zep[a].

1. Heros, deus maxime apud Thracas veneratus; Aulonites, cognomen dei.

INSULAE MARIS THRACICI

THASUS

833. Thasi. — Miller, *Rev. arch.*, XXV (1873), p. 155.

Θεᾶι Ῥώμηι καὶ Αὐτοκράτορι Καίσαρ[ι Θεοῦ υἱῶι] | Θε[ῶι] Σεβαστῶι καὶ τῆι
πόλ[ει τῆι Θασίων] | Εὔρρι[λ]λος Σατύρου καὶ Ἑκατ[αῖος.....] | τὸ μαρμάρινον
5 στρῶμα τοῦ ναο[ῦ · κατεσκεύασεν ὃ'] ‖ ἐκ τῶν ἐπιδεδομένων ὑπ' αὐ[τῶν δωρεῶν] |
Θ[α]ρσήνωρ Ἡγησιπόλεως φιλόκαισαρ κ[αὶ φιλόπατρις '].

1. Cf. infra n. 836; φιλορωμαῖος. Miller.

834. Thasi. — Conze, *Reise auf den Inseln des thrakischen Meeres*, p. 18.

Πολιάδης Σωσίωνο[ς] ὑ(ι)ὸς τῆς γερουσίας καὶ ἀρχιερεύς '. Χαῖρε.

1. Sacerdos Romae et Augusti.

835. Thasi. — Miller, *Rev. arch.*, XXXVII (1879), p. 282.

A. Ὁ δῆμος | Ἰουλίαν Καίσαρος Σεβαστοῦ | θυγατέρα τὴν ἀ[πὸ] προγόνων ² |
εὐεργέτιν.

B. Ὁ δῆμος | Λειβίαν Δρού[σιλλαν τὴ]ν τοῦ Σεβαστοῦ Καίσαρος | γυναῖκα ²
5 θεὰν εὐεργέτιν | Ἰουλίαν Μάρκου Ἀγ[ρ]ίππου θυγατέρα ³ ‖ ὁ δῆμος.

1. Julia Augusti filia. — 2. Traditur ΑΓΑΠΡΟΓΟΝΩΝ. — 3. Traditur ΔΡΟΥ☒ΜΑΝΤΙΝ.
— 4. Livia, conjux Augusti. Traditur ΓΥΝΑΙΚΑΝ. — 5. Julia, filia Juliae supra hono-
ratae et Agrippae.

836. Thasi. — E. Jacobs, *Athen. Mittheil.*, XXII (1897), f. 131, ex codice Cyriaci
Ancon., f. 15.

Ἡρακλέων Διοσκουρίδου φιλό|καισαρ καὶ φιλόπατρις, Δηλίων | Φιλίππου

5 φιλόκαισαρ καὶ φιλόπα|τρ[ις], Δηλίων Ἀντίραντος φίλέ|καισαρ καὶ φιλόπατρις,
Πανκρα|τιάδης Ἀπολλ(ω)νίου φιλόκαισαρ | καὶ φιλόπατρις, Φίλιππος Φιλίπ|που
10 φιλόκαισαρ καὶ φιλόπατρις, | Ἀντίπατρος Δημοσ(θ)ένους φιλέ|καισαρ καὶ φιλόπα-
τρις, Πόπλιος | Τάδιος Σώσιμος φιλόκαισαρ καὶ | φιλόπατ[ρ]ις, Ἀρχέας Ἀριστο-
15 κρά|τους φιλόκαισαρ καὶ φιλόπατρις, | Φιλόφρων Ἑκαταίου φιλόκαισαρ | καὶ
φιλόπατρις.

---

837. Thasi. — Miller, *Rev. arch.*, XXXVII (1879), p. 286.

[Κ]όρα[ξ] Μελησ[ιδή]μου.... | Ι.. ος Μελησιδήμο[υ | φιλ]οκαίσαρες καὶ φιλο-
πάτριδες, | Ἱπποκράτης Κτησιρῶντος.

---

838. Thasi. — Miller, *Rev. arch.*, XXVII (1874), p. 325.

Αὐρ. Φορτουνᾶτος Φορτουνάτου ευρας[1].... ευεργ[... ἔτε]|σιν ἑπτὰ, βενεφικιά-
ριος δὲ ἔτεσιν ἕνδεκα, προσφιλής, χαῖρε.

1. Ita Miller : EYPAC... Fuisse videtur potius CTPAT (στρατευσάμενος).

---

839. Thasi. — Miller, *Rev. arch.*, XXV (1873), p. 41.

Ῥουφῆνος Γερμα|νοῦ, οἰωνοσκόπος [1] | Ἄραψ πόλε[ω]ς ἐπιτι|μίας Κανώ[θα [2]]
5 Γερμα|νῷ τῷ υ(ἱ)ῷ ζήσαντι | ἔτη κδ΄, μνήμης | χάριν.

1. Augur. — 2. Urbs Arabiae, prope Bostram.

---

840. Thasi. — Newton, *Greek inscr. on the British Museum*, 207.

A. [Ἐσ]σεδάριοι [1] · | ..... Ἑκαταίας [2] | ἐνίκα α΄?, ἀπελύθη [3]. | Αἰγίπαν Ἑκα-
5 ταίας | νι(κῶν) θ΄, στε(φανῶν] αι΄ [4].
B. Μορμίλλονε[ς] [5] · Τυνδάρεως Ἑκαταία[ς] | ἐνίκα γι΄ [6], | ἀπελύθη. | ..... ‖
5 Ἑκατα[ίας ἐνίκα.....

1. Essedarii, genus gladiatorum. — 2. Ea cujus familia gladiatoria erat. — 3. Libe-
ratus est. — 4. Victoriarum IX, coronarum XI. — 5. Murmillones. — 6. TI lapis.

841. Thasi. — E. Jacobs, *Athen. Mittheil.*, XXII (1897, f. 133, ex codice Cyriaci Ancon.. f. 16.

Θεοδώρα Φλάκκου ἀνθοφορίσασα ¹ | ἐτῶν π′ προσφιλής · μηδενί ἴσον ² | εἶναι
5 εἰς τοῦτο τὸ σορεῖον ἀπο(θέσθαι) ἐτε|ρο[ν] πτῶμα ἢ δοῦναι πρόστειμον ‖ τῷ ἱερῷ
ταμείῳ δηνάρια ‚βρ′ καὶ τῇ | πόλει δηνάρια ‚βρ′ .

1. Theodora Flacci f. fuit ἀνθοφόρος; de quo ritu, in sacris cereris, Proserpinae et aliarum etiam memorato cf. Pauly-Wissowa, *Realencyclopädie* et Daremberg-Saglio, *Dictionnaire des Antiquités*, sub v. *Anthesphoria*. — 2. Vel ἐξόν.

842. Thasi. — E. Jacobs, *Athen. Mittheil.*, XXII (1897), p. 135, ex codice Cyriaci Ancon., f. 16.

Post 3 versus :

5 εἰ δέ τις τολ|μήσει ἕτερον ἀποτεθῆναι δώ|σε[ι] ἱερωτάτῳ ταμείῳ δηνάρια ‚ε.

SAMOTHRACE

843. Lapis Constantinopoli inventus, quo allatus esse, forsitan Samothrace, videtur.
— Kalinka, *Jahreshefte des österr. arch. Institutes*, I (1898), p. 31-34. Cf. Hiller von Gärtringen, *ibid.* (Beiblatt), p. 89 et seq.

Κώϊων [1]. | Ἀγ[ουμ]έ[ν]ου τοῦ στόλου παντὸς Αὔ[λ]ου Τερε[ν]τίου Αὔ[λ]ου υἱοῦ
5 Οὐάρρωνος | πρεσβευτᾶ [2], ν[α]υαρχοῦντος [3] Εὐδά[μου τ[οῦ......], τριηραρχοῦν-
τος [4] Κλε[ονίκου [τοῦ] Εὐ[κ]ά[ρ]που · τετρήρεως [5] ᾶι ἐπ[ι]γ[ραφὰ......, [ἔργου
Πε]ισιστράτου το[ῦ | Ἀ]λιο[δ]ώρο[υ, κυβερνάτα ς [6] Κα[ρκιμένη ς Ἀριστ[ω]νύμου,
10 πρωρε[ὺς [7] Τίμ]ω[ν Γ]λαύ[κου, κελευστὰ[ς [8] | Ἀρι]στοκράτης δὶς, πεν]τη-
κ[όντα]ρ]χ[ο]ς [9] Ἀγήσα[ν]δρ]ος Ἐ[ργοτέλο]υς, ἰατρὸς [10] ......νος Θευγένο[υ ·] |
ἐπιβάται [11] | [Δ]αμόκριτος Ἐκραν[τί]δα, Θ[ρ]ασυδαμος Θρασυμ[ά]γ[ου, Νικ[ο]-
15 κ[λῆς] Κ[λ]ε[ινία, Ἐπι κ[ράτη]ς Τελεσικράτ[ου], | Τιμό[θε]ος β΄, Ἀν[τίοχος
Εὐφά]ν[ο]υ, Νικ[αγ]όρας β΄ τοῦ | Θρασυάνδρ[ο]υ, Ξ]ενοδ[ὀκ]ος Τιμοκράτου,
Ἡραγόρας | Πραξιράντου, Ξ]ενοδό[κος Ἐ[γεκρατίδου, Νόσσων | Τιμοκλεῦς,
Ξε]νότιμος Κρά]τευς, Κα[λλ ικράτης Ἀριστο[π]άππου, Νικαγόρ[α ς [Δ]ιογέ-
20 ν]ο[υ, Νι]κόμαχος β΄ τοῦ Ἀνα[ξι]λ]α, Ἀντίγονος Ἀντάν]δρου, Κ[α]λλικράτης
Χαριστ[ίου, | Εὔανος Νικοκλεῦς, Π[ραξία]ς [Θε]υδάί[μου, Ἀν[δ]ρότ[ιμος |
Με]νεκλεῦς.....

1. Intellige hunc titulum positum esse a Cois. — 2. A. Terentius A. f. Varro, legatus
L. Licinii Murenae qui Asiae praefuit annis 84-82 a. C. n. Cf. Foucart, *Rev. de philol.*,
1899, p. 268. — 3. Ναυαρχῶν, i. e., navarchus. — 4. Τριηραρχῶν, i. e. trierarchus. —
5. Τετρήρης, quadriremis. Deest nomen navis. — 6. Κυβερνήτης, qui navem regendam curat.
— 7. Πρωρεύς, proreta, is qui e prora speculatur mare. — 8. Κελευστής, qui remigibus
praeest. — 9. Πεντηκόνταρχος, qui res ad navem spectantes administrat. — 10. Ἰατρός,
medicus. — 11. Ἐπιβάται, milites classiarii.

---

844. Samothrace. — Kern, *Athen. Mittheil.*, XVIII (1893), p. 357; *C. I. L.*, III, 12322;
cf. Foucart, *Rev. de philol.*, XXIII (1899), p. 269.

A. *In antica.*

Κυζ[ικηνῶν].

Infra litterae evanidae inter quas legi potest nomen Seleucus.

B. *In postica, post quatuor versus mutilos vel erasos :*

Ἐπὶ..... ἱππάρχεω], ἐπὶ βασιλέως ¹ δὲ ἐν Σα|[μοθράκη....... παρῆσα ν οἱ
στρατευσάμενοι | [ἐπὶ....... στρατ ηγοῦ ἀνθυπάτου ² | .... κα ὶ ³
5 ἄρχοντος Ἀνδρία καὶ τρι‖ηραρχοῦντος..... μύστα : εὐσεβεῖς · | .... [κα ὶ
Δαμαγόρας Ἡλίσκου.

Sequuntur nomina mystarum valde mutila. Dein :

5   Ἐπὶ βασι|λέως | Ἀριδήλου | τοῦ Φιλο|ξένου ‖ μύστας | εὐσεβής | Πυθαγό|ρας.

C. *In latere dextro :*

C. Cestius.

1. In insula Samothrace magistratus eponymi reges appellabantur. — 2. Initio v. 4.
addit Foncart : Ῥωμαίων; at spatium deficere videtur. — 3. ΙΑΑΡΧΟΝΤΟΣ in *C. I. L.*,
loc. cit., errore typothetae.

---

845. Samothrace. — Th. Reinach, *Rev. des études grecques*, V (1892 , p. 204.

[Ἡ π]ό[λις | Λεύ κιον Ἰούλιον | Κ]αίσαρα ¹ [σ]τρατη[γὸν | ἀ]νθ[ύπ]ατον ‖
5 [Ῥ]ωμαί[ω]ν.

1. L. Caesar cos. anno 90 a. C. n., praetor pro consule Macedoniae duobus aut tribus
annis antea. Cf. Foucart, *Rev. de philol.*, XXIII (1899), p. 265.

---

846. Samothrace. — *C. I. L.*, III, 12320.

[Ἐπὶ β]ασιλέως ¹ Νουμηνίου | [Νο]υμη[νί]ου | [........o C. Marce[llo ² cos.?].

1. « Videtur fuisse aut [L. Paull]o C. Marcello cos, id est anno 50 aut [C. Lentul]o C.
Marcello cos., id est anno 49. »

---

847. Samothrace. — *C. I. L.*, III, 7369; Benndorf, *Neue archäol. Untersuchungen auf
Samothrake*, p. 92.

5   .... sa | C. Caes. ¹ | a nte) d(iem) V. i(dus)... | Must ai] ‖ T. Ofatulen[us] |
10 Sabinus | Tertia Dom[.......tuo? | T. Ofatulenus, ‖ A. Furius, | T. Ofatulenu[s], |

15 T. Ofatulenus S. | P. Curtius P. | Ἀντίγονος Τι. ‖ M. Baebius | Sabini | Philomusus, | Beitus Diodo[ri] | .

Ἀγοραναομῶντος.....

1. Anno 43 ante C. n., quo consulatum egerunt C. Vibius Pansa et, post A. Hirtii mortem, C. Julius Caesar Octavianus.

---

848. Samothrace. — *C. I. L.*, III, 717.

Ἐπὶ βασιλέως Θα[λασ]σίων[ο]ς ς τ[ο]ῦ | Θαλασ[σ]ίωνος, | Sex. Pompeio et Sex.
5 Appuleio cos. | idibus septembri[bus] ¹ mystes pius ‖ P. Sextius Lippinus Tarquitianus Q. Macedon. f. et sum[mustae ² pii pro piis.

1. Die 13 mensis Septembris anni 14 p. C. n. — 2. Graece σύμμυσται.

---

849. Samothrace. — *C. I. L.*, III, 7368; Conze, *Archäol. Untersuchungen auf Samothrake*, p. 39, tab. 71, n. 3.

[..... mysta]e pii..|.... Q. Clodius Longus...|... andrus Sapamoni....|..... i Fon-
5 tiscus.... | [.....eis]dem cos...|..... [...id]us Maias |, [m]ystae pii..|..... |
10 μύσται Μαρω..... ‖ Ποσιδώνιος.|...... Στρατονείκη...|..... Ἀσπασίας..|.....
15 [A. Licinio Nerua Silia]no M. Attico Vesti[[no cos. ¹.....] Ἐπόπτης Πυθόδω[[ρος
Δημοσ[ι]ου...

1. Ann. 65 p. C. n.

---

850. Samothrace. — Conze, Hauser et Niemann, *Archäol. Untersuch. auf Samothrake*, I, p. 36.

5 Θεοῦ | Νέρουα υἱωνὸν | Θεοῦ Τραιανοῦ Παρθικοῦ | υἱὸν Τραιανὸν ‖ Ἀδριανὸν |
Σεβαστὸν Ἄριστον ¹ δη[μ]αρχικῆς ἐξουσίας τὸ ις', | ὕπατον τὸ γ' ², πατέρα
10 πατρίδος | ἡ βουλὴ καὶ ὁ δῆμος ὁ | Σαμοθράκων ἐκ τῶν | ἱερῶν χρημάτων.

1. Cognomen *Optimus*, Trajani proprium, hic abusive Hadriano est attributum. —
2. Inter diem 9 Dec. anni 131 et 10 Dec. anni 132. Hadrianus discessit ab Aegypto circa
autumnum anni 131 unde, in Syria aliquantisper moratus, Italiam versus iter fecit: at,
cognito Judaeorum tumultu (anno 131 exeunte aut 132 incipiente) rursus in Asiam se
contulit [cf. Dürr, *Die Reisen des Kaisers Hadrian*, p. 66]. Forsitan eo tempore aut iens
aut rediens Samothracem adiit. Cf. supra n. 829.

851. Samothrace. — O. Kern, *Athenische Mittheil.*, XVIII (1893), p. 367.

Ἐπὶ βασιλέως Ἀπολλοράνου[ς] | τοῦ Διοδώρου | ἐρόπται ' εὐσεβεῖς | Λεύκιος
5 Σικίνιος Μαάρκου || Ῥωμαῖος | καὶ ἀκόλουθος ² Σέλευκος · | μύσται εὐσεβεῖς |
10 Αὖλος Σικίνιος Λευκίου | Ῥωμαῖος Ἀθηνίων | ...ριος Πέρσιος Κοίντου |
........λιος Λεωνίδης | ..... ὑπηρετικοῦ | ..... σι.

1. Samothrace, sicut Eleusine, ἐπόπται vel ἐρόπται videntur esse initiati majoris gradus,
μύσται vero initiati minoris gradus. — 2. Ἀκόλουθος hic videtur esse servus vel libertus.

---

852. Samothrace. — *C. I. L.*, III, 713.

Ἐπὶ βασιλέως Ἰφικράτους το[ῦ.......]| Θεωροὶ Δαρδανέων | μύσται εὐσεβεῖς · |
5 Παυσανίας Διφίλου, || Διονύσιος Σκοπίου, | Ἀντίοχος Σκοπίου, | ἀκόλουθος Παυ-
σανίου Ὅμιλος. | Myslai piei. | L. Veneilius L. f. Pollion Dionysios i. seb. ' |
10 Q. Acorenos Q. l. Alexander.

1. « In POΛΛΙΟΝ latet fortasse Pomptina tribus, ΔΙΟΝΥΣΙΟS·I·SEB putarim a
praecedente nomine separandum esse et hoc esse nomen secundi mystae Dardanensis
εὐσεβοῦς repetitum a scriptore romano parum perito. » Mommsen. Cf. alios titulos similes
latine et graece scriptos quos hic memorare satis est : *C. I. L.*, III, 716 ; Th. Reinach,
Rev. des études grecques, V (1892), p. 199 sq.

SARMATIA, BOSPORUS

SARMATIA, BOSPORUS

853. In oppido Oczakov prope Olbiam. — Latyschev, *Inscr. Ponti Euxini*, I, n. 102;
IV, p. 271-272.

Αὐτοκράτορι Καίσαρι θεῶι θεοῦ υἱῶι Σε|βαστῶι ¹, ἀρχιερεῖ μεγίστωι, πατρὶ
πατρίδος | καὶ τοῦ σύμπαντος ἀ νθρ ώπων γένους, | καὶ Αὐτοκράτορι Σεβαστῶι
θεοῦ υἱῶι Τι|βερίωι ² Καίσαρι καὶ τῶι δήμωι Ἀβαβος | Καλλισθένους ἐκ τῶν
ἰδίων ἀνέθη|κε τὴν στοάν.

1. Augustum, a Graecis jam vivum pro deo habitum esse notum est. — 2. Tiberius non
recte Imperator Augustus dicitur, quum praenomen *Imp.* ipse recusaverit (Suet., *Tib.*,
26); cf. R. Cagnat, *Cours d'épigraphie latine*, 3ᵉ éd., p. 17, not. 2. Verisimillimum est Tiberium hic imperatorem et Augustum vocari, quod jam inde ab anno 4 p. C. n. ei collata
erat tribunicia potestas. Titulus ergo positus videtur inter annos 4 et 14, quo diem obiit
Augustus.

---

854. Olbiae. — Latyschev, I, n. 97.

Ἀγαθῇ [τ]ύ[χῃ]. | θεοῖς πατρῴοις καὶ ὑπὲρ τῆς τοῦ [αὐτοκράτο]ρ ος Λουκίου
Σεπτιμίου Σευήρου Πε ρτίνακος | καὶ Μάρκου Αὐρηλίου Ἀντωνείνου Κα ίσαρος
Σε|β]αστοῦ καὶ τοῦ σύνπαντος αὐτῶν οἴκ ου αἰωνίου δι|α]μονῆς ἡ Ὀλβιοπολειτῶν
πόλις τὸ βα[λανεῖον? ἀνέσ|τη]σεν σὺν καὶ τῇ σκουτλώσει ἐκ τῶν δημο σίων καὶ |
κα]θιέρωσ[ε]ν, διέποντος τὴν ἐπάρχειαν ¹ Κο[............].... ου, πατρὸς δὲ πόλεως
Καλλισθένου Κα[λλισθένου? ἐπὶ | ἀρ]χόντων τῶν περὶ Καλλισθένην Δάδου ² .....
...|...]θένου, Μαρκιανοῦ Δομνίωνος, Πουρεί νου Φιλαδ έλφου, Κονκορδίου Ἀττα,
ἀρχιτεκτονοῦν τος ....|........] Νεικομηδέ ως] τοῦ καὶ Τομεῖτ ου .....
........]ύτου.

1. Sic in lapide, pro ἐπάρχειαν; intellige provinciam Moesiam Inferiorem cui attributa

esse videtur Olbia Septimio Severo imperante; cf. Mommsen, *Hist. rom.* (trad. Cagnat et Toutain), X, p. 79. — 2. Callisthenes Dadi f. erat Olbiae archontum princeps.

855. Olbiae. — Latyschev, I, n. 109.

['Αγ]αθῆι τύχηι. | [Αὐτοκράτορα Σεβαστὸν Μ. Αὐρή]λιον 'Αντωνεῖνον
5 Αὔγουστον ¹ | ἡ βουλὴ καὶ ὁ δῆμος ὁ 'Ολβι]οπολειτῶν.
'Αγαθῆι [τ]ύχηι. | Σεπτί[μι]ον Γέταν ² | Καίσαρα ³ ἡ βουλὴ | καὶ ὁ δῆμος ὁ
10 'Ολβι]οπολειτ[ῶ]ν.

1. Nota hic Caracallam vocari et Σεβαστόν et Αὔγουστον, errore vel ignorantia. — 2. Nomina Getae non rasuram passa sunt. — 3. Geta dictus est Caesar anno 198 p. C. n., Augustus anno 209; titulus ergo positus est inter annos 198 et 209.

856. Olbiae. — Latyschev, I, p. 222, n. 97¹.

[Τύχη] ἀγαθῆ. | [Θεοῖς πατρῴοις καὶ ὑπὲρ τῆς τοῦ Αὐ]τοκράτορος | [Καίσαρος
Σεουήρου 'Αλεξάν]δρου τύχης | [καὶ αἰωνίου διαμονῆς καὶ τῶν σ]τρατευμάτων‖
5 [............τ]ῆς πόλεως | .... καὶ εἰσι | .... Ποσειδονί[ου ....]
ρου τοῦ | [.......... τ]ὴν στοά[ν..]‖..... .....

857. Olbiae. — Latyschev, I, n. 21.

Decretum senatus et populi Olbiopolitanorum in honorem Carzoazi, Attali filii, de quo inter multa alia in patriam et cives merita, haec dicuntur :

... καὶ (μέχρι) περάτων γῆς ἐμαρτυρήθη τοὺς ὑπὲρ φιλίας κινδύνους | μέχρι
Σεβαστῶν συμμαχίᾳ παραβολευσάμενος ¹.

1. Carzoazus ad ipsos imperatores vel causas pro amicis dixit, vel legationem pro civibus suscepit.

858. Olbiae. — Latyschev, I, n. 33.

Fragmentum tituli valde mutilum. Videtur esse decretum senatus et populi Olbiopolitanorum in honorem viri cujusdam, qui optime de patria sua meritus erat. In fine, legi potest :

... [ἐπρέσβευε δὲ καὶ παρὰ τοὺς] | κυρίους [ἡμῶν ἀνεικήτους αὐτοκράτορας
ὑπὲρ] τοῦ ἀναβα.....

859. Olbiae. — Latyschev, I, n. 47.

Decretum populi Byzantiorum in honorem Orontae, Ababi f., Olbiopolitani. De quo Ababo hoc testimonium edunt Byzantii :

... Ὀρόντας Ὀλβιοπολείτας Ἀβάβου | υἱός, ἀνδρὸς οὐ μόνον τᾶς πατρίδος,
ἀλλὰ καὶ | σύνπαντος τοῦ Ποντικοῦ πρατιστεύσαντος | ἔθνεος καὶ μέχρι τᾶς τῶν
5 Σεβαστῶν γνώ|σεως προκό\[ψ\]αντος [1] .....

1. Cujus fama usque ad imperatores pervenit.

---

860. Chersonesi. — Latyschev, IV, n. 81; *C. I. L.*, III, 13750.

I

..... ουλ\[.........\|.........\]οις ευδ\[...........\] | \[...............\] ‘ Εὐτυχ\[........\|
5 .... σωφρο\]σύνης καὶ τῆς κοσ\[μιό-ητος?..... \| ..... Ἀτειλί\]ῳ Πρειμιανῷ χει-
λιάρχη κ\[αὶ Οὐαλερίῳ Μαξίμῳ ἑκατοντάρχη...\|...........\] ὅπως μὴ προφάσει
τούτων ει\[...........\|........ τῆς αὐ\]τοκρατορικῆς ἀντιγραφῆς καὶ τῆς τῶν\[......\|
.... προσ\]εθῆναι δημοσίᾳ, ὅπως πᾶσιν φανεραὶ εἴ\[εν...............\|..... γρ\]αμ-
10 μάτων καὶ ἐκ τούτων ἴστε ὅτι οὐδὲν νεωτερισθήσετα\[ι...........\|....... ‘Τ\' ἡ\]ρισμα
πρός με ἀπεστείλατε, οὗ τὸ ἀντίγραφον ὑποταγῆναι ἐκέ\[λευσα............
Ἀτ\]ειλίῳ Πρειμιανῷ καὶ Οὐαλερίῳ Μαξίμῳ ἑκατοντάρχη, καὶ νῦν δὲ \| ....
..... ταῦτα τ\[ὰ γράμματα ὁμοίως προτεθῆναι φροντίσατε. Ἐρρῶσθαι ὑμᾶς
εὔχομαι [2]. \|

II

E(xemplum) e(pistulae). \| \[..... γράμμασι βασιλικ\[οῖς καὶ ὑπομνήμασιν πισ-
15 τεύοντες ὑπατικῶν [3] καὶ ἀποφάσεσιν χει\]λιαρχῶν..........\]ν τοῦ τέλους τοῦ πορ-
νικοῦ [4] πολλὴν ἀμεριμνίαν ἐθαρροῦμεν ἔχειν \| \[...............\] τῆς πο\[λειτικῆς
ἐπιτειμίας ἐχομένων καὶ ἡ τῶν βασιλευόντων ἐκύρωσεν \| ....\] καὶ ἡ τῶν
ἀπορηγναμένων ἠσφαλίσατο γνώμη μετὰ τοῦ μηδὲν ἐπικοι\[νοῦσθαι?.......\]ι τὰ
ἡμέτερα δίκαια · ἐπεὶ δὲ παρακαινεῖν τὰ οὕτως ἀσφαλῶς ὁρισθέντα οἱ νῦν \|.....
.... ἐφ' οἷς κωλύονται ἀδίκως καὶ βιαίως τινὰ πράττοντες, ἀλλὰ καὶ δι' ἐν \|
20 \[........ τῆ\]ν ἀξίωσιν φανερὰν σοι ποιῆσαι ἐπὶ σὲ πεποιήμεθα τὸν εὐεργέτην \|.....
.... ἡμεῖν τὴν ἀσφάλειαν τὴν τῶν δεδωρημένων καὶ τῶν κεκριμένων \|.........
....ας ὑπέρθεσιν δὲ τῆς μηνύσεως τῶν βιαζομένων ἡμᾶς οὐδεμί\[αν..........\]εσ-

θαι κατ' ἀρχὰς ὑπὸ τῆς σῆς φιλανθρωπίας τοὺς ἐπὶ τοῖς καινοῖς | [...........

25 π[ε]ρὶ τοῦ πράγματος τούτου ἀρχῆθεν ἐπιζήτη[σ]ις γενομένη καὶ θε[..............

τὴν πρ]ὸς τοὺς βασιλέας ἡμῶν δέησιν φανερὰν σοι πεποιήκαμ[ε]ν καὶ τὴν | [.......

...... τῶν συμφ]ερόντων ἡμεῖν γραμμάτων προετάξαμεν καὶ τὰ ὑπομνήματα τὰ |

[τῶν ὑπατικῶν καὶ τὴν ἀπόρασι]ν τὴν τοῦ χειλιάρχου ⁵, ἐπειδὴ καὶ τάξιν

ταύτην ἔλαβεν ἀπὸ τῶν δωρησα|[μένων ....βασιλέω]ν περὶ τούτου ἀποφή-

νασθαι κελευσθέντα χειλίαρχον περιορισθεν|[τ............] κηδεμόνα σε γενόμενον

30 φυλάξειν μὲν τὰ μετὰ τοσαύτης καὶ σκέψεως ‖ [καὶ ....]αι ἐπὶ τόποις τοῖς

εἰς τοῦτο τὸ τέλος ἀνήκουσιν, εὐλογίστως δὲ προσήσεσθαι | .... δέησιν,

ἧς οὐδὲν ἀναγκαιότερον ἀνθρώποις καὶ βίου σώφρονος γνωρίζουσι | [τὸ χρήσιμον

καὶ ἐν ἡσυχίᾳ ἄγειν] εὐχομένοις φυλάσσεσθαι σεμνότητα.

III

E(xemplum) e(pistulae). Τίνα ἐπέστειλα Ἀτειλίῳ Πρειμι|[ανῷ καὶ ἄλλοις περὶ
τοῦ πορνικοῦ τέλ]ους, ὑποταγῆναι ἐκέλευσα προνοῶν μήτε ὑμᾶς παρὰ τὰ δεδογ-
μένα ἐνοχλί|[ζεσθαι, μήτε τοὺς ἡμεῖν ὑπηρ]ετοῦντας ὑπερβαίνειν τὸν περιγεγραμ-
μένον ὅρον. E(xemplum) e(pistulae). ‖

IV

35 [Ut scias quae sint officia militum] agentium in uexillatione Chersonessitana
de capitulo lenocini quod su[b | ......, misi tibi exem]plum sententiae Arri Alci-
biadis tunc trib(uni) praepositi ejusdem uexill[a|tionis ⁶ ......] us tam intentionem
eius quam manifeste determinatam partem ad ius p[er|tinentem........] et quoniam
idem Alcibiades uideri non <po>potest sub tempus uentu[rum? | ......? recupe]-
40 randae uectigalis quantitatis sponte suscepisse, cum sententiae su[b] iu[di]cii
forma........] pridem et dixerit et proposuerit et omnibus annis fisco pariauerit,
dubium n[on | est debere et circa uectigalis] quantitatem et circa discipulina(e)
ratione(m) et obseruare et obtin[ere | uolo, eius sententiae] exemplum aperta
manu scriptum, unde de plano recte legi possit juxta | .... positum esse cura.

V

E(xemplum) e(pistulae). Quid scripserim Atilio Primiano tr[ib(uno) | ....]
45 rio commilitonum, quod ad me <e>idem tribunus propter capitulum le[no]cini
.... s]ecundum formam sententiae Arri Alcibiadis tunc trib(uni) dictae om[..].
causas ne quid aduers]us discipulinam uel cum iniuria aut contumelia paganorum
commit[tatur]. |

VI

Exemplum) e(pistulae). Quid ad decretum Chersonessitanorum rescripserim c[o]gnoscetis ex iis quae ......] es subici praecepi, et rursum admoneo cauealis ne sub obtentu hu[jus|modi inquisitionis milites ordinata]m jam pridem placitam ac
5 custodilam cum dispendio uestrae exsist[ima|tionis......... i_nquietent vel innouare quid templent. |

'Ανεστάθη?] ἐπὶ ἀρχόντων τῶν περὶ Μ. Αὐρ. Βασιλειδιανὸν 'Αλέξανδρον ⁷. |
_'Επρέσβευον?...] Φλ. 'Αρίστων καὶ Οὐαλέριος Γερμανός.

Titulus in plures partes divisus est :
I. Epistula praesidis cujusdam, scilicet legati Aug. pro praetore Moesiae Inferioris, ad Chersonesitanos magistratus. — II. Decretum vel epistula Chersonesitanorum ad praesidem provinciae. — III. Epistula praesidis ad Chersonesitanos. — IV. Epistula praesidis ejusdem ad Atilium Primianum, tribunum legionis, praepositum vexillationi Chersonesitanae. — V. Epistula praesidis ejusdem ad nescio quem, forte ad Valerium Maximum, centurionem in vexillatione. — VI. Epistula praesidis ad eosdem Atilium Primianum et Valerium Maximum. — In fine tituli nominantur et princeps archontum Chersonesitanorum et Chersonitani cives duo, qui forte de hac re legationem ad praesidem Moesiae Inferioris susceperunt.

1. Nomen imperatoris erasum; de quo ita disseruit Domaszewski in *C. I. L.*, III, 14750 : « Nomen imperatoris erasum v. 3, sequente vocabulo Εἴτυχ... uni Commodo convenit et solis annis 185 et 186, quo Felicis agnomen ita admisit, ut primo post nomina loco collocari aut deberet aut certe posset appellareturque *imperator Felix Augustus Pius*. Eckhel, VII, 114 ; Cohen, *Comm.*, 55 ; *C. I. L.*, VIII, 76 . » — 2. Iisdem fere verbis utitur C. Ovinius Tertullus, legatus Aug. pro praetore Moesiae Inferioris in epistula ad Tyranos : quam vide supra n. 598. — 3. Id est, consularium virorum; praesides enim Moesiae inferioris consulares esse solebant. — 4. Est vectigal de lenonibus exactum. — 5. Quod vectigal exigebatur a tribuno militum, qui praepositus erat vexillationi Chersonesitanae. — 6. Intellige hunc Arrium Alcibiadem antea sententiam dixisse in causa simili. — 7. M. Aurelius Basilidianus Alexander, princeps archontum Chersonesitanorum.

---

861. Chersonesi. — Latyschev, IV, n. 71.

'Αγαθᾷ τύχᾳ. | Πρ]όεδροι ¹ Χερσονασειτᾶν τᾶν ποτὶ τᾷ Ταυ[ρικᾷι εἶπαν ·
5 ἐπειδὴ τοὶ εὐσεβέστατοι πα[τέρες 'Ηρακλεῶται ² οἰκείωι πάθει τὰν ὑπὲρ | τᾶς ἁμετέρας σωτηρίας ἐποιήσαντο φρον[τίδα πάσαι σπουδᾷ καὶ πάσᾳ φιλοστοργίᾳ |

κεχραμένοι γνασί(α)ι πρεσβείαν τε ποτὶ τὸν [θε|ὸν ἀμῶν καὶ δεσπόταν Αὐτο-
10 κράτορα Τίτον Αἴλιον | Ἀδριανὸν Ἀντωνεῖνον³ ἱκετεύσουσαν ἐξέ|πεμψαν ὑπὲρ
ἀμὲς ἐν οὐδενὶ ὀλιγωρή|σαντες, τάς τε θείας ἀποκρίσεις καὶ τὰς | εὐμεναθείσας
εὐεργεσίας ἠξίωσαν | δι' ἀνδρῶν ἐπισαμοτάτων Ἡρακλείδου | Μενεσθέος καὶ
51 Ἡροκλου Μέμνονος, διαπε[μ.||ψάμενοι δὰ<λ>λους πόσασθαι εἰς τὸ φανε|ρὰν
αὐτῶν τὰν καλοκαγαθίαν γενέσθαι, ἀμὲ[ς] | πασσυδὶ ταῖς πρεπούσαις ἀμοιβαῖς
ἀμείψα|σθαι καθᾶκον ἐψαρισάμεθα · δι' ἃ δεδόχθαι τᾳ | [βουλᾳ κ]αὶ τῶι δάμωι
20 ἐπαινέσαι μὲν ἐπὶ τούτοι ς | τὰν πρό]γονον ἁμῶν.... πό]λιν⁴ καὶ πρὰτ[αν
τὰν ἐν τῷ Πόντῳ?

1. Intellige magistratus Chersonesitanos, civium concioni praesidentes. — 2. Hera-
cleenses dicuntur hic patres Chersonesitanorum, quod Chersonesus erat colonia Heracleensium (Strab., VII, 4, 2). — 3. Antoninus Pius. — 4. Heraclea cognomine Pontica.

---

862. Chersonesi. — Latyschev, IV, n. 93.

Σέξτον Ὀκτάουιον Φρόντωνα¹ πρεσβευ|τὴν καὶ ἀντιστράτηγον² Αὐτοκρά-
τορος Δομε|τιανοῦ Καίσαρος θεοῦ Σεβαστοῦ Γερμανι|κοῦ³ ὁ δᾶμος.

1. De Sex. Octavio Frontone cf. *Prosop. imp. rom.*, II, p. 426, n. 25. — 2. Legatus pro
praetore provinciae Moesiae Inferioris. — 3. Post annum 84 p. C. n., quo Domitianus
nomen Germanici assumpsit.

---

863. Chersonesi. — Latyschev, I, n. 197.

[Σ]έξ[τον Οὐεττουλ]ηνὸν] | Κεριᾶλιν¹ Αὐτοκράτορος Οὐ[εσ]|πασιανοῦ Καί-
σαρος Σεβαστοῦ | πρεσβευτὴν καὶ ἀντιστράτηγον² ‖ ὁ δᾶμος.

1. De Sex. Vettuleno Ceriali cf. *Prosop. imp. rom.*, III, p. 415, n. 351. — 2. Legatus pro
praetore provinciae Moesiae inferioris.

---

864. Chersonesi. — Latyschev, IV, n. 68.

Post tredecim versus lectionis omnino incertae haec leguntur :

15   ... τὰ]ν ἐλευθερί[α]ν · [ἀ]νακομισθείς τε πάλιν εἰ]ς τὰν πό]λιν, ὑπὸ τῶν

πολιτᾶν κακῶς πασχόντ]ων ὑπὸ τοῦ τυράννου καὶ καταλύειν θελόντων
αἱρε]θεὶς ἁγεμών? ..... παρὰ χρῆμα μεν θάρσεος ἐνέπλησε τοὺς πολείτας,
α]ὐ τός | τα.........]ς τοὺς κινδύνους τοῦ δάμου συνκαθε[λὼ [σαμένου |
.........]ς χωρὶς αἵματος τὰν πόλιν ἄπταιστον διὰ θετο |........τὰς ἐμφυλί? ου
20 ταραχᾶς καὶ φόνου διὰ τὰν ὀργὰν τῶν ὄχλων...|........ ἀνα κοι'ν ουντας · διὸ
καὶ χειροτονηθεὶς παραχρῆ[μα | ὑπὸ τῶν πολειτᾶν? ἐπιμελητὴς πασᾶν τᾶν κοινᾶν
ποθόδων ¹ πλείσταν ἐπιμ[έλε ιαν ἐποι ή]σατο..... τᾶς περὶ τ ὰν χώραν ἀσφαλείας
[....... κατ]ασκευ[ὰν...|.........] κ α τ α]ρτισμ[ὸν] καὶ τειχέων ἐπισκευ ὰν ·
ἔτι δὲ πο[λέ|μου ἐπιστάντος τᾶι πόλει, τῶν ἐπιτηδείων...]ιμασίαν ποιασάμενος
25 σίτωι τε θλειβομ[ένων ‖ τῶν πολιτᾶν τάς..... χρεί ας διὰ τῶν ἰδιοξένων
παραστχόμενος ἐν χαλε[ποῖς | .... καιροῖς καὶ προσ]δοκίαν ἔχουσι πολεμικῶν
κινδύνων τᾶς μ εγίσ[τας .. αἴτιος ἐγ ἔνετο τοῖ ς] πολείταις εὐ ψ'υχίας οὔτε
χρημά[των | δαπάνας οὐδεμιᾶς φειδόμενος? οὔτε σώ ματος οὔτε ψυχᾶς εἰς
φροντίδα καὶ μ[..... | .... τοῦ μ εγίστου αὐτοκράτορος καὶ τᾶς συναλλ ή το υ |
30 .... παρὰ] τοῦ δήμου τοῦ Ῥωμαίων καὶ ταῖς ἰδί αις | δαπάναις πορευθεὶς
εἰς Ῥώμαν ἀνεκτάσατο τὰν] πάτριον Χ ε ρσονασίταις ἐλευθερία ν ². | Ἰδὼν δὲ τὰν
πόλιν κακῶς πάσχουσαν? πάλ]ιν ὑπὸ τῶν νεωτεριζόντων τύραννον ἀ να]καλε-
σάντων..... τὰ]ς πόλιος μετὰ στρατιᾶς ἱκανᾶς ἐπιλ έκτου |........ τᾶι περ ὶ
35 τὸν δᾶμον γενναιότατι ἄπρακτο'ν ἐποί]ησεν ἀπελθεῖν........ τῶν υἱ έων αὐτοῦ
καὶ θυγατρὸς κατεχομέ[νων | .... κα]ὶ φυσικὰν συμπαθίαν ἀναγκα σθη..]
........τὰ ταῖ πόλει συμ]φέροντα. Ὅπως οὖν καὶ ὁ δᾶμος φαίνηται | τοῖς
εὐεργέταις ἀξίας χάριτας ἀποδιδοὺς δε]δόχθαι ταῖ βουλᾶι καὶ τῶι δάμ ωι
στ[εφανῶ|σαι ἐπὶ τοῖς προγεγραμμένοις ....ν ος χρυσέωι στεφάνωι καὶ
40 ἰκόνι [χαλκέαι ‖ ἀρετᾶς ἕνεκα τᾶς περὶ ....τᾶς δαμοκρ]ατίας · ἀναστᾶσαι δὲ
αὐτοῦ [τὰν ἰκόνα | ἐν τᾶι ἀκροπόλει παρὰ......., τὰν δ' ἐπιμέλει αν γενέσθα ι
τᾶ]ς τ' ἀ ναστάσε|ος τᾶς ἰκόνος καὶ τᾶς ἀναγορεύσες τοῦ στεφάνου....... τᾶς]
φύσε[ος ...|.........οιω ...ας.....

Decretum senatus et populi Chersonesitanorum in honorem civis, cujus nomen latet,
optime de patria sua meriti.

1. Intellige : curator omnium publicarum pecuniarum. — 2. Cf. Plin, *Hist. nat.*, IV,
85 : *Chersonesus libertate a Romanis donatum (oppidum)*; quum Strabo doceat hanc
eamdem civitatem temporibus suis regi Bosporanorum paruisse, sequitur Chersonesum
libertate non ante Tiberium imperatorem donatum esse. Imperator ergo de quo hic
fit mentio est Tiberius. Cf. nummos Chersonesitanos ita inscriptos : Χερσονήσου ἐλευθέρας.
Zeitschrift für Numismatik, I, p. 27 : IV, p. 273.

865. Chersonesi. — Latyschev, I, n. 199.

5   Ἀρίστωνα Ἀττινᾶ τὸν φιλόπατριν, πρεσ|βεύοντα | ὑπὲρ τᾶς ἐ|λευθερίας πο|τὶ
10   τὸν θεὸν Σε|βαστὸν ἐξα|ετίαν κ[αὶ] ἀ|ποκαμόν|τα, προ[ϑ]ικῇ|σαντα, νομορυ|λα-
15   κήσαν|τα, δαμιορ|γήσαντα | καλῶς, πρεσ|βεύσαντα | ποτὶ βασι|λέα Ῥοιμη-
20   τά[λ]|καν ¹ περὶ συμ|μαχίας κα[ὶ] | ἐπιτετε υ]|χότα, ἱερα|τεύσα|ντα καλῶς |
25   καὶ ἰκόνι || χαλκέα|ι, διοι[κ]ήσαν|τα καὶ ρωτί'σαντα χρή|ματα τ ἄι || πόλει,
30   πρεσ|βεύσαντα | ποτὶ βασιλέ|α Ῥοιμητάλ|καν ¹ τὸ δεύτε|ρον κα[ὶ ἐ]πι|τε-
35   τευχό|τα, δαμιορ|γήσαντα | καὶ εἰκόνι | τελ[έαι,] | πολ[ε]ιτευ|[ό]μενον κα[λ]ῶς ·
     Κηρισόδοτος [ἐ]π[οί]ησε.

1. Rhoemetalces hic videtur esse rex ille Bosporanus qui regnavit inter annos 132 et
154 p. C. n., imperatorem ergo (v. 5 : τὸν θεὸν Σεβαστὸν) intellige sive Hadrianum sive
Antoninum Pium.

---

866. Chersonesi. — Latyschev, I, n. 200.

*Decretum senatus et populi Chersonesitanorum in honorem Democratis, Aristogenis filii ;
cujus inter alia merita memoratur :*

... πρεσβ[εύσ αν[τα πρὸς τοὺς | Σεβα]στοὺς πρόϊκα ὑπὲρ τῶ[ν συμφε|ρόντ]ων
τῆς πατρίδος.....

---

867. Chersonesi. — Latyschev, I, n. 196.

Fragmenta tituli valde mutili, ex quibus unum sic inscribitur :

5   ..... πρεσβεύ|σαντι ποτ[ὶ] | τὸν τᾶς Μυσί|ας ἀγεμό|να ¹...

I. Id est, ad praesidem provinciae Moesiae Inferioris...

---

868. Chersonesi. — Latyschev, *Bull. de la Commission arch. de Saint-Pétersbourg*, X
(1904), p. 23.

[D. M. Aureli]ae Tyche. | [Vixit annis...] XV ¹. Fecerunt | [heredes et libe]rti
ejus. |

5   [Αὐρηλίαν Τύχην] ζήσασαν || [ἔτη... κατέστησα]ν οἱ κληρο[ι|νόμοι καὶ οἱ
ἀπελεύθ]εροι αὐτῆς | [μνήμης χάρ]ιν.

869. Loco nunc dicto Stari-Krym, haud procul Theodosia occidentem versus. —
Latyschev, IV, n. 194.

Ἀγαθῆι τ[ύχηι.] | Τὸν ἐκ προγόν[ων βασιλέων] | βασιλέα μέγαν [Τιβέριον |
⁵ Ἰού λι ον Ῥη[σκούποριν ¹ υἱὸν | βασι]λ έως Σαυρομάτου φιλοκαί[σ[αρ]α καὶ
φι λο ρωμαῖον εὐσε][β ῆ] Μ. Αὐρήλιο[ς Μαρκιανὸς | Ἀ]μεινίας ὁ.............. |
¹⁰ πρῶτος ἄ[ρ]χω[ν τῆς λαμπρο]τάτης Ηρουσ ιέων πρὸς Ὑπίῳ | πόλεως ² κ....... |
¹⁵ ... | ατης... | ... ου ε[.......[[.......... τὸν ἑαυτοῦ] | σωτ ῆρα καὶ εὐεργέτην?
ἐν | τ ῶι θι[ρ' ἔτει ³ καὶ μηνὶ] | Λώ[ωι] ⁴.

1. T. Julius Rhescuporis, Sauromatis f., rex Bospori inter annos 212 et 229 p. C. n.,
de quo cf. *Prosop. imp. rom.*, III, p. 129, n. 45. — 2. Prusias ad Hypium, in Bithynia.
Restituit Latyschev, *loc. cit.* : Ηρους[ιέων ἀπὸ Ὑπίου]; in nummis autem plurimis legitur :
Ηρουσιέων πρὸς Ὑπίῳ (Babelon, *Inventaire sommaire de la collection Waddington*, p. 29,
n. 528 et sq.). — 3. Anno 519 aerae Bosporanae = anno 222 p. C. n. — 4. Loüs, mensis
calendarii quo more Macedonum Bosporani utebantur.

870. Panticapaei. — Latyschev, II, n. 47.

[..... βασιλεὺς Σαυρο]μάτης ¹ | [φιλόκαισαρ καὶ] φιλορώ[[μαιος εὐσεβὴς]
⁵ τὸν να[[ὸν ἐπεσκεύασε το]ῦ Ἄρεως ‖ [καὶ τὸ ἐν αὐτῷ ἄγ]αλμα με.....

1. Aut Tib. Julius Sauromates I, aut Tib. Julius Sauromates II, aut Sauromates III.

871. Panticapaei. — Latyschev, II, n. 29.

In antica :

Ἀγαθῆι τύχηι. | Βασιλεύοντος βασιλέω[ς | Τιβερίου | Ἰουλίου Τειράνου ⁴
⁵ φιλοκαίσαρος καὶ φι[λο]ρωμαίου εὐσεβοῦς, Θεοῖς ἐπουραν[ί]]οις Διὶ Σωτῆρι
καὶ Ἥρα Σωτείρα ὑπὲρ | βασιλέως Τειράνου νείκης καὶ αἰωνί[ου] | διαμονῆς
¹⁰ καὶ Αἰλίας βασιλίσσης ², | ἀνέστησαν τὸν τελαμῶνα [οἱ ἀρι]]στοπυλεῖται ³ τοῖς
ἰδίοις θεοῖς καὶ εὐ]εργέταις · ἱερατεύοντος Ἰουλ. Χορά[ρ]]νου Ἀφροδεισίου
πρὶν λογα[γο]ῦ, | καὶ οἱ λοιποὶ ἀριστοπυλεῖται | Μενέστρατος Γ[ο]σ[ε]μρλί[ου]
¹⁵ ἐπὶ τῆς ‖ βασιλείας ⁴ καὶ ἐπὶ τῆς Θεοδοσίας ⁵, | Φάννης Σακλέως χειλιάρχης
καὶ ἐπ ι] | τῶν Ἀσπουργιανῶν ⁶, Φάνης Ἀγαθοῦ | ἀρχιγραμματεύς, Χαρίτων
²⁰ Νεικη[φό]ρου λοχαγὸς, Φιδάνους Θεαγ[γέ][λου πρὶν πολειτάρχης ⁷, Λείμαν[ος]

Φίδα πολειτάρχης, Ε᷉ὔιος Μενε|στράτου, Ἔρως Ῥαδαμάσεως πρὶν ἐ|πὶ τῶν
λόγων ⁸, |

In latere sinistro :

Ψυχαρίων Λόγου ἐπὶ τῶν λόγων.

Sequuntur plurima nomina, ex quibus tantummodo transcribere licet :

Μενέστρατος... γραμματεύς.

1. De T. Julio Tirano, rege Bospori circa annum p. C. 276-279, cf. *Prosop. imp. rom.*,
III, p. 323, n. 174. — 2. De Aelia regina, *ibid.*, et I. p. 23, n. 189. — 3. Id est, οἱ ἄριστοι
πολῖται, optimi cives, qui in republica optimas partes obtinent; Latyschev vero censet
vocem, « quae est πόλη, sive πόλαι eodem sensu usurpatam esse a Bosporanis, quo αἱ
Οὔραι Persarum regia vocatur a scriptoribus, et ἀριστοπολεῖται nihil aliud esse nisi οἱ ἄριστοι
οἱ ἐπὶ ταῖς πόλαις, in quibus primum locum tenent summi magistratus. » — 4. Praefectus
ejus partis regni Bosporani, quae proprie *regnum* vocabatur; cf. Latyschev, *op. cit.*, II,
Introd. p. LIV. — 5. Praefectus Theodosiae. — 6. Praefectus Aspurgianorum, gentis
barbarae Bosporano regno finitimae, de qua vide Strabo., XI, 2, 11. — 7. Summus
civitatis magistratus. — 8. Ἐπὶ τῶν λόγων = rationalis.

872. Panticapaei. — Latyschev, II. n. 26.

Ὑπ[ὲρ τοῦ ἐκ....... βα]|σιλέω[ν..... μεγάλου βα]|σιλέως Β[οσπόρου ¹.......] |
⁵ φιλοκαίσαρος [καὶ φιλορωμαίου] | εὐσεβοῦς νείκ ης τῆς ἀπὸ τῶν Σκυ]|θῶν
Παρθενοκ[λῆς........... καὶ] | Ἀντίμαχος οἱ ἐπ᷉ ι...] | θεοῖς νεικηφόροις... |
..... Γορπ[ιαίου ²...

1. Latyschev censet restituendum esse regis Sauromatae I nomen, qui regnum obtinuit
inter annos 94 et 124 p. C. n.; Parthenocles enim et Antimachus redeunt in titulis eodem
loco positis saeculo primo exeunte vel altero ineunte. — 2. Gorpiaeus, mensis calendarii
quo Bosporani utebantur.

873. Panticapaei. — Latyschev, *Bull. de la Commission arch. de Saint-Pétersbourg*, X
(1904), p. 26.

⁵ Θεῷ ὑψίστῳ | ἐπηκόῳ εὐ|χήν. Αὐρ. Οὐαλέ|ριος Σόγους Ὀ]λύμπου, ὁ ἐπὶ |
¹⁰ τῆς Θεοδοσίας ¹, | σεβαστόγνω]στο ς] ², τειμηθεὶς ὑ|πὸ Διοκλητια|νοῦ καὶ Μαξι-
μιανοῦ, | ὁ καὶ Ὀλυμπιανὸς | κληθεὶς ἐν τῷ ἐ|παρχείῳ, ὁ πολλὰ | ἀποδημήσας

15 καὶ ‖ ἀποστατήσας ἔτη | δέκα ἐξ καὶ ἐν πολ|λοῖς θλίψεις [3] γενό|μενος, εὐξάμε-
νος, | ἐκ θεμελίου οἰκο||δομήσας τὴν προσ|ευχὴν ἐν τῷ γχ [1].

1. Praefectus Theodosiae, quod erat caput regni. — 2. Imperatoribus notus, id est ut
videtur, illustrissimus inter suos. — 3. Corrige ἐν πολλαῖς θλίψεσι. — 4. Anno 603 aerae
Bosporanae = 306 p. C. n.

---

874. Panticapaei. — Latyschev, II, n. 25.

Βα σιλεύοντος βασιλέως βασιλέων] | μεγάλου Ἀσάνδρου [φιλ]ορωμαίου
5 σωτῆ ρος καὶ βασιλίσσης Δυνάμεως [1], Παν|ταλέων ναύαρχος Ποσιδῶνι Σωσινέ|ωι
καὶ Ἀφροδίτηι Ναυαρχίδι [2].

1. Asandrus rex Bospori inter annos 47 et 46 ante Chr. n., habuit Dynamidem
uxorem; cf. *Prosop. imp. rom.*, I, p. 156, n. 984; II, p. 30, n. 182. — 2. Cognomen
deae inauditum, sed simile quibusdam aliis, inter quae Εὔπλοια, Πελαγία.

---

875. Panticapaei. — Latyschev, IV, n. 201.

[Α]ὐτοκράτορα Καίσαρα θεὸν | [θ]εοῦ υἱὸν Σεβαστὸν τὸν ἑαυτῆς | [σ]ωτῆρα
καὶ εὐεργέτην | [β]ασίλισσα Δ ύνα μις [1] φιλορώμαιο ς.

1. Cf. n. 874, not. 1.

---

876. Panticapaei. — Latyschev, II, n. 32.

Νέρωνα Θεοῦ Κλαυδί ου υἱὸν Καίσα ρα | Σεβαστόν, Γερμανικόν, ὕπα τον [1],
δημαρχικῆς ἐξου[σίας | τὸ .., πατέρα π ατρίδος, τὸν ἑαυτοῦ σωτ[ῆρα | καὶ
5 εὐεργέτην, Κότυ]ς ὁ Ἀσπούργου [2] [β]α σιλεὺς | φιλόκαισαρ καὶ φιλορώ]μαιος
εὐσεβὴς ἀρχιε[ρεὺς | τῶν Σεβαστῶν [3] διὰ βίου κα]θιέρωσεν.

1. Aut [ὕπατον τὸ ...]τον. — 2. Cotys, Aspurgi filius, rex Bospori imperante Nerone;
cf. *Prosop. imp. rom.*, I, p. 477, n. 1271. — 3. Sacerdos vel flamen Augusti.

---

877. Panticapaei. — Latyschev, II, n. 33.

[Αὐτοκ]ράτορα Καίσαρα Τραια[νὸν | Ἀδριαν]ὸν Σεβαστὸν τὸν τοῦ [Βοσπόρου? |

T. I   19

εὐεργέτη]ν καὶ ἴδιον κ[τ]ίστη[ν], Τ[ιβέριο]ς Ἰο[ύ]λιος βασιλ εὺς 'Ροιμετάλκης '
5 φιλόκαισαρ καὶ || [φιλορώμαιος] εὐσεβὴς εὐχα[ρ]ισ[τήσας..|........ γραφ.....
ἀν[έσ τησε[ν.......|........., λ..ου..... Ἀδριανοῦ, ...|[ἔτους] λ[υ'] ² κ[αὶ
μηνὸς] Ἀπελλαίο υ... ³.

1. De T. Julio Rhoemetalce, rege Bospori temporibus Hadriani, cf. *Prosop. imp. rom.*,
III, p. 132, n. 53. — 2. Anno 430 aerae Bosporanae = anno 133 p. C. n. — 3. Apellaeus
mensis calendarii quo Bosporani utebantur.

---

878. Panticapaei. — Latyschev, II, n. 34.

Αὐτοκράτορα Καίσα[ρα Μ. Αὐρήλιον Ἀντω[νεῖνον Σεβαστὸν ', τὸν |
5 ἴ[δ]ιον καὶ τῆς ἑαυτοῦ βα[σιλείας εὐεργέτην Τιβ. | Ἰούλιος βασιλεὺς
Σαυρο|μάτης ² φιλόκαισαρ καὶ | φιλορώμαιος εὐσεβὴς | ἀνέστησα ἐν τῶι ηqυ' ³.

1. Caracalla. — 2. De T. Julio Sauromate II, rege Bospori temporibus Caracallae,
cf. *Prosop. imp. rom.*, III, p. 179, n. 180. — 3. Anno 498 aerae Bosporanae = anno 201
p. C. n.

---

879. Panticapaei. — Latyschev, II, n. 36.

Βασιλέα μέγαν Ἀσποῦργον ' φιλορώμαιον, τὸν ἐκ βασιλέως Ἀσανδρόχου ², |
φιλοκαίσαρα καὶ φιλορώμαιον, βασιλεύοντα παντὸς Βοσπόρου, Θεοδοσίης ³ |
καὶ Σινδῶν καὶ Μαιτῶν καὶ Ταρπείτων καὶ Τορετῶν, Ψησῶν τε καὶ
Τανα ε]ιτῶν ⁴, | ὑποτάξαντα Σκύθας καὶ Ταύρους, Μενέστρατος β' ὁ ἐπὶ τῆς
5 νήσσου ⁵ τὸν ἑαυτοῦ σω|τῆρα καὶ εὐεργέτην.

1. De Aspurgo, rege Bospori temporibus Augusti et Tiberii, cf. *Prosop. imp. rom.*, I,
p. 170, n. 1048. — 2. Intellige Ἀσάνδρου; Asander enim, qui regnum Bospori obtinuit
inter annos 47 et 16 ante C. n. (supra n. 874) videtur esse Aspurgi pater. — 3. Theodosia, caput regni Bosporani; cf. n. 873. — 4. Sindi, Maitae vel Maiotae, Tarpetes, Tore-
tae vel Toreatae, Psessi, Tanaitae, gentes Barbaricae vel Chersoneso Tauricae vel Paludi
Maeotidi finitimae, de quibus vide Strabo., XI, 2, 10 et 11; Plin., *Hist. nat.*, VI, 5 et 7;
Pomp. Mela., I, 2; Ptolem., V, 9, 9; cf. etiam Herod., IV, 28 et 123; Ammian. Marcell.,
XXII, 8. — 5. Praefectus insulae, nunc peninsulae, Tamanicae; de qua cf. Latyschev,
Insc. Ponti Euxini, II, Introd., p. LIV.

880. Panticapaei. — Latyschev, IV, n. 204.

Βασιλεύοντος βασι|λέως Τιβερίου Ἰουλί|ου Κότυος ¹ φιλοκαίσα|ρος καὶ
5 φιλορωμαίου ‖ εὐσεβοῦς, [ἔ]τους ὄντ᾽ ², μηνὸς Δαεισί|ου ³ ι᾽, [᾽Η]δεῖα..... |

Reliquus titulus evanidus; est servi manumissio, ut videtur.

1. Cotys, rex Bospori temporibus Neronis imperatoris, (supra, n. 876). — 2. Anno 354
aerae Bosporanae = anno 57 p. C. n. — 3. Daesius, mensis calendarii quo utebantur
Bosporani.

---

881. Panticapaei. — Latyschev, II, n. 52; cf. Rec. des inscr. jurid. grecques, II (1904),
p. 298, n. 34.

Βασιλεύοντος βασιλέως Τιβε|ρίου Ἰουλίου Ῥησκουπόριδος ¹ φιλο|κκαίσαρος καὶ
5 φιλορωμαίου εὐσε|βοῦς, ἔτους ζοτ᾽ ², μηνὸς Περει[τί |ου ³ ιβ᾽, Χρήστη γυνὴ πρό-
τερον | Δρούσου ἀφείημι ἐπὶ τῆς [προ]|σευχῆς θρεπτόν μου Ἡρακλᾶν | ἐλεύθερον
10 καθάπαξ κατὰ εὐχή[ν] | μου ἀνεπίληπτον καὶ ἀπα[ρ]ενό|χλητον ἀπὸ παντὸς κλη-
ρονόμ[ου · | τ]ρέπεσ[θ]αι αὐτὸν ὅπου ἂν βούληται ἀνεπικωλύτως καθὼς ε[ὺ]|ξά-
15 μην, χωρὶς ἰς τὴν προσευ|χὴν θωπείας τε καὶ προσκα[ρτε|ρ]ήσεως συνεπινευ-
σάντων δὲ | καὶ τῶν κληρ[ο]νόμων μου Ἡρα|κλείδο[υ καὶ Ἑλικωνιάδος, |
συνε[πιτ]ροπευούσης δὲ καὶ τῆ[ς] | συναγωγῆ[ς] τῶν Ἰουδαίων ⁴.

Manumissio servi.

1. Tib. Julius Rhescuporis, rex Bospori inter annos 77 et 92 p. C. n., de quo cf. Prosop.
imp. rom., III, p. 129, n. 44. — 2. Anno 377 aerae Bosporanae = 80 p. C. n. — 3. Peri-
tius, mensis calendarii quo utebantur Bosporani. — 4. Inde patet et manumittentes et
fortasse manumissum Judaeos fuisse.

---

882. Panticapaei. — Latyschev, II, n. 38.

[Τιβ. Ἰούλιον Σαυρομάτην, | υἱὸν βασιλέως Ῥησκουπό[ριδ]ος ¹, φιλοκαίσαρα
5 καὶ φι[[λο]ρώμαιον εὐσεβῆ, Μᾶ[ρ]|κο]ς Οὔλπιος Πρεῖμος | [τὸ]ν ἴδιον εὐεργέτη[ν |
ἐν] τῶι δστ᾽ ἔ[τει] ².

1. De T. Julio Sauromate I, rege Bospori inter annos 94 et 124 p. C. n., cf. Prosop.
imp. rom., III, p. 179, n. 179. — 2. Anno 394 aerae Bosporanae = 97 p. C. n.

883. Panticapaei. — Latyschev, II, n. 39.

'Αγαθῆι] τύχηι. | [Τὸ]ν ἐκ [πρ]ογόνων [βα]σι[λέ]ων βα[σιλέα] μέγαν [Τιβέ]-
ριον Ἰού[λιον Σαυ]ρομά[την ¹,] | υἱὸν βα[σιλέως] Ῥησκουπ[ό]|ριδος, φιλο[κ]αί-
σαρα καὶ | φιλορώμαιον εὐσεβῆ | ἀρχιερέα τῶν Σεβαστῶν | διὰ βίου κα[ὶ ε]ὐερ-
γέτην ‖ τῆς πατρίδος καὶ κτίστην, | Νεικαιέων νέων σύνοδος ² | τὸν ἑαυτῶν
κτίστην καὶ | εὐεργέτην εὐσεβείας χάριν, | ἐπιμεληθέντος Λουκίου Φλαουί|ου
Ἐπιτυνχά[ν]οντος, | ἐν τῷ γιν' ἔτει ³ καὶ μηνὶ Λώῳ.

1. Cf. n. 882. — 2. Est sodalicium quoddam Nicaeensium juvenum; « sed quomodo
rex Bosporanus Nicaeae sodalicium juvenum constituere ideoque κτίστης eorum dici
potuerit, hodie nemo jam accurate explicabit. » Latyschev. — 3. Anno 413 aerae Bosporanae = 116 p. C. n.

884. Panticapaei. — Latyschev, II, n. 27.

[Ὑπ]ὲρ βασιλέως [βασιλέ]ων | Τιβερίου Ἰουλίου Κόττυο'ς, ¹ | φιλοκαίσαρος
καὶ φι[λ]ορωμαίου | τοῦ καὶ [εὐεργέτου τῆ]ς πατρίδος ‖ νείκης [τῆς ἀπὸ τῶν
Σκ υἱῶν | Τρύ[φω]ν Ἀπολλωνίου | ναύαρ[χο]ς ἐν τῷ κυ' | ἔτει ² καὶ μηνὶ
Δαεισίῳ κζ'.

1. Tib. Julius Cotys, rex Bospori temporibus Hadriani, de quo vide *Prosop. imp. rom.*,
I, p. 478, n. 1272. — 2. Anno 420 aerae Bosporanae = 123 p. C. n.

885. Panticapaei? — *Bull. de la Commission arch. de Saint-Pétersbourg*, X (1904), p. 30,
n. 22.

[Βασιλέα Τιβέ]ρ[ιον Ἰούλιον ¹ .... υἱὸν | βασ]ιλέως Ῥοιμ[ητάλκου
............[.........] φιλοκαίσαρα [καὶ φιλορώμαιον, εὐσεβῆ, ἀρχιε|ρέ]α τῶν
Σεβαστῶ[ν διὰ βίου καὶ εὐεργέτην τῆς | πατρί]δος Τι. Ἰο[ύ]λιος .... |
τὸν ἴ]διον...

1. Estne Tib. Julius Eupator, filius Tib. Julii Rhoemetalcis, rex Bospori inter annos
154 et 171 p. C. n.?, de quo cf. *Prosop. imp. rom.*, II, p. 42, n. 87.

886. Panticapaei. — Latyschev, II, n. 41.

[Ἀγαθῆι τύχηι. | Τὸν] ἀρ' Ἡρακλέου[ς] καὶ Εὐμόλ|που τοῦ Ποσειδῶνος ¹ καὶ
ἀπὸ | προγόνων βασι[λ]έων βασιλέ|α Τιβέριον Ἰούλ[ιον] Ῥησκούπο|ριν ³, υἱὸν

μεγάλου βασιλέως | Σαυρομάτου φ[ι]λοκαίσαρα | καὶ φιλορώμα ι ον εὐσεβῆ

10 ἀρ|χιερέα τῶν Σεβαστῶν διὰ ‖ βίου, Οὔλπιος Ἀντισθένης | Ἀντιμάχου χειλιάρ-

15 χης | τὸν ἑαυτοῦ σωτῆρα καὶ | δεσπότην τείμης χάριν | ἐν τῶι βιφ´ ἔτει ¹ | καὶ μηνὶ Λώωι κ´.

1. « Reges Bosporanos ab Hercule et Eumolpo Neptuni filio originem duxisse primum ex hoc titulo cognovimus. Inde explicatur cur in nummis eorum Neptuni tridens aut Herculis clava vel pellis leonina vel certamina singula sculpta inveniantur. » Latyschev. — 2. T. Julius Rhescuporis, rex Bospori inter annos 212 et 229 p. C. n.; de quo cf. *Prosop. imp. rom.*, III, p. 129, n. 45. — 3. Anno 512 aerae Bosporanae = 215 p. C. n.

---

887. Panticapaei. — Latyschev, II, n. 42.

[Ἀγ]αθῆι τύχηι. | [Τ]ιβέρ(ιον) Ἰούλιον Ῥη[σκούπορ]ιν ¹ βασι|λέα Βοσπόρου

5 καὶ ‖ τῶν πέριξ ἐθνῶν ² | τὸν φιλορώμαιον | καὶ φιλέλληνα ³ ἡ | βουλὴ καὶ

10 ὁ δῆμος | ὁ Ἀμαστριανῶν | τὸν εὐεργέτην | διὰ ἐπιμελείας | Πεδανίου Θεο φρά-

15 του, | ςιφ´ ⁴, Ὑπερβερεταίου ⁵ κ´, | διὰ πρεσβευτῶν Αὐρηλίων Αἰλί|ου τ οῦ καὶ Νάνου καὶ Διονυσίου τοῦ | καὶ Μαμμάρου καὶ Χρήστου Χρήστου.

1. Cf. n. 886. — 2. Τὰ πέριξ ἔθνη sunt gentes barbaricae finitimae, de quibus vide supra n. 879. — 3. Animadvertendum epitheton φιλέλληνα regi additum primum hic occurrere. — 4. Anno 517 aerae Bosporanae = 220 p. C. n. — 5. Hyperberetaeus, mensis calendarii quo utebantur Bosporani.

---

888. Panticapaei. — Latyschev, II, n. 43.

Ἀγαθῆι τύχηι. | Τὸν ἐκ βασιλέων βασιλέ|α Τιβέριον Ἰούλιον | Ῥησκούπορ[ιν] ¹,

5 υἱὸν ‖ μεγάλου βασιλέως | Σαυρομάτου, φιλο|καίσαρα καὶ φιλορώμα[ι]ον] εὐσε-

10 βῆ<ι>, ἡ Προυσιέων | πόλις τῆς πρὸς Ὕπιον τὸν ‖ ἑαυτῆς εὐεργέτην διὰ | πρεσ-

15 βευτῶν Μάρκου Α[ὐ]ρ[η]λίου Μαρκιανοῦ Ἀμ[ε]ι|νία κοινοβούλου ² καὶ Αὐ ρηλίου Φιλιππιανοῦ Π[ρό]κλου ἐν τῶι κφ´ ἔτει ³ κ α]ι | μηνὶ Δείωι ⁴ α´.

1. Cf. n. 887. — 2. Decurionis? — 3. Anno 520 aerae Bosporanae = 223 p. C. n. — 4. Dius, mensis calendarii quo utebantur Bosporani.

---

889. Panticapaei. — Latyschev, II, n. 46.

Ἀγαθῆ[ι] τ[ύ]χηι. | Βασιλεύοντος βασιλέω[ς] | Τιβερίου Ἰουλίου Ῥησκουπό-

5 ριδος ¹ | φιλοκαίσαρος καὶ φιλορωμαίου | εὐσεβοῦς, τὸν σεβαστόγνωστον ² | Αὐρή-
λιον Ῥόδωνα Δολλαίου, τὸν | ἐπὶ τῆς βασιλείας ³ καὶ χειλίαρχον | καὶ ἱππέα
10 Ῥωμαίων, Αὐρ. Κέλσος β΄ | νεώτερος Ἡρακλεώτης τὸν ‖ εὐεργέτην ἐν τῷ ςμς΄ ⁴
ἔτε[ι] | καὶ μηνὶ Γορπιαίῳ ζ΄.

1. T. Julius Rhescuporis IV, rex Bospori inter annos 240 et 262 p. C. n., de quo
cf. *Prosop. imp. rom.*, III, p. 130, n. 47. — 2. Supra n. 873, not. 2. — 3. Praefectus ejus
partis regni Bosporani, quae proprie βασιλεία vocabatur; de qua vide Latyschev, *op. cit.*,
Introd., p. LIV. — 4. Anno 546 aerae Bosporanae = 249 p. C. n.

890. Panticapaei. — Latyschev, II, n. 44.

Ἀγαθῆι τύχηι. | [Τ]ὸν ἐκ προγόνων βασ[ι]λέων βασιλέα μέγαν | [Τι]βέριον
5 Ἰούλιον Ῥησ[κού]πο ριν ¹ φιλοκαίσαρα κ[αὶ] | φιλορώμαιον εὐσεβῆ | ...? Ἰούλ]ιος
10 Τελεσεῖνο[ς | Ἡ]ρ[α]κλεώ[τ]ης τοῦ Πόν[το]υ κ[αὶ] νεωκόρου ² τὸ[ν ‖ ἐκ]υτοῦ [ε]ὐ[ε]ρ-
γέτην | [ἐ]ν τῷ ζμς΄ ἔτει ³ [καὶ] μη[νὶ Γ]ορπιαί[ῳ...

1. Cf. n. 889. — 2. « Locutio haec incorrecta nihil aliud significare videtur nisi Heracleam Ponticam, cujus civis fuit Telesinus, Ponti neocoram fuisse civitatem. » Latyschev
— Anno 547 aerae Bosporanae = 250 p. C. n.

891. Panticapaei. — Latyschev, II, n. 45.

Ἀγα[θῆ]ι τύχη[ι]. Τὸν ἐκ προγόνων βα[σιλέων βασ]ιλέα Τιβέριον Ἰούλιον
Ῥησκούποριν ¹ φι[λοκαί]σα[ρα καὶ φιλ]ορώμαι[ον] εὐσε[βῆ, τὸν...] εὐεργέτη[ν...

1. Non dijudicari potest utrum hic sit T. Julius Rhescuporis II (212-229) an T. Julius
Rhescuporis III (234-235 , an T. Julius Rhescuporis IV (240-262 , de quibus cf. Latyschev,
op. cit., Introd., p. XLIX-LIII.

892. Panticapaei. — Latyschev, II, n. 54; cf. *Rec. des inscr. jurid. grecques*, II, p. 298,
n. 33.

Βασιλεύοντος βασιλέω[ς Σαυ]|ρομάτου ¹ φιλοκαίσαρος καὶ φιλο|ρωμαίου
5 εὐσεβοῦς, ἔτους..., μηνὸς | Δαεισίου........ ² καὶ Παρθένου Χρηστοῦς Κόσσου
Μενάνδρου | καὶ γυνὴ Χημάτα? Ἔρια? ἀνέθηκαν | Θάλλουσαν [Ὀρ]επτὴν ἡμῶν
ναίου<ρι>|σαν? ἐπὶ παραμον[ῆ]ι, μετὰ δὲ τὴν [ζ]ω[ὴ]ν ἡμῶν <ἡμῶν> εἶναι

10 αὐτὴν ἐλευθέ‖ρα]ν ὑπὸ Διὰ, Γῆν, Ἥλιον, ἀνεπάρη[ν κα]ὶ | [ἀ]νεπηρεάστην
ἀπό τ' ἐμοῦ καὶ παντὸς | κληρονόμου τρ.ε̣]πεσθαι [δ' αὐτ]ήν.....

1. Non dijudicari potest utrum Sauromates I (94-124), an Sauromates II 175-211 an
Sauromates III (230-233) hic sit. — 2. Traditur OEWTHCMAC, Anni et forsitan diei
numeri omissi sunt.

893. Panticapaei. — Latyschev, II, n. 57.

Ἀγα[θῇ τύχῃ. | Θεας [..............?] | βασιλεύοντο[ς] βασιλέως Τιβερίου
5 Ἰου]λίου Σαυρομά[του φιλοκαίσαρος καὶ φιλο]‖ρωμαίου εὐσε]βοῦς, ἐν τῷ...
ἔτει, μηνὸς] | Ξανδικοῦ ¹ οἱ..... |

Sequuntur nomina eorum qui titulum posuerunt.

1. Xanthicus, mensis calendarii quo utebantur Bosporani.

894. Panticapaei. — Latyschev, II, n. 290.

Δίζα υἱὲ Βαίθυο[ς], | κεντυρίων ὁ κα[ὶ] | πρίνκιψ σπείρας | Θρακῶν ¹, καὶ
5 γυ‖νὴ Ἑλένη, χαίρετ[ε].

1. Sive centurio princeps sive centurio et praepositus cohortis Thracum.

895. Panticapei. — Latyschev, II, n. 293.

5 Γάιο]ς Μέμ]μιος, | σπεί‖ρης Κυ]πρίας ¹.

1. Miles cohortis Cypriae; cf. infra n. 896.

896. Bospori. — Latyschev, *Inscr. gr. trouvées dans la Russie méridionale en 1901*.
p. 21.

L. Volusius, | mi(les) coh(o)r(tis) Cy]priae ¹, c(enturiae) Ael(ii) Secun]di.
Λούκιος Οὐλούσιος | στρατιώτης σπίρης Κυ]πρίας, κεντυρίας Σεκούν]δου,
5 τοῖς παράγουσι ‖ χαίρειν,

897. Panticapaei. — *Bull. de la Commiss. arch. de Saint-Pétersbourg*, X (1904), p. 68, n. 71.

5 Πόπλιος Ἰγνά|τιος Ὀνησιφό|ρος Σινωπεύς, | ἐτῶν με', ‖ χαῖρε. | Ἐν τῶι ακυ' ¹ ἔτ(ε)ι.

1. Anno 421 aerae Bosporanae = 124 p. C. n.

---

898. Phanagoriae. — Latyschev, II, n. 352.

[Τιβέριος Ἰούλιος βασι]λεὺς Σαυρομ[άτης ¹ φιλόκαισαρ καὶ | φιλορώμαιος, εὐσεβής, ἀ]ρχιερεὺς τῶν Σεβα[στῶν διὰ βίου.| ...... τὰς π]ερινσίους στοά[ς ²
5 τὰ]ς τῶν [.....|....... χρόνῳ? κα]θῃρημένας ἐκ θεμελίων διεγείρας ‖ [....... Ἀφρο]δείτηι Ἀπατουρίαδι ³ καθιέρωσεν | [δι' ἐπιμελείας ....] τοῦ ἐπὶ τῶν ἱερῶν ⁴. Ἐν τῶι β'...

1. Potest esse vel Tib. Julius Sauromates II, rex Bospori imperante Caracalla (cf. supra n. 878) vel T. Julius Sauromates, I, rex Bospori sub Hadriano (de quo vide *Prosop. imp. rom.*, III, p. 179, n. 179). — 2. Porticus circa templum dispositas. — 3. Ex Strabone (XI, 2, 10) novimus notissimum templum Veneris Apaturiadis Phanagoriae erectum esse. — 4. Ὁ ἐπὶ τῶν ἱερῶν, praepositus rebus sacris, magister sacrorum.

---

899. Phanagoriae. — Latyschev, II, n. 353.

Τιβέριος Ἰούλιος βασιλεὺς | Ῥοιμητάλκης ¹ φιλόκαισαρ καὶ φι[λορώμαιος
5 εὐσεβής, τὰς ὑπὸ | Ἀητοδώρου ἀνατεθείσας γέας ² | ἐν Θιαννέοις ³ καὶ τοὺς πελάτας ⁴ | κατὰ τὸν παρακείμενον τελαμῶ|να χρόνωι μειωθέντα συναθροί|σας
10 ἅπαντα καὶ πλεονάσας ἀπε|κατέστησε τῆι θεῶι σῶα ⁵, δι' ἐπι‖μελείας Ἀλεξάν-δρου Μυρείνου | τοῦ ἐπὶ τῶν ἱερῶν (ἐν τῷ ἔτει) ημυ' ⁶, μηνί | Ἀπελλαίωι ⁷ κ'.

1. Cf. supra n. 877. — 2. Agros. — 3. Ubi fuerit locus Θιάννεα dictus, nescimus. — 4. Πελάται sunt coloni. — 5. Id est, ab integro. — 6. Anno 448 aerae Bosporanae = 151 p. C. n. — 7. Apellaeus, mensis calendarii quo Bosporani utebantur.

---

900. Phanagoriae. — Latyschev, IV, n. 421.

[Βασιλεύοντος βασι]|λέως [Τιβερίου Ἰουλίου] | Κότυος ¹ υἱ[οῦ βασιλέως] |
5 Σαυρομάτου [φιλοκαίσα]|ρος καὶ φιλορωμαίου | εὐσεβοῦς ἡ σύνο|δος ἡ περὶ
10 νακόρον | βάγην Σωσιπάτρου | καὶ ἱ[ερ]έα Στράτωνα ‖ Ὀμ... μώρου ¹ καὶ

ἱρομά|στορα Ἀπολλώνιον Χρυ|σαλίσκου καὶ γραμμα|τέα Ἀγαθὸν Πολεμο-
15 κρά|του καὶ φιλάγαθον ² Μυρεί|νον β΄ καὶ οἱ λοιποὶ θιασῖται |.

Sequuntur nomina thiasitarum.

1. Tib. Julius Cotys, ut videtur, qui fuit rex Bospori inter annos 124-132 p. C. n.,
cujus pater fuit Tib. Julius Sauromates, rex Bospori inter annos 94-124 p. C. n.; *Prosop.
imp. rom.*, I, p. 478, n. 1272; III, p. 179, n. 179. — 2. Νακόρος, ἱερεὺς, ἱε[ρο]μάστωρ,
γραμματεὺς, φιλάγαθος magistratus sunt hujus thiasi, scilicet aedituus, sacerdos, sacrorum
explorator (Latyschev), scriba; φιλάγαθος verbum quid significet, nescimus.

---

901. Phanagoriae. — Latyschev, II, n. 354.

Αὐτοκράτορα Καίσαρα Θεοῦ υἱὸν | Σεβαστὸν τὸν [π]άσης γῆς καὶ | [πάσης]
5 θαλάσσης ἄρ[χ]οντα, | τὸν ἑαυτῆς σωτ[ῆρα καὶ εὐ]εργέτη[ν], | βασίλισσα
Δύν[αμις ¹ φιλορώ]μαι(ος).

1. Supra n. 874.

---

902. Phanagoriae. — Latyschev, IV, n. 420.

[Λιουί]α[ν] τὴν τοῦ Σεβαστοῦ γυναῖκ[α ¹ | βασίλισσα] Δύναμις φιλορώμαιος |
[τὴν ἑαυ]τῆς εὐεργέτιν.

1. Livia Augusti.

---

903. Phanagoriae. — Latyschev, II, n. 355.

Αὐτοκ[ρ]άτορα Οὐεσπασιανὸν Καίσαρα Σε[βαστὸν, ἀρχιερέα μέγιστον ¹, |
αὐτοκρ]ατόρα τὸ ζ ², πατέρα πατρίδος, [ὕπατον τὸ γ΄, ἀποδεδειγμένον τὸ δ΄] |
κ[ύρι]ον τοῦ σύμπαντος Βοσπόρου..............|.......ε [ὁ σίως εὐσεβῶς
5 τοῦ ἐκ προ[γόνων βασιλέως Τιβερίου Ἰουλίου] | Ῥησκουπ[όρι]δος ³, βασιλέως
Ἰουλίου [..................] | υἱοῦ, φιλοκαίσαρος καὶ φιλορω[μαίου, ἀρχιερέως
τῶν Σεβαστῶν | διὰ] βίου, καὶ εὐεργέτου τῆς πατρίδος...

1. Supplere etiam possis δημαρχικῆς ἐξουσίας τὸ β΄ vel τὸ γ΄. — 2. Anno 71 p. C. n. —
3. Tib. Julius Rhescuporis, rex Bospori inter annos 77 et 92 p. C. n., cf. supra n. 881. Ex
hoc titulo « conjici potest Vespasianum, brevi postquam imperium adeptus est, regnum
Bosporanum, quod tum sub Romanorum erat imperio, Rhescuporidi dedisse et ob id
ipsum statua esse honoratum. » Latyschev.

904. Phanagoriae. — Latyschev, II, n. 362; *Bullet. de la Commiss. arch. de Saint-Pétersbourg*, 1901 (X), p. 93.

Titulus valde mutilus in honorem hominis, cujus nomen latet, positus; post duos versus
legitur :

... ἱερέα ἀπο]δειχθέντα τοῦ Καισαρείου ¹ διὰ βίου εἰς γένος....

1. Καισάρειον, templum Caesaris vel Caesarum.

905. Phanagoriae. — Latyschev, II, n. 356.

[Β]ασίλισσαν Δύναμιν φιλορώμα[ιον, | τὴ]ν ἐκ βασιλέω[ς μ]εγάλου Φα[ρ-
5 νά|κο]υ ἐκ βασιλέως βασιλέων Μιθ[ραδά|το]υ Εὐπάτορος [Διο|νύσ[ου] ¹ | τὴ]ν
ἑαυτῶν σ[ώ]τειραν κ]αὶ εὐε[ργέ|τι]ν [ὁ δ]ῆμο[ς ὁ 'Αγριπ]πέω[ν] ².

1. Cognomen Dionysos haud raro inditum est regibus vel Aegypti vel Syriae vel Ponti, post Alexandrum. — 2. 'Αγριππεῖς vel 'Αγριππεῖς Καισάρειοι, cognomen Phanagorensium quod, Augusti Caesaris temporibus, a M. Agrippa Polemo I rex Bospori institutus est : cf. Latyschev, *op. cit.*, II, Introd., p. xxxviii et J. Friedländer, *Numismatische Zeitschrift*, II (1870), p. 280 et sq.

906. Phanagoriae. — Latyschev, II, n. 364.

[Β]ασιλεύοντος β[ασ]||ιλέως 'Ασπούργο[υ ¹ | φ]ιλορω<ι>μαίου, ἔτους γιτ' ²,
5 μηνὸς Δαισίου ζ', | [Φ]όδακος Πόθωνος ἀ|[ν]ατίθησι τὸν ἑαυτοῦ | [θρ]επτ[ὸ]ν
Διονύσιον | ....

Titulus reliquus fere evanidus; est servi manumissio.

1. Cf. supra n. 879. — 2. Anno 313 aerae Bosporanae = 16 p. C. n.

907. Phanagoriae. — Latyschev, II, n. 358.

[Τὸν ἀπὸ Ποσειδῶνος [καὶ ἀφ' | Ἡρακλ]έους βασιλέα βασιλέων μέγαν το[ῦ |
σύμπα ντος Βουσπόρου Τιβέριον Ἰούλιο[ν | Σαυρομ άτην ¹ υἱὸν βασιλέως Ρής-
5 κουπόρι| δος φιλο καίσαρα καὶ φιλορώμαιον, [ε]ὐσεβῆ | .... ² [τὸ]ν [ἴδιον] θεὸν?
καὶ] σωτῆρα εὐξάμενος καθιέρω[σε | ....] Διοφάντου Παντικαπαίτ[ης].

1. Cf. supra n. 882. — 2. Forsitan suppleas ἀρχιερέα τῶν Σεβαστῶν.

908. Phanagoriae. — Latyschev, II, n. 357.

Ἀγαθῆι τύχηι. | [Τ]ὸν ἀπὸ προγόνων βασιλέ[ω]ν βασιλέ[α] μέγα[ν] Τιβέριον
5 Ἰούλιον Σαυρομά[την] ¹ | φιλοκαίσα[ρα] καὶ φιλορώμαιον εὐσε|βῆ Ἰούλιος
[Με]νέστρατος χειλίαρχος | τὸν ἴδιον [θεὸν?] καὶ δεσπότην ἀνέστη|σα τειμῆς
χάρι[ν] ἐν τῶι... [ἔτει....

1. Sauromates II ; cf. supra n. 878.

909. Phanagoriae. — Latyschev, II, n. 360.

[Βασιλέα........]| .....φιλοκαίσ]αρα καὶ | φιλορώμ[αιον εὐσεβῆ [ἀρχιε]ρέα τῶν
5 Σ[εβαστῶν διὰ [βίου καὶ | εὐεργέτ]ην τῆς πατρίδο[ς..... | ἀνέστησε[ν ὁ δῆμο]ς
ὁ Ἀγριπ[πέων ¹... | ... εὐτυχῶς κ[αὶ] δωρε[ὰ] κα[ὶ... | τ]αῖς πόλεσιν τοπ[..... |
10 ...ς περὶ τὸ γυμν[άσιον... | .....] ἐν ν...

1. De hoc Phanagoriensium cognomine, cf. supra n. 905.

910. Phanagoriae. — Latyschev, II, n. 386.

Ῥώμηι γυνῆι Δαδα | χαίρειν.

911. Gorgippiae. — Latyschev, II, n. 401.

[Θεῷ ὑψ]ίσ[τῳ παν|τοκρά]τορι εὐλο[γη]|τῷ ¹. Βασιλεύοντο[ς | βασιλέως Τιβε-
5 ρίου Ἰ<ω>]ουλίου <λίου> Σαυρομά[του ² φιλοκαίσαρος καὶ φι]λορωμαίου
10 εὐσεβοῦς | Τειμόθεος Νυμφα|γόρου Μακαρίου σὺν | ἀδελφῆς Ἠλιάδος γυ|ναικὸς
15 Χανοβαλα|μύρου κατὰ εὐχήν | πατρὸς ἡμῶν Νυμ|φαγόρου Μακαρίου | ἀφείομεν
τὴν θρεπ[τὴν ἡμῶν Δ]ωρέαν |...

1. Intellige : *Deo supremo omnipotenti benedicto*, quem Stephanius deum Judaeorum
esse putat, Latyschev vero unum ex ethnicorum diis : *op. cit.*, I, p. 130 et II, nn. 400,
401. — 2. Cf. supra n. 878.

912. Gorgippiae. — Latyschev, IV, n. 433.

[... Ἀλέ]ξανδρος Νουμηνίου ¹... | [Ἀγαθ]ῆ τύχηι. | [Βασιλεύοντος βασιλέ]ως

5 Τιβερίου Ἰουλίου [Κότυος ², | υἱοῦ μεγάλου βασι]λέως Ῥησκουπόρι[δος, φιλο|καί-
σαρος καὶ φιλορω]μαίου εὐσεβοῦς ἔ[τους... | μηνὸς Πανή μου ³ ζ', Θιασεῖται
[..... | ... βασιλέως] Σαυρομάτου κ[... | .....] βασιλέως Κό[τυος... |.

Reliquum titulum valde mutilum negleximus.

1. Pertinent haec verba titulo superiori lapidis parte inscripto et nunc fere omnino
evanido. — 2. Tib. Julius Cotys, rex Bospori inter annos 228-234 p. C. n.; de quo
cf. *Prosop. imp. rom.*, I, p. 178, n. 1273. — 3. Panemus, mensis calendarii quo utebantur Bosporani.

913. Gorgippiae. — Latyschev, II, n. 402; cf. *Bullet. de la Commiss. arch. de Saint-
Pétersbourg*, 1904 (X), p. 95.

Βασιλεύοντος βασιλέως Τιβερίο[υ | Ἰουλίου ... | ... φιλο]καίσαρος καὶ φιλο-
ρωμα(ί)ου εὐσεβοῦς... |.

*Sequuntur per reliquos quinquaginta et octo versus, quorum plerique valde mutili sunt,
nomina eorum qui titulum posuerunt.*

914. Tanaide. — Latyschev, II, n. 422.

5 Ἀγαθῇ τύχῃ. | Βασιλεύοντος βα|σιλέως Τιβερίου | Ἰουλίου Εὐπάτο|ρος ¹ φιλο-
καίσαρος | καὶ φιλορω[μα]ίου | εὐσεβοῦς θεῷ Ἀπόλ[λωνι εὐξάμενος Ἀν|τίμαχος
10 Χαρίτω]|νος πρεσβε]υτ[ής ².

1. T. Julius Eupator, rex Bospori circa annos 155-171 p. C. n.; cf. *Prosop. imp.
rom.*, II, p. 42, n. 87. — 2. Legatus regis Bosporani ad Tanaidem civitatem administran-
dam, de quo vide Latyschev, *op. cit.*, II, Introd., p. LVI.

915. Tanaide. — Latyschev, II, n. 437.

[Θε]ῷ ὑψίστωι ε[ὐχή. | Β]ασιλεύοντος βα[σιλέως Τιβερίου | Ἰ]ουλίου Ῥοιμη-
5 τάλκο[υ ¹ φιλοκαίσαρος καὶ | φιλορωμαίου εὐσε[βοῦς, ἐν τῷ ... ἔτει,] | μηνὸς
Περείτιου η', [ἡ σύνοδος ἡ περὶ] | ἱερέα Πόπλιον Χαρ[ίτωνος ? καὶ πατέρα συν]ό-
δου ³ Ἀντ[ίμαχον...

1. Cf. supra n. 877. — 2. Cf. supra n. 900. Συνόδου πατήρ, collegii patronus : Latyschev,
op. cit., II, p. 246.

916. Tanaide. — Latyschev, II, n. 438.

5 ['Αγα]θῆι τ[ύχηι . | Θεῷ | ὑψίστῳ ἐπη[κόῳ εὐχή. | Βασιλ ε]ύον'το ς βασι-
λ[έ]ως [Τιβερίου | Ἰουλίου Εὐ[πάτο]ρος ' φιλοκ[αίσαρος | καὶ φιλορωμα[ίου
εὐ]σεβοῦς [ἐν τῷ] | βνυ ᴄ [ἔτε]ι μηνὶ [...? ἡ σύνοδος | ἡ π ερὶ ἱε]ρέα Φ[άννην
10 Στρατονείκου |....

Sequuntur circa quindecim versus valde mutili. In fine legitur :

25 Φάννης Στ[ρα]|τ[ο]νείκου ἱε[[ρ]εὺς εὐξ[ά]|μενος ἀπε'κατέστησε [τὸν] | τελα-
μῶνα | ἐκ τῶν ἰδίω[ν].

1. Cf. supra n. 885. — 2. Anno 452 aerae Bosporanae = 155 p. C. n.

---

917. Tanaide. — Latyschev, II, n. 445.

Θεῷ ὑψ[ί]στῳ. Ἀγαθῆι τύχηι. | Βασιλευόν[τος] βασι[λέω]ς Τιβ. Ἰουλ(ίου)
Σαυρομάτου ' | φιλοκαίσαρ[ος κα]ὶ φιλο[ρ ωμαίου εὐσεβοῦς ἡ σύνοδος | ἡ περὶ
5 ἱ[ερέα ....]λιον Σα[.]γάδου καὶ πατέρα σ[υ]νόδου | Χορούαθ[ον.....] καὶ
συναγωγὸν Ἀρδαι.....κον | Σ υνεγδή μου καὶ φιλάγαθο]ν Διαγ[όραν?....] βλω-
νάκ[ου] καὶ | [π]αραφιλάγαθ[ον Χόρρασμ]ον Φοργαβάκ[ου] καὶ [νεαν ισ[ι]κ]άρχην
Δημή[τριον Ἀπολ]λωνίου καὶ γυμ[να]σιά[ρχην' Βα[σι]λείδην Θεον είκ ο[υ καὶ
10 Ἄτ]τ[α]ν Ἡρακλείδου [γο]α[μμα]τ[εὺ]ς | [συν]όδου ᴄ οἱ λ[οιπ]οὶ θιασ ῖ[τ]αι ·

Sequuntur plurima nomina valde mutila.

1. Tib. Julius Sauromates I (94-124, p. C. n.), aut Sauromates II (175-211). — 2. Συνα-
γωγός, φιλάγαθος, παραφιλάγαθος, magistratus collegii; de quibus nondum satis constat;
νεανισκάρχης, γυμνασιάρχης, magistratus item, quorum ex nominibus, ut vidit Latyschev,
patet collegium non solum ad deum colendum institutum esse, sed etiam ad adolescentes
in gymnasiis exercendos.

---

918. Tanaide. — Latyschev, II, n. 449.

Θεῶι [ὑψίστωι.] | Βασιλεύοντος β[ασιλέως Τιβερίου] | Ἰουλίου Ῥησκουπό-
5 [ριδος ' φιλοκαί]]σαρος καὶ φιλορωμ[αίου εὐσεβοῦς ‖ ἱσποιητοὶ ᴄ ἀδελφο]ὶ σεβό-

μενοι | Θεὸ]ν ὕψιστον ἀνέστησαν τὸν] | τελαμῶνα ἐνγ[ράψαντες ἑαυτῶν | τὰ
ὀνόματα.

Sequuntur nomina mutila, per tredecim versus disposita.

1. Tib. Julius Rhescuporis, rex Bosporanus inter annos 212-229 p. C. n.; cf. supra
n. 886. — 2. Ἰσποιητοί vel εἰσποιητοί, adoptivi. Qui sint illi, non constat. Censent nonnulli
hos fratres sodales esse collegii cujusdam funeraticii; Latyschev contra putat eos esse
sodales novissime in collegium ingressos (op. cit., II, p. 247), rectius, ut videtur.

919. Tanaide. — Latyschev, II, n. 450.

Ἀγαθῆι τύ[χ]ηι. | Θ[ε]ῶι ὑψίστ[ωι] ε[ὐ]χή<ι> | Βασ[ιλεύ]οντος βασιλ[έ]ως
5 Τ[ι]βερίου | Ἰου[λίου Ῥησ]κου[πόριδο]ς ¹ φιλοκαίσα[ρο[ς καὶ φι]λορω[μαίου
εὐσεβ]οῦς ἰσπ[οιη]τοὶ ἀδε]λφοὶ.....

Reliqua valde mutila non referemus.

1. Cf. titulum praecedentem n. 918.

920. Tanaide. — Latyschev, II, n. 452.

[Ἀγαθῆ]ι τύχη[ι.] | Θεῷ [ὑ]ψίστῳ ε[ὐχή.] | Βασιλεύοντ[ο]ς βασιλέ[ως Τιβε-
5 ρίου | Ἰ]ουλίου Κότυος ¹ φιλοκα[ίσαρο]ς καὶ φι]λορωμαίο]υ εὐσεβοῦς εἰσποιητοὶ |
ἀ[δελφοὶ] σεβόμενοι Θεὸν ὕψιστον | ἐνγρά[ψαντ]ες ἑαυτῶν τὰ ὀνόματα | περὶ
πρεσβύτερον ² Μ......... Ἡ|ρακλε[ίδου] καὶ Ἀρίστωνα.

Sequuntur nomina sociorum, in fine :

20 Τὸν δὲ τελαμῶ[ν]α ἐδωρήσατο τοῖς ἀδελ|φοῖς Σαμ[βίω]ν Ἐλπιδίωνος... || ἐν
τῷ εκφ′ ³ ἔτει, (μηνὸς) Γορπιαίου α′.

1. Est Tib. Julius Cotys, rex Bosporanus circa annos 228-234 p. C. n.; cf. supra n. 912.
— 2. Qui inter *adoptivos fratres* major est natu (Latyschev, op. cit., II, p. 247).— 3. Anno
525 aerae Bosporanae = 228 p. C. n.

921. Tanaide. — Latyschev, II, n. 455.

[Βασιλεύοντος β]ασιλέως Τιβερίου Ἰουλί[ου Κότυος ¹, φιλ]οκαίσαρος καὶ

φιλορω|[μαίου εὐσεβοῦ]ς θεῷ ἐπηκόῳ εὐχή · | π[ερὶ ἱερέα Πάπαν Χρ[ηστου,
5 πατέρα συνέ|| δου.....

1. Cf. titulum precedentem n. 920.

922. Tanaide. — Latyschev, IV, n. 446.

['Ο ἐκ π]ρογόνων βασι[λέ]ων βα[σιλεὺς μέγ[α]ς Τιβέριος | 'Ιούλιος β[ασιλεὺς
5 [Σ]αυρομάτης [1] | [υἱὸς βασιλέ]ως 'Ρησκουπ[όρι]δος ϙ̄[[λόκαισαρ κα[ὶ φιλο[ρώ]-
μ[α]ιο[ς εὐ]σεβής.....

1. Est Tib. Julius Sauromates I, rex Bospori inter annos 94-124 p. C. n.; cf. supra
n. 882.

923. Tanaide. — Latyschev, IV, n. 447.

'Αγαθῇι τύχηι. | [Βασιλ]εύο ν[τος βασι[λ]έως Τ[ι]. 'Ιουλίου | [Εὐπάτ]ορο[ς [1]
5 φιλοκαίσαρος καὶ φιλορω|[μαίου εὐ]σεβοῦς, χρόνῳ διαρθ[α ρέντα τ[ὰ | τείχη? ἐκ
θε[μελίων οἰκ[οδ]ομ[ή]σας Τρύφων | ...... πρεσβ]ευτῆς [2] ἀνεστήσατο χα|..... ἐν
τῷι . ξυ ἔτει, Δ]είου α΄.

1. Cf. supra n. 885. — 2. Anno quodam inter annos 460 et 467 aerae Bosporanae = 163
et 170 p. C. n.

924. Tanaide. — Latyschev, II, n. 432.

'Αγαθῇ τύχη. | Βασιλεύοντος βασιλέως | Τιβερίου 'Ιουλίου Κότ̄τυος [1] υ[ἱοῦ
5 μεγάλου βασιλέως 'Ρησ|κουπόριδος φιλο[κ]αίσαρος καὶ | φιλορωμαίω [2] εὐσε-
βοῦς, | Μήνιος Χαρίτωνος πρὶν προσσο[δικὸς [3] ὁ καὶ ἐλ[λ]ηνάρχης [4] ἡμελη μέ[1]-
10 νην | τὴν πόλην ταύτην ἀπὸ χρόνω [2] | ἐξαρτίσας ἐκ τῶν ἰδίων ἀνα[λωμάτων
ἀπεκατέστησα τῇ | πόλει καὶ τοῖς ἐμπόροις [5]. | Ἐν τῷ ..ρ΄ [6] ἔτει καὶ μη[νὶ
Δε[σί]ῳι [7].

1. Cf. supra n. 912. — 2. φιλορωμαίω, χρόνω lapis. — 3. Publicanus, pecuniis publicis
Tanaide, ut videtur, praepositus. — 4. Nonnunquam, inter Tanaidis incolas, distinguuntur Ἕλληνες καὶ Ταναΐται; Graeci propriam rempublicam habebant, cujus summus magistratus vocabatur Ἑλληνάρχης; cf. Latyschev, op. cit., II, Introd., p. LVI. — 5. Ἔμποροι
sunt mercatores Graeci. — 6. Anno quodam inter 525 et 531 aerae Bosporanae = 228 et
234 p. C. u. — 7. Desius vel Daesius, mensis calendarii quo solebant uti Bosporani.

925. Tanaide. — Latyschev, II, n. 433.

['Αγαθῆ] τύχη. | Βασιλεύοντ[ος βα]σιλέως | Τιβ. Ἰουλίου Ἰνιν[θιμαίου] ¹
φιλοκ[αί]σαρος καὶ φιλορω[μαίου εὐσεβοῦς | καὶ πρεσβευτο ̄υ........] νος τοῦ
ἐπὶ τῆ ς βασιλείας ², Δημή[τ]ριος Ἀπολ[λωνίου Τ ανκείτης ἠμε[λημένο]ν τὸν
10 πύργον?] ἀνοικοδόμη[σα ἐκ τ ̄ων ἰδίων ἀνα]λωμάτων ‖ καὶ ἀ[πεκατέστησ]α τῆ
πόλει | καὶ το ̄ις ἐμπόροις δι]ὰ ἀρχιτέκτο|νος Α[ὐρηλίου Ἀντω]νείνου | ἐν τῷ
[... ἔτει, Πα]νήμου α'.

1. De Tib. Julio Ininthimaeo, rege Bosporano inter annos 235 et 240 p. C. n.;
cf. *Prosop. imp. rom.*, II, p. 152, n. 20. — 2. Cf. supra titulos n. 889.

---

926. Tanaide. — Latyschev, II, n. 434.

Ἀγαθῆ τύχη. | Βασιλεύοντος βασιλέως Τιβε|ρίου Ἰουλίου Ἰνινθιμαίου ¹ φι]λο-
5 κάίσαρος καὶ φιλορωμαίου εὐ]σεβοῦς χρόνῳ ἡμε[ληθεῖσαν τὴν κρή|νην ἀνοικοδο-
μήθη ἐκ θεμε|λίων καὶ γέγονε πύργος ἐπὶ πρεσ|βευτῆ Χόρρασμον Φορyα[6 ἄκου |
10 κ(α)ὶ ἑλληνάρχῃ ² Ψυχαρίωνα Φιδάνοι | καὶ διαδόχῳ ³ Ἡρακλείδην Ἄττα καὶ
δι|ὰ ἐπιμελητῶν ·

Sequuntur novem nomina :

Διὰ ἀρχιτέκτονος Αὐρη|λίου Ἀντωνείνου. Ἐν τῷ γλσ' ⁴, Γορπιαίῳ [α'].

1. Cf. titulum praecedentem n. 925. — 2. Cf. supra n. 924, not. 4. — 3. De eo nihil
certi dici potest : forte hellenarchae candidatus vel vicarius. — 4. Anno 533 aerae Bosporanae == 236 p. C. n.

MAURETANIAE,

NUMIDIA, AFRICA

MAURETANIAE,

NUMIDIA, AFRICA

---

927. Volubili. — *C. I. L.*, VIII, 21900, 21901.

5 Αὐρ. Ἰανουά|ρι(ο)ς τῶν Σαλέ|μου τῷ πάτρω|[νι] ...θεαν... ‖ ...σε.

Omisimus titulum bilinguem Livii Honorati et Apolloniae Florae, prope Madauram repertum (*C. I. L.*, VIII, 16867), quippe pessime descriptum.

---

928. Caesareae. — *C. I. L.*, VIII, 21410.

..ὁμε.... | ...[ἐν] Καισαρεί[ᾳ....] | σ..... [Και]σάρηα πυγμ[ήν]..

Titulus ad ludos pertinuit. Temporibus Severi Caesariensibus permissum est ut graeco more agones apud se ederent : *C. I. L.*, XIV, 474 : *Severia apud Caesaream, Commodia apud Caes.*

Cf. carmen sepulcrale (*ibid.*, 21441) pertinens ad Lygdamum quemdam pancratiastem (πανκράτιον νικήσας).

---

929. Caesareae. — *C. I. L.*, VIII, 21105.

C. Terentiu[s Demo]|sthenes hic s[itus est], | medicus ocula[r. an......

5 Γάιος Τερέντιος Δ[ημοσθέ]|νης ἰατρὸς ὀφθαλ[μικὸς] | ἐνθάδε κεῖται βι[ώσας] ἔτη......

930. Cirtae. — *C. I. L.*, VIII, 7051.

Π. Ἰούλιον [Γ]εμίνιον | Μαρκ[ια|νὸν ¹ | πρεσβευτ[ὴ]ν Σεβασ|τῶν ἀντι[στ]ρά-
5 τηγον, | ὕπατον, ἡ [β]ουλὴ καὶ ὁ | δῆμος Ἀδ[ρια]νῶν Πετρα|[ί]ων ² μητρο-
10 π ό]λεως τῆς Ἀ|ραβίας διὰ [Κλ]αυδίου Αἰνέ|ου πρεσβε[υτ]οῦ εὐεργετη[θέντες
ὑπ' αὐ]τοῦ ἀνέθε|σ[αν]. | Τόπος ἐδόθη | ψηφίσματι βουλῆς.

1. P. Julius Geminius Marcianus (*Prosop. imp. rom.*, II, p. 194, n. 227), leg. Augg.
pr. pr. provinciae Arabiae annis 162 et seq. Cf. infra titulos Gerasae repertos (vol. III,
nn. 1370 et 1370 a et *C. I. L.*, III, 14149 ²³, ³², ⁴¹, 14173, 14175). — 2. Petra, metropolis
Arabiae (cf. vol. III, infra, n. 1383); huic cognomen erat Hadriana ut et aliis civitatibus
provinciae Syriae.

---

931. Cirtae. — *C. I. L.*, VIII, 7052.

5 Π. Ἰουλίωι Γεμι|νίωι Μαρκιανῷ | πρεσβευτῇ Σε|βαστῶν ἀντιστρ[α]|τήγῳ ¹,
ὑπάτῳ, Ἀδρ α]|ηνῶν ² πόλις ἡ | τῆς Ἀραβίας διὰ | Δαμασέους Κο|αίρου πρεσ-
10 βευ|[τῇ ³ Ἀδραηνῶν ἐ|παρχείας Ἀραβίας.

Translata ab urbe secun|dum uoluntatem Marcia|ni testamento signifi-
15 cat(am)|[. D. d.

1. Cf. n. 930. — 2. Adraa, urbs Arabiae. — 3. Scilicet : πρεσβευτοῦ.

---

932. Cirtae. — *C. I. L.*, VIII, 7358.

Οἶκος κοίμης | Fonteiorum........

---

933. Siccae. — *C. I. L.*, VIII, 1640.

5 D. M. s. | Π. Πίννιον Ἰοσ|στον βουλευ|τὴν Ἀμαστρι|ανὸν ¹, νομικὸν |
10 συνκάθεδρον ² | Π. Οὐλπίου Ἀρα|βιανοῦ ἀνθυπ(άτου) | Ἀφρικῆς ³, ζήσαν|τα ἔτη
λζ', Νεικήφορος | ὁ θρεπτός.

1. Amastris, in Bithynia. — 2. Adsessor proconsulis. — 3. M. Ulpius Arabianus
(*Prosop. imp. rom.*, III, p. 459, n. 540) proconsul Africam rexit imperante Septimio Severo
(Pallu de Lessert, *Fastes des provinces africaines*, I, p. 244). Cf. infra, vol. III, n. 85.

934. In ruderibus dictis Ksar-Mezouar. — *C. I. L.*, VIII, 14426.

Κοινῷ | θεῷ.

---

935. Carthagine, in templo Sarapidis. — *C. I. L.*, VIII, 1003.

5   ... | Βιδ. ¹ | Ἐν Κανώβωι θεῶι | μεγίστωι ² II. Αὐρήλιοι | Πασίνικοι σὺν τοῖς | ἰδίοις ἀνέθηκαν | ἐπ᾽ ἀγαθῶι | δόγματι) βουλῆς).

1. BIB lapis litteris vel graecis vel latinis. — 2. Sarapis qui in civitate Canobo colebatur.

---

936. Carthagine, in templo Sarapidis. — *C. I. L.*, VIII, 1005.

Διὶ Ἡλίωι μεγάλωι | Σαράπιδι καὶ τοῖς | συννάοις θεοῖς | Τίτος Οὐαλέριος |
5   Ἀλέξανδρος | σὺν τοῖς ἰδίοις | ἀνέθηκεν | ἐπ᾽ ἀγαθῷ.

---

937. Lepti Magna. — *C. I. L.*, VIII, 15. Titulus trilinguis latine, graece, punice scriptus.

Boncar Mecrasi Clodius medicus. — Βώνκαρ Μεγράσι Κλώδιος ἰατρός.

---

938. Lepti Magna. — *C. I. L.*, VIII, 16. Titulus trilinguis.

Byryeth Balsilechis f. mater Clodi medici. — Βύρυχθ Βαλσιάλης θυγάτηρ
μήτηρ Κλωδίου ἰατροῦ.

Cf. titulum alium trilinguem, repertum in loco dicto Henchir-Alaouin juxta Uthinam,
Q. Marcii cujusdam Protomachi, medici, ut videtur (*Comptes rendus de l'Acad. des Inscr.*,
1899, p. 49 et sqq.).

Inter tot defixionum tabellas, his proximis annis Carthagine et Hadrumeti repertas,
quas recenter Aug. Audollent edidit et optimo commentario instruxit, duodecim transcribere placuit ut pote memoratu dignas. Reliquas aut mutilas aut momenti minoris
invenies in libro supra laudato Aug. Audollent, *Defixionum tabellae quotquot innotuerunt
praeter atticas*, Parisiis, 1904, in-8°).

939. Carthagine, in sepulcreto officialium imperatoris. — Audollent, *Defixionum
tabellae*, 231.

.... περα ... | .... κου ωρουμ. | .... κ ουω ρορ. | ....

5 μαγνα ουτ ‖ ..... διας.. τ κουωμω‖[δο...] ανουντιο ρηγις | ...... μορτους αϐ
10 ιλ‖[λα....]ινητουρ ανιμα | ...... οκ λοκο σικ ετ | .... κουιους εστ ‖ ......
τη δητινεατουρ | [ιν ομ]νε τεμπους ιν α‖[μωρ]ε ετ δεσιδερι[ο] Μαρ‖[τ]ιαλικι
15 κουεμ πεπεριτ ‖ Κορωναρια σερρουσεμ.. λω|κνημεω τριπαρνωγι α‖[ϐ]ρασαρξ
20 σχωσμονος ευ|φνεφερη σαμαλχαμα | ιαρεμμουθου χεννειθ ¹ ‖ ατιουρο ουως περ
ουνκ πρε|π[ο]σιτου σουπερ νεκεσσι|[τατ]ης τερρε σικ ετ τε. | .... δομινους αιη
25 απερ | .. ουτ ε[ξ] ακ διη οκ μομεντο ‖ .... ις .... | .... | . ατε
ιλλ[α]ς ησου..... | αμετ Μαρτιαλε ουτ ο<μ>|μνι μουλιεϐρι ωρας μ[ε]ιν ‖
30 μεντε αϐεατ ετ τωτα διε | [ιν α]νιμω αϐεατ αμωρε με|ουμ]..... νιμ......... |
35 .... τις μαγνα τυ.. | ..... [δομ]ινουμ ιαμ ιαμ. | .... πηγια.

Latina defixio graece scripta. Lege : .....quorum .....magna ut .....quomodo...
au(n)untio regis..... mortu(u s ab illa... iuetur anima..... (h)oc loco sic et..... cuius
est..... te detineatur in omne tempus in amore et desiderio Martiali[s] quem peperit
Coronaria. Sequuntur verba magica. Atiuro vos per (h)unc prepositu(m) super necessi-
tates terra(e) sic et te... dominus .....ut ex (h)ac die (h)oc momento .....ate illas.....
amet Martiale(m) ut omni muliebri (h)ora<s> me in mente (h)abeat et tota die in animo
(h)abeat amore(m) meum ......tis magna tu...... dominum iam iam......

1. Haec omnia verba, ἐφέτια γράμματα dicta, e linguis orientalibus plerumque petita aut
etiam ex barbaris syllabis conflata (βαρϐαρικά τινα καὶ ἄσημα ὀνόματα καὶ πολυσύλλαϐα : Luc.,
Menip., 9) vim magicam et ineluctabilem in se complecti ferebantur. Cf. Audollent,
op. cit., p. LXVIII et seq.

940. Carthagine, in sepulcreto officialium imperatoris. — Audollent, Defixionum
tabellae, 234.

Ἐξορκίζω σε ὅστις ποτ᾽ οὖν εἶ, νεκυδαίμων ἄωρε ¹, κατὰ τ.. | ....
καὶ τὰ..... [ὀνό]ματα ² α.. πων | βρουραϐρουρα μαρμαρει μαρμαρει αμαρτα-
5 μαρει απε|ωρ νομφεκομφθω βαιεψων σαθσαθιεαω.... βϐαιρρι ‖ ἵνα καταδήσῃς
τοὺς ἵππους τοῦ οὐενετοῦ ³ καὶ τοῦ συνζύγ[ου] | αὐτοῦ πρασίνου ⁴.....]εους
σοι [τεστημειωμ]ένα ἐν τοῖς θα[λ]α[σσίοις] | ὀστράκοις ⁵ παρακατατέθηκα ἐν τούτῳ
τῷ σκεύε ⁶ Οὐιττᾶτον, | Δηρεισῶρε, Οὐικτῶρε, Ἀρμένιον, Νίμϐον, Τύριον,
Ἀμῶρε ⁷, Πραικλ|ᾶρον τὸν καὶ Τετραπλᾶ, Οὐιρεῖλε, Παρᾶτον, Οὐικτ[ῶρε, ‖
10 Ἰμϐου τρί[ουμ], Φόνεικε, Λίκον καὶ τοῦ συνζύγου αὐτοῦ πρα|σίνου Δαρεῖον,
Ἄγιλε, Κουπείδινε, Πουγιῶνε, Πρ|ετιῶστον, Προυνικὸν, Δάρδανον, Εἴναχον,
Φλόριδον, Πάρδον, | Σερουᾶτον, Φούλγιδον, Οὐικτῶρε, Προφίκιον. Κατά|<δη-
15 σον αὐτοῖς δρόμον, πόδας, νείκην, ὁρμὴν, ψυχὴν, ταχύτη|τα, ἐκκόψον, ἐκνεύ-

ρωσον, ἐξάρθρωσον αὐτοὺς ἵνα>|δῆσον αὐτοῖς τὸν δρόμον, τὴν δύναμιν, τὴν
ψυχήν, τὴν ὁρμήν, τ|ὴν ταχύτητα, ἄφελε αὐτῶν τὴν νείκην, ἐμπόδισον αὐ|τοῖς
τοὺς πόδας, ἐκκόψον, ἐκνεύρωσον, ἐξάρθρωσον αὐτοὺς ἵνα | μὴ δυνασθῶσιν τῇ
20 αὔριον ἡμέρᾳ ἐλθόντες ἐν | τῷ ἱπποδρόμῳ μήτε τρέχειν, μήτε περιπατεῖν, μήτε
ν|εικῆσαι, μηδὲ ἐξελθεῖν τοὺς πυλῶνας τῶν ἱππαρ|ίων, μήτε προβαίνειν τὴν
ἀρίαν ⁸, μήτε τὸν σπάτιον ⁹, μηδὲ | κυκλεῦσαι τοὺς καμπτῆρας ¹⁰, ἀλλὰ πεσέ-
25 τωσαν | σὺν τοῖς ἰδίοις ἡνιόχοις Διονυσίῳ τοῦ οὐενετοῦ καὶ Λα|μυρῷ καὶ
Ῥεστουτιάνα καὶ τοῦ συνζύγου αὐτοῦ | πρασίνου Πρώτῳ καὶ Φηλεῖκε καὶ
Ναρκίσσῳ ἀνάγκα|ν.....αρε. α......... α. ν.... κ|αμμει μεσαγρα μεσακτω
30 ασθυρ ορεσβαβζαγρα μ|ασκελλει ρνουκενταβαωθ σαμφορον | βεουουβεου. Κατά-
δησον τοὺς ἵππους τοῦ οὐενετοῦ ὤν | τὰ ὀνόματά σοι σεσημειωμένα ἐν τού|τῳ
τῷ σκεύει ἐν ὀστράκοις θαλασσίοις παρακατα|τέθηκα Οὐιττᾶτον, Δηρεισῶρε,
35 Οὐι|κτῶρε, Ἀρμένιον, Νίμβον, Τύριον, Ἄμορε, Πραι|κλάρον, τὸν καὶ Τετρα-
πλᾶ, Οὐιρεῖλε, | Παρᾶτον, Οὐικτῶρε, Ἰμβουτρίουμ, Φόνεικε, Λί|κον καὶ τοῦ
συνζύγου αὐτοῦ π|ρασίνου Δαρεῖον, Ἄγιλε, Κουπείδινε, | Πουγιῶνε, Πρετιῶ-
40 σον, Προυνικὸν, || Δάρδανον, Εἴναχον, Φλόριδον, Πάρδον, | Σερουᾶτον, Φούλ-
γιδον. Κατάδη|σον αὐτοῖς δρόμον, πόδας, νείκην, ὁρμήν, ψ|υχήν, ταχύτητα,
45 ἐκκόψον ἐκ|νεύρωσον, ἐξάρθρωσον αὐτοὺς ἵνα μὴ | δυνασθῶσιν τῇ αὔριον ἡμέρᾳ |
ἐν τῷ ἱπποδρόμῳ μήτε τρέχειν, μήτε πε|ριπατεῖν, μήτε νείκησαι, | μηδὲ ἐξελθεῖν
50 τοὺς πυλῶνας τῶν ἱππα|ρίων, μηδὲ κυκλεῦσαι το<υ>|ὺς καμπτῆρας, ἀλλὰ
πεσέτωσαν | σὺν τοῖς ἰδίοις ἡνιόχοις | Διονυσίῳ τοῦ οὐενετοῦ καὶ Λα|μυρῷ καὶ
55 Ῥεστουτιάν|ῳ καὶ τοῦ συνζύγου αὐτοῦ πρασί|νου Πρώτῳ καὶ Φηλ|εῖκε καὶ
Ναρκίσσῳ. Κατάδησον α|ὐτοῖς τὰς χεῖρας, | ἄφελε αὐτῶν τὴν νείκην, | τὸν ¹¹
60 ἀπόβασιν κ|αὶ τὴν ὅρασιν, ἵνα μὴ δυνα|σθῶσιν βλέπειν | τοὺς ἰδίους ἀντιπά-
65 λους | ἡνιοχοῦντες, ἀ|λλὰ μᾶλλον ἅρπασον αὐ|τοὺς ἐκ τῶν ἰ|δίων ἁρμάτων
70 καὶ σ|τρέψον ἐπὶ | τὴν γῆν, ἵνα πεσέτωσ|αν ἐμ παντὶ | τόπῳ τοῦ ἱππο|δρόμου |
75 συρόμενοι, μάλιστα δ|ὲ ἐν τοῖς καμπ|τῆρσι|ν σὺν τοῖς ἰδί|οις | ἵπποις ἤδη
80 ἤδ|η, || ταχὺ, ταχύ, | ταχέως.

1. Defunctus qui in sepulcro jacebat e mortuo factus daemo. — 2. Nomina barbara
cf. n. 939, not. 1. — 3. Factio veneta. — 4. Factio prasina. — 5. Hoc in tumulo nomina
et figurae equorum quae in olla cineraria una cum laminis deponi solebant in conchis
exarata erant (Audollent, op. cit., p. xcxiv. Cf. Pap. Par., v. 2218-2221, εἰς τὸ ὄστρακον
ἀπὸ θαλάσσης γράφε ἐκ τοῦ ὑποκειμένου μέλανος προσβαλὼν μιλτάριον τυφῶνος καὶ καθαγιάσεις εἰς
ἀώρου μνῆμα. — 6. Σκεύει, id est sepulchro. — 7. Portae carcerum. — 8. Area circi. —
9. Spatium quod equi decurrebant. — 10. Metae. — 11. Corrige : τὴν.

941. Carthagine, in sepulcreto officialium. — Andollent, *Defixionum tabellae*, 235.

['Ο]ρ[x]ίζω σε ὅστις ποτ᾽ οὖν ε[ἶ, ν]εκ[υδ᾽αίμ[ων] ἄ[ω ρε, χα]τ᾽ὰ τοῦ
θ[εοῦ χαὶ τῶ?]ν ὄντων ἐν α υδὺν ατ᾽οι] πα᾽ραχοχινα. | ..] υαγη αθεα[σιμουε]
βουαρρ[η] εχαρωρασι ε[υ]νυθχα | σε[υρωαι ηγ.μα[σ]ι ρουγτα... ε.... αθελγ-
5 τασνε. συεχ. | Κατάδησον τοὺς ἵππ[ους τοῦ? ῥοσέου ' χαὶ τοῦ | ἄλ[6ο]υ ²] ὧν
τὰ [ὀνόμ.]ατα σοι χατ[ατ]έ[θηχα] .... | .. Ἐρυθραῖον, Ἀρ6οῦστον,
Παρᾶτον, Παράσ<σ>ιτον | Πρ.. ε, Οὐαλέντε,.. α., Ἀ[μα]τ[ῶ]ρε,..... με,....
10 Ἰνδ[6]|μιτον. [Κατάδησον αὐτοῖς τὴν ψυχήν, τὸ[ν] ὀρ[6]μον, τ[ὴ]ν δύναμιν,
[τ]ὴν ὁρμ[ήν, τὴ]ν [τα]χύτ[ητ]α, ἄφελ[ε αὐτῶν τὴν νείχην, ἐμπόδισον αὐτοῖς
τοὺς | πόδας, ἐχχόψο[ν, ἐ]χνεύρ[ω|σ[ον, ἐ.ξά[ρθρωσον αὐτοὺς ἵνα μὴ [ὁυ|νασ-
θῶσιν τῇ] αὔριον ἡμέρᾳ ἐλθόντες ἐν τῷ | [ἱπποδρόμῳ μήτ ε τρέχειν, μήτε
15 πε[ρι]πατεῖν, μήτε νειχ[ῆσαι, μηδὲ ἐξελθεῖν τοὺς πυλῶνας τ[ῶν] | ἱππαρίων,
μήτ[ε] προ6α[ί]ν[ειν τ.η ν] ά[ρι]αν, μήτε τὸν [σ[πάτιον] μηδὲ χυχλεῦσαι τοὺς
χαμπτῇ|ρας, ἀλ[λὰ] π[εσ]έτωσ[αν σὺν τοῖς ἰδίοις ἡνιέχο]ις, | Διονυσίῳ τοῦ
20 ἄλ6ου χαὶ Σουπερστια|νῷ. Ἐπιτάσσουσιν γάρ σοι.....α ωρεο6α[ζαγ|ρ]α αλα-
ραθ βαρ6ασρο....ν. | Κα[τ]άδ[ησον τοὺς ἵππους τοῦ? ῥοσέου χ|α[ὶ το]ο ἄλ6ου
ὧ|ν τὰ ὀνόματά σοι χατατέθηχα Λυν|χαῖον, Ρ.. α... αγραρε. αουδ..ον, Ἐρυ-
25 θρα[ῖον, Ἀρ6οῦστον, Παρᾶτον, Παρ[ά]σιτον, Ἀτε.ρ...ν, Οὐαλ[έντε, Κόριν-
θον, Τεμεράριο|ν, Ἰνδ[ό]μι[τ]ον. Κατάδ[η]σον αὐτοῖς ὀρέ|μον, πόδας, νείχην,
30 ὁρμ[ήν, ψυχήν, ταχύτητα ἵνα μὴ δυνα[σθῶσιν τῇ αὔριον ἡμέ[ρᾳ ἐ λ]θό]ντες ἐν
35 τῷ ἱπποδρόμῳ μ[ήτε τρέχειν, μήτε περ|ιπατεῖν. μήτε νειχῆσαι, μ[ηδὲ χυχλεῦσαι
τοὺς | χαμπτῆρας, ἀλλ[ὰ] πεσέτωσα[ν σὺν τοῖς ἰδίοις ἡ|νι[ό χοις Διονυσίῳ χαὶ
40 Σου|περστιανῷ. Κα[τ]άδησον αὐτ οῖς τὰς χε[ῖ |ρας, ἄφελε αὐ|τῶν τὴν νείχην,
45 τὴν | ἀπόβασιν χα[ὶ τὴν ὁρασι|ν , ἵνα μὴ| δυνατῶ]σιν βλέπειν τοὺς | ἰδίους
50 ἀν|τιπάλους ἡνιοχο|ῦντες, | ἀλλὰ μᾶλλον | [π εσέ|τωσαν σὺν | τοῖς | ἰδί[ο]ις
55 ἵπποις · | [ἤ]δη, ταχύ.

Hic titulus omnino praecedenti similis est, quem adeas ad res obscuras enucleandas.

1. Factio russata. — 2. Factio alba.

942. Carthagine. — *C. I. L.*, VIII, 12508.

Ἐξορχίζω σε, νεχυδαί[μων] ἄωρε ', ὅστις ποτ᾽ οὖν εἶ, κατὰ τῶν χραταίων |
ὀνομάτων ² Σαλ6αθ6αλ Λυθγερωτα6αλ Βασυθατεω Λ[λεω Σαμα|6ηθωρ, χ|ατά-

δῆσον τοὺς ἵππους ὧν τὰ ὀνόματά σοι καὶ τὰς | εἰδαίας¹ ἐν τούτῳ τῷ σκεύει⁴
5 παρακατατίθημε. Ῥόσεον⁵ Σιλουανὸν | Σερουᾶτον, Λοῦε, Ζέφυρον, Βλάνδον,
Ἰμβραῖον, Δεί ο]υιτε, Μάρισκον, | Ῥάπιδον, Ὀριέντε, Ἀρδοῦστον, τῶν οὐενε-
τιανῶν ⁶ Ἡμ᾽ινέντε, Δίγνον, | Ἀγν]ῶνε, Παίζοντε, Χρύσασπιν, Ἀρ[γ]οῦτον,
Δηρεισῶρε, | Φρουγίφερον, Εὐφράτην, Σάνκτον, Λιθίοπε, Πραικλᾶρον. Κα|τά-
10 δησον αὐτοῖς τὸν δρόμον, τὴν δύναμιν, τὴν ψυχήν, τ]ὴν ὁρμὴν, τὴν ταχύτητα, ἄρελε αὐτῶν τὴν νείκ[ην, ἐμπόδισ]ον αὐτοῖς τοὺς πόδας, ἐκκόψον,
ἐκνεύρωσον | αὐτοὺς ἵνα μὴ δυνασθῶσιν τῇ αὔριον ἡμέρᾳ ἐν τ[ῷ ἱπποδρόμῳ
μηδὲ τρέχειν, μηδὲ περιπατεῖν, μηδ]ὲ νεικῆσαι, μηδὲ ἐξελθεῖν τοὺς πυλῶνας
15 τῶν [ἱπ|παρ]ίων, μήτε προβαίνειν τὴν ἀρίαν, μήτε τὸν | σπάτιον ⁷ ἀλλὰ πεσέ-
τωσαν σὺν τοῖς ἰδίοις ἡνιόχοις, | Εὐπρέπητε τὸ ν Τελεσφόρου τὸν καὶ Γέντιον
καὶ | Φηλεῖκε καὶ Διονύσιον τὸν ἀποδάκνοντα καὶ λα|μυρόν. Ἐπιτάσσουσιν
20 γάρ σοι αμυηκαρπτιρερ]χονσοι ραζααδυα ὁρνεν ερισι νοισις θεργα | βηρυρωρθηθ.
Κατάδησον τοὺς ἵππους ὧν τὰ ὀνόμ]ατά σοι καὶ τὰς εἰδαίας παρακατατέθηκα |
ἐν τούτῳ τῷ σκεύει, Ῥόσεον Σιλουανὸν, Σερ]ουᾶτον, Λ ο]ῦε, Ζέφυρον, Βλάνδον,
25 Ἰμβραῖ]ον, Δείουιτε, Μάρισκον, Ῥάπιδον, Ὀριέντε, Ἀρδο᾽ῦστον καὶ τῶν οὐενε-
τιανῶν Ἡμιν[έ]ν|τε, Δίγνον, Ἀγνῶνε, Παίζοντε, Χρύσασπιν, | Ἀργοῦτον,
Δηρεισῶρε, Φρουγίφερον, Εὐφ|ράτην, Σάνκτον, Λιθίοπε, Πραικλᾶρον. Κατά|-
30 δησον αὐτοῖς τὸν δρόμον, τὴν δύνα μιν, τὴν ψυχήν, τὴν ὁρμήν, τὴν ταχύτη|τα,
ἄρελε αὐτῶν τὴν νείκην, ἐμπ όδισον αὐτοῖς τοὺς πόδας, ἐκκόψον, ἐ|κνεύρωσον
35 αὐτοὺς ἵνα μὴ δυνασθῶ]σιν τῇ αὔριον ἡμέρᾳ ἐν τῷ ἱπποδρόμ|ῳ μηδὲ τρέχειν,
μηδὲ περιπατ ειν, μηδὲ νεικῆσαι, μηδὲ ἐξελ θεῖν τοὺς πυλῶνας τῶν ἱππα ρίων,
40 μήτε προβαίνειν τὴν ἀ βίαν, μήτε κυκλεῦσαι τοὺς καμ πτῆρας, ἀλλὰ πεσέτω-
σαν σὺν | τοῖς ἰδίοις ἡνιόχοις, Εὐπρέ πητε τὸ ν Τελεσφόρου Γέντιον | καὶ Φηλεῖκε
45 καὶ Διονύσιον τὸ ν ἀποδάκνοντα καὶ λαμυρόν. | Κατάδησον αὐτοῖς τὰς χεῖ ρας,
50 ἄρελε αὐτῶν τὴν ν είκην, τὸν ἀπόβασιν καὶ | τὴν ὅρασιν, ἵνα μὴ δυνασ[θῶσιν
βλέπειν τοὺ|ς ἰδίους ἀντιπάλους | ἡνιογοῦντες, ἀλλὰ | μᾶλλον ἄρπασον αὐ]τοὺς ἐκ
55 τῶν ἰδίων | ἁρμάτων καὶ στ|ρέψον ἐπὶ τὴν γ[ῆν ἵνα πεσέτω]σαν μόνοι ἐμ | παντὶ
60-65 τόπῳ τοῦ | ἱπποδρόμο]υ συρόμενοι, | μάλιστα δ]ὲ ἐν τοῖς καμπ|τῆρσιν | μετὰ
70-75 βλά|βης τοῦ | σώματο|ς σὺν | τοῖς ἵππ]οις οὓς | ἐλαύν]ου σιν · ἤδη | τα]χύ.

---

1. Cf. n. 940, not. 1. — 2. Barbara nomina cf. n. 939, not. 1. — 3. Equorum figurae
(ἰδέας) : cf. Audollent, *op. cit.*, LXXVII. Coniecit Delattre equorum imagines in altera tabella
iuxta posita delineatas fuisse quam non reperit. — 4. Σκεύει, cf. supra, n. 940, not. 6.
— 5. Vel Ῥόσεον, equinum nomen, vel ἐ[οσέων] = *russeorum* sive *factionis russatae.* —
6. Factionis venetae. — 7. De horum verborum significatione cf. supra n. 940, not. 7-10.

943. — Carthagine, in sepulcreto officialium. — Audollent, *Defixionum tabellae*, 239.

['Ορκίζω σε όστις ποτ'] ούν εί, νε'κ ύδαίμων άω p ε, κατά των [κραταί]ων
ὀν]ομάτων .ινσυδυνα σοι παρακ .οαινααγηαθεα σιμου|εδυαρρη καρωρασι
ουνηθκα σευρωαι ἡγματιρουλ........ | ....α ..εββο ..ριαω ιατρομ-
5 ψονπα. [Κατάδησον τοὺς ἵπ|πους τοῦ π]ρασίνου ὧν τὰ ὀνόματά σοι παρακα-
τατίθημ[ι | Δαρεῖο]ν, Ἄγιλε, Πάρδον, Πουγιῶνε, Δάρδανον, Εἴναχον,
Πρετιῶ|σον, Προύνικον, Νίμβον, Μαῦρον, Ὀυικτῶρε, Πρωρίκ ιον, Αἴγυπτον, |
Τινγειτᾶ]νον. Κατάδησον αὐτοῖς τὸν δρόμον, τ[ὴν δύναμιν, | τὴν ψυχή]ν, τὴν
10 ὁρμήν, [τὴν] ταχύτητα, ἄφελε αὐτῶν τὴν | νείκην, ἐμπόδισον αὐτοῖς τοὺς
πόδας, ἐκκόψον, ἐκνεύρωσον, | ἐξάρθρωσον αὐτούς ἵνα μὴ δυνασθῶσιν τῇ αὔρ ιον
ἡμέρᾳ | ἐλθόντες ἐ'ν τῷ ἱπποδρόμῳ μήτε τρέχειν, μή[τε περιπατεῖν, | μήτ ε
νεικῆσαι, μηδὲ ἐξελθεῖν τοὺς πυλῶνας τῶν | ἱππαρίων, μήτε προβαίνειν τὴν
15 ἀρίαν, μήτε || τὸν σπάτιον, μηδὲ κυκλεῦσαι τοὺς καμπτῆ[ρας, ἀλλὰ | πεσέτωσ]αν
σὺν τοῖς ἰδίοις ἡνιόχοις Πρ[ώτῳ | καὶ Φηλεῖκε, κ]αὶ Ναρκίσσῳ. Ἐπιτάσσουσι
γάρ σοι Αβλα.....|λαβας καὶ Αυχρερρονεριφουδιν. Κατάδησον τοὺς | ἵππους
20 τοῦ πρασίνου ὧν τὰ ὀνόματά [σοι παρα | κατατέ θηκα Δαρεῖον, Ἄγιλε, Πάρδον,
Π ουγιῶνε, | Δάρδα νον, Εἴναχον, Πρετιῶσον, Προύνικον, Νίμβον, Μαῦρον,
Ὀυικτῶρε, Πρωρίκιον, Αἴγυπτον, | Τινγειτᾶνον. Κατάδησον αὐτοις δρόμον,
25 [πόδ]ας, νε ίκην, ὁρμήν, ψυχήν, ταχύτητα, ἐκκ όψον], || ἐκνεύρωσον, ἐξάρθρωσον
αὐτούς ἵνα μὴ | δυνασθῶσιν τῇ αὔριον ἡμέρᾳ ἐν τῷ ἱπποδ ρόμῳ μήτε τρέχειν,
μήτε περιπατε Ἶν, μή[τε νεικῆσαι, μηδὲ ἐξελθεῖν τοὺς [πυλ ῶν]ας τῶν ἱππα-
30 ρίων, μήτε προβαίνει]ν τὴν ἀρίαν, μήτε τὸν σπάτιον, μη]δὲ κυκλεῦσαι τοὺς
καμπτῆρας, ἀλλὰ | [π εσέτωσαν σὺν τοῖς ἰδίοις ἡνι|όχοις Π[ρώτῳ] καὶ Φηλεῖκε
35 καὶ Ναρκίσσ|ῳ. Κατάδησον αὐτοῖς τὰς χεῖρας, ἐ|ντύλ[ι ξον αὐτῶν τοὺς μάσ-
τειγας | εἰς τὰς ἡνίας, ἄφελε αὐτῶν τή'ν νεί|κην], τὸν ἀπόβασιν καὶ τὴν ἔρασιν, |
40 ἵνα μὴ δυνασθῶσιν βλέπειν τοὺς | ἰδίους ἀντιπάλους ἡνιογοῦν]τες, ἀλλὰ μᾶλ-
λον ἄρπασον αὐ τοὺς ἐκ τῶν ἰδίων ἁρμάτων | καὶ στρέψον ἐπὶ τὴν γῆν ἵνα
45 πεσέτωσαν παντὶ τόπῳ τοῦ | ἱπποδρόμου, μάλιστα δὲ ἐν τοῖς | καμπτῆρσιν
σὺν τοῖς ἰδίο|ις ἵπποις μετὰ βλάβης τοῦ | σώματος καὶ σκελῶν | κατάγματος ·
50 ἤδη ἤδη ἤ||δη, ταχὺ ταχὺ ταχέως, | κατάδησον κατάδησον | κατάδησον
αὐτούς.

De singulis rebus cf. titulos precedentes.

Consulto omisimus tres tabellas, omnino similes praeter nomina agitatorum et equorum : unam (Audollent, *op. cit.*, 235) ubi delixi sunt Dionysius quidam et quatuor equi, Arbutus, Amor, Frugifer et Gallus; aliam *(ibid.*, 238, conscriptam in Primum agitatorem factionis prasinae cum octo equis et Dionysium factionis venetae cum quatuor equis; tertiam *(ibid.*, 240) in qua leguntur nomina eorumdem agitatorum equorumque atque in numero 239 = nostrum 943.

---

944. Carthagine, in sepulcreto officialium. — Audollent, *Defixionum tabellae*, 241.

Σεμεσιλαμ δαματαμενευς ληοννα | λλελαμ λαικαμ ερμουβελη ικκουβιαι ωερβηθ|ιω πακερβηθ ηωμαλθαβηθ αλλασαν καταρα ¹. Ἐξορκί|ζω ὑμᾶς κατὰ
5 τῶν μεγάλων ὀνομάτων ἵνα ‖ καταδήσητε πᾶν μέλος καὶ πᾶν νεῦρον Βικτωρικοῦ | ὃ[ν] ἔτεκεν [γ]ῆ ² μήτηρ παντὸς ἐνψύχου, τοῦ ἡνιόχου τοῦ | βενετοῦ ³, καὶ τῶν ἵππων αὐτοῦ ὧν μέλλι ἐλαύνιν, Σεκουν|δινοῦ Ἰούβενιν καὶ Ἀτβοκᾶτον καὶ Βούβαλον καὶ Βικτωρικοῦ | Πομπηιανοῦ καὶ Βαιανοῦ καὶ Βίκτορος καὶ Ἐξιμίου ⁴
10 κα‖ὶ τῶν Μεσσαλῶν ⁵ Δομινάτορα ⁶ καὶ ὅσοι ἐὰν συνζευχθῶ|σιν αὐτοῖς. Κατάδησον αὐτῶν τὰ σκέλη καὶ τὴν ὁρμὴν καὶ | τὸ πήδημα καὶ τὸν δρόμον, ἀμαύρωσον αὐτῶν τὰ | ὄμματα ἵνα μὴ βλέπωσιν, στρέβλωσον αὐτῶν | τὴν ψυχὴν
15 καὶ τὴν καρδίαν ἵνα μὴ [π]νέωσιν ὡς οὕτ|ος ὁ ἀλέκτωρ καταδέδεται τοῖς ποσὶ καὶ ταῖς χερσὶ<τ> καὶ τῇ | κεφαλῇ ⁷, οὕτως καταδήσατ[ε] τὰ σκέλη καὶ τὰς χῖρας καὶ τὴν | κεφαλὴν καὶ τὴν καρδίαν Βικτωρικοῦ τοῦ ἡνιόχου τοῦ βενε|τοῦ ἐν τῇ αὔριν ἡμέρᾳ καὶ τοὺς ἵππους οὓς μέλλι ἐλα|ύνιν, Σεκουνδινοῦ Ἰούβενιν
20 καὶ Ἀτβοκᾶτον καὶ Βού‖βαλον καὶ Λαυριᾶτον, καὶ Βικτωρικοῦ Πομπηιανοῦ καὶ | Βαιανὸν καὶ Βίκτορα καὶ Ἐξιμίου [μ] καὶ τῶν Μεσσάλης | Δομινᾶτον καὶ ὅσοι ἐὰν αὐτοῖς συνζευχθῶσιν · [ἔ]τι ἐ|ξορκίζω ὑμᾶς κατὰ τοῦ ἐπάν[ω] τοῦ οὐρανοῦ
25 θεοῦ, | τοῦ καθημένου ἐπὶ τῶν Χερούβι, ὁ διορίσας τὴν γῆν ‖ καὶ χωρίσας τὴν θάλασσαν, ιαω αρβιαω αρβαθιαω | σαβαω ⁸ αδωναι, ἵνα καταδήσητε Βικτωρικ<τ>ὸν τὸν ἡνίοχον τοῦ βενετοῦ καὶ τοὺς ἵππους οὓς μέλλι ἐλαύνιν | Σεκουνδινοῦ Ἰούβενιν καὶ Ἀτουοκᾶτον καὶ Βικτωρικοῦ | Πομπηιανὸν καὶ Βαιανὸν καὶ
30 Βίκτορα καὶ Ἐξιμίουμ ‖ καὶ τῶν Μεσσάλης Δου[ι]νᾶτον, ἵνα ἐπὶ νείκην μ[ὴ] | ἐλ[θωσι]ν ἐν τῇ αὔριν ἡμέρᾳ ἐν τῷ κίρκῳ ⁹, ἤδη ἤδη, | ταχύ τα[χύ].

Litterae et signa magica inscripta sunt supra infraque et ab utroque latere.

1. Nomina barbara. — 2. Cf. Min. Fel., XXI, 7 « ignobiles et ignotos terrae filios nominamus ». — 3. Factio veneta. — 4. Restituendum, ut infra, καὶ Βικτωρικοῦ Πομπηιανὸν καὶ Βαιανὸν καὶ Βίκτορα καὶ Ἐξιμίουμ. — 5. Μεσσαλῶν, male pro Μεσσάλης, cf. infra. — 6. Dominator hic dicitur qui infra bis Dominatus audit. — 7. Hoc alludit ad solitas

caerimonias quibus animal quoddam torquebant ut iisdem suppliciis inimicus excru-
ciaretur. Mactatos fuisse gallos in operibus magicis notum est. Cf. Audollent, *op. cit.*,
p. LXXXI. — 8. Omissum nomen σαβαω minoribus litteris super versum insertum est.
— 9. Circus.

---

945. Carthagine, in sepulcreto officialium. — Audollent, *Defixionum tabellae*, 242.

Ἐξορκίζω σε ὅσ|τις ποτ᾽ εἶ νεκυδαίμ[ω]ν, τὸν θεὸν τὸν κτίσαντα γῆν κ[α]ὶ
οὐρανὸν Ιωνα · | ἐξορκίζω σε τὸν θεὸν τὸν ἔχοντα τὴν ἐξουσίαν τῶν χθονίων
τόπων | Νειχαροπληξ · ἐξορκίζω σε τὸν θε|ὸν......] ο..ωαε..ο πνευμάτων
α.......β · |ἐ|ξορκί | [ζω σε] τὸν θεὸν τῆς Ἀνάγκης τὸν μέγαν Αρουρο βααρζα-
5 γραν · ὁρκίζω σε τὸν ‖ θεὸν τὸν πρωτόγονον τῆς Γῆς Ερονκεισαιθλαθλεισφθειθαλ ·
ὁρκίζω σε τὸν θεὸν τῶν | ἀνέμων καὶ πνευμάτων Λαιλαμ · ὁρκίζω σε τὸν θεὸν
τὸν ἐπὶ τῶν | τειμωριῶν παντὸς ἐνψύχ ου..] ραπωκμηρ · ὁρκίζω σε τὸν θεὸν
τὸν τῶν οὐρανίων στερεωμάτων δεσπότην Αγραμαχαμαρει · ὁρκίζω σε τὸν θεὸν |
τὸν χθόνιον τὸν δεσπόζοντα παντὸς ἐνψύχου Σαλθαλαγαωθρη · ὁρκίζω σε τὸν |
10 θεὸν τὸν νεκυαγωγὸν τὸν ἅγιον Ἑρμῆν, τὸν οὐράνιον Λων | χρειρτὸν[1], ἐπίγειον,
ἀλλέον[2]....δυιν, τὸν χ θό]νιον Αρχρησον · ὁρκίζω σε τὸν θε|ὸν τὸν ἐπὶ τῆς ψυχο-
δοσίας παντὸς ἀνθρώπου γεγεγεγεν κ(α)ί|μενον Ιαω · ὁρκίζω σε τὸν θεὸν τὸν
φωτίζοντα καὶ σκοτίζοντα τὸν κόσμον | Σεμεσειλαμ · ὁρκίζω σε τὸν θεὸν τὸν πάσης
15 μαγείας τὴν ἔωγ|σιν[3] ἀνθρωπίνην σεισπν..... Σαβαωθ · ὁρκίζω σε τὸν θεὸν τ ὸν᾽
τοῦ Σα λο|[μένος Σουαρμιμωουθ · ὁρκίζω σε τὸν θεὸν τὸν τοῦ δευτέρου στερεώ-|
ματος ἐν ἑαυτῷ τὴν δύναμιν ἔχοντα Μαρμαχαωθ · ὁρκίζω σε τὸν θεὸν | τὸν
τῆς παλινγενεσίας Θωθαρραθαυ · ὁρκίζω σε τὸν θεὸν τὸν | τοὺς ληνοὺς ὅλους
20 .α...ιευ · ὁρ κί|ζω σε τὸν θεὸν τὸν τῆς ἡμέρας ταύτης ἧς σε | ὁρκίζω Αωαθαωθ ·
ὁρκίζω σε τὸν θεὸν τὸν ἔχοντα τὴν | ἐξουσίαν τῆς ὥρας ταύτης ἧς σε ὁρκίζω
Ισου[5] · ὁρκίζω σε τὸν θεὸν τὸν τῶν | οὐρανίων στερεωμάτων δεσπόζοντα Ιαω
Ιθωηα · ὁρκίζω σε τὸν θεὸν τὸν οὐράνιον Ιθυαω · ὁρκίζω σε τὸν θεὸν τὸν τ.ὴν
25 δι[ά]νοιαν | παντὶ ἀνθρώπῳ χαρισάμενον Νεγεμψεν πνενιπη · | ὁρκίζω σε τὸν
θεὸν τὸν πλάσαντα πᾶν γένος ἀνθρώπ[ων] Χωσιχαρεαμων · | ὁρκίζω σε τὸν θεὸν
τὸν τὴν ὅρασιν παντὶ ἀνθρώπῳ χαρι|σάμενον Πγεταρωψιευ · ὁρκίζω σε τὸν
θεὸν τὸν χαρισάμενον τοῖς ἀνθρώ|ποις τὴν διὰ τῶν ἄρθρων κ<ε>ίνησιν Θεσθε-
νοθριλ. χε|αυνξιν · ὁρκίζω σε τὸν θεὸν τὸν πατροπάτορα Φνουροθοηρ · ὁρκίζω |
30 σε τὸν θεὸν τὸν τὴν κοίμησίν σοι δεδωρημένον | καὶ ἀπολύσαντά σε ἀπὸ δ[εσμῶ]ν
τοῦ βίου Νεθμομαω · ὁρκίζω σε τὸν | θεὸν τὸν παντὸς μύθου κυριεύοντα Ναχαρ ·

ὁρκί|ζω σε τὸν θεὸν τὸν τοῦ ὕπνου δεσπόζοντα Σ()ομβλογν · | ὁρκίζω σε τὸν θεὸν

35 τὸν ἀέριον, τὸν πελάγιον, | τὸν ὑπόγειον, τὸν οὐράνιον, τῶν πελάγων τὴν

ἀρχήν | συνδεδλημένον, τὸν μονογενῆ, τὸν ἐξ αὐ|τοῦ ἀναφανέντα, τὸν πυρὸς

καὶ ὕδατος καὶ γῆς καὶ ἀέρος τὴν ἐξουσίαν ἔχοντα Ωηιαωεεηχαρετ ·

40 προσ|εξορκίζω σε κατὰ τὴν γῆν ὀνόματα Ἑκάτης τριμόρφου, | μασταιγορόρου,

δεδούλου, λαμπαδούχου | χρυσοσανδαλιαιμοποτιχθονίαν τὴν ἱππειτροακιτ..ρι

Ερεσχειγαλ νεβουτοσουαντ · | εἴπω σοι καὶ τὸ ἀληθινὸν ὄνομα ὃ τρέμει Τάρταρα |

45 γῆ, βυθὸς, οὐρανὸς Φορβαβορρορβα ‖ βορρ.ορορ βασυνετειρω μολτιηχιω φυλακη |

ναπυρεραιω Ἀνάγκη, μασκελλι | μασκελλω ρνουκενταβαωθ ορεοβαρζαγρα |

ησθανχουχηνχεωχ · ἵνα | διακονήσῃς μοι ἐν τῷ κίρκῳ τῇ πρὸς ιϛ' ἰδῶν |

50 [ν]οεμβρίων καὶ καταδήσῃς | πᾶν μέλος, πᾶν νεῦρον, τοὺς ὤμους, τοὺς καρπούς, |

τοὺς ἀνκῶνας τῶν ἡνιόχων | τοῦ ῥουσσέου " Ὀλύμπου καὶ Ὀλυμπιάνου καὶ |

55 Σκορτίου καὶ Ιουυένκου · | βασάνισον αὐτῶν τὴν διανοίαν, τὰς φρένας, | τὴν

αἴσθησιν ἵνα μὴ | νοῶσιν τί π[ο]ιῶσιν, ἀπόκνισον αὐτῶν τὰ | ὄμματα ἵνα μὴ

60 βλέπωσιν | μήτε αὐτοὶ μήτε οἱ ἵπποι οὓς μέλλουσιν ‖ ἐλαύνειν, Αἴγυπτον, |

Καλλίδρομον καὶ εἴ τις σὺν αὐτοῖς ἄλλος | ζευγθήσεται, Οὐαλε ν |τεῖνον καὶ

65 Λαμπαδ....νον καὶ Μαῦ|ρον Λαμπαδίου | καὶ Χρύσασπιν, Ἰουβαν καὶ Ἰνδόν, |

Παλμάτον καὶ | Σούπερβον καὶ .ηιον, Βού|δαλον Κηνσοράπου, Ερεινα καὶ εἴ

70 τινα ‖ ἄλλον ἵπ|πον ἐξ αὐτῶν μέλλει ἐλαύ|νε[ι]ν | καὶ εἴ τις ἄλλος ἵππος τού|τοις

75 μέλ|λει συνζεύγνυσθαι | προ|λαβέτωσαν, ἐπὶ νείκην μὴ ἔλθωσιν.

« Precatur deum magnum variis nominibus insignitum qui titulum exaravit agitator, ut sibi subveniat in ludis circensibus die octava Novembris, obliget vero et laedat adversarios suos factionis russatae. Multiplices illius tabellae formulas, adhibita in comparationem defixione hadrumetina (infra n. 950) eodem fere tempore confecta, solito ingenii acumine enucleavit Wünsch, cuius commentationem paucis comprehendere operae pretium est. Manare has nostras diras e Judaeorum maxime religione, quae ducebatur perficiendis operibus magicis efficacissima, et qui unus sed multimodis agens invocatur deum non alium esse atque Iahve in Testamento Vetere praesentem decretoriis fidem fecit argumentis. Praecipuum circa illud elementum externa glomerantur e gentili et Aegyptorum potissimum superstitione desumpta, βάρβαρα ὀνόματα dico ut sunt Σεσχροφλή (v. 3), Αχραμαχαμαρει (v. 8); inducuntur quoque Graecorum numina, Hermes animarum ductor (v. 9-11), praesertimque triplex Hecate variis ornata cognominibus (v. 39-48); nec tandem absunt Gnosticorum Aeones, v. g. Ἰησοῦς (v. 21). » Audollent.

1. Idem valet atque κροπτόν. — 2. ἀλίον = ἀλλίον sive ἐλαόν, obscurum, absconditum. — 3. ἰωχεν = ἰωξεν. — 4. pro Ἰησοῦ; saepe redit in magicis formulis nomen Jesu. — 5. Factio russata.

946. Carthagine, in amphitheatro. — Audollent, *Defixionum tabellae*, 252.

```
        ερεκισιρθη αραρα[χ]αραρα ερθισκεκε
ρ    ε    υ      λ      α    μ    ω                              ρ
ε    ιωερϐηθ ιωπακερϐηθ ιωϐ[ο]λχωσηθ βολκοϭηϼ
βϐ   βασουμ[π]αντα θναξχθεθωνι ρινγχοσεσρ[ω]                       ε
ε    απομψπακερϐωθ [π]ακαρθαρα ρακουϐα ααθαχοχ
χ    ραϐκαϐ καὶ σὺ θεοξηϼ ἄν[α]ξ κατασχὼν τὸν καρπὸν              χ
ρ    τῶν ἀποδόμων καὶ τὸ ὅμοιων ¹ κατάσχες τοῦ Σαπατού-           ιϐ
     λου ὃν ἔτεκεν Πονπονία ², ὅῆσον αὐτὸν καὶ ρε..ε
σ    τὴν δύναμιν, τὴν καρδίαν, τὸ ἥπαρ, τὸν νοῦν, τὰς φρή-         ρ
     νας · ἐξορκίζω ὑμᾶς αλκ. ον αμηνηγγεισειχεεε               ϙ
ι    βασίλιον ὑμῶν ἵνα βλεπ. ³ εινπλικατε λακινια
ϙ    Σαπαυτουλο ιν καϐια κορονα αμπιθεατρι ⁴..
θ    χυχϐαχ    ευλαμω      ιωερϐηθ        αω..χι.α..ρ.           θ
η    βακαχυχ   υλαμωε      ιωπακερϐηθ     πωκ....
     βακαξιχυχ λαμωευ      ιωϐολχωσηθ     ιωκαϭιανω             ϼ
ρα   βαζαϐαχυχ αμωευλ      ιωαπο...
ρ    μανεϐαχυχ μωευλα      ιωπακαρθαρ
χ    βαϭετορωθ ωευλαμ      ιωπασναξ
ρ    βλιχχαίωχ αϐεζεϐεϐριρω ιωτοντου.. σι
            ιω  ιαω          αυϐλυουλ
            θευζυε           ευλαμω
α    β         ρ            α              χ
χ    ισισισρω σισιφερμοχχνοωρ αβρασαξ
α    σοροορμερ φεργαμϐαρμαρ ορριουρινχ
ρ    ἐπικαλοῦμέ ⁵ σε ὁ μέγας καὶ ἰσχυ[ρ]ὸς....υ..
     τος κρατῶν καὶ δωμεύων καὶ κατόχων δεσμο-
α    ῖς ἀλύτοις, αἰωνίοις, ἰσχυροῖς, ἀδαμαντίνοις
αρ   καὶ πᾶσον ⁶ ψυχήν, κράτησον καὶ κατασλ ὸ,
α    κατάϭησον, ὑπόταξον, πρόσκλισον τὸν Σ[α]παυ[τού]λ[ον]
σ    κατάϭησον αὐτὸν, σμαύρησον ⁷ ινπα......
ε    ἵνα ἐξέλθες ⁸ τόνδε τὸν τόπον μεϭὲ τὴν πύλη[ν]
ρ    ἐξέλθε ⁸ μέτε τὴν τυμηθη. ἀπελθῖνι ⁹
     τὸν τόπον ἀλλὰ μίνη ¹⁰ κατὰ σοῖς δεσμοῖς
```

ϱ   ἰσχυροῖς, ἀιωνίοιθ, ἀδαμαντίνοις τὴν ψυ[χ]ὴν
σ   τοῦ Σαπαυτούλου ενεκε τὸν Πονπωνία " ε..υ
ι   ϱιανι ποτιατουρ λακινια ιλλι ωπλικητουρ,
π   οβλιγητουρ ουρσελλου νον ρεσπικιαντ,
   νον λιγετ, νημινευ πουγνι ιλλι σολεαν-
σ   τουρ, νον σιτ ποτεστατις ϥυα βουλνερητουρ
ϛ   σανγοινητουρ Σαπαυτούλους κουρρερε νον
   ποσσιτ, οβλιγηντουρ ιλλι πεδες, νερβια,
   ιλα κοντρα γῆς κοντα. εντε σοῦ ϱακιτε
   Σαπαυτούλου ¹² ομν.. ϱαζελο[υ]νε συι
   ιανουαριας ιν ομνι μομεντο ἤ[δ]η τα]χύ
ε   υ   λ   α   μ   ω
   [ερεκισι]ρθη αραραχ[αραρα εκθισικερε]

Retinuimus versuum dispositionem ut clarius distinguantur et nomina barbara et
litterae singulares, in laminae marginibus inscriptae, quibus magicam virtutem inesse
arbitrabantur.

1. Audollent, post Wünschium ita interpretatur : θεοίηρ = θεὸς ὁ ξηραίνει; ἀποδομων =
ἀποδομον = ἀποδόμ[εν]ον; ὁμοιων = ὁμοιον, ita ut tota sententia vertenda sit : tu qui siccas
et fructum genitum retines, simili modo retine etc. — 2. Sapautalus gladiator, Pom-
poniae filius. — 3. Ἵνα [μὴ] βλέπ[η], Audollent, dubitans. — 4. Latina sunt : implicate
lacinia(m) Sapautulo in ca[ve]a corona amp(h)itheatri. — 5. Ἐπικαλοῦμαι. — 6. Ποσον =
πᾶσον, dele. — 7. Id est ἀμάρωτον. — 8. Corrige ἐξήλθη; quae sequuntur obscura sunt. —
9. Ἀπέλθειν. — 10. Μένη. — 11. Intellige ὅν ἔτεκε Πονπωνία. — 12. Latina sunt : potiatur,
lacinia illi implicetur, obligetur, ursellu(m) non respicia<n>t, non liget neminem,
pugni illi sol[v]antur, non sit potestatis qua [v]ulneretur, sanguinetur Sapautulus,
currere non possit, obligentur illi pedes, nervia.................... facite Sapautuli ....
Ianuarias in omni momento.

947. Carthagine, in amphitheatro. — Audollent. *Defixionum tabellae*, 253.

ϛ   ϱ   α
   ερεκισιρθη αραραχαραρα ηρθισικηρε
ϱ   ε   υ   λ   α   μ   ω
        ερε
   ιωερβηθ ιωπακερβηθ ιωβολχοσηθ βολχοσκηρ
ε   βασουμ[π]αντα θναξθεθωνι ρινγχοσετερ[ω]...

κ   απομψπακερϐωθ πακαρθαρα ιακ[ο]υϐια ααψκακογ...

ι   μωτοντουλιψ οϐριουλημ κυμ...α]ναξ βρακκοϐαρ..

ρσυρϐϐκαϐ καί συ θεοξηρ άναξ κα[τατ]γῶν τὸν καρ-

ι   πὸν τῶν ατοδομων καὶ τὸ ομορων [1] κα ὸ...

ϙ   Vincentζus [2] Tζaritζo in ampitζatru Carta<n>g[in]is in ζie   ϙ

      Merc<c>uri in duobus cinque in tribus nove [3] [V]incentζo   0

0   Tζaritζoni quen peperit Concordia ut urs<s>os liga-

η   re non possit in omni ora in omn<ni> momento in ζie Mer-   η

α   c<c>uri καὶ τὴν ἰσχὺν, τὴν δύναμιν, τὴν καρδίαν,   α

ρ   [2]τὸ ἧπαρ, τὸν νοῦν, τὰς φρένας · ἐξορκίζω ὑμᾶς   ρ

      αννηναμηγισεγει τὸ βασίλιον ὑμῶν in Vinc-   α

α   entζo Tζaritζoni quen peperit Con[cor]dia in ampitζatru   α

ρ   Carthaginis in ζie Merc<c>uri obligate, im[p]licate lac[i]nia   ρ

      Vincentζo Tζaritζoni ut urs<s>os ligare non possit; omni urs   ζ

α   <s>u perdat omni ur<s>u Vincentζus non occidere possit in ζi-

ζ   e Merc<c>uri in omni ora iam iam cito cito facite   α

ααα

ρ   χυχϐαχ   ευλαμω   ιωερϐηθ

α   βακαχυχ   υλαμωε   ιωπακερϐηθ   ρ

     βακαξιχυχ   λαμωευ   [ι]ωϐολχοτηθ

ρ   βαζαϐαχυχ   αμωευλ   ιωαπομψ

               μωευλα

α   μανεϐαχυχ   ωευλαμ   ιωπακαρθαρα   α

                              ιωπαθναξ

     βαδετορωθ   ιαϐεζεϐεϐιω   ιωτοντουλιψ   ρ

η   βαινχωωχ   ιω ιαω   ουϐριουλημ   α

           βευζυθιε   ευλαμω

                          βρ....   η

ι   ειτιτρω τιτιφερμοχχνω [... α]ϐρατάξ

θ   τεροορμερρεργαρϐαρμαρ[οφριουριχ]

ι   ἐπικαλοῦμέ [4] σε ὁ μέγας καὶ [ἰσχυρὸς..]ην. εο   φρ

σ   τος κρατῶν καὶ δεσμεύων κ[αὶ κατέχων ὁ]ετμο-

     ῖς ἀλύτοις αἰωνίοις, ἰσχυροῖς, ἀδαμαντίνο[ι]ς καὶ πᾶ-   θ

ι   σον [5] ψυχήν, κρατ.. κατάσε[ιτον?........, κατὰ δητον,

κ   ὑπόταξον, πρόσ[κλιτον Vincentζu Tζaritζoni] qu-

[e]n peperit Concor[dia .... obligate Vincentζο Tζari [ζoni...................

η   in ampitζatru in ζie [Mere<c>uri..........
exterminate Tζaritζoni....................

ρ   ἐξέλθῃ μήτε τὲν   *vacat.*

ἐξέλθῃ [8] ἰς τόνδε τὸν τ[όπον μηδὲ τὴν πύλην]

ε   ἐξέλθῃ μήτε τὲν [7] τυμηθ[η · ἀπέλθειν]
τὸν τώπων [8] ἀλλὰ μίνῃ κ[ατὰ τοῖς δεσμοῖς ἀλύ-]
τοις, ἰσχυροῖς, αἰωνίοις, ἀ[δαμαντίνοις τὴν]
ψυχὴν τοῦ Vincentζus Tζa[ritζoni quen peperit Concordia obligate implicate Vinc[entζu Tζaritζoni ....in
duobus cinque urs<s>os in trib[us nove...........
vinc<c>atur, vulneretur, dep[annetur?.... non curre-]
re possit Vincentζus Tζa[ritζoni]...................
facite Vinc<c>entζu Tζa]ritζoni .... Vin- |
centζu Tζ[aritζoni .... in ampi-]
tζatru Cart[haginis].................................
ta per .... Vincentζu Tζaritζo-]
ni obligate in[plicate ..... in duobus cinque in]
tribus no[ve] ....
non possit ....
possit .... in|
ζie Mercuri ....
ne anima e................... [? in proeli-]
o vinc<c>atur deficiat .... [in omni]
ora per ispiritul<l>es tra...................

ω

ηρεχισιφη[αραρ]αχα[ραρα ηρθισικηρε]
ε   υ   [λ]   χ   [μ   ω]

1. Cf. supra, n. 946, not. 1. — 2. Hic et in aliis quae sequuntur verbis tζ idem valet
ac tzi aut dzi. — 3. « Sive de totidem congressionibus cum feris, sive potius de totidem
feris quoque missu praeliandis dici conjecerim » Audollent. — 4. Cf. supra n. 946,
not. 6. — 5. Πχῦτον est in tabella praecedenti. — 6. Cf. supra, n. 946, note 8 et seq.
— 7. Τὲν pour τήν. — 8. Τώπων pro τόπον.

948. Hadrumeti. — Audollent, *Defixionum tabellae*, 267.

.... | ....ηναρο.. | ......ζο .. αχ... | . ρ... ρωταρξο... ‖
5 [κ]ειδεροσανδαλε | [ερ]εσχειγαλ | [δα]μναμενευς σεριροχε | [σε]μετειλαμ σατρα-
10 περκμηρ | . εθμομαω μαρχαγον | χθαμαρζαξ ζαραχ α Οαρα | θωδαρραδαν
Οαρναχαχα | παραιθερε ακραμμαχαμαρει | λαμψουρη λαμψουγνι | σετεργεοδαρ-
15 ραραγγης ‖ κωγιτε Βονωσα κουαμ | [π]επεριτ Παπτη αμαρε | .ιη Οππιομ κουεμ
20 πεπεριτ | Ουενερια αμωρε σακρω σινε | ιντερμισσιωνε · νον ποσσιτ ‖ δορμειρε
Βονωσα νεκουε ησσε | .... Β[ονωσα] νεκουε αλιουτ | .... σεδ αδρομ-
25 πατουρ ετ μησωαδ....... | ο[υ]ιδερετ ομνιδους διηδους αδ ξ........ ‖ ουσκουε
αδ διεμ μορτις σουε ι ....

V. 15 et seq. Latina sunt graecis litteris scripta : Cogite Bonosa(m) quam peperit
Papte amare P. Oppium, quem peperit Veneria, amore sacro sine intermissione ; non
possit dormire Bonosa neque esse..... B[onosa], neque aliud..... sed abrumpatur et me
soad?...... videret omnibus diebus ad x?...... usque ad diem mortis suae...

---

949. Hadrumeti. — Audollent, *Defixionum tabellae*, 270.

Αδ[ιουρ]ο επ..περ μαγνουμ δεουμ [1] ετ | περ [ἀν]θέροτας [2].. ετ περ εουμ
κουι αδετ | αρχεπτορεμ σουπρα χαπουθ [3] ετ περ σε|πτεμ σθελλας ου<υ>θ
5 εξ κουα ορα ‖ οχ σομποσουερο [4] νον δορμιαθ Σεξ|τιλλιος Διονισιε φιλιους ουρα-
θουρ | φουρενς νον δορμιαθ νεκουε σεδεατ | νεκουε λοκουατουρ σεδ ιν μεντεμ
10 αδ|ιατ με Σεπθιμαμ Αμενε φιλια ουρα‖θουρ φουρενς αμορε ετ δεσιδεριο |
μεο ανιμα ετ χορ ουραθουρ Σεξτι|λι Διονισιε φιλιους αμορε ετ δεσιδε|ριο μεο
15 Σεπτιμες Αμενε φιλιε · του κου|τεμ Αδαρ Βαρδαριε Ελοεε Σαβαοθ ‖ Παχνουρυ
Πυθιπεμι ραχ Σεξτι|λιουμ Διονισιε φιλιουμ νε σομνου|μ. χονθινγαθ σεθ αμορε ετ
20 δεσιδε|ριο μεο ουραθουρ ουιιους σιπιριτους | ετ χορ χομδουρατουρ ομνια μεμ|δρα
Οοθιους χορπορις Σεξτιλι Διονισιε φιλιους · σι μινους δεσχενδο ιν α|δυτους Οσυρις
ετ δισσολουαμ θεν | θαπεεν ετ μιτταμ [5] ουθ α–φ...λ | α φλουμινε φερατουρ [6] · ‖
25 εγω ενιμ σουμ μαγνους | δεχανους δει μαγνι δει [7] | αχραμμαχαλαλα ε.

Hanc defixionem primi commentati sunt Breal et Maspero : *Collection du musée
Alaoui*, p. 57 et seq.

Verba latina, litterae graecae ; lege : Ad[iur]o.... per magnum deum et per eum
qui habet acceptorem (= accipitrem) supra caput et per septem stellas, ut, ex qua
hora hoc sumposuero, non dormiat Sextilius, Dionysiae filius, uratur furens, non
dormiat neque sedeat neque loquatur, sed in mentem habeat me Septimam Amoenae

filiam; uratur furens amore et desiderio meo, anima et cor uratur Sextili Dionysiae filius amore et desiderio meo Septimes Amoenae filiae. Tu autem Abar Barbarie Eloe Sabaoth Pachnouphy Pythipemi, fac Sextilium Dionysiae filium ne somnum contingat, sed amore et desiderio meo uratur, huius spiritus et cor comburatur, omnia membra totius corporis Sextili Dionysiae filius. Si minus, descendo in adytus Osyris et dissolvam τήν ταφήν et mittam ut a flumine feratur; ego enim sum magnus decanus dei, magni dei.

1. Osiris. — 2. Ἀντέρως, amantium ullor; cf. Pausan., I, 30, 1, VI, 23, 3. — 3. Horus vel Osiris. — 4. Pro subposuero; nisi est *composuero* cum c latina = sigma lunari pro κ scriptum (ϲομποϲυερο). — 5. De hoc loco scripsit Maspero : « Le magicien menace Osiris de descendre dans ses retraites cachées, c'est-à-dire dans la cellule où sa momie repose... L'Osiris de l'époque gréco-romaine est toujours le dieu des morts. Son cadavre, dépecé par Typhon, a été reconstitué par Isis à grand'peine; depuis lors, tout le clan de ses dieux amis, Isis, Nephthys, Horus, Anubis, Hermès, ne sont occupés qu'à veiller autour de son tombeau pour empêcher Typhon d'y pénétrer et de détruire une seconde fois la momie divine. Les magiciens profitaient de cet état de choses pour obtenir le concours de toutes les divinités amies d'Osiris. Ils essayaient de s'emparer du cercueil sacré pour s'en servir comme d'un amulette souverain, et menaçaient de le détruire si on leur refusait ce qu'ils demandaient ». — 6. « Osiris avait été enfermé traîtreusement dans un coffre par Typhon, et le coffre jeté au Nil, qui l'avait emporté jusqu'à la mer, et la mer jusqu'à Byblos, en Phénicie. La formule comminatoire signifie donc : Sinon, je descendrai dans les arcanes d'Osiris, et je briserai le cercueil et le jetterai pour qu'il soit emporté par le fleuve » Maspero. — 7. « Les décans, à Dendérah et à Philae montent la garde autour du sarcophage d'Osiris... Leur chef, *le grand décan du dieu grand*, pouvait livrer à qui bon lui semblait l'accès de la chambre funèbre, ou traiter comme il l'entendait les tristes restes confiés à ses soins. Le magicien, en s'assimilant à lui, entend montrer aux dieux qu'il ne fait pas de vaines menaces... » Maspero.

---

950. Hadrumeti. — Audollent, *Defixionum tabellae*, n. 271.

Horcizo se daemonion pneuma [1] to euthade cimenon [2] to onomati to agio Αωθ Αβ[α]ωθ, τὸν θεὸν τοῦ Ἀβρααν [3] καὶ τὸν Ιαω τὸν τοῦ Ιακου [4], Ιαω | Αωθ Αβαωθ, θεὸν τοῦ Ισραμα [5], ἄκουσον τοῦ ὀνόματος ἐντείμου | καὶ φ[οβ]εροῦ καὶ μεγάλου,

      καὶ ἄξον αὐτὸν πρὸς τὴν || cae apellhe pros ton

5 Orbanou hon etheen Urbana | Δομιτιανὴν ἣν ἔτεκεν Κ[άν]διδα ἐρῶντα, μαινό-μενον, ἀγρυπνοῦν|τα ἐπὶ τῇ φιλίᾳ αὐτῆς καὶ ἐπιθυ[μ]ίᾳ καὶ δεόμενον αὐτῆς ἐπανελθεῖν | εἰς τὴν οἰκίαν αὐτοῦ σύμβιο[ν] γενέσθαι. Ὁρκίζω σε τὸν μέγαν

10 θεόν | τὸν αἰώνιον καὶ ἐπαιώνιο[ν] καὶ παντοκράτορα τὸν ὑπεράνω τῶν | ὑπεράνω θεῶν · ὁρκίζω [σ]ε τὸν κτίσαντα τὸν οὐρανὸν καὶ τὴν θά[λ]ασσαν · ὁρκίζω σε τὸν διαχωρίσαντα τοὺς εὐσεβεῖς · ορκίζω σε | τὸν διαστήσαντα τὴν ῥάβδον ἐν

τῇ θαλάσσῃ [6], ἀγαγεῖν καὶ ζεῦξαι | τὸν Οὐρβανόν, ὃν ἔτεκεν Οὐρβανά, πρὸς τὴν
Δομιτιανάν, ἣν ἔτεκεν | Κάνδιδα, ἐρῶντα, βασανιζόμενον, ἀγρυπνοῦντα ἐπὶ τῇ
15 ἐπιθυμίᾳ αὐ|τῆς καὶ ἔρωτι ἐν' αὐτὴν σύμβιον ἀπάγῃ εἰς τὴν οἰκίαν ἑαυτοῦ ·
ὁρκί|ζω σε τὸν ποιήσαντα τὴν ἡμίονον μὴ τεκεῖν · ὁρκίζω σε τὸν διορί–|
σαντα τὸ φ[ῶς] ἀπὸ τοῦ σκότους · ὁρκίζω σε τὸν συντρείβοντα τὰς πέτρας · |
ὁρκί[ζω] σε τὸν ἀπορ(ρ)ή[ξ]αντα τὰ ὄρη · ὁρκίζω σε τὸν συνστρέφοντα τὴν | γῆν
20 ἐ[πὶ] τ[ῶ]ν θεμελίων αὐτῆς · ὁρκίζω σε τὸ ἅγιον ὄνομα ὃ οὐ λέγεται · ἐν || τῷ
ισα....ῳ ὀνομάσω αὐτὸ καὶ οἱ δαίμονες ἐξεγερθῶσιν ἔκθαμβοι καὶ περί[φ]οβοι
γ'ενόμενοι, ἀγαγεῖν καὶ ζεῦξαι σύμβιον τὸν Οὐρβανόν, ὃν ἔτεκεν | Οὐρβανά,
πρὸς τὴν Δομιτιανάν, ἣν ἔτεκεν Κάνδιδα, ἐρῶντα καὶ δεόμε|νον αὐτῆς · ἤδη,
ταχύ. Ὁρκίζω σε τὸν φωστῆρα καὶ ἄστρα ἐν οὐρανῷ ποιή|σαντα διὰ φωνῆς
25 προστάγματος, ὥστε φαίνειν πᾶσιν ἀνθρώποις · | ὁρκίζω σε τὸν συνσείσαντα πᾶσαν
τὴν οἰκουμένην καὶ τὰ ὄρη | ἐκτραχηλίζοντα καὶ ἐκβρά[ζ]οντα, τὸν ποιοῦντα
ἔκτρομον τὴν | γ.ῆ[ν] ἅπασ αν καὶ καινίζοντα πάντα τοὺς κατοικοῦντας · ὁρκίζω
σε τὸν ποιή|σαντα σημεῖα ἐν οὐρανῷ κ[αὶ] ἐπὶ γῆς καὶ θαλάσσης, ἀγαγεῖν καὶ
ζεῦξαι | σύμβιον τὸν Οὐρβανόν, ὃν ἔ[τ]εκεν Οὐρβανά, πρὸς τὴν Δομιτιανήν,
30 ἣν | ἔτεκεν Κάνδιδα, ἐρῶντα αὐτῆς καὶ ἀγρυπνοῦντα ἐπὶ τῇ ἐπιθυμίᾳ αὐ|τῆς,
δεόμενον αὐτῆς, καὶ ἐρωτῶντα αὐτὴν ἵνα ἐπανέλθῃ εἰς τὴν οἰκίαν | αὐτοῦ
σύμβιο ς γενομένη · ὁρκίζω σε τὸν θεὸν τὸν μέγαν τὸν αἰώ|νιον καὶ παντοκράτορα,
ὃν φοβεῖται ὄρη καὶ νάπαι καθ' ὅλην τὴν οἰ|κουμένην, δι' ὃν ὁ λείων ἀφείησιν τὸ
35 ἅρπασμα καὶ τὰ ὄρη τρέμει || καὶ [ἡ γῆ] καὶ ἡ θάλασσα, ἕκαστον ἰδάλλεται ὃν
ἔχει · φόβον τοῦ Κυρίου | α'ἰ]ω[νίου , ἀθανάτου, παντεφόπτου, μεισοπονήρου,
ἐπισταμένου τὰ | γ'ενόμε.ενα ἀγαθὰ καὶ κακὰ καὶ κατὰ θάλασσαν καὶ ποταμοὺς
καὶ τὰ ὄρη | καὶ [τὴν γῆ]ν , Αωθ Αβαωθ, τὸν θεὸν τοῦ Ἀβρααμ καὶ τὸν Ιαω τὸν
τοῦ Ιακου, | Ιαω Αωθ Αβαωθ, θεὸν τοῦ Ισραμα, ἄξον, ζεῦξον τὸν Οὐρβανόν, ὃν ||
40 ἔτεκεν Οὐρβα(νά), πρὸς τὴν Δομιτιανάν, ἣν ἔτεκεν Κάνδιδα, ἐρῶντα, | μαι[ν ό-
μενον. βασανιζόμενον ἐπὶ τῇ φιλίᾳ καὶ ἔρωτι καὶ ἐπιθυμίᾳ | τῆς Δομιτιανῆς,
ἣν ἔτεκεν Κάνδιδα, ζεῦξον αὐτοὺς γάμῳ καὶ | ἔρωτι συμβιοῦντας ὅλῳ τῷ τῆς
ζωῆς αὐτῶν χρόνῳ, ποίησον αὐ|τὸν ὡς δοῦλον αὐτῇ ἐρῶντα ὑποτεταχ.θῆναι,
μηδεμίαν ἄλλη ν' | γυναῖκα μήτε παρθένον ἐπιθυμοῦντα, μόνην δὲ τὴν Δομι-
45 τια νάν , | ἣν ἔτεκεν Κάνδιδα, σύμβιον ἔχειν ὅλῳ τῷ τῆς ζωῆς αὐτῷ ν χρόνῳ ·] |
ἤδη ἤδη, ταχύ ταχύ.

Hanc defixionem primus commentatus est Maspero, *Collection du Musée Alaoui*,
p. 101 et seq., qui de primis versibus id scripsit : « Le graveur avait laissé en blanc la

première ligne pour y introduire plus tard le nom des esprits à invoquer, qu'on remettait souvent au choix de la personne en faveur de qui ou rédigeait la formule. Il avait ensuite interrompu la quatrième ligne après μεγάλου, réservant la place du nom mystique qui leur convenait; il en avait même limité l'étendue au moyen d'un trait vertical | , qu'on voit encore en avant du κ de καὶ ἄξον dans l'entreligne; mais il avait passé le membre de phrase, commençant également par καὶ, qui devait énoncer le nom et la filiation de la personne dévouée aux esprits, et il avait tracé la phrase καὶ ἄξον αὐτόν πρὸς τὴν... Arrivé là, il s'aperçut de son oubli, et, avant d'aller plus loin, il voulut le réparer. C'est alors qu'une autre personne, peut-être le maître magicien qui employait un de ses élèves comme copiste, peut-être l'acheteuse du charme, Domitiana, fille de Candida, écrivit le début en caractères latins cursifs, et profita du vide ménage entre μεγάλου et καὶ ἄξον pour introduire le membre de phrase manquant. Elle traça les premiers mots en guise de cinquième ligne, puis relevant les caractères au point de mêler ensemble les traits de μεγάλου et de Ὀυράνου, elle ramena les derniers mots à la place qu'ils auraient dû occuper régulièrement en avant de καὶ ἄξον. »

1. πνεῦμα. — 2. κείμενον. — 3. Ἀοραία. — 4. Ἰάκου[ο] vel Ἰ[σ]άκου. — 5. Ἰσραή[λ] . — 5. Καὶ ἀπελθε πρὸς τὸν Ὀυράνον ὃν ἔτ[εκ]εν Ὀυράνια καὶ ἄξον αὐτὸν πρὸς τὴν Δομιτιανήν. — 6. Aut potius διακτήσαντα τὴν θάλασσαν τῇ ῥάβδῳ. Haec et omnia quae sequuntur de Judaïcis religionibus deprompta sunt. « Le texte primitif a été rédigé par un juif ou un homme pénétré des idées juives; on pourrait aisément renvoyer presque partout aux passages des livres saints qui en ont dû inspirer les différents termes » Maspero. Cf. etiam Deissmann, *Bibelstudien* Marburg, 1895 , p. 25 et seqq.

---

951. Hadrumeti. — Audollent, *Defixionum tabellae*, 285.

Αλιμβεου κολουμβευ | πεταλλιβευ λεγιςε αδοναι | σωαβωθ τεμεσιλα [1] ἱνα |
5 βαρουνες τῶν ἱππων | Δαουριατῶν [2] — *Signa magica.* — *Equus, cui inscriptum*
10 *est* Δαουρια | τους — | μεδὲ τρῆγε μεδὲ τοῦ πόδας | κινέσε μεσταθε κατάβαλε
αὐτῶν καὶ κατάγων αὐτῶ πόδας [3].

1. Nomina barbara quae in aliis diris inventa sunt: cf. Audollent, *op. cit.*, 265, et pp. 307, 312, 313. — 2. Intellige : ἱνα βαρουνς τοὺς ἱππους Δαουριατους. — 3. μηδὲ τρέχειν μηδὲ τοὺς πόδας κινεῖν, μετάθε? κατάβαλε αὐτοὺς καὶ κατέχε αὐτῶν πόδας.

---

952. Hadrumeti. — Descripsit Audollent; *Mél. de l'Écol. fr. de Rome*, 1905, p. 35.

Ἀργέλαος ὁ ἡνίοχος πρασίνου [1] | — *signa magica* — χαρων λαγαθα |
10 ουλιθαμνοπα | κενδρακωθ | φρινκιβρα | ζαππικαιβαλ | σιμα κρητην|| θαμβαλ-

15 ϐαυαυτι | σρωμ|ϐαϐαω | γνω|θη εαω | ταϐαως ‖ ποιήσατε Ἀρχέλα|ον τὸν ἡνίο-
20 χον | πείπτειν ἐν τῷ | κίρκῳ δι' ὅλης | τῆς ἡμέρας ‖ πείπτεται [2] σὺν τού|τοις
25 τοῖς ἵπποις ἐν | οἶς ἐλαύνει | Φαμῶσον, | Δηρεισῶρε, | Πρωσυιδέν τε, Γένιον, |
ἤδη ἤδη | ταχὺ τα|χύ.

1. Factio prasine. — 2. Vel πειπτέτω.

CRETA ET CYRENAICA

CRETA ET CYRENAICA

CRETA

953. Polyrrheniae. — G. de Sanctis, *Monum. antich.*, XI (1901), p. 493.

Πόλις ἁ Πολυρηνίων ἀνέθηκε | .... ἁ πόλις αιμονίων | [Αὐ]τοκράτορα Καίσαρα Θεοῦ υἱὸν | Σεβαστόν.

« Io ritengo che l'iscrizione in onore di Augusto suonasse ἁ πόλις Αὐτοκράτορα, etc. Tanto la prima linea quanto le lettere piu piccole della secunda, di cui mi pare di veder traccie anche sotto il piu grande **Α ΠΟΛΙΣ**, spetterebbero ad una iscrizione anteriore ... Come mi fa osservare giustamente il prof. F. Halbherr, αιμονίων non può supplirsi che Λακεδαιμονίων. Si tratterebbe dunque della statua di un personaggio spartano, probabilmente un re. » De Sanctis.

---

954. Polyrrheniae. — J. L. Myres, *Journ. of hellen. stud.*, XVI (1896), p. 181.

Γνάιον Κορνήλιον | Γναίου υἱὸν Σκιπίωνα | Ἱσπανὸν ¹ εὐεργέταν | ἁ πόλις.

1. Cn. Cornelius Scipio Hispanus, praetor anno 139 a. C. n., missus anno 149 ad arma a Carthaginiensibus accipienda, cujus « stirpem nobilitavit honor », ut scriptum fuit in ipsius elogio (*C. I. L.*, I, 38).

---

955. Polyrrheniae. — Thenon, *Rev. archéolog.*, 1867 (I), p. 418.

[Κοίντο]ν Και[κίλιον | Μέτ]ελλον αὐτοκράτορα ¹ | [τὸ]ν ἑαυτῆς σωτῆρα | καὶ εὐεργέτην ἁ πόλις.

1. Q. Caecilius Metellus, cognomine Creticus, Cretam dicioni romanae subegit inter annos 69 et 63 ante C. n.; cf. Pauly-Wissowa, *Realencyclopädie*, III, p. 1210-1211.

956. In pago quodam, dicto Choustiliana. — *C. I. Gr.*, 2571.

5   Κραν....αρχ.ν | Νερωναστιι.|.... Τραια '..... σπο | κετο ‖ νικ.....

Titulum pessime descriptum retinuimus quum v. 3 de Trajano vel Nerva (v. 2?) Trajano agi posse videatur.

957. Kantani. — G. de Sanctis, *Monum. antichi*, XI (1901), p. 502, n. 33.

['Αυτοκράτωρ Καῖσαρ Τρ]αιανὸς Σεβαστὸς [.........|......... δη,μ]αρχικῆς
ἐξουσίας ὑπ[ατος ' ....|.......]ον ἐποίησεν ἐπιμε[λητοῦντος.....|.......]ρου
ἀνθυπάτο[υ].

1. Aut anno 97 inter diem 27 mensis Octobris et diem 31 mensis Decembris, aut si restitueris ὑπατὸς τὸ β' anno 98 ante diem 18 mensis Septembris.

958. Assi vel Axi. — Halbherr, *Americ. journ. of archaeol.*, XI (1896 , p. 380, n. 65.

Τιβέριον Ἰούλιον | [Σ]εβαστοῦ υἱόν '.

1. Est imperator Tiberius.

959. Lappae. — Halbherr, *Mus. ital. di antich. class.*, III (1890 , p. 747, n. 204.

Αὐτοκράτορα Καῖσ[αρα] | Θεοῦ Τραιανοῦ Πα[ρ][θικοῦ ὑὸν Θεοῦ Νέρ[ουα] |
5   υἱωνὸν Τραιανὸν | Ἀδριανὸν Σεβαστὸ[ν], | Ἄριστον, Σωτ[ῆρα, Ὀλύμ]|πιον '
Λαπ[παίων ἡ πόλις] | ἐπὶ κ[όσμων ² τῶν σύν....

1. Post annum 129, quo dedicatum est Athenis Olympieium. — 2. Ita municipales magistratus in Creta vocatos esse notum est.

960. Gortynae. — Halbherr, *Mus. ital. di antich. class.*, III (1890), p. 704, n. 148.

Ἐπὶ Αὐτο[κ]ράτορι Κ αίσαρι] | Θεοῦ υἱῷ Σε[βα]στῷ ' ἀρχιερεῖ μ[εγίστῳ,
δη]|μαρχικῆς ἐ[ξο υσίας εἰκοστῷ [......... ὑπά [τῳ τρὶς καὶ δε κάκις, πατρὶ τῆς
5   π[ατρίδος] ², ‖ Λευκίῳ Π]λωτίῳ Οὐικίνᾳ ³ ἀν θυπάτῳ ', | γνώμ[η πά]ντων
ἔδοξε τοῖς ἄρχ[ουσι καὶ τῷ] | δή[μῳ] ἐπειδὴ τὰς μὲν κατὰ τ[.........] | μι[...]

5 πινα[..]υσις δύνατα [.......] | τω .....στω, [τ]ὰς δὲ δύνατα [.....||.....]σθαι
προσῆκόν ἐστιν..... | [Πλώτιο]ς Ουικίνας ὁ ἀνθύπατος '.....|....] τον Σεβαστὸν
εὐσε[6...|.. ρ]ιλοτείμηται τα πρ....

1. Augustus imperator. — 2. Augustus fuit consul XIII anno 2 ante C. n.; pater vero
patriae dictus est ab senatu populoque die 5 mensis Februarii anni ejusdem; titulus ergo
exaratus est inter annum 2 (5 Feb.), et 7 p. C. n. (27 Jun.) quo tribuniciam potestatem
xxx accepit. — 3. De eo viro, aliunde ignoto, cf. *Prosop. imp. rom.*, III, p. 55, n. 395. —
4. Proconsul Cretae et Cyrenarum, ut videtur.

---

961. Gortynae. — S. Ricci, *Monum. antich.*, II (1893), p. 292, n. 5.

['Αγαθᾷ τύχᾳ · ἐπὶ τῶν ἐν ..... κορμιόντων | τῶν σὺν Γ]αίωι Λ[.............. |
ἔδοξε τ]οῖς σὺ[ν] Γαίω[ι κόρμοις καὶ τοῖς πολί[ταις ἐπ]ίπανσι ψαρίζασ-
5 θ[αι.....||....] Αὐγούσταν καὶ μὴ [τῶν χωρίων ἢ τῶν χρημά[των αὐτᾶς τι
πωλῆσαι ἢ εἰσ[πράττειν τρόπω μη]θενὶ ἢ] παρευρέσει μηδεμ[ιᾷ καὶ τὸς κόρμος |
τός τε] ἐρισταμένος κα[τ' ἔτος ἐπιμελεῖσθαι | ὅπως τ]ὰ λοιπὰ τὰ κατὰ τοὺ[ς
10 νόμους γεγήνηται, || ὅπως μ]η[θὲν ἄλλως ποιη[θῇ.......|.. τῶν] τε βωλευτᾶν ἐν
[........ Αἰ δέ | κά τις] ποιήσαι τι πὰρ τὰ ἐ[γραμμένα, ἀποτεισά[τω ὀγνά[ρια
δισχίλια πε[ντακάτια, καὶ πράξις | ἔστω αὐτῶν π]αρὰ κόρμ[ων τῶν ἀεὶ ἐν τῇ
15 πόλει κορ|μιόντων καὶ] ἐπαν]αγκαζέσθω ὑπὸ αὐτῶν.....

« L'epigrafe non si può ricomporre integralmente in causa del suo stato di conservazione... L'iscrizione può appartenere al II e anche al III secolo d. C., quantunque ritenga alcune forme arcaiche: e pare contenga il divieto delle autorità locali ad ogni alienazione e vendita di proprietà appartenenti ad una certa Augusta, in favore della quale non si sa quale atto si compia de richiegga l'aggiunte delle clausole inscritte, ma è verosimile si tratti di rapporti di proprietà. » Ricci.

---

962. Gortynae. — Halbherr, *Mus. ital. di antich. class.*, III (1890), p. 700, n. 140.

Ἐπὶ Κύδαντος τῶ | Κύδαντος ' Κρη[-τ]άρ[χα ² καὶ ἀ[ρ]χῶ ³ δ'κ κ τοὶ | τῶ
Ποντί[σ]κω ‖ Κύδας Ἀπνάτω | ἀγορανομήσας | εὐετηρία ι].

1. De eo viro cf. quae scripsit Halbherr, *Monum. antich.*, I, p. 64-65. — 2. Κρητάρχης,
i. e. praeses concilii Cretensis. — 3. Ἄρχων, ut videtur, Gortynae.

963. Gortynae. — Halbherr, *Mus. ital. di antich. class.*, III (1890 , p. 701, n. 145.

Fragmentum valde mutilum; in ultimis versibus legere est :

...Κ]αίσαρος Λ[............]... ἀρχιε|ρεὺς Θεοῦ Σ[εβαστοῦ '............|.....]ω
Πανάριος.....

1. Sacerdos vel flamen Augusti sive Gortynae civitatis, sive provinciae.

964. Gortynae. — Doublet, *Bull. de corr. hellén.*, XIII (1889), p. 58.

Αὐτοκράτορα Καίσαρα Θεοῦ Τραιανοῦ Παρθικοῦ | υἱὸν Θεοῦ Νέρβα υἱωνὸν
Τραιανὸν Ἀδριανὸν Σεβαστὸν, | ἀρχιερέα μέγιστον δημαρχικῆς ἐξουσίας τὸ ιγ', |
5 ὕπατον τὸ γ' ', πατέρα πατρίδος, τὸ κοινὸν τῶν ‖ Κρητῶν ἐπὶ ἀρχιερέος
Τ. Φλ. Σουλπικιανοῦ | Δωρίωνος ².

1. Anno 129 p. C. n. — 2. T. Flavius Sulpicianus Dorion, sacerdos Augusti concilii
Cretensis; cf. *Prosop. imp. rom.*, II, p. 76, n. 246, 247.

965. Gortynae, in templo Apollinis Pythii. — Halbherr, *Monum. antich.*, I (1890), p. 69.

Αὐτοκράτορα Καίσαρα | Θεῖον Σεπτίμιον | Σεβῆρον Εὐσεβῆ | Ἀραβικὸν
5 Ἀδιαβηνικὸν ‖ Παρθικὸν μέγιστον | Πρεταννικὸν μέγιστον '.

1. Anno 210 vel primis diebus anni 211, quum Septimius Severus die 14 mensis
Februarii ejus anni diem obierit.

966. Gortynae. — Halbherr, *Americ. journ. of archaeol.*, II, 2 (1898), p. 84, n. 8.

Titulus mutilus; in fine legi potest :

......ωνος | .... δηνάρια ψν' | [.........Αὐ]τοκράτορος | [....Ἀν]τω-
νε[ίνου?...

967. Gortynae. — *C. I. Gr.*, 2587; Halbherr, *Americ. journal of archaeol.*, II, 2 (1898),
p. 84, n. 9.

....Ἀ σια τι κήν, Β αλε||ρίου Ἀσιατικοῦ γ[υ |ναῖκα, δὶς ὑπάτου ' κα[ὶ

⁵ ἐ |πάρχου τῆς π[ό]λεως τῆς Ῥωμαί[ων] ², ‖ σωφροσύνης ἑνεκα καὶ φιλανθρωπίας |
καὶ τῆς | λοιπ[ῆ]ς ἀρ[ετῆς] καὶ π[ε]ρ[ὶ τὴν | πόλιν εὐνοίας.......

1. Post annum 125 quo iterum consulatum egit Valerius Asiaticus; de quo cf. *Prosop.*
imp. rom., II, p. 296, n. 233. — 2. Praefectus Urbis Romae.

---

968. Gortynae. — *C. I. Gr.*, 2588; Löwy, *Inschr. der griech. Bildhauer*, n. 409.

Κόϊντον Καικίλιον Ῥουφεῖνον ¹, | τὸν κράτιστον ἀνθύπατον | Κρήτης καὶ
⁵ Κυρ[ή]νης, | Κυντ ί λιος Πύρρος τὸν φίλον. ‖ Ἀναξιμένης Εὐρυστράτου
Μιλήσιος [ἐποίει].

In margine dextra tituli legitur ΕΕΞΙΩ.?

1. De Q. Caecilio Rutino, proconsule Cretae et Cyrenarum anni incerti, cf. *Prosop. imp.*
rom., I, p. 233, n. 55.

---

969. Gortynae. — Halbherr, *Mus. ital. di antich. classic.*, III 1890 , p. 702, n. 146.

Μ. Ῥώσκιον Κυρεί|νᾳ Λοῦπον Μου| ρ ῆναν ¹ Μ. Μουρή|να στρατηγικοῦ ²
⁵ υἱόν, Μ. Μουρήνα | ἀνθυπάτου Βειθυνίας ἔκγονον, σεπτίμ|βερα ἐπούλων ³,
χειλίαρχον λεγεῶνος | ἑξδόμης Κλαυδίας, προστάτην ⁴ | λεγεῶνος τετάρτης
¹⁰ Φλαβίας, ταμίαν καὶ | ἀντιστράτηγον ἐπαρχείας Κρήτης | καὶ Κυρήνης ⁵,
Βολουμνία Κάλῃδα τὸν ἄνδρα τῆς ἐκγόνου.

1. De eo cf. *Prosop. imp. rom.*, III, p. 135, n. 69. — 2. Praetorii. — 3. Septemvirum
epulonum. — 4. Praefectum (legionis . — 5. Quaestorem pro praetore provinciae Cretae
et Cyrenarum anni incerti. Pater et avus aliunde ignoti sunt.

---

970. Gortynae. — *C. I. Gr.*, 2591.

Πούβλιον Σεπτίμιον | Γέταν ¹ ταμίαν καὶ | ἀντιστράτ[η]γον | Κρήτης καὶ
⁵ Κυρή|ϸης, Ἀντώνιος Παρ|καιβάτης καὶ Τέττ|ιος Μάκερ καὶ Τει|μαγένης Σόλω|νος
¹⁰ οἱ ἀγορανόμοι τὸν | φίλον.

1. P. Septimius Geta, frater imperatoris L. Septimii Severi; cf. *Prosop. imp. rom.*, III,
p. 208, n. 326.

971. Gortynae. — Halbherr, *Mus. ital. di antich. class.*, III, p. 703, n. 147.

........σει[τ]ομετρίου τοῦ Ῥωμαίων ταχθέν[τα] ¹, | τειμηθέντα ἱεροσύνῃ τῶν
ιε´ ἀνδρῶ[ν ² | .... ριανῶν τῶν ἐν Ἰταλίᾳ ³, | .... Ἀφρικῆς ⁴,
5 ἀνθύπατο[ν ‖ .... πε]ντάραβδον Ῥαιτίας ⁵, | [Βολουμν]ία Καλήδα ⁶ τὸν
γλυκύτατ|[ον καὶ εὐ]σεβέστατον υἱόν.

1. Praefectus frumenti dandi. — 2. Quindecimvir sacris faciundis. — 3. De praetorianis
noli cogitare. — 4. Legatus pro praetore? Africae. — 5. Legatum quinquefascalem
provinciae Raetiae. — 6. Cf. supra n. 969.

---

972. Gortynae. — *C. I. Gr.*, 2589; Kaibel, *Epigr. gracc.*, 905.

Ἑσπερίης πάσης χθονὸς | ὄβριμον ἰθυντῆρα |
Μαρκελλῖνον ἄθρει θαρραλέω[ς] | ταμίην ¹, ‖
5 Ἑλλάδος ἀγλαὸν ἔρνος, | ὅς εὐδικίῃ καὶ ἀρωγῇ |
κουρίζων πόλιας θῆκεν | ἐλαφροτέρας. |
10 Τοὔνεκα καὶ προθύροισι ‖ Δίκης ἐπιμάρτυρα θεσμῶν |
βουλῆς καὶ Πύρρου στῆσεν | ἐφημοσύνη.

1. « Marcellinus v. 1 Italiae corrector, v. 2 quaestor adpellatur, quo utroque munere
cum non possit eodem tempore functus esse, hoc statuendum videtur olim illum apud
Cretenses quaestorem, postea ad correctoris Italiae dignitatem provectum eoque ipso
tempore cum novum iniret munus a Gortyniis statua honoratum esse. » Kaibel.

---

973. Gortynae. — Halbherr, *Americ. journ. of archaeol.*, II, 2 (1898), p. 85, n. 10.

...... τὸν ἐπιφανέστατον καὶ ἀνδρειότατον | ..... τὸν ἑαυτοῦ καὶ τῆς οἰκου-
μένης.......... | Μᾶρκος Αὐρήλιος Αὐ[?]ης ὁ διασημό[τατος...........] | τῆς
Κρήτης.

---

974. Gortynae. — Halbherr, *Americ. journal of archaeol.*, I, 2 (1897), p. 178, n. 8.

[Μ]ᾶρκος Ἀντώνιος Κρίτω|νος υἰὸς Κρίτων Ἱεραπύ|τνιος Γορτυνίων πρό|ξενος
5 καὶ πολίτας αὐτὸ[ς] ‖ καὶ ἔκγονοι. | Πόπλιος Μᾶρκιος Ποπλίο[υ] | υἰὸς Τρω-
10 μεντείνᾳ ¹ Γορτ[υ]|νίων πρόξενος καὶ πολί|τας αὐτὸς καὶ ἔκγονοι. ‖ Γνάιος

Ὀκτάυιος Γναίου υἱὸς Οὐοτ. ² | [Λ]αίκους Γορτυνίων πολίτ[α]ς αὐτὸς καὶ ἔκγονοι.

1. Tromentina (tribu). — 2. Vot(uria tribu).

---

975. Gortynae. — Halbherr, *Americ. journal of archaeol.*, I, 2 (1897), p. 180, n. 9.

Λεύκιος Φούριος Λευκίου υἱὸς] | Φαλέρνᾳ ¹ Κέλσος Μύθων ὀργὴ στῆς] ² | στεφανωθεὶς ἐν τῶι θεάτρῳ χ[ρυσῷ] | στεφάνῳ τῷ μεγίστῳ κατὰ τὸν νόμον, 5 [Γορτυνίων] | πρόξενος καὶ πολίτας αὐτὸς καὶ ἔ κγονοι].

Sequuntur in lapide duo tituli mutili, quos omittere licet.

1. Falerna (tribu). — 2. Saltator vel mimus.

---

976. Gortynae. — Halbherr, *Americ. journal of archaeol.*, I, 2 (1897), p. 181, n. 10.

Μᾶρκος Οὐίψτᾶνος Ἀκκέπ|τος ¹ Γορτυνίων πολίτας αὐ|τὸς καὶ ἔκγονοι.

Sinistrae lapidis parti inscriptus est titulus alter valde mutilus.

1. Marcus Vipstanus Acceptus.

---

977. Gortynae. — *C. I. L.*, III, 12039.

Fortunatianus | Seruilius u. c. | consularis curavit. |
5 Ἐρεστῶτος ‖ τῇ σπουδῇ τῆς βασιλικῆς (sic) Καλοπόδη | τοῦ λογιστοῦ τῆς | μητροπόλεως.

« Cretae provinciae a quarto certe saeculo praefuit consularis eodemque tempore Gortyna metropolis locum obtinuit. Ei rerum statui hic titulus convenit, quanquam, cum ex parte latine scriptus sit, fortasse saeculi exeuntis tertii magis est quam quarti » Mommsen. — Idcirco eum recepimus.

---

978. Chersonesi. — Halbherr, *Americ. journal of archaeol.*, XI (1896), p. 563, n. 45.

[Αὐτοκράτορι Καίσαρι Θεοῦ Νέρουα | υἱῷ, Νέρουα] Τραιανῷ Σεβα[στῷ, Γερ|μανικῷ Δ]ακικ ῷ] ¹ τῷ κτίσ τῃ τῆς | οἰκουμένης.

1. Post annum p. C. n. 102.

979. Lytti. — *C. I. Gr.*, 2583.

Λυττίων ἡ πόλις | Τ. Φ(λαούιον) Λεοντίου υἱὸν | Κυρείνᾳ ' Ἀκέστιμον |
πρωτόκοσμον β' ², ἀγο‖ρανόμον β' ξυστάρχην | ἱεροῦ ἀγῶνος πεντα[ετηρικο ō]
τοῦ κοινοῦ | τῶν Κρητῶν ³, ἀρετῆς | ἕνεκα καὶ τῆς (περὶ) τὴν ‖ πόλιν ἀδιαλείπτου
με|γαλοψυχίας, ἥρωα καὶ | κοσμόπολιν · | Τ. Φ(λαούιος) Χαρματίων τὸν | ἑαυτοῦ
πάτρωνα.

1. Quirina (tribu). — 2. Πρωτόκοσμος, i. e. princeps collegii magistratuum municipa-
lium in Cretensibus oppidis. — 3. Ludi quinquennales jussu concilii Cretensis editi.

---

980. Lytti. — *C. I. Gr.*, 2570.

Τιβ. Κλαύδιος | Καῖσαρ Σεβαστὸς Γερ|μανικὸς ' τὰς ὁδοὺς καὶ | τοὺς ἀνδροβάμο-
νας ² ἀπο‖κατέστησεν διὰ Κ. Πακωνίου | Ἀγριππίνου ³ τὸ β' καὶ Δ[ω]ρο|θέου Τι......

1. Claudius imperator. — 2. Ἀνδροβάμων idem valere arbitratur H. Estienne atque
ἀνδρόβαμος = στενή, ὁδός, auctore Hesychio. Suspicatur Foucart hoc verbo significari sca-
bella lapidea quibus nitebantur viatores ut equum ascenderent. Cf. Plut., *C. Grach.*, 6 :
Ἄλλους δὲ λίθους ἐλάττον ἀπέχοντας ἀλλήλων ἑκατέρωθεν τῆς ὁδοῦ διέθηκεν ὡς εἴη ῥᾳδίως τοῖς ἵπποις
ἔχουσιν ἐπιβαίνειν ἀπ' αὐτῶν ἀναβολέως μὴ δεομένοις et *C. I. L.*, III, 6983 : [*viam et s*]*essionem
d. s. p. f.* — 3. Hic supplendum ταμίου; cf. infra n. 1013. Q. Paconius Agrippinus iterum
erat quaestor provinciae Cretae et Cyrenarum, non proconsul, ut suspicatur Rohden in
Prosop. imp. rom., III, p. 4, n. 16.

---

981. Lytti. — Haussoullier, *Bull. de corr. hellén.*, IX (1885), p. 22, n. 17.

Δο[μιτίαν Σε]‖βαστὴ]ν ' Αὐτο||κράτο[ρος Δο]|μιτια[νοῦ Καί|]σαρος [Σεβασ]‖τοῦ
Γε[ρμανι]|κοῦ ² γυναῖκα Λυτ]|τίων ἡ [πόλις διὰ] | πρωτο[κόσμου ³.....

1. Domitia Augusta, conjux Domitiani. Cf. *Prosop. imp. rom.*, II, p. 26, n. 156. —
2. Post annum p. C. n. 84. — 3. Cf. n. 979.

---

982. Lytti. — Haussoullier, *Bull. de corr. hellén.*, IX (1885), p. 22, n. 18.

Τραιανῶι Σεβαστῶι Γ[ερμα]|νικῶι Δακικῶι, ἀρχιε[ρεῖ] | μεγίστωι, δημαρ-
χικῆς ἐξ[ο]υσίας το θ' ¹, αὐτοκ[ράτορι ²] ‖ το ε', πα[τρὶ πατρίδος, | τ]ῷ τῆς
οἰκ[ουμένης | κτί]στηι Λ[υττίων | ἡ πόλις...

1. Anno 105 p. C. n. — 2. Consulatus omissus fuisse videtur.

983. Lytti. — G. Doublet, *Bull. de corr. hellén.*, XIII (1889), p. 64.

[Αὐ]τοκράτορα Καίσα|[ρα] Θεοῦ Νέρουα υἱὸν | [Νέ]ρουαν Τραιανὸν Σε|βα,σ-
5 τὸν Γερμανικὸν | [Δα]κικὸν, ἀρχιερέα μέγισ|το ν, δημαρχικῆς ἐξουσίας | τὸ
ι]α΄, αὐτοκράτωρ τὸ ε΄, ὕπατος [τὸ] | ε΄ ¹, πατέρα πατρίδος, Λυττί ων] | ἡ πόλις
10 διὰ πρωτοκόσμο|υ ² || Α]ουκιανοῦ Μενάνδρου.

1. Anno 106. — 2. Cf. nn. 979, 981.

---

984. Lytti. — *C. I. Gr.*, 2572.

Αὐτοκράτορι Καίσαρι | Θεοῦ Νέρ[ου]α υἱῷ Νέρουα | Τραιανῷ Σεβαστῷ
5 Ἀρίστῳ | Ἀρμενικῷ ¹ Δακικῷ ἀρχι|ερεῖ μεγίστῳ, δημαρχι|κῆς ἐξουσίας τὸ
ια΄ ², | ὑπάτῳ τὸ γ΄ ³, πατρὶ πατρίδος, | τῷ τῆς οἰκουμένης κτί|στη, Λ[υ]ττίων
10 ἡ πόλις διὰ | πρωτοκόσμου ⁴ Βαναξι|βούλου Κομάστα τὸ β΄.

1. Optimo Armenico. Restituendum : Optimo Germanico. — 2. Anno p. C. n. 107. —
3. Lapicida erravit : restitue τὸ ε΄. — 4. Cf. nn. 979, 981, 984.

---

985. Lytti. — S. Ricci, *Monum. antichi*, II (1893), p. 289, n. 2.

Αὐτοκράτορι Καί|σαρι Θεοῦ Νέρουα υ[ἱ]|ῷ Νέρουα Τραιανῷ Σε|βαστῷ Γερμα-
5 νικῷ Δακι|κῷ, ἀρχιερεῖ μεγίστῳ, δη|μαρχικῆς ἐξουσίας τὸ ιβ΄ ¹, | [ὑ]πάτῳ τὸ ε΄,
10 πατρὶ πατρίδος, | Λυττίων ἡ πόλις τῷ τῆς | οἰκουμένης κτίστῃ | διὰ πρωτο-
κόσμου | Βαναξιβούλου Κω|μάστα [τὸ γ΄] ².

1. Anno p. C. n. 108. — 2. Cf. n. 984.

---

986. Lytti. — Halbherr, *Americ. journal of archaeol.*, XI 1896, p. 539, n. 1.

Αὐτοκράτορι Καίσαρι Θε[οῦ Νέρουα υἱῷ Νέρουα | Τραιανῷ Σεβαστῷ Γερ|μα-
5 νικῷ Δακικῷ, ἀρχιερεῖ || μεγίστῳ, δημαρχικῆς ἐ|ξουσίας ις΄, ὑπάτῳ τὸ ς΄, |
10 πατρὶ πατρίδος, Λυττίων | ἡ πόλις τῷ τῆς οἰκουμέ|νης κτίστῃ διὰ πρωτοκό|σμου
Τι. Κλαυδίου Βοινοβίου.

1. Anno p. C. n. 112, ante diem decimam mensis decembris, qua die initium cepit
septima decima Trajani tribunicia potestas.

T. I   22

987. Lytti. — *C. I. Gr.*, 2574.

Αὐτοκράτορι Καίσαρι Θεοῦ Νέρουα υἱῷ | Νέρουα Τραιανῷ Σεβαστῷ Γερμα-
νικῷ | Δακικῷ, ἀρχιερεῖ μεγίστῳ, δημαρχι|κῆς ἐξουσίας τὸ ιζ' [1], ὑπάτῳ τὸ γ'[2], |
5 πατρὶ πατρίδος, τῷ τῆς οἰκουμένης | κτίστῃ, Λυττίων ἡ πόλις διὰ πρω|τοκόσμου
Μ. Πομπηίου Κλευμενίδα.

1. Ann. p. C. n. 112/113. — 2. Erravit lapicida : restitue τὸ ϛ'.

988. Lytti. — Halbherr, *Americ. journal of archaeol.*, XI (1896), p. 542, n. 3.

Αὐτοκράτορι Καίσα|ρι Θεοῦ Νέρουα υἱῷ | Νέρουα Τραιανῷ Σε|βαστῷ Γερμα-
5 νικῷ | Δακικῷ, ἀρχιερεῖ μεγίσ|τῳ, δημαρχικῆς ἐξου|σίας τὸ ιζ' [1], ὑπάτῳ τὸ ϛ', |
10 πατρὶ [π]ατρίδος, τῷ τῆς | οἰκουμένης κτίστη, || Λυττίων ἡ πόλις διὰ πρω|το-
κόσμου Μάρκου Πομ|πηίου Κλευμενίδα.

1. Anno p. C. n. 112/113. Hic titulus diversus videtur ab eo qui praecedit et ab eo qui
sequitur.

989. Lytti. — *C. I. Gr.*, 2573.

Αὐτοκράτορι Καίσαρι | Θεοῦ Νέρβα [1] υἱῷ Νέρου|α Τραιανῷ Σεβαστῷ | Γερμα-
5 νικῷ Δακικῷ, || ἀρχιερεῖ μεγίστῳ, δη|μαρχικῆς ἐξουσίας | τὸ ιζ' [2], ὑπάτῳ [3],
10 τῆς οἰ|κουμένης κτίστῃ, | Λυττίων ἡ πόλις || διὰ πρωτοκόσμου Μ. | Πομπηίου
Κλευμενί|δα.

1. Sic in lapide. — 2. Anno p. C. n. 112/113. — 3. Sic in lapide; Boeckh restituit
ὑπάτῳ [τὸ ϛ', πατρὶ πατρίδος, τῷ] τῆς, etc., versum lapicidae errore omissum jure ratus;
cf. n. 984 et sqq.

990. Lytti. — Halbherr, *Americ. journal of archaeol.*, XI (1896), p. 542, 4 *b*.

Αὐτοκράτορα Καίσαρα | Θεοῦ Νέρουα υἱὸν Νέρουαν | Τραιανὸν Σεβαστὸν Γερ-
5 μα|νικὸν Δακικόν, ἀρχιερῆ μέ|γιστον, δημαρχικῆς ἐξου|σίας τὸ ιη' [1], ὕπατον
τὸ ϛ', πα|τέρα πατρίδος, τὸν τῆς οἰ|κουμένης κτίστην, Λυτ|τίων ἡ πόλις διὰ
10 πρωτο|κόσμου Τ. Φλαουίου | Κωμάστα τὸ β'.

1. Anno p. C. n. 113/114.

991. Lytti. — Halbherr, *Americ. journal of archaeol.*, XI (1896), p. 542, n. 4 *a*.

Αὐτοκράτορα Και|σαρα Θεοῦ Νέρουα | υἱὸν Νέρουαν Τραιανὸν | Σεβαστὸν
Γερμανικὸν | Δακικὸν, ἀρχιερῆ μέγι|στον, δημαρχικῆς ἐξου|σίας τὸ ιη′ [1], ὕπατον
τὸ ς′, | πατέρα πατρίδος, τὸν | τῆς οἰκουμένης κτίσ|την, Λυττίων ἡ πόλις |
διὰ πρωτοκόσμου Τ. | Φλαουίου Κωμάστα τὸ β.

1. Anno p. C. n. 113/114.

---

992. Lytti. — Halbherr, *Americ. journal of archaeol.*, XI (1896), p. 541, n. 2.

Πλωτείνην Σεβα|στὴν Αὐτοκράτορος | Νέρουα Τραιανοῦ Και|σαρος Σεβαστοῦ |
Γερμανικοῦ Δακικοῦ | γυναῖκα, Λυττίων | ἡ πόλις διὰ πρω|τοκόσμου Τι. | Κλαυ-
δίου Βοινε|βίου [1].

1. Anno p. C. n. 112; cf. supra n. 986.

---

993. Lytti. — *C. I. Gr.*, 2575.

Πλωτίνην Σε|βαστὴν Αὐτο|κράτορος Νέρ|ουα Τραιανοῦ Και|σαρος Σεβαστοῦ |
Γερμανικοῦ Δακικοῦ γυναῖκα, Λυτ|τίων ἡ πόλις διὰ | πρωτοκόσμου Μ. | Πομ-
πηίου Κλευ|μενίδα [1].

1. Anno p. C. n. 112 113; cf. supra n. 987-989.

---

994. Lytti. — Halbherr, *Mus. ital. di antich. class.*, III (1890), p. 668, n. 75.

Πλωτ ίνην Σ εβασ[τ]ὴ ν Αὐτοκράτο ρο]|ς Νέρου[α] Τραια νο]|ῦ Καίσαρος
Σε[βα]|στοῦ Γερμανικο῀ ῦ Δακ]ικοῦ | γυναῖκα, Λυτ[τίω]|ν ἡ πόλις διὰ π ρωτο]|-
κόσμου Τ. Φλα[ου]|ίου Κωμάστ[α] ‖ τὸ β [1].

1. Anno p. C. n. 113 114 ; cf. supra n. 990-991.

---

995. Lytti. — Doublet, *Bull. de corr. hellén.*, XIII (1889), p. 64.

[Μαρκιανὴν Σεβαστὴν θεὰν Αὐτοκράτορος Νέρουα Τραιανοῦ Καίσαρος Σεβαστοῦ

5 Γερμανικοῦ Δακικοῦ ἀ]|δελφήν. Α[υττί|ων ἡ πόλις διὰ | πρωτοκόσμου ‖ Τ. Φλαουίου Ἀ|ριστοφῶντος | τὸ β΄.

---

996. Lytti. — *C. I. Gr.*, 2576.

Μαρκιανὴν Σεβαστὴν θεὰν Αὐτο|κράτορος Νέρουα | Τραιανοῦ Καίσαρος | 5 Σεβαστοῦ Γερμα|νικοῦ Δακικοῦ ἀ|δελφήν, Αυττί(ι)ων | ἡ πόλις διὰ πρωτο|κόσμου 10 Τι. Κλαυδί|ου Βοινοβίου ΄.

1. Anno p. C. n. 112; cf. supra n. 986.

---

997. Lytti. — *C. I. Gr.*, 2577.

Ματιδίαν Σεβαστὴν | Α υ]ττίων ἡ πόλις | διὰ πρωτοκόσμου | Βαναξιβούλου 5 Κω|μάστα τὸ β΄ ΄.

1. Anno p. C. n. 107; cf. supra n. 984.

---

998. Lytti. — Spratt, *Travels and researches in Creta*, II, p. 416 n. 7; cf. tav. I, n. 7.

Ματιδίαν Σεβαστὴν | Θεᾶς Μαρκιανῆς θυ|γατέρα, ἀδελφῆς Αὐ|τοκράτορος 5 Νέρουα | Τραιανοῦ Καίσαρος | Σεβαστοῦ Γερμα|νικοῦ Δακικοῦ, Αυτ|τίων πόλις 10 διὰ | πρωτοκόσμου ‖ Τι. Κλαυδίου Βοινο|βίου ΄.

1. Anno p. C. n. 112; cf. supra n. 986.

---

999. Lytti. — *C. I. Gr.*, 2578.

Ματτιδίαν Σεβαστὴν | Α[υ]ττίων ἡ πόλις διὰ | πρωτοκόσμου Τ. Φλα|ουίου Κωμάστα τὸ β΄ ΄.

1. Anno p. C. n. 113 114; cf. supra n. 991.

1000. Lytti. — *C. I. Gr.*, 2579.

Αὐτοκράτορα Καίσαρα [θ]εοῦ] Τραιανοῦ | Παρθικοῦ υἱ[ὸν] θεοῦ Νέρ(ο)υα

[υ]ιωνὸν | Τραιανὸν Ἀδριανὸν Σεβαστὸν, ἀρχιερέα | μέγιστον, δημαρχικῆς
5 ἐξουσίας τὸ ς΄ ¹, ὕπα|τον τὸ γ΄, Λυττίων ἡ πόλις διὰ πρωτοκόσμου | Τουκουρ-
νίου? Διοτέλους υἱοῦ.

1. Anno p. C. n. 123.

1001. Lytti. — Haussoullier. *Bull. de corr. hellén.*, IX (1885), p. 23, n. 19.

Αὐτοκράτορα Καίσαρα | Θεοῦ Τραιανοῦ Παρθι|κοῦ υἱὸν, Θεοῦ Νέρουα |
5 υἱωνὸν, Τραιανὸν Ἀδρια|νὸν Σεβαστὸν, ἀρχιερῆ | μέγιστον, δημαρχικῆς | ἐξου-
σίας τὸ η΄ ¹, ὕπατον | τὸ γ΄, Λυττίων ἡ πόλις | διὰ πρωτοκόσμου Εὔνου |
10 Κοίντου.

1. Anno p. C. n. 124.

1002. Lytti. — Spratt, *Travels and researches in Creta*, II, p. 417, n. 9; cf. tav. I, n, 9.

Αὐτοκράτορα Καί|σαρα Θεοῦ Τραιανοῦ | Παρθικοῦ υἱὸν, Θεοῦ | Νέρουα υἱωνὸν,
5 Τραια|νὸν Ἀδριανὸν Σεβα|στὸν, ἀρχιερῆ μέγι|στον, δημαρχικῆς | ἐξουσίας τὸ
10 θ΄ ¹, ὕπ[α]τ[ον] | τὸ γ΄, Λυττίων ἡ πό|λις διὰ πρωτοκόσ|μου Ἀπολλωνίδου |
Κλευμενίδου.

1. Anno p. C. n. 125.

1003. Lytti. — Halbherr, *Mus. ital. di antich. class.*, III (1890), p. 670, n. 77.

[Αὐτοκράτωρ Καῖσαρ Θ]εοῦ Νέρουα υἱωνὸς Τρα[ιανὸς Ἀδριανὸς Σεβαστὸς... |
......υ]της χρημάτων ἐπὶ ἀνθυπάτ[ου...

1004. Lytti. — Halbherr, *Mus. ital. di antich. class.*, III (1890), p. 669, n. 76.

Παυλεῖναν Αὐτοκρά|τορος Τραιανοῦ Ἀδρια|νοῦ Καίσαρος Σεβαστοῦ | ἀδελφήν,
5 Λυττίων ἡ πό|λις διὰ πρωτοκόσμου | Ἀπολλωνίδου Κλευμε|νίδου ¹.

1. Anno p. C. n. 125; cf. supra n. 1002.

1005. Lytti. — Haussoullier, *Bull. de corr. hellén.*, IX (1885), p. 23, n. 20.

Αὐρήλιον Βῆρον ¹ Καίσαρα ² | Τ. Αἰλίου Ἀδριανοῦ Ἀντωνεί|νου Αὐτοκρά-
τορος Σεβασ|[τ]οῦ Εὐσεβοῦς υἱόν, Θεοῦ Ἀ||δριανοῦ υἱωνὸν, Λυττίων | ἡ πόλις
διὰ πρωτοκόσμου | Πανταυδρίδα Πανταυδρίδα.

1. M. Aelius Aurelius Verus ut videtur, qui postea imperium adeptus est. — 2. Inter
annos 138 et 161 p. C. n.

1006. Lytti. — Halbherr, *Mus. ital. di antich. class.*, III (1890), p. 670, n. 79.

[Αὐτοκράτορα Καί]σαρα | [Μ. Αὐρήλιον Ἀντω]νεῖνον | [Εὐσεβῆ Σεβασ]ὸν ¹
ἡ πό|λις........]ης τῆς || [Λυττίων ἡ πόλις διὰ | [πρωτοκόσμου Ἀ]γαθο|-
[κλέους? Ἀγαθ]όποδος.

1. Est Caracalla, ut videtur.

1007. Lytti. — Halbherr, *Mus. ital. di antich. class.*, III (1890), p. 671, n. 80.

[Αὐτοκράτορι Καίσ]αρι Θεῶ[ι Σεβαστῶι.....] | ..... πατρὶ τῆ[ς πατρίδος... |
..... αιρει του ιερα.....

1008. Lytti. — Halbherr, *Mus. ital. di antich. class.*, III (1890), p. 669, n. 78.

.... δη|μ]αρχικῆς ἐξουσίας τὸ β′ | .... | Γν(αίου) Σ]ουελλίου
Ῥούφ(ου) ¹, διὰ πρωτο|[κόσμου.......

1. De Cn. Suellio Rufo, proconsule forsitan Cretae et Cyrenarum, cf. *Prosop. imp. rom.*,
III, p. 278, n. 692.

1009. Lytti. — Spratt, *Travels and researches in Creta*, II, p. 416, n. 6; cf. t. I, n. 6.

Λυττίων πόλις | Πουπλίαν | Αἰλίαν Παρ[θενὶν τὴν || σώφρον[α].

1010. Lytti. — Doublet, *Bull. de corr. hellén.*, XIII (1889), p. 61.

In titulo mutilo, inter alia :

5 ..... τὸν δὲ πρωτοκοσ|μοῦντα κατ' ἔτος ἢ ἐπιμελούμε|νον διδόναι διανομὴν
Θεοδαι|σίοις ¹ ἐκ τῶν ὁσέων ὧν οἱ Σταρ|τοὶ ² λαμβάνουσιν δηνάρια αρ' καὶ
Μα|ίαις καλ(ένδαις) ἐκ τῶν ταῖς φυλαῖς δι|δομένων χρημάτων, etc.

1. Theodaesia, feriae in honorem Dionysi apud Lyttios celebratae. — 2. Σταρτοί, pars
populi Lyttiorum.

1011. Oloi. — Demargne, *Bull. de corr. hellén.*, XXIV (1900), p. 236.

Τε θέρι ον Καίσαρα Σεβα σ τοῦ υἱὸν Σεβαστὸ ν ¹ | ἀ πόλις, ἐπὶ κόσμο[υ] |
5 Σωτηρίου τοῦ | Ἀγαθο ?|δάμου καὶ ἱερέως... | ρος ².... | τερέως, πρωθιερέως
10 δὲ Τε|βερίου Ἀλεξίωνος το σ | Ὀνα σάδου? τ ο σ Σι...μο[υ].

1. Est Tiberius imperator. — 2. In lapide : ΡΟΣΛΛΙΚΗΣΙΟΠΕΥΣΤΟ.

1012. Lati. — Doublet, *Bull. de corr. hellén.*, XIII (1889), p. 55.

5 Αὐτοκράτορα | Καίσαρα | ....¹ | υἱὸν Σεβαστὸν, | Λατίων ἀ πόλις.

1. Versus erasus.

1013. Hierapytnae. — Halbherr, *Antiquary*, XXVII, p. 12.

5 Τιβέριος | Κλαύδιος Καῖ|σαρ Σεβασ τὸς | Γερμανικὸς [τὰς ὁ]βοὺς καὶ
τοὺς [ἀν|δρο]δάμονας ¹ [ἀπο]|κατέστησεν δ ιὰ | Κ. Πακωνίου Ἀγριπ|πίνου
10 ταμίου τὸ | β' καὶ Δ ωροθείου.....

1. Cf. supra n. 980.

1014. Hierapytnae. — Halbherr, *Mus. ital. di antich. class.*, III (1890), p. 623, n. 40.

5 Τι.β. Κλαύδιος | Καῖσαρ Σεβασ τ σ 'ς Γερμανικὸς | τὰς ὁδ ο]ὑ'ς καὶ]] τοὺ'ς
ἀνδροδάμο|νας ¹ ἀποκατέστησεν......

1. Cf. n. 1013 et 980.

1015. Hierapytnae. — *C. I. Gr.*, 2581.

Αὐτοκράτορα Καίσ(αρα) | Μᾶρκον Αὐρήλιον | Ἀντωνεῖνον Σεβα[στὸν, τὸν
5 κύριον | τῆς οἰκουμένης, Λ. Φλ. Σουλπικιανὸς Δωρίων [1].

1. De L. Flavio Sulpiciano Dorione cf. *Prosop. imp. rom.*, II, p. 76, n. 246.

1016. Hierapytnae. — *C. I. Gr.*, 2582.

Αὐτοκράτορα Καίσαρα | Λούκιον Αὐρήλιον Βῆρον | Σεβαστὸν Ἀρμενιακὸν [1], |
5 τὸν κύριον τῆς οἰκουμένης | Λ. Φλ. Σουλπικιανὸς Δωρίων [2].

1. Post annum 163 p. C. n., ante annum 169, quo L. Verus obiit, forsitan etiam ante
annum 165 quo Parthicus Maximus vocatus est. — 2. Cf. n. 1015.

1017. Hierapytnae. — Contoléon, *Bull. de corr. hellén.*, XI (1887), p. 212, n. 1. —
Halbherr, *Mus. ital. di antich. class.*, III, p. 623, n. 41.

.....Δωρίωνα Πολύμνιν [1] | ταμίαν Βειθυνίας, | καταλεγέντα εἰς | τοὺς δημαρ-
5 χικοὺς [2], | στρατηγὸν ἀπο δ ε[ι]χθέντα [3], Λ. Φλ. | Σουλπικιανὸς Δωρίων | τὸν
υἱόν.

1. E vestigiis nonnullis, quae deprehendere potuit in lapide, Halbherr ita restituit
initium tituli [Λ vel Τ. Φλ. Σουλπικιανὸν]; de L. Flavio Sulpiciano Dorione, cf. n. 1015. —
2. Allectus inter tribunicios. — 3. Praetor designatus.

1018. Hierapytnae. — *C. I. Gr.*, 2590.

5 Λ. Φλάουιο ν| | Σολπικιανὸ ν [1], | υἱὸν Φλαουίο υ | Δωρίωνος, τ[αμίαν] || καὶ
ἀντιστ ρ ατ η γ ον | Β ει θυνίας [2].

1. COYAΠΠIKIANOY traditur. — 2. Quaestor pro praetore Bithyniae.

1019. Hierapytnae. — *C. I. Gr.*, 2562.

In fine tituli valde mutili post 14 versus legitur :

.... Ἐπράχθη ἐν Ἱεραπύ[τ]νῃ πρὸ [γ' ']... | Λ. Βα]λε[ρίῳ Ἀσι]ατικῷ τὸ

[β'], Λουκίῳ Ἐπιδίῳ Τιτίῳ Ἀκυλείνῳ ὑπάτοις ², ἐπὶ πρω|τοκόσμου...]ου
Τιτιανοῦ Ὑπεράνθους Κίθνου υἱοῦ, μηνὸς (Θεο δα ισ ιου.... | .....τῇ γερουσίᾳ
5 μου τὸν προγεγραμμένον νόμον.....ως προ .... ' | τοῖς προ γεγραμμένοις
παρῆσαν.

Sequuntur nomina nonnulla, inter quae :

... Κλαύδιος Ὑ|περάν]θης βουλῆς πρήγιστος ³, | Πούπλιος Κορνήλιος......., |
[Κοί]ντος Αἴλιος Ἀντιοχεὺς..., | Τίτος Ἰούνιος Ἀρτεμᾶς, | Γάιος Αἰμίλιος
Ἡλε...., | [Γάι]ος Ἰούλιος Ἀντίοχος...

1. Traditur T. — 2. Anno 125 p. C. n. — 3. In Creta πρήγιστος vel πρείγιστος =
πρεσβύτατος.

1020. Itani. — Demargne, *Bull. de corr. hellén.*, XXIV (1900), p. 238.

5 Φιλώτας | Γενθίου | Ἐπιδάμνιος | τῶν πρώτων ‖ φίλων καὶ χιλί|αρχος καὶ
φρούρα[ρ]|χος ¹ Διὶ Σωτῆρι | καὶ Τύχηι Πρωτο|γένηι ² αι..να.

1. Itanum, regnante Ptolemaeo Philometore, ab aegyptiacis militibus occupatam fuisse
notum est. Cf. infra n. 1021. — 2. Fortuna Primigenia.

1021. Itani. — Titulum insignem, cujus inventa sunt duo mutila exempla, alterum in
Creta prope rudera Itani, alterum Magnesiae ad Maeandrum (Cretense exemplum con-
tinet versus 1-87, alterum versus 28-141) integrum hic referre placuit. — Dittenberger,
Sylloge (ed. II), n. 929.

I. Θεὸ[ς ἀγαθό]ς. | [Ἐπ]ὶ Ὀλυμπικοῦ ¹, Σ[μισιῶν]ος ² ε' ἱσταμέ[ν]ου,
ἀ|πόφ]ασις Εὐφήμου τοῦ [Παυσανίου, | ν]εωκόρου τῆς [Ἀ]ρτέμι[δ]ος τῆς
Λευκοφρυ[η]νῆς ³, Κίλλου τοῦ Δημητρίου, [Ἀ]ρισταγόρου τοῦ [Δ]η[μ]ο...., |
Ἀπολλωνίου τοῦ Ἀλέξωνος, Λυκομήδου τοῦ Εὐπολέμου, Δημητρίου τοῦ
5 Δημητρίου τοῦ Ἡροπύθου, ‖ Δημητρίου τοῦ Δημητρίου τοῦ Ἀναξαγόρου,
Αἰδούχου τοῦ Ἀπολλοδώρου, Μιννίωνος τοῦ Διο[ν]υ[σ]ίου τοῦ Μιννίωνος, Ἐπι-
κούρου τοῦ Ἀρτεμιδώρου τοῦ Μοσχίωνος, Παυσσικράτου τοῦ Ἡροπύθου,
Ἀπολ]λωνί[ο]υ [τ]οῦ Ἀπολλωνίου, Εὐδούλου τοῦ Ἀλεξίωνος, Βοήθου τοῦ
Ἀνδρομάχου, Ἀρτεμιδώρο[υ] τοῦ Δη|μη[τ]ρίου, Ἀπολλωνίου τοῦ Διονυσοδώ-
ρου, Ἐπικράτου τοῦ Διοκλέους τοῦ Διονυσοκλέου[ς, Ε]ὐδούλου | τοῦ Μά[νδ]ρω-

νος, κεχειροτονημένων καὶ αὐτῶν ὑπὸ τοῦ δήμου ' δικάσαι Κρησὶν Ἰτ[ανίοις
10 τε καὶ Ἱερ απυ]τν[ίοις κατὰ τὸ γεγο]νὸς ὑπὸ τῆς συγκλήτου " δόγμα καὶ κατὰ
τὴν ἀποσταλεῖσα ν ἐπιστολὴν ὑπὸ Λ ε υ]κίου Καλοπορνίου Λε]υκίου υἱοῦ
Πείσωνος στρατηγοῦ ὑπάτου " · εὐκτὸ[ν] μὲν ἦ[ν......... |ι .... ἡμῶν εἰς
μηδεμίαν φιλονικίαν καὶ πλεοναζο.......... | ὁ...........ιεσθαι, μετ' εἰρήνης δὲ
καὶ τῆς πάσης ὁμονοίας [καὶ φιλανθρωπία]ς | τ[ὴν πρὸς ἀλλήλο]υς διαφυλάσ-
15 σειν εὔνοιαν, ἐπειδὴ (δὲ) οἱ καιροὶ πολλ[άκις ....]ς || σ.......... τοὺς
συνγενεστάτους εἰς διάστασιν τὴν πρ(ὸ)ς ἀ[λλήλους ἐξάγουσι]ν | α'..........
π ᾶσιν τοῖς οὖσιν ἐν φιλίαι διαλύειν ὅσον ἐφ' ἑαυτοῖς..........ρο | [.......... τὰς
ἐπε]λη[λ]υθυίας ἔχθρας, ὅθεν καὶ τὰ νῦν εἰς τὴν με.........ε | λ........
Ἰτανί]ων καὶ Ἱεραπυτνίων. Τῆς δὲ συνκλήτου στοιχού[σης τῆι παρ' ἑαυ]τῆι |
π ρὸς ἅπαντας ἀνθρώ]πους ὑπαρχούσηι δικαιοσύνηι, δούσης κριτὴν αὐτ[οῖς τὸν
20 ἡμέτερ ο ν| || ὁ ἦμον, διατάξαντος δ ἐ περὶ τούτων καὶ τοῦ στρατηγοῦ Λευκίου
Καλοπο[ρνίου Λευκίου υ ἱοῦ | Πείσω[ν ο ς, καθ]ότι τὰ ἀποδοθέντα ἡμῖν ὑπ'
ἑκατέρων γράμματα περιέχει, ὁ δῆμος ἡμῶ[ν], | τοῖς τε ὑπὸ Ῥωμαίων τῶν
κοινῶν εὐεργετῶν διὰ παντὸς γραφομένοις πείθεσθαι προαιρούμε|νος, μεμνημένος
τε τῶν διὰ προγόνων ἀπὸ τῆς ἀρχῆς γεγενημένων ὑφ' ἑαυτοῦ πρὸς πάντας
Κρητα|εῖς καλῶν καὶ ἐνδόξων ⁷, ἃ καὶ θεοῦ χρησμοῖς καὶ τῆς παρὰ πᾶσιν
25 ἀνθρώποις εἰδήσει κ]ατε[ίληπται, καὶ νῦν || μετὰ σπουδῆς καὶ φιλοτιμίας ἐποιή-
σατο τὰν αἵρεσιν τοῦ δικαστηρίου ἐν τῆι ὑφ' ἑκατέρων γενηθεί(σηι) | ὁμολόγωι
ἡμέραι. Ἀποδειχθέντες οὖν καὶ αὐτοὶ κριταί, παραχρῆμα ἀναβάντες ἐπὶ τὸν
βωμὸν τῆς Ἀρτέμι|δος τῆς Λευκοφρυηνῆς σφαγιασθέντος ἱερείου ὠμόσαμεν καθ'
ἱερῶν, παρόντων τῶν τε διαδικα|ζομένων ἀφ' ἑκατέρας πόλεως καὶ τῶν συνπα-
ρόντων αὐτοῖς, καὶ καθίσαντες ἐν τῶι ἱε ρ ῶ ι τῆς | Ἀρτέμιδος τῆς Λευκοφρυηνῆς
30 διηκούσαμεν τῶν διαφερομένων, οὐ μόνον τὸν τῆς ἡμέρας αὐ]τοῖς δόντες χρόνον,
ἀλλὰ καὶ τὸ πλεῖον τῆς νυκτός, πᾶσαν ἀναδεχόμενοι κακοπαθίαν χάριν τοῦ |
μηθενὸς ὑστερῆσαι δικαίου μηθένα τῶν κρινομένων · τέλος δὲ λαβούσης τῆς
δικαιολογίας, | ἐνγράφους θέμενοι τὰς γνώμας, τῶι μὲν ἀκριβεῖ τῆς ψήφου
βραβευθῆναι τὴν κρίσιν οὐκ ἠβουλό|μεθα, συναγαγεῖν δὲ σπεύδοντες αὐτοὺς
καὶ αὐτοὶ καὶ πάλιν εἰς τὴν ἐξ ἀρχῆς ἀποκαταστῆσαι | φιλίαν, ὡς ἦν ἡμῖν
πάτριον καὶ προσῆκον ἡγούμεθα ἑκατέρους, τὰ πράγματα ἐφ' ἱκανὸν προ[σ-
35 κεί]μενοι εἰς τὸ συλλύσεως καὶ φιλίας αὐτοῖς παραίτιοι γενηθῆναι. Τῆς δὲ προ-
θέσεως ἡμῶν μὴ τελ[ε]ιουμέ]νης διὰ τὸ ὑπερβαλλόντως αὐτοὺς τὴν πρὸς ἀλλή-
λους φιλονικίαν ἐνεστάσθαι, συνέβη τῆι ψήφωι | τὴν κρίσιν βραβευθῆναι, περὶ

ῆς καὶ τὴν καθήκουσαν ἔχθεσιν πεποιήμεθα. II Ἰτάνιοι πόλιν οἰκοῦν|τες ἐπι-
θαλάσσιον χώραν, ἔχοντες προγονικὴν γειτονοῦσαν τῶι τοῦ Διὸς τοῦ Δικταίου [8]
ἱερῶι, ἔχον|τες δὲ καὶ νήσους καὶ νεμόμενοι, ἐν αἷς καὶ τὴν καλουμένην
40 Λεύκην [9], θλιβόμενοι κατά τινας καιροὺς | ὑπὸ τῶν παρορόντων Πραισίων
ἐπεσπάσαντο χάριν βοηθείας καὶ φυλακῆς τῆς τε πόλεως καὶ τῆς χώρας, | ἔτι
δὲ καὶ τῶν νήσων, τὸν Αἰγύπτου βασιλεύσαντα Πτολεμαῖον [10], ὡς τὰ παρα-
τεθέντα ἡμῖν περὶ τού|των γράμματα περιεῖχεν, καὶ τούτωι τῶι τρόπωι δ[ι α-
κατεῖχον τοὺς (π)ροειρημένους τόπους · τελευτή|σαντος δὲ τοῦ Φιλομήτορος
βασιλέως Πτολεμαίου καὶ τῶν ἀποσταλέντων ὑπ' αὐτοῦ χάριν τοῦ συντη|ρεῖν
Ἰτανίοις τήν τε χώραν καὶ τὰς νήσους ἀπαλλαγέντων, οὕτως Ἰτάνιοι καὶ τῆι
45 ἀπὸ τῶν φίλων εὐνοί|αι συγχρ[ώμ]ενοι διεφύλασσον τὰ καθ' ἑαυτούς · ἐνστάντος
δὲ κατὰ τὴν Κρήτην πολέμου καὶ μείζονος, | ἀνειρημένης δὲ ἤδη καὶ τῆς
Πραισίων πόλεος τῆς κειμένης ἀνὰ μέσον Ἰτανίων τε καὶ Ἱεραπυ|τνίων, οὕτως
Ἱεραπύντνιοι τῆς τε νήσου καὶ τῆς χώρας ἀμφισβητεῖν Ἰτανίοις ἐπεβάλαντο,
φάμε|νοι τὴν μὲν χώραν εἶναι ἱερὰν τοῦ Ζηνὸς τοῦ Δικταίου, τὴν δὲ νῆσον
προγονικὴν ἑαυτῶν ὑπάρ|χειν · τῶν δὲ παρὰ Ῥωμαίων πρεσβευτῶν τῶν περὶ
50 Σέρουιον Σολπίκιον [11] παραγενομένων εἰς Κρήτην || καὶ τοῦ πολέμου λύσιν λαβόν-
τος κατή(ν)τησαν καὶ Ἰτάνιοι ἐπὶ τὴν σύνκλητον · δοθείσης δὲ τῆς ἡμετέ|ρας
πόλεως πρότερόν τε καὶ νῦν, καὶ τοῦ δόγματος περιέχοντος, « ὃν τρόπον ἑκάτεροι
ταύτην τὴν | χώραν καὶ τὴν νῆσον, περὶ οὗ ἡ πρᾶξις ἐνέστηκε, κατεσχηκότες
εἴησαν τῆι πρὸ τοῦ ἡμέραι ἢ ὁ πόλε|μος ἐν αὐτοῖς ἤρξατο, οὗ πολέ μ]ου ἕνεκεν
Σέρουιος Σολπίκιος κἀκείνη ἡ πρεσβεία εἰς Κρήτην ἀπεστά|λησαν, ὅπως οὕτως
κρίνωσιν αὐτοὺς ἔχειν, κ[α]τέχειν τε καρπίζεσθαί τε ἐξεῖναι », ἔγνωμεν · III ἐκ
55 τῆς ὑφ' ἑκα|τέρων γενηθείσης δικαιολογίας, τὴν χώρα[ν τὴ]ν ὑπὸ τὴν διαμφισ-
βήτησιν ἠγμένην διακατεσχημένην | τε ὑπὸ Ἰτανίων καθότι προεκτεθείμεθα
ἕω[ς] τοῦ τὸν προδιασεσαρημένον πόλεμον γενηθῆναι, οὖσαν | δὲ καὶ ἀπὸ τῆς
ἀρχῆς Ἰτανίων, καθ ὅ τι καὶ [οἱ ἐπιδειχ]θέντες ἡμῖν ὑφ' ἑκατέρων περιορισμοὶ
τῆς χώ|ρας ἐμήνυον, ὅ τε πρὸς τοὺς πρότερον παρορῶντας αὐ]τοῖς Δραγμίους [12]
γενηθεὶς <ης> περιέχων | οὕτως · « ὅροι δὲ ὄντων αὐτοῖς τᾶς χώρας τοί δε ·
60 ὡς ὁ Σέδαμνος ἐ|ς Καρύμας καὶ πέραν ἐς τὰν στεφά|ναν καὶ ἁ στεφάνα περιάμ-
παξ ἐς ὀρθὸν ἐς Δο ρθάννας ἐπὶ τὸν] λάκκον καὶ ἐς τὰν ὁδὸν καὶ πέραν ἐς | τὸν
Μέλλον », καὶ πάλιν ὁ γενηθεὶς Ἰτανίοις [καὶ Πραισίοις [13] καθ]ότι ὑπογέγραπται ·
« ἔδοξε τοῖς Ἰτανίοις καὶ τοῖς Πραισίοις θέσθαι εἰρήναν ἐς πάντα τὸ]ν χ ρόνον
ἐπὶ] τᾶι χώραι ἂν νῦν ἑκάτεροι ἔχοντι ἇς ὅρια τάδε · | ὡς ὁ Σέδαμνος ἐς Καρύμας

348 CRETA ET CYRENAICA Itanus

ἐς τὰν θηράδα καὶ πέ[ραν ἐς] τὰν στεφάναν καὶ περιαμπέτιξ ὡς ἀ στεφάνα καὶ
εὐθυ|ωρία ἐς Δορθάννας ἐπὶ τὸν λάκκον καὶ ὡς ἀ ε[ὁὸς] ποτὶ μεσαυθρίαν τᾶς
65 ὁδῶ τᾶς ἀγώσας δι' Ἀτρῶνα καὶ ἐς ‖ Μέλλον καὶ ἀπὸ τῶ Μέλλω εὐθυωρίαι
ἐπὶ θάλασσαν », ὅ τε αὖ τοῖς Ἱεραπυτνίοις καὶ Πραισίοις γενηθεὶς περι| ὁ ρισμός
γεγραμμένος οὕτως · « οἱ δὲ ὅροι τᾶς χώρας ὡς ὁ Σέδαμνος ἐς Καρύμας ἐς τὰν
θηράδα καὶ πέραν | ἐς τὰν στεφάναν καὶ περιαμπέτι ξ ὡς ἀ στεφάνα καὶ εὐθυω-
ρίαι ἐς Δορθάννας ἐπὶ τὸν λάκκον ». Τῶν δὲ προ|ειρημένων ὁρίων σαφῶς διειρ-
γόντων τὴν τε Ἰτανίων χώραν καὶ τὴν πρότερον μὲν οὖσαν Δραγμίων καὶ τὴν |
Πραισίων, κατεχομένην δὲ νῦν ὑπὸ Ἱεραπυτνίων, τοῦ δὲ ἱεροῦ τοῦ Διὸς ἐκτὸς
70 τῆς διαμφισβητουμένης ‖ χώρας ὄντος καὶ περιοικοδομήμασιν καὶ ἑτέροις
πλείοσι|ν ἀ ποδεικτικοῖς καὶ σημείοις περιλα μ βανο|μένου, καθότι καὶ διὰ τῶν
ἐπιδεικνυμένων ἡμῖν χ ωρο|γραφιῶν εὐσύνοπτον ἦν, π[ρ]ὸς τούτοις ἀπεδείκνυον |
Ἰτάνιοι καὶ δι' ἑτέρων πλειόνων γραμμάτων ὑπάρχουσαν τὴν διαμφισβητου-
μένην χώραν ἐνεργὸν καὶ οὐ|χ, ὡς ἔφασαν Ἱεραπύτνιοι, ἱερὰν καὶ ἀγεώργη-
τον, φανερὸν [δ]ὲ τοῦτο ἐγίνετο καὶ ἐκ τοῦ δόγματος καθ' ὃ ἐκρίνα|μεν, τοῦ
γραφέντος καὶ ὑπὸ τῶν ἐληλυθότων εἰς Κρήτην π ρ εσβευτῶν τῶν περὶ Κόιν-
75 τον Φάβιον, οἵτινες [14] ἑω|ρακότες τό τε ἱερὸν καὶ τὸν περίβολον αὐτοῦ ἰδίοις
σημ εί οις καὶ περιοικοδομήμασιν περιεχόμενον, ἑωρα|κότες δὲ καὶ τὴν χώραν
τὴν ὅμορον τῶι ἱερῶι, ὑπὲρ μὲν ἱερᾶς χώρας οὐκ ἔγραψαν οὐθέν, καίτοι γε
Ἱεραπυτ|νίων ῥητῶς ὑπὲρ ἱερᾶς χώρας ἠξιωκότων τὴν σύγκλητον, Ἰτανίων δὲ
περὶ χώρας τῆς ἑαυτῶν τῆς καλουμέ|νης Ἐλείας καὶ νήσου ἰδίας Λεύκης,
γνόντες δὲ ὅτι ἡ παροροῦσα χώρα τῷ ἱερῶι οὐκ ἦν ἱερὰ οὐδὲ ἀγεώργητος, ὑπ'ὲ ρ
χώρας μόνον ἐφαίνοντο μνείαν πεποιημένοι, γράψαντες, « ἵνα ἔχωσιν κατέχωσίν
80 τε καρπίζωνταί τε », το[ῦ | κ]αρπίζεσθαι γραφομένου κατὰ χώρας γεγεωργημένης
τε καὶ γεωργηθησομένης, ὅπερ ἐπὶ τῆς ἱερᾶς χώρ|ας οὐκ ἦν ἐκδεχόμενον ·
νόμοις γὰρ ἱεροῖς καὶ ἀραῖς καὶ ἐπιτίμοις ἄνωθεν διεκεκώλυτο ἵνα μηθεὶς ἐν τῷ
ἱ ερῶι τοῦ Διὸς τοῦ Δικταίου μήτε ἐννέμηι ἐναυλοστατῆι μήτε σπείρηι μήτε
ξυλεύηι, καίτοιγε Ῥωμαίων, | ὅταν περὶ ἱερᾶς τινος χώρας διαφέρωνται, γρα-
φόντων ῥητῶς, καθότι καὶ τὰ παρατεθέντα ἡμῖν ἐφ' ἑτέρων | δόγματα περιεῖχεν.
Τὸ δὲ πάντων μέγιστον καὶ ἰσχυρότατον τεκμήριον τοῦ ἐγνωσμένων τῶν καθόλου
85 πρα|γμάτων ὑπὸ Ῥωμαίων ἐφ' ὁμολογουμένοις ἡμᾶς καὶ κεκριμένοις τὴν ψῆφον
ἐπ(ε)νηνοχέναι · Ἰτανίων γὰρ ἀξιωσάντων τὴν σύγκλητον ἵνα τὸ ἐνῳκοδομη-
μένον ὑπὸ Ἱεραπυννίων χωρίον ἐν τῆι κρινομένηι χώραι καθαιρεθῆι, ἡ σύν|κλητος
ἐπέταξεν Λευκίῳ Καλο(π)[ορνίῳ Λευκίου υἱῷ Πείσωνι στρατηγῷ [15], ὅπως |

καθαιρ (ε)θῇ εἴ τι ἐνῳκοδόμ(η)ται, φανερῶς καὶ διὰ τοῦ τοι αὐτου τρόπου ....
.... | .....ετων κρατούντων. Ἀκολού θ(ι)ως δὲ τούτοις οἱ μὲν αὐτοὺς
90 ....| .....ντες Ἰτανίοις παρῆσαν, οἱ δὲ κατὰ πό(λ)ε|ις ἐ|νγρά-
ρο υ|ς..... .....σ.... π............|.... (ἀ)ποδεικνύντες ἄνω(θε)ν τὰ διαμφισβη-
τούμενα Ἰτα νίων] (γε)γον(ό τ'α............|....] τῶν μ(έ)χρι τοῦ δηλουμένου διὰ
τοῦ δόγματος γεγονέν[αι........................| ποιη]τῶν καὶ ἱστοριαγράφων ἀπο-
δείξεις, ἅς καὶ αὐτοὶ ἡμ ε]ν (π)...... εσ................| ..... τους δικαιολογία ·
95 τὰ γε μὴν περὶ τῆς νήσου τῆς κ(α)λου(μ)έ νης Λεύκης................| .... τῶ]ν
Ἱεραπυτνίων ἐξωμολογημένας εἶχεν τὰς ἀποδ(ε) ι ξεις................|..
.....]τε τὴν ν(ῆ)σον οὖσαν καὶ διὰ τὰ γεγενημίέ να περὶ αὐτ ο]σ [................
.....| τὴν Π-]ολεμαικὴν οἰκίαν (ε)ἰς προστασίαν κ(α ι φυλακὴν ἑαυτοῖς κ........
.....κα[..... | ἰσχυ]ρίζεσθαι τὰς ἀποδ(ε)ίξεις ἐπιστολαῖς βασιλικαῖς, ἀντίγραφ α
δὲ α]ὐτῶ[ν....................|... τὴ]ν νῆσον πολλάκις στρατιωτῶν γραμμάτων
100 τε ἀποστολ(αῖς) .....το δο(ξ)[...................|.... τὴ ν νῆσον φρουρίου, πρὸς
δὲ τούτοις λογείαις τε σιτικαῖς ἅ(ς) ὁ (λ).... καὶ ἐνε[............| ὑπ]ὲρ τῆς νήσου
κ(α)τά τινων ὑπὸ Ἰτανίων γ(ε)γραμμ(έ)ναις ὡς ἀπεδείκν[υον,] ἅτε Φ]άδιον
............|.. κ|αὶ διὰ λευκωμάτων ἅτινα τὰς (ἐ)νιαυσίους εἶχεν τῶν τε[ταγμέν ων
διοι κ ήσεις. [Πρὸς δὲ τοῖς | εἰρ]ημένοις καὶ δι' αὐτῶν ὧν αἵ τε λοιπαὶ πόλεις
καὶ αὐτοὶ δὲ Ἰε ραπ ύτνιοι γεγρ(ά)φ'ασι περὶ τῆς | προδεδ ηλωμένης νήσου
εὐσύνοπτον ἡμε(ῖν) ὑπ(ῆ)ρχεν τὸ καὶ τὴν [προ]δε(δ)ηλ ω|μένην νῆ σ ον Λεύκην....||
105 εἶναι] Ἰτανίων καὶ διακατεισχῆσθαι ὑπ' αὐτῶν καὶ διὰ τῆς (τ)ῶν φίλ(ω)[ν......
(κ)λαι τ(ι) ποιε(ισ........|....σ)ίας καὶ μέχρι τοῦ συστάντος ἐν Κρήτῃ πολέμου,
ὃν ἀνά(μνησ)ιν.... (ἐπ)οι(οῦν)τ... | ....εν γὰρ τὴν τοῦ βασιλέως Πτολεμαίου
προστασία(ν κ)αὶ..........ην (π)αρὰ τοῦ κοιν οῦ τῶν Κρηταιέων [16] | ..]ν ἔλαβον
εὐδόκησιν κ(α)θότι τὸ παρατεθὲν ἡμῖν διάγρ(αμ)[μα περι]εῖχεν Ἰταν(ί)ω[ν...........|
στεῖ]λα(ντε)ς (ἐ)πιστολὴν διεσάφησαν ἔτι ἐπὶ τὴν νῆσον αὐτῶν (τὴ)ν [καλου]μ(έ)-
110 (ν)ην Λεύκ[ην............|..... κ]αὶ φαν(ε)ρὸν ποιοῦντ(ε)ς καὶ δι(ὰ) τοῦ τοιούτου
τρόπου...... ἔ(χο)ν ἄλλας τα...........|.... Ἰσ[α]νίων [τ](ε) συνπαρόντων ἐπὶ
τῆς κρίσεως Ἱεραπύτ[ν]ιοι σ.........ο ἡμ(ῖ)ν τ............|..... (π)ρὸς ἑαυ[τ]οὺς
πρότερον ὑπὸ Γορτυνίων ἐπιστολῇ υ), δι' ἧ[ς....]λ. (να) [............|....... προ-
νοούμενοι Γορτύνιοι τοῦ κατὰ Ἰτανίους συμφέρον[τ]ος ἔλυ(σ)[α]ν αὐτοὺς..οις
[..........|.... τὴ]ν νῆσον αὐτῶν τὴν Λεύκην γίνονται ὡς κυριεύσοντος.........λ..ι
115 ἡ ἐπιστολ.[ῇ.........|...... ὑπ' οὐδενὸς ἀντιλογίας, ἐκρίν(α)μεν δὲ καὶ αὐτῆς λα..
λγγ καταχωρίσαι [..........| « Γορ τυνίων οἱ κόσμοι καὶ ἁ πόλις Ἰτανίων τοῖς

κόρμοις καὶ [τ]ᾶι πόλ[ι] χαίρεν · πεπει[σ]μ ένοι.....].. δεὸ (ἡλίωκεν ὅτι οἱ Πραί-
σιοι οἰκονομόνται περὶ τᾶς Λεύκας ὡς δαμοπ|ρατίας γενομ[ένας....... | ......]
ἐκ]ρίναμεν ὑμῖν ἐπιμελίως ἀποστεῖλαι (ὑ)μὲν καλῶς.......ης ἐν τῷ χωρίῳ....... |
..επ....σην Θέμενοι παρώρων τε εἰ χρείαν ἔχετε ἐν τὸ χωρίο'ν ..... ' ἀπεστα[λ]μ
120 ....]... τούτων φίλων τῷ τε βασιλεῖ καὶ αὐτοῖς ὑμῖν δι,ὰ [πα]ντὸ[ς ἐπιμε]
λούμενοι κ α'ὶ ὅ πως.......] . ε.... τῷ τε βασιλεῖ καὶ τοῖς τῶ βασιλέως [17] φίλοις
(καὶ σ)υμ[μάχοις ἐστὶ »..... τῆς χώρ ας ἀμφισβη[τουμένης | ..αὐ]τοὶ καὶ φάσ-
κοντες τὴν νῆσον ἑαυτῶν εἶναι προγονικὴν [τε] κα(ὶ) [μὴ ἀμ]φισβητουμέ'νην
....|.......]ς τε ἀρχούσης καὶ τῆς τὸν Στηλιτῶν [18] φήσαντες πλοῖον ευ.......υ
τὸν πολε(μ) |........].]υ(κρ)αι καταχθῆναι καὶ παρακαλοῦντες τὸς Ἰτανίους περὶ
125 τούτων....(ει) (ἀ)ντι(λλ).....].. αὐτοὶ Ἰτανίοις τὴν ὑπογεγραμμένην ἐπιστολήν ·
« Ἱεραπυτνίων οἱ 'κόρμοι κ (αὶ) ἀ πόλις Ἰταν[ίων τοῖς | κόρ]μοις καὶ τᾶι πόλει
χαίρεν · βέλτιον ὑπελάβομεν γράψαι ὑμῖν ὅπως διὰ [τὸ σ υμβεβηκὸς...........].
(καὶ) Πραισίων κα(ὶ) ἀ <κτ> ἀπόπλωσις τ(ῶ) Κυδάνο(ρ)ος ἐκ τᾶς ὑμᾶς νάσω
Λεύ'κας.....] ἀδικοῦ(σι)......](σ)αιτε ἐπιστροφάν τινα ποιησάμενοι περὶ τούτων
ὅπως μηθὲν ἀδικήσητε........... | ... ὁμοίως δὲ καὶ ἁμές, (ε)ἴ τί κα συμβαίνῃ
130 τινὶ ὑμῶν τοιοῦτο ἐν τᾶ ἁμε[τέρᾳ], ἐπι(σ)τρεφόμεθα [ἔρρωσ[θ]ε ». Τίς οὖν ἂν ἔτι
προ(σ)δέξαιτο τὴν ὑπὸ Ἱεραπυτνίων κατὰ Στηλιτῶν..... καιρὸν μ...ι.........]..ν
προγονικὴν τὴν νῆσον ἑαυτῶν λεγόντων · ἔτε δὲ Πραισίων κατ......πο. υ(μ)ε..
.....|...εἰρημένων ἀποδείξεων ἰσχυροτέραν πίστιν τῆς τούτων α....... εγη,.. εν
δι|..... ἄπαντες μὲν γὰρ | ἂν]θρωποι τὰς κατὰ τῶν τόπων ἔχουσι κυριείας
ἢ παρὰ προγόνων [παραλαβόντες αὐτο]ὺς [ἢ πριάμενοι κα[τ'] ἀργυρίου δόσιν ἢ
δόρατι κρατήσαντες ἢ παρά τινος τῶν κρεισσόν[ων σχόντες · ὦν] οὐ(θ)ὲν [φανερόν
135 ἐσῇτι συμβε[6]ηκὸς Ἱεραπυτνίοις οὔτε γὰρ παρὰ προγόνων παρειληφότες οὔτε
..........]ης τῆς (ρ).......|.....ας οὔτε διὰ τοῦ ἀξιώματος ὑπογ[ρ]άψαντες
οὔτε ὡς αὐτοὶ ἐκ τῆς [νήσου.....] ο(ν)σανη.....|.....]η — μ(η)δὲ γὰρ πεπο-
λεμηκέναι (τ) οἷς| Ἰτανίοις ἔφασαν — οὔτε μήν μ........ ἡμεῖς...... | τούτων
εὑρίσκοντο οὐδὲ ὑπ' αὐ[τῶν Ἰ]τανίων ἦν τι αὐτοῖς δεδο......μου δι........ | ....
ὑπὸ πάντα τὸν τόπον · εἰ δὲ τῶν ἐναντίων μήτε γέγο[νεν] μήτε.....εκο........|
140 .....τα ....ην .... Ἱερα[πυτν..... .... | ......]ενη.....

Orta controversia inter duas civitates in Creta vicinas, Praesios et Itanios, de territorio
quodam, templo Jovis Dictaei finitimo, et insula Leuca, Itanii auxilium regis Ptolemaei
Philometoris imploraverant, cujus ope ea obtinuerant quae appetebant. Mortuo vero
rege et revocatis quos ille miserat militibus, rursus exorta fuit controversia, et bellum

adeo exarsit ut urbs Praesiorum deleta fuerit. Tunc vero Hierapytnii inceperunt insulam et territorium sibi vindicare. Quorum consiliis ut obstarent, senatum romanum Itanii rogaverunt ut litem dijudicaret, qui rem commisit Magnetibus ad Maeandrum. « Distinguuntur hae tituli partes : I v. 1-37, Relatio arbitrorum de causa apud ipsos acta usque ad sententiam latam. II v. 37-54 Narratio eorumdem de origine et vicissitudinibus hujus controversiae usque ad Magnetum arbitrium. III v. 54 et sqq. Ipsa arbitrorum sententia cum argumentis et instrumentis quibus ea nititur ». Dittenberger. Cf. etiam quae commentatus est Ruggiero, *L'arbitrato pubblico in relazione col privato presso i Romani*, p. 266 et suiv.

1. Sc. πρόκρηόρου, eponymus Magnetum magistratus; cf. O. Kern, *Inschr. von Magnesia*, n. 98, 100, 103, 112, 113, etc. — 2. Σμισιών, mensis apud Magnetas; cf. O. Kern, *op. cit.*, n. 98, v. 2; idem videtur verbum esse atque Σμινθιών, ex nomine Apollinis Smíntheï depromptum, quemadmodum mensium Ἡρκώνος, Ποσιδεώνος, Ἀρτεμισιώνος nomina ex nominibus Herae, Posidonis, Artemidis. — 3. Artemis Leucophryene, quam maxime venerabantur Magnetes : O. Kern, *op. cit.*, *Ind.*, p. 213. — 4. Populus Magnetum. — 5. Senatus romanus. — 6. L. Calpurnius Piso, consul anno 133 ante C. n. — 7. Antiqua necessitudo intercedebat Magnetibus cum Cretensibus; habebantur etiam Magnetes Creta oriundi; cf. O. Kern, *op. cit.*, n. 17; cf. n. 20. — 8. Zeus Dictaios. de cujus templo cf. Strab., X, 4, § 12. — 9. Leuca insula commemoratur a Plinio, *Hist. nat.*, IV, 20. — 10. Ptolemaeus Philometor, 181-146 ante C. n. — 11. Ser. Sulpicius Galba, consul anno 144 a. C. n. — 12. Dragmii, Cretensis populus, Itaniorum, ut videtur, finitimus. — 13. Praesus urbs sita erat inter Itanum et Hierapytnam, in interioribus Cretae partibus. — 14. Videtur esse Q. Fabius Maximus Aemilianus, consul anno 145 a. C. n., sive Q. Fabius Maximus Servilianus, consul anno 142. — 15. Cf. supra n. 6. — 16. Concilium Cretense; cf. O. Kern, *op. cit.*, n. 20. — 17. Ptolemaeus, rex Aegypti. — 18. Stelitae, Cretensis populus, Hierapytnorum, ut videtur, finitimus.

1022. Itani. — F. Halbherr, *Mus. ital. di antich. class.*, III, p. 589, n. 9.

ι *a sinistra :*

[Αὐτοκράτορα Καί]σαρα Μ. Αὐ(ρήλιον) | ['Αντωνεῖνον Εὐ]σεβῆ Σεβαστὸν | [ἡ πόλις ἡ τῶν Ἰ]τανίων τὸν τῆς | [πόλεως εὐ]εργέτην.

β) *a dextra :*

Αὐτοκράτορα Καίσαρα Λούκιον | Σεπτίμιον Σευῆρον Ἀραβικὸν Ἀδι|αβηνικὸν
5 Παρθικὸν μέγιστον Εὐσε|βῆ, Εὐτυχῆ Σεβαστὸν ἁ πόλις ἁ τῶν || Ἰτανίων ἀνέσ-
τησε ἐπὶ πρωτοκόσμω | Σωτηρίω Παιδέρωτος.

Titulus positus est in honorem L. Septimii Severi et Caracallae Augustorum post annum 201 p. C. n. quo Caracalla Pii nomen accepit, ante annum 210 quo L. Septimius Severus Britannicus dictus est.

1023. Loco incerto Cretae. — *Archaeol. Zeitung* (N. F.), VII, p. 59.

Στράτων καὶ Εὐταξία οἱ Στράτωνος τὰν στά|λαν ὑπὲρ τοῦ πατρὸς Στράτωνος τοῦ β′ | προτίμως ἀρχιερατεύσαντος καὶ ὀα|μαργήσαντος καὶ πρηγιστεύσαν|τος κατὰ πόλις μοναρχευ....

Hunc titulum ad Cretam referunt propter formam πρείγυς pro πρέσβυς, huic insulae propriam. Cf. supra n. 1019.

CYRENAICA

1024. Berenicae. — *C. I. Gr.*, 5361; Roschach, *Catalogue des antiquités et objets d'art du Musée de Toulouse*, p. 98 et sq.

["Ε]τους νε´ ¹ Φαῶφ ² κε´, ἐπὶ συλλόγου τῆς σκηνο|πηγίας ³, ἐπὶ ἀρχόντων ⁴
Κλεάνδρου τοῦ Στρατονίκου, Εὐφράνορος τοῦ Ἀρίστωνος, | Σωσιγένους τοῦ
5 Σωσίππου, Ἀνδρομάχου | τοῦ Ἀνδρομάχου, Μάρκου Λαιλίου Ὀνασί|ωνος
τοῦ Ἀπολλωνίου, Φιλωνίδου τοῦ Ἀγή|μονος, Αὐτοκλέους τοῦ Ζήνωνος,
Σωνί|κου τοῦ Θεοδότου, Ἰωσήπου τοῦ Στράτωνος · | ἐπεὶ Μᾶρκος Τίττιος
10 Σέξτου υἱὸς Αἰμιλία ⁵, || ἀνὴρ καλὸς καὶ ἀγαθός, παραγ[ε]νηθεὶς εἰς | τὴν
ἐπαρχείαν ἐπὶ δημοσίων πραγμάτων ⁶ τήν | τε προστασίαν αὐτῶν ἐποιήσατο
φιλανθρώ|πως καὶ καλῶς ἔν τε τῇ ἀναστροφῇ ἡσύχιον | ἦθος ἐνδ[ε]ικνύμενος
15 ἀεὶ διατελῶν τυγχάνει, || οὐ μόνον δὲ ἐν τούτοις ἀβαρῆ ἑαυτὸν παρέσ|χηται,
ἀλλὰ καὶ τοῖς κατ᾽ ἰδίαν ἐντυγχάνουσι | τῶν πολιτῶν, ἔτι δὲ καὶ τοῖς ἐκ τοῦ
πολιτεύ|ματος ἡμῶν Ἰουδαίοις ⁷ καὶ κοινῇ καὶ κατ᾽ ἰδίαν | εὔχρηστον προστασίαν
20 ποιούμενος οὐ δια|λείπει τῆς ἰδίας καλοκαγαθίας ἄξια πράσσων · | ὧν χάριν
ἔδοξε τοῖς ἄρχουσι καὶ τῷ πολιτεύ|ματι τῶν ἐν Βερενίκῃ Ἰουδαίων ἐπαινέσαι
τε αὐ|τὸν καὶ στερανοῦν ὀνομαστὶ καθ᾽ ἑκάστην | σύνοδον καὶ νουμηνίαν στεφάνωι
25 ἐλαίνωι καὶ | ληνίσκωι · τοὺς δὲ ἄρχοντας ἀναγράψαι τὸ | ψήφισμα εἰς στήλην
λίθου Παρίου καὶ θεῖναι εἰς | τὸν ἐπισημότατον τόπον τοῦ ἀμφιθεάτρου. | Λευκαὶ
πᾶσαι ⁸.

De vicibus hujus lapidis, nunc in musaeo lapidario Tolosano asservati, cf. E. Michon, *Bull. des Antiq. de France*, 1904, p. 329-330.

1. Anno quinquagesimo quinto aerae Berenicensium: quae sit haec aera, latet, nisi velis hanc eamdem esse atque aeram ipsius provinciae Cretae et Cyrenarum. — 2. Phaoph, mensis apud Aegyptios. — 3. Conventus « Tabernaculorum » dictus, maximum apud Judaeos festum. — 4. Ἄρχοντες τοῦ τῶν Ἰουδαίων πολιτεύματος. — 5. M. Tittius, Sex. f., Aemilia, idem videtur esse atque M. Titius, qui bellis civilibus interfuit Sex. Pompeii et M. Antonii et C. Julii Octaviani temporibus: de quo cf. *Prosop. imp. rom.*, III, p. 328, n. 196. — 6. M. Tittius proconsul fuit provinciae Cretae et Cyrenarum. — 7. De hac republica Judaeorum apud Berenicenses cf. P. Perdrizet, *Revue arch.*, 1899 (II), p. 45. — 8. Intellige : omnes censuerunt.

T. I   23

1025. Ptolemaide. — *C. I. Gr.*, 5186.

Πτολεμαιέων ὁ δῆμος ὁ φιλοσ[έβασ]τ ος Ἀντωνίᾳ ¹, Κ[λα]υ[δίου Νέρωνος
Δρούσου Γερμανικοῦ γυναικί............] Καίσαρος.......

Fragmentum restituit Letronne.

1. Antonia, nata M. Antonio triumviro et Octavia Augusti sorore, uxor Neronis Claudii
Drusi; de qua cf. *Prosop. imp. rom.*, I, p. 106, n. 707.

1026. Ptolemaide. — *C. I. Gr.*, 5200 b.

..α' ἐτ]ο[υ]ς.. Εἰ[ρ]ά[ν]α [Καπίτ]ων[ο]ς ἐτῶν δύο ἐνθάδε κεῖτα[ι]. | Ταύτης
ὁ πατὴρ ἀπαγόρ ε]υ[σ]α ταῦτα λέγων · ὃ[ς] ἂν ἀνύξῃ | [τ]ὸ [λα]ρνάκιον τοῦ
τόπο υ, καὶ θά ψῃ] τινά, εἰσοίσει τῷ | [ἱε ρω[τ]άτῳ ταμείῳ δηνάρια πε[ν]τα-
5 [κό]σια. Θάρσει, | ἥρωίς · οὐδεὶς ἀθά[να]τος.

1027. Ptolemaide. — *C. I. Gr.*, 5241.

In fine tituli sepulcralis mutili :

... ἀπαγορεύω δὲ ἕτερόν τι[να μὴ ἀνῦξαι [μη]δὲ θά[ψ]αι ἐκτὸς εἰ μὴ παιδὶ
αὐτ[ο]ῦ. [Ε]ἰ δ' οὖν, ἐκτε ί]σει τῷ ταμείῳ δηνάρια αρ'.

1028. Cyrenis. — *C. I. Gr.*, 5131.

Ἀσκλαπὸν Ἀσκλαπῶ ἱαριτεύον τ α] τῷ [Α]πόλλωνος ἀρετᾶς ἔ[νε]]κα καὶ
5 εὐνοίας ἅς ἔχων δ[ιατε[λ]εῖ ἔς τε τὸς κοινὸς εὐερ γέτας] | Ῥωμαῖος καὶ ἐς τ[ὰ]ν
πόλιν καὶ | [τὸ ς ἱαρὲς καὶ [τ]ὰς π[ο]τ[ὶ] τὸς θε[ὸς | χ]άριν ε[ὑ]σεβίας, ο[ἱ ἱ]αρὲς
τ ῶ | Ἀπ]όλλωνος [ἀ]νέθ[ηκαν].

« Titulus videtur esse ex ea aetate, qua Cyrenaica a Ptolemaeo Apione Romanis per
testamentum legata suis legibus utebatur (anno a. C. n. 96-74). » Franz.

1029. Cyrenis. — *C. I. Gr.*, 5144.

Θεὸς τύχα ἀγαθά · | ἱαρὲς τῷ Ἀπόλλωνος | Βαρκαῖος Εὐφάνευς, | Φιλίσκος

5 Φιλίσκου ‖ ῥύσει δὲ Εὐράνευς, | Ἀ[σ]κλαπὸς Ἰσοκράτους | τοῦ Ἀρχε στράτου, |
10 Κλαύδιος Ἀρίστανδρος, | Μ. Ἀσίνιος Φίλωνος ‖ υἱὸς Εὐρράνωρ, | Τι. Κλαύδιος
Τι. Κλαυδίω | Κλεάρχω ἀρχιερέος ¹ | υἱὸς Καρνῆδας · | ἔτους ϙθ΄ ² Μ. Ἀντώνιος
15 Μ. Ἀντωνίου | Φλάμμα ³ υἱὸς Κασκέλλιος, | Σώτας Διονυσίου · | ἔτους ρδ΄ ⁴
[Μ.] Ἀντώνιος, Μ. Ἀντωνίου | Φλάμμα υἱὸς [Ἀ]ρ[ισ]τομένης.

In altero, ut videtur, fragmento lapidis ejusdem

.......] σ[τ]ρά[τ]ω... [Καρ]τισθένευς, [Τι.] Κλαύδιος Σαρα[π]ί[ω νος υἱὸς
Πάγκα[λο]ς, Τι. Κλαύδιος Ἴστρ[ο]ς Φιλίσκου, Τι. Κλαύδιος Ἀσκλαπὸς
Φιλίσκου.

Sequuntur tres versus mutili, qui videntur iidem esse atque versus 9-11 fragmenti prioris.

1. Ti. Claudius Clearchus, sacerdos Augusti provinciae, ut videtur. — 2. Annus 99
aerae Cyrenarum urbis = annus 68 p. C. n. — 3. M. Antonius Flamma, pater M. Antonii
Cascellii et M. Antonii Aristomenis, proconsulatum egit provinciae Cretae et Cyrenarum
Nerone principe; cf. *Prosop. imp. rom.*, I, p. 94, n. 631; p. 96, n. 662. — 4. Anno 104
aerae Cyrenarum = anno 73 p. C. n.

1030. Cyrenis. — Smith and Porcher, *Recent discoveries at Cyrene*, p. 115, n. 24;
cf. pl. 84.

Μ. Ἀντώνιος Κερεᾶ[λ]ις | Πτολεμαίου ΙΙΙΙ ¹ υἱὸς, | Αἰγλάνωρ | Μητρόδωρος Ι
5 τοῦ ‖ Μητροδώρου · | ἔτους ρη΄ ² Τι. Κλαύδιος Ἀργίππου | υἱὸς Ἄργιππος · |
(ἔτους) ρθ΄ ³ Μ. Ἀντώνιος Μ. Ἀντωνίου | Φλάμμα υἱὸς ⁴ Κασκέλλιος.

Catalogus, ut videtur, sacerdotum Apollinis.

1. Intellige : Ptolemaei f., Ptolemaei nepos, Ptolemaei pronepos, Ptolemaei abnepos.
— 2. Anno 108 aerae Cyrenarum = 77 p. C. n. — 3. Ann. 109 aerae Cyrenarum = 78 p.
C. n. — 4. De M. Antonio Flamma cf. titulum praeced. n. 1029.

1031. Cyrenis. — *C. I. Gr.*, 5145.

A. ..... ἱερεὺς Τελεσφόρος · | ἔτους ρλα΄ ¹ Τι. Κλαύδιο[ς] Φειδίμ[ου] | υἱὸς
Ἴστρος, ἱερεὺς Ἀπόλ[λω]|νος.
B. Ἔτους ρο[θ΄] ² τοῦ κα[ὶ ια΄] ³ Ἀντω[νείνου] | Καίσ[α ρος, Τι. Κλαύδι[ος
.........]ος Τι. Κλαυδίο[υ]...... [υἱὸς ἱερεὺς] | Ἀπό[λ]λων[ος].
C. [Ἐπὶ ἱερέως Σώτα | τοῦ Δι]ονυσίου, | [ἔτους...] Οὐεσπασι[α]νοῦ | Καί-

5 σαρος .... Σεραπίωνος υἱὸς ‖ ἀνέστησεν Κλεάρχω | [........ Ἀρχ[ε στρά-
του , εὐνοίας ἕνεκα τῆς εἰς αὐτόν|.

Fragmenta tria catalogi sacerdotum.

1. Anno 131 aerae Cyrenarum = 100 p. C. n. — 2. Anno 179 aerae Cyrenarum = 148
p. C. n. — 3. Annus undecimus regni Antoninii Pii incipit die 10 mensis Julii anno 148
p. C. n.

1032. Cyrenis. — *C. I. Gr.*, 5136.

[Ὑπὲρ τᾶς Αὐτοκράτορος Καίσαρος Θεῶ υἱ]ῶ Σεβαστῶ ¹, ἀρχιερέως,
σω[τ]ηρίας Κοίντος Λουκάνιο ς ²..|...............]τος ἐκ τᾶς [τ]ῶν τῶ Ἀπόλ-
λωνος ἱερέων ἐπιδόσιο[ς.....|.....], ἀνέθηκεν.

1. Augustus. — 2. Cave ne hic idem sit atque Q. Lucanius Latinus praetor aerarii
anno 19; cf. *Prosop. imp. rom.*, II, p. 300, n. 258.

1033. Cyrenis. — *C. I. L.*, III, 8.

Iuliae Augustae ¹ | Cyrenenses | P. Octavio procos ².
Ἰουλίαν Σεβαστὰν ¹ Κυραναῖοι.

1. Livia ab anno 14 Julia Augusta dicta est. Mortua est anno 29. — 2. De eo viro qui
proconsulatum egit inter annos 14 et 29, cf. *Prosop. imp. rom.*, II, p. 425, n. 15.

1034. Cyrenis. — Smith and Porcher, *Recent discoveries at Cyrene*, p. 113, n. 12;
cf. pl. 81.

Ὑπὲρ τῆς Νέρων]ος Κλαυδίου | Καίσαρος ¹ νίκης καὶ σωτηρίας | καὶ τοῦ
5 οἴκου αὐτοῦ παντός | Ἀπόλλωνι Ἀποβατηρίῳ | M. Ἀντώνιος Γέμελλος ἐκ
τῶν τοῦ Ἀπόλλωνος.

1. Nero. Nomen erasum fuisse videtur.

1035. Cyrenis. — Smith and Porcher, *Recent discoveries at Cyrene*, p. 113, n. 13;
cf. pl. 81; *C. I. Gr.*, 5138.

Ὑπὲρ τῆ[ς Νέρωνος Κλ]αυδίου | Καίσαρος νίκης καὶ σωτηρίας | καὶ τοῦ οἴκου αὐτοῦ παντὸς | Ἀπόλλωνι Μυρτῷῳ Μ. Ἀντώνιος Γέμελλος ἐκ τῶν τοῦ Ἀπόλλωνος.

Cf. supra n. 1034.

1036. Cyrenis. — Smith and Porcher, *Recent discoveries at Cyrene*, p. 113, n. 15; cf. pl. 82.

5 ....|..... επισ..... | [ὁ]μαρχι]κῆς ἐξ[ουσίας | τὸ γ΄, ὑπ΄άτω | τὸ γ΄, πατρὶ πατρί[δος ἡ Κυρηναίω[ν] | πόλις ἀφιερώσα ν]|τος Λ. Μινικίου Ῥούφου ἀνθυπάτου ¹.

1. « Λ. Minucius Rufus, proconsul Cretae et Cyrenarum, anno fortasse 71, post kal. Julias, cui tempori conveniunt quae ex appellationibus imperatoris in titulo relicta sunt; quanquam etiam de anno 40 et de anno 74 cogitari potest.» *Prosop. imp. rom.*, II, p. 380, n. 442.

1037. Cyrenis. — Smith and Porcher, *Recent discoveries at Cyrene*, p. 112, n. 8; cf. pl. 80.

5 [Ὑπὲρ τῆς τοῦ Αὐτο]κράτορος Τρα]ιανοῦ Γερ]μ[α]νικοῦ] Δακικο[ῦ || ¹ νίκης]
10 καὶ δια[μο]νῆς καὶ τοῦ | [σύμ]παντος αὐ]τοῦ οἴκου καὶ | τῆς ἱερᾶς συν[κλ]ήτου καὶ δήμ[ου Ῥωμαίων | Ἀντωνία Μεγώ Μ. Ἀντωνίο υ ἱερατ[εύ]σαντος..... |
15 [κ]αὶ..... || υἱοῦ Σω..... | καὶ Ἡγισαν... | τοῦ Βωλακλέος, ἱέρεια Ἀρτέμι-
20 δος, | ἀριστίει ² τὰς τῆν | πόλιν καὶ τὴν χώρ][αν κα]τοικούσας παρ][θένους.......

1. Post annum 102 p. C. u. — 2. Id est, epulum dat.

1038. Cyrenis. — Smith and Porcher, *Recent discoveries at Cyrene*, p. 117, n. 33.

......Τ]ραιανῷ Ἀδριανῷ | ....[τὸν να]ὸν σὺν τῷ προν[άῳ] |..... τω.. φλ.. φλ.

1039. Cyrenis. — Smith and Porcher, *Recent discoveries at Cyrene*, p. 115, n. 23; cf. pl. 83.

[Αὐτοκράτορα Καίσαρα Τεῖτον Αἴ]λιον Ἀδριανὸν | [Ἀντωνεῖνον Σεβαστὸν Θεῶ Ἀδριανῶ] υἱὸν Θεῶ | [Τραιανῶ Παρθικῶ] υἱωνὸν Θεῶ | [Νέρουα ἔγγονον,
5 σωτῆρα κ]αὶ εὐεργέταν |....... ὑπὸ Τείτου|.....

1040. Cyrenis. — Smith and Porcher, *Recent discoveries at Cyrene*, p. 109, n. 1; cf. pl. 77; *Bull. dell' Instit.*, 1874, p. 111.

[Γ]ναῖον Κορνήλιον Λέντολον | Ποπλίω υἱὸν Μαρκελλῖνον [1] πρεσ|βευτὰν ἀντιστράταγον, τὸν | πάτρωνα καὶ σωτῆρα, Κυραναῖοι.

1. Cn. Cornelius P. f. Lentulus Marcellinus, cos. anno a. C. n. 56, legatus fuit Pompeii bello piratico ann. 67 (App., *Mithrid.*, 95; Florus, I, 40) : quamobrem statua honoratus est a Cyrenensibus. De eo cf. Pauly-Wissowa, *Realencyclopädie*, IV, p. 1389-1390.

1041. Cyrenis. — Fränkel, *Sitzungsberichte der Akad. der Wissensch. zu Berlin*, 1903, p. 83.

Α..... νκθαυτ........ | [τὰν ἐ]π[ιμέλ]ειαν τα[ύταν καὶ ἀ]ξία]ν κα[ὶ τ]ῶν
5 προ[γ]όν[ων τᾶς τε | πα]τρίδος ποιησάμεν[ος.... | ....]υσας τε δὶς Καίσαρος
το[..... | .... ἐκτενῶς καὶ φιλοτείμως | [καὶ] πρεσβεύσας ἐν τῷ Μαρμα]ρικῶι
10 πολέμῳ [1] ἐν χειμῶσι ἑαυ|τὸν ἐς τὸς κινδύνος ἐπιδο[ὺ]ς | καὶ τὰν ἐπικαιροτάταν
συμμα[χ]ίαν καὶ πρὸς σωτηρίαν τ[ᾶ]ς π[ό|λι]ος ἀνήκοισαν ἀγαγὼν παρ(α)λα|βών
15 τε τὸν τῶ κτίστα τᾶς πό|λιος ἁμῶν Ἀπόλλωνος σ<π>τέ|[ρ]ανον καὶ τὰ πρὸς
θεὸς ἐκτενῶς | καὶ εὐσεβῶ<ι>ς ἐτέλ[ε]σεν κ[αὶ] | τὰ ποτὶ τὸς ἀνθρώπος μεγα-
20 λ[ο]|ψύ[χ]ως καὶ πλουσίως ὑπὲρ ὃ ὑ]]ναμιν, δεδόχθαι ποτὶ τα[ῖς | προγεγονοίσαις
αὐτῶι τει[μ]α[ῖς | ἐπαινέσαι τε αὐτὸν τὰν πό[λιν] | δαμοσίαι καὶ παρ(α)καλέ[σαι
ἐς τὰν κοινὰν ἑστίαν..........

Β..... τὸν δὲ πρῶτον ἄρ]]χοντα ἀνθέμε[ν τῶ ἀνδρὸς, ὅπ|ω]ς κα δηλ[ῶ]ται
5 δαμ[οσί]ᾳ αὐτῷ ὁ τύ]]πος καὶ ἐς τὸ τ[ῶ Ἀπόλλωνος] || ἱαρὸν ἄγα[λ]μα, παρ[α-
στᾶσαι δὲ ὅ]]πλον ἐπίχρυσον ἔ[χον τὰν ἐπὶ]]γρα[φά]ν Φαονκλέα (?) [τᾶς φι]λο-
10 πάτριδος ἀρετᾶς [καὶ τᾶς] | ποτὶ τὰν πόλιν εὐν[οίας ἕνε]]κε[ν] Κυραναῖοι.

1. In hoc decreto agi videtur de bello contra Marmaridas Augusti temporibus illato, et a Floro (II, 31), his verbis commerato : « Marmaridas atque Garamantas Quirinio subigendos dedit ».

1042. Cyrenis. — *C. I. L.*, III, 11.

L. Vibio L. l. Cattabo | l..... b.....|... c..... | coeravit. ||
5 Λε[ύκι]ος Οὐ[είβι]ος Λευκίου | [ἀπ]ελεύ[θερος.|......... | ος ἐπο[ίησεν.....

AEGYPTUS

AEGYPTUS

1043. Alexandreae (Souk-el-Barsim). — Primus recte descripsit et interpretatus est
E. Breccia, deinde L. Barry. Cf. Breccia, *Bull. de la Soc. d'Alexandrie*, VIII 1905, p. 122.
Apographum Barry, ectypum Breccia benigne miserunt.

Θεᾷ Μεγίστῃ Ἀφροδείτῃ, | Κλαυδία Ἀθηνάριον κατὰ διαθήκην, | διὰ Κλαυ-
δίας Πώλλης τῆς θυγατρὸς | καὶ κληρονόμου | ἔτους γ΄ Αὐτοκράτορος Τίτου
[Καίσαρος Οὐεσπασιανοῦ Σεβαστοῦ... .

1. Anno 72 73, p. C. n.

1044. Alexandreae. — Néroutsos, *Bull. de l'Inst. égypt.*, 1873. p. 77; Dittenberger,
Orient. gr. insc. sel., II. 705. Ectypum habuimus.

Θεᾷ Μεγίστῃ Ἰσιδι Πλουσίᾳ [1] | Τιβ. Ἰούλιος Ἀλέξανδρος [2] | γενόμενος
ἔπαρχος σπείρης α΄ | Φλαουίας [3], τῶν ἠγορανομηκότων, | ὁ ἐπὶ τῆς εὐθηνίας [4]
τοῦ β΄ γράμματος, | τὸν ἀνδριάντα σὺν τῇ βάσει ἀνέθηκα [5] | ἔτους κα
Αὐτοκράτορος Καίσαρος Τίτου Αἰλίου | Ἀδριανοῦ Ἀντωνείνου Σεβαστοῦ
Εὐσεβοῦς | Μεσορὴ ἐπαγομένων γ΄ [6].

1. « Cf. *C. I. Gr.*, 4925 : Ἰσιδι κασποτόκῳ. Divitiae omnes ab ea repetebantur » Dittenberger. — 2. Fortasse e stirpe Tib. Alexandri, celeberrimi Judaei et praefecti Aegypti
anno 68. Cf. *Prosop. imp. rom.*, s. v. — 3. Cohortem I Flaviam in Aegypto tetendisse
notum est. — 4. ὁ ἐπὶ τῆς εὐθηνίας, cujus mentionem faciunt chartae secundi post C. n.
saeculi non alius fuisse videtur ac qui εὐθηνιάρχης dicitur in documentis ejusdem aetatis
et sequentis saeculi. Praefectos quosdam fuisse qui annonam procurarent tum in civitatibus graecis, tum in metropolibus probabile est Wilcken. *Griech. Ostr.*, I, p. 658-659 .
— 5. Litteris regiones urbis Alexandreae distinctas esse testem habemus Pseudo-Callis-
thenem ,I, 82 . — 6. Die XXVI mensis Augusti anni p. C. n. 158.

T. I

1045. Alexandreae? — *C. I. Gr.*, 4683 *h*. Cf. *Insc. gr. Sic. et Ital.*, 1005 *a* « Romae titulum positum fuisse nec demonstrari potest, nec negari ». Pittenberger, *Orient. gr. insc. sel.*, II, 706. De Ricci qui lapidem Parmae in museo vidit affirmat eam originis urbanae esse. Quod si ita est inter romanas repone supra nn. 86 et seq.).

..... Εἰσιδι Φαρία | Εἰσιν τήν | ἐν Μενούθι[1] ὑπὲρ σωτηρίας | τοῦ κυρίου
5 ἡμῶν | Αὐτοκράτορος Ἀντωνείνου[2].

1. Steph. Byz. s. v. : Ἀίγυπτία κώμη, πρὸς τῷ Κανώδῳ. Templum memorat Epiphanius, *Adv. haeres.*, III, p. 1093. — 2. I. e. Caracallae.

1046. Alexandreae. — Neroutsos, *Bull. de corr. hellén.*, II 1878), p. 177; *Bull. de l'Inst. égyp.*, 1874-1875, p. 176.

....τῶν ὁ ἐκανῶν[1] τῶν ἐν στόλῳ πραιτορίῳ .... | Θεῶν Καισάρων ἐν
τῇδε τῇ στήλη .... Καίσαρος Λ. Αὐρηλίου Οὐήρου Σεβαστοῦ ἐκ τῶ[ν......

1. Decani classiarii hinc primum innotuerunt.

1047. Alexandreae. — Botti, *Bull. de la Soc. d'Alexandrie*, 1898, p. 65; de Ricci, *Archiv für Papyrusforschung*, II, p. 366, n. 126.

Μηρουίαν Αὔλου | Θυγατέρα Τερτίαν | τὸ Νεμεσῆον.

De templo Nemesis cf. Appian., *Bel. civ.*, II, 90 et *C. I. Gr.*, add. 4683 d.

1048. Alexandreae. — *C. I. Gr.*, 4683 e; cf. *addenda et corrigenda*, p. 1186.

Διὶ [Ἡλίῳ] μεγάλῳ] βασιλ[εῖ] Σαράπιδι | Σαραπόδωρος ἀνέθηκεν ἐπ'
ἀγα[θῷ , | ἐν ἀτρίῳ μάκαιραν Εἶσιν ἐξου[....]. | ἔτους κ' τῶν κυρίων Σεβασ-
τῶν[2] Φαρμοῦθι...

1. Isim in atrio memorat Teukros (1, 6) apud Boll, *Sphaera*, p. 18, cf. 210 et seq. : Θεὰ τις ἐπὶ θρόνου καθεζομένη, καὶ τρέφουσα παιδίον ἥν τινες λέγουσι τὴν ἐν ἀτρίῳ θεὰν Ἴσιν τρέφουσαν τὸν Ὧρον. Cf. etiam infra inter Coptenses. — 2. Si M. Aurelius et Commodus, ut vult Franz, hic significantur, annus XX erit annus p. C. n. 180.

1049. Alexandreae in Serapeo. — Botti, *Bull. de la Soc. d'Alexandrie*, II 1899, p. 30; de Ricci, *Archiv für Pap.*, II, p. 441, n. 51, qui deinde contulit.

[Δι]ὶ Ἡλίῳ μεγάλῳ | Σαράπιδι καὶ τοῖς | συννάοις θεοῖς, | ὑπὲρ σωτη-
5 ρίας || Αὐτοκράτορος | Καίσαρος Τραιανοῦ | Ἁδριανοῦ Σεβαστοῦ ' | .....χχη....

1. Titulus positus inter annos 117-138, Hadriano imperante.

1050. Alexandreae. — *C. I. Gr.*, III, 4683; cf. *addenda et corrigenda*, p. 1186; de Ricci, *Archiv für Pap.*, II, p. 446, n. 72. Lapis periit.

Διὶ Ἡλίῳ Μεγάλῳ Σαράπιδι | τῷ ' ἐν Κανώβῳ καὶ πᾶσι τοῖς θεοῖς | ἀνέ-
θηκεν Σαραπίων ὁ καὶ Ἰσίδωρος ' | Διδύμου τοῦ Διδύμου τῶν ἐξ Ἀντινόου
5 ἱερο[πο]ι. ῶν ', σὺν Ἴσιτι τῇ καὶ Εὐσεβείᾳ καὶ Γεντιανῷ | καὶ Σαραπιάδι τῇ ' καὶ
Θεοδώρᾳ καὶ Φωκᾶτι | [ἔτους .. Αὐτοκράτορος Καίσαρος Μ. Αὐρηλίου |
Κομμόδου Ἀντωνείνου ' Σεβαστοῦ '.....] | ἐπὶ Πολλανίου Φλαυιανοῦ '
ἐπάρχου Αἰγύπτου.

1. Τῷ secundum apographum a Bailio usurpatum : deest in caeteris. — 2. Σαραπίων ὁ καὶ Ἰσίδωρος dedit Bailius. Omiserunt alii. — 3. Collegium sevirorum Antinoi cultum curantium. — 4. τῇ καὶ, secundum Bailium. Κα alii. — 5. Nomen Commodi de industria deletum restituit Letronne. — 6. Post Σεβαστοῦ mensis et dies perierunt. Annus incertus, ultimis Commodi imperantis temporibus. — 7. ΠΟΜΑΙΝΙΟΥ ΦΛΑΟΥΙΑΝΟΥ et ΠΟΛ-ΛΑΝΙΟΥ ΦΛΑΥΙΑΝΟΥ traditur. Inde Pollanium Flavianum, vel P. Alanium Flavianum vel Maenium Flavianum inter praefectos Aegypti admiserunt (Dessau, *Prosop. imp. rom.*, II, p. 321). Vult de Ricci hic latere nomen Pomponii Faustiniani aliunde noti (*loc. cit.*); Pollaenium Flavianum recepit Cantarelli (*La serie dei prefetti di Egitto*, p. 62).

1051. Alexandreae, prope portam Rosettanam. — Botti, *Bull. de la Soc. d'Alexandrie*, I (1898), p. 44; de Ricci, ex Milni apographo, *Archiv für Pap.*, II, p. 431, n. 10. Ipse deinde contulit.

.... κηι [Δι]|ονύσιος Δωρίωνος προ σ|τατήσας ἀνέθηκεν τὸ |ν
5 ἀνδριάντα τοῦ μεγά||λου Σαράπιδος ἔτους ζ' Τιβ[ε]|ρίου Καίσαρος Σεβ ασ τοῦ '.

1. Anno 20/21. Initio nomen synodi cujusdam, ut [Θερμουθιακ]ῆς supplendum censent Jouguet et de Ricci. Cf. infra n. 1084.

1052. Alexandreae? — Botti, *Catalogue*, p. 267, n. 69; de Ricci, *Archiv für Pap.*, II, p. 447, n. 74, ex Milni apographo. Ectypum misit Botti.

Ἀγαθοκλῆς Γαίου ἐπιμελητὴς [1] ἀνέθηκε σὺν τῇ συμβίῳ | Εἴσειτι Δημητρίου ἔτους λβ′ Αὐτοκράτορος Καίσαρος [Λουκίου Αἰλίου Αὐρηλίου Κομμόδου] [2] Εὐσεβοῦς Εὐτυχοῦς | Σεβαστοῦ Φαρμοῦθι λ′ [3].

1. Ἐπιμελητής, sc. τοῦ τόπου, de Ricci qui *C. I. Gr.*, 4684, 4684 b affert. — 2. Viginti septem aut octo litterae erasae sunt. Quum autem princeps ille cujus nomina rasuram passa sunt triginta duobus annis imperium obtinuisse dicatur, quod perpaucis convenit, idemque cognomina Pii Felicis acceperit, nulli ante aetatem Commodi tributa, hujus nomina hic restituantur oportet. — 3. Die xxv mensis Aprilis anno p. C. n. 192.

1053. Alexandreae. — Milne, *Musée du Caire, gr. inscr.*, p. 15, n. 9289. Descripsimus.

[Α]ὐρήλιος Ἰσίδωρος | σὺν τοῖς τέκνοις κ(αὶ) τοῖς | ἰδίοις ὑπὲρ εὐχαριστίας | ἀνέθηκεν ἐπ' ἀγαθῷ | ἔτους γ′ Οὐαλεριανοῦ κ(αὶ) Γαλλιηνοῦ Σεβ(αστῶν) Μεσωρὴ θ′ [1].

1. Id est die ii mensis Augusti anni p. C. 256.

1054. Alexandreae. — Wescher, *Rev. arch.*, IX (1864), p. 420; M. Strack, *Die Dynastie der Ptolemäer*, p. 272, n. 138; cf. p. 212. Ectypum misit Botti.

Ἀντώνιον μέγαν [1] | ἀμίμητον [2] Ἀφροδίσιος | π̣αρ̣ασιτος τὸν ἑαυτοῦ θεὸν | [κ]αὶ εὐεργέτην ἔτους ιθ′ τοῦ δ′ | Χοίαχ | κθ′ [3].

1. M. Antonius triumvir. — 2. Plut., *Ant.*, 28 : Ἦν γάρ τις αὐτοῖς σύνοδος ἀμιμητοβίων λεγομένη. — 3. Anno a. C. n. 34, mense Decembri, die xxviii. Annus XIX est Cleopatrae regnantis; annus IV vel Cleopatrae, annis ab anno quo ab Antonio Chalcide donata est computatis 36 a. C. n. [Gardthausen, Wescher, Mommsen], vel Caesarionis [Strack] vel potius Antonii ipsius [Letronne, Kromayer, Bouché-Leclercq]. Cf. Bouché-Leclercq, *Hist. des Lagides*, II, p. 257, not. 1.

1055. Alexandreae. — Extra urbem in loco proximo portae Canopicae. — *C. I. L.*, III, 12046.

Imp. Caesar Diui f. August. pontif. | maxim. flumen Sebaston à Schediâ induxit | quod per se toto oppido flueret praefect. Aegypti | C. Iulio Aquila anno XXXX Caesaris. | Αὐτοκράτωρ Καῖσαρ Θεοῦ υἱὸς Σεβαστὸς ἀρχιερεὺς |

ποταμὸν Σεβαστὸν ἀπὸ Σχεδίας ἤγαγεν | δι' ὅλης τῆς πόλεως ῥέοντα, ἐπὶ
ἐπάρχου | τῆς Αἰγύπτου Γαίου Ἰουλίου Ἀκύλα | ἔτους μ΄ Καίσαρος.

Cf. titulum sequentem.

1056. Alexandreae (Minet-el-Bassal). — Breccia, *Bull. de la Soc. d'Alexandrie*, VII
1905 , p. 61. Contulit de Ricci.

Imp. Caesar. Dini f. August. | pontif. maxim. flumen Sebaston [1] | ab Schedia
5 induxit a milliario | XXV quod per se [2] toto oppido flueret, | praefecto Aegypti
C. Iulio Aquila anno | XXXX Caesaris. | Αὐτοκράτωρ Καῖσαρ Θεοῦ υἱὸς Σεβασ-
τὸς | ἀρχιερεὺς ποταμὸν Σεβασ τὸν] [1] ἀπὸ | Σχεδίας ἤγαγεν ἐπὶ σταδίους δια-
10 κοσίους ‖ ῥέοντα δι' ὅλης τῆς πόλεως ἐπὶ ἐπάρχου | τῆς Αἰγύπτου Γαίου Ἰουλίου
Ἀκύλα | ἔτους μ΄ Καίσαρος [3].

1. Ποταμὸν Σεβαστὸν non de fossa dictum sed de aquaeductu subterraneo vult Breccia,
cujus vestigia exstant in via ad Ramleh oppidum ducta, juxta portam Rosettanam; sed
difficile credas ποταμὸν pro ὑδραγώγιον posse usurpari. — 2. « Id est, opinor, non per
lacum mixtum aqua palustri ». Mommsen. — 3. Anno 10 11 p. C. n.

1057. Alexandreae. — *C. I. Gr.*, 4963 Lapis asservatur in museo Parisino. Descripsimus.

5 Ἔτους δ΄ [Γαίου] | Καίσαρος [1] | Αὐτοκράτορος | Σεβαστοῦ ἐπὶ | Οὐιτρασίου |
10 Πωλίωνος [2] | ἡγεμόνος, | Ῥαγωνίου Κέλερος | ἐπιστρατήγου. ‖ Λογγῖνος
κεντυρί[ων].

1. Nomen Gai esse consulto deletum vidit Dessau : *Prosop. imp. rom.*, III, p. 456,
n. 524. Titulus fuit positus anno 39 40. — 2. De eo praefecto cf. Cantarelli, *Prefetti di
Egitto*, p. 27.

1058. Alexandreae. — Botti, *Rivista egiz.*, V (1893), p. 248; de Ricci, *Archiv für Pap.*,
II, p. 440, n. 47.

Αὐτοκράτορα Καῖσαρα [Θεοῦ Νέρουα υἱὸν | Νέρουαν Τραιανόν...

1059. Alexandreae. — Héron de Villefosse, *Bull. de la Soc. des Antiq.*, 1888, p. 120;
de Ricci, *Archiv für Pap.*, II, p. 440, n. 46. Ectypum misit Botti.

Αὐτοκράτο ρα Καίσαρα] Θεοῦ Νέρου α υἱόν] | Νέρουαν Τρ αιανόν] | Σεβαστὸν
Γερ μανικὸν] | Δακικ όν].

Titulus post annum 102 positus est, quo Trajanus Dacicus appellatus est.

1060. Alexandreae. — Botti, *Rivist. egiz.*, VI 1894), p. 337 et sqq.; de Ricci, *Archiv
für Pap.*, II, p. 444, u. 66. Apographum optimum cum ectypo benigne misit Botti. Item
contulit de Ricci.

Αὐτοκράτορα Καίσαρα Μᾶρκον Αὐρήλιον Ἀντωνῖνο ν] | Σεβαστὸν Ἀρμενια-
κὸν Μηδικὸν Παρθικὸν μέγιστον | ἡ πόλις, | διὰ Ἀπόλλωνος ἐνάρχου '
5 ἀρχιερέως τῶν | κυρίων Σεβαστῶν² υἱοῦ Ἀπολλωνίου τοῦ καὶ Λεω|νίδου γενο-
μένου ἀρχιερέως τῶν κυρίων Σεβαστῶν, | τοῦ Ἱέρακος νεωτέρου Λεωνίδου, τοῦ
Σελεύκου, πάν|των γενομένων ἀρχιερέων τῶν κυρίων Σεβαστῶν · | ἀδελφιδοῦ
10 Ἱέρακος νεωτέρου γενομένου ἀρχιερέως] τῶν κυρίων Σεβαστῶν καὶ ἀγορανόμου ·
ἀνεψιοῦ Λεωνίδου ἀποδεδειγμέ|νου ἀρχιερέως τῶν κυρίων Σεβαστῶν · ἀνεψιά-
δου, πατρόθεν μὲν Ἀπολλωνίου πρεσ|βυτέρου γενομένου γυμνασιάρχου καὶ
ἀγορανόμου καὶ Ἀλεξάνδρου γενομένου | γυμνασιάρχου καὶ ἀγορανόμου καὶ
στρατηγοῦ Ἀπολλωνοπολείτου καὶ Σεθρώτο υ]³, | μητρόθεν δὲ Αὐρηλίου Πολυ-
15 κλέους γενομένου ἀρχιερέως τῶν κυρίων Σεβαστῶν | καὶ βασιλικοῦ γραμμα-
τέως Μαρεώτου καὶ Ἀχιλλαμμωνος ἀρχιερατεύσαντος⁴ καὶ ἀ[γο]|ρανομήσαντος ·
ἐξανεψίου Αὐρηλίου Ἀσκληπιάδου γενομένου γυμνασιάρχου καὶ στρατηγοῦ |
Ἡρακλεοπολίτου καὶ Ἀλεξάνδρου γυμνασιαρχή<σα>σαντος καὶ Ἀπολλωνίου
τῶν | γεγυμνασιαρχηκότων καὶ ἠγορανομηκότων καὶ Σαραπίωνος τοῦ καὶ
Σερήνου, | γυμνασιαρχήσαντος καὶ Ἑρεννίων δύς, Πολυκλέους τοῦ καὶ Τιτιανοῦ
20 καὶ Ἰσιδώ|ρου γενομένων γυμνασιάρχων · καὶ ὁμοίως Σαραπίωνος γενομένου
ἀρχιε|ρέως Ἀδριανείου⁵ καὶ Σεβαστῶν καὶ Ἀρείου γενομένου ἀρχιερέως Ἀδρια-
νείου | καὶ βασιλικοῦ γραμματέως Βουσειρίτου καὶ Σαραπίωνος τοῦ καὶ Ἀμμω|-
νίου γενομένου ἀρχιερέως Θεοῦ Αἰλίου Ἀντωνίνου καὶ τῶν | Σεβαστῶν καὶ
25 Ἱέρακος τοῦ καὶ Ἡραΐσκου γενομένου ἀρχιερέως τῶν || κυρίων Σεβαστῶν καὶ
ἑτέρου Ἱέρακος γενομ έ]νου ἀρχιερέως Ἀδρ[ιανείου] | καὶ τῶν Σεβαστῶν · θείων,
τοῦ μὲν πατρός, Ἱέρακος πρεσβυτέρου ἀρχιερα[τεύ|σαντος καὶ Ἀπολλωνίου

πρεσβυτέρου γυμνασιαρχήσαντος καὶ ἐξηγητεύσαν ¹τος καὶ Ἀπολλωνίου νεωτέρου
γενομένου γυμνασιάρχου καὶ στρατηγοῦ Σέθρ ῷ ¹του καὶ βασιλικοῦ Βουβα-
0 στείτου, καὶ Ἀπολλωνίου τρίτου γυμνασιαρχήσαν|τος καὶ ἐξηγητεύσαντος καὶ
Ἀσκληπιάδους γενομένου γυμνασιάρχου καὶ βα|σιλικοῦ Σεβεννύτου ἄνω τόπων ⁶
καὶ Ἀλεξάνδρου γυμνασιαρχήσαντος · τῆς δὲ μητρὸς Ἰσι|δώρου ἀρχιερα-
τεύσαντος καὶ στρατηγήσαντος Ἀπολλωνοπολίτου καὶ Ἰσιδώρου τοῦ κα ὶ |
Ζωσίμου ἀρχιερατεύσαντος — ἔτους ια' ⁷ Αὐτοκράτορος Καίσαρος Μάρκου |
5 Αὐρηλίου Ἀντωνίνου Σεβαστοῦ Ἀρμενιακοῦ ‖ Μηδικοῦ Παρθικοῦ Μεγίστου,
Ἀθὺρ α'.

1. « In Aegypto haud raro idem magistratus municipalis pluribus hominibus manda-
batur, ut non una officiis ejus fungerentur sed per menses alternarent. Qui quoque
mense negotia gerebat, is ἐνεργὸς appellabatur. » Dittenberger *Orient. gr. inscr. sel.*, II,
715, not. 2. — 2. Alexandreae. De archisacerdotibus qui cultum imperatorum per Aegypti
urbes curabant, pauca accepimus. Cf. W. Otto, *Priester und Tempel im hellenistichen
Aegypten*, p 135-137 et p. 253-257. — 3. Forsitan fuerit strategus primus Ἀπολλωνοπολίτου
in Thebaide, deinde Σεβεννύτου, in Aegypto inferiore. — 4. Τῶν Σεβαστῶν, vel potius cujusdam templi. Cf. Otto, *l. c.*, p. 135. — 5. Fuit Hadrianeum Alexandreae, fuit alterum
Memphide : *Pap. Lond*, II. 317, p. 209. — 6. Ἄνω τόπων = ἄνω τοπαρχιῶν, Cf. Wilcken,
Griech. Ostr., I. p. 428. — 7. Anno 170 die xxviii. mensis Octobris.

1061. Alexandreae. — Breccia, *Bull. de la Soc. d'Alexandrie*, VIII (1905), p. 123.

Αὐτοκράτωρ Καῖσαρ | M. Αὐρήλιος Κόμμοδ ος] τῇ π όλει .

1062. Alexandreae. — Letronne, *Recueil*, II. p. 464 ; Borghesi, *Œuvres*, VIII, p. 241 ;
de Ricci, *Archiv für Pap.*, II, p. 447, n. 77. Periit.

Ὑπὲρ διαμονῆς τοῦ κυρίου | ἡμῶν Αὐτοκράτορος Καίσαρος | Λουκίου Σεπτιμίου
5 Σεουήρο[υ] ¹ | Περτίνακος Σεβαστοῦ καὶ εὐ|πλοίας τοῦ στόλου εὐσυλήμητο υ
ἐσπλοίων πορευτικῶν καὶ παν|τοῦ...... ρυμου ² καὶ Ἀλεξάν δ.. ψνιου Γαίου
0 Αἰλίου Αὐρηλίου Ἀντωνίου καὶ ὡς χρηματίζει | α ὑλητοῦ ³, ἐπὶ Λ. Μαντεν-
νίου | Σαβείνου ἐπάρχου Αἰγύπτου | ἔτους β' Φαρμοῦθι κς' .

1. Traditur : Σεουῆρος. — 2. τοῦ στόλου Εὐθυθήμου? τοῦ ε'κ πλοίων πορευτικῶν καὶ πάντων
τῶν σὺν αὐ[τῷ proposuit de Ricci. — 3. aut α λ α λη[ρ]ου, ut vult idem. — 4. Die xxi mensis Aprilis, anno p. C. n. 194.

1063. Alexandreae. — Partem superiorem tituli edidit Botti, *Rivista egiziana*, VI 1894, p. 344 cf. de Ricci, *Archiv für Pap.*, II, p. 449, n. 83). Inferiorem posterius invenit. Utriusque ectypum optimum nobis misit.

Τὸν κοσμοκράτορα Μ. Αὐρ. Σεουῆρον | Ἀντωνῖνον | Παρθικὸν Μέγιστον
5 Βρεταννικὸν Μέγιστον | Γερμανικὸν Μέγιστον Εὐτυχῆ Εὐσεβῆ Σεβαστὸν, ‖ τὸν
φιλοσάραπιν καὶ | Ἰουλίαν Δόμναν Σεβαστὴν τὴν μητέρα τῶν ἀν ικήτων | στρα-
τοπέδων καὶ Θεὸν Σεου ῆρον | ἡ πόλις, | διὰ..... ωνος καὶ ὡς χρηματίζω
10 ἐνάργου].... καὶ Αὐρηλίου Κόμωνος | ....καὶ ὡς χρη ματίζει ἀρχιερατεύ-
σαντος | ....[ἔ]τους κδ΄ Φαμενὼθ ιε΄ [1].

1. Anno p. C. n. 216, mense Martio, die XI.

1064. Alexandreae. — *C. I. Gr.*, 4680.

.... Αὐτοκράτορα Καίσαρα] Μᾶ[ρκ ον | [Αὐρ ή λι ον Σεουῆ[ρον Ἀντω-
νῖνον Εὐτυχῆ Εὐσεβῆ Σεβαστὸν, | τὸν σωτῆρα τῆς ὅλης οἰκουμένης | Μ. Αὐρή-
λιος Μέλ ας] καὶ ὡς [χ ρηματίζω ἔτους] κα΄ [1] Ἀθὺρ ιβ΄ [2].

1. Traditur IKA pro L KA. — 2. Die VIII mensis Novembris anno p. C. n. 212.

1065. Alexandreae (Hamoud-es-Saonari). — Botti, *L'acropole d'Alexandrie*, 1895, p. 23. Ectypum misit Botti.

.....ωρον ......σ' ....αραπι...... α|..... .....η,ρον..... ν|..... ....ε..
5 ε.....υ|.... ......ου σεο.... υ|...... ....ο.. σε.....ου|.... .....κδιαβ... ..υ|....
.....κνικου..........

Est Septimii Severi vel Caracallae; sed supplementa non satis dignoscuntur. Cf. quae proposuit de Ricci, *Archiv für Pap.*, II, p. 449, n. 84. Ea tantum certa sunt : v. 2, [σ]αραπι...; v. 3, Σεου]ῆρον; v. 5, ου Σεο[υήρο]υ; v. 6, Σε[βαστ]ου; v. 7, Ἀδιαβ[ηνικο]υ; v. 8, Γερμ]ανικου.

1066. Alexandreae. — Botti, *Rivist. Quindicinale*, VI (1894), p. 345; de Ricci, *Archiv für Pap.*, II, p. 448, n. 80. Ectypum misit Botti.

......ων κυρίων | [Α]ὐτοκρατόρων | [Σεο]υήρου καὶ Ἀντων[ίνου] | .....ο...

1067. Alexandreae. — Botti, *Rivista egiziana*, VI 1894 , p. 340; de Ricci, *Archiv für Pap.*, II, p. 448, n. 78. Ectypum misit Botti.

Ἰουλίαν Δόμναν Σεβαστήν | μητέρα Σεβαστοῦ [1] καὶ | ἀνικήτων στρατοπέ-
δων | ἡ πόλις | διὰ Διδύμου Σαραπίωνος | τοῦ ἐνάρχου [2] ἀρχιερέως τῶν | κυρίων
Σεβαστῶν | γενομένου βασιλικοῦ γρ(αμματέως) | νομοῦ Ἑρμοπολίτου | ἔτους
ιθ' Φαμενὼθ κζ' [3].

1. Σεβαστῶν scriptum fuit; interfecto Geta et memoria ejus damnata ΩΝ delevit quadratarius et supra sculpsit ΟΥ. — 2. Cf. n. 1060, not. 1. — 3. Die XXIII mensis Martii
anni p. C. n. 211.

1068. Alexandreae, in basi columnae praegrandis quae vulgo Pompeii nomine
vocatur. — *C. I. Gr.*, 4681. Cf. p. 1186; Dittenberger, *Orient. gr. insc. sel.*, II, 718. Contulit de Ricci.

Τὸν [ἐσ]ιώτατον Αὐτοκράτορα | τὸν πολιοῦχον Ἀλεξανδρείας | Διοκλητιανὸν
τὸν ἀνίκητον | Ποσείδιος [1] ἔπαρχος Αἰγύπτου [2]....

1. De nomine auctores non consentiunt. Alii Πόπλιος, legunt, ut Bailie, alii Ποσίδιος ut
Mahaffy *Athenaeum*, 1897, 29 Feb.) et *Cosmopolis*, VI 1897 , p. 42; alii etiam Πόντιος
Archaeologia, XV, p. 389 . Cf. Dittenberger, not. 4. — 2. Anno 302, si verum vidit
Franz.

1069. Alexandreae Kôm-el-Dik . — Botti, *Notice du Musée d'Alexandrie*, p. 147; de
Ricci, *Archiv*, II, p. 566, n. 128.

.... τον Σεβα[σ]στον..... | ......]ν Τι. Ἀλέξανδρος Κλαυ]διο [1] ..... | ....
..| ...... γυ μνασιαρχος [2].

1. Κλαυδ, de Ricci. Verba quae sequuntur de industria deleta esse idem monuit. —
2. Sc. Alexandreae.

1070. Alexandreae ?? — *C. I. Gr.*, 4679. Cf. addenda et corrigenda, p. 1185, 1186;
Dittenberger, *Orient. gr. insc. sel.*, 709. Descripsit de Ricci Veronae in museo Maffeiano.

Ἡ πόλις τῶν Ἀλεξαν[δρέων καὶ Ἑρμούπολις ἡ μεγάλη καὶ ἡ βουλὴ ἡ
Ἀντινοέων, νέ[ων Ἑλλήνων, καὶ οἱ | ἐν τῷ Δέλτα τῆς Αἰγύπτου καὶ οἱ τον

10 Θηβαικὸν νομὸν οἰκοῦν'τες Ἕλληνες ἐτίμη‖σαν Πόπλιον Αἴλιον | Ἀρισστείδην [1]
Θεόδωρον ἐπὶ ἀνδραγαθίαι καὶ | λόγοις.

Titulus repertus fuisse dicitur an. 1743 Piazzolae, in agro Patavino (Bartoli, *Due dis-sertazioni...*, p. 140 et seq.). Propter litterarum formam eum de Ricci suspicatur ex Asia potius quam ex Aegypto allatum.

1. P. Aelius Aristides, rhetor nobilis.

1071. Alexandreae. — Neroutsos, *Rev. arch.*, IX 1887), p. 204; Dittenberger, *Orient. gr. insc. sel.*, II, 715.

Αὐρ. Σαβεινιανὸν [1] | τὸν κράτιστον | ἐπὶ τῶν καθ᾽ ὅλου λόγων [2] | Αὐρ. Νεμε-
5 σίων | ἐναρχ(ος) [3] ὑπομνηματογράφος [4].

1. Forsitan idem ac Aur. Sabinianus, procurator ducenarius *Prosop. imp. rom.*, I, p. 214, n. 1297). — 2. De procuratore qui καθ᾽ ὅλου vel καθολικός = rationalis dicebatur cf. Hirschfeld, *Verwaltungsbeamten* (ed. II), p. 358, not. 2. — 3. Cf. supra 1060, not. 1. — 4. Strab., XVII, 1, 12.

1072. Alexandreae, in uno ex cancris aeneis quibus impositus erat obeliscorum alter notorum sub nomine acuum Cleopatrae. — *C. I. L.*, III, 6588, p. 1203.

Extrinsecus :

Ἔτους ιη᾿ Καίσαρ᾿ο ς [1] | Βάρβαρος [2] ἀνέθηκε, | ἀρχιτεκτονοῦντος | Ποντίου [3].

Introrsus :

A[n]no XVIII Caesaris, | Barbarus praef. | Aegypti posuit, | architectante Pontio.

1. Annus est U. c. 741 742, a. C. n. 13 12. — 2. P. Rubrius M. f. Mae. Barbarus; cf. *Prosop. imp. rom.*, III, p. 137. — 3. Cf. Plin., *H. N.*, XXXVI, 9, 69 : *Duo obelisci sunt Alexandreae ad portum in Caesaris templo, quos excidit Meophres rex.* — Hunc Pontium eumdem esse ac ille qui fontem quemdam (anno 1875 in hortis Maecenatianis inventum) fieri curavit vult Lumbroso *Bullett.*, 1878, p. 55).

1073. Alexandreae. — Botti, *Bull. de la Soc. d'Alexandrie*, IV 1902), p. 97; de Ricci, *Archiv für Pap.*, II, p. 567, n. 129.

Τ ι6. Κλ. | ?Σ᾿ειχατον τὸν χ᾿αι᾿ | Ἰουλιανὸν | τὸν λαμπρὸ᾿τατο᾿ν...

1074. Alexandreae. — *C. I. Gr.*, 4688.

Λούκιον Λικίννιον, | Λουκίου Λικιννίου | Ἱέρακος ἐξηγητοῦ [1] | υἱόν, Λουκίου
5 Λικιννίου | Ἰσιδώρου κοσμητοῦ [2] υἱωνόν....

1. Strab., XVII, 1, 12 « τῶν δ'ἐπιχωρίων ἀρχόντων κατὰ πόλιν μὲν ὅ τε ἐξηγητής ἐστι, πορφύραν
ἀμπεχόμενος καὶ ἔχων πατρίους τιμὰς καὶ ἐπιμέλειαν τῶν τῇ πόλει χρησίμων. Plurimi ἐπιμέλεια τῶν
χρησίμων intellexerunt de cura annonae (Varges, *De statu Aegypti provinciae romanae I
et II p. Ch. saeculis*, p. 49; Franz, *C. I. Gr.*, III, p. 291; Lumbroso, *Recherches*, p. 213,
n. 1; Hirschfeld, *Verwaltungsbeamten* ed. I, p. 143, n. 1; Wilcken, *Gr. Ostraka*, I, p. 657 ;
at eum et alia curavisse nunc certum est. Cf. Mitteis, *Hermes*, XXX 1895, p. 588; W.
Otto, *Priester und Tempel im hellenist. Aegypten*, p. 155, n. 3 et 4; Kornemann, *Neue
Jahrbücher für kl. Alterth.*, III (1899), p. 118; Hirschfeld, *op. cit.* ed. II, p. 235, n. 1. —
2. Ad κοσμητής pertinebat summa epheborum cura. Cf. *Oxyr. pap.*, 477, l. 22 et 23 et
Preisigke, *Stadtverfassung*, p. 11, 23, 30 et seq. — Nota exegetam et cosmetam utrumque
civem romanum. Cf. *Pap. Strasb.*, I, 10 : Φλαυΐῳ Ἀθηνοδώρῳ, ἱππικῷ, ἐξηγητεύσαντι.

1075. Alexandreae. — *C. I. L.* III, *Suppl.*, 6589, p. 1204. Descripsimus.

L. Publilius [Labeo uiator] | consulum praetor[umque et] | Ti. Caesaris praef.
5 stato[rum] | Philalexandreus. || [2] Λούκιος Πούβλιος Λαβέων οὐιάτωρ ὁ πά-
των.....

1. « Statores ipsi cum satis noti sint, praefectus eorum nunc primum nominatur »
Mommsen. — 2. « Mihi agnomen est... quo significatur Labeoni huic Alexandream curae
fuisse ». Id.

1076. Alexandreae. — Breccia, *Annales du Service des antiquités*, VII 1906, p. 145.

Λούκιος Τοννήιος Ἀντέρως | εὐπλοία ὑπὲρ πλοίου | Νικαστάγης [1] ἔτους μγʹ
Καίσαρος Μεχὶρ κα' [2].

1. Nomen navis. — 2. Anno 14 p. C. n., die xv mensis Februarii.

1077. Alexandreae. — Botti, *Catal. du musée d'Alexandrie*, n. 76; de Ricci, *Archiv
für Pap.*, p. 430, e Milni apographo. Ectypum nobis misit Botti.

... ['A]θὺρ ιηʹ ἐπὶ τῆς πʹ... | ... ς τῶν ἀπὸ τῆς τ[........ | ..... ων [2]
5 ἀρχισυνάγω [3] ...... | .. ρι προστάτης [4] διο...... [εἶπεν] · || ἐπειδὴ Β ρασίδας

Ἡρακλείδου ...|... γλ' ἔτους Καίσαρος ¹ | ... ἐν ἅπασι ἀναστ... | ....ς "
10 καὶ ὑγιῶς, ἐπ...|.... τὴν δαπάνην π?..||.... ορμγνιακὰς ² ἡμέ[ρας... | ... ἐ]πισ-
κευὰς ἀκολ ούθως? ...|... οὐ λόγῳ ἐπὶ το...|... [? ὑπ οδεξάμενον τ..|... στε-
φάνῳ επ... | ... [καὶ ἄλ λοις δυσί.....

1. π[ρυτανείας] proposuit de Ricci. — 2. Ita in cctypo : _ΩΝ. — 3. Ἀργυ τουαγωγός
occurrcre tum in Judaeorum tum in Graecorum socictatibus adnotavit Wilcken. —
4. l. c. προστάτης συνόδου. — 5. Anno 3 4 p. C. n. — 6. ἀναπ[ραξόμενος] supplet Haussoullier.
— 7. [νε]ομργνιακὰς, de Ricci. Forsan [ἱερ]ορμγνιακὰς.

1078. Alexandreae? — Botti, *Rivista quindicinale*, III (1891), p. 446; *Catal.*, p. 270;
de Ricci, *Archiv für Pap.*, II, p. 440, n. 49. Ectypum misit Botti.

Ἀγαθῇ Τύχῃ. | [Ἀ]ντίγραφον ὑπομνηματισμῶν Μαρκίου Μαισιανοῦ τοῦ
πρὸς | ἰδίῳ λόγῳ ἔτους ε' Ἀδριανοῦ Καίσαρος τοῦ κυρίου Θώθ κ̄ ¹, συμ-
5 παρόντων?] | Ποτάμωνος καὶ τῶν σὺν αὐτῷ ...... ευματος Λυ....... | Διονυσίῳ
γραμματεῖ κωμογραμ ματείας.... τοῦ Μαρεώτο[υ.......... | ματορυλακίαν ²
προσήκουσαν αὐτῷ.... οὐδε.......... | τοῦ πάροντος γραμμάτεως τῶν........
ιοι......

1. Anno p. C. n. 120, die mensis Septembris XXIV. — 2. [στο]ματορυλακίαν, de Ricci.
[γεντ]ματορυλακίαν, Wilcken; χω ματορυλακίαν, Lumbroso.

1079. Alexandreae. — Botti, *Bull. de la Soc. d'Alexandrie*, I (1898), p. 47; de Ricci,
Archiv für Pap., II, p. 567, n. 131. Ectypum misit Botti.

...λε..........| ἀδ ελφοῦ Σαραπ[ίωνος? ἀρχιερέως τῶν κυρίων] | Σεβαστῶν
5 καὶ ἀγορ ανόμου]..... | τοὺς γονεῖς πρω...... | ἀρχιερέως τῶν κ υρίων Σεβασ-
τῶν....... | ...ερους τοὺς.......

1080. Alexandreae. — Botti, *Rivista egiziana*, VI (1894), p. 343; de Ricci, *Archiv
für Pap.*, II, p. 445, n. 68. Ectypum misit Botti.

.... Ἡρα]κλείδου μὲν τοῦ καὶ Χαιρήμονος Ἀγαθοῦ | ....τος
Διδύμου δὲ καὶ Σωκράτους ἀμ[ροτέρων γυμνασιαρχησάντω ν ἐξηγητεύσαντος
5 Σωκράτους | .... ἐξη γητεύσαντος καὶ ἀγορανο||μήσαντος ....βουλεύ του τῆς
Ἀντινοέων πόλεως | .... γενομ]ένου ἐξηγητοῦ τῆς αὐτῆς | πολέ ως | ἔτους.

Αὐτοκράτορος Καίσαρος Μ. ἀρκου Ἀντωνείνου | Σεβαστοῦ ...... κοῦ Γερμα-
νικοῦ Μεγίστου [1].

1. M. Aurelius vel Caracalla. — Pleraque supplementa invenit de Ricci.

1081. Alexandreae. — *C. I. L.*, III, 13571. In altero lapidis latere est titulus *C. I. L.*,
III, 14125. Apographum misit Botti.

Αἴλιον Δημήτριον | τὸν ῥήτορα | οἱ φιλόσοφοι | [Φλ.]αουίου Ἱέρακος |
5 τοῦ συσσίτου ἀναθέντος | τὸν εὐεργέτην αὐτῶν [1] καὶ πατέρα.

1. [Τὸν διδάσκαλ]ον, de Ricci, *Archiv für Pap.*, II, p. 566, n. 127.

1082. Alexandreae. — *C. I. Gr.*, 4689; Breccia, *Bull. de la Soc. d'Alexandrie*, VIII
(1905), p. 124.

Τι. Κλαύδιον Ἀπίωνα | τὸν πάντα ἄριστον | καὶ φιλοστοργότατον | ἀδελφῶν |
5 Κλαυδία Φιλορωμαία.

1083. Alexandreae (?) — Milne, *Catal. du Musée du Caire, gr. inscr.*, p. 21. n. 9223.

Εὐτυχῶς καὶ ἐπ' ἀγαθῶι Μάρκωι Αὐρηλίωι Μικκαλίωνι τῶι καὶ Θεοφίλωι |
ἐνάρχωι [1] γυμνασιάρχωι καὶ ἀγωνοθέτη, ἀπὸ τῆς ἱερᾶς θυμελικῆς | καὶ ξυστικῆς
συνόδου [2] ψηφίσματι τετιμημένωι, φιλοτίμως | ἀλίσοντι, υἱῶι Μάρκου Αὐρηλίου
5 Θεοφίλου τοῦ καὶ Ἀφροδισίου ‖ γυμνασιαρχήσαντος καὶ ἀγωνοθετήσαντος,
υἱωνῶι Μάρκου | Αὐρηλίου Εὐδαίμονος τοῦ καὶ Ἀφροδισίου γυμνασιαρχήσαντος |
καὶ ἀγωνοθετήσαντος, θυγατριδῶ Μάρκου Αὐρηλίου Ἱέρακος τοῦ | καὶ Εὐδαίμονος
γυμνασιαρχήσαντος καὶ ἀγωνοθετήσαντος | ἁπάντων ἀπὸ τῆς ἱερᾶς θυμελικῆς
10 καὶ ξυστικῆς συνόδου [3] ‖ προγόνω]ν γε γυμνασιαρχηκότων ψηφίσματι τετιμη-
μένων | ἔτους πρώτου Φαμενὼθ Χ' [4].

1. Supra n. 1060, not. 1. — 2. Cf. supra, nn. 17, 146 et sq. — 3. Cf. *Oxyrh. papyr.*,
III, 473 ubi habes decretum simillimum tum a populo et magistratibus factum cum
a Romanis Alexandrinisque ibi degentibus. — 4. Die XXVI Martis, anni cujusdam
saeculi III p. C. n.

1084. Alexandreae. — Botti, *Bull. de la Soc. d'Alexandrie*, IV 1902), p. 99; de Ricci, *Archiv für Pap.*, II, p. 432, n. 13.

Σεραπος ἀνέθη|κε συνόδῳ Θερ|μουθιακῇ ¹ ἔτους ια' | Τιβερίου Καίσαρος
5 Σε|βαστοῦ Ἐπὶ ιθ' ².

1. Θερμουθιακή. Deam Thermouthim agnovit Wilcken (*Archiv*, *l. c.*), de qua vide W. Spiegelberg, *Aegypt. und griech. Eigennamen*, p. 12ʸ et sq. — 2. Die XIII mensis Julii anno 25. De computatione annorum Tiberii, cf. Wilcken, *Archiv*, I, p. 153.

1085. Alexandreae. — Ziebarth, *Das griechische Vereinswesen*, p. 213; de Ricci, *Archiv für Pap.*, II, p. 432, n. 14. Ectypum misit Botti.

[Π]ανκρατὴς Πανεσνευ]τος ἀνέθηκε συνόδῳ | γεωργῶν Καίσαρος | ἔτους ια'
Τιβερίου Καίσαρος ¹ Φ.....

1. Vide ne ad σύνοδος γεωργῶν Καίσαρος pertineat ὁ ἀρχιγεωργός, *Oxyr. pap.*, n. 477, v. 4. — 2. Anno 23 24 p. Ch. n., mense Phaophi vel Phamenoth vel Pharmouthi.

1086. Alexandreae? — Botti, *Notice du musée d'Alexandrie*, n. 2488, p. 145. Ectypum misit idem.

Ἔτους δ' Γαίου Κ]αίσαρος ¹ Αὐτοκρά|τορος Σεβαστο|ῦ ἐπὶ Κολλούθου
5 π|ροστάτου συνόδου].....

1. In fine anni 40 vel mense januario anni 41 p. C. n. quo Caligula occisus est.

1087. Alexandreae, loco Mafrousa dicto. Titulus pictus. — Botti, *Bull. de la Soc. d'Alexandrie*, II 1899, p. 39; de Ricci, *Archiv*, II. p. 441, n. 54.

5   Διονύσι|ον πρ(εσβύτερον) εὐ|ψύχει | · ἔτους ιβ' Ἀντω|νίνου τοῦ | κυρίου |
μηνὶ | Παῶνι ¹.

1. Mense Octobri anni p. C. n. 148.

1088. Alexandreae. — *C. I. L.*, III, 12058 = 14131. Ectypum nobis misit Botti.

Q. Lucretius. Q. f. Pup. | signi.f.er | annor. XXXVII. h. s. | Κουίντος |
5 Λουκρήτιος | Κου.ίν.του υ.ἱ.ὸ[ς] ¹ | σημιηαφόρος | ἐτῶν λζ' | ἐνθάδε κῖται ².

1. ΥΙΟΥ, lapis. — Tam propter litterarum formam quam propter nomina defuncti cognomine carentis, titulus incipienti saeculo primo p. C. n. est tribuendus.

1089. Alexandreae, in castris Caesaris (Sidi-Gaber). — Botti, *Bull. de la Soc. d'Alexandrie*, IV (1902), p. 103, n. 95. — Ectypum nobis misit Botti.

Οὐαλ(έριον) Φλάουιον | στρατιώτην λεγ(εῶνος) ς' Σιδηρ(ᾶς) | στιπενδίων ις'
5 ἐτῶν | δὲ λε', ὄντα ἀπ' Ὄκγου ¹, Ἀ'μ |μωνί(ος) Ὀρίου Διοκαισαρᾶς ².

1. Locus aliunde ignotus, dummodo eo verbo patria militis vere significatur — 2. Dio-
caesarea, nomen aliquot urbium quarum una in Galilea, aliae in Cappadocia, in Phrygia,
in Cilicia sitae erant.

1090. Nicopoli (Ramleh). — Néroutsos-Bey, *Rev. arch.*, XVIII (1891), p. 342.

5 Τῇ κυρίᾳ Ἴσιδι] | Τροφῶνιος] | ὁ καὶ Πο..... | ἔτους ς' Ἀντωνείνου | Χοί(αχ)..

Anno p. C. n. 142-143.

1091. Siyouf. — Botti, *Bull. de la Soc. d'Alexandrie*, I (1899), p. 47.

5 Τιβέριος Κλαύ|διος Εὐπρε|πῆς ἀπελεύ|θερος Κλαυ|βίου Ποστούμ[ου] | ἑκατον-
τάρχου ἐτῶν μη'. | Εὐψυχεῖ.

1092. Aboukir. — *C. I. Gr.*, III, 4966; de Ricci, *Archiv für Pap.*, II, p. 450, n. 87. In
Museo Britannico vidit et descripsit de Ricci.

Διὶ Ἡλίῳ] Μεγά[λῳ] | Σαράπιδι ἐν Κα[νώβῳ] | θεὸν πάτρι(όν] μου Ἡρ[α-
5 κ]|λῆ Βῆλον ἀνείκητον] Μ. Αὐρήλιος] Μάξιμο[ς Σύρος] Ἀ'σ|καλωνείτη[ς ὑπὲρ
τῶν] | ἀδελφῶν κα[ὶ] Μ. Α(υρηλίου) Γαίου [τοῦ πατρὸς?] | καὶ τῆς συμβίου |
10 εὐξάμενος ἀνέθηκ'α ἐ]π' [ἀγ]αθῷ ἔτους ζ' Αὐτο[κρά|το]ρος, Καίσαρος Μάρκο'υ] |
Αὐρηλίου Σεουήρου ¹ [Εὐ|σεβοῦς [Εὐ]τυχοῦς Σεβαστοῦ | Φαρμοῦθι ιζ'.

1. Post Σεουήρου Wilcken supplet Ἀλεξάνδρου. — 2. Die xii mensis Aprilis anno 228 p. C n.

1093. Aboukir. — E. Breccia, *Bull. de la Soc. d'Alexandrie*, VII (1905), p. 63.

5 Διὶ Ἡλίῳ Με|γάλῳ Σαράπιδι | ἐπὶ τῇ βάθρα | ὑπὲρ εὐχαρι|στίας Ἱέραξ |
ἀνέθηκεν ἐπ' ἀγαθῷ | ἔτους δ' τῶν κυρίων Φιλίππων | Σεβαστῶν Μεχεὶρ α'.

Anno p. C. n. 247, die xxvi mensis Januarii.

1094. Aboukir. — De Ricci, *Archiv für Pap.*, p. 447, n. 75.

.... ¹ Εὐσε[βοῦς Εὐτυχοῦς | Σεβασ τοῦ Νεικα α '².

1. Nomen imperatoris consulto erasum. — 2. Die xxvii mensis Novembris.

1095. Aboukir. — Botti, *Rivista quindicinale*, IV 1892, p. 8; De Ricci, *Archiv für Pap.*, II, p. 429, n. 2.

Συνίστωρ συναγ(...) ¹ | καὶ προστατήσας | τὸ β' ἔτους Καίσαρος ².

1. Συναγ ωγεύς) vel συναγ(ωγησας). — 2. Anno 29 28 a. C. n.

1096. Kôm-Khanziri. — Hogarth, *Journ. of hellen. studies*, XXIV 1904, p. 5-7.

Αὐτοκράτορα Καίσαρα Μᾶρκ ον Αὐρήλιον] Ἀ ν τ[ω νεῖνο]ν Σεβαστὸν |
Ἀρμενιακὸν Μηδικὸν Παρθικ[ὸν Μέγιστον] τὸν εὐεργέτην καὶ σωτῆρα τῆς
ὅλης οἰκουμένης | [ἡ πόλ ις ¹, | διὰ Ἰσιδώρου ἐνάρχου ἐξηγητ οῦ καὶ γυμνα σιάρ-
5 χου, πρώτου τῶν ἀπ' αἰῶνος ἕκτου ‖ καὶ εἰκοστοῦ ἀποδεδειγμένου, ἀ[ρχιερέως
τ οῦ Ἀπόλλ[ωνος καὶ νεωκό]ρου τοῦ | ἐν Παχνεμούνι Σαραπείου, γενομ[ένου
ἀγορανό μου καὶ ε ξη[γητοῦ κ]αὶ γυμνα]σ ιά ρχου, | γενομένου στρατηγοῦ ·
ἀδελφοῦ Ἰσι δώρου γενομέ νου νεωκόρου τοῦ ε ν Π αχνεμούνι | Σαραπείου καὶ
ἀρχιερέως καὶ ἀγορ ανόμου καὶ ἐξ ηγητοῦ καὶ γυμνασιάρχου · καὶ Διδύμου |
10 ἀδελφοῦ γενομένου ἀγορανόμου καὶ ἐξηγητοῦ καὶ γυμνασιάρχου · υἱωνοῦ Θέωνος
Διοσ κόρου πρώτου τῶν ἀπ αἰῶνος γυμ νασιαρχησάντ]ων, θυγατριδοῦ Ἰσιδώρου
γενομένου ἀγο ρανόμου καὶ ἐξηγητοῦ καὶ γυμνασ ιάρχου · ἐκγόν ου Ὡρείωνος
πρώτου τῶν ἀπ' αἰῶνος | ἐξηγητευσάντων · ἐκγόνου Διδύμ ου Διδύμου ? γε]νο-
μένου ἀγορανόμου καὶ ἐξηγητοῦ | καὶ γυμνασιάρχου · ἀδελφιδοῦ πρ[ὸς πατρὸς
Διο σκόρου ἄρξαντος τὰς αὐτὰς ἀρχ άς · ἀδελφιδοῦ πρὸς μητρὸς Διδύμου
15 ἄρξαντος τὰ ς αὐτὰς ἀρχ ά]ς · ἀνεψιοῦ Διδύμου Διδύ]μου πρὸς μητρὸς γενο-
μένου ἀγ ορανόμου καὶ ἄρξαντος τὰς αὐτὰς ἀ ρχ άς · [ἀ]νεψιοῦ | πρὸς πατρὸς
Ὡρείωνος καὶ Ἰσιδ ώρου ἀρξάντω]ν τὰς αὐτὰς ἀρχ άς · ἀνεψιοῦ Ἰσιδώ]<ρ>ρου
Διδύμου ἄρξαντος τὰ ς αὐτὰς ἀρχάς? ....]οῦ ἄρξαντ[ος τὰς] αὐτ ὰς
ἀρχάς · ἀνεψιαδοῦ | πρὸς μητρὸς Διδύμου υἱοῦ τοῦ Διδύμου ? ἄρξαντο ς τὰς

αὐτὰς ἀργάς · ἀνεψιαδ ῶν πρὸς μητρὸς................... ἀρξαντ ων τας κατα ς
ἀρ γάς · ἀνεψι αδοῦ Κ υρίλλου........

1. Πέλκς, sive Alexandrea, sive, ut vult Hogarth, Pachnemounis, Sebennyti inferioris
caput.

1097. Kôm-Khanziri. — Hogarth. *Journ. of hellen. studies*, XXIV 1904, p. 10.

Τ ῇ γλυκυτάτῃ πατρὶ δι ' | Αὐρήλιος Διόσκορος (?) καὶ Ἑλλάδ ιος ε πι-
5 κλην Ἀκωραίτης ἄρξας βο υ|λευτῆς τῆς λαμπροτάτη ς Ἀλ ε|ξανδρείας, καὶ
Διοσκόραιν α ἡ κ αι | Βησοδώρα ματρώνα στολ ατα ἡ | κρατίστη ᾶ, τέκνα Αὐρη-
10 λία ς τῆς Διοσ|κόρου, γενομένου ε ὐθηνι ἀρ|χου κοσμητοῦ ἐξηγητοῦ | ὑπομνη-
ματογράφου | β ουλευτοῦ τῆς λαμπρο τ άτης πόλε ω ς τῶν Ἀλε ξανδρέων
..... | ἐπ' ἀγα θῷ .

1. Η non τῇ lapidi inesse affirmat Hogarth. — 2. Matrona stolata, cui stolam habendi
jus erat; cf. Marquardt, *Vie privée des Romains*, II, p. 217. Κρατίστη, — egregia. Supplementa agnovit Wilcken, *Archiv fuer Pap.*, IV, p. 242.

1098. Schediae. — A. Schiff, *Inschriften aus Schedia* *Festschrift fuer Otto Hirschfeld*,
p. 374 et suiv. cum imagine p. 375 . — Dittenberger. *Orient. gr. insc. sel.*, II, 672.

Ἐτους τρίτου ' | Αὐτοκράτορος Τίτου | Καίσαρος Οὐεσπασιανοῦ | Σεβασ-
5 τοῦ, ἐπὶ Γαίου | Τεττίου Ἀφρικανοῦ | Κασσιανοῦ Πρίσκου ἡγεμόνος | Ὠρύγη
Ἀγαθὸς Δαίμων | ποταμὸς ' ἐπὶ τὰ τρία στερεὰ ' | καὶ ἐπὶ το ἀρχαῖον ἀπε-
10 κατε|στάθη, ἕως τῆς πέτρας ' καὶ | ἐτέθησαν παρ' ἑκάτερα τῶν τει|χῶν πλάκες
ἐπιγεγραμμέ|ναι δεκατέσσαρες·

1. Anno p. C. n. 80 81, ante diem XIII mensis Septembris quo Titus obiit. — 2. Ita
Nilum Canopicum designari constat. Cf. Schiff, *loc. cit.*, p. 377-380; Daressy. *Les grandes
villes de l'Égypte à l'époque copte*, *Rev. arch.*, 3e série, 1894 XXV, p. 211. — 3. In
longitudinem, latitudinem, altitudinem », Dittenberger. Foucart autem mavult tam τὰ
τρία στερεά quam Πέτρας habere pro locorum nominibus, in ea regione omnibus notorum.

1099. Schediae. — Botti. *Bull. de la Soc. d'Alexandrie*, IV 1902 , p. 45; Dittenberger,
Orient. gr. insc. sel., II, 673.

Anno VI Im p. Domitiani ' | Caesar. Aug Germanic. | sub. G. Septimio Vegeto

5 praef. Aeg. | fodita est flumen Philagrianu [2] | at tria soldu [3] usque ad petras. |

Ἔτους ς´ Αὐτοκράτορος | Καίσαρος Δομιτια νου | Σεβαστοῦ Γερμανικοῦ |
10 ἐπὶ Γαίου Σεπτιμίου | Οὐεγέτου ἡγεμόνος | ὤρύγη ποταμὸς Φιλαγριανὸς ἐπὶ
τὰ | γ´ στερεὰ [3] ἕως τῆς πέτρας.

1. Nomen Domitiani consulto erasum. Annus VI — 86 87 p. C. n.   2. Flumen Phila-
grianum, id est canalis qui aquam Nili Alexandriam deducebat. Cf. Dittenberger, loc. cit.,
not. 5. — 3. Cf. supra, n. 1098, not. 3.

1100. Kôm-el-Gizeh. — Botti, Bull. de la Soc. d'Alexandrie, 1902, p. 53.

Τὸν κύριον ἡμῶν | Αὐτοκράτορα Καίσαρα | Γάιον Ἰούλιον Οὐῆρον | Μαξι-
5 μεῖνον | Εὐσεβῆ Εὐτυχῆ | Σεβαστον | ἡ πόλις [1] | διὰ τῶν ἀρχόντων | ἔτους
β´ Ἀθὺρ ε´ [2].

1. Alexandrea, ut videtur. — 2. Anno 235 p. C. n. die II mensis Novembris.

1101. Kôm-el-Gizeh. G. Lefebvre, Bull. de corr. hellén., XXVI 1902, p. 451; de
Ricci, Archiv für Pap., II, p. 565, qui postea lapidem vidit. Ectypum dedit Daressy.

.....Α ευκίωι Ἀντωνίωι Πέδωνι | παρὰ ...., Καίσαρος ἀπελευθέρου,
Κοαρτίωνος .... το Ὁ Μενελαίτου [1] πλησίον τοῦ | ...... χαίρειν · ἱερὸν
5 Ἀφροδίσιον καὶ ἐργαστήρια | ....ἀπὸ τῶν ἔνπροσθεν χρόνων μέχρι | τῆς
νῦν ἡμέρας · βουλόμενος δὲ προσκτίσαι | .... ζ υτοπόλιον ἐπ᾽ εὐεργεσίαι
τοῦ | ......ωρηθῆναι [2] καὶ τοῦτο εἶναι ἀτελές | ...

Videtur ea epistula esse Quartionis cujusdam, Aug. liberti, L. Antonio Pedoni missa
de restituto Aphrodisio et zythopolio aedificando. De libertis in Aegypto, cf. Strab., XVII,
1. 12 : παρίπονται δὲ τούτοις ἀπελεύθεροι Καίσαρος, etc.

1. Ἰλαχεῖον τοῦ [Σαΐτου] proposuit de Ricci. — 2. ΑΡΗΘΗΝΑΙ descripsit Jonguet.

1102. Xoi Sakha. — Milne, Journ. of hellen. studies, XXI 1901, p. 275; de Ricci,
Archiv für Pap., II, p. 446, n. 70, ad ectypum photographicum.

Ὑπὲρ σωτηρίας καὶ | διαμονῆς τοῦ κυρίου | ἡμῶν Αὐτοκράτορ ος | Καί-
5 σαρος Μάρκου Αὐ ρηλίου | Κομμόδου Ἀντωνίνου | Σεβαστοῦ Εὐσεβοῦς
καὶ τοῦ | σύνπαντος αὐτο ῦ οἴκου, | Νεμεσιανὸς Ἀρείου τοῦ Πο......... |

10 Σωσικόσμιος ὁ καὶ Ἀλθαιεὺς ἔναρχος ‖ γυμνασίαρχος τῆς Σαιτῶν πόλεως |
ἀνέθηκα τὸν ἀνδριάντα τοῦ Πολιέως | Σαράπιδος, ἐπιδοὺς εἰς τοῦτο μετὰ τὸ |
15 ἐξ ἔθους διδόμενον καὶ τὸ λοιπὸν τὸ] | ἀναλωθὲν δαπάνημα ἐκ φιλοτιμίας | ἐπὶ
,Ο]ὐ[ε]τ ουρίου Μακρίνου [1] ἐπάρχου Αἰγύπτου, | ἐπιστρατηγοῦντος Αὐρη-
λίου Ἰάσονος, | στρατηγοῦντος Ἀρτεμιδώρου | ἔτους κα΄ Ἐπεὶφ ι΄ [2].

1. Nomen praefecti erasum restituit P. M. Meyer, *Beiträge zur alten Gesch.*, I, p. 477.
Postea inspecto lapide vestigia nominis Οὐετουρίου vidit Th. Reinach. — 2. Die IV mensis
Julii anno p. C. n. 181.

1103. Prope Saim, hodie Sà-el-Hajar. — *C. I. Gr.*, 4697.

Αὐτοκράτορα Καίσαρα | Μᾶρκον Αὐρήλιον Ἀντωνεῖνον | Σεβαστὸν Ἀρμε-
5 νιακὸν Μηδικὸν | Παρθικὸν Μέγιστον [1] ‖ ἡ πόλις [2] τὸν εὐεργέτην.

Titulus non ante mensem Martium anni p. C. n. 166 positus est, quo M. Aurelius Par-
thici Maximi nomen accepit.

1. Civitatem fuisse Naucratim contendit de Ricci *Archiv für Pap.*, II, p. 450, ad. n. 86
Sed fortasse πόλις nihil aliud vult atque μητρόπολις, ut saepe.

1104. Kôm-el-Hisn. — Milne, *Musée du Caire, gr. inscr.*, p. 21, n. 9228.

Αὐτοκράτορα Κ αίσαρα | Μᾶρκον Αὐρή λιον | Ἀντωνεῖ νον | Εὐσεβῆ
5 Εὐτυχῆ[ν Σεβαστὸν [1] | ἡ πό]λις [2] διὰ Μάρκου Αὐρη λίου.......

1. Caracalla aut Elagabalus. — 2. Naucratis, ut vult de Ricci, cf. tamen supra,
n. 1103, not. 1.

1105. Naucrati. — G. Lefebvre, *Bull. de corr. hellén.*, XXVI (1902), p. 452, n. 14; de
Ricci, *Archiv für Pap.*, II, p. 565, n° 120. Ectypum habuimus.

L. Larteus | Luci Pullea [1], | aue. | Λούκειος Λάρτιος Λουκείου) Πολλία,
χαῖρε.

1. Pollia tribu.

1106. Naucrati. — E. A. Gardner. *Naukratis*, II, p. 68, n. 15. Contulit de Ricci in museo Britannico.

...... Ἀμμωνίου συν αγωγ ός | .... τῇ σ υνόδῳ Σαμβαθικῇ | ......
Καί σαρος Φαμενὼθ ζ΄¹.

1. Die III mensis Martii.

1107. Loco dicto Mendes Sembellaouin . — *Rev. arch.*, 1883 1 , p. 207; Botti, *Rivist. Egiz.*, V 1893 , p. 245, Milne, *Journ. of hellen. studies*, 1901, p. 291. Contulit de Ricci in museo Sangermanensi.

Τ. Αὐρήλιος Καλπουρνιανός Ἀπολλωνίδης ¹ | χιλίαρχος λεγιῶνος ιδ΄ Γεμί-
νης, χιλίαρχος λεγιῶνος | ιγ΄ Γεμίνης, ἐπίτροπος Γαλλίας Ἀκουιτανικῆς |
5 ἐπὶ κήνσων, ἐπίτροπος Μυσίας τῆς κάτω, ἐπίτροπος) | Θράκης, ἐπίτροπος)
Δελματίας, ἐπίτροπος) Αἰγύπτου ἰδίου | λόγου. | ζήσας ἔτη νε΄.

1. Cf. *Prosopogr. imp. rom.*, I, p. 197. Ejusdem hominis titulum acephalum habes Niceae Bithyniae; cf. infra. vol. III, n. 41. « Fuit non ante Divos fratres. »

1108. Leontonpoli (Tell-Moqdam). — Milne, *Musée du Caire*, gr. inscr., p. 52.

Ἄννις Μάρκου ἐτῶν μ΄ | ἔτους κα΄ Καίσαρος ¹ | Ἐπεὶρ κδ΄ | φιλό τεκνε
χαῖρε.

1. Anno a. C. n. 9, die mensis Julii XVIII.

1109. Mahemdieh. — Clédat, *Comptes rendus de l'Acad. des Inscr.*, 1903, p. 608. Ectypum dedit idem.

Ὑπέρ Αὐτοκράτορος Καίσαρος Θεοῦ υἱοῦ Σεβαστοῦ καὶ | Λειουίας Σεβαστοῦ
καὶ Γαίου Καίσαρος καὶ Λευκίου Κ|αίσαρος τῶν υἱῶν τοῦ αὐτοκράτορος καὶ
Ἰουλίας | τῆς θυγατρὸς τοῦ αὐτοκράτορος καὶ Γαίου Τουρ|ρανίου ἐπάρχου τῆς
Αἰγύπτου ¹ Κοίντος Κόρουι]ος Κοίντου υἱὸς Φλάκκος ἐπιστρατηγήσας Θη|βαίδος
δικαιοδοτῶν Πηλουσίωι τὸ ν θρόνον | καὶ τὸν βωμὸν ἀνέθηκε ἔτους κς΄ Καί-
σαρος Τῦβι ιγ΄ ².

1. De C. Turrannio cf. Cantarelli, *Prefetti di Egitto*, p. 19. — 2. Anno a. C. n. 4, die VIII
mensis Januarii.

1110. Memphi, ad androsphingen. — *C. I. Gr.*, 4699; cf. *additamenta*, p. 1187; Dittenberger, *Orient. gr. insc. sel.*, II, 666.

Ἀγαθῆ Τύχῃ. | Ἐπεὶ Νέρων ᾿ Κλαύδιος Καῖσαρ Σεβαστὸς | Γερμανικὸς
Αὐτοκράτωρ, ὁ ἀγαθὸς δαίμων τῆς | οἰκουμένης, σὺν ἅπασιν οἷς εὐεργέτησεν
5 ἀγα[θοῖς τὴν Αἴγυπτον τὴν ἐναργεστάτην πρόνοι]αν ποιησάμενος ἔπεμψεν ἡμεῖν
Τιβέριον Κλαύδι|ον Βάλβιλλον ᾿ ἡγεμόνα, διὰ δὲ τὰς τούτου χ ά|ριτας καὶ εὐερ-
γεσίας πλημυροῦσα πᾶσιν ἀγαθοῖς ἡ | Αἴγυπτος, τὰς τοῦ Νείλου δωρεὰς ἐπαυξο-
10 μέ|νας κατ᾿ ἔτος θεωροῦσα, νῦν μᾶλλον ἀπέλαυσε τῆς δικαίας ἀναβάσεως τοῦ
θεοῦ ᾿, ἔδοξε | τοῖς ἀπὸ κώμης Βουσείρεως ᾿ τοῦ Λητοπολεί|του παροικοῦσι ταῖς
15 πυραμίσι καὶ τοῖς ἐν αὐτῷ | καταγεινομένοις τοπογραμματεῦσι καὶ κω|μογραμ-
ματεῦσι ψηφίσασθαι καὶ ἀναθεῖναι | στήλην λιθίνην παρὰ τῷ μεγίστῳ θεῷ
Ἡλί|ῳ ᾿Αρμάχει ᾿, ἐκ τῶν ἐνκεχαρα᾿γ μένων ἀγα[θῶν δηλοῦσα] ν τὴν πρὸς
αὐτοὺς εὐεργεσίαν | ἐξ ὧν ἐπι στήσονται καὶ τὴν αὐτοῦ πρὸς ὅλην τή[ν |
20 Αἴγυπτον καλοκά γαθίαν πάντες. Ἀρμά[χει γὰρ τὰς ἰσοθέους αὐτοῦ χάριτας
ἐνεστη|λωμένας ᾿ τοῖς ἱεροῖς γράμμασιν αἰῶνι μνημο|νεύεσθαι παντί. Παραγενό-
25 μενος γὰρ ἡμῶ ν | εἰς τὸν νομὸν καὶ προσκυνήσας τὸν Ἥλιον | Ἀρμ αχ ιν
ἐπόπτην καὶ σωτῆρα τῇ τε τῶν πυραμί[δ ων μεγαλειότητι καὶ ὑπερφυίᾳ τερφ-
θείς, | θε α σάμενό ς τε πλείστης ψάμμου διὰ τὸ μῆκος | τοῦ ᾿χρό νου .
πει...εον.... γράμματα πρῶτος | εἰς ᾿τ ὸ ν θ εὸ ν Σεβαστόν.... ....αω
30 θήραι ς το.......ποι ὑπ.......αστην | ....ιεν ....ίτου | ......την |
.........θευ...........π | [...έτους.. Νέρωνος] Κλαυδ ίου Καίσαρος Σεβασ-
35 το ῦ || Γερμανικοῦ Αὐ᾿το κράτορος.......

1. Nomen Neronis antiquitus erasum est. — 2. Ti. Claudius Balbillus Aegyptum rexit anno p. C. n. 55. De eo cf. *Prosop. imp. rom.*, I, p. 360, n. 662. — 3. I. e. Nili. — 4. Hodie Abusir. De graecis ibi antiquitus habitantibus notum est. Cf. U. Wilamowitz-Möllendorff. *Timotheos*, p. 2. — 5. Celeberrimus deus Horemakhouti cujus andros-phinx est imago cf. Maspero, *Hist. anc. des peuples de l'Orient*, I, p. 217 ; quem cum idem sit ac sol, Graeci Ἥλιος vel Apollinem appellant. — 6. ΕΝΕΣΤΗΛΕΙ ΖΩΜΕΝΑΣ traditur.

1111. Memphi. — W. H. D. Rouse, *Journal of hellen. studies*, XII 1891 , p. 384; Dittenberger, *Orient. gr. insc. sel.*, II, 704.

Θεᾷ μεγίστῃ | Εἴσιδι ἐν Μαλάλι ᾿ | Εἰσίδωρος Πιαθρήους κατεσκεύασεν |

5 ἐκ τοῦ ἰδίου εὐσεβείας χάριν | ἐπ' ἀγαθῶι, | ἔτους ιθ' Αὐτοκράτορος Καίσαρος
Τίτου | Αἰλίου Ἀδριανοῦ Ἀντωνίνου Σεβαστοῦ | Εὐσεβοῦς Φαῶρι·...

1. Locus ignotus. — 2. Mense Octobri anni p. C. n. 155.

1112. Memphi, ad androsphingem. — *C. I. Gr.*, 4701.

Ἀγαθῆι τύχηι | ἔτους ς' Ἀντωνείνου | καὶ Οὐήρου τῶν | κυρίων αὐτοκρα-
5 τόρων, | ἥγε μονεύοντος Φλ. | Τιτιανοῦ[1], ἐπιστρατηγοῦν|τος Λουκκίου Ὀρελ-
10 λιανοῦ, | [2] στρατηγοῦντος τοῦ νο|μοῦ Θέωνος[3], ἀπο|κατέστησεν[4] τὰ τί|χη ἐπ'
ἀγαθῶι | Παχὼν ιε'[5].

1. Cf. *Prosop. imp. rom.*, II, p. 77, n. 257. — 2. Epistrategus regionis Deltanae;
cf. Wilcken, *Griech. Ostraka*, I, p. 428. — 3. Vide ne fuerit idem strategus Oxyrhinchitis
nomi anno 179 Grenfell et Hunt, *Oxyrh. papyri*, I, n. 76, p. 139). — 4. Potius ἀποκα-
τεστάθη. — 5. Dies x mensis Maii, anno p. C. n. 166.

1113. Memphi ad androsphingem. — *C. I. Gr.*, add. 4701 b.

Ὑπὲρ αἰωνίου νείκης καὶ διαμονῆς | τῶν κυρίων αὐτοκρατόρων, | [Λ. Σεπτι-
5 μίου Σεουήρου Εὐσεβοῦς | Περτίνακος Ἀραβικοῦ Ἀδιαβηνικοῦ Παρθικοῦ || Μεγίσ-
του καὶ Μ. Αὐρηλίου Ἀντωνείνου Σεβαστῶν | καὶ Λ. Σεπτιμίου Γέτα ἐπιφα-
νεστάτου Καίσαρος[1]] καὶ Ἰουλίας | Δόμνης Σεβαστῆς μητρὸς στρατοπέδων
τὸ στρῶμα | .... χρό]νῳ[2] διαφθαρὲν ἀποκατεστάθη, | ἐπὶ.............|
10 νου[3] ἐπάρχου Αἰγύπτου, ἐπιστρατηγοῦντος, | .... Ἀρρίου Οὐίκτορος, στρατη-
γοῦντος .... ἔτους η'[4].

1. Nomina Getae antiquitus deleta. — 2. [τοῦτο τῷ μακρῷ χρό]νῳ supplevit Letronne;
« sed videtur excidisse τοῦ νοοῦ vel simile quid » Franz. — 3. Forsitan [ἐπὶ Αἰμιλίου
Σατουρνίνου]: hic enim praefecturam Aegypti gerebat anno 197, mense Julio (*Berlin. gr.
Urkunden*, II, 15, 1). — 4. Anno 199-200 p. C. n.

1114. Memphi. — Miller, *Mél. d'arch. égypt.*, I (1872), p. 52. Ectypum misit Botti.

Φιλέρως προστατήσας | τὸ ιγ' ἔτος Καίσαρος[1] ἀνέθηκε | Ἡρακλείδην τὸν

ἐα(υ)τοῦ | πάτρωνα καὶ εὐεργέτην | τοῖς νέμουσι τὴν σύνο δον ἔτους ιγ´ Καί-
σαρος Μεχείρ..

1. Anno 17 ante C. n., mense Februario.

1115. In Socnopaei insula. — Milne, *Musée du Caire, gr. inscr.*, p. 40, n. 9287.

Ἔτους ια´ Τιβερίου Κλαυδίου Καίσαρος | Σεβαστοῦ Γερμανικοῦ | Αὐτοκρά-
τορος Νοίαχ ς´ ' | Στοτουήτιος Ἀρπαήσιος ἀνέθηκεν | τοῖς Διοσκόροις ὑπὲρ
αὐτοῦ ἐπ᾽ ἀγαθῷ.

1. Anno 50 p. C. n. die II mensis Decembris. — 2. De Dioscuris in Aegypto, cf. *Bull. de
corr. hellén.*, XXVII 1903, p. 344.

1116. In Socnopaei insula. — G. Milne, *Musée du Caire, gr. inscr.*, p. 28, n. 9202;
Dittenberger, *Orient. gr. insc. sel.*, II, n. 655. Contulimus.

Ὑπὲρ Καίσαρος Αὐτοκρά[τορος Θεοῦ ἐκ Θεοῦ ' ἡ οἰκοδομή | τοῦ περιβόλου
τῷ θεῶι καὶ κυρίῳ Σοκνοπαίωι ² παρὰ τῶν ὶ] ἐκ Νείλου | πόλεως ' προβα-
τοκτηνοτρόφ ω]ν ⁴ | καὶ τῶν γυναικῶν καὶ τῶν τέκνων εὐχήν. ἔτους ς´
Καίσαρος Φαμενώθ] κ´ ⁵.

1. Caesar Divi f. Augustus. — 2. Nomen divi Crocodili quem colebant in vico; De
Socnopaio cf. Krebs, *Zeitschrift für Aeg. Sprache*, 1893 XXXI, p. 31. — 3. Νείλουπόλις
oppidum non longe a Dimeh situm, cf. E. Wessely, *Topogr. des Faijum*, p. 110-111; Grenfell et Hunt. *Tebtun. Pap.*, II, p. 391. — 4. προβατοκτηνοτρόφων in lapide. Videtur intelligen
dum eosdem viros προβάτων ποιμένας fuisse et κτηνοτρόφους. De κτηνοτρόφοις cf. Rostowzew,
Archiv für Pap., III, p. 219 et sqq. — 5. Die XVI mensis Martii anno a. C. n. 24.

1117. In Socnopaei insula? — E. Brugsch, *Geographische Inschr.*, I, p. 137; Lumbroso,
Documenti greci del Museo Egizio di Torino, p. 40; cf. *Recherches*, p. 134.

Ὑπὲρ Αὐτοκράτορος Καίσαρος | Θεοῦ ' υἱοῦ Διὸς Ἐλευθερίου ² Σεβασ-
τ[ο ῦ, Ποπλίου Ὀκταουίου ³ ὄντος ἐπ᾽ ι ος [ῆς ⁴ Αἰγύπτου, τὸ πλῆθος τῶν |
ἀπὸ τοῦ Ἀρσινοείτου καθαρουργῶν ⁵ καὶ πλακουντοποιῶν | Ἡρακλείδην

Σογχώτου προστάτην τοῦ λβ´ ἔτους Καίσαρος στήλην καὶ εἰκόνα λιθί-
10 νην διὰ βίου, ἔτους λβ´ Καίσαρος, | Μεχὶρ κε´.

1. ΘΕΟΝ traditur. — 2. ΔΙΑΕΛΕΥΘΕΡΙΟΝ traditur. Augustus Ζεὺς Ἐλευθέριος audit
in Aegypto, cf. C. I. Gr., 4715, infra n. 1162. — 3. P. Octavius praefectus Aegypti
anno 4 p. C. n., cf. Prosopogr. imp. rom., II, p. 425. n. 10. — 4. ΕΠΙΠΗΣ traditur. —
5. Καθαρουργοὶ... qui καθαροὺς ἱεροὺς faciunt, Lumbroso. — 6. Sc. τῆς συνόδου τῶν καθα-
ρουργῶν καὶ τῶν πλακουντοποιῶν. — 7. Traditur ΝΟΡΗΗΝ. Correxit Lumbroso. — 8. Die
XIX mensis Februarii anno p. C. n. 3.

1118. In Socnopaei insula. — Milne, Musée du Caire, gr. inscr., p. 10, n. 9242; Dittenberger, Orient. gr. insc. sel., II, 664. Descripsimus. Contulit de Ricci.

Λούσιος Γέτας ¹ Κλαυδίωι Λυσανίᾳ ² στρατηγῶι Ἀρσινοείτου | χαίρειν ·
5 τὸ ὑπογεγραμμένον | ἔθεμα πρόθες ἐν οἷς καθήκει | τοῦ νομοῦ τόποις ἵνα
πάντες | εἰδῶσι τὰ ὑπ᾽ ἐμοῦ κελευόμενα. | Ἔρρωσο. |
10 Λούκιος Λούσιος Γέτας λέγει · | ἐπεὶ Ἀρσινοείτου ἱερεῖς θεοῦ | Σοκνοπαίου ³
ἐνέτυχόν μοι | λέγοντες εἰς γεωργίας ἄγεσθαι, | τούτους μὲν ἀπολύω<ι> ·
15 ἐὰν | δέ τις ἐξελεγχθῆι τὰ ὑπ᾽ ἐμοῦ | ἅπαξ κεκριμένα ἢ προστα|χθέντα κεινή-
σας ἢ βουληθεὶς | ἀμφίβολα ποιῆσαι, κατ᾽ ἀξίαν | ἢ ἀργυρικῶς ἢ σωματικῶς |
20 κολασθήσεται. Ἔτους ιδ´ Τιβερίου | Κλαυδίου Καίσαρος Σεβαστοῦ | Γερμανικοῦ
Αὐτοκράτορος | Φαρμοῦθι γ´ ⁴.

1. L. Lusium Getam agnovit de Ricci Rev. arch., 1899, XXXV, p. 428 et suiv.). Cognomen Geta erasum est tertio p. C. n. saeculo post damnatam Getae imperatoris memoriam. L. Lusius Geta, praefectus praetorio an. 48, « praetorianorum cura exsolutus »
jubente Agrippina an. 52 Tac. Ann., XII, 42, Aegyptum regendam tunc accepit. Cf. de
eo viro Prosop. imp. rom., II, p. 308, n. 322. — 2. Strategum habemus τῆς Ἡρακλείδου
μερίδος in qua Socnopaei νῆσος sita erat vel potius totius nomi, cui primo p. C. n. saeculo
ineunte unus strategus praefuisse videtur. — 3. Cf. supra n. 1116, n. 2. — 4. Die
XXIX mensis Martii anno p. C. n. 54.

1119. Caranide, supra unam ex portis templi. — Grenfell, Hunt et Hogarth, Fayûm
Towns, p. 33, n. 2; Dittenberger, Orient. gr. insc. sel., II, 667. Contulit de Ricci.

Ὑπὲρ Νέρωνος ¹ Κλαυδίου Καίσαρος Σεβαστοῦ | Γερμανικοῦ Αὐτοκράτορος
καὶ τοῦ παντὸς αὐτοῦ οἴκου | Πνεφερῶτι καὶ Πετεσούχῳ ² θεοῖς μεγίστοις,

ἐπ<ε>ὶ Ἰουλίου | Οὐηστίνου τοῦ κρατίστου ἡγεμόνος ', ἔτους ζ' ἱεροῦ ' | Κλαυδίου Καίσαρος Σεβαστοῦ Γερμανικοῦ Αὐτοκράτορος Ἐπεὶφ ιγ' '.

1. Nomen Neronis, antiquitus erasum, certo restituitur. — 2. De deo Petesoucho, cf. Strack., *Die Dyn.*, p. 270, n. 154. Πετεσοῦχος nuncupatur divus Crocodilus. — 3. Cf. infra nn. 1124 et 1125. — 4. Nomen Νέρωνος olim scriptum postea erasum est : in litura ἱεροῦ additum quasi de Claudio principe ageretur. — 5. Die VII mensis Julii, anno p. C, n. 61.

1120. Caranide supra unam ex portis templi. — Grenfell, Hunt et Hogarth, *Fayûm Towns*, p. 33, n. 3; Dittenberger, *Orient. gr. insc. sel.*, II, 671, qui supplevit. Contulit de Ricci, de lectione dubitans.

Ὑπὲρ Αὐτοκράτορος Καίσαρος Οὐεσπασιανοῦ Σεβαστοῦ καὶ τοῦ παντὸς | αὐτοῦ οἴκου Πνεφερῶτι καὶ Πετεσούχωι ' καὶ τοῖς συννάοις θεοῖς μεγίστοις | τὸ δ̣ι̣πνητήριον ιγ' τραπ εῶν Εὐ̣ρρέ ας .... ἄ̣ρχο̣ υ̣ ὁ β̣ ου̣λ̣ ευτὴ̣ς .... ομι. χρυ. | ελ̣υ....γ...ν..ευε, ἡγουμένου Τατί ου̣, ἀ̣ γα θῆ̣ι τύχη̣ι, ἔτους ια' [Ἐ̣πεὶφ ιε' '.

1. Cf. nn. 1119 et 1121. Qui fuerit Pnepheros dubium est. — 2. Mense Augusto, die IX. anni 79 p. C. n.

1121. Caranide, supra unam ex portis templi. Grenfell, Hunt et Hogarth, *Fayûm Towns*, p. 34, n. 4; Dittenberger, *Orient. gr. insc. sel.*, II, 710.

Ὑπὲρ Αὐτοκράτορος Καίσαρος Μάρκου Αὐρη̣ λ̣ ίου Κομόδου | Ἀντωνίνου Καίσαρος τοῦ κυρίου Εὐτυχοῦς Εὐσεβοῦς Σεβαστο ῦ | ἔτους λ̣ ', Ἐπεὶφ.. ² Πετεσούχῳ ³ θεῷ μεγάλῳ καὶ Πνεφερῶτι τὸ π̣ ρ̣ ο̣πύλα ιον | χρόνῳ διαφθαρὲ̣ ν̣ ἀνώρθωσεν ἐκ τοῦ ἰδίου Ἀπολλώνιο ς ³ ἐπ' ἀγαθῶι.

1. Traditur A. Correxit Hogarth. Nam Commodi imperantis anni in Aegypto numerari solent a patris M. Aurelii imperii initio, id est ab anno 161 VII Martii mensis ; tricesimus ergo annus erit 186 190 p. C. n. — 2. Mense Julio anni p. C. n. 190. — 3. Cf. nn. 1119 et 1120. — 4. Vide an sit idem ac Ἀπολλώνιος ἀπολόγος ex titulo in eodem vico reperto notus.

1122. Theadelphiae. — Grenfell, Hunt et Hogarth, *Fayûm Towns*, p. 54 et pl. 8; de Ricci, *Archiv. für Pap.*, II, p. 439, n. 45.

Δ̣ιπνητήριον πρ|εσβυτέρων γερ|δίων ' ἐπὶ Νεφερῶ|τος τοῦ Κεφαλᾶ|τος φρον-

τίστου ². | Ἥρων ἔγραψεν ἐ|π' ἀγαθῶι ἔτους ιβ' Τραιανοῦ Καίσαρος | τοῦ κυρίου
Φ αρμοῦ] θ η ς ³.

1. Cf. οἱ πρεσβύτεροι τῶν ἐλαιοκόπων, in titulo aetatis ptolemaicae juris publici facto a
Strack, *Zeitschrift für die neutestamentliche Wissenschaft*, 1903, p. 223 et sqq. —
2. Intellige, φροντίστου τῆς συνόδου.   3. Mense Aprili die ι anni p. C. n. 109.

1123. Haouarah, in Labyrintho. — Miller, *Journal des Savants*, 1879, p. 486.

5   Σαβεῖνος | ζωγράφος | ἐτῶν | κε' | εὐψύχως.

1124. In vico Talit. — Petrie, *Illahun, Kahun and Gurob*, p. 30, pl. XXXII; Dittenberger, *Orient. gr. insc. sel.*, 668.

     Νέρωνι ¹ Κλαυδίωι Καίσαρ ι | Σεβαστῶι | Γερμανικῶ ι | Αὐτοκράτορι τῶι
5 σω|τῆρι καὶ εὐεργέτηι τῆ ς | οἰκουμένης ἡ πόλις | Πτολεμαιέων ² διὰ τῶ[ν |
10 ἐξακισχιλίων τετρ'ακο'|σίων ἑβδομήκ οντα ³ καὶ | οἱ τῶι β' ἔτει Θεοῦ Τ ιβερίου |
Κλαυδίου Καίσαρ ος Σεβαστοῦ | Γερμανικοῦ Αὐτοκρά τορος | ἐφηβευκότες ¹
15 πάν τες? | ἐ π ὶ Λευκίου Ἰουλίου [Οὐης]τίνου τ οῦ ἡγεμόνος ⁵, ἔτους ζ' Νέρω-
νος | Κλαυδίου Καίσαρος Σεβαστοῦ | Γερμανικοῦ Αὐτο κράτορος | ⁶.

1. Nomen non erasum. — 2. Titulus in vico Talit Arsinoitis nomi repertus, cujus oppidi
nomen cum nunquam fuerit Ptolemais sed Ταλλθις, lapidem non in situ inventam puta.
Utrum autem Ptolemaidem Euergetidem hic habeas, urbem satis magnam et secundo
aute C. n. saeculo metropolim provinciae Grenfell et Hunt, *Tebtunis*, I, p. 411 , an Ptolemaidem Hermiu praeclaram Thebaidis civitatem cf. Grenfell et Hunt, *Fayûm Towns*, p. 12;
cf. Wessely, *Topographie des Faijum, Arsinoites nomus, Denkschriften der Wiener Akad.*,
I, p. 27 dubitare potes. Cf. tamen not. 3. — 3. Intellige eos 6470 viros qui de ea re in suf-
fragium iverunt. Qui vero sint nos docet charta papyracea a Wessely edita *Studien zur
Palaogr. und Papyrusk. IV*, p. 13, col. 6, 370 : ..... ἐγχικὸς τὴν Ἀλεξανδρέων πολιτείαν, [......]
ὡς ἐκ τοῦ ἀριθμοῦ τῶν ἑξακισχιλίων τετρακοσίων ἑβδομήκοντα πέντε, etc.; unde docemur, ut Alexandreae 6475 viros, ita Ptolemaide 6470 ejusdem ordinis fuisse; ideoque Ptolemais nostra,
Alexandreae fere par, eadem atque Ptolemais Thebaidis potius putanda est. — 4. De
ephebis in Aegypto cf. F. Preisigke, *Städtisches Beamtwesen*, p. 61. — 5. L. Julius Vestinus
Aegypto praefuit annis 59 61. Cf. Cantarelli, *Prefetti di Egitto*, p. 31. — 6. Anno 60 61 p. C. n.

1125. Loco incerto in Aegypto inferiore. — Botti, *Musée d'Alexandrie*, n. 2490, p. 146,
Ectypum misit idem.

....και οἱ] τῶι ιβ' [ἔτει | [Τι]β. Κλαυδίου Καίσαρος Σεβ]αστοῦ | [Γερμανικοῦ ¹

5 ἐρη[βευκό]τες | πάντες ἐπὶ Λ. Ἰουλίου Οὐηστίνου | τοῦ ἡγεμόνος ¹ ἔτους ζ΄ (?)
Νέρω]νος | [Κ]λαυδίου Καίσαρος Σ[εβαστοῦ | Γερμανικοῦ αὐτοκρά[τορος |
....Σεβα]στῃι.

Supple, ut vidit de Ricci, ad titulum praecedentem, cujus etiam hunc partem fuisse
conjecit (*Archiv für Pap.*, II, p. 434, n. 25), non recte.

1. Anno p. c. n. 51/52. — 2. Cf. n. 1124, n. 5.

1126. In vico Talit. — Petrie, *Illahun, Kahun and Gurob.*, pl. XXXII; de Ricci, *Archiv
für Pap.*, II, p. 438, n. 38, qui descripsit.

a. In una parte :

[Αὐτοκρ]άτ[ορι] Καίσα ρι... | ...γης και... | ...νεπωτ ?.. | ... ἡ πόλις
5 Π το[λεμαιέων... | ...... ου.

b. Ab altera :

10 ......[Κ αισ[αρ............ | ....το... | ...ορου.... | ...ην κα.... ἔτους ...
Αὐτοκράτορος | Καίσ αρο ς Δομι τιανοῦ Σε βαστοῦ...

1127. Lapis inventus, ut videtur, in regione Fayum postea Hierosolymam advectus. —
Clermont-Ganneau, *Archeological researches in Palestine during the years 1873-1874*,
p. 502 et *Recueil d'archéologie orientale*, III, 1889; de Ricci, *Archiv für Pap.*, II, p. 433,
n. 22, ad ectypum.

...τος............ | Γ.] Ἰούλιος Ἀσ ινιανός] ¹ .... | καὶ στρατηγός
5 Ἀρ[σινοί]του νομοῦ ἔτους ς΄ Νέρ ωνος Κλαυδίου | Καίσαρος Σεβαστοῦ Γερ μα-
νικοῦ | [Α]ὐτοκράτορος μηνὸ ς | Σεβα στοῦ ις΄ Σεβα στῃ ².

Supplementa quae proposuerunt Wilcken et de Ricci recepimus.

1. C. Julius Asinianus strategus Arsinoiti nomi an. 57 p. C. n. Cf. *Berlin. gr. Urkunden*,
n. 181. — 2. Anno 59 die XII mensis septembris.

1128. Acori. — G. Lefebvre et L. Barry, *Annales du service des Antiquités*, VI 1905,
p. 149.

5 Αὐρήλιος | Μάγνος | τὴν Ἄγω[ρ]ιν ¹ πράξας | τῷ καλῷ | Ἄμμωνι | εὐχαρισ-
10 τήσας | σὺν τῇ συμβίῳ | καὶ τῷ υἱῷ | ἀνέθηκεν.

1. Hodie Tehneh.

1129. Acori. — G. Lefebvre et L. Barry, *Annales du service des Antiquités*, VI 1905, p. 151.

Θεῷ Ἄμμωνι μεγίστῳ | Διοσκούρους σωτῆρας | Χαριχλῆς ναύαρχος | στόλου
⁵ Σεβιαστοῦ Ἀλεξανδρίνου | ὑπὲρ τοῦ τέκνου | καὶ τῆς συμβίου | εὐξάμενος |
ἀνέθηκεν | ἔτους η΄ Μεχεὶρ ιθ΄.

1130. Acori. — G. Lefebvre et L. Barry, *Annales du service des Antiquités*, VI 1905, p. 150, n. 4.

⁵ Ἄμμωνι | θεῷ μεγίστῳ | Αὐρήλιος | Ἀλέξανδρος | τρίηραρχος¹ | ἔτους ε΄
Θώθ θ΄.

1. Intellige στόλου Ἀλεξανδρίνου.

1131. Acori. — G. Lefebvre et L. Barry, *Annales du service des Antiquités*, VI 1904, p. 150, n. 3.

⁵ Ἀγαθῇ τύχῃ | Ἄμμωνι | πλουτοδότῃ | θεῷ ἐπιφανεῖ | Ἐρέννιος | Στράτων |
¹⁰ τρίηραρχος¹ | σὺν τῷ υἱῷ | Ἐρεννίῳ | ὑπὲρ εὐχαριστίας | ἀνέθηκεν | ἐπ᾽ ἀγαθῶι |
ἔτους ς΄ Φαμενὼθ ιζ΄.

1. Intellige στόλου Ἀλεξανδρίνου.

1132. Acori. — G. Lefebvre, *Bull. de corr. hellén.*, XXVII 1903, p. 343.

Ἀγαθῇ τύχῃ. | Ἄμμωνι καὶ Σούχωι | καὶ τοῖς συννάοις θεοῖς μεγίστοις,
⁵ Κόλλουθος Πετεχῶντος καὶ | Σαραπίων Κολλύθος καὶ | Πετεσοῦχος Θέωνος |
¹⁰ ἀνέθηκαν εὐσεβείας | χάριν, ἐπ᾽ ἀγαθῶι | ἔτους ιε΄ Αὐρηλίου Ἀντωνίνου
Καίσαρος¹ τοῦ κυρίου | Ἀθὺρ κε΄.

1. Die xxi mensis Novembris, anno p. C. n. 174.

1133. Acori. — G. Lefebvre. *Annales du service des Antiquités*, VI 1905, p. 152, n. 11. Ectypum habuimus.

Ἀγαθῇ τύχῃ | Ἄμμωνι καὶ Σούχωι | καὶ τοῖς συννάοις θεοῖς μεγίστοις |
⁵ Μελάνθορος ὁ καὶ Ἀμμώνιος Ἡρακλεί|δου Ἡρακλείδου Σωσικόσμιος ὁ καὶ

Ζήνι|ος δύο ἀνδριάντας ἀνέθηκεν διὰ ... ωνος υἱοῦ ἐπ' ἀγαθῶι διὰ τῶν
ἀπο|δειχθέντ ων ὑπ' αὐτοῦ Ἀμμωνίου κ αὶ Ἡραιστίωνος καὶ | ... ἔτος ἀποκα-
5 τασττῆσαι ἔτους ια΄ Αὐρηλίου Ἀντωνίνου | Καίσαρος τοῦ κυρίου Μεχεὶρ ε΄ ¹.

1. Anno p. C. n. 171. die ιν mensis Februarii.

―――――――――――――――――――――――――

1134. Acori. — G. Lefebvre et L. Barry, *Annales du service des Antiquités*, VI 1905,
p. 154, n. 22.

Ἔτους ς΄ καὶ ε ΄ τῶν κυρίων ἡμῶν Διοκλητιανοῦ | καὶ Μαξιμιανοῦ Σεβασ-
τῶν, ἀνῆλθεν εἰς τὸ ἱερὸν | Σούχου καὶ Ἄμμωνος καὶ Ἑρμοῦ καὶ Ἥρας
5 καὶ τῶν | ... νέων θεῶν μεγίστ ων τὸ ἐπ αγαθ ὸν γόνιμ ον | νέον ὕδωρ σὺν
τῇ καρπ οφό ρ ῳ γ αίᾳ μετὰ πά|σης χαρᾶς καὶ ἱλαρίας, ἐπὶ Διδύμου ἱερέως |
θρησκεύοντος < θρησκεύοντος > ....|.... Μεσορὴ ιβ΄, ὥρᾳ πρώτῃ ἡμέ|ρα ς
ἐπ ἀγαθῷ.

1. Anno p. C. n. 290, mense Augusto.

―――――――――――――――――――――――――

1135. Acori. — G. Lefebvre et L. Barry. *Annales du service des Antiquités*, VI 1905,
p. 152, n. 12.

5 ..... θε||οῖς με γίσ[τοις] | Ἀμμώνιος ὁ | καὶ Τούης εὐσ ¹ ...] | τ οῦ Ἀπολλω-
νίο υ | [Ἀλ εξάνδρου ἀνέθηκεν] | εὐσ εβίας χάρι ν ἐπ ἀγα θῷ | ἔτους.
10 Αὐ ρηλίου Ἀν|τωνίνου τ οῦ κυ ρίου ² ....

1. Delendum; coeperat lapicida, εὐσεβείας χάριν scribere. — 2. M. Aurelius aut
Caracalla.

―――――――――――――――――――――――――

1136. Acori. — G. Lefebvre et L. Barry. *Annales du service des Antiquités*, VI 1905,
p. 151, n. 8. Ectypum habuimus.

Ἀγαθῇ τύχῃ | θεοῖς πατρώοις | ὑπὲρ σωτηρίας Μ ά ρ κ ου Αὐρ ηλ ίο υ
5 Σεουήρου ¹ | Ἀντωνίνου Σεβαστοῦ | Εὐσεβοῦς Παυσῖρις | Τούηους καὶ
10 Παμοῦνις | υἱὸς καὶ Τοῦης Τούηους | τὸν ἀνδριάντα Σούχο υ | μεγάλου ἐπ
ἀγαθῶ ι | ἔτους κε΄ Ἀθὺρ κθ΄.

1. Nomen consulto deletum. — 2. Anno 216 p. C. n. die xxvi mensis Novembris.

1137. Acori. — G. Lefebvre et L. Barry, *Annales du service des Antiquités*, VI (1905), p. 151, n. 9 et 10.

5 Ἀγαθῇ τύχῃ | Ταμῶνις Ὡρίω|νος καὶ Πετεμοῦ|νις νεώτερος Πε|τεσούχου
10 ἀνὴρ | ἀνέθηκαν | εὐσεβείας χάριν | ἐπ᾽ ἀγαθῷ | ἔτους κγ᾽ Ἀντωνίνου | Καίσαρος
τοῦ κυρίου | Παῦνι α᾽ .

1. Anno 215 p. C. n. die xxvi mensis Maii.

1138. Acori. — Sayce, *Rev. des Ét. gr.*, II (1889), p. 176, et *Proceedings of the Soc. of bibl. arch.*, 1904, p. 92; de Ricci, *Archiv für Pap.*, II. p. 436, n. 33. Exemplum aliud e schedis Hay desumptum nobis subministravit de Ricci.

a) Ἔτους β᾽ Αὐτο κρ ᾱτο ρος Κ αίσαρος Δο μ ι τ ι α ν ο ῦ Σ ε 6 α σ τ ο ῦ
Γ ε ρ μ α ν ι κ ο ῦ [1]......

b) Ὑπὲρ σωτηρίας καὶ | νείκης Αὐτοκρ ᾱτορος Δο μ ι τ ι α ν ο ῦ Κα ί-
5 σ α ρ ο ς | Σ ε 6 α σ τ ο ῦ Γ ε ρ μ α ν ι κ ο ῦ | Διὶ μεγίστῳ εὐχ ήν].
Τίτος Ἰγνάτιος Τι6εριαν ὸς | ἑκατόνταρχος λεγεῶνος γ᾽ Κυρηνιακ ῆς [2] | ὁ ἐπὶ
τῆς λατομίας ..|......... [2] πό λ ε[ω]ς Ἀλεξανδρείας.

Restituerunt editores.

1. Annus est 82 83 p. C. n. — 2. τοῦ τόπου οὗ | στρῶσις τῆς πόλεως, Sayce, in exemplo altero; quae restituta potius quam lecta credere licet. Habet tamen στρῶσις etiam Hay.

1139. Acori. — G. Lefebvre, *Bull. de corr. hellén.*, XXVII (1903), p. 345.

Ἔτους ι᾽ Τι6ερίου) [1] | Βερους [2] | ἐτῶν | ζ᾽.

1. Anno 22 23 p. C. n. — 2. Nomen muliebre; cf. *Amh. pap.*, 75, 43 et 49.

1140. Acori. — G. Lefebvre, *Bull. de corr. hellén.*, XXVII (1903), p. 345.

Ἔτους δ᾽ Οὐεσπ(ασιανοῦ) | Ἀθὺρ κγ᾽ [1] | Ἑρμίας Π|ρώτου ἐτῶν ζ᾽.

1. Anno p. C. n. 72 die xix mensis Novembris.

1141. Antinoupoli. — Milne, *Musée du Caire*, gr. inscr., p. 16, n. 9274. In adversa
parte legitur titulus alter Arcadio et Honorio dicatus. Contulit de Ricci.

5 Ἀντινόωι | Ἐπιφανεῖ [1] | Φεῖδος Ἀκύλας [2] | ἐπιστράτηγος | Θηβαΐδος.

1. Celeberrimum imperatoris Hadriani amicum hic habes, cujus in honorem condita
est Antinoupolis. — 2. De eo viro cf. *Prosop. imp. rom.*, II, p. 194, n. 205.

1142. Antinoupoli. — Miller, *Rev. arch.*, 1870 (XXI), p. 314 ; Milne, *Musée du Caire*,
gr. inscr., p. 12, n. 9291. Contulit de Ricci.

Αὐτοκράτωρ Καῖσαρ Θεοῦ | [Τ]ραιαν[ο]ῦ Παρθικοῦ υἱὸς | Θεοῦ Νέρουα υἱωνὸς
5 Τραιανὸς | Ἀδριανὸς Σεβαστὸς ἀρχιερεὺς | μέγιστος, δημαρχικῆς ἐξουσίας | τὸ κα΄,
αὐτοκράτωρ τὸ β΄, | ὕπατος τὸ γ΄, πατὴρ πατρίδος | ὁδὸν καινὴν Ἀδριανὴν ἀπὸ |
10 Βερενίκης εἰς Ἀντινόου διὰ | τόπων ἀσφαλῶν καὶ ὁμαλῶν | παρὰ τὴν Ἐρυθρὰν
θάλασσαν [1] | ὑδρεύμασιν [2] ἀφθόνοις καὶ | σταθμοῖς καὶ φρουρίοις δι[ε]ιλημμένην
15 ἔτεμεν, | ἔτους κα΄ Φαμενὼθ α΄ [3].

1. De hac via et aliis quibus iter erat ad mare rubrum cf. Letronne, *Inscr. de l'Égypte*,
I, p. 173; Lumbroso, *l'Egitto dei Greci e dei Romani*, p. 37 et sqq.; Mahaffy, *The
Empire of the Ptolemies*, p. 185; Mommsen, *Hist. rom.*, XI, p. 243, not. 1. — 2. Sc. cis-
ternae magnae. — 3. Anno p. C. n. 137, die XXV mensis Februarii.

1143. Antinoupoli. — *C. I. Gr.*, 4705.

Ἀγαθῆι τύχηι | Αὐτοκράτορι Καίσαρι Μάρκωι Αὐρηλίωι | Σεουήρωι Ἀλεξάν-
5 δρωι Εὐσεβεῖ Εὐτυχεῖ | Σεβαστῶι καὶ Ἰουλίαι Μαμμαία : Σεβαστῆι | μητρὶ
αὐτοῦ καὶ [τῶ]ν ἀηττήτων | στρατοπέδων ὑπὲρ νί κης [1] καὶ αἰωνίου | διαμονῆς
αὐτῶν κ[αὶ] τοῦ σύ[μ]παντος αὐτῶν οἴκου | ἐπὶ Μηουίου Ὠνωρ[α]τιανο[ῦ] [2] ἐπάρχου
10 Αἰγύπτου, | ἐπιστρατηγοῦντος [Σ] εου ήρου Οὐ ιβίου [3] [Αὐρ]ηλιανο[ῦ] | Ἀντι-
νοέων νέων Ἑλλήνων [4] [ἡ βουλ]ἡ [5] | πρυτανεύοντος Αὐρηλίου Ὠριγέν[ους] | το ῦ
καὶ Ἀπολλωνίου, βουλευτοῦ, γυμν[ασ]ιάρχου , | ἐπὶ τῶν στεμμάτων [6], καὶ ὡς
χρημα[τίζει | φ]υλῆς Ἀθηναΐδος [7] ἔτους ια΄ Τ[ῦβι .. [8].

1. « Anno post Ch. 232, Alexander belligerebat cum Persis » Franz. — 2. Ita legendum, non Ὀνωρ[τανο]ῦ, ut volunt Letronnius et Franz. Cf. Jouguet, *Comptes rendus de
l'Acad. des Inscr.*, 1900, p. 211 et suiv. ; Cantarelli, *Prefetti di Egitto*, p. 71. — 3. ΘΕΟΥ.....
ΠΒΙΟΥ .... ΗΑΙΑΝΟ ex apographis, Franz. Severus Vibius Aurelianus aliunde non innotuit. Haud dubio fuit Heptanomidis (ἑπτὰ νομῶν) epistrategus cui provinciae ante annum 50

p. C. creatae cf. Grenfell et Hunt, *Oxyrh. Pap.*, IV, n. 709, p. 174-175) nomus Antinoites
annumerabatur. Hic autem nomus, ut ex charta oxyrhynchita colligi potest, non fuit ab
Hadriano constitutus, sed ab eo ex Antinoo nomen novum accepit. — 4. Cf. supra n. 1070.
— 5. Senatum habuit Antinoupolis ubi primum condita est, simillimamque eam fuisse
veteribus graecis civitatibus Aegypti verisimile est (Dio LXIX, 11 ; *Vita Hadr.*, 14. —
6. ἐπὶ τῶν στεμμάτων .... ὁ ἐπὶ στεφάνου Letronne, intelligens de vectigali quod στέφανος dicitur
Wilcken, *Gr. Ostr.*, I, p. 295 . Vide ne sit verius quod olim conjiciebat Wilcken, in epistola ad nos humanissime missa « Sollte er vielleicht die Kränze die bei den Wettspielen
verteilt werden verteilt haben. » Cf. *Fayûm Towns*, 87, 10.   7. Φυλῆς Ἀθηναίδος. Elige-
bantur qui munera praestarent non in omnibus tribubus, sed per vicem in singulis (cf. ἡ
λειτουργοῦσα φυλή, *Oxyrh. Pap.*, I, 86, v. 11 . Sumere etiam potes in graeca civitate totam
unam tribum praefuisse vel in municipio vel in senatu officio cuidam publico. Cf. *Oxyrh.
Pap.*, III, 477, et quae disseruit Jouguet, *Rev. des Et. anc.*, VII 1905 , p. 266. — 8. Anno
p. C. n. 232 mense Januario.

1144. Antinoupoli. — De Ricci, *Archiv für Pap.*, II, p. 451, n. 91, qui descripsit in
museo Guimet.

Ὑπὲρ νίκης αἰωνίου | τῶν κυρίων ἡμῶν Κάρου Πε |στικοῦ καὶ
Καρίνου καὶ Νουμε[ριανοῦ...

Annis 282/283. Nomen Cari consulto deletum.

1145. Hermupoli magna — *C. I. Gr.*, 4704.

Ἀγαθῆι τύχηι | ὑπὲρ Αὐτοκρατόρων Καισάρων | [Μάρ]κου Αὐρηλίου Ἀντω-
νίνου [καὶ | Λουκίου Αὐρηλίου Κομμόδου] ' Σεβασ[τῶν ‖ Ἀρμε νιακῶν
Μηδικῶν Παρθικῶν Γερ[μα]νικῶν Σαρ[μα]τικῶν μεγίστων [α ἰ ω]νίο[υ διαμο-
νῆ ς] καὶ τοῦ σύμπαντος | [αὐτῶν οἴκου ἐπὶ Τ. Πα]κτουμηίου Μάγνου ˙ |
[ἐπάρχου Αἰγύπτου , ἐπιστρατηγοῦντο ς......

1. Nomen Commodi erasum est. — 2. T. Pactumeius Magnus praefuit Aegypto annis
176/177. Cf. Cantarelli, *Prefetti di Egitto*, p. 58.

1146. Antaeupoli. — *C. I. Gr.*, 4712.

[Βασιλεύ ς Πτολεμα ῖο ς Πτολεμαίου καὶ Κλεοπάτρας θεῶν Ἐπιφανῶν κ αὶ]
Εὐχαρίστων | [καὶ βασ ίλισσα Κλεοπάτρα ἡ τοῦ βασιλέως ἀδελφή, θεοὶ Φιλο μ ή-
τορες | τὸ πρόν αον Ἀνταίῳ καὶ τοῖς συννά ο]ις θεοῖς '. Αὐτοκράτορες Καίσαρες

Αὐρή[λι οι Ἀντωνῖνος | καὶ Οὐῆρο ς Σεβαστοί ² ἀν ενεώσαντ ο] τὴν στεγα σ -
τρίδα ³ ἔτους τετάρτου [Η α ο]νι θ' ¹.

1. Titulus vetus inscriptus intra annos 163 et 145 a C. n. Cf. Strack, *die Dynastie der
Ptolemäer*, p. 181. — 2. ..ΕΣΣΕΒΑΣΤΟ traditur. — 3. Tectum vel epistylium. —
4. ΑΝΙΘ traditur. Erat [Η]α[ο]νι θ' vel Η α[γ]ω]ν θ'. Post τετάρτου vacuum spatium aut
lacuna interfuisse videtur. Titulus novus fuit positus anno 164 die ut mensis Junii vel
xv mensis Mai.

1147. Panospoli. — Sayce et Schubart apud de Ricci, *Archiv für Pap.*, II, p. 364.
n. 114; Dittenberger, *Orient. gr. inse. sel.*, II, n. 726.

Θεὸν μέγαν Ἑρμῆν | Τρισμέγιστο ν | Γάιος Ἰούλιος Σεουῆρο ς ¹ | λεγ(εῶνος)
β' Τ ρ(αιανῆς) Ἰσχυρᾶς ² | Γορδιανῆς ³ εὐχαρ(ιστήσας) ἀνέθηκα.

1. Forsitan decidit ϟ, i. e. centurio. — 2. Legionem II Trajanam castra in Aegypto
habuisse permultis documentis notum est. — 3. Ergo titulus Gordiano imperante exaratus est.

1148. Panospoli. — *C. I. Gr.*, 4714; Lepsius, *Denkmäler*, XII. pl. 75, n. 24.

[Ὑπὲρ Αὐτοκράτο]ρος Καίσ αρος Τραι ανοῦ Σεβαστο ῦ, Γερμανικοῦ Δ ακικοῦ
καὶ τοῦ παντὸς αὐτοῦ οἴκο υ Πανὶ ¹ θεῶι μεγίστωι | Τιβέριος Κλαύδιος Τιβερίου
Κλαυδίου Νέρωνος υἱός, Κουιρίνα, Ἀπολλινάριο ς | τῶν κεχειλιαρχηκότων ²
[προστάτ ης ³ Τρίφιδος καὶ Πανὸς θεῶν μεγίστων | ἐπὶ..................ᵕ
ἐπάρχου Αἰγύπτου ἤρξατο τὸ ἔργον, | συνετελέσθη δὲ | ἔτους ιβ' Αὐτοκρά τορος
Καίσαρος Τραιαν οῦ Σεβαστοῦ Γερμανικοῦ Δακικοῦ Παχὼν ιθ' ⁵.

1. Πανί, sc. Chem sive Min, qui colebatur in hac regione, cf. n. 1152. — 2. Fuit
χειλίαρχος λεγεῶνος sc. tribunus militum legionis. — 3. Supplevimus cum Riccio, collato
n. 1150. — 4. Nomina erasa Sulpicii Similis restitue; qua de re cf. Cantarelli, *Prefetti
di Egitto*, p. 42 et suiv. et quae disserverunt alii, inter quos auctores *Prosop. imp. rom.*,
III, p. 289, n. 735. — 5. Anno p. C. n. 109 die xiv mensis Maii.

1149. Panospoli. — *C. I. L.*, III, 14146.

Dis Manibus. | L. Cornilus Sat[urninus uix it) | annis V mense | uno die-
bus XXVIIII. |

Ἔτους ε' Λούκιος | Κορνήλιος | Σατορνεῖλο(ς | ἔζησε ἔτη ε' μ(ῆνας) β'.

T. I   26

1150. Athribide. — *C. I. Gr.*, 4711; cf. *addilamenta*, p. 1191.

'Ὑπὲρ Τιβερίου Καίσαρος Σεβαστοῦ Θεοῦ υἱοῦ Αὐτοκράτορος καὶ ὑπὲρ
Ἰουλίας Σεβα[στῆς, νέας Ἴσιδος ' | μητρὸς αὐτοῦ καὶ τοῦ οἴκου αὐτῶν Θρί-
φιδι Θεᾶ ι μ εγίστηι ἐπὶ ἡγεμόν ος Γ αί ου Γ α λε[ρίου ² ....] Ἀπολλωνίου προστάτη ς] Θρίφιδος ³ ἔτους 0' Τιβερίου Καίσα[ρ ος Σ ε βαστοῦ
Φαμεν[ωθ ⁴...

1. « Eodem epitheto ornata fuit Cleopatra » Franz., cf. Plut., *Anton.*, 54 fin. —
2. C. Galerius, avunculus Senecae, per sedecim annos Aegyptum obtinuit; cf. de eo
Cantarelli, *Bull. dell' Istituto*, 1904, p. 21 et seq. et *Prefetti di Egitto*, p. 23 et 24. —
3. Cf. Otto, *Die Priester und die Tempel*, p. 45 sqq. — 4. Mense seu Februario seu Martio
anni 23 p. C. n.

1151. Gebel-Toukh, in lapicaedinis. — Sayce, *The Academy*, XL (1892), n. 1045,
p. 476; de Ricci, *Archiv für Pap.*, II, p. 436, n. 32.

Ἔτους γ' [Τί]του ⁴ Καίσαρος τοῦ κυρίου θεοῖς Σωτῆρσι | Ἡρα κλῆς] Λύσι-
δος ² [ἱερο]ποιὸς [καὶ] ἀρχιπρύτανις ³ | ὁ οἰκοδομήσας τὸ ἱε[ρὸν] θε[ῶ]ν ⁴ Σωτή-
ρων | ἐκ τοῦ ἰδ ίου Ἐπεὶρ ιγ' ⁵, ἐπ' ἀγαθῶι. Τόπος ⁶. Λαξοῖ ⁷ · Πτολεμαῖς ⁸,
⁵ Σωτῆρ, Παλεμοῦς, | Ἀμμώνι ος], Σαραπίων Σωτῆρος ἐπ' ἀγαθῶι.

1. L ΓΗΤΟΥ traditur. Correxit de Ricci. Est annus p. C. n. 80 81. Possis tamen
conjicere ἔτους τρίτου Καίσαρος = 28 27 ante C. n. — 2. Ἡρας ἀπὸ Λύσιδος, Sayce; Ἡρακλῆς
Λύσιδος, recte, ut videtur, de Ricci; cf. *Bull. de corr. hellén.*, 1896 (XX), p. 246 : [θεοῖς
Σω]τῆρσι Ἡρακλῆς Λύσιδος ἱερ[ο]ποιὸς καὶ ἀρχιπρύτανις διὰ βίου. Τόπος, Λαξοῖ · Πτολεμαῖο[ς], Σωτήρ,
Ἀρης, Σαραπίων. — 3. Civitatis Ptolemaïdis. — 4. ΘΕϑΝ traditur. Hi dei sunt Ptolemaeus Soter et conjux ejus Berenice. — 5. Die VII mensis Julii. — 6. Locus, pars
lapicaedinae, officina. — 7. Ut λαξευτής, lapidarius. — 8. Pro Πτολεμαῖος.

1152. Gebel-Toukh, in lapicaedinis. — Jouguet, *Bull. de corr. hellén.*, XX (1896), p. 247.

Πανὶ ὁμοῦ Νύμφαι ¹ Ἰσιδώρῳ ² τάσδε ἔδωκαν |
λατομίας εὑρεῖν τῷ Μενίππ(ο)ιο ³ γόνῳ |
ἡνίκα ἀτρή[εσσι?] ⁴ κελεύσμασι Μεττίου Ῥούφου |
Πάτρη ἡμετέρη κρηπίδι λαοτόμουν.

1. « Tradita ferri possunt sed fuit fortasse Πὰν κ(αὶ) ὁμοῦ Νύμφαι. » Kaibel, *Eph. epigr.*,
VII, p. 427; melius quam pro barbaria nostri poetae. — Tituli demotici lapicaedinas

vocant locum ubi habitat Pan. Cf. Legrain, *Mém. de la Miss. du Caire*, VIII, p. 373. —
2. MENIΠΠΙΟ lapis. Idem Isidorus, Menippi filius, ex alia inscriptione eodem loco
reperta innotuit, cf. *Bull. de corr. hellén.*, loc. cit. — 4. ATPHCIOI lucide apparet in
lapide. — 5. Mettius Rufus praefuit Aegypto, Domitiano imperante Suet., *Domit.* 4,
anno 90, p. C. n. ,Cantarelli, *Prefetti di Egitto*, p. 38. — 6. ΚΡΗΠΙΔΙ, Bouriant, *Mém.
de la Miss. du Caire*, VIII, p. 365-368 b. ΚΡΗCΤΙΔΙ, Sayce male. Intellige crepidinem
cujus rudera adhuc exstant ad Nilum in vico Menehich; magistratus autem civitatis
Ptolemaïdis praeerant lapicaedinis excidendis, cf. n. 1154.

1153. Ptolemaïde Hermiu. — Milne, *Musée du Caire, gr. inscr.*, p. 34. Contulit de Ricci.

Διὶ Ἡλίῳ Σωτῆρι | Κλαύδιος Ἰουλιανὸς ἑκατόνταρχος | λεγ(εῶνος) γ΄
Κυρ(ηναικῆς).

1154. Ptolemaïde Hermiu. — Baillet, *Rev. arch.*, 1889 XII , p. 71 et suiv.: Milne, *Musée
du Caire, gr. inscr.*, p. 29, n. 9265. Contulit de Ricci.

Ὑπὲρ Αὐτοκράτορος Καίσαρος Νέρουα | Τραιανοῦ Σεβαστοῦ Γερμανικοῦ |
5 Ἀσκληπιῶι καὶ Ὑγείαι τὸν ναὸν | καὶ τὸ τέμενος ἐπεσκεύασεν | ἡ πόλις | ἐπὶ
Πομπηίου Πλάντα ἡγεμόνος[1], ἐπιστρατηγοῦντος Καλπουρνίου Σαβείνου[2].

Sequitur paeanum in honorem Aesculapii.

1. Cf. Cantarelli, *Prefetti di Egitto*, p. 39. Aegyptum rexit annis 97,99. — 2. Epistrategus Thebaïdis.

1155. Ptolemaïde Hermiu ut videtur). — Botti, *Notice du Musée d'Alexandrie*, p. 145;
Ziebarth, *Das griechische Vereinswesen*, p. 213. Ectypum habuimus.

5 ..... τῶν ἀπὸ | Πτο[λε]μαΐδος | τεκ τόν ων[1] πρεσ[β]υτέρ ων[2] ἐπικεκ]ο σμη-
10 κότων τὸν | ἑαυτῶν τόπον | ὧν ἱερεὺς Διογ[έν]ης Ἀπολλ[ω]νίου ἔτους ε΄ Τιβε[ρίου
Κλαυδίου | Καίσαρος | Φαμενὼθ α΄[3].

1. Multae innotuerunt in Aegypto societates operariorum. — 2. Cf. supra n. 1122 :
πρεσβύτεροι γέρδιοι. — 3. Die xxv mensis Februarii anno p. C. n. 45.

1156. Ptolemaïde Hermiu. — Jouguet, *Bull. de corr. hellén.*, XX 1896), p. 398; Dittenberger, *Orient. gr. insc. sel.*, II, 103.

Ἀγαθῆι τύχηι. | Ὑπὲρ τῆς τύχης Αὐτοκράτορος Καίσαρος Τίτου | Αἰλίου

5 Ἀδριανοῦ Ἀντωνείνου Σεβαστοῦ Εὐσεβοῦς, | ἡ πόλις. | διὰ Ἀπολλωνίου Ἀπολ-
λωνίου τοῦ Ἑρμογένους | Προπαπποσεβαστείου ¹ τοῦ καὶ Ἑρμαίως ἐν Ἀλεξαν-
|δρείᾳ | ὡς δ᾽ ἐν Πτολεμαΐδι Κλεοπατρείου ἔτους ιαʹ Θωθ καʹ ².

1. Cf. Kenyon, *Archiv für Pap.*, II, p. 74 et seq. — 2. Anno 147 p. C. n. die XVIII Mensis
Septembris.

1157. Deïr-el-Melak, contra Girgeh. — Sayce, *Recueil de travaux relatifs à l'archéologie égyptienne*, XIII 1890, p. 63.

Ἀρτέμων Ἀρτεμιδώρου | ἥκω εἰς τὸν τόπον ἀπὸ Συένης | καταπλέων ὑπὸ
χειμῶνος ἐλασθεὶς | ἔτους λδʹ Καίσαρος Θωθ ιςʹ ¹.

1. Anno 4 p. C. n. die XIII Septembris.

1158. Deïr-el-Melak. — Sayce, *Recueil de travaux relatifs à l'archéologie égyptienne*,
XIII 1890, p. 63.

Λούκιος Μάγας Στράτωνος | ἀπὸ Συένης ὑπάγων ἰς Ἱερ... | ἀπὸ χειμῶνος
ἐλασθεὶς ὧδε | ἔτους γʹ Τιβερίου Καίσαρος Σεβαστοῦ ¹.

1. Anno p. Ch. 16-17. Traditur τ[οῦ αὐ[τοκράτορος].

1159. Abydi? — *C. I. Gr.*, 4714 c.

Ὑπὲρ τύχης Σεβαστ[ῶ]ν ¹ Ἀφροδίτῃ θεᾷ ² | μεγίστῃ Ἀπολλώ[νιος ἰατρὸς ³
ἀπὸ Τεντύρων ἀνυκοδόμησ[ε τὸ τεῖχος ⁴ ὑπὲρ τ......

1. « Titulus non superior est aetate M. Aureli et L. Veri et, ut videtur, longe inferior. »
Franz. — 2. Deae Hathor Tentyritanae titulus dedicatur. — 3. Medicus publicus. —
4. Pro ἀνῳκοδόμησ᾽ε] τὸ τεῖχος.

1160. Abydi. — Brugsch, *Zeitschrift für ägyptische Sprache*, 1872, p. 27; Mariette-
pacha, *Abydos*, II, tab. 38.

Post decem versus demotice scriptos :

Ὑπὲρ Τιβερίου Καίσαρος | Σεβαστου Ἀπο[λλ]ώνιος ¹ κωμογραμματεὺ ς]

ὑπὲ|ρ ἑαυτοῦ καὶ γυναικὶ καὶ τέκη δλα ² ἐποίησεν τὴν | οἰκοδομὴν ἔτους ιζ'
5 Τιβερίο|υ Καίσαρος Σεβαστοῦ Το|6'ι ιη'] ³.

I. ΑΓΟΜΩΝΙΟC Brugsch. ΑΓ·ΟΜΩΝΙΟC Mariette. — 2. ΤΕΚΠΟΜ traditur; τεκνον
legunt, Brugsch et Wilcken, Griech. Ostr., I, p. 793, sq. Melius τέκη, δλα Lumbroso, Bull.
dell' Instituto, 1878, p. 55. — 3. Anno XXXI post. C. n., die XIII mensis Januarii. Supplementa sumpta sunt e titulo demotico qui suprascriptus est.

1161. Abydi? — Jouguet et Th. Reinach apud de Ricci, Archiv für Pap., II, p. 432,
n. 19.

Ὑπὲρ Τιβε|ρίου Κλαυ δίου| | Καίσαρος Σεβαστοῦ Γερμα[νικοῦ] | Αὐτοκράτο-
5 ρος Ἡτυ.... | Πατρ̄ιος ἱερεὺς Κ|υνὸς | κεφαλ̄ίου [θ εοῦ μεγίστ̄ου | οἰκοδό-
μησεν τὸ περίβ ολιον| | τοῦτο εὐσεβείας χά|ριν| | ἔτους θ' Μεχεὶρ ε' ¹ ἐπ'
ἀγ αθῷ|.

1. Die XXX mensis Januarii, anno p. C. n. 49.

1162. Loco dicto Birbeh. — H. Weil, Comptes rendus de l'Académie des Inscriptions,
1901. p. 201; de Ricci, Archiv. für Pap., II, p. 561, n. 97. Contulit de Ricci.

Ἔτους γ' Αὐτοκράτορος .... ¹ | μηνὸς Ἐπεὶρ κε'........ | Νιγερ Γλυ-
5 βερίνου...... | ἀνέθηκεν βωμὸ'ν τοῖς ἐν ὀνεί|ροις ² ἐπιφανέσι θείοῖς ἐπιστᾶσι| |
ὑπὲρ τῶν εὐεργῶς κατεσκευασμένων ? | ἐν μησὶ β' λουτήρων . λιθίνων? |
10 καὶ τοῦ περιλειπομέ νου χρόνου | τοῦ αὐτοῦ ἔτους ὧν ἄλλων δεήσει | στύ-
λ(ων) β' ἀνὰ πόδες λ' καὶ...... | καὶ δ' πόδ(ες) κδ' καὶ ζ' πό δ(ες).| | καὶ
λῆνῶν β' καὶ μακρ...... | καὶ τριττίκων ³ πᾶσι στ όλοις | καὶ πλακῶν κατερ-
15 γασθ εισῶν | ...καθορσῖ ⁴ βωμ(ὸν) τῷ ἀνδ...|......

Supplementa quae invenit Weil fere omnia detinuimus.

1. Τίτου Καίσαρος, de Ricci; Οὐεσπασιανοῦ, Wilcken. — 2. Vel Διοσκού|ροις, ut proponit de
Ricci. — 3. Corr. τριττίχων. — 4. I. e. καθιδρύσει.

1163. Tentyride. — C. I. Gr., 4715; Lepsius. Denkmäler, XII, tab. 76, nn. 28 et 29;
Dittenberger, Orient. gr. inscr. sel., 659.

Ὑπὲρ Αὐτοκράτορο ς Καίσαρος Θεοῦ υἱοῦ, Διὸς Ἐλευθε ρίου Σεβαστοῦ, ἐπὶ

Ποπλίου Ὀκταυίου[1] ἡγεμόνος καὶ | Μάρκου Κλωδίου Ποστόμου ἐπιστρατήγου,
Τρύφωνος στρατηγοῦντος[2], οἱ ἀπὸ τῆς μητροπόλεως | [καὶ τ]οῦ νομοῦ τὸ πρό-
πυλον Ἴσιδι θεᾶι μεγίστηι καὶ τοῖς συννάοις θεοῖς ἔτους λα΄ Καίσαρος, Θωὺθ
θ΄ Σεβαστῆι[3].

1. Cantarelli, *Prefetti di Egitto*, p. 20. P. Octavius Aegyptum rexit annis 1 3. —
2. Nomi Tentyritae. — 3. Cf. Wilcken, *Gr. Ostr.*, I, p. 812; i. e. anno 1 p. C. n., mense
Septembri die vi.

1164. Tentyride. — *C. I. Gr.*, 4716; Lepsius, *Denkmäler*, XII, tab. 76, n. 27; Dittenberger, *Orient. gr. inse. sel.*, II, 661.

Ὑπὲρ Αὐτοκράτορος Τιβερίου Καίσαρος νέου Σεβαστοῦ, θεοῦ Σεβαστοῦ
υἱοῦ, ἐπὶ Αὔλου Ἀουιλλίου Φλάκκου[1] | ἡγεμόνος καὶ Αὔλου Φωλμίου
Κρίσπου ἐπιστρατήγου[2], Σαραπίωνος Τρυχάμβου στρατηγοῦντος, οἱ ἀπὸ τῆς
μητροπόλεως καὶ τοῦ νομοῦ τὸ πρόναον Ἀφροδείτηι θεᾶι μεγίστηι καὶ τοῖς
συννάοις θεοῖς, [ἔτους .] Τιβερίου Καίσαρος..........

1. A. Avillius Flaccus praefectus Aegypti fuit annis 32 38 p. C. n. [Cantarelli, *Prefetti
di Egitto*, p. 26, n. 14). — 2. Haec omnia consulto deleta sunt.

1165. Tentyride. — Jouguet, *Bull. de corr. hellén.*, XIX (1895), p. 524, cf. XX (1896),
p. 397; Dittenberger, *Orient. gr. inse. sel.*, II, 663.

Ὑπὲρ Τιβερίου Κλαυδίου Καίσαρος Σεβαστο[ῦ Γε]ρμανικοῦ Αὐτο|κράτορος
εἰρή ν ης καὶ ὁμονοία ς τὸ ὑς προκειμέ[νους θ]εούς[1], ἐπὶ | Λευκίου Αἰμιλίου
Ῥή κτου[2] ἡγ εμόνος [καὶ Τιβερίου Ἰουλίου Ἀλ εξάνδ]ρου[3] ἐπιστρατήγου, |
Ἀρείου τοῦ Ἀρείου στρα τηγοῦν[τος, ἔτους β΄ Τιβερίου Κλαυδίου Καίσαρος
Σεβαστοῦ | Γερμανικοῦ αὐτοκράτορο ς] Φαρμοῦθι η΄ Σεβαστῆι[4].

Supra expressus est Claudius imperator duobus deis aegyptiis flores offerens.

1. Scilicet dei *Seb* et *Khonsou Nofre Hotep* anaglypho expressi. Aegyptiacis verbis
Nofre hotep pax bona non male respondent graeca verba εἰρήνη, καὶ ὁμόνοια. — 2. De
hoc praefecto cf. *Prosop. imp. rom.*, I, p. 36, n. 273 et Cantarelli, *Prefetti di Egitto*,
p. 27. — 3. Supplementum proposuit Jouguet *Bull. de corr. hellén.*, XIX, 1895, p. 525).
Nobilissimum hic habemus judaeum et aliis titulis nobis notum; cf. infra. — 4. Die
III mensis Aprilis anni p. C. n. 42. De epitheto Σεβαστῆι cf. Wilcken, *Gr. Ostr.*, p. 812.

1166. Tentyride. — *C. I. Gr.*, 4716 *b*.

....Λὐτοκράτορος Τ]ιβερίου Καίσαρος ² υ ἱ ου Σ εβαστου Θ]εου Σεβαστου
υ ἱ ου Σ εβαστου ³....

1. EILA traditur. Annus hic latet. — 2. AICAMIPOΣ id. — 3. EBAΣTOYOYΣEOY-
ΣΣPAΣTOYO | ΣOYEBAΣTOY traditur.

1167. Tentyride. — *C. I. Gr.*, 4716 *e*; Fröhner, *Inscr. gr. du Louvre*, p. 6 et 7, n. 3.

Α) Ὑπὲρ Αὐτοκράτορος | Καίσαρος Τραιανου Σε[βαστου νεωτέρα | θεᾶ
5 μεγίστῃ ¹ Ἡσιδώ|ρα ² Μεγίστου ἀπὸ Τεντύ ρων κατεσκεύασεν ³ ἐκ | του ἰδίου
τὸ φρέαρ καὶ τὸ | περίδωλον ὑπὲρ α ὁ τῆς ⁴ καὶ | ὑπὲρ Ἀρτδῶτος ἀνὴρ ⁵ καὶ |
10 τῶν τέκνων.

Β) Τὸ προσκύνημα Ἀπολλωνίου ἀ[δελφὸς ⁶ αὐτῆς | ἔτους α΄ Αὐτοκράτορος |
5 Νέρουα Καίσαρος <τ..α..> ⁷ | Τραιανου Σεβαστου | μηνὸς Παυνι η ' .

C) Καὶ πολλὰ δαπανήσας ἰς τὸ | ἱερὸν τῆς Νεωτέρας ἡ Ἡσιδώρα | εὐσεβίας
5 χάριν, διὰ Ὥρου Λάθυ|τος φροντιστου ἱερου ⁸ Ἀφροδί|της θεᾶς νεωτέρας, ἐφρόν-
τισε | του ἱερου καὶ του φρητὸς καὶ τῶν | λοιπῶν ¹⁰ ἔργων | εὐσεβίας χάριν.

Sequitur titulus demotice scriptus.

1. Intellige νέα Ἀφροδίτῃ qua sollemni adulatione Plotina, Trajani uxor, salutatur. Ita
Cleopatra νέα Ἴσις, Sabina, νέα Δημήτηρ appellabantur, cf. n. 1150. — 2. Ἰσιδώρα, Franz. —
3. ΚΑΤΕΣΚΕΔΥΑΣΕΝ in lapide. — 4. ΑΤΗΣ lapis. — 5. Pro ἀνδρὸς. — 6. Pro ἀδελφου.
— 7. T..A ex errore ortum. — 8. Die Π mensis Junii, anno 98. — 9. Cf. W. Otto,
Priester und Tempel, I, p. 164. — 10. Pro λοιπῶν.

1168. Copti. — Milne, *Musée du Caire, gr. inscr.*, p. 31. n. 9252. Imaginem photographicam habuit de Ricci.

Ὑπὲρ τῆς Αὐτοκράτορος Καίσαρος Τίτου | Αἰλίου Ἀδριανου Ἀντωνίνου
Σεβαστου | Εὐσεβους τύχης Ἀρποχράτῃ θεῶι | μεγίστωι τεῖχη β΄ περιδώλου
5 παλαιω|θέντα καθῃρέθη καὶ οἰκοδομήθη, | ἐπὶ Πανίσκου Πτολλίδος προστάτου
Ἰσιδ ος | θεᾶς μεγίστης ἔτους ιΣ΄ Ἀντωνίν ου | Καίσαρος του κυρίου,
Φαρμουθι κ. ' .

1. Anno post C. n. 149, mense Aprili.

1169. Copti. — Hogarth apud Flinders Petrie, *Coptos*, p. 33, n. 6, tab. 28; de Ricci, *Archiv für Pap.*, II, p. 448, n. 83 qui descripsit Londini, apud Petrie.

5 Ἔτους κδ' | τοῦ κυρίου | ἡμῶν αὐτοκράτορο ς | Σεουήρου Ἀντωνίνου | Εὐσε-
βοῦς Εὐτυχοῦς | Σεβαστοῦ Ἐπεὶρ κ' ¹ | θεῷ μεγίστῳ Ἱεράβ|λῳ ² Μ. Αὐρήλιος |
10 Βηλάκαβος Ἱεραβ ώλου ³ | οὐηξιλλάριος | Ἀδριανῶν Παλμυ|ρηνῶν Ἀντωνια-
νῶν ⁴ | τοξοτῶν.

1. Mense Julio, die xiv anni p. C. n. 216. — 2. Hierabolus, deus maximus Palmyrenorum; cf. hujus operis vol. III, nn. 1033, not. 4 et 1045, not. 7. — 3. Sic de Ricci;
ἱερα(πολίτης) Hogarth Ἱερ κλου) Clermont-Ganneau, *Recueil d'archéologie orientale*, 1896,
p. 118. — 4. Numerus Palmyrenorum sagittariorum aliunde notus est.

1170. Copti. — Miller, *Rev. arch.*, III (1883), p. 77.

Ὑπὲρ Αὐτοκράτορος | Καίσαρος Νέρουα | Τραιανοῦ Σεβασ|τοῦ Γερμανικοῦ |
5 Δακικοῦ καὶ τοῦ | παντὸς οἴκου αὐ|τοῦ Ἴσιδι τῇ χώ|ματος ¹ θεᾷ μεγίσ|τηι
10 Βάβελλος || Ἡρακλείδου ἀνέ|θηκεν ἐπ' ἀγαθ|ῶι ἔτους η' Παχὼν | κγ' ².

1. ΤΡΙΧΩΜΑΤΟΣ, Harris (in apographo nondum edito quod vidit de Ricci). —
2. Die xviii mensis Maii, anno p. C. n. 105.

1171. Copti. — Milne, *Musée du Caire, gr. inscr.*, p. 29, n. 9286. Descripsimus.

Ὑπὲρ Τιβερίου Καίσαρος Σεβαστοῦ | Ἴσιδι καὶ Ἁρποχράτη καὶ Πανὶ θεοῖς |
5 μεγίστοις τὸν περίβολον Παμῖνις | Παρθενίου καὶ Παρθένιος υἱὸς || ἔτους η'
Τιβερίου Καίσαρος Σεβαστοῦ ¹.

Infra litteris minoribus :

Ἔτους ιϛ' Ἀντωνίνου Καίσαρος ² τοῦ κυρίου δύο τίχ(η) καθ(αιρεθέντα) οἰκοδ|ο-
μήθη ³ | ἐπὶ Πανίσκῳ Πετέλλιδος προστάτη Ἴσιδος θεᾶς μεγίστη|ς.

1. Anno p. C. n. 21/22. — 2. Anno p. C. n. 148/149, Pio regnante. — 3. Complevit
Milne; cf. supra n. 1168, v. 5.

1172. Copti. — Milne, *Musée du Caire, gr. inscr.*, p. 40, n. 9268. Habuit de Ricci imaginem photographicam.

Ὑπὲρ Τιβερίου Καίσαρος Σεβαστοῦ | ἔτους ιη' Ἐπεὶρ ια' ¹ Κρόνωι θεῶι μεγίστωι | Παρθένιος Παμίνεως προστάτης Ἰσιδος.

1. Anno p. C. n. 32, mense Julio, die V.

1173. Copti. — Milne, *Musée du Caire, gr. inscr.*, p. 39, n. 22129; de Ricci, *Archiv für Pap.*, II, p. 432, n. 17. Contulimus.

Ὑπὲρ Τιβερίου Καίσαρος Σεβ αστοῦ ἔτους.. Φα]ῶφι ¹ ιθ' | Παρθένιος Παμίνεως προ[στάτης Ἰσιδος.]

1. Ἔτους ι. Φαῶφι ια' de Ricci. Lectio non certa.

1174. Copti. — Hogarth apud Flinders Petrie, *Coptos*, p. 26, n. 2, tab. XXVIII; de Ricci, *Archiv für Pap.*, II, p. 435, n. 27. Descripsit de Ricci Oxonii asservatum.

Ἔτους β' Σερουίου Γάλβα Αὐτοκράτορος | Καίσαρος Σεβαστοῦ | μηνὸς Νέου Σεβαστοῦ | κα' ¹.

1. Mense Novembri, die XVII, anno 68 p. C. n.

1175. Copti. — Miller, *Rev. archéol.*, 1883 II , p. 176; de Ricci, *Archiv. für Pap.*, II, p. 439, n. 42. Ectypum habuimus.

Ὑπὲρ τῆς Αὐτοκράτορος Καίσαρος Νέρουα Τραιανοῦ Σεβαστοῦ | Γερμανικοῦ, Δακικοῦ καὶ τοῦ παντὸς οἴκου αὐτοῦ (τύχης) Ἰσιδος | ἐν ἀφρίωι ¹ τὸ ξόανον ² καὶ τὸν ναὸν καὶ τὰ περὶ αὐτοῦ πάντα | ἐπὶ ἡγεμόνος Οὐ ιβί ου Μ αξίμου ³ καὶ
5 ἐπιστρατήγου Πομπη[ί]ου Πρόκλου καὶ παρακλήμπ τ ου καὶ στρατηγοῦ Κλαυδίου | Χρυσέρμου Διδύμος Θέωνος ῥήτωρ ἀνέθηκεν | ἔτους ζ' Αὐτοκράτορος Καίσαρος Νέρουα Τραιανοῦ | Σεβαστοῦ Γερμανικοῦ Δακικοῦ Θὼθ α' ⁴.

1. Ἰσιδος ἐν ἀφρίῳ. Cf. supra n. 1048, not. I. — 2. Intellige signum ligneum aegyptiaco modo factum. — 3. Nomen praefecti consulto erasum est. In lapide vestigia literarum OYIBIOYMA deprehenduntur. C. Vibius Maximus praefuit Aegypto annis 103 107. Cf. Cantarelli, *Prefetti di Egitto*, p. 41. Nomen abrasum est etiam in miliario *C. I. L.*, III.

11148²). Monendum est chartam papyraceam Oxyrhynchi inventam esse in qua servantur orationis fragmenta contra Maximum quemdam habitae, olim praefectum Aegypti et, si quidem credas ignoto secundi saeculi rhetori, virum improbum et immodestum (*Oxyrh. pap.*, III, 471). Cf. de Ricci, *Rev. des ét. gr.*, XVIII, p. 333. — 4. Die xxx mensis Augusti, anno p. C. n. 103.

1176. Copti. — Milne, *Musée du Caire. gr. inscr..* p. 41, n. 9266.

5 ..... ᾿ | Αὐτοκράτορος | Καίσαρος Τίτου | Αἰλίου ᾿Αδριανοῦ | ᾿Αντωνίνου |
10 Σεβαστοῦ Εὐσεβοῦς, | Παχὼν λ᾿² | ἐπὶ | Λουκίου Μουνατίου | Φήλικος³, ἐπάρ-
χου | Αἰγύπτου, | ἐπ᾿ ἀγαθῶι.

1. Supple : ἔτους.. — 2. Die mensis Mai xxv. — 3. L. Munatius Felix praefuit Aegypto annis 150 153. Cf. Cantarelli, *Prefetti di Egitto*, p. 51.

1177. Copti? — Milne, *Musée du Caire, gr. inscr.*, p. 42, n. 9255. Ectypum habuimus.

Αὐτοκράτορος Καίσαρος Τί᾿του | Αἰλίου ᾿Αδριανοῦ ᾿Αντωνίνο[υ] Σεβαστοῦ
5 Εὐσεβοῦς ἔτους .. | ᾿Αθὺρ κα᾿ ἐπὶ Πανίσκου] Πτολλίδος πρ ος τάτου Ἰσιδ ος ᾿ |
θεᾶς μ[εγίστης᾿ τὸ κηπίο ν ² ....|....ο...

1. Cf. n. 1171. — 2. Intra annos 138-160, mense Novembri, die xvii vel xviii.

1178. Copti. — Hogarth, apud Flinders Petrie, *Coptos*, p. 33, n. 5, tab. XXVIII; de Ricci, *Archiv für Pap.*, II, p. 448, n. 79, qui descripsit Oxonii asservatum.

.....εὐσεβία[ς] χάριν ἐπ᾿ ἀ γα [θῶι ἔτους ιε᾿ Λουκίου | Σεπτιμίου Σεουή[ρου] |
5 Εὐσεβοῦς Περτίνακ ος] καὶ Μάρκου Αὐρηλίου | ᾿Αντωνίνου Εὐσεβοῦς | Σεβαστῶν
Φαρμ οῦθι ᾿....

1. Mense Aprili, anno 207 p. C. n.

1179. Copti. — Milne, *Musée du Caire, gr. inscr.*, p. 32, n. 9248.

[᾿Επ]ὶ τοῖς εὐτυχεστάτοις καιρ οῖς ᾿ | τ οῦ κυρίου ἡμῶν αὐτοκρά τορ ος] |
5 Μάρκου Αὐρηλίου ᾿Αντωνείνου | Εὐτυχοῦς Εὐσεβοῦς Σεβαστοῦ | ἔτους β᾿ Μεσορὴ
κ᾿ ² ἐπὶ Γεμινίῳ Χρήστῳ ἐπάρχῳ Αἰγύπτου ᾿ | καὶ Οὐαλερίου ᾿Απολιναρίου

ἐπιτρό|που ὄρους ¹ M. Αὐρήλιος Ἀπολλώνις | β(ενεφικιάριος) τὸν κῆπον ἐκ θεμε-
λίου ἀνῳ|κοδόμησεν καὶ ἐζωγράφησεν τὸν τοῖς | φυτοῖς · ἐποίησεν ἐκ τοῦ ἰδίου
ἐπ' ἀγαθῶι.

1. Supplevit Milne. ['Ε]ν, Wilcken. — 2. Anno 219 p. C. n. die xiii mensis Augusti, imperante Elagabalo. — 3. Cf. Cantarelli, *Prefetti di Egitto*, p. 69. — 4. Procurator ad praefecturam Montis Berenicidis, de quo cf. praesertim P. M. Meyer, *Hermes*, XXXII, p. 487.

1180. Copti. — Hogarth apud Flinders Petrie, *Coptos*, p. 36, n. 11, pl. XXVIII; de
Ricci, *Archiv für Pap.*, II, p. 449, n. 85 a, qui descripsit.

....λαρδίῳ Ἀπολ[λιναρίῳ ἐπιτρόπῳ | ὄρ]ους M. Αὐρήλιος Σε...... ['Απολ-
λώ]νις β(ενεφικιάριος) ¹ τὸν ναὸν οἰκο[δόμη]σεν καὶ | ἐζωγράφησεν τὴν | ....-
θιν ἐποίησεν ἐκ τοῦ [ἰδίου]... | τὸ προσκύνημα λ?......... | ἐπ' ἀγαθῶ.

1. Cf. n. 1179.

1181. Copti. — Hogarth apud Flinders Petrie, *Coptos*, p. 34, n. 7, pl. XXVIII; de Ricci,
Archiv für Pap., II, p. 450, n. 90, qui descripsit.

Ὑπὲρ διαμονῆς .... | Κυιήτου ¹ Σεβασ τ ² ..... καὶ τοῖς συννάοις θεοῖς
τὸ τέμε[νος καὶ ὁ κατ'] | αὐτὸ ἀνδριὰς .... | Ἄρειος ὁ καὶ Ε..........] |
5 βουλευτὴς .... | ἐ]ρυθραικὸς συν......

1. Titulus fuit positus circa annum 260, quo Quietus imperium cum patre usurpavit.
— 2. Ὑπὲρ διαμονῆς [τῶν κυρίων ἡμῶν Μακριανοῦ καὶ] Κυιήτου Σεβασ[τῶν de Ricci.

1182. Copti. — Hogarth apud Flinders Petrie, *Coptos*, tab. 28, n. 12.

[Δία Ἡλ]ιον μέγαν | [καὶ φι λοκαίσαρα | ..... Δι]ονύσιος | ..... [εκοπ] ¹ .... της.

1. Consulto deletum.

1183. Copti. — Hogarth apud Flinders Petrie, *Coptos*, p. 22, tab. XXVII; de Ricci,
Archiv für Pap., II, p. 437, n. 37; Dittenberger, *Orient. gr. insc. sel.*, II, 674. Nuper descripsit de Ricci summa cura.

Ἐξ ἐπιταγῆς [Μεττίου Ῥούφου ἐπάρ|χου Αἰγύπτου ¹]. Ὅσα δεῖ τοὺς μισ-
5 θω|τὰς ² τοῦ ἐν Κόπτωι ὑποπείπτον|τος τῇ Ἀραβαρχίᾳ ἀποστολίου ³ πράσ|σειν

κατὰ τ ὸ]ν γνώμονα τῇδε τῇ | στήληι ἐνκεχάρακται διὰ Λουκίου | Ἀντιστίου
Ἀσιατικοῦ ἐπάρχου | ὄρους Βερενείκης ⁴ |.

10 Κυβερνήτου Ἐρυθραικοῦ δρα|χμὰς ὀκτώι .... δραχμὰς | ἐξ ⁵. —
Πρωρέως δραχμὰς δέκα. | — Φυλ άκου ⁶ δραχμὰς δέκα. | — Ν αύτου δραχμὰς
15 πέντε. — Θεραπεύτου ναυπηγοῦ δραχμὰς | πέντε — Χειροτέχνου δραχμὰς |
ὀκτώ. — Γυναικῶν πρὸς ἑταιρισ|μὸν δραχμὰς ἑκατὸν ὀκτώ. | — Γ υναικῶν
20 εἰσπλεουσῶν ⁷ δρα|χμὰς εἴκοσι. — Γυναικῶν στρατι|ωτῶν δραχμὰς εἴκοσι. | —
Πιττακίου καμήλων ⁸ ὀβολὸν ἕνα. | — Σφραγισμοῦ ⁹ πιττακίου ὀβολοὺς δύο. | —
25 Πορείας ἐξερχομένης ἑκάστου | πιττακίου τοῦ ἀνδρὸς ἀναβαίνον|τος ¹⁰ δραχμὴν
μίαν. — Γυναικῶν πασῶν ἀνὰ ¹¹ δραχμὰς τέσσαρας. | — Ὄνου ὀβολοὺς
δύο. — Ἀμάξης ἐχού|σης ¹² τετράγωνον δραχμὰς τέσσαρας. | — Ἱστοῦ ¹³
30 δραχμὰς εἴκοσι. — Κέρατος δρα|χμὰς τέσσαρες. — Ταφῆς ἀναφερομέ|νης καὶ
καταφερομένης δραχμὴν μί|αν τετρώβολον. Ἔτους θʹ Αὐτοκράτορος Καίσαρος |
[Δομιτιανοῦ] Σεβαστοῦ Γερμανικοῦ , Παχὼν ιεʹ ¹⁴.

1. Vestigia nominis Mettii Rufi agnovit in lapide de Ricci. Cf. Cantarelli, *Prefetti di
Egitto*, p. 38. — 2. Μισθωτάς, publicanos. — 3. De arabarcha vel alabarcha cf. Wilcken,
Gr. Ostr., p. 347 et sqq. Idem ἀποστόλου interpretavit de vectigali exacto pro sustinenda
cohorte missa (ἀποστολή) ad viatores protegendos. — 4. Ἀσιατικοῦ et duo quae sequuntur
vocabula in spatio eraso rescripta sunt. L. Antistius Asiaticus, praefectus montis Berenices memoratur titulo latino Copti reperto *C. I. L.*, III, 13580. — 5. Haec erasa sunt.
— 6. Φυλ]ακοῦ quod proposuit Hogarth cum dubitatione vacuum spatium excedit. —
7. ΤΥΝΑΙΚΩΝ lapis. Γυναικῶν εἰσπλεουσῶν, meretrices intellegebat Hogarth « probably
those coming voluntarily and not under the charge of a πορνοβόσκος ». — 8. Tessera,
qua testabatur pro camelo vectigal solutum esse. Cf. ὑπὲρ συμβόλων καμήλων, *Pap. Lond.*,
II, p. 87. — 9. « Datur tessera ei qui camelum ducturus est, numerato obolo; deinde
signatur; sed cur et quo tempore id in illis camelorum tesseris factum sit, latet »
Dittenberger. — 10. « In ipsa profectione et quidem eo ipso temporis puncto quo homo
in camelum ascendit ». Dittenberger. — 11. Haec in litura rescripta sunt. — 12. Ἐχούσης
pro vocabulis δραχμὰς δύο consulto deletis super scriptum fuisse monuit de Ricci. —
13. « Malus qui Copto ad littus maris Rubri portatur ut illic navi imponatur ». Dittenberger. — 14. Die x mensis Maii anno 90 p. C. n.
Cf. quae de titulo disputaverunt Rostowzew, *Mitth. des Arch. Inst. Röm. Abth.*), 1897,
p. 75 et suiv., de Ruggiero, *Dizionario epigrafico*, p. 113-114 et Wilcken, *Gr. Ostr.*, I,
p. 347 et sq.

1184. Contra Coptum, hodie Ballas, « perhaps *Keramike* ». — Grenfell et Hunt, *Gr.
Papyri*, II, p. 85, n. 5. Descripsit de Ricci.

Δι ὶ Ἡλίωι θεῶι μεγίστωι | Ἀντώνιος Ἡρακλιανὸς δου|πλικιάριος ¹ ἴλης

Ούακοντίων ² | ἐποίησεν, εὐσεβείας χάριν, ἐπ' ἀγαθῶι | ἔτους ε' Ἀντωνείνου καὶ Ούήρου Καισάρων τῶν | κυρίων Ἐπεὶφ κη´ ¹.

1. l. e. duplicarius. — 2. Ala Vocontiorum degebat Copti et in lapicaedinis Ptolemaidis. — 3. Mense Julio, die XXII, anno p. C. n. 165.

1185. Inter Coptum et Apollonospolin parvam. — Sayce, *Rev. des et. gr.*, VII 1894, p. 298.

Ὑπὲρ διαμονῆς καὶ αἰωνίου νίκης τῶν | κυρίων Αὐτοκρατόρων Σεουήρου |
Ἀντωνίνου καὶ Γέτα Εὐσεβῶν Σεβαστῶν | καὶ Ἰουλίας Δόμνας
5 μητρὸς αὐτῶν | καὶ τοῦ οἴκου αὐτῶν ἐπὶ Σουβατιανῷ Ἀκύλα ἐπάρχῳ
Ἀ ἰγύπτου ² γας?... ι... σ... λ... ν.... | ... κρατίστῳ ἐπιστρατήγῳ ν...... |
ὁ ἂν ὃ ι ας³ τοῦ κυρίου Τιθοήου ς | ...ης υἱοῦ τρησεως ἀρχιερέως | Τιθοήους
10 καὶ Ἄμμωνος θεῶ ν | ἐπ' ἀγαθῷ Σαραπίωνος ουτιανου ⁴ ...οντος ἔτους ιη´
Φαρμοῦτι κ´ ⁵.

Titulus male descriptus; pauca certo corrigi possunt.

1. Traditur CE.... — 2. Traditur ΕΠΙ C........ | ...ΑΡΧΩ. Supplementa addiderunt jam P. Meyer, *Das Heerwesen der Ptolemäer*, p. 146, et Cantarelli, *Prefetti di Egitto*, p. 65. — 3. Traditur ..ΔΡΕΑΣ; correxit de Ricci. — 4. Corr. οὐετρανοῦ? ut proposuit Th. Reinach. — 5. Die XV Aprilis anno p. C. n. 210.

1186 Thebis, in crure Memnonis. — *C. I. Gr.*, 4728; Lepsius, *Denkmäler*, XII, tab. 79, n. 103; Dittenberger, *Orient. gr. insc. sel.*, II, 681.

Σαβεῖνα Σεβαστὴ | Αὐτοκράτορος Καίσαρος | Ἀδριανοῦ ¹, ἐντὸς ὥρας |
α´ Μέμνονος δὶς ἤκουσε........

1. ....ΙΟΥ, Lepsius; Sabina, uxor Hadriani, principem comitata est in Aegypto anno 130.

1187. Thebis, in crure Memnonis. — *C. I. Gr.*, 4725, cf. *addenda et corrigenda*, p. 1201; Kaibel, *Epigr. gr.*, 990; Puchstein, *Epigr. gr. in Aegypto reperta*, p. 17. Contulimus.

Ἰουλίας Βαλβίλλης ¹ | ὅτε ἤκουσε τοῦ Μέμνονος | ὁ Σεβαστὸς Ἀδριανός. |
Μέμνονα πυνθανόμαν Αἰγύπτιον, ἀλίω αὔγαι |
5 αἰθόμενον, φώνην Θηβαΐκω ἀπὸ λίθω. |

Ἀδριανον δ' ἐσίδων τὸν παμβασίληα πρὶν αὔγας |
ἀελίω χαίρην εἶπέ Ϝοι ὡς δύνατον. |
Τίταν δ' ὅττ' ἐλάων λεύκοισι δι' αἴθερος ἵπποις |
ἐν σκίαι ὡράων δεύτερον ἦχε μέτρον, |
ὡς χάλκοιο τύπεντος ἴη Μέμνων πάλιν αὔδαν |
ὀξύτονον · χαίρω[ν κα]ὶ τρίτον ἄχον ἴη. |
Κοίρανος Ἀδριάνο ς τότ' ἄλις δ' ἀσπάσσατο καῦτος |
Μέμνονα : κὰν σ τά]λαι κάλλ[ιπ εν ὀψιγόνοις. |
γρόππατα. ταμαίνο[ν τά τ' ὅσσ' εὔιδε κῶσσ' ἐσάκουσε |
15   δῆλον παῖσι δ' ἔγε ν τ' ὡς Ϝε φίλ εισι θέοι.

1. ΒΑΛΙΛΛΗΣ, lapis. Comes Sabinae et Hadriani, mense Novembri anni 130; cf. n. 1186.
Eadem et alia carmina de ea re composuit quae consulto hic omisimus. Cf. C. I. Gr.,
4727, 4729, 4729-4731 : Kaibel, Epigr. gr., 989-992.

1188. Thebis, in crure Memnonis. — C. I. Gr.. 1732; cf. addenda et corrigenda,
p. 1203; Dittenberger, Orient. gr. insc. sel., II, 683.

Ἀρτεμίδωρος Πτολεμαίου βασιλικὸς | γραμματεὺς Ἑρμωνθείτου καὶ Λατο-
πο|λείτου ἤκουσα Μέμνονος τοῦ Θειστά|του μετὰ καὶ τῆς συνβίου Ἀρσινόης
5 καὶ || τῶν τέκνων Αἰλουρίωνος τοῦ καὶ Κο|δράτου καὶ Πτολεμαίου ἔτει ιε'
Ἀδριανοῦ | Καίσαρος τοῦ κυρίου. Χοιάκ '..

1. Anno 130 p. C. n. mense Novembri aut Decembri.

1189. — C. I. Gr., 4733; cf. addenda et corrigenda, 1203, col. 2; Dittenberger, Orient.
gr. insc. sel., II, 684.

Κόιντος Ἀπολημιανὸς [1] Βέηθος | ὁμοίως ἤκουσα μετὰ τῶν προγε|γραμμένων
τῷ αὐτῷ ἔτει μηνὶ | τῷ αὐτῷ [2].

1. ΑΠΟΛΠΙΑΝΟΣ traditur. — 2. Titulus incisus infra n. 1188.

1190. Thebis, in crure Memnonis. — C. I. Gr., 4741, cf. 4742; Lepsius, Denkmäler, XII,
tab. 78, n. 84.

Καικιλία Τρεβούλλα | ἔγραψα ἀκούσατα τοῦδε Μέμνονος · |
Ἔθραυσε Καμβύσης με τόνδε τὸν λίθον, |

βασιλέως ἑῴου εἰκόν᾽ ἐκμεμαγμένον. |
5 Φωνή δ᾽ ὀδυρμὸς ἦν πάλαι μοι, Μέμνονος |
τὰ πάθη γοῶσα, ἣν ἀφεῖλε Καμβύσης. |
Ἀναρθρα δὲ νῦν κάταρθ τὰ φθέγγματα |
ἐλοφύρομαι, τῆς πρόσθε λείψανον τύχης·

Eadem et alia carmina Memnonis statuae inscripsit : *C. I. Gr.*, 1739, 4740.

1191. Thebis, in crure Memnonis. — *C. I. Gr.*, 4745; Lepsius, *Denkmäler*, XII, tab. 79,
n. 105; Wescher, *Comptes rendus de l'Acad. des Inscriptions*, 1871, p. 280.

Εἰ καὶ λωβητῆρες ἐλυμήναντ[ο δέμ]ας σόν, |
θειοτάτου νύκτωρ | ὀμφὴν ἐπὶ Μέμνονος | ἦλθον, ‖
5   ἔκλυον ἧς Κάτουλος ταγὸς ¹ | ὁ Θηβαίδος.

1. Epistrategus.

1192. Thebis, in crure Memnonis. — *C. I. Gr.*, 4723, cf. *addenda et corrigenda*, p. 1201;
Kaibel, *Epigr. gr.*, n. 996; Puchstein, *Epigr. gr.*, p. 15. Contulimus.

Κέλερ στρατηγὸς ἐνθαδεὶ παρῆν |
Μέμνονος οὐχ ὅπως ἀκούσεται · |
ἐν κονεῖ γὰρ αὐτῇ τῇ τῶν χωμάτων |
παρῆν θεωρὸς καὶ προσκυνήσων ἅμα. |
5   Μέμνων ἐπιγνοὺς οὐδὲν ἐξερθέγ ξατο · |
Κέλερ δὲ ἀπήει, ἐφ᾽ ἃ πάλιν π[α]ρῆν · |
μέσας διαστήσας ἡμέρας δύο |
[ἤ]κουσεν ἐλθὼν τοῦ θεοῦ τὸν ἦχον |
10   ἔτους ζ᾽ Ἀδριανοῦ Καίσαρος τοῦ κυρίου ‖ Ἐπὶφ [γ᾽] ὥραν α᾽ ¹.

1. L�ᴢ̄, Puchstein; ΕΠΙΦΓΩΡΑΝᾹ, Puchstein; ΕΠΙΦ⁼, nos.

1193. Thebis in crure Memnonis. — *C. I. Gr.*, 4751; Dittenberger, *Orient. gr. insc.
sel.*, II, 685.

Κλαύδιος Γέμινος | ἀραβάρχης ¹ καὶ ἐπιστράτη[γος Θηβαίδος ἤκουσα |
ἀναπλέων ὥρας γ᾽ | καταπ[λ]έων ² β᾽.

1. Cf. n. 1183, not. 3. — 2. ΚΑΤΑΠΑΕΩΝ, lapis.

1194. Thebis, in crure Memnonis. — *C. I. Gr.*, 4719, cf. *addenda et corrigenda*, p. 1200: Lepsius, *Denkmäler*, XII. tab. 79. n. 106. Contulimus.

Τιβέριος Κλαύδιος Ἡρων | ἤκουσα Μέμνον[ος | σὺν] Ἀχιλλεῖ καὶ ...|....
5 ὥρας α΄ ἔτους η΄ Αὐτο|κράτορος Καίσαρος Οὐεσπασι⌐ανοῦ Σεβ αστοῦ ' μηνὶ
.........|....... μεμνημένος .... καὶ Διονυσί[ου | .... ⌐τῶν ἀδε]λφῶν.

1. Anno p. C. n. 75 76.

1195. Thebis, in crure Memnonis. — *C. I. Gr.*, 4738, cf. *addenda et corrigenda*, p. 1203; Kaibel, *Epigr. gr.*, 998: Puchstein, *Epigr. gr.*, p. 32.

Θῆκέ σε φωνήεντα θεὰ ῥοδοδάκτυλος Ἠώς. |
ση μήτειρ, κλυτὲ Μέμνον, ἐελδομένῳ μοι ἀκοῦσαι |
σῆς φωνῆς λυκάβαντι περικλυτοῦ Ἀντωνείνου |
ὃ ω δεκάτῳ κα⌐ὶ] μηνὶ Παχὼν τρισκαίδεκα ' ἔχοντι |
5 ἤμα]τα δίς, δαῖμον, τεῦ ἐσέκλυον αὐδήσαντος |
|ἠελίου λ]ίμνης περικαλλέα ῥεῖθρα λιπόντος |
[οὕνεκα]ν ² ἀντολίης βασιλῆά σε θῆκε Κρονείων ·
[θῆκε δὲ νῦ ν πέτρου, φωνὴν δ᾽ ἀπὸ πέτρου ἵεσθαι ³. |
Ταῦτα δ᾽] ἔ γραψε ' Γέ μελλος ἀμοιβαδὶς ἐνθά δ᾽ ἀνελθ ὼν |
10 σ ὺν τε ῥ ἴλη ° ἀλόχῳ Ρουφίλλῃ καὶ τεκέεσσι. |
Εὐτυχ ῶς | Ρ ουφίλλη [κα]ὶ Λονγείν[η.

1. Anno p. C. n. 150, mensis Maii die VIII. — 2. [ὄντα ποτ]ὲ, Puchstein. — 3. ἐηκ[ας], id. — 4. [χαίρων δ᾽ ἦλθον] ἐγω[γε], id. — 5. [σὺν κέδν'η, id.

1196. Thebis, in crure Memnonis. — *C. I. Gr.*, 4734, cf. *addenda et corrigenda*. p. 1203. col. 2; Dittenberger, *Orient. gr. insc. sel.*, II, 682.

Γάιος Ἰούλιος Διονύσιος | ἀρχιδικαστὴς Θέωνος | ἀρχιδικαστοῦ υός καὶ |
5 πατὴρ ἤκουσα Μέμνο|νος ὥρας πρώτης.

1197. Thebis, in crure Memnonis. — *C. I. Gr.*, 4735, cf. *addenda et corrigenda*, p. 1203; Puchstein, *Epigr. gr.*, p. 30, n. VI.

Μάρκιος Ἑρμογένης ἔκλυον μέγα φωνή|σαντος
Μέμνονος ἀντελλ..........ὁας ο..οντος.

Q. Marcius Hermogenes fuit praefectus classis Augustae Alexandrianae ut ex titulo

altero latine concepto colligi potest *C. I. L.*, III, 43 . Thebis degebat anno 134 die
VII mensis Martii.

1198. Thebis, in crure Memnonis. — *C. I. Gr.*, 4720; *C. I. L.*, III, 37.

Imp. Domitiano | Caesare Aug. Germanico XVII c os. | T. Petronius Secun-
5 dus pr. Aeg. | audit Memnonem hora I pr. idus Mart. ¹ | et honorauit eum uer-
sibus graecis | infra scriptis |

     Φθέγξαο Λατοΐδα — τὸν γὰρ μέρος ὧδε κάθηται — |
     Μέμνων ἀκτεῖσιν βαλλόμενος πυρίναις |
10 curante T. Attio Musa prae f . coh. II | Thebaeor.

1. Anno p. C. n. 95, mensis Martii die XIV.

1199. Thebis, in crure Memnonis. — *C. I. G.*, 4737, cf. *addenda et corrigenda*, p. 1203.

5 Ἔτους . Ἀδριανοῦ | τοῦ] κυρίου | Σαραπίων | ....ν βα| τίλι κὸς γρα|μ-
ματεύς ¹...

1. ... KOCTI in apographis.

1200. Thebis, in crure Memnonis. — *C. I. Gr.*, 4724, cf. *addenda et corrigenda*, p. 1201;
Lepsius, *Denkmäler*, XII, tab. 77, n. 68. Descripsimus.

Σέρουιο ς΄ Σουλπίκ ιος ...... | ἔπαρχος σπείρης..... χιλίαρχος | λεγεῶνος ¹
5 κβ΄ [ἔπαρχος ἄλης Οὐο]κουντίω[ν] ² .... | νεωκόρος τοῦ με[γάλου |
Σαράπιδος ³, τῶν [ἐν Μουσείῳ] | σειτουμένων ἀτελ ῶν, ἤκουσα] | Μέμνονος
ὥρας . | ἔτους ζ΄ Ἀδριανοῦ ⁴.

1. ΛΕΓΕΩΝΟC. BK. Bailie. Intelligit Franz : legionis XXII. — 2. ΚΟΙΝΤΙΟC, Bailie;
ΚΟΥΝΤΙѠΙ, Lepsius. Alam Vocontiorum agnovit de Ricci. — 3. Cf. Otto, *Priester und
Tempel im hellenist. Aegypt.* p. 113-114. — 4. Anno p. C. n. 122-123.

1201. Thebis, in crure Memnonis. — *C. I. Gr.*, 4726, cf. *addenda et corrigenda*, p. 1202;
Lepsius, *Denkmäler*, XII, tab. 78, n. 90.

5 Φλαουιανὸς | Φίλιππος | ἔκλυον Μέ|μνονος τοῦ θειοτάτου || αὐτοκράτορος
Ἀδριανοῦ | ἀκούοντος ἐντὸς | ὥρας β΄ δὶς.

T. I　　　　　　　　　　　　　　　　　　　　　　27

1202. Thebis, in crure Memnonis. — *C. I. Gr.*, 1753, cf. *addenda et corrigenda*, p. 1205; Lepsius, *Denkmäler*, XII, tab. 78, n. 80. Contulimus.

Φλ άου ιος Ού᾽ιταλεῖνος | ἐπιστράτηγος Θηβαίδος | σὺν [Λ᾽ουκιλίᾳ Σω-
σίδι ¹ τῇ συμβίῳ ἤκουσα Μέμνονος || ἔτους γ´ Παχὼν δ´ ² ὥρα γ´.

1. ΤΟΥϹΙΔΙΑΙΩΝΙΔΙ, Lepsius. — 2. De Δ dubitamus. Lepsius dat. : ΙΒ.

1203. Thebis, in crure Memnonis. — *C. I. Gr.*, 1722, cf. *addenda et corrigenda*, p. 1201; Dittenberger, *Orient. gr. insc. sel.*, II, 680. Contulimus.

Λούκιος Φουνεισουλανὸς | Χαρείσιος στρατηγὸς Ἑρμων|Θείτου Λατοπο-
λείτου ἤκου᾽σα Μέμνονος δὶς πρὶν πρώ|της ὥρας καὶ πρώτη σὺν | τῇ γυναικί
μου Φουλβίᾳ Θωθ´ η´ ἔτους ζ´ ¹ Ἀδριανοῦ τοῦ | κυρίου.

1. Anno p. C. n. 122, mense Septembri die v. Idem carmina Memnoni inscripsit (*C. I. Gr.*, 1721).

1204. Thebis, in crure Memnonis. — *C. I. Gr.*, 1736; cf. *addenda et corrigenda*, p. 1203; Lepsius, *Denkmäler*, XII, tab. 77, n. 66.

Χαιρήμων ὁ κα᾽ι........ | στρατηγὸς Ἑρ[μωνθείτου] | Λατοπολεί[του ἤκουσα] |
τοῦ Θεοτά[του Μέμνονος] | σὺν τῇ ἀδελφῇ μου...| ἔτους ιθ´ Ἀδριανοῦ τοῦ
κυρίου | μηνὸς Ἀδριαν[οῦ ¹...

1. Anno p. C. n. 134 mense Novembri aut Decembri. Mensis Hadrianus = Choiak.
Cf. Wilcken, *Gr. Ostr.*, I, p. 810.

1205. Thebis, in vico dicto Karnak. — G. Lefebvre, *Bull. de corr. hellén.*, XXVI (1902), p. 436; W. Spiegelberg, *Ann. du service des antiquités*, VII (1906), p. 254. Contulit de Ricci.

Διὶ Ἡλίῳ Ἀμ|μωνι θεῶι με|γίστωι Τιριτμὶς | Τεῶτος ἱέρισσα | ἀνέθηκεν |
κατὰ διαθήκην | Τεῶτος Ἰναρῶ|τος προφήτου | καὶ κορυφαίου || πατρὸς εὐσε-
βείας χάριν, ἐπ᾽ ἀγαθῷ[ι] | ἔτους κα´ Μάρκου | Αὐρ[η]λίου [Κομμόδου] ¹ |
Ἀντωνίνου Καίσαρος | τοῦ κυρίου Ἀθὺρ κα´.

1. Nomen consulto erasum. Supplementum probatur titulo aegyptiaco, ab altera parte lapidi inscripto, in quo cognomen Sarmaticum deprehendere potuit Spiegelberg. Annus est 180 p. C. n.; dies XVII mensis Novembris.

1206. Thebis, in vico dicto Karnak. — Daressy, *Recueil des travaux*, XIX 1897), p. 13. Contulit de Ricci.

Καίσαρα Αὐτοκράτορα Θεοῦ υἱὸν Δία Ἐλευθέριον Σεβαστόν [1].

1. Divus Augustus sic in Aegypto appellatus est, cf. supra, n. 1163.

1207. Thebis.   De Ricci, *Comptes rendus de l'Acad. des Insc.*, 1905, p. 155, qui postea iterum descripsit; Clermont-Ganneau, *ibid.*, p. 525 et seq.

Pro salute Imp. Caesaris | Traiani Hadriani Aug. | domini n. voto Serenus |
5 aram inst[r]u x'it Ioui. Biduo | secutus Agriophagos nequ|issimos [1] quorum fere pars mai|or in pugna perit neque vulnera | n'eque crei?......e ile [2] praedamque totam cum camelis apstulit.

Ὑπὲρ σωτηρίας Αὐτοκράτορος Καίσαρος | Τραιανοῦ Ἀδριανοῦ Σεβαστοῦ τοῦ
10 κυρίου ‖ Σουλπίκιος υἱὸς Γναίου Κουιρίνα | Σερηνὸς Ἀγριοφάγους δει[νοτ]ά-
τους [3] ....

1. De Agriophagis cf. Pseudo-Arrian, *Geogr. min.* Didot, 1, p. 257-258 ; Plin., *Hist. nat.*, VI, 75 et Solin, 306. Degebant in deserto inter Thebas et Berenicen. — 2. n'eque damnum accepit, vel tale quid proposuit Clermont-Ganneau. — 3. δεῖ νοτάτους ἀνελὼν τὸν βωμὸν ἀνέθηκεν, id.

1208. Thebis. — *C. I. Gr.*, 4717; Strack, *Die Dynastie der Ptolemäer*, n. 157, p. 272. Contulit de Ricci.

[Βασιλευόντων Κλεοπάτρας θεᾶ ς Φιλοπάτορ ος καὶ Π[το]λεμαίου τ[ο]ῦ καὶ
Κα[ί]σαρος θ]εοῦ Φιλοπάτορος Φιλο[[μήτορος [1] ἔτους [2] ...... Ἀρτεμισίου
κβ'? Φαμενὼθ .β'? ἔδο]ξε τοῖς ἀπὸ Διοσπόλεως τ[ῆς] με[γά]λη[ς] ἱερεῦσι
τοῦ | [μεγίστου θεοῦ Ἀμο]νρασωνθήρ καὶ τοῖς πρεσβυτέροις καὶ τοῖς ἄλλοις
πᾶσι...

Sequitur decretum in honorem Callimachi datum, qui fame et pestilentia Aegyptum vastantibus optime de Thebis et universo nomo meruisse dicitur.

1. Filium hic habes Cleopatrae et Julii Caesaris, vulgo Caesarionem dictum. Cf. Dio. XLVII, 31,5. — 2. De anno disputant viri docti. Cf. Strack, *loc. cit.*, et Bouché-Leclercq, *Hist. des Lagides*, II, p. 257.

1209. Thebis, in vico dicto Karnak. — De Ricci, *Archiv für Pap.*, II, p. 430, n. 7. Contulimus. Plenius nuper descripsit de Ricci.

5   ᾽Αχιλλέας ..|.ιος τῶν ρ.....|.εων του.....|.ουειτοι ' ....['Ο]ρορουηρι [προ-
ρή?]της ᾽Αμονρασ[ωνθὶ]ρ | θεοῦ μεγίστο υ ἀνέ|θ ηκεν ἔτους μ' Κ αἰσ ρος] |
Φαῶρι α' ².

1. Vel ουσιτοι. — 2. Anno p. C. n. 10, mense Septembri, die xxviii.

1210. Thebis, in syringibus. — *C. I. Gr.*, 4774; cf. *addenda et corrigenda*, p. 1208.

᾽Αντωνία | ᾽Αγριππείνα | ὑπατικὴ | ἱστόρησα '.

1. « Ἱστορεῖν, examinare, invisere, verbum solemne in his titulis. » Franz.

1211. Thebis, in syringibus. — Deville, *Archives des Missions*, 1866, II, p. 481, n. 233.

5 ᾽Αντώνιος | Θεόδωρος | ὁ διαστημ[ότατος] | καθολικὸς [τῆς Αἰγύ|πτου ' καὶ]
Φοινίκης, | πολίτης ἐν τῇ | βασιλ[ευούσῃ] Ῥώμῃ, | χρόνῳ πολλῷ | διατρίψας
10 καὶ | τὰ ἐκεῖ θαύματ[α] | εἶδον καὶ τὰ ἐνταῦθα.

1. Rationalis Aegypti, vir perfectissimus. Cf. Hirschfeld, *Verwaltungsbeamten* (ed. II), p. 358, not. 2. Titulus ad aetatem Diocletiani referendus est.

1212. Thebis, in syringibus. — *C. I. Gr.*, 4766; Lepsius, *Denkmäler*, XII, tab. 76, n. 51; Deville, *Archives des Missions*, II (1866), p. 478, n. 196.

5 Μνησθῇ | ᾽Ασκληπιάδης | ἰατρὸς λεγεῶ(νος) | β' Τραιανῆς Ἰσχυρᾶς ‖ ἔτους
ι' ᾽Αντωνίνου Με|χὲρ α' '.

1. Anno p. C. n. 147, mense Januario die xxvii.

1213. Thebis, in syringibus. — *C. I. Gr.*, 4775; cf. *addenda et corrigenda*, p. 1208.

Αὐρήλιος ᾽Αντωνῖνος | [...

« Putabat Letronnius intelligi posse M. Aurelium Antoninum imperatorem qui cum Alexandriae degerit facile Thebas invisere potuerit : Dio, LXXI, 28. Capitol., *M. Anton. philos.*, 26 » Franz.

1214. Thebis, in syringibus. — *C. I. Gr.*, 4780; cf. *addenda et corrigenda*, p. 1208.

Ἀσύκιος Αὐρήλιος | ....

Putabat Letronnius Lucium Verum imperatorem intelligi posse, qui in Oriente peregrinatus sit circiter annum 162.

1215. Thebis, in syringibus. — Deville, *Archives des Missions*, II 1866 , p. 483, n. 232.

5 Κλαύδιος | Β........ | ὁ διασημότατος | καθολικὸς [1] | ἐθαύμασα | μετὰ τῆς |
10 γαμετῆς | μου ..... | ...... | Κλαυδία ς | ..... | ἱστόρησα.

1. Cf. n. 1211.

1216. Thebis, in syringibus. — *C. I. Gr.*, 4768; cf. *addenda et corrigenda*, p. 1207.

Κλ. Κομμοδιανὸς | χιλίαρχος (λεγεῶνος) β' | Τραιανῆς Ι σ χυρᾶς πάσας |
5 τὰς σύριγγα ς ἰδὼν ‖ ἐθαύμασα ἔτους ια'? Μ. Αὐρηλίου Κομμόδου τοῦ
κυρίου | Ἀθὺρ ις' [1].

1. Anni non satis certi mense Novembri, die xii.

1217. Thebis, in syringibus. — *C. I. Gr.*, 4764.

Εὐτύχης ἱστόρησας | ἔτους ιθ' Τραιανοῦ Καίσαρος τοῦ κυρίου [1] ..... [2].

1. Titulus fuit incisus anno 115/116 p. C. n. — 2. Vestigia litterarum quae sequuntur non deprehenduntur.

1218. Thebis, in syringibus. — Deville, *Archives des Missions*, II 1866 , p. 1079, n. 199; Lepsius, *Denkmäler*, XII, tab. 76, n. 52.

5 Ἰούλιος | Δημήτριος χιλίαρχος | ἱστόρησας | ἐθαύμασα.

1. Cf. alterum titulum ab eodem incisum *ibid.*, n. 198 .

1219. Thebis, in syringibus. — *C. I. Gr.*, 4807; Dittenberger, *Orient. gr. insc. sel.*, 686.

Νεκτάριος Νεικομηδεὺς | ὁ λαμπρότατος καθολικὸς | Αἰγύπτου [1] ἰδὼν
ἐθαύμασα.

1. Cf. supra n. 1211.

1220. Thebis, in syringibus. — Deville, *Archives des Missions*, II 1866, p. 484, n. 234.

Νεμεσιανὸς πολίτης τοῦ θείου ποιητοῦ | Ὁμήρου ἀπὸ καθολικῶν [1]
Αἰγύπτου καὶ ἀπὸ | ἡγεμόνων..... [2] διαφόρους πράξεις | μαγοῦρος [3] καὶ καθο-
λικὸς ὢν τῆς διοικήσεως ἱστορήσας ἐθαύμασα.

1. Cf. n. 1211. — 2. MEIVCYA, traditur. — 3. Majorius = majoriarius. Cf. *C. I. L.*,
VIII, 14691.

1221. Thebis, in syringibus. — *C. I. Gr.*, 4811.

Παπείριος Δομίτιος Ἀπ πιαν ὸ ς [1] στρα|τηγὸς Ὀ μβείτου [ε]ἱστόρησα
5 καὶ | τὸ προσκύνημα ἐ ποί η |σ α τῆς συνόίου καὶ τῶν | τέκνων ἔτους ιε΄
Θὼθ ιθ΄ [2].

1. Vel Ὀππιανός. — 2. Die XVI mensis Augusti.

1222. Thebis, in syringibus. — *C. I. Gr.*, 4765.

Πετρώ ν ις Ἀνδρομάχου | ἐθαύμασα ἔτους ς΄ Ἀδριανοῦ | Τῦβι δ΄ [1].

1. Anno p. C. n. 122, mense Decembri, die XXX.

1223. Thebis, in syringibus. — *C. I. Gr.*, 4763.

Ποτάμων ἱστόρησα σὺν Ποτάμων ι πατρὶ | ἔτους ς΄ [1] Τραιανοῦ Καίσαρος
τοῦ κυρίου Μεσορὴ | κθ΄ [2] καὶ τὸ προσκύνημα πάντων τῶν | ἀδελφῶν καὶ
5 τῆς κυρίας μητρὸς καὶ || τῆς ἀδελφῆς ἔγραψα].

Cf. alterum titulum ab eodem viro incisum et omnino similem.

1. Numerus non certus videtur. Forsitan ε΄. — 2. Anno 102 vel 103 post C. n. mense
Augusto, die XXII.

1224. Thebis, in syringibus. — *C. I. Gr.*, 4815; Dittenberger, *Orient. gr. insc. sel.*, II, 689, note 2.

Σπουδάσις | Παλατῖνος | υἱὸς | Τρ ὁρωνος | δι κολόγου | Αἰγύπτου [1]
ἐθεασάμην.

1. Δεκολόγος idem valere ac δεκαιολόγος volebat Franz quem probat Dittenberger.

1225. Thebis, in syringibus. — *C. I. Gr.*, 4816, cf. *addenda et corrigenda*, p. 1214.

Τατιανὸς ἡγεμὼν Θηβαίδος [1] ἱστορήσα ς ἐθαύμασεν ἐντ|αῦθα τὸ εὐσ[ύ-
ν]ετ ον [2] τῶν σοφῶν | Αἰγυπ τί ων.

1. Praeses Thebaidis. Titulus non ante aetatem Diocletianam exaratus est. — 2. τὸ
μνημόσυνον, τὸ μεγαλόσυνον, τὸ μεγαλότεχνον. Letronne.

1226. Thebis, in syringe Rhamsis III. — *C. I. Gr.*, 4815 c, p. 1213; Wescher,
Comptes rendus de l'Acad. des Insc., 1871, p. 294; Deville, *Archives des missions*, II 1866,
p. 463, n. 37.

Τιμόθεος Ἱερκιοκωμήτης [1] | ἐμνήσθη ἐπ᾽ ἀγαθῷ Φιλοπάππου | τοῦ
....]ως [2] καὶ Μαξίμου | Στατιλίου ἰδιολόγου [3] τῶν | λογιωτάτων καὶ φιλ-
τάτων καὶ Ἰουλίας Πα σικλεί ας (?) [4] τῆς Τίτου (? [5] τοῦ ῥήτορος τῆς Ἀγχ-
ρίστου καθηγήτου.

1. « Κώμη Ἱέρεις aliunde non innotuit, nisi forte Ἱέρεις pro Ἱέλεις dictum est. » Franz.
— 2. βασιλέως, Letronne, Franz, Wescher. Philopappum Comagenum regem haberes cujus
monumentum stat Athenis in colle Musarum. Sed de verbo ΒΑΣΙΛΕΩΣ dubitat Deville
qui in pariete syringis vidit ΤΟΥ ΛΛ..ΩΣ. — 3. De Statilio Maximo cf. *Prosop. imp.
rom.*, III, p. 260, n. 599. — 4. Πασικλας, Franz; Πασικλείας, Wescher; ΠΑ....., Deville.
— 5. ΠΙΟΥ Champollion, ΤΙΤΟΥ vidit Deville.

1227. Thebis, in syringe Memnonis. — *C. I. Gr.*, 4807 g, p. 1212; *C. I. L.*, III, 68.

M. Volurios | romanos. | M. Ὀυολ ύριος | ῥωμαῖος.

Alterum exemplum ejusdem tituli repertum est im syringe Rhamsis IX *C. I. L.*,
III, 69.

1228. Thebis, in syringibus. — *C. I. Gr.*, 4767; cf. *addenda et corrigenda*, p. 1207.

.... οἰκ]είων ¹ ἁπάντων πα ρὰ τῷ κυρίῳ ...|...........²] ὄντι σοφῷ κα[ὶ]
πρωτος ἐλοῦντι, ³ | τοῖς ἀσκοῦσι παιδείαν ἡμ έρῳ ⁴ δὲ τοῖς | νοσηλεύουσι ⁵
αὐτὸς ⁶ ὁ ἱκετεύων τὸν θεὸν εἶναι εἰλ αω]ν ⁷ καὶ εὐμεν ῆ ? ἔγραψα Εὐτύχου
5 ..... | μονος μετ' Ἀρθο νί ου ⁸ .....ονιος.... |ρου ⁹ καὶ μον ¹⁰ Κορῆτο ς ¹¹
τ ῶ ν ἀδελφῶν καὶ Πλήνιος Κεφαλᾶτ ος μπτου ¹² | ἔτους ς ? ? ᵢM. Αὐρηλίου
καὶ Λ. Οὐήρου | κυρίων Σεβαστῶν ¹³ ἐπ' ἀγαθῶι.

1. Initio periit vel ὑπὲρ τῶν... vel τὸ προκύνημα τῶν, Franz. — 2. ['Ερμῆ|], θεῷ τρισμεγίστῳ
Franz, θεῷ|τῷ τρισμεγίστῳ] Letronne. Titulus enim incisus est infra anaglyphum dei
Thoth, qui pro Herme trismegisto habetur. — 3. προσοφϊλλοντι, Letronne; προσωφελοῦντι,
Franz; προσοφελοῦντι ex errore ortum. — 4. ΙΗΕΡΩ traditur. — 5. i. e. medicis. —
6. ΛΥΙΟϹΟ traditur. — 7. ΕΙΝΑΕΙΛΘϹΝΚΛΙΕΥΜΕΝΕ traditur. — 8. ΜΕΤΑΦΘΟΜΟΙ
traditur. — 9. Ἀπολλω]ν|ο[υ καὶ Ροὔρου, Franz; ἀδελ]ρο῀, de Ricci. — 10. sic traditur;
Ἀλίου, Franz. — 11. Ita Letronne quem probat Franz. — 12. Κεφαλᾶ τοῦ [πῖ]μπτου, Franz;
Κεφαλᾶ τοῦ υἱοῦ, Letronne. — 13. Ita Franz. Erit annus p. C. n. 166 167.

1229. Thebis in vico Gournah. — *C. I. Gr.*, 4824.

Πετεμενῶρις ὁ καὶ Ἀμμώνιος Σωτῆρο ς | Κορνηλίου Πολλίου. μητρὸς
Κ|λεοπάτρας Ἀμμωνίου, ἐτῶν εἴκοσι ἑνὸς | μηνῶν δ' καὶ ἡμερῶν εἴκοσι δύο,
ἐτελ.|εύτη σε ιθ' ἔτους Τραιανοῦ τοῦ κυρίου Παῦνι η ¹.

1. Anno p. C. n. 116, mense Junio, die III. Cf. infra n. 1232.

1230. Thebis in vico Gournah. — *C. I. Gr.*, 4825. Contulit de Ricci.

Ταφὴ Πετεμενῶριος υἱοῦ | Παθώτος · ἐγεννήθη γ' ἔτους Ἀδριανοῦ | τοῦ κυρίου
5 Χοίαχ κδ' ¹, ἐτελεύτα | ζ' ἔτους ² ἐπαγομένων δ' ὥστε ἐβίωσεν | ἔτη δ' μῆνας
η' ἡμέρας ι'. | Εὐψύχει.

1. Anno 118 die XX mensis Decembris. — 2. Anno 123, die XXVII Augusti mensis.

1231. Thebis in vico Gournah. — *C. I. Gr.*, 4827.

Σενχῶνσις ἡ καὶ Σαπαθλις πρεσβυτέρα Πικῶτος γεννηθεῖσα τῷ δ' ἔτει Θεοῦ

Τραιανοῦ ¹ Παχὼν ιζ´ ἐτελεύτησεν τῷ θ´ ἔτει Ἀντωνίνου Καίσαρος κυρίου Φαμενὼθ ια´ ² ὥστε ἐβίωσεν ἔτη μδ´ μῆνας δέκα. Θάρσει.

1. Die xii mensis Maii, anno 101 p. C. n. — 2. Anno 146, mensis Martii die 11.

1232. Thebis, in vico dicto Gournah. — *C. I. Gr.*, 4823.

Σενσαὼς Σωτῆρος Κορνηλίου ¹, μητρὸς Κλεοπάτρας τῆς καὶ | Κανδάκης Ἀμμωνίου, παρθένος ἐτῶν ις´ μηνῶν δύο ἡμερῶν | ἐννέα, ἐτελεύτησεν ις´ ἔτους Τραιανοῦ τοῦ κυρίου Ἐπεὶφ κα´ ².

1. Cf. supra n. 1229. — 2. Anno 109, mense Julio, die xv.

1233. Thebis, in vico Gournah. — *C. I. Gr.*, 4822; Dittenberger, *Orient. gr. insc. sel.*, II, 698.

Σωτὴρ Κορνηλίου Πελλίου ¹ μητρὸς Φιλώτος ἄρχων Θηβῶν ².

1. « Ejusdem familiae homines habes nn. 1229 et 1232 ; quos non fratrem et sororem esse illius Soteris matris nomen indicat; sed liberos ejus esse statuit Franz, id quod certe perquam probabile est. » Dittenberger. Idem titulum tribuit circiter anno 100. — 2. Praefectus regius oppidi Thebarum, Θηβάρχης; cf. id., not. 4.

1234. Thebis, in vico Gournah. — *C. I. Gr.*, 4826.

Ταρὴ Τροστο΄ς, Ἡρακλείου Σωτῆρος μητρὸς Σαρα[π]οῦτος · ἐγενήθη τῷ ε´ ἔτει Ἀδριανοῦ | τοῦ κυρίου Ἀθὺρ β´ ¹ καὶ ἐτελεύτησεν τῷ ια´ ἔτει μηνὶ Τῦβι κ´ ² ἐτῶν ς´ μηνῶν δύο | ἡμερῶ΄ν η´ καὶ ἐτάρη τῷ ιβ´ ἔτει μηνὶ Ἀθὺρ ιβ´ ³.

1. Anno p. C. n. 120, die xxix mensis Octobris. — 2. Anno 127, die mensis Januarii xvi. — 3. Die mensis Novembris viii ejusdem anni.

1235. In valle Hamamât, prope lapicidinas veteres. — *C. I. Gr.*, add. 4716 d¹; Lepsius, *Denkmäler*, XII, tab. 97, n. 178.

Τὸ προσκύνημα | Ποπλίου Ἰουεντίου | Ἀγαθόποδος ¹ παρὰ | τῷ κυρίωι Πανὶ ², 5 καὶ | τῶν αὐτοῦ πάντων | ἔτους μγ´ Καίσαρος Φαμενὼθ | α´ ³.

1. Cf. n. 1236. — 2. De Pane deo lapicidinarum, cf. n. 1152. — 3. Anno p. C. n. 14, mense Februario, die xxv.

1236. In valle Hamamât. — *C. I. Gr.*, add. 4716 d²; Lepsius, *Denkmäler*, XII, tab. 100, n. 580-583; Dittenberger, *Orient. gr. insc. sel.*, 660.

Ἐπὶ Τεβερίου Καίσαρος Σεβαστοῦ¹, Ποπλίου | Ἰουεντίου Ῥούφου μεταλλ[ά]ρχη
Ζμαράκτου | καὶ Βασίου² καὶ Μαρκαρίτου³ καὶ λατόμων πάν|των τῆς Αἰγύπτου ·
5 Ποπλίου Ἰουεντίου || Ἀγαθόπους | ἀπελεύθερος | αὐτοῦ καὶ | προνοητὴς | πάντων⁴
ἔτους ε΄ | Τιβερίου Καί|σαρος Σεβαστοῦ | Φαῶρι ε΄⁵. | Τὸ προσκύ|νημα |
10-15 Ἀρυώθης | Φατρήους | γραμμα[τεύς. | Μέρσις ἀρχιτ]έκτων. || Τὸ προσκύ νημα
20 Μαμ|μόγαις Βα|ταίου στρα τιώτηι | σπίρης Νίγ|ρου, ἐπὶ τῷ | ἔργωι Ἰουεν|τίου.
25 Μέρσις ἀρ|χιτέ|κτων.

1. Supple : τὸ προσκύνημα. — 2. Ita traditur: Βάσσου, Franz; [Κ]ασίου, Letronne, Dittenberger. — 3. Praefectus metalli montium Zmaragdi (a smaragdis, Basii vel Casii, Margariti (a margaritis) et omnium lapicidarum. — 4. Debuit esse ἀπελευθέρου et προνοητοῦ. Intellige : P. Juventii Agathopodis liberti ejus et procuratoris; cf. titulum n. 1235. — 5. Die II mensis Octobris, anno 18 p. C. n.

1237. In valle Hamamât. — *C. I. Gr.*, add. 4716 d³; Lepsius, *Denkmäler*, XII, tab. 100, n. 576.

5 Τὸ προσκύνημα | Ἰουλίου στρατιώτου | καὶ Διδύματος | παρὰ θεῷ Πανὶ | ἔτι
εὐείλατος ἡ μεῖν¹, γέγονε | ἔτους ζ΄ Τιβερίου Καίσαρος | Φαρμοῦθι ιη΄².

1. YMEIN traditur. — 2. Φαρμοῦθι traditur. Anno p. C. n. 20, die XIII mensis Aprilis.

1238. In valle Hamamât. — *C. I. Gr.*, add. 4716 d⁴; Lepsius, *Denkmäler*, XII, tab. 100, n. 575.

Τὸ προσκύνημα | Ἀπολλώνιος Λογγίνου | ἔτους ιδ΄ Τιβερίου Καίσαρος Σεβασ-
τοῦ Ἐπὶρ κγ΄¹.

1. Traditur ΕΦΙΠ. Anno p. C. n., 27 die XVII mensis Julii.

1239. In valle Hamamât. — *C. I. Gr.*, add. 4716 d⁵; Lepsius, *Denkmäler*, XII, tab. 97, n. 502.

Τὸ προσκύνημα Ἱερωνύμου Σώρου | παρὰ θεῷ Πανὶ καὶ τοῖς συννάοις θεοῖς |
ἔτους ις΄ Τιβερίου Καίσαρος Σεβαστοῦ Ἐπεὶρ α΄¹.

1. Anno 29, mense Junio, die XXV.

1240. In valle Hamamât. — *C. I. Gr.*, add. 4716 d⁶.

Τὸ προσκύνημα Σιλέωμαις? Λονγίνου παρὰ | τῷ Πανὶ καὶ τοῖς συνν|άοις
θεοῖς ἔτους ιζ´ Τιβερί|ου Καίσαρος Σεβαστοῦ | Παῦνι ιζ´¹.

1. Anno p. C. n. 30, mensis Junii die xi.

1241. In valle Hamamât. — *C. I. Gr.*, add. 4716 d⁷; Lepsius, *Denkmäler*, XII, tab. 97,
n. 498.

5   Τὸ προσκύνημα | Μάρκου Λονγείνου | καὶ Γαίου Κορνηλίου | στρατιωτῶν | ἑκα-
τονταρχίας Ἐρεν|νίου ἔτους ια´ Νέρονος¹.

1. Anno p. C. n. 64.65.

1242. In valle Hamamât. — *C. I. Gr.*, add. 4716 d⁸; cf. Lepsius, *Denkmäler*, tab. 100,
n. 585 et tab. 97, n. 498.

5   Τὸ προσκύνημα | Καλάσιρις | Παχουμῆμις | L. Longinus¹ | ἔτους α´ Τίτου
Μεσουρή¹.

1. Anno p. C. n. 79, mense Augusto, probabiliter: nam Vespasianus mortuus est die
xxiii mensis Julii.

1243. In valle Hamamât. — *C. I. Gr.*, add. 4716 d⁹; Lepsius, *Denkmäler*, XII, tab. 100,
n. 568.

5   Τὸ προσκύνημα | Γαῖος Βένιος | Κέλερ χώρτης | πρώτης Φλα|ουίας
Κιλίκ|ων ἑκατονταρχίας Ἰουλί ου | ἐπὶ Δομ|ετιανοῦ Αὐτ|οκράτορος.

1244. In valle Hamamât. — *C. I. Gr.*, add. 4716 d¹⁰; Lepsius, *Denkmäler*, XII, tab. 97,
n. 482.

Τὸ προσκύνη|μα Κρονίου Σαραπᾶτος | καὶ Μουμμίου Ἀπολλωνίου | καὶ
5 Παχουμρῆτ Ψενγνούμις | καὶ Πετάλης καὶ Φιότς Ἱέραξ | παρὰ Πανὶ θεῷ μεγίσ-
τωι | ἔτους ε´ Δομιτιανοῦ τοῦ κυρίου | Παῦνι ι´¹.

1. Anno p. C. n. 91, die iv mensis Junii.

1245. In valle Hamamât. — *C. I. Gr.*, add. 4716 d¹³; Lepsius, *Denkmäler*, XII, tab. 97, n. 481.

Τὸ προσκύνημα Ἀπελλίωνος | στρατιώτου πρὸς | τὸν Πᾶνα κύριον.

1246. In valle Hamamât. — *C. I. Gr.*, add. 4716 d¹⁸; Lepsius, *Denkmäler*, XII, tab. 97, n. 483-485.

  Τὸ προσ|κύνημα | Γαίου Αὐρηλίου | Δήμου στρατιώτου | σκληρουρ|γοῦ
ὑδρευ|μάτων. | Τὸ προσ|κύνημα Ἰσιδώ|ρου Δήμου. Τὸ προσκύ|νημα Δήμου.
Τέκνα | αὐτοῦ οἱ δύο τοῦ προγεγρα(μμένου) | Δήμου στρατιώτου.

1247. In valle Hamamât. — *C. I. Gr.*, add. 4716 d³⁹.

  Τὸ προσκύ|νημα | Πτολεμ|αίου στρ|α τ|ιώτης | κεντ υρ|ία|ς Φαβίου.

1248. In valle Foakhir. — *C. I. Gr.*, add. 4716 d⁴⁸.

  Ἐ ἔτους Γαίου ¹ | κασμαζετρρισ | Παῆς Ἁρπαῆκις Ἁρπῆκις Παῆς | Ἁρπῆ-
κης Παῆς | Παῆς Εὐεκ ...

1. Anno p. C. n. 40 aut 41.

1249. In valle Foakhir. — *C. I. Gr.*, add. 4716 d⁴⁷.

Τὸ προσκ ύνημα] | Γαβινίου Θ]αίμου ¹ | στρατιώτ[ο υ καὶ τῶ|ν αὐτοῦ π[άν -
των || σπε ί ρης Φακού ν δου κεν τυρ ί ας Κα π ί τωνος.

1. Traditur ΕΑΙΜΟΥ. [Κ]α[τ:ί]λου pro Κατλίου, Franz. Nomen Θαῖμος in Syria et Arabia
non semel inventus est. Cf. hujus operis volumen tertium in indicibus, p. 554.

1250. In valle Foakhir. — *C. I. Gr.*, add. 4716 d⁴⁹.

  Λούκειος | Καικείλιος | Σωκρά|της σπί|ρης Μά|ρκου Φρώ|ρου ¹ κεν|τυρεία|ς
Μομ|μίου.

1. Ita traditur pro Φλώρου.

1251. In valle Foakhir. — *C. I. Gr.*, add. 4716 d⁵⁶.

Τὸ προσκύνημα Κλημεντείνου | δεκανοῦ ¹.

1. Decurio alarius.

1252. In valle Foakhir. — *C. I. Gr.*, add. 4716 d⁵⁷.

Τὸ προσκύνημα Λονγίνου ἱππέος | καὶ τοῦ ἱππιάτρου ¹.

1. Veterinarius.

1253. In valle Foakhir. — *C. I. Gr.*, add. 4716 d⁵⁸.

Τὸ προσκύνημα Μάρκου | Μονίμου εἱππέος.

1254. In monte Claudiano. — *C. I. Gr.*, 4713 e; Milne, *Musée du Caire, gr. inscr.*, p. 34, n. 9277. Ectypum habuimus.

Διὶ Ἡλίῳ μεγάλῳ | Σαράπιδι | ὑπὲρ τῆς τοῦ κυρίου | Καίσαρος Τραιανοῦ |
5 τύχης ἐπὶ Ἐγκολπίῳ | ἐπιτρόπῳ ¹ καὶ Κουίντῳ | Ἀκκίῳ Ὀπτάτῳ ἑκατοντάρχῳ ²,
10 Ἀπολλώ|νιος Ἀμμωνίου Ἀλεξ|ανδρεὺς ἀρχιτέκτων | ἀνέθηκεν ὑπὲρ τῆς σωτη|-
ρίας αὐτοῦ πάντων ἔργων.

Titulum Alexandreae inventum esse asserit Neroutsos, non recte, ut videtur; cf. Milne,
loc. cit.

1. Procurator metallorum; cf. titulum sequentem. — 2. Centurio praepositus operi;
cf. eumdem titulum.

1255. In monte Claudiano. — *C. I. Gr.*, 4713 f; Dittenberger. *Orient. gr. insc. sel.*, II, 678.

Ὑπὲρ σωτηρίας καὶ αἰωνίου νίκης Αὐτοκράτορος Καίσαρος Τραιανοῦ Ἀδριανοῦ
Σεβαστοῦ καὶ τοῦ σύμπαντος αὐτοῦ οἴκου | καὶ τῆς τῶν ὑπ᾽ αὐτοῦ ἐπιταγέντων
ἔργων ἐπιτυχίας | Διὶ Ἡλίωι μεγάλωι Σαράπιδι καὶ τοῖς συννάοις θεοῖς τὸν ναὸν
καὶ τὰ περὶ τὸν ναὸν πάντα | Ἐπαφρόδειτος δοῦλος Σειγηριανός ¹ μισθωτῆς τῶν
5 μετάλλων κατασκεύασεν ² | ἐπὶ Ῥαμμίωι Μαρτιάλι ἐπάρχωι Αἰγύπτου ³, ἐπι-

τρόπου τῶν μετάλλων Χρησίμου Σεβαστοῦ ἀπελευθέρου, | ὄντος πρὸς τοῖς τοῦ Κλαυδιανοῦ ἔργοις Ἀουίτου ἑκατοντάρχου ⁴ σπείρης πρώτης Φλαουίας Κιλίκων ἱππικῆς ⁵, ἔτους β´ Αὐτοκράτορος Καίσαρος Τραιανοῦ Ἀδριανοῦ, Φαρμοῦθι κη´ ⁶.

1. Cf. n. 1256, in quo idem servus audit : Ἐπαφρόδιτος Καίσαρος Σεγηριανός. Non sumere debes eumdem fuisse ac celeberrimum illum Epaphroditum a Domitiano occisum. De cognomine Σεγηριανῷ a Σιγηρῷ, latine *Tacito*, repetitum, cf. Letronne, Recueil I, p. 153, sqq. Quem Sigerum, priorem Epaphroditi dominum, habet vir ille doctus pro Domitiani percussore. — 2. Ita lapis. — 3. Cf. Cantarelli, *Prefetti di Egitto*, p. 45. — 4. Centurionem operi marmorum Montis Claudiani praepositum esse notum est (*C. I. L.*, III, 25. — 5. De cohorte I Flavia Cilicum cf. Pauly-Wissowa, *Realencyclopädie*, IV, p. 269. — 6. Anno p. C. n. 118, mensis Aprilis die XXIII.

1256. In monte Claudiano. — *C. I. Gr.*, 4713.

Ὑπὲρ σωτηρίας καὶ αἰωνίου νίκης τοῦ κυρίου ἡμῶν Αὐτοκράτορος Καίσαρος Τραιανοῦ Ἀδριανοῦ | Σεβαστοῦ καὶ τοῦ παντὸς οἴκου Διὶ Ἡλίῳ μεγάλωι Σαράπιδι καὶ τοῖς συννάοις θεοῖς τὸν ναὸν καὶ τὰ περὶ τὸν ναὸν | Ἐπαφρόδιτος Καίσαρος Σειγηριανὸς, ἐπὶ Ῥαμμίῳ Μαρτιάλι ἐπάρχωι Αἰγύπτου, Μάρκου Οὐλπίου Χρησίμου ἐπιτροπεύον|τος τῶν μετάλλων, ἐπὶ ἑκατοντάρχου Προκυληγιανοῦ...

Cf. titulum supparem n. 1255.

1257. In monte Claudiano. — De Ricci, *Archiv für Pap.*, II, p. 441, n. 52.

Ὑπὲρ σωτηρ[ίας καὶ νίκης] | Αὐτοκράτορ[ος Καίσαρος] | Τραιανοῦ Ἀ[δριανοῦ.....

1258. In monte Claudiano. — *C. I. Gr.*, 4713 b.

...εο... ανωκααιοιωδτις ¹ | Εἰσιδι μυριω|νύμῳ Φάν|ιος Σευῆρο|ς ἑκατοντάρχος ἀνέθηκεν | ἔτους κβ´ Ἀδριανοῦ τοῦ κυρίου Σ[ε]βαστο]ῦ ².

1. « Videndum ne subsit Τραι]ανῶ[ι Δ]κ[κκ]ῶ[ι] » Franz. — 2. Anno 137/138 p. C. n.

1259. In monte Claudiano. — *C. I. Gr.*, 4713 c : *C. I. L.*, III, 24.

In latere sinistro :

A. Fons felicissimus | Traianus Dacicus [1].

In antica :

B. An. XII [2] Imp. Nerua Traiano | Caesare Aug. Germanico | Dacico, per
5 Sulpicium Simi[le]^um | praef. Aeg.

In latere dextro :

C. Τόρευμα εὐτυχέστατον | Τραιανὸν Δακικόν.

In plinthis :

D. Ἄμμωνις Κησωνίου Μαλλίτης.

1. Nomen stationis ad montem Claudianum sitae. — 2. Anno p. C. n. 108·109. —
3. Cf. supra n. 1148, not. 4.

1260. In monte Claudiano. — *C. I. Gr.*, 4713 d.

Ἐπὶ Οὐαλουεννίωι [1] | Πρείσκωι ἑκατοντάρχω λεγε(ῶνος) κβ' [2] | διὰ Ἡρα-
κλείδου ἀρχιτέκ[τονος...

1. Gentilicium Valvennius notum est (*C. I. L.*, IX, 896, 2420). — 2. Legio XXII Dejotariana quae tendebat in Aegypto.

1261. Lagita (inter Qosseir et Qeneh). — Euting, *Sitzungsber. der Berl. Akad.*, 1887,
p. 419.

....Τιβερίου Κλαυδί[ου] | Αὐτοκράτορος Πανὶ τῷ θεῷ.... μεος προστάτης.

1262. Girgeh, in oppido Oasis magnae. — *C. I. Gr.*, 4956 ; Dittenberger, *Orient. gr.
insc. sel.*, II, 665.

I. Ποσιδώνιος στρατηγός [1] · | τῆς πεμφθείσης μοι ὑπὸ τοῦ κυρίου ἡγεμόνος |
ἐπιστολῆς σὺν τῶι ὑποτεταγμένωι προστάγ|ματι τὰ ἀντίγραφα ὑμεῖν ὑποτέταχα,
5 ἵν' εἰδ[ῆ|τες] αὐτὰ καὶ [εὐπ]ειθῆτε καὶ μηδὲν ὑπεναντίον τοῖς προσ|[τεταγμένο]ις

ποιῆ|τε] · ἐπὶ ἔτο[υς] ἐνάτου Τιβερίου Κλαυδίου Καίσαρος | [Σεβαστοῦ Γερ-
μανι]κοῦ Αὐτοκράτορος Μεχεὶρ ζ΄ ².

II. Γν(αῖος) Οὐεργίλιος Κ]απίτων ³ Ποσειδωνίωι, στρατηγῶι Ὄασε ως |
10 Θηβαΐδος, χαίρειν · ὃ ἐπὶ] τῆς πόλεως ⁴ προέθηκα διάταγμα, | τούτου ἀντί-
γραφον ἔπεμψά σοι]. Βούλομαι οὖν σ]ε ἐν | τάχει ἔν τε τῆι μητροπόλει
τοῦ νομοῦ καὶ καθ' ἕ κ]αστον τόπο ν ⁵ αὐτὸ προθεῖναι σαφέσι καὶ εὐσήμοις |
[γράμμασιν, ἵνα [παν]τὶ [ἔκ]δηλα γένηται τὰ ὑπ' ἐμοῦ [σταθέντα].

15 III. Γναῖος Οὐ]εργί λιος Κ απίτων λέγει · || καὶ πάλαι μὲν ἤκουόν τινας
δαπάνας ἀδίκους καὶ παραλογισ]θεί σ ας ὑπὸ τῶν πλεονεκτικῶς καὶ ἀναιδῶς
ταῖς ἐξουσίαις ἀπο]χρωμένων γείνεσθαι, καὶ νῦν δὲ ἐν τῆ τῶν Λιβύων μάλιστα |
ἔγνων ὑποθέσει ⁶, ὅτι ἀναλίσκεταί τινα ἁρπαζόντων ἀδε]ῶς τῶν ἐπὶ ταῖς χρείαις ⁷
20 ὡς ὑποκείμενα εἰς δαπάνας | καὶ ξένια ἑ'αυτῶν ˣ τὰ μήτε ὄντα μήτε ὀφεί-
λοντα εἶναι, | ὁμοίως δὲ καὶ ἀνγαρειῶν ⁹ ὀνόματι. Διὸ κελεύω<ι> τοὺς |
διοδεύοντας διὰ τῶν νομῶν στρατιώτας καὶ ἱππεῖς καὶ | στάτορας ¹⁰ καὶ ἑκατον-
τάρχας καὶ χειλιάρχους καὶ τοὺς (λοι|ποὺς ἅπαντας μηδὲν λαμβάνειν μηδὲ
25 ἀνγαρεύειν εἰ μή | τινες ἐμὰ διπλώματα ¹¹ ἔχουσιν · καὶ τούτους δὲ στέγηι μόνον
δὲ|χεσθαι τοὺς διεργομένους, ὑποκείμενόν τε μηδένα μηδὲν πράτ|τειν ἔξω τῶν
ὑπὸ Μαξίμου ¹² σταθέντων · ἐὰν δὲ τις δῶι ἢ ὡς δε|δομένον λογίσηται καὶ
εἰσπράξηι δημοσία, τοῦτον τὸ δεκαπλοῦν | ἐγὼ<ι> ἐκπράξω<ι> οὗ αὐτὸς
30 ἔπραξεν τὸν νομόν, καὶ τῶι μηνύσαντι | τὸ τετραπλάσιον μέρος δώσω<ι> ἐκ
τῆς τοῦ κατακριθέντος οὐσίας. | Ο ι μὲν οὖν β ασιλικοὶ γραμματεῖς καὶ κωμο-
γραμματεῖς καὶ τοπογραμ[ματ]εῖς κατὰ νομὸν πάντα ὅσα δαπανᾶται ἐκ τοῦ
νομοῦ. εἴ τινα | πέπρακται παραλόγως ἢ ἄλλο τι ἀναγραφ[έσ]θωσαν καὶ ἐ'ν
ἡμέραις] | ἑξήκοντα ἐπιδότωσαν, οἱ δ' ἐ'ν τὸς Θηβαΐδος διὰ τετραμήνου, [εἰς
35 τὰ | λογιστήρια καὶ πρὸς Βασιλείδην τὸν Καίσαρος ἀπελεύθερον τὰ ἐξ ἑκάσ|του
λογιστηρίου, καὶ τοὺς ἐκλογιστὰς πεμπέτωσαν, ἵν' ἐάν τι παρὰ τὸ δί καιον λελο-
γευμένον ἢ πεπραγμένον ἢ, τοῦτο διορθώσομαι · ὁμοίως | δ ε] βούλομαι
40 δηλοῦσθαι................ | σ εἶ τος ἢ ἀργύριον δι...............|μησιν σκεπα-
στικοῦ........... | πρῶτον ἀκούσας ε........... | παρὰ τὴν τοῦ κυρίου........ |
45 ἐτόλμησαν τῆς σκέ ψεως...............]|πῆς τι λαμβανε............ πολ]λάκις
παρά τε............|σαντος γνώ[μην........... ἀ]|πογραφήν....... | στρατηγῶι
50 γ[....... ἑ]|ξήκοντα εἰς...............]ρου πρὸς τ[..... ἀναγραφέ]|σθωσαν [.....
πέμ]|πειν πᾶσι........... | καὶ τὰ ἄ[λλα...........] | καὶ τοῖς στρα τηγοῖς.......
55 ἀνε |πηρεάστω[ς...............] | ἤδη προλέγω...........| των, εἰ καὶ.......|ιν οἱ

60 τότε ἀκούσαν[τες.......... ἀναγρα.||ρέσθωσαν τὰ .... ἐδ |εσμάτων...... |
πολιτῶν ι..........|σύν μοι μετα|.......... γράμμα 'τα ἔγραψα πρὸς τοὺς
65 ε[..... ἐν τῇ μ[ι]ητροπόλει τοῦ ὅλου νομοῦ ῇ .... | ℵια..εὐχετης, ὧ' ἔξῃ·
τῶι βουλομέν[ωι ...... ἐλέγχειν .... | τ.οὺς ψευσαμένους · κελεύω δὲ
..........|..... τὰς τῶν νομῶι τῶν ....|... ἐδ'ἠλωσαν. Ἀναγκαίω ς
10 [οὖν] κελεύω ....|...μω (προ|σπέμπειν μο(ί) τι καὶ .... |ἐστασίασαν
καὶ τῆς ...[δι]δόναι εἰς διαλογισμὸν ....|... αὐτῶν εἶναι φανερόν.......... |
5 ἐν τῶι λογιστηρίωι...... | τὰ ἐν ἰδίωι λόγωι .... | ἔθους προσ-
τε ταγμέν..........]| Καί(σ)αρ(ος) Σε(β) αστοῦ | Χ (ο) ἰ α κ) _ ιχ' 12.

Diversas lectiones et quae corrigenda proposuerunt ii qui titulum ediderunt consulto
omisimus. Cf. Dittenberger, loc. cit., quem sequimur.

1. Sc. Oasis Thebaïdos. — Anno p. C. n. 49, kalendis Februariis. — 3. De eo viro
cf. Prosop. imp. rom., III, p. 401, n. 276 et Cantarelli, Prefetti di Egitto, p. 28. — 4. « Praefectus ipse Alexandriae publici juris fecit edictum ; deinde idem ad strategos nomorum
transmisit ut in suo quisque nomo proponendum curaret. » Dittenberger. — 5. Locus,
nomi pars, quae ipsa in vicos divisa erat. — 6. Petitio, qua queruntur aut accusant
incolae. — 7. Qui negotia publica gerunt. — 8. Intellige ea quae magistratibus iter
facientibus ab incolis praestari debent. Cf. Wilcken, Griech. Ostr., I, p. 389. — 9. Angariae,
onus jumenta praebendi ad cursum publicum; cf. praesertim Rostowtsew, Klio, 1906,
p. 249 et suiv. — 10. Statores qui in stationibus excubant ad securitatem viarum aut
vectigalia deputati. Cf. von Domaszewski, Röm. Mittheil., 1902, p. 330 et seq., et
Wilcken, Griech. Ostr., I, p. 294. — 11. Diplomata, litterae quas qui acceperat instru-
menta itineris et adjumenta ab incolis exigere ei licebat. Cf. G. Humbert, apud Saglio,
Dict. des Antiquités, I, p. 1652 et seq. et Hirschfeld, Verwaltungsbeamt. [ed. II , p. 198.
— 12. M. Magius Maximus, praefectus Aegypti imperante Augusto Cantarelli, Prefetti
di Egitto, p. 21]. — 12. Die VII mensis Decembris, anno p. C. n. 48. Dies et annus
non satis certe traduntur.

1263. In oppido Girgeh. — C. I. Gr., add., 4957; Dittenberger, Orient. gr. insc.
sel., 669.

I. Ἰούλιος Δημήτριος, στρατηγὸς Ὀάσεως Θηβαΐδος · τοῦ πεμφθέντος μοι δια-
τάγματος ὑπὸ τοῦ κυρίου ἡγεμόνος | Τιβερίου Ἰουλίου Ἀλεξάνδρου ¹ τὸ ἀντίγρα-
φον ὑμεῖν ὑπέταξα, ἵν' εἰδότες ἀπολαύητε τῶν εὐεργετιῶν. Ἔτους β' Λουκίου
Λιβίου Σεβαστοῦ Σουλπικίου | Γάλβα αὐτοκράτορος Φαῶφι α' Ἰουλίᾳ Σεβαστῇ ².

II. Τιβέριος Ἰούλιος Ἀλέξανδρος λέγει · πᾶσαν πρόνοιαν ποιούμενος τοῦ δια-
μένειν τῷ προσήκοντι κα|ταστήματι τὴν πόλιν ³ ἀπολαύουσαν τῶν εὐεργετιῶν ἃς

T. I

28

ἔχει παρὰ τῶν Σεβαστῶν καὶ τοῦ τὴν Αἴγυπτον ἐν εὐσταθείᾳ διάγουσαν εὐθύμως
5 ὑπηρετεῖν τῇ τε εὐθηνίᾳ καὶ τῇ μεγίσ|τῃ τῶν νῦν καιρῶν εὐδαιμονίᾳ μὴ<ι>
βαρυνομένην καιναῖς καὶ ἀδίκοις εἰσπράξεσι · σχεδὸν δὲ ἐξ οὗ τῆς πόλεως ἐπέβην
καταβοώμενος ὑπὸ τῶν ἐντυγχανόντων καὶ κατ᾽ ὀλίγους καὶ κα|τὰ πλήθη<ι>
τῶν τε ἐνθάδε εὐσχημονεστάτων καὶ τῶν γεωργούντων τὴν χώραν μεμφομένων
τὰς ἔγγιστα γενομένας ἐπηρείας, οὐ διέλιπον μὲν κατὰ τὴν ἐμαυτοῦ δύναμιν τὰ
ἐπείγοντα | ἐπανορθούμενος · ἵνα δὲ εὐθυμότεροι πάντα ἐλπίζητε παρὰ τοῦ ἐπι-
λάμψαντος ἡμεῖν ἐπὶ σωτηρίᾳ τοῦ παντὸς ἀνθρώπων γένους εὐεργέτου Σεβαστοῦ
Αὐτοκράτορος Γάλβα τά τε πρὸς σωτηρίαν | καὶ τὰ πρὸς ἀπόλαυσιν, καὶ γινώσ-
κητε ὅτι ἐφρόντισα τῶν πρὸς τὴν ὑμετέραν βοήθειαν ἀνηκόντων, προέγραψα
ἀναγκαίως περὶ ἑκάστου τῶν ἐπιζητουμένων, ὅσα ἔξεστί μοι κρεί|νειν καὶ ποιεῖν,
τὰ δὲ μείζονα καὶ δεόμενα ' τῆς τοῦ αὐτοκράτορος δυνάμεως καὶ μεγαλειότητος
αὐτῶι δηλώσω<ι> μετὰ πάσης ἀληθείας, τῶν θεῶν ταμιευσαμένων εἰς τοῦτον
10 τὸν | ἱερώτατον καιρὸν τὴν τῆς οἰκουμένης ἀσφάλειαν · — ἔγνων γὰρ πρὸ
παντὸς εὐλογωτάτην οὖσαν τὴν ἔντευξιν ὑμῶν ὑπὲρ τοῦ μὴ<ι> ἄκοντας
ἀνθρώπους εἰς τελωνείας ἢ<ι> ἄλ|λας μισθώσεις οὐσιακὰς ' παρὰ τὸ κοινὸν
|ἔ|θος τῶν ἐπαρχειῶν πρὸς βίαν ἄγεσθαι ᾽, καὶ ὅτι οὐκ ὀλί|γω ͅι ἔβλαψε τὰ
πράγματα τὸ πολλοὺς ἀπείρους ὄντας τῆς τοιαύ|της πραγματείας ἀχθῆναι μετ᾽
ἀνάγκης ἐπιβληθέντων αὐτοῖς τῶν τελῶν. Διόπερ καὶ αὐτὸς οὔτε ἤγαγόν τινα
εἰς τελωνείαν ἢ<ι> μίσθωσιν οὔτε ἄξω<ι> ᾽, εἰδὼς τοῦτο | συμφέρειν καὶ
ταῖς κυριακαῖς ψήφοις ᾽ τὸ μετὰ προθυμίας ἑκόντας πραγματεύεσθαι τοὺς δυνα-
τούς. Πέπεισμαι δὲ ὅτι οὐδ᾽ εἰς τὸ μέλλον ἄκοντάς τις ἄξει τελώνας | ἢ<ι>
μισθωτάς, ἀλλὰ διαμισθώσει τοῖς βουλομένοις ἑκουσίως προ(σ)έρχεσθαι ᾽ μᾶλ-
λον τὴν τῶν προτέρων ἐπάρχων αἰώνιον συνήθειαν φυλάσσων ἢ<ι> τὴν πρόσ-
15 καιρόν τινος ἀδικίαν | μεμιμησάμενος. Ἐπειδὴ<ι> ἔνιοι προφάσει τῶν δημοσίων
καὶ ἀλλότρια δάνεια παραχωρούμενοι ᾽⁰ εἰς τε τὸ πρακτόρειόν ᾽᾽ τινας παρέδοσαν
καὶ εἰς ἄλλας φυλακάς, ἃς καὶ δι᾽ αὐτὸ τοῦτο | ἔγνων ἀναιρεθείσας ᾽², ἵνα αἱ
πράξεις τῶν δανείων ἐκ τῶν ὑπαρχόντων ὦσι καὶ μὴ<ι> ἐκ τῶν σωμάτων, ἑπό-
μενος τῇ τοῦ Θεοῦ Σεβαστοῦ ᾽³ βουλήσει, κελεύω<ι> μηδένα τῇ τῶν δημοσίων
προφάσει παραχωρεῖσθαι παρ᾽ ἄλλων δάνεια ἃ μὴ<ι> αὐτὸς ἐξ ἀρχῆς ἐδάνεισεν
μη<ι>δ᾽ ὅλως καταλείεσθαί τινας ἐλευθέρους εἰς φυλακὴν ἡντινοῦν, εἰ μὴ<ι>
κακοῦργον, μηδ᾽ εἰς τὸ πρακ|τόρειον, ἔξω<ι> τῶν ὀφειλόντων εἰς τὸν κυριακὸν
λόγον ᾽⁴. Ἵνα δὲ μη<ι> δαμόθεν βαρύνηι τὰς πρὸς ἀλλήλους συναλλαγὰς τὸ
τῶν δημοσίων ὄνομα μηδὲ συν ἐχ ω σ ι ᾽⁵ τὴν κοινὴν πίστιν | οἱ τῇ πρωτοπραξίᾳ ᾽⁶

πρὸς ἃ μή <ι> δεῖ καταγράφομενοι, καὶ περὶ ταύτης ἀναγκαίως προέγραψα · ἐδη-
λώθη <ι> γάρ μοι πολλάκις ὅτι ἤδη <ι> τινὲς καὶ ὑποθήκας ἐπείρασαν ἀφελέσθαι
20 νομίμως | γεγονυίας καὶ ἀποδεδομένα δάνεια παρὰ τῶν ἀπολαβόντων ἀναπράττειν
πρὸς βίαν καὶ ἀγορασμοὺς ἀνὰ ὃ ἄστους [17] ποιεῖν ἀποσπῶντες τὰ κτήματα τῶν
ὠνησαμένων ὡς | συμβεβληκότων τισὶν ἀναβολικὰ [18] εἰληφότι ἐκ τοῦ φίσκου
ἢ <ι> στρατηγοῖς ἢ <ι> πραγματικοῖς ἢ <ι> ἄλλοις τῶν προσωφειληκότων τῶι
δημοσίωι λόγωι [19]. Κελεύω <ι> οὖν, ὅστις | ἂν ἐνθάδε ἐπίτροπος τοῦ κυρίου ἢ <ι>
οἰκονόμος ὕποπτόν τινα ἔχηι τῶν ἐν τοῖς δημοσίοις πράγμασιν ὄντων, κατέγεσθαι
αὐτοῦ τὸ ὄνομα ἢ <ι> προγράφειν, ἵν᾽ ἂ μηδ|εὶς τῶι τοιούτωι συνβάλληι, | ἢ <ι>
μέρη <ι> [20] τῶν ὑπαρχόντων αὐτοῦ κατέχειν ἐν τοῖς δημοσίοις γραμματοφυλακίοις [21] πρὸς ὀφείλημα. Ἐὰν δέ τις μήτε ὀνόματος κατεσχημένου μήτε τῶν ὑπαρ-
χόντων κρατου|μένων δανείσηι νομίμως λαβὼν ὑποθήκην ἢ <ι> φθάσῃ ἃ εἰλή-
νει ἣσεν κομίσασθαι ἢ <ι> καὶ ὠνήσηταί τι, μὴ <ι> κατεχομένου τοῦ ὀνόματος
25 μηδὲ τοῦ ὑπάρχοντος, οὐδὲν πρᾶγμα ἕξει. | Τὰς μὲν γὰρ προῖκας ἀλλοτρίας οὔσας
καὶ οὐ τῶν εἰληφότων ἀνδρῶν καὶ ὁ Θεὸς Σεβαστὸς ἐκέλευσεν καὶ οἱ ἔπαρχοι ἐκ τοῦ
φίσκου ταῖς γυναιξὶ ἀποδίδοσθαι, ὧν βεβαίαν δεῖ | τὴν πρωτοπραξίαν [22] φυλάσσειν.
Ἐπετεύχθην δὲ καὶ περὶ τῶν ἀτελειῶν καὶ κουροτελειῶν, ἐν αἷς ἐστιν καὶ τὰ προ-
σοδικὰ [23], ἀξιούντων αὐτὰς φυλαχθῆναι, ὡς ὁ Θεὸς Κλαύδιος | ἔγραψεν Ποστόμωι [24]
ἀπολύων, καὶ λεγόντων ὕστερον κατακεκρίσθαι τὰ ὑπὸ ἰδιωτῶν πραχθέντα ἐν τῶι
μέσωι χρόνωι μετὰ τὸ Φλάκκον [25] κατακρεῖναι καὶ πρὸ τοῦ τὸν Θεὸν | Κλαύδιον
ἀπολῦσαι. Ἐπεὶ οὖν καὶ Βάλβιλλος [26] καὶ Οὐηστεῖνος [27] ταῦτα ἀπέλυσαν ἀμφοτέ-
ρων τῶν ἐπάρχων ἐπικρίματα φυλάσσω <ι> καὶ ἐκείνων κατηκολουθηκότων τῆι |
τοῦ Θεοῦ Κλαυδίου χάριτι, ὥστε ἀπολελύσθαι τὰ μηδέπω <ι> ἐξ αὐτῶν εἰσπραχθέντα, δηλονότι εἰς τὸ λοιπὸν τηρουμένης αὐταῖς τῆς ἀτελείας καὶ κουροτελείας.
30 Ὑπὲρ δὲ | τῶν ἐκ τοῦ Καίσαρος λόγου [28] πρα <γ> θέντων [29] ἐν τῶι μέσωι χρό-
νωι, περὶ ὧν ἐκφόρια [30] κατεκρίθη <ι>, ὡς Οὐηστεῖνος ἐκέλευσεν τὰ καθήκοντα
τελεῖσθαι [31], καὶ αὐτὸς ἵστημι, ἀπολελυκὼς τὰ μηδέπω <ι> εἰσπραχθέντα καὶ
πρὸς τὸ μέλλον μένειν αὐτὰ ἐπὶ τοῖς καθήκουσι · ἄδικον γάρ ἐστιν τοὺς ὠνησα-
μένους κτή|ματα καὶ τιμὰς αὐτῶν ἀποδόντας ὡς δημοσίους γεωργοὺς ἐκφόρια
ἀπαιτεῖσθαι τῶν ἰδίων ἐδαφῶν [32]. Ἀκόλουθον δέ ἐστιν ταῖς τῶν Σεβαστῶν |
χάρισι καὶ τὸ τοὺς εὐγενεῖς Ἀλεξανδρεῖς καὶ ἐν τῆι χώ ρα [33] διὰ φιλεργίαν κατοι-
κοῦντας εἰς μηδεμίαν λειτουργίαν ἄγεσθαι, ὃ ὑμεῖς | πολλάκις μὲν ἐπεζητήσατε,
καὐτὸς δὲ φυλάσσω <ι>, ὥστε μηδένα τῶν εὐγενῶν Ἀλεξανδρέων εἰς λειτουργίας
35 χωρικὰς [34] ἄγεσθαι. Μελήσει δὲ | μοι καὶ τὰς στρατηγίας μετὰ διαλογισμὸν [35]

πρὸ, τριετίαν ἐνγ(ε)ιρίζειν τοῖς καταστα θη,σομένοις. Καθόλου δὲ κελεύω<ι>,
ὁσάκις ἔπαρχος ἐπ᾿ αὐτὸν ἀχθέντα ἔρθα|σεν κρείνας ἀπολῦσαι, μηκέτι εἰς
διαλογισμὸν ἄγεσθαι ³⁶. Ἐὰν δὲ καὶ δύο ἔπαρχοι τὸ αὐτὸ περρονηκότες ὦσι, καὶ
κολαστέος ἐστὶν ὁ ἐγλογιστής ³⁷ ὁ τὰ αὐτὰ εἰς διαλογισμὸν | ἄγων, ἧι ³⁸ μηδὲν
ἄλλο ποιῶν πλὴν ἀργυρισμοῦ πρόφασιν καταλείπων ἑαυτῶι καὶ τοῖς ἄλλοις πραγ-
ματικοῖς · πολλοὶ οὖν ἠξίωσαν ἐκστῆναι μᾶλλον τῶν ἰδίων κτημάτων ὡς | πλεῖον
τῆς τιμῆς αὐτῶν ἀνηλωκότες διὰ τὸ καθ᾿ ἕκαστον διαλογισμὸν τὰ αὐτὰ πράγματα
εἰς κρίσιν ἄγεσθαι. Τὸ δ᾿ αὐτὸ καὶ περὶ τῶν ἐν ἰδίωι λόγωι ³⁹ πραγμάτων ἀγομέ-
νων ἵστημι, ὥσ|τε εἴ τι κριθὲν ἀπελύθη<ι> ἢ<ι> ἀπολυθήσεται ὑπὸ τοῦ πρὸς
τῶι ἰδίωι λόγωι τεταγμένου ⁴⁰, μηκέτι ἐξεῖναι τούτωι εἰσαγγέλλειν κατηγόρωι
40 μηδὲ εἰς κρίσιν ἄγεσθαι, ἢ<ι> ὁ τοῦτο ποιήσας ἀπαραιτή|τως ζημιωθήσεται.
Οὐδὲν γὰρ ἔσται πέρας τῶν συκοφαντημάτων, ἐὰν τὰ ἀπολελυμένα ἄγηται ἕως
τις αὐτὰ κατακρείνηι. Ἤδη<ι> δὲ τῆς πόλεως σχεδὸν ἀοικήτου γενομένης διὰ
τὸ | πλῆθος τῶν συκοφαντῶν καὶ πάσης οἰκίας συνταρασσομένης ⁴¹ ἀναγκαίως
κελεύω<ι>, ἐὰν μέν τις τῶν ἐν ἰδίωι λόγωι κατηγόρων ὡς ἑτέρωι συνηγορῶν
εἰσάγηι ὑπόθεσιν ⁴², παρίστασθαι ὑπ᾿ | αὐτοῦ τὸν προσαγγείλαντα, ἵνα μηδὲ ἐκεῖνος
ἀκίνδυνος ἦι. Ἐὰν δὲ ἰδίωι ὀνόματι ⁴³ κατενεγκὼν τρεῖς ὑποθέσεις μὴ<ι> ἀπο-
δείξηι, μηκέτι ἐξεῖναι αὐτῶι κατηγορεῖν, ἀλλὰ τὸ ἥμισυ αὐτοῦ | τῆς οὐσίας ἀνα-
λαμβάνεσθαι. Ἀδικώτατον γάρ ἐστιν πολλοῖς ἐπάγοντα κινδύνους ὑπὲρ οὐσιῶν καὶ
τῆς ἐπιτιμίας αὐτὸν διὰ παντὸς ἀνεύθυνον εἶναι · καὶ καθόλου δὲ ἐ[π]ι|κελεύσομαι ⁴⁴
τὸν γνώμονα τοῦ ἰδίου λόγου ἀεὶ ⁴⁵ τὰ καινοποιηθέντα παρὰ τὰς τῶν Σεβαστῶν
45 χάριτας ἐπανορθῶσαι, περὶ οὗ προγράψω, ἵνα πᾶσιν φανερὸν ἦι, ὅτι τοὺς ⁴⁶ ἐ|ρ,δει-
χθέντας συκοφάντας ὡς ἔδει ἐτιμωρησάμην. Οὐκ ἀγνοῶ<ι> δ᾿ ὅτι πολλὴν πρόνοιαν ποιεῖσθε καὶ τοῦ τὴν Αἴγυπτον ἐν εὐσταθείᾳ δια[μένειν], ἐξ ἧς [ἅς εἰς τὸν βίον
ἅπαντα] | χορηγίας ἔχετε, ὅσα οἷόν τε ἦν ἐπηνωρθωσάμην. Ἐνέτυχον γάρ μοι
πολλάκις οἱ καθ᾿ ὅλην τὴν χώραν γεωργοῦντες καὶ ἐδήλωσαν ὅτι πολλὰ καινῶς
κατεκρίθησα ,ν, καίπερ δῆλον ὂν ὅσα δεῖ | φέρειν ⁴⁷ τελέσματα σιτικὰ καὶ ἀργυρικά,
καὶ οὐκ ἐξὸν τοῖς βουλομένοις εὐχερῶς καθολικόν τι καινίζειν. Ταῦτα δὲ καὶ τὰ
τοιαῦτα κατακρίματα οὐκ ἐπὶ τὴν Θηβαΐδα μόνην εὗρον ἐκτεινόμενα | οὐ]δὲ ἐπὶ
τοὺς πόρρω<ι> νομοὺς τῆς κάτω<ι> χώρας, ἀλλὰ καὶ τὰ προάστια τῆς πόλεως
ἔφθασεν τήν τε Ἀλεξανδρέων καλουμένην χώραν ⁴⁸ καὶ τὸν Μαρεώτην ⁴⁹ [λαβεῖν.
Διὸ κελεύω ⁵⁰ | τοῖς κατὰ νομὸν στρατηγοῖς ἵνα εἴ τινα καινῶς τῆι ἔγγιστα πεν-
ταετίᾳ ⁵¹ τὰ μὴ<ι> πρότερον τελούμενα καθολικῶς ἢ<ι> πληθικῶς νομῶν
50 ἢ<ι> τοπαρ χιῶν ἢ κωμῶν ..... | κα τεκρίθη<ι>, ταῦτα εἰς τὴν προτέραν τάξιν

ἀποκαταστήσωσιν, παρέντες αὐτῶν τὴν ἀπαίτησιν ⁵¹, ἃ καὶ ἐπὶ τὸν διαλογισμὸν
ἀχθέντα ἐκ τῶν [......ἐξαιρεθήτω. | Ἐξῆς ατα δ᾽ ἔτι καὶ πρότερον καὶ τὴν
ἄμετρον ἐξουσίαν τῶν ἐγλογιστῶν διὰ τὸ πάντας αὐτῶν καταβοᾶν ἐπὶ τῶι παρα-
γράφειν αὐτοὺς πλεῖστα ἐκ τῆς ἰδίας ἐπιθυμίας ⁵³ · ἐξ οὗ συνέβαινεν αὐτοὺς μὲν
ἀργυρίζεσθαι, τὴν δὲ Αἴγυπτον ἀνάστατον γείνεσθαι. Καὶ νῦν τοῖς αὐτοῖς παραγ-
γέλλω μηδὲν ἐξ ὁμοιώματος | ἐπιγράφειν ⁵⁴ ἀλλ λ αχῆι ἄλλο τι τῶν καθόλου
χωρὶς τοῦ κρεῖναι τὸν ἔπαρχον. Κελεύω⟨ι⟩ δὲ καὶ τοῖς στρατηγοῖς μηδὲν παρὰ
ἐγλογιστῶν μεταλαμβάνειν χωρὶς τῆς ἀδείας | τοῦ ⁵⁵ ἐπάρχου. Καὶ οἱ ἄλλοι δὲ
πραγματικοί, ἐάν τι εὑρεθῶσι ψευδὲς ἢ⟨ι⟩ παρὰ τὸ δέον παραγεγραφότες, καὶ
55 τοῖς ἰδιώταις ἀποδώσουσιν ὅσον ἀπῃτήθησαν καὶ τὸ [ἴσον ⁵⁶ | ἀποτις ἴσουσιν εἰς
τὸ δημόσιον. Τῆς δ᾽ αὐτῆς κακοτεχνίας ἐστὶν καὶ ἡ⟨ι⟩ λεγομένη⟨ι⟩ κατὰ
σύνοψιν ἀπαίτησις, οὐ πρὸς τὴν οὖσαν ἀνάβασιν Νείλου ⁵⁷, | ἀλλὰ πρὸς σύνκρισιν
ἀρχαι ο τέρων ⁵⁸ τινῶν ἀναβάσεω ν · καίτοι τῆς ἀληθείας αὐτῆς οὐδὲν δοκεῖ
δικαιότερον εἶναι · θαρ ροῦντας | οὖν ο ἰκεῖν ⁵⁹ καὶ προθύμως γεωργεῖν τοὺς ἀνθρώ-
πους, εἰδότα ς ⁶⁰ ὅτι πρὸς τὸ ἀληθὲς τῆς οὔσης ἀναβάσεως καὶ τῆς βεβρεγμ ένης
γῆς, ἀλλ᾽ ⁶¹ ο ὐ πρὸς συκοφαντίαν τῶν κατὰ σύνοψιν παραγραφο μένων ἡ⟨ι⟩
ἀπαίτησις ἔσται. Ἐὰν δέ τις ἐξελεγχθῇ ψευδά μενος, | ... ιον τριπλάσιον ἀποδώσει.
Ὅσοι μὲν γὰρ ἐφοβήθησαν ἀκούσαντες περὶ ἀναμετρήσεως τῆς ἐν τῆι Ἀλεξαν-
60 δρέω ν χώραι⁶² καὶ τῶι | Μενελαΐτηι⁶³ ἀρχαίας γῆς, ε ἰ ς ἣν οὐδέποτε σχοινίον
κατηνέχθη⟨ι⟩, μὴ⟨ι⟩ μάτην ἐνοχλείσθωσαν · οὔτε [γὰρ τολμήσει [τις ποιεῖσ-
θ αι ⁶⁴ τὴν ἀνα μ έτρησιν οὔτε ε πι θ ήσεται. Μένειν γὰρ ὀφείλει τ ὰ ἐξ αἰῶνος
αὐτῆς δίκα ια ⁶⁵. Τὸ ⁶⁶ δ᾽ αὐτὸ ἵσταμαι καὶ π ερὶ τῶν το ύτοις προστεθ έν των
προσγενημάτων, ὥστε μ ηδὲν ἐπ᾽ αὐτῶν καινίζεσθαι. Περὶ δὲ τῶν ἀρχαιοτέ-
[ρων ὑποθ (έ)σεων⁶⁷ ἐνκει μένω ν ὑμῶν, αἷς τε ....|....... νη[... πο λλάκις
ὥστε οὐ πλέον περιε πολήησαν πλὴν ἀργυρισμοῦ τῶν πραγμ ατι κῶν καὶ τῆς
τῶ ν ἀνθρώ πων ἐπιτ ρίψεως⁶⁸ Καίσ αρι Σεβ αστῶι Αὐτοκράτορι γράφ ας μά-
λ ιστα ⁶⁹ τῶν ἄλλων αὐτῶι δηλώσω⟨ι⟩, μόνωι δυναμ ένωι τὰ τοιαῦτα ὁλικῶς
65 ἐ κκόπτειν, οὗ καὶ πε ρὶ τῆς πάντων ἡμ ῶ ν σωτηρίας ἡ⟨ι⟩ ὁ ιη νεκὴς
εὐ εργεσία⟨ι⟩ καὶ πρόνοιά ἐστιν. Ἔτο υς πρώτο υ Λουκ ίου Λαιβίου Σουλ-
πικίου Γάλ βα Καίσαρος Σεβ αστ οῦ Αὐτοκράτορος, Ἐπεὶφ ιϛ ⁷⁰.

Exemplum sequimur quod dedit Dittenberger, optimo exemplo usus quod edidit von
Bissing. Cf. Wilcken, Archiv für Pap., II, p. 171-172.

1. Cf. Prosop. imp. rom., II, p. 164, n. 92. — 2. Anno p. C. n. 68, mense Septembri,
die XXVII. — 3. Sc. Alexandriam. — 4. ΛΕΟΜΕΑΝ in lapide. — 5. Οὑτακοὶ μεθοωται dicuntur

qui bona privata principis γῇ οὐσιακῇ conducunt (cf. P. M. Meyer, Διοίκησις und Ἴδιος λόγος, Festschrift für Otto Hirschfeld, p. 155 sqq.), quibus bonis praeerant procuratores usiaci quos procuratori idiu logu subditos esse contendit Wilcken, Gr. Ostr., I. p. 393, n. 1. Aliter sensit P. M. Meyer, Archiv für Pap., III, p. 87. — 6. Cf. Hogarth, ap. Petrie, Koptos, p. 28 et Dittenberger, l. c., note 16. — 7. Dig. XXXIX, 4, 9, 1; 4, 11, 5; XLIX, 14, 3, 6; quos locos attulit Rudorff et post eum Dittenberger, l. c., not. 21. — 8. ταῖς κυριακαῖς ψήφοις, intellige vel decreta et voluntates Caesaris, vel « rationes » fisci. Cf. Pap. Lips., 64,8 ταῖς ταμιακαῖς ψήφοις Wilcken, Archiv für Pap., IV, p. 240. — 9. ΠΡΟΕΡΧΕΣΘΑΙ, lapis; correxit Wilcken. — 10. πραχωρούμενοι passive; cf. ἐρχαρεῦσι τὴν ἀρχήν. — 11. πρακτόρειον, cf. Wilcken, Gr. Ostraka, I, p. 285, 621. — 12. ἔργων ἀναιρεθείσας, ut ἔργων ἀναιρεθῆναι, « constitui ut tollerentur », recte Dittenberger l. c., not. 30. — 13. Sc. Divi Augusti « quaenam potissimum ejus constitutio intellegatur latet » cf. Dittenberger, l. c., not. 31. — 14. « Distinguuntur κυριακὸς λόγος, ratio fisci, et Ἴδιος λόγος, ratio rei familiaris principis » Dittenberger. Sed aliter P. M. Meyer, Archiv für Pap., III, p. 87. — 15. ΣΥΝΕΚΩΙ, lapis; emendavit Dobree. — 16. Plin, Epist., X. 109 et 110 : « privilegium quo ceteris creditoribus anteponantur ». — 17. ΑΝΑΛΑΣΤΟΥΣ lapis. — 18. quibus mora ἀναβολή pendendi quod debebant publice concessa erat. — 19. I. e. fisco. — 20. ἢ β' μέρη, volebat Letronnius. At πρὸς ὀφείλημα nihil aliud valet ac pro ratione pecuniarum debitarum. — 21. ἐν τοῖς γραμματοφυλακίοις : in litteris tabularii. — 22. τὴν πρωτοπραξίαν. De primo loco semper servato mulieri quae dotem repetit πρωτοπραξία προικός), vide, Berl. Gr. Urkund, 970; et Pap. Cattaoui, verso; cf. P. Meyer, Archiv für Pap., III. p. 98. — 23. προσοδικὰ fuisse vectigal ab eis privatis solutum qui ex bonis publicis fundos γῇ προσόδου eu condicione emerant ut princeps eorum dominus maneret, ipsi vero possessionem perpetuam et hereditariam haberent, demonstravit Wilcken, Archiv für Pap., I, p. 149; cf. agrum vectigalem vel quaestorium (L. Mitteis, Zeitschr. Savignystiftung, R. A., XXII, 1901, p. 157 et Wilcken, l. c.. Quum autem δημόσιοι γεωργοί qui terram publicam δημοσίαν γῆν arabant multo majorem mercedem ἐκφόριον praeberent, potuit « jus προσοδικῶν speciale quoddam κουφοτελείας genus haberi. Vide Dittenberger, l. c., not. 50. — 24. C. Julius Sex. f. Postumus, tribu Cornelia, praefuit Aegypto ann. 45-47 p. C. n. Cf. Cantarelli, Prefetti di Egitto, p. 28. — 25. A. Avilius Flaccus praefuit Aegypto annis 32 38, p. C. n. Cf. Cantarelli, ibid., p. 26. — 26. T. Claudius Balbillus praefuit Aegypto anno 55 p. C. n. Cf. Cantarelli, ibid., p. 30. — 27. L. Julius Vestinus, praefuit Aegypto annis 59-62, cf. Cantarelli, ibid., p. 31. — 28. ὁ Καῖσαρος λόγος — κυριακὸς λόγος = δυοίκησις, cf. P. M. Meyer, Festschrift für Otto Hirschfeld, p. 139. — 29. ΠΡΑΧΘΕΝΤΩΝ. lapis. Correxit Rudorff. quem probant Wilcken Archiv für Pap., I, p. 149 et Dittenberg., l. c., not. 58. Num haec de προσόδου γῆς intelligi debeant, ut contendit Wilcken, etsi plane dubium est, tamen nobis probabile videtur ; aliter censet Dittenberger, l. c. — 30. ἐκφόρια, quae δημόσιοι γεωργοί pendere debebant. — 31. I. e. τὰ προσοδικὰ cf. not. 23. — 32. τῶν ἰδίων ἐσχρῶν. Privatus enim agrum cujus possessionem perpetuam habet, haud inepte suum dicere potuit, ut etiam jure ager quaestorius privatus vectigalisque dici poterat. — 33. χώρα, quae lectio a Bissingio probata, plane necessaria est cf. infra χωρικὰς λειτουργίας. — 34. Liturgiae quae ad publicam provinciae Aegypti pertinent liturgiis municipalibus opponuntur πολιτικαῖς λειτουργίαις. — 35. διαλογισμὸν pertinere vult Wilcken ad administrationem stra-

legi magistratum abeuntis a praefecto examinatam, Dittenberger ad probationem stra-
tegi antequam suum officium adiret *l. c.*, not. 68. De strategis nomorum a praefectis
institutis, cf. Wilcken, *Hermes*, XXVII, p. 287 et sqq. qui monuit eum magistratum
nunquam in numero λειτουργιῶν χωρικῶν fuisse. — 36. διαλογισμόν hic intellige judicia
a praefecto data quoties conventum in nomo aliquo agebat. Locum ad controversias
de vectigalibus pertinere sensit Dittenberger. — 37. de eclogista cf. Wilcken, *Gr. Ostr.*,
I, p. 493 sqq. — 38. ἤ - ἅτε, quippe. — 39. Cf. not. 5 et not. 14. — 40. Idem est atque
qui infra dicitur ὁ γνώμων τοῦ ἰδίου λόγου. Cf. P. M. Meyer, *Festschrift fur Otto Hirschfeld*,
p. 148. — 41. Cf. Tac., *Hist.*, II, 10; IV, 42; P. M. Meyer, *l. c.*, p. 149-150. Res apud
procuratorem idiu logu actas habes : Wessely, *Specimina Isagogica*, tab. 8, n. 11 et
Pap. Cattaoui, VI, *Archiv fur Pap.*, p. 61 et p. 86. — 42. Cf. *Oxyrh. Pap.*, III, 486, l. 26 :
καὶ τὴν ὅλην ὑπόθεσιν ὑπερθεμένου τοῦ ἐπιστρ[ατήγο]υ ἐπὶ τὸ τὸν εὐεργέτην. — 43. « l. c. non
ἑτέρῳ συνηγορῶν » Dittenberger. — 44. Supplevit von Bissing ; παρακαταίσομαι alii. —
45, 46. Supplevit Dittenberger. — 47. Quae ibi et infra supplementa recepimus dedit
Dittenberger. — 48. De regione Alexandrina cf. Plin, *H. N.*, V, 49; Ptolem., IV, 5, 18,
p. 702. 3 sqq. et quae attulit Dittenberger, *l. c.*, not. 91. — 49. τὸν Μερέότην, intellige
νομόν. Cf. Ptolem., IV, 5, 15, p. 698 et quae disseruit Dittenberger. — 50. Παραγγέλλω δὲ
καὶ proposuit von Bissing. — 51. πενταετίᾳ non intelligendum de stata quadam periodo,
per quam vectigalium aestimationes repeterentur monuit Wilcken, *Gr. Ostr.*, I, p. 451.
— 52. Strategos aliquas partes egisse in vectigalibus exigendis, notum est, Wilcken, *Gr.
Ostr.*, I, p. 504. — 53. Supplevit Wilcken. — 54. ἐξ ὁμοιομά[τος ἐπι]χράψειν, Wilcken, *Archiv
fur Pap.*, II, p. 172. Vide Dittenberger, *l. c.*, not. 103. — 55. Wilcken, *l. c.*, II, p. 172,
n. 1. — 56. Id., *ibid.* — 57. Supplevit Bissing. — 58. ΑΡΧΑΙΑΣΕΤΕΡѠΝ, lapis; ἀρχαιο-
τέρων Franz. — 59. θερ[ρούντας κατ οικεῖν, Wilcken, *l. c.*, p. 172. — 60. Supplevit Rudorff.
— 61. Supplevit Wilcken, *l. c.* — 62. χώρα, e supplementis Letronnii. — 63. Cf. Strab.,
XVII, 1, 18, p. 801, Ptolem., IV, 5, 4, p. 680, 8. — 64. E supplementis Franzii. —
65. δικαία, Letronne « Nunquam dimensi erant illorum nomorum agri, quia nullum
pependerant unquam vectigal » Dittenberger. — 66. Supplevit Letronne. — 67. Supplevit Franz. — 68. Supplevit Letronne. — 69. Supplevit Wilcken, apud Dittenberger. —
70. Die VI mensis Julii, anno 68 p. C. n.

1264. Tchonemyri Qasr-Ain-ez-Zayan. — *C. I. Gr.*, 4955 ; Dittenberger, *Orient. gr.
inscr. sel.*, II, 702. Apographum misit Legrain qui locum invisit anno 1897.

Ἀγαθῇ τ ύχῃ. | Ἀμενήβι θεῶι μεγίστωι Τγονευρσεως καὶ τοῖς | συννάοις
θεοῖς ὑπὲρ τῆς εἰς αἰῶνα διαμονῆς Ἀντωνείνου | Καίσαρος τοῦ κυρίου καὶ τοῦ
σύνπαντος αὐτοῦ οἴκου, ὁ σηκὸς τοῦ ἱεροῦ καὶ τὸ | πρόναον ἐκ καινῆς κατεσ-
κευάσθη ἐπὶ Λουκίου Ἡλιοδώρου ἐπάρχου Αἰγύπτου, | Σεπτιμίου Μάκρωνος
ἐπιστρατήγου, στρατηγοῦντος Πανίου Καιπίωνος, | ἔτους τρί του Αὐτο-

κράτορος Καίσαρος Τίτου Αἰλίου Ἀδριανοῦ Ἀντωνείνου | Σεβαστοῦ Εὐσεβοῦς Μεσορὴ ὀκτωκαιδεκάτῃ.

1. De Avidio Heliodoro, celeberrimo rhetore qui praefuit Aegypto annis 139-143; cf. *Prosopogr. imp. rom.*, I, p. 187, n. 1168 et Cantarelli, *Prefetti di Egitto*, p. 48. — 2. ΠΑΙΝΙΟΥ ΚΑΙΠΙΩΝΟC apographo Legraini confirmatur; Πλινίου, Dittenberger. — 3. Ἔτους ιη´ τοῦ Αὐτοκράτορος dedit Schweinfurth (*Petermann. Geogr. Mitth.*, XXI (1875), p. 392), probante Klebs, *Prosopogr. imp. rom. l. c.* At offendit τοῦ contra usum ante Αὐτοκράτορος positum; ΤΡΙΤΟΥ, Franz; ΠΙΤΟΥ, Legrain. Anno 140, die XI mensis Augusti.

1265. Cysi (Douch-el-Qalaa). — *C. I. Gr.*, 4951, cf. *addenda et corrigenda*, p. 1235.

Τὸ προσκύνημα Ἀνουβᾶ ς | Θεωνᾶτος ὧ[δ]ε σήμερ[ον] πα|ρὰ τῷ κυρίῳ Ἀμιν[δι] θ[εῷ μεγίστῳ] | καὶ τῶν αὐτοῦ πάντων ....|[ἔτους.. Κ]α[ίσα ρ]ος Αὐτοκράτορος... | τοῦ κυρίου ἡμῶν... Π αχὼ ν..

Restituit Letronne titulum pessime descriptum.

1266. Cysi. — *C. I. Gr.*, 4952, cf. *addenda et corrigenda*, p. 1235.

[Σαρ]α π ίων Ἀπολλ[ωνίου | ὧ δε σήμερον παρὰ | τ ῷ Ἀπόλλωνι ἐπ' ἀγαθ ῷ ἔτους γ´ | [Ἀντ ωνίνου Καίσαρος το ῦ κυρί ου | Παχὼν κς´.

Anno p. C. n. 142, die XXI mensis Maii.

1267. Cysi. — *C. I. Gr.*, 4948; Dittenberger, *Orient. gr. insc. sel.*, II, 677.

Ὑπὲρ τῆς τοῦ κυρίου Αὐτοκράτορος Καίσαρος Νέρουα | Τραιανοῦ Ἀρίστου Σεβαστοῦ Γερμανικοῦ Δακικοῦ τύχης, ἐπὶ Μάρκου Ῥουτιλίου Λούπου ¹ | ἐπάρχου Αἰγύπτου, Σαράπιδι καὶ Ἰσιδι θεοῖς μεγίστοις οἱ ἀπὸ τῆς Κύσεως οἱ ἐγείραν|τες ² τὴν οἰκοδομὴν τοῦ πυλῶνος εὐσεβείας χάριν ἐποίησαν ἔτους ιθ´ Αὐτοκράτορος Καίσαρος | Νέρουα Τραιανοῦ Ἀρίστου Σεβαστοῦ Γερμανικοῦ Δακικοῦ Παχὼν λ´ ³.

1. M. Rutilius Lupus fuit praefectus Aegypti annis 114-117; cf. Cantarelli, *Prefetti di Egitto*, p. 43. — 2. Οἱ γράψαντες priores; correxit Schweinfurth. — 3. Mensis Maii die XXV, anno 116 p. C. n. Παχὼν κ Schweinfurth et Dittenberger, i. e. die XXVI Aprilis.

1268. Pathyri. — Daressy, *Recueil des travaux relatifs à l'archéologie égyptienne*, X 1888), p. 140; de Ricci, *Archiv für Pap.*, II, p. 439, n. 44. Contulimus.

Νεχούθης Πετεαρουήρις ἀνέθηκεν στήλην Ἴσιδος θεᾶς | μεγίστης Πάθυρις ἔτους ιβ′ Τραιανοῦ τοῦ κυρίου Τῦβι ις′ [1].

1. Anno 109 die xi mensis Januarii.

1269. Debbabiyeh, contra Gebeleïn. — Sayce, *Rev. des études gr.*, 1891, p. 67.

Τὸ προσκύνημα | Πρενοπιλακιεβηκις (?) | νεωτέρου Πέκυσις παρὰ | τ(ο)ὺς
5 κυρίο[υ]ς Ἀν(ο)υβις θε(ο)ὺς ‖ ἔτους κ′ Ἀντωνείνου Σεου[ή]ρου | τοῦ κυρίου αὐτο-
κράτορος | Ἐπὶφ ζ′ [1].

1. Anno p. C. n. 212, kalendis Juliis.

1270. Debbabiyeh, contra Gebeleïn. — Sayce, *Rev. des études gr.*, 1891, p. 48.

5 Τὸ προσκύ|νημα Τίτου | Φλαουίου Νέ|πωτος καὶ τοῦ [1] | πατρὸς αὐτοῦ
Φλαυίου Σερήνου οὐετρανοῦ | ἔτους α′ Ἀντωνίνου καὶ Ἀλε|ξάνδρου Σεβαστῶν |
Παχὼν η′ [2].

1. KAKE... traditur. — 2. Die iii mensis Maii, anno p. C. n. 222; at tunc temporis Elagabalus jam a militibus occisus fuerat, quod accidit die xi mensis Martii.

1271. Debbabiyeh, contra Gebeleïn. — Sayce, *Rev. des études gr.*, 1891, p. 46.

Τὸ προσκύνημα Πληνις | Πέλνου? καὶ Πατῶτος ἀδελφὸς | καὶ Ἱέραξ Σαμαν-
5 νήρου καὶ | Σαν[σ]νῶς Πασήμιος παρὰ τῶν κυρίων Πριωτου(? θεοῦ [| μεγίστου
καὶ Ὠρεγέβθιος καὶ Ἴσιδος | Ρεσακέμεως καὶ οἱ σὺν αὐτοῖ(ς) θεῶν | μεγίστων
ἔτους ια′ Ἀλεξάνδρου | Καίσαρος τοῦ κυρίου Ἐπὶφ ιθ′ [1].

Titulum male descriptum fuisse non est quod moneamus.

1. Anno p. C. n. 230, die viii mensis Julii.

1272. Latonpoli. — *C. I. Gr.*, 4831.

5 Θε ῶι Ἄμ μωνι | Νεώτ[ε]|ρος Ὠ[ρ]ί|ωνος [1]? Π ε|τρω]νίου | καὶ Ἀρποκρᾶς |

10 Τ ιὄ οἴους ἐπόλησαν τ ὴ ν γλυ ρὴν | καὶ τ ὴν ζω γε αρίαν τ ο ῦ σ τ ὔλο |υ
εὔτε ὁ ἰας χάριν ̣ ἐ̣ π ̓ ἀ γαὐ ὡι, | ἔτους ι ̓ ̔ Ἀν τω νείνο ̔υ τὸ ῦ ̔ κυ ρίου
Ὅ ὠ ῦ ?..

1. Ita Letronne; 'Ω[τ̣ἰ|ωνος Franz. — 2. Anno p. C. n. 146.

1273. Latonpoli. — *C. I. Gr.,* add. 4831 *b.*

.....εῦ | Ἀγαθῇ Τύχῃ πε π λήρω⌐ται... | ἔτους δ̓ Ἀντωνίνου καὶ Οὐήρου
5 τῶν κυρίων | αὐτοκρατόρων Μ ε σορί...¹ ἐπὶ Τίτου | Φλαουίου Τιτιανοῦ ἐπάρχου
Αἰγύπτου ² | ἐπιστρατηγοῦντος Τερεντίου Ἀλεξάνδ ου | στρατηγοῦντος Κλαυ-
δίου Ἀπολλιναρί ου⌐.

1. Anno 164 mense Julio vel Augusto. — 2. Cf. Cantarelli, *Prefetti di Egitto,* p. 55.

1274. Loco dicto Sekket. — *C. I. Gr.,* 4839; Dittenberger, *Orient. gr. insc. sel.,* 717.

Πολύρανος ¹ δ̓ καὶ Τοῦτος | [ἔτους . Γαλ λιηνοῦ, Μεχεὶρ κ ζ̓ ² | ἐπὶ
Πετρωνίου εὐχαριστήσας τῷ | Σαράπιδι καὶ τῇ Ἴσιδι καὶ τῷ Ἀπόλλωνι καὶ |
5 τοῖς συννάοις θεοῖς πᾶσι ἐποίησα τὸ ἱερὸν | ...... Βερενείκης ³ καὶ τὸ ζῴδιον ⁴
καὶ ὀρύξας | [τὸν λάκκον τοῦ ὓδ ρεύματος ἀπὸ θεμελίου ἐκ τ ῶν | ἐμῶν κα μά-
των ἀνέθηκα ἐπ̓ ἀγαθῷ | σὺν τοῖς τέκνοις καὶ τοῖς σὺν ἐμοὶ ἐργαζομένο ις ⁵ |
καὶ ἐ ποίησα ρ ιά λ ιον ⁶ ἀργυροῦν παρὰ τῶι θεῷ [Σαρά|π ιδι ̔κ αὶ παρὰ τῇ
10 κυρί α Ἴσιδι τῇ Σενσκειτ η νει ⁷, | ὁμοίως φιάλην ἀργυρᾶν λιτρῶν β̓. ταῦτα
πάντα ἐκ τῶν ἐμῶν καμάτων εὐχαριστήσας τῷ Σαράπιδι τῷ Μινιεῖ ·
ὤρυξα | τὸν λάκκον μηνὸς Παῦνι κἀ κ α̣ὶ μηγ ὸ̔ς Μεχεὶ ρ κ ζ̓ τὸ ἱερὸν
15 ἐποί|ησα ⁸.

1. Ita traditur. Ita. Ο̣]ρ̣εᾶνος, Letronne; II. Ο̣]υ̣ε̣τ̣]ρανός, Franz. — 2. Intra annos 261-268,
mense Februario, die xxi. — 3. Berenice quae fuerit non liquet. — 4. Τὸ ζῴδιον : auctore
Letronne, imago Berenices in aedicula posita. — 5. « Fuit in regione smaragdi fodina »
Franz. — 6. CIΔΔΙΟΝ traditur. Correxit Letronne. — 7. Cognomen deae a loco deri-
vatum.   8. Cisterna perfecta est die xv mensis Junii, delubrum die xxi mensis
Februarii insequentis anni.

1275. Contra Apollonospolin magnam Redesieh. — De Ricci, Archiv für Pap., II, p. 447, n. 76.

... υο,ς Κρισπινος στρα] τιώτης χωρτης α' Λυ|σιτα| νῶν ¹ ἑκατονταρ-
5 χίας ² Σερήνου ἐν ὀνίροιο ² | |... ν τὸ συνπόσ(δο)ν ποιῆσαι | [τοῦ κ]υρίου Σερά-
πιδος | [κα]ὶ ε]ὐχαριστ(ή)σας ἐποίησα ἐπ' ἀγαθῷ.

In parte aversa :

Μάρκου Αὐρηλίο υ] Κομμόδου Καίσα ρος ³ | ἐπὶ Οὐαλερίωι Φή στωι?] |
ἐπάρχω κά στρων?

Suppleverunt Schubart et Wilcken.

1. Cohors I Aug. praetoria Lusitanorum equitata hoc loco tetendisse altero et tertio p. C. n. saeculo nos docet papyrus quaedam *Eph. epigr.*, VII, p. 456 et seq. — 2. Sc. ἐν ὃν ο ἱρῳ vel ὁν α(ίρο(ς]. — 3. Annis p. C. n. 180-192.

1276. El-Khanaq, non longe a Silsili, orientem versus. — Griffith, *Proceedings of the Soc. of Bibl. Arch.*, XI, p. 231, pl. III.

Α "Ετους.. Αὐτοκράτορος ¹ | Καίσαρος Οὐεσπασιανοῦ | Σεβαστοῦ, ἐπ<ε>ὶ ²
5 Τυράννου | Ἡρακλείδου τοῦ Ἑρμίου ἀε|μύσου ³ Σούχου θεοῦ μεγίστου.
Β ¹ Έτους ιη' ἐπὶ Ἀλεξάνδρου δευτέρου | Διογένους [ἀ εμύσου ἐτελέ σ θη, τὸ
10 ἱε|ρὸν εὐιερίας καὶ ἐπικί|ας ⁵ χάριν Καῖσαρ(? ⁶ τὸν τῶν | πώποτε θεῶν ἐπιφανέσ-
τατον Πέμσαον ⁷.

1. Ante Αὐτοκράτορος vestigia aliquot litterarum omisimus quas fatetur Griffith male lectas esse. — 2. Infra ΕΠΕΙ scripsit lapicida ΜΥΣΟ litteris minutis quas delendas esse putamus. — 3. Ἀέμυσος, vox ignota = fortasse sacerdos, antistes. — 4. Titulum B paulo antiquiorem arbitratur Griffith. — 5. l. c. ἐπικείας. — 6. Non intelligitur. « Forsan κα¹ γὰρ in lapide » Griffith. — 7. Πέμσαος, idem ac crocodilus et Souchos.

1277. Non longe a Silsili septentrionem versus, in rupe quadam. — Sayce, *Rev. des études gr.*, 1891, p. 52.

Ἀντώνι ος | restigia pedum | τρογλοδύτης | ἔτους δ' Ἀδριανοῦ ¹.

1. Anno 119 120.

1278. Silsili. — Sayce, *Recueil de travaux pour servir à l'archéologie égyptienne*, XX 1898 , p. 112; de Ricci, *Archiv*, II, p. 562, n. 102.

Τὸ προσκύνημα | Μαρίου [1] Φαβίου στρα|τιώτο'υ καὶ] πάν|των α'ὺ τοῦ [κ]αὶ
5 Λις|κ..ος καὶ Ἥρωνος | Σ..ελερος [2] παρὰ τῷ θεῷ Ἄμμων.

1. Μὰρ[κ]ου, de Ricci. — 2. [καὶ Κ]ἰλερος, id.

1279. Silsili. — Lepsius, *Denkmäler*, XII, tab. 82, n. 188; Dittenberger, *Orient. gr. insc. sel.*, II, 676.

5 Τὸ προσ|κύνημα [Λε]|ωνίδου κυβερ|νήτου Νείλου ‖ Διὸς [1] καλου[μένου] | Νεφώτου τοῦ μεγίστου | ἔτους ι' Τραιανοῦ Καί|σα·ρος τοῦ κυρίου [2].

1. Precatur Leonidas quidam, magister navigii Niliaci. Jovem cognominatum Nephotam. Nep-pet, dominus caeli interpretatur Sayce. — 2. Anno 106/107 p. C. n.

1280. Silsili. — *C. I. Gr.*, 4843.

Ὑπὲρ τ'ῆς Αὐτοκ[ράτορος | Καίσαρ'ος [Νέρουα Τραιανοῦ 'Αρίστου | Σ,εβασ-
5 τοῦ Γε ρμανικοῦ, | Δακικοῦ, Παρθικοῦ] τύ[χης καὶ σωτηρίας‖ κα]ὶ τοῦ σύμ παντος αὐτοῦ οἴκου | ἐ]πὶ Μ[ά·ρκωι 'Ρ]ο[υτιλίωι Λούπωι | ἐπάρχωι [Αἰγύπτου [1]
10 τὸ προσκύ|ν]ημα Ἴσι'δι ....] | ἀνέθηκε[ν ..... | Πρόκ[λ,ος ἑκατόνταρχος [λεγεῶνος... [2].

1. Restituit Letronne collato n. 1267 supra. M. Rutilius Lupus praefuit Aegypto annis p. C. n. 114-117. Cf. Cantarelli, *Prefetti di Egitto*, p. 43. — 2. Λεγεῶνος κβ' restituit Letronne; quem probat P. M. Meyer, *Das Heerwesen der Ptolemäer*, p. 154, not. 543.

1281. El Hôch prope Silsilim. — Aug. Eisenlohr, *Zeitschr. für Aeg. Sprache*, 1885, p. 56, n. 1.

Ἐπ' ἀγαθῷ | ἔτους [ια'] Ἀντωνίνος [1] ἐκόψαμεν | τοὺς μεγάλους λίθους |
5 πηχῶν ια' εἰς τὴν πύλην ‖ τοῦ κυρίου 'Απόλλω[νος] ἀπη......νας.

1. Sic lapis. Annus est 147-148 p. C. n.

1282. El Höch. — Aug. Eisenlohr, *Zeitschr. für Aeg. Sprache*, 1885, p. 56, n. 2.

Ἀπωλλῶς Πετε σούχου] ἀρχιμηχανικός. | Ἔτους ια΄ Ἀντωνῖνος …Λουμιος.

1283. El Höch. — Aug. Eisenlohr, *Zeitschr. für Aeg. Sprache*, 1885, p. 56, n. 3; L. Borchardt, *Abhandl. der Berlin. Akad.*, 1906, p. 24, n. 3; cf. n. 2.

Ἐπ᾿ ἀγαθῶ. | Ἔτους ια΄ Ἀντωνῖνος Μεσορὴ | ὁ Νῖλος εἰσῆλθεν εἰς | τὸν ὅρμον Μεσορὴ κς΄ ¹.

1. Cf. titulum sequentem.

1284. El Höch. — L. Borchardt, *Abhandl. der Berlin. Akad.*, 1906, p. 23, n. 1.

Ἔτους ια΄ Ἀντω[νίν]ου Καίσαρος | εἰσῆλθ εν] εἰς τὸν ὅρμον τῆς | λαθω μία ς Μεισο]ρὴ κς΄ κα τὰ το ὺς ἀρ γχίους ¹.

1. Die vii mensis Julii.

1285. Ombi. — Milne, *Catal. du Musée du Caire, gr. inscr.*, p. 11, n. 9302. Ectypum habuimus. Item descripsit de Ricci.

```
........νὸ.|σαιτιλ....ατο και.. ¹ ..|.. οὐκ ἐστιν ² τελώνης ³, βα.. | .. ἀπαιτοῦσι
⁵ [τὰ] ἐκ τοῦ εἴδους ..|.. π ροβάτου ζ ⁴ καὶ τὸ τῆς οὐ σιακῆς? ..|.. ὁμοίως ⁵ δὲ
καὶ τὰ προκόλπια ..|...αδος ἐπὶ νήσου Τύν[ε]ως ..|..οτως τῶι ι΄ ἔτει Νέρωνος ⁶
¹⁰ .. | [διὰ τὸ μὴ δύν]ασθαι περι[γ]είνεσ[θαι ἐν τῶι τῆς | .. ἀν᾿αβά σ]εως ⁷ καιρῶ ι]
ἀπὸ τῆς ..|.. [ἐπι]δημίας ⁸ ἀπὸ τοῦ ι΄ ἔτους ⁹ δι α ..|.. μενι(?) τῶ ν] γερδίων
¹⁵ ἱστῶ[ν ..|ιεκ...οιων ¹⁰ εκ.. [κ]αὶ κατὰ ].. ο[ὶ δημοσιῶναι σεσημάνκα[σιν ].. παρ᾿
ἑκάστου τῶν ἐπιδημούν των .|..?μ νῶν καθ᾿ ἕκαστον μῆνα |.....ων [?ὰν] μισθῶν-
ται] καὶ παρ᾿ ἑκασ[τ ¹¹ ..|.....]ως .υτοπι..σκαι .ονησομε ...|...ινα.ο ...ντα...
²⁰ εμαθη των το ..|..[ἐλα]ίων ¹² |.. λλ ... [χ ό]μμεως καὶ χερα[μίου] .|..... πόλεως
συναλλασσομέ νων ¹³ ....|..... ἐ]νκυκλίου οἰκοπέδων |..... [οἰκοπέ]δων τῶν ὠνου-
²⁵ μέ νων .....|..... τ ινω ν?] μηδὲν ἕτερον ¹¹ ι.....|..... ἔχουσι ὁ εἰς τὸ ν] μερισ-
[μὸν].. ..|... ἐνκυκλίου καθ᾿ ὁ [ἂ]ν ἐπα[γγέλλωσι ...|... α. ειται ¹⁵ συν.....
³⁰ αν ¹⁶ .....|.....ος τῶι γ΄ ἔτει μετ᾿α ¹⁷ τὸν] γενό[μενον].....|......διαλογισμὸν
τ ῶι μηνί.....|..... τοῦ αὐτοῦ ἔτους θεοῦ ....ὸ.....|.....ιανου ¹⁸ ........ ¹⁹
```

35 .....|..... τ οῦ ἐπιστρατήγου δια ....|.....ς μηδενὸς τελώνου ....| . προ -
Θέσμιος ἐκ παραγωγῆς ....|..... ἀπ αχθέντων ἐκ τῶν ὠνῶν .....|.....ε...
ημμένου τῶι δὲ δ' ἔτει ²⁰ .....|..... οἰκ σπέδου καὶ συκοδώνος ²¹ ? .....|.... νεύ-
40 σαντος ἐν διαλο γισμῷ ...|.... κριθέντα εἰς διαμίσθω σιν .....|..... στρατηγῶι
η,........ ²² | ..... εἰς τελώνης ὅσ ον ἀπέ δοτο .....|.....σαντο τοῦ ἐνκυκλίου
45 .... | οἰκσπέδω ν πωλουμένων ριπ.......|..... δ ἐκάτων ηνη.....ού,.......|
.... π οθεσμίας να.......ων.......|... μ ηδενὸς τελώνου εν . της.....

Habemus fragmentum legis vel edicti dati de vectigalibus et publicanis, at pauca
intelliguntur. v. 1-7. De aliquot vectigalibus agi videtur ; v. 8-19, de iis qui ἐπεδημοῦσιν;
v. 20-22, de oleo, gumma arabica; v. 24, de decima (vel vicesima) quae de domibus emp-
tis et venumdatis exigebatur.

1. // .ΛΙ ΑΤΟΚΑΙΤ Milne. — 2. ΙΚΟΣΤΗ Milne sc. εἰκοστή. — 3. ΡΑ, de Ricci.
- 4. Προθάτους Milne. — 5. ΙΩΣ Milne. — 6. ΟΤΩΣ. Milne, ΩΤΩΣ, nos et de Ricci.
Annus decimus Neronis regnantis est annus p. C. n. 62 63. — 7. ΑΡΑ ΕΩΣ, deprehendit Jouguet in lapide. — 8. ΔΗΜΙΑΣ in lapide. — 9. Intellige decimum annum Neronis.
— 10. ...ΠΟΙΩΝ, Milne. — 11. ΠΑΡΕΚΔΗ, Milne. — 12. ΛΛΙΩΝ apparet in lapide. —
13. Vide ne sit τελά[ντου α' κόμμεως cf. Oxyrh. Pap., 1, 36, apud Wilcken, Archiv für
Pap., III, p. 186, καὶ παρα[μίου οἴνου ἀπὸ] πόλεως συναλλασσομέ[νων. — 14. ΕΤΕΡΩΝ, Milne :
Ι.ΕΡΟΝΙ. Jouguet. — 15. Α.Ε Ι... ΑΙ, Jouguet, ...ΤΑΙ, Milne. Forsitan, οἱ τρ]ι π ε ζ]ῖται.
— 16. ΩΝ, Milne. — 17. Ita Milne. — 18. Nomen principis erasum ambigitur. — 19.
 .Ο ΠΡΟΣΓΕΝΟΜΕ, Milne; .ΙΑΝΟΥΘΠΙΓΕΝ⁻Ο ΚΟΛΛΕ, Jouguet. — 20. Ita Milne,
Ε. ΗΜΜΝΟΥΤΙ Ν ΔΕ ΔΩ, Jouguet. — 21. οὐκ ὁδῶν ος? — 22. ΗΜΜΝΟΥ?, Jouguet.

1286. Ombi. — Milne, Musée du Caire, gr. inscr., p. 43, n. 9261. Descripsimus.

Ὑπὲρ Αὐτοκράτορος Τίτου Καίσαρο ς] | Οὐεσπασιανοῦ Σεβαστοῦ καὶ |
[Δομιτιανοῦ] ¹ Καίσαρος καὶ τ οῦ | παντὸς αὐτῶν οἴκου Τι. Κλα ύδιος |
5 Ἀπολλινάριος Κυρίνα ², διὰ φρ οντιστοῦ | τοῦ πατρὸς Τι. Κλαυδίου Χρησί-
μου ....³] | Ἀπόλλωνι θεῷ μεγίστῳ καὶ τοῖς σ υννάοις θεοῖς ⁴.

1. Nomen consulto erasum. — 2. Quirina tribu. Vir ignotus. — 3. [ἀνέθηκεν', Milne, sed
paulo majus est hoc supplementum quam ut lacunae conveniat. — 4. Inter annos 79 81
p. C. n. titulus exaratus est.

1287. Ombi. — Jouguet, Bull. de corr. hellén., XIX 1896 , p. 167 ; Dittenberger,
Orient. gr. inscr. sel., II, 675.

Ὑπὲρ Αὐτοκράτορος Καίσαρος Δομιτιανοῦ [Σ]εβαστοῦ Γερμανικοῦ καὶ τοῦ

παντὸς α[ὐτοῦ οἴκου , Ἀφροδείτηι θεᾶι μεγίστηι [1] Πετρωνία Μάγνα καὶ τὰ ταύτης |
τέκνα τὸ ἱερὸν οἰκοδόμησαν ἐπὶ Γαίου Σεπτιμίου Οὐεγέτου ἡγεμόνος [2], στρατηγοῦντος Ἀρ τε μιδώρου ἔτους ἑβδόμου Αὐτοκράτορος Καίσαρος Δομιτιανοῦ
Σεβαστοῦ Γερμανικοῦ μηνὶ Φαμένωθ νουμηνίᾳ [3].

1. Aegyptiace Hathor. — 2. P. Septimius Vegetus praefuit Aegypto annis p. C. n. 86-88.
Cf. Cantarelli, *Prefetti di Egitto*, p. 37. — 3. Anno 88 mense Februario die xxvi.

1288. Ombi. — Milne, *Musée du Caire, gr. inscr.*, p. 15, n. 9260. Descripsimus.

.... [1] | [Α ὐτοκράτορος Μάρκου Αὐρηλίου Σεουήρου | Ἀντωνίνου Εὐτυ-
χοῦς Εὐσεβοῦς Σεβαστοῦ | καὶ Ἰουλίας Δόμνης Σεβαστῆς μητρὸς ἀνεικήτων |
ο τρατοπέδων Σερῆνος Ἀλεξάνδρου παντάρχησας [2] | τῆς Ὀμβειτῶν πόλεως,
εὐσεβείας χάριν ἀνέθηκεν | ἐπ ἀγαθῶ, ἔτει κβ Φαρμοῦθι ἐνάτῃ [3].

1. Initio versus apparent vestigia litterarum; quot antea perierint nescimus. — 2. Omnibus muneribus in urbe functus. Cf. Preisigke, *Städtisches Beamtwesen*, p. 14. — 3. Anno
p. C. n. 214 mense Aprili die iv.

1289. Loco incerto. Forsan in Elephantine insula. Milne, *Musée du Caire, gr. inscr.*,
p. 29, n. 9293. Contulimus.

Ὑπὲρ Αὐτοκ ράτορ ος Καίσαρος | Δο μιτι[ανοῦ [1] Σεβαστοῦ Γερμα-
νι[κοῦ τύχης καὶ τοῦ παντὸς οἴκου | αὐτοῦ Ἥρᾳ θεᾳ μεγίστηι [2] Ὥρος καὶ |
Πκῶς [3] ἀμφότεροι Πκῶτος Κολλούθου ἰατρεὶ τὴν ἀνοικοδομὴν ἐπ οι ἡραν) το κατ
εὐσέβειαν ἐπ ἀγαθῶι [4] | ἔτους ἑβδόμου Αὐτοκράτορος Καίσαρος | Δομιτιανοῦ
Σεβαστοῦ | Γερμανικοῦ Παχὼν ιη.

1. Vestigia nominis supersunt consulto erasi. — 2. Adorabatur in insula Elephantine
dea Satis quae et Hera vocabatur. Cf. Strack, *Die Dynastie der Ptolemäer*, Anhang, n. 95
« Ἄρμωνι τῶι καὶ Χνούβει καὶ Ἥρᾳ τῆι καὶ Σάτει καὶ Ἑστίαι τῆι καὶ Ἀνούκει » et n. 168. Cf. G.
Milne, *l. c.* — 3. Πκῶς, Milne et de Ricci. Jouguet legit Πκϣός, forsan recte. — 4. Anno
p. C. n. 88, mensis Maii die xiii.

1290. In insula Elephantine, in pariete Nilometri. — *C. I. Gr.*, 4863; de Morgan,
Catalogue des Monuments et inscriptions de l'Egypte antique, 1re série (Haute-Egypte), 1,
p. 124, ubi quae nunc exstant delineavit Bouriant, p. 124; L. Borchardt, *Abhandl. der*

Berlin. Akad (Philos. und histor. Abhandl. nicht zur Akad. gehöriger Gelehrter), 1906,
p. 1 et suiv.

Cubitos aetatis romanae in pariete incisos numerosque eis appositos, quum nihil
momenti habeant ad res romanas et posterioris temporis sint quam tituli, plane negleximus.

A) [1] ἔτους . Κλ[αυδίου Καίσαρ]ος πήχ(εις) κε' [2]... |
       ἔτους . [Κλ]αυ[δίου Καίσαρος πήχ(εις) κε' παλ(αιστοὶ) γ'... |
       ἔτους θ' Τρα[ιαν]οῦ... [3] |
       ἔτους θ' Τι[βερί]ου Καίσ[αρος [4] π]ήχ(εις) κε' πα(λαιστοὶ) α' δάκ(τυλοι) β'

B) [5] ...... |
       .....Αὐτοκρατόρ]ων Κα[ισάρων....... |
       .... |
       ....ντα |

5   .... Καίσαρος πήχ(εις) κς' |
       [ἔτους . Ἀντωνίνου] Καίσαρος τοῦ κυρίου [πήχ(εις) κς'... |
       ἐπὶ Λουκίου [6] |
       ....] ἐπάρχου Αἰγύπτου ἐπ' ἀγαθῷ |
       [ἔτους...] Ἀντωνίνου Καί[σαρος......... |
10   [.................. πή|χ(εις)] κε' παλ(αιστοὶ) β' δακ(τυλ..)
C) [7] ἔτους . Νέρωνος Κα[ίσαρος......... |
       [ἔτους . Αὐ]γούστου Κ[αίσαρος [8].......... |
       ἔτους..................... |
       ἔτους . Αὐτοκρατόρ[ων Καισάρων] |
5   Λουκίου Σεπ[τιμίου Σεουήρου Εὐσεβοῦς Περτίνακος] |
       καὶ Μάρκο[υ Αὐρηλίου Ἀντωνίνου καὶ Πουβλίου Σεπτιμίου Γέτα [9] |
       Καίσαρος [Σεβαστοῦ? πήχ(εις......... |
       ἔτους .] Αὐτοκρά[τορος.............ἐπὶ |
       Ἀου]ιλλίου [Φλάκκου ἐπάρχου Αἰγύπτου [10]
D) [11] ἔτους . Αὐγούστου Καίσαρος......... |
       ἔτους ιδ' Τραιανοῦ Καίσαρος [12] .... |
       .... πηχ(εις) κε'....... |
       .... |
5   [ἔτους . Τιβ]ερίου Καίσαρος πήχ(εις) κδ' παλ(αιστοὶ) γ'... |
       [ἔτους........ Καίσ]αρος τοῦ κυρίου πήχ(εις) κδ' παλ(αιστοὶ) ε' δάκ(τυλοι) β'

ἔτους........]ου Καίσαρος πήχ[εις] κ[δ'] παλ[αιστοὶ] ε' δάκ[τυλοι]... |
[ἔτους. Νέρωνος Καίσαρος............. |
ἔτους ζ' [13] Νέρωνος [Καίσαρος............. |
ἔτους . Τιβερίου τοῦ Καίσ[αρος............ |
ἔτους . Τιβερίου Καίσαρος πήχ[εις] κδ' παλ[αιστοὶ)..... |
ἔτους ι' Δομιτιανοῦ [Καίσαρος [14] πήχ[εις] κδ' παλ[αιστοὶ) δ' δάκ[τυλ..)... |
ἔτους κε' [15] Αὐγούστου Καίσαρος πήχ[εις] [κδ' παλ[αιστοὶ) δ' δάκ[τυλος) α' |
ἔτους ιγ' Νέρωνος Καίσαρος [16] πήχ[εις) κδ' παλ[αιστοὶ) ς' δάκ[τυλος) α'.

E) [17] α) [ἔτους....... Καίσαρος πή(χεις) ... .] δά[κτυλος) α' |
[ἔτους........ Καίσ]αρος.... |
...................υ |
β) ἔτους γ' Λουκίου Σεπτιμίου Σεουήρου [18] |
Εὐσεβοῦς Περτίνακος Σεβαστοῦ |
τοῦ κυρίου ἐπὶ Οὐλπίου Πριμιανοῦ |
τοῦ λαμπροτάτου ἡγεμόνος [19] |
[πή(χεις) .. παλαιστοὶ δ' δάκτυ]λοι..

F) ἔτους ε' Ἀντωνε[ίνου Καίσαρος τοῦ κυρίου] [20] |
ἐπὶ Οὐαλερ[ίου Εὐδαίμονος] |
ἐπάρχου Αἰγύπτου [21] |
ε. γρπ...?

G) ἔτους .] Αὐτ[οκράτορ................ |
.... π[ή]χ[εις].... |
...ιγ'......... |
....μ.... |
..... πή(χ[εις) χ'..... |
...ι ἔτους ι'?... |
... θε οῦ..... |
...αν... |
...παυλο... [22] |
...πή(χ[εις)....

H) [23] ἔτους ....] Καίσαρος πή(χεις) κβ', π-|
αλαισ τοὶ . δάκτυλοι.. |
ἔτους.] Τραιανοῦ Καί- |
σαρο ς |

T. I   29

πηχεις κβ΄, πα λ-,
αιστ οι ε΄ |
ετους........ Καισαρο ς πη-|
χεις κβ΄ π α-|
λαιστοι...

Nilometri publici inscriptionem hic habes, quo cognoscebatur vera Nili inundatio. Id autem necessarium fuisse ad tributorum copiam quotannis aeque statuendam exposuit Franz, *C. I. Gr.*, III, p. 318.

1. = *C. I. Gr.*, III, col. II a. Cubito vicesimo quinto, cujus in superiore parte numerus κς΄ est appositus, posteriore aetate hic inciso, multae litterae erasae sunt. Quae supersunt delineavit Borchardt. — 2. Intra annos p. C. n. 41-54. — 3. Annus IX Trajani est annus 107 p. C. n. — 4. Anno 23 p. C. n. — 5. = *C. I. Gr.*, col. III. Plura dedit Franz sed plane incerta. — 6. Fuit vel Ἀοικίου [Μοννατίου Φιλακος, cf. P. M. Meyer, *Hermes*, XXXII, p. 222) vel Ἀοικίου Οὐαλερίου Ἡρίκλου, quorum alter rexit Aegyptum anno 131, alter annis 145-147. — 7. = *C. I. Gr.*, col. II b. Damnum maximum titulo intulit Mahmoud Bey qui anno 1870 cubitum arabicum hoc loco incidit. — 8. Restituit Borchardt ex apographo Wilkinsoni. De Ἀγαθττου pro Σιβαττοῦ posito cf. eumdem ad locum. Annus Neronis est intra annos 54-68; annus Augusti, intra 27 a. C. n. et 14 p. C. n. — 9. Ita Borchardt. Sed dubitare potes an nomina Caesaris Getae sint restituenda. — 10. Ἀοικλλίου Φιλάκου Idem cum dubitatione. Rexit ille Aegyptum annis 32-38. — 11. = *C. I. Gr.*, col. IV a et b. — 12. Anno p. C. n. 110 111. — 13. Anno 60 61 p. C. n. — 14. Anno 90 p. C. n. — 15. Anno a. C. n. 6. — 16. Anno 66 p. C. n. — 17. = *C. I. Gr.*, col. IV b. — 18. Anno 194 195 p. C. n. — 19. Ulpius Primianus (cf. P. M. Meyer, *Hermes*, XXXII, p. 483; Cantarelli, *op. cit.*, p. 63 provinciam rexit annis 194/196. — 20. Anno 141 142 p. C. n. Maximum damnum huic tituli parti attulit cubitus arabicus anno 1870 incisus. — 21. Cf. *Oxyr. Pap.*, II, 227, VIII, 18; *Pap. Cattaoui*, III, 1. 16 (*Archiv für Pap.*, III, p. 60 et Wilcken apud Borchardt, *l. c.* — 22. Nomen cujusdam praefecti. — 23. Dedit Franz secundum Wilkinson. Nihil vidit Borchardt.

1291. In insula Elephantine. — *C. I. Gr.*, 4892.

.... καθὰ πρ]οσῆκόν ἐσ τ[ιν π ερι [τ]ῶν π[ρ]ο'ν]ο[μίω]ν [κ]αὶ τῶν ἀπηγγ[ο-
ρευμέν]ων μ ή ε ἰαν ποιή σασ[θ α ι | ἐν τῇ ὑμετέρᾳ δεήσ[ει, τῷ διασημο[τ]άτῳ
<ατῳ> καθο λ ι κ ῷ ΄ [π ρὸς χ άριν ἐ]ρ ρ οντίσεται [ὡ ς οὐκ ἔ[δ]ει ὑ[μ]ᾶς |
[κα ι π ερὶ τούτων ἐνοχλῖσθαι · περὶ δὲ τῶν [γερ δίων ἅπερ ἐν τῇ νήσῳ ε[ῖ]ναι
ἐμνημονε[ύσ αται | ἅπερ διὰ τοῦ πραιποσίτου τοῦ ἐν Συήνῃ διατρίβον[τ]ος
ἐφ' ὑμ ετέρᾳ [βλ ασ ρ ημία κ ατέ]γεσθαι, ἐδή λ ωσεν γράμματα πρὸς τὸν τῆς

ἐπαρχείας ἡ[γ]ούμενον δοθ[έ]ντα, ἐν οἷς προσετάξαμεν, | ἵνα τὴν ἀδικίαν
ταύτην παρὰ τὸ ἐξ ὃν συνηθείας ἀποστρέψ[ι]ε, καὶ κωλύσι[ε] ἵνα ὑμεῖς | τὴν
εὐ[π]ά[θ]ειαν...... ὥσπερ ἡ ξ[ι]ώσαται ἔχειν.....|..... [ἐ]ν τῷ [ἐ]πι[λοίπ]ῳ
[χ]ρ ὄνῳ, εὐθέως ἐνόμισ[α] δεῖν........ | ἰ δ[ί]έ τις [ἐ]π[ιμ]ενε[ῖ] οὐ διστάσομεν,
εἰ καὶ τὰ μάλιστα τ[ὸ] νῦ ν] τῆ[ς] ὑμετέρας ἀ[ξ]ιώσεως [συμ]πα[θ]ίσ αντες,
10 ἐν ᾧ ἡ | κατάστασις ἠναντιώ[θ]η τῇ τοῦ κα[θ]ολικοῦ κελεύσει, ὑπεναντίον
τη[λι]κ[αύ]της ἐνοχλήσεως | προ[σ]νοησάμεθα ὑμῶν · καὶ ὅμως ἐπιδὴ ἐδηλώσατε
τοὺς [ὑ]μετέρους πολ[εί]τας | ἐκ τῆς προειρημένης ἐτίας μέχρει νῦν ἐν τῇ
τά[ξε]ι τῶν καθωλικῶν, τουτέστιν εἰς τὴν | .... ἐν διαστέματι κατέχεσθε[ι],
καὶ σφόδρα ἠ[ξ]ιώσατε ἵνα τὴν δ[ω]ρεὰν ἡμῶν, [ἢν εἰς τὴν | μνήμην ἐποιή-
σασθαι, ἰσχυρὰ[ν] ὑμῖν καὶ ἀκέρεαν διαφυλαχθῆναι κελεύσ[ω]μεν, γράμματα |
15 πρὸς τὸν ἡμέτερον [ἐπίτροπον] δοῦναι ἐκελεύσαμεν [ἵ]να τὴν ἡμετέραν δωρεὰν |
ἢν δὴ πάλιν εἰς τὸ πρόσωπον [ἡ μεῖ]ς ἐποι[ή]σάμεθα, ἰ[σ]χυρὰν διαμένειν
ἀν[έ]χηται | πλὴν ὅμως εἴ τινες ἐν ὑμῶν ὑπὲρ τοὺς ὅρους τοὺς ὑπὸ ἐμοῦ τοῦ
Διοκλητιανοῦ Σεβαστοῦ | ὑμεῖ ν παραδοθέντας χωρ[ίσ]αι ἔ[ρ]γῳ [π]ειρ[α]θῖεν
τὰ[ς] ἐ[ξ] ἔθους συντελείας ὑπὲρ αὐτῶν, | αὐτοὺς τὸ ἱκανὸν ποιεῖν πάσης
[ἀδικίας ...... ‖
20 Τῶν γραμμάτων ἑρμηνεῖ α].

[Αὐτοκράτωρ Καῖσαρ Γάιος Αὐρήλιος Οὐαλέρι[ο]ς Διοκλετιανὸς Εὐσ[ε]βὴς
Εὐτυχὴς Σε[β ασ[τὸς] ἀρχιερεὺ ς μέγ ιστ ο ς[3] | <ος> Ἰσ[η]ρικὸς Μέ[γιστ ο]ς
Π[ερ]σ[ι]κὸς Β[ρε[ττα]ν[υ]κὸς | Γερμανικὸς Μέγ ι[σ]τος Σαρματικὸ[ς Μέγι]στος |
25 [καὶ Αὐτ[ο[κρ]άτ[ωρ Κ]αῖ[σα]ρ Οὐ[αλέριος Μαξιμιανὸς] | Ἀρμενικὸς Μηδικὸς
Ἀ[δι]α[βη]νικὸς δημαρ[γικῆς] | ἐ[ξο]υσεί[α]ς [καὶ Γάιος Οὐαλέριος Μαξιμιανὸς |
.... [Μ]έ[γι]σ[το]ς Γερμανικὸς | ὕπατος καὶ Φ[λ]αύιος Οὐα[λ]έρι[ος] Κωνσ-
30 τάντ ι[ο[ς Γερμαν]]ικὸς Περσικὸς Βρ[ι]τανικοῦ Παρθικοῦ Ἀρμενικοῦ Ἀδιαθηνι-
κοῦ[4] | [.......... χαίρειν ·] | λ[έ[γ]ου σ[ι]ν Ἐλεφαντινείταις καὶ Συηνίταις τοῖς
ἐν Θηβαίδι .... | [τὴν] μὲν ὑπὲρ τῶν ἐξ ἔθους συντελειῶν γενομένην
35 πραγ[ματ εία]ν ὑπὸ τοῦ [ἐ]π[ισ][τ]ρα[τη[γ ου ὑμεῖς......

« Barbarae hujus inscriptionis fragmentum primo loco (v. 1-19) continet decretum
Imperatoris Diocletiani de finibus, ut videtur, Syenitarum et Elephantinitarum; altera
parte continetur epistola imperatoria, cujus in praescriptis comparent Valerius Maximianus et Caesares Galerius Maximianus et Constantius Chlorus » Franz.

Apographum Pocockii pessimum correxit Franz quem sequimur.

1. Ὁ καθολικός, = rationalis Aegypti; cf. Hirschfeld, *Verwaltungsbeamten* ed. II,
p. 258 et 260. — 2. l. c. κατέχεσθαι. — 3. Ordinem versuum 21 et 22 mire turbavit aut qui

titulum exaravit aut qui descripsit; emendavimus. — 4. Παρακοῦ Βρεταννικοῦ, etc., pro Παρακὸς Βρεταννικός, etc. — Titulus positus est inter annum 297 quo Diocletianus et alii cognomina Armeniacum et Adiabenicum acceperunt et 305 quo imperium deposuerunt Augusti.

1292. Syenae vel potius Thebis. — Milne, *Musée du Caire, gr. inscr.*, p. 45, n. 9238; de Ricci, *Archiv für Pap.*, II, p. 445, n. 67. Contulimus.

.... Α]ὐτοκράτορος Καίσαρος | Μάρκου Αὐρηλίου Ἀντωνίνου Σεβαστοῦ .... Παρθικοῦ Γερμανικοῦ Μεγίστου.

Est M. Aurelii aut Caracallae.

In parte lapidis aversa alterum titulum exaraverunt aetate Constantiniana.

1293. In insula Philis. — *C. I. L.*, III, 14147⁵. Lapidi insunt tres inscriptiones, prima hieroglyphice scripta, altera latine, tertia graece.

C. Cornelius. Cn. f. Gallu[s] eq[ues] romanu[s] ¹ post reges | a Caesare Deivi f. deuictos praefect[us] Alex[an]dreae et Aegypti primus defection[is] | Thebaidis intra dies XV quibus hostem u[i]cit bis a cie uictor ², V urbium expugnator Boro[s]e[os] ³, Copti ⁴. Ceramices ⁵, Diospoleos Megales ⁶, O[p]hieu ⁷, ducibus 5 earum defectionum inter[ce]]ptis, exercitu ultra Nili cataracte[n trans]ducto in quem locum neque populo | romano neque regibus Aegypti [arma ante s]unt prolata ⁸, Thebaide communi omn[i]um regum ⁹ formidine subact[a], leg[a]tisque re[gi]s Aethiopum ad Philas auditis eoq[ue] | rege in tutelam recepto ¹⁰, tyrann[o] Tr[iacontas]choenundi ¹¹ Aethiopiae constituto, die[i]s | patrieis et Nilo adiu-l[ori d. d.]|

10 Γάιος Κορνήλιος Γναίου υἱὸς Γάλλ[ο]ς ἱππεύ[ς] Ῥωμαίων ¹ μετὰ τὴν κατά-λυσιν τῶν | ἐν Αἰγύπτω[ι]βασιλέων πρῶτος ὑπὸ Καίσαρος ἐπὶ τῆς Αἰγύπτου καταστα[θ]εὶς, τὴν Θηβαΐδα ἀ[πο]στᾶσαν ἐν πέντε καὶ δέκα ἡμέραις δὶς [ἐν παρατάξει κατὰ κράτος νικήσας ⁴ σὺν τῶι τοὺς ἡ]γεμόνας τῶν ἀντιταξαμένων ἐλεῖν, πέν[τε τε πό]λεις τὰς μὲν ἐξ ἐφόδου τὰς δὲ ἐκ πολιορκ[ί]ας | καταλαβό-μενος Βορῆσιν ³ Κόπτον ⁴ Κεραμικὴ[ν] ³ Διοσπο[λ]ιν Μεγάλην ⁶ Ὀφίηον ⁷ καὶ σὺν τῆι 15 στρατιᾶι ὑ]περάρας τὸν καταράκτην, ἀβάτου στρατια[ῖ]ς τῆς χώρ[α]ς πρὸ αὐτοῦ γενομένης ⁸, καὶ σύμπασαν τὴ[ν]| Θηβαΐδα μὴ ὑποταγεῖσαν τοῖς βασιλεῦσιν ⁹ [ὑ]ποτάξ[α]ς, δεξάμενός τε πρέσβεις Αἰθιόπων ἐν Φί|λαις καὶ προξενίαν παρὰ τοῦ

βασιλέως λ[α]6ών [10] τύ[ρ]αννόν τε τῆς Τριακοντασχοίνου [11] τοπαρχία[ς] | μιᾶς ἐν
Αἰθιοπίαι καταστήσας θεοῖς πατ[ρίοις, Ν]είλω συνλήπτορι χαριστήρια.

Annum et mensem demonstrat inscriptio hieroglyphice scripta quae sic incipit :
Anno I, quarto mense hiberno, die xx, i. e. anno 29 a. C. n., die xvii mensis Aprilis.

1. Cornelius Gallus post Aegyptum devictam primus praefectus (Cantarelli, *Prefetti
di Egitto*, p. 13.. Eum sibi statuas per totam Aegyptum ponendas laudesque pyramidibus
insculpendas curavisse Dio testis est (LIII, 23, 5). « Post ejus abdicationem ejusmodi
monumenta statim deleta sunt. Certe hic lapis anno 13/12 a. C. n. fractus iu fundamentis
templi quod Caesari Augusto erigebatur consumptus est. » Dittenberger, *Orient. gr. insc.
sel.*, II, 654. — 2. Expeditionem memorat Strabo (XVII, 1, 52 : Στάτιν... γενηθεῖσαν ἐν τῇ
Θηβαίδι διὰ τοὺς φόρους ἐν βραχεῖ κατέλυσε ». — 3. Boresis oppidum ignotum. Mommsen suspicatur id situm fuisse iuter Thebaidis limitem septentrioualem et Coptum. — 4. Urbs
notissima. — 5. Ceramice, Κεραμεῖα, vicus territorii Thebaei, in ripa Nili orientali. —
6. Diospolis magna, eadem atque Thebae. — 7. Ophieon, vicus territorii Thebaei in
ripe Nili orientali. Cf. Hieronymum, ad an. Abr. 1900 : *Thebae Aegypti usque ad
solum erutae*; Euseb. (vers. Armen.) : *Thebaica suburbia in Aegypto funditus eversa
sunt* (ed. Schoene, II, p. 141, 1.). — 8. « Jure Mommsen monet de regibus Aegypti
quidem illud impudens mendacium esse, de Romanis satis manifesto verum, sed neu-
tiquam mirabile, si quidem nullus unquam Romanorum exercitus illic fuisset ante Galli
praefecturam. » Dittenberger. — 9. βασιλεύσιν, lat. omnium regum, i. e. omnium Aegypti
regum. — 10. Regis Aethiopum nomen ignotus ; quae ei successit regina Candace
vocabatur (Strab., XVII, 1, 54). Nota vocem προξενίαν quem titulus latinus in *tutelam*
convertit. — 11. Regio Triacontaschoeni, iucipiens fere ab Hiera Sycamino (Ptolem.,
I, 9, 9 et IV, 7, 32).

Titulum insignem commentati sunt Maspero, *Comptes rendus de l'Acad. des Inscr.*, 1896,
p. 110 et seq.; Hirschfeld, *Siztungsber. der Akad. zu Berlin*, 1896, p. 469 et seq.; Ser. Ricci,
Atti dell' Acc. di Torino, XXXI 1895-1896), p. 677 et seq. ; Wileken, *Zeitschr. für ägypt.
Sprache*, 1897, p. 70 et seq. Quos vide.

1294. In insula Philis. — Wescher, *Bullettino*, 1866, p. 51 ; Dittenberger, *Orient. gr.
insc. sel.*, II, 657.

Αὐτοκράτορι Καίσαρι Σεβαστῷ Σωτῆρι καὶ Εὐεργέτη ἔτους ιη [1] ἐπὶ Ποπλίου
Ῥοβρίου Βαρβάρου [2].

1. Anno 18 Augusti principis, id est 12 13 a. C. n. — 2. Cf. Cantarelli, *Prefetti di
Egitto*, p. 18 et supra n. 1072.

1295. In insula Philis. — *C. I. Gr.*, 4923; Kaibel, *Epig. gr.*, 978; Puchstein, *Epigr. gr.*, 28.

Καίσαρι ποντομέδοντι καὶ ἀπείρων κρατέοντι |
Ζανὶ τῶι ἐκ Ζανὸς πατρὸς Ἐλευθερίω ι, |
δεσπόται Εὐρώπας τε καὶ Ἀσίδος, ἄστρωι ἁπάσας |
Ἑλλάδος, ὃς (σ)ιωτ ἤ ρ Ζεὺ ς ἀ ν έ τ ειλε μέγας, |
Ἰσιδος ἐν προπύλοισι Κ α τί λιος ἁγνὸν ἔθηκε |
γρ ἀμμ᾿ ἀπ᾿ [Ἀλεξάνδρου ὃ εὖρο μο λ ὦν πόλιος. |
Καὶ μέγαν ἐκ μεγά λων Τουρράνιον, ἄνδρα δίκαιον, |
Αἰγύπτω πάσας φέρτατον ἡγεμόνα |
στάλλα ι ἐνεστάλωσεν, ἵν εἰς τόδε νάσω ἐδεθλον |
πᾶς ὁ μολὼν ὑμνῆι τὸν χθονὸς ἐλ βο δ έτην. |
Ταὶ δὲ Φι λαι φωνεῦντι κ αλό ν πέρας Αἰγύπτοιο |
ε μμὶ καὶ Αἰθιόπων γᾶς ὅριον νεάτας. |
Κατιλίου τοῦ καὶ | Νικάνορος | τοῦ Νικάνο ρος ἔτους | κγ´ [3] Καίσαρος |
Φαμεν ὼθ ιβ´ [4] | ἐπὶ Νείλου στρατηγοῦ.

1. Augustus hic vocatur Ζεὺς Ἐλευθέριος: ut alibi supra n. 1163 . — 2. De C. Turranio, praefecto Aegypti cf. supra n. 1109. — 3. Vel κς´; cf. Cagnat, *Comptes rendus de l'Acad. des Insc.*, 1905, p. 609. — 4. Ergo anno a. C. n. 7 vel 4, die vii mensis Martii.

1296. In insula Philis. — Lyons et Borchardt, *Sitzungsber. der Berlin. Akad.*, 1896, p. 469, not. 1 ; Dittenberger, *Orient. gr. insc. sel.*, 670.

Αὐτοκρά τορα Καίσαρ α | Οὐε σπασιανὸ ν Σεβαστὸ ν [1] | .... | τὸν
σωτῆρα καὶ εὐεργέτην | οἱ ἀπὸ Φιλῶν καὶ Δωδεκασχοίνου.

1. Annis 69 79 p. C. n.

1297. In insula Philis. — *C. I. Gr.*, 4906.

Αὐτοκρατόρων.

« Hoc scriptum est supra octo clypeos hieroglyphicos (cartouches) continuo ordine in una linea positos, quorum septem nomina Imperatorum M. Aurelii et L. Veri referunt Aurelios, Antoninos, Autocrator, Sebastos, Caesares, Lucios, Veros ut interpretatus est secundum Champollionem Rosellinus, octavus elogium κρατκὸς et αἰωνόβιος continet interprete Letronnio ». Franz.

1298. In insula Philis. — De Ricci, *Archiv für Pap.*, II, p. 451, n. 93.

Οὐαλέριον Διοκλητιανὸν Σεβαστὸν | καὶ Οὐαλ. έριον Κωνσταντι ον.....

1299. In insula Philis. — *C. I. Gr.*, add. 4935 b; Kaibel, *Epigr. gr.*, 985; Puchstein, *Epigr. gr.*, 30.

[Ἰ]ούνιος ἔνθα Σαβῖνος ἔχων Ἰτυραιίδα [π όρπαν |
ἷκτο Συηναίας ἐσμὸν ἄγων στρατιᾶς ', |
[ἔνθ]α πανο[π]τεύουσαν ἐοῖς ἐγάνωσεν ἰάχροις |
Εἶσιν [ἐκσ]ώ ειν] κόσμον ἐπισταμέναν · |
5 [καὶ γὰρ ἄμυνεν ρ]ὅλα μ ε μήγ[οτα Ῥω]μ ὑλιδαισ ι |
τῶν Θράσος ἐκδικάσα ς ἥκεν ἔχων ἀγέ λ ας |
[σωθεὶς δὲ κατὰ μ ῶλον, ἕεις τότε καὶ π άρος ἀνήρ |
[αὐτ' ἀπέδωκε χάριν κ]αὶ στέρος ἁρμόσατο.

Supplementa quae recepimus pleraque dedit Puchstein.

1. Syenae tendebant cohors II Ituraeorum primo p. C. n. saeculo *C. I. L.*, III, 14147 ', cohortes tres Flaviorum aetate coh. I Hispanorum eq., coh. II Ituraeorum eq., coh. I Thebaeorum eq. : *ibid.*, 14147 ² cohors una altero saeculo I Fl. Cilicum eq. : *ibid.*, 14147 ⁴⁻⁵.

1300. In insula Philis. — *C. I. Gr.*, 4931-4932 ; cf. *addenda et corrigenda*, p. 1229; Lepsius, *Denkmäler*, XII, tab. 88, n. 261.

Γάϊος Ἰούλιος Πάπειος ἔπαρχος | ἥκωι καὶ προσκεκύνηκα τὴν κυρί[αν Ἶσιν σὺν
5 Ἰουλίωι τῶι υἱῶι, καὶ ὁ|πὲρ Γαίωνος τοῦ νεωτέρου υἱοῦ, ἔ|τι δὲ καὶ σὺν τοῖς
φίλοις καὶ σὺν | ἀποδήμοις Συμμάχωι, Εὐμένει, | Ἀπολλωνίωι Χάρητος καὶ
υἱῶι Ἀπελλᾶι | καὶ Ἀπίωνι.... καὶ Λυσιμά χωι] καὶ τοῖς | κεντορίωσι Ῥούρῳ,
10 Δημητρίωι, Νίγρωι, | Οὐαλερίωι, Λαβέωνι, Τερεντίωι, | Νικάνορι, Βαρωνᾶτι,
καὶ τῶν παιδα|ρίων μου πάντων ἔτους κ' τοῦ] καὶ ε' Φαμ[ενώθ) α' '.

1. Die xxv mensis Februarii anno a. C. n. 25 = 5 captae Aegypti.

1301. In insula Philis. — *C. I. Gr.*, 4935. Cf. *addenda et corrigenda*, p. 1230; Lepsius, *Denkmäler*, XII, tab. 72, nn. 5, 6, 7.

... αλαιπότηρις Πετεαμῆνος ἦλθον, προσεκύνησα τὴν κυρίαν Ἶσιν καὶ

ἐποίησα τὸ προσκύνημα..... ¹ υἱοῦ Διοδώρου καὶ Διονυ]σίου τοῦ υἱοῦ καὶ
Ἱερωνύμου τοῦ ἀδελφοῦ καὶ Σερᾶτος τῆς ἀδελφῆς [καὶ]... οὗτος καὶ Ζωίλου
ἔτους ιδ′ Καίσαρος Φαρμοῦθι ιη′ ².

1. ΘΟΝCΥΙΟΥ, etc., Lepsius. — 2. Die Aprilis xiii, anno 16 a. C. n. Initio desunt
literae circiter triginta.

1302. Philis. — C. I. Gr., 4933. Cf. addenda et corrigenda, p. 1230; Lepsius, Denkmäler, XII, tab. 91, n. 302.

Πτολεμαῖος Ἡρακλείδου | ἐπιστράτηγος τῆς Θηβαίδος | ἦλθον καὶ προσεκύ-
5 νησα τὴν | θεὰν Ἴσιν τὴν μεγίστην | ἔτους ιδ′ Καίσαρος Αὐτοκράτορος] ¹.

1. Anno a. C. n. 17-16. Traditur ΑΥΓ.

1303. In insula Philis ut aiunt. — C. I. Gr., add. 4938 b.

Ἰούλ[ιος Τείμαρχος ἀνέθηκεν συνόδωι Εἰς]ιακῆι τὴν θεὰν | ἔτους ιη′ Καί-
5 σαρος | Θῶυθ θ′ ¹.

1. Anno 13 a. C. n., die mensis Septembris vi.

1304. In insula Philis. — C. I. Gr., add. 4941 c; Lepsius, Denkmäler, XII, tab. 88,
n. 267.

....]ς μυρεψὸς ἐλ[θὼν εἰς Φί]λας ἐπόησε | [τὸ προσ]κύνημα τῶν | τέκνων
5 α(ὐ)τοῦ καὶ | [τῶ]ν φίλων πάν|[τω]ν καὶ τῶν φιλού|[ντ]ων αὐτὸν [ἔτους χ]γ′
Καίσαρος | [Με]σορὴ ιδ′ ¹.

« Titulus quum infra numerum 4923 (= nostrum 1295) positus sit, Letronnius conjicit
fuisse κγ′ Καίσαρος ex quo anno est etiam n. 4923 » Franz. Erit ergo annus 7 a. C. n.,
dies vii mensis Augusti.

1305. In insula Philis. — C. I. Gr., add. 4929 c; Lepsius. Denkmäler, XII, tab. 89,
n. 282.

5 Αὖλος Νοού ιος] ¹ | Φαῦστος ἥ[κω] | σὺν τοῖς προγε]γραμμένοις ‖ φίλοις
καὶ προ|σκύνησα τὴν | κυρίαν Ἴσιν | ἔτους λα′ Καίσαρος | Μεσορὴ ιζ′ ².

1. ΝΟΟΥΡ traditur. — 2. Anno p. C. n. 2, die mensis Augusti x.

1306. Philis. — *C. I. Gr.*, add. 4928 b; Lepsius, *Denkmäler*, tab. 89, n. 281.

5　Κρόνιος Ἀρποχρατί ωνος καὶ Ἀργῆ|μις Πεταμείνε|ως ἤλθομεν | καὶ προσε-
10 κυνή|σαμεν τὴν κυρί|αν Ἶσιν σὺν τοῖς | φίλοις Κρονίωι | καὶ Διδύμωι, ἀμ|βο-
τέρων Τρύφω|νος, καὶ Ἀρποχρα|τίωνι Σαραπίωνος | καὶ ἐποιησάμεθα | τὸ προσ-
15 κύνημα Ἀρ|ποχρατίωνος τοῦ | Ἐπωνίγου ¹ καὶ τῶν | αὐτοῦ πάντων | ἔτους
20 λ᾽α᾽´ Καί|σαρος ‖ Μεσορὴ ιζ᾽ ².

1. Οἰ]ωνίχου, Franz; Εὐωνύμου, Letr. — 2. Die x mensis Augusti, anno p. C. n. 2.

1307. Philis. — *C. I. Gr.*, 4909. Cf. *addenda et corrigenda*, p. 1223; Lepsius, *Denkmäler*,
tab. 83, n. 204.

Ἀμμώνιος Διονυ|σίου εὐχὴν ἐπόησε | Ἶσιδι καὶ Σαράπιδι καὶ | τοῖς συννάοις
5 θεοῖς | τὸ προσκύνημα Πρωτ|άτος τοῦ ἀδελφοῦ κα|ὶ τῶν αὐτοῦ τέκνων καὶ |
10 Νίγρου τοῦ ἀδελφοῦ καὶ | τῆς γυναικὸς καὶ Δημ|ᾶτος καὶ τῶν τέκνων αὐ|τῆς καὶ
Διονῦτος καὶ Ἀνο|υβᾶτος ἔτους λα᾽ Καί|σ αρος Πα|ῦνι ιβ᾽ ¹.

1. Anno 2 p. C. n., mense Junii die vi.

1308. Philis. — *C. I. Gr.*, 4922; cf. *addenda et corrigenda*, p. 1226; Lepsius, *Denkmäler*,
tab. 88, n. 257.

Ἡγεῖλλος Κα..ου | Παρμενίων Ποσιδήϊου | Διονυσιάδης Διονυσιάδ᾽ου] |
5 Διοσκουρίδης Εὐτύχο[υ] | καὶ Ἰιν..ης Ὀρτήσιος Φ|ρ...ρος Ζηνοθέμιδος | λ...ται ¹
ἐλθόντες πρὸς | τὴν σεμνὴν Ἶσιν (ἐ)μνήσ θησαν] τῶν | οἰκείων ἔτους λη᾽ Καί-
σαρος, Φαῶ[φι...] ².

1. [ναῦ]ται proposuit de Ricci. — 2. Anno p. C. n. 8, mense Sept.-Oct.

1309. Philis. — *C. I. Gr.*, 4940; cf. *addenda et corrigenda*, p. 1231; Lepsius, *Denkmäler*,
XII, tab. 89, n. 273.

5　.... | πρὸς τὴν κυρία[ν] | Εἶσιν ἐπόησα τ᾽ὸ] | προσκύνημα Διδύμης | τῆς
μητρὸς τῶν παιδίω᾽ν] | μου καὶ τῶν ἀμφοτέρων | τέκνων | ἔτους θ᾽ Τιβερίου
Καίσαρο[ς] | Σεβαστοῦ Ἐπεὶρ ι᾽´.

1. Anno p. C. n. 23, mense Julio die iv.

1310. In insula Philis. — *C. I. Gr.*, add. 4944 b, p. 1233; Lepsius, *Denkmäler*, XII, tab. 91, n. 316, 319, 320; Puchstein, *Epigr. gr.*, p. 65.

Ἴσιν τὴν ἐν Φίλαις προσκυνήσας τις εὐτυχεῖ |
οὐχ ὅτι μόνον πλουτεῖ, πολυζωεῖ δ' ἅμα τούτῳ |
τραφεὶς δ' ἐγὼ πὰρ Φαρίᾳ Ἴσιδι ἐνθάδ' ἱκόμην |
— εἰμὶ δ' ἐγὼ Σερῆνος Βόηθος ἀγακλυτοῦ Πτολεμαίου. — |
ὁμοῦ σὺν Φήλικι καὶ Ἀπολλωνίῳ ζωγράφῳ |
χρησμοῖς Ἀπόλλωνος ἀνικήτοι ὁ ἄνακτος |
σπονδῶν καὶ θυσιῶν ἕνεκα ἐνθάδ' ἱκόντες |
δεόμενοι καὶ τούτων μετασχεῖν · πρέπον γὰρ ἦν. |
οὐδένα μῶμον εὑρήσεις. |
τὸ προσκύνημα Φήλικος Λικινίου καὶ Σαραπίωνος | [....]μποῦτος καὶ τοῦ οἴκου
αὐτῶν καὶ Πομπηιανοῦ | φίλου ἐπὶ τὸν ἀεὶ χρόνον · ἔτους λα' Φαμενὼθ κθ' ' |
ἐπ' ἀγαθῶι. |
Τὸ προσκύνημα Λικίνι(ο)ν τὸν | καὶ Ἀπολλώνιον καὶ τῆς συνβίου | αὐτοῦ καὶ
τῶν τέκνων καὶ τοῦ | οἴκου ὅλου παρὰ τῆς μυριωνύμου | Ἴσιδος σήμερον ἐπ'
ἀγαθῶι · ἔτους λα' | Φαμενὼθ κθ'.

1. De aetate tituli ambigitur.

1311. In insula Philis. — *C. I. Gr.*, add., 4922 d ; Dittenberger, *Orient. gr. inscr. sel.*, II, 695.

Θεόμνηστος Πτολεμαίου στρατηγὸς Φιλῶν ' ἦλθον | καὶ προσεκύνησα τὴν
μυριώνυμον Ἴσιν καὶ τοὺς | ἐν τῶι Ἀβάτῳ θεοὺς καὶ τὸ προσκύνημα ἐποίησα |
Ἀπολλωνίου καὶ Διονυσίου Ἐπιφανείων, τῶν ἐμῶν | ἐπιστατῶν καὶ τῶν τούτων
τέκνων καὶ γυναικῶν | καὶ τῶν ἡμετέρων πάντων, ἔτους........... '.

1. Strategus nomi qui dicitur περὶ Ἐλεφαντίνην καὶ Φίλας. — 2. Epistata stratego proximus in nomis administrandis. — 4. Anni notatio erasa; Commodi nomen hic scriptum fuisse suspicatur Letronne.

1312. In insula Philis. — *C. I. Gr.*, add., 4915 b ; Lepsius, *Denkmäler*, XII, tab. 71, n. 3, 4.

Ἀρπαῆσις Ἀμμωνίου ἀπὸ Φαρεμὼ ' ἐποίησε (εὐσ)εβίας χάριν ἐπ' ἀγαθῶι

ἔτους | η' Σεουήρου καὶ Ἀντωνί(νο)υ Καισάρων τῶν κυρίου² Παῶνι ι'³.
Ἀρπαῆσις Ἀμμωνίου ἀ[π]ὸ Φαρεμὼ ἐποίησεν εὐχαριστίας χάριν ἐπ' ἀγαθῶι.

1. Pharemo locus est aliunde non notus. — 2. Ita traditur pro κυρίων. — 3. Die IV mensis Junii, anno 200 p. C. n.

1313. In insula Philis. — *C. I. Gr.*, 4943, cf. *addenda et corrigenda*, p. 1232; Lepsius, *Denkmäler*, XII, tab. 89, n. 272; Kaibel, *Epigr. gr.*, 981.

Ἤλθομεν, Αἰγύπτοιο πέρας, περικαλλέα νῆσον
Ἴσιδος Ἰναχίης γαῖαν ἐποψόμενοι
καὶ Νείλου βαθὺ χεῦμα, ἐς Αἴγυπτον πολύολβον
αἰὲν ἔτος σώζει Καίσαρος εὐτυχίαις¹.
Χαῖρε, ἄνασσα φίλα · χαίροις θ' ἄμα καὶ σύ Σάραπι,
γαῖαν ἐναντιπέρα ναίων, Ἄβατον² πολύσεμνον,
καὶ πέμψαις ἡμᾶς σώους ἐς Κρόνου ἐμπόριον.

1. Ad. Caesaris felicitatem id est ut quotannis Romam annona afferatur. — 2. Insula, prope Philas sita.

1314. Loco incerto. — Botti, *Notice du Musée d'Alexandrie*, p. 167, n. 2503. Descripsimus.

Θεοῖς Σωτῆρσι τὸ κολλήγιον¹ ὑπὲρ | εὐσεβίας χάριν ἐπ' ἀγαθῶι, ἔτους β'
παχ(ὼν) ι'.

1. Collegium.

1315. Loco incerto ; in Aegypto inferiore. — *C. I. L.*, III, 6583.

Βασιλίσσης καὶ βασι|λέως¹ προσταξάντων, | ἀντὶ τῆς προανακει|μένης περὶ
5 τῆς ἀναθέσε|ως τῆς προσευχῆς² πλα|κὸς ἡ ὑπογεγραμμένη | ἐπιγραφήτω. | Βασι-
10 λεὺς Πτολεμαῖος Εὐ|εργέτης³ τὴν προσευχὴν | ἄσυλον. | Regina et Rex
iusser(un)t.

1. Sine dubio Zenobia et Vaballathus; cf. Mommsen, *l. c.* — 2. Προσευχή, oratorium Judaeorum : de quo vide Sal. Reinach, *Bull. de corr. hellén.*, XIII (1889, p. 181. —
3. « Euergetes qui dedicationem fecit utrum prior an secundus, certa ratione non deter-

minari potest ». Mommsen. Secundum fuisse putat Mahaffy apud Petrie, *History of Egypt.*, IV, p. 192.

1316. — Loco incerto, in Aegypto inferiore. — Milne, *Musée du Caire, gr. inscr.*, p. 43. Contulit de Ricci.

Ὑπὲρ Αὐτοκράτορος Καίσαρος | Τίτου Αἰλίου Ἀδριανοῦ | Ἀντωνείνου Σεβασ-
5 τοῦ Εὐσεβοῦς, | Πετέχων Πιβῆροῦς ἀνέθηκεν ‖ ἔτους ιζ' Θωθ α' [1].

1. Mense Augusto die XXIX, anno 153 p. C. n.

1317. Loco incerto, in Aegypto inferiore. — Botti, *Notice du Musée d'Alexandrie*, p. 144, n. 2487; de Ricci, *Archiv*, II, p. 430, n. 4.

[Ὑ]πὲρ Αὐτοκράτορο[ς] | [Κ]αίσαρος Θεοῦ υἱοῦ | Σεβαστοῦ Βουβάστ[ι] καὶ
5 Πασχίτι [1] θεοῖς | μεγίστοις Ὡρίων ‖ Ἑρμαίου ᾠκοδόμη[σ]εν τὸ τῖχος | ἔτους
κδ' Καίσαρος Φα(μενώθ)? ε' [2].

1. Dea Bubastis nota est; cf. Hérod., II, 137; Πασχῖτις non aliunde innotuit. — 2. Anno 6 a. C. n., die primo mensis Martii.

1318. Loco incerto, in Aegypto inferiore. — De Ricci, *Archiv.*, II. p. 430, n. 6.

5 Εἰμὶ Μαχάων | τοῦ Σαββα|ταίου · τε]λευτῶ ἐτῶν ‖ πέντε Φιλ|ουμένη | μήτηρ
10 ἀγθόμενος · μογε|ρῶς τοίνυν, ὦ πάρο|δοι, δακρύσατε · | ἔτους λζ' Καίσαρος
Φαμ(ενώθ) ιη' [1].

1. Anno 8 p. C. n., die XIV mensis Martii.

1319. Loco incerto (Sersena, in provincia Menoufieh?). — Botti, *Notice du Musée d'Alexandrie*, p. 148.

A. [Ἁρ]ποχράτην θεὸν μέγιστον [ἐ πιφανὴν | Λυκαρίων Ἀμφιωνέως ἀνέθηκεν
ἐκ τοῦ | ἔτους ιδ' Νέρωνος Κλαυδίου Καίσαρος Σεβαστοῦ | [Γ]ερμανικοῦ Αὐτο-
κράτορος μηνὸς Καισαρείου [1].

B. Ἁρποχράτην θεὸν μέγιστον | Λυκαρίων ἀνέθηκεν.

1. Anno p. C. n. 68. Mensis Καισάρειος respondet mensi aegyptiaco Mesori. Cf. Wilcken, *Gr. ostr.*, I, p. 810.

1320. Loco incerto. — K. Pichl, *Zeitschr. für ägypt. Sprache*, XXVI 1888, p. 116 ; de Ricci, *Archiv*, II, p. 431, n. 12.

Ἀπόλλω'να ἀνέθηκε Δημή[τ]ριος | τῇ συνόδῳ ἔτους ι' Τι[βε]ρίου Καίσαρος |
5 Σεβαστοῦ Παῦνι ‖ λ΄ ¹.

1. Anno 24 p. C. n. die Junii XXIV.

1321. Loco incerto. — Nunc in Cairino museo. — Descripsit Palanque.

5 Δι[ὶ] Ἡλίῳ | μεγάλῳ | Σαρά[πι]δι καὶ ‖ Εἴσιδι | [μυ]ριω[νύ]μῳ | κ[α]ὶ
10-15 το[ῖς] | σ[υννάοις] ‖ θε[οῖ]ς ['Αρ]π[ο]|χ[ρατίων] | τ.....σ|σ....υρ[κ..υτω]κ....ος |
20 π....πω | ὑπὲρ εὐχα[[ριστ]ίας χά|ριν ¹ ἀνέθη‖καν ἐπ' ἀγα[θῷ ἔτους τ' Ἀντω-
νεί[νου] | καὶ Οὐήρου τ[ῶ]ν ² | κυρίων Σεβα[σ]τῶν | Ἀθὺρ ιϛ΄ ³.

Pleraque supplementa nobis proposuit de Ricci.

1. Traditur ΥΠΕΡΕΥΧ|ΡΙΙCΙΑCΑΧ|ΡΙΝ. — 2. Traditur ΤΟΝ. — 3. Anno p. C. n. 165 die VIII mensis Novembris.

1322. Loco incerto. — Th. Reinach apud de Ricci, *Archiv*, II, p. 431, n. 9. Lapidem in museo Guimet asservatum descripsit de Ricci.

Ὑπὲρ Αὐτοκράτορος | Καίσαρος θεοῦ υἱοῦ Διὸς | Ἐλευθέλιου ¹ Σεβαστοῦ |
5 ἐφ' | ἡγεμόνι Ποπλίου Ὀκταείου ² | ἐποίησαν βαστορέλου ³ Ἡλίῳ | ....χ. ⁴
αρριστο | Τόβι κη΄ ⁵.

1. Pro Ἐλευθερίου. De hoc Augusti imperatoris nomine cf. supra n. 1163. — 2. Pro ἡγεμόνος. P. Octavius praefuit Aegypto annis 13 p. C. n. Cf. supra *ibid.* — 3. Pro βαστο-φόροι. — 4. Forsitan Ἡλ[ιόδωρος κ]α[ί]. — 5. Die XXIII mensis Januarii.

1323. Loco incerto. — Botti, *Catal. du Musée d'Alexandrie*, p. 282, n. 107 ; de Ricci, *Archiv*, II, p. 434, n. 26.

5 .....Σεβαστὸς | ....ται πτο | .....ας τῆι πό|[λει]........ νου ¹ | ....
Αἰγύπτου | ....υ Καίσαρος | ....ου | .... Φαρμ]οῦθι κθ΄.

1. Vel λίου. Supplementa haec proposuit de Ricci dubitans, collatis nn. 1124, 1125 : [ἐπὶ Λουκίου Ἰου]λίου | [Οὐησ]τίνου ἐπάρχου] Αἰγύπτου | [ἔτους . Νέρωνος Κλαυδίο]υ Καίσαρος | [Σεβαστοῦ Γερμανικ]οῦ | [Αὐτοκράτορος Φαρμ]οῦθι κθ΄.

1324. Loco incerto. - G. Lefebvre, *Bull. de corr. hellén.*, XXVI (1902), p. 449. Ectypum benigne misit idem.

Ἔτους θ' Αὐρηλίου | Ἀντωνείνου Καίσαρος τοῦ | κυρίου Ἀρμηνιακοῦ
5 Μηδικοῦ | Παρθικοῦ μεγίστου Παῦνι ις' ‖ Γαίου Ἰουλίου Μαρείνου οὐε|τρανοῦ
καὶ Ἀπολῶνις [Τ .| Ο οσπῶτος¹ ἀνέθηκαν | ὑπὲρ εὐσεβείας ἐπ' ἀγαθῷ².

1. ΠΙΙΟΟΣΠΩΤΟΣ traditur. — 2. Anno p. C. n. 169 : die x mensis Junii.

1325. Loco incerto. — Milne, *Musée du Caire, gr. insc.*, p. 32, n. 9297.

Ἔτους κς' [Κομμόδου Καίσαρος τοῦ κυρίου | [Τ οδι ς'¹ Αἴλιος Σωκρα-
τικὸς ἐπίτροπος | Σεβαστοῦ τὴν συνοικίαν σὺν τῇ ἀκτῇ | καὶ τῷ οἴκῳ ἀπὸ
5 θεμελίου κατεσκεύασεν | διὰ Αἰλίου Εὐτυχοῦς βοηθοῦ.

1. Anno p. C. n. 186, kalendis Januariis.

1326. Loco incerto. — *C. I. Gr.*, 4965; W. Fröhner, *Inscr. gr. du Louvre*, p. 39. Contulimus.

Θαμῖνις Ἀπολλωνίου, μητρὸς Τόξ[κιος] | ἀνέθηκεν ὑπὲρ εὐσεβίας χάριν ἐπ'
ἀγ αθῷ | ἔτους ια' Αὐτοκρατόρων Καισάρων Λουκίου | Σεπτιμίου Σεουήρου
5 [Εὐσεβοῦς] Περτίνακος | Σεβαστοῦ Ἀραβικοῦ Ἀδιαβηνικοῦ Παρθικοῦ | μεγίστου
καὶ Μάρκου Αὐρηλίου Ἀντωνίνου Εὐσεβῶν | Σεβαστῶν Μεχεὶρ β'¹.

1. Anno p. C. n. 203 die xxvii mensis Januarii.

1327. Loco incerto. — G. Lefebvre, *Bull. de corr. hellén.*, XXVI (1902), p. 448. Ectypum misit ibidem.

Κομῶυρ | Ἀλεξάν|δρου οἰκο|δόμησε μ|νήμην Διδ|υμῆτι Ἡρακλ|ίδου ἐτῶν
5 τ|ριάκοντα · ἔτους ιε' Τ|ιβερίου Καίσαρος | Χοίακ κα' ὅρα ἐν|δεκάτῃ τῆς
ἡμέ|ρας.

1. Die xvii mensis Decembris anno p. C. n. 25.

1328. Loco incerto. — De Ricci, *Archie für Pap.*, II, p. 132, n. 15.

Δι ονύσιος ἄρχων καὶ φιλάγαθο[ς] [1] | ἐ]ποίησεν συνόδωι νεωτέρων..[.. | ἀ μφέ-
δου · ἔτους ιζ' Τιβερίου Καίσαρο ς | Σεβαστοῦ Φαμενώθ β' [2].

1. Cf. Ziebarth, *Griech. Vereinswesen*, p. 155. — 2. Anno p. C. n. 31, die XXVI mensis
Februarii.

1329. Loco incerto. — De Ricci, *Archie*, II, p. 438, n. 39.

Τόπος Ἡρακλῆς | Ἀλέξανδρος | Κολλούθης | Σωτήρ Ὀρίων ‖ ἔτους α'
Τραιανοῦ | [Κ]αίσαρος το[ῦ κυ]ρίου [1].

1. Anno p. C. n. 97 98. Cf. supra n. 1151.

1330. Loco dicto Kardassy sunt lapicaedinae, ubi aetate romana in rupe sacellum est
incisum, cujus in parietibus multa proscynemata inscripta sunt. Quae ad res romanas
nequaquam pertinent nisi quod annos imperatoris enuntiant. Ea *Corpori inscriptionum
graecarum* inserta sunt nn. 4980 et sqq.

4980 Lepsius, 366) : ἔτους ιγ' τῶν κυρίων Αὐτοκρατόρων Σεουήρου καὶ Ἀντωνίνου Εὐσεβῶν
Σεβαστῶν Χοιακ ιε'; anno p. C. n. 204, die XII mensis Decembris.

4984 (Id., 375) : ἔτους ιγ' τῶν κυρίων Αὐτοκρατόρων Σεουήρου καὶ Ἀντωνίνου Εὐσεβῶν Σεβαστῶν
Φαρμοῦθι ιε'; anno 204, die X mensis Aprilis.

4989 (Id., 364 : ἔτους κγ' Ἀντωνίνου Σεουήρου ιε' Μαχείρ; anno 215, die IX mensis Februarii.

4991 (Id., 368) : Μάρκος Αὐρήλι(ου) Σεουήρου Ἀντωνίνου ἔτους ιθ' Τῦδι κ'; anno 216? die
XVI mensis Januarii, vel die XV ejusdem mensis, anno 211.

4994 (Id., 360) : ἔτους κε' Μάρκος Αὐρήλιος Σεουήρου Ἀντωνίνω; anno 217.

4996 (Id., 345) : ἔτους δ' Ἀντωνίνου Φαμενώθ κζ'; anno 221, die XXIII mensis Martii.

4997 (Id., 333) : ἔτους β' Σεουήρου [Ἀλεξάνδρου] Εὐσεβοῦς Εὐτυχοῦς Σεβαστοῦ Φαμενώθ κη';
anno 223 die XXIIII mensis Martii.

4998 : ἔτους γ' Ἀλε[ξ]άν[δρ]ου; anno 223 224.

4999 (Id., 338) : ἔτους γ' Ἀλε[ξ]ανδ(ρου) Φαμενώθ κδ'; anno 224 die XX mensis Martii.

5001 (Id., 344) : ἔτους ιδ' Αὐτοκράτωρος Καίσαρος Μάρκου Αὐρηλίου Σεουήρου [Ἀλεξάνδρου]
Εὐσεβοῦς Εὐτυχοῦς Σεβαστοῦ; anno 234/235.

5004 (Id., 332) : ἔτους β' Γορδιανοῦ; anno 238 239.

5006 (Id., 348) : ἔτους ζ' Ἀντωνίου Γορδιανὲ Φαμενώθ α'; anno 244, die XXV mensis
Februarii.

5008 (Id., 328) : Δευτέρου ἔτους Φιλίππου ἔτους β'; anno 244 245.

5010 (Id., 325) : ἔτους ε' τῶν κυρίων ἡμῶν Φιλίππων Σεβαστῶν Παχών κε'; anno 248, die
XX mensis Maii.

1331. Talmi, in templo dei Mandoulis. — J. P. Mahaffy et Bury, *Bull. de corr. hellén.*, XVIII 1894, p. 150 et sq.

Est poema deo sacrum, satis barbare conceptum, de quo vide Mahaffy et Bury, *l. c.*; G. Gastinel, *Mélanges de l'École de Rome*, 1895, p. 484 et seqq.; Erwin Rohde, *Philologus*, IV 1895, p. 11 et sqq., et II. Weil, *Études de littérature et de rythmique grecques*, p. 112 et sqq. E singulis litteris initio cujusque versus positis efficiuntur verba haec : Μάξιμος δεκυρίων ἔγραψα.

1332. Talmi. — Lepsius, *Denkmäler*, XII, tab. 97, n. 433.

Ἔτους τρίτου Τίτου τοῦ κυρίου | Ἐπεὶφ κθ´ ¹ προσεκύνησα θεὸν | μέγιστον
5 Μανδοῦλιν Λούκιος | Ἀρράνιος Κλᾶρος καὶ Γάιος Σεπτού‖μιος Σατορνῖλος καὶ
Μάρκος Οὐαλέ|ριος Κλήμης ἱππεῖς τούρμης Πρόμου | καὶ Προκουλήιος καὶ
Δομίτιος Κέλσος | καὶ Κορνήλιος Γερμανὸς καὶ Κάδιος Λόν|γος καὶ ἐποήσαμεν
10 τῶν φιλούντων ‖ ἡμᾶς τὸ προσκύνημα ἐ[π᾿] ἀγαθῷ σήμερον καὶ τοῦ ἀναγει-
νώσκοντος.

1. Anno p. C. n. 81, die xxiii mensis Julii.

1333. Talmi. — Lepsius, *Denkmäler*, XII, tab. 97, n. 434.

Τὸ προσκύνημα Λουκίου Ἀντων|ίου Πούδης ἑκατονταρχίας Κρεπερ[η]ίου ¹
Λούκιος Μά?|[ρι]ος ² Κέλσος ἑκατονταρχίας Καλπρονίου Γαίου...|...... ³ ἑκα-
5 τονταρχίας Δομιτίου Μάρκος Αντωνίου | ...... ⁴ [ἑκατονταρχίας Καλπορνίου
Γαίου] Οὐαλερίου | Ὑπατιτίου (ἑκατονταρχίας) Κορνηλίου θεὸν μέγισ|τον
Μαδούδολος ἔτους τετάρτου | Δομετιανοῦ τοῦ κυρίου Καίσαρος | Παχὼν κβ´ ⁵
σήμερον.

1. Traditur ΚΕΡΠΕΡΜΙΟΥ. Cf. infra n. 1337. — 2. Traditur ΜΜΠΟΣ. — 3. Traditur ΤΑΙΠΛΟΝΡΩ. — 4. Traditur ΥΛΟΙΑΗΟΥΤ. — 5. Anno p. C. n. 84, die xvii mensis Maii.

1334. Talmi. — Lepsius, *Denkmäler*, XII, tab. 97, n. 448.

Τὸ προσκύνημα Μάρκου Ἀντωνείου Οὐά|λεντος ἱππέος σπείρης α´ | Θηβαίων
5 ἱππικῆς ¹ τύρμης ‖ Καλλιστιανοῦ ² καὶ τῶν ἀδελ|φῶν καὶ τοῦ ἵππου καὶ τῶν

αὐ|τοῦ πάντων καὶ τῶν φιλούν|των αὐτὸν πάντων καὶ τοῦ | γράψαντος καὶ τοῦ
5 ἀναγεινώσ|κοντος παρὰ θεῷ μεγείσ|τῳ Μανδούλει σήμε|ρον ἐπ᾽ ἀγαθῷ κυρείῳ |
Μανδούλει.

1. Cohors I Thebaeorum equitata. — 2. Traditur ΚΑΛΜCΤCΤΙΑΝΟΥ: cf. infra,
n. 1351.

1335. Talmi. — Lepsius, *Denkmäler*, XII, tab. 97, n. 113.

Τὸ προσκύνημα Ποπλίου Ἀπολλίου | Οὐάλεντος ἱππέος κώρτης α΄ Θηβαίων |
5 τύρμης .....ων....ως | καὶ τῶν αὐτοῦ πάντων καὶ τοῦ ἀνα|γεινώσκοντος παρὰ
θεῷ μεγίστωι | Μανδούλι σήμερον.

1336. Talmi. — *C. I. Gr.*, 5057.

Εἴλης Κομμαγγηνῶν [1] | τὸ προσκύνημα τοῦ κυρίου | Μανδούλεος ἐποή-
5 σαμεν ἐν | Τάλμι Βάσσος δεκουρίων | καὶ οἱ αὐτοῦ πάντες.

Sequuntur nomina militum decem magnam partem corrupta.

1. Ala Commagenorum.

1337. Talmi. — *C. I. Gr.*, 5042; Lepsius, *Denkmäler*, XII, tab. 97. n. 135.

Τὸ προσκύνημα τῶν....... [1] | τοῦ καὶ Φωρ ἐργασαμένων ἐν τῷ πραι-
σιδίῳ [2] | Τάλμις παρὰ θεῷ μεγίστῳ Μανδούλι | Γάιος Δομιτις Μαρτιᾶλις καὶ
5 Λουκίου Οὐ|αλερίου Κέλερος ἑκατονταρχίας Κορνηλίου καὶ Γάιου Ἀν|τωνίου
Οὐάλεντος, Μάρκου Ἰουλίου Οὐάλεν|τος καὶ Γάιου Δομιτίου Καπίτωνος ἑκατον-
ταρχίας Καλπουρ|νίου καὶ Μάρκου Δομιτίου Μαξίμου ἑκατονταρχίας Δομιτίου |
10 καὶ Λουκίου Ἀντωνίου Λόγγου ἑκατονταρχίας Κρεπ ε ρη τίου [3] καὶ | Γάιου
Οὐηρατίου Ἀλεξάνδρου ἑκατονταρχίας Κορνηλίου καὶ Γάιου | Οὐαριτίου..... [4]
ἑκατονταρχίας Καλπουρνίου καὶ Μάρκου | Γηννίου Κορβουλῶνος καὶ Γάιος
Ἰο|υλίου [5] Κλήμεντος ἑκατονταρχίας Ἀντωνίου καὶ τῶν <των> ἐκ υ τῶν
15 πάν|των σήμερον παρὰ θεῷ μεγίστῳ Μανδούλι ἐπ᾽ ἀγαθῷ | ἔτους δ΄ Δομιτιανοῦ
κυρίου μηνὸς Ἐπεὶπ ε΄ [6].

1. Traditur ΕΔΑΚΙωΝωΝ. — 2. Praesidio, in castris praesidii. — 3. Traditur ΚΡΕ-
ΠΟΡΗΤΟΥ. — 4. Traditur Α·CΤΛΙΤΟΥ. — 5. Traditur ΓΑΙΟCΥΙCΥΛΙΟΥ. — 6. Anno
p. C. n. 85, mense Junio die XXIV.

T. I   30

1338. Talmi. — *C. I. Gr.*, 5071.

Ἐπὶ Ἰουλιανοῦ | ἐπάρχου [1].

1. Praefectus alae vel cohortis alicujus ibi morantis.

1339. Talmi. — Lepsius, *Denkmäler*, XII, tab. 97, n. 439.

Τὸ προσκύνημ[α] | Γαίου Ἰουλίου Ἀμινα[ί]ου [1] καὶ | Λουκίου Λογγίνου Φιλώ-
5 τας στρα|τιωτῶν σπείρης γ' Ἰτουραιώ|ρουμ [2] κεντουρίας Ἰουλίου καὶ Διοδότου |
καὶ Ἀγαθοκλῆτος καὶ Ἀπολλωνίου | καὶ Ἀντιόχου καὶ Ἰουλίου καὶ Οὐάλεν|τος
10 καὶ Τιμαίου καὶ Λογγίνου καὶ | Γαίου Νικίππου καὶ Ἀλεξάνδρου καὶ Γα|ίου
καὶ Γερμανοῦ καὶ Κυρίνου καὶ τῆς ἀ|δελφῆς Ἰουλίου καὶ τοῦ γράψαντος καὶ
τοῦ | ἀναγινώσκοντος παρὰ τῷ κυρίῳ Μανδού|λει σήμερον.

1. Idem enim in altero titulo vocatur Ἀμεννάιος; cf. n. 1340. — 2. Cohors III Ityraeorum.

1340. Talmi. — Lepsius, *Denkmäler*, XII, tab. 97, n. 445.

5 Ἐπ' ἀγαθῷ | τὸ προσκύνημα | Γαίου Ἰουλείου | Ἀμεννάιου στρ|ατιότου σπέ-
ρης | τρίτης Εἰτουρεέ ρου(μ) κεντουρίας Ἰουλείου καὶ τῶν <πλ> αὐτοῦ πάν|των
10 παρὰ τῷ Μανδο|ύλε σήμερον.

Cf. titulum praecedentem, n. 1339.

1341. Talmi. — *C. I. Gr.*, 5044; Lepsius, *Denkmäler*, XII, tab. 97, n. 442.

Τὸ προσκύνημα Γαίου | Ἰουλίου Ἀντονίνου ἑκατονταρχίας Ἀντω|νίου καὶ
5 Ἀφροδίτης πρὸς θεὸν μέγιστον Μαδ|ῦλος καὶ τοὺς φίλου|ς μου, ἔτους
10 τετάρτ|ου Δομετιανοῦ τ|οῦ κυρίου [1] Παχὼν | κδ' σέμηρον [2] | ἐπ' ἀγαθῷ.

1. Traditur KYPIOωN. — 2. Annus est 85 p. C. n., dies xix mensis Maii.

1342. Talmi. — Lepsius, *Denkmäler*, XII, tab. 97, n. 447.

Τὸ προσκύνημα Ἰουλίου Κρίσπου | ἱππέος τούρμης Λου[κί]ου καὶ τοῦ |
ἀδελφοῦ αὐτοῦ Λογγινᾶτος καὶ | Κρονίωνος καὶ..... [1].

1. Traditur TCΛΛPAI.

1343. Talmi. — Lepsius, *Denkmäler*, XII, tab. 97, n. 440.

Τὸ προσκύνημα σήμερον | Γαίου Ἰουλ ίου Φρό ντον ος | στρατιώτου λεγεῶνος
5 τρίτης | Κυρηναικῆς καὶ Αἰμιλίου Πρίσκου | τοῦ ἀδελφοῦ αὐτοῦ καὶ τῶν αὐτοῦ
πάντων | κατ᾽ ὄνομα καὶ Φλαουίου Οὐαλεριανοῦ στρατι|ώτου λεγεῶ|νος δευτέρας
καὶ εἰκοστῆς [1] | καὶ Διοσκοροῦδος τῆς συμβίου καὶ | τῶν ἰδίων αὐτῶν πάντων
10 κατ᾽ ὄνομα ‖ παρὰ θεῷ ἐπηκόῳ μεγίστῳ Μανδοῦλι | καὶ τοῦ ἀναγινώσκοντος
σήμερον | ἔτους η´ Τραουινοῦ Καίσαρος Δακικοῦ [2].

1. Legiones sunt III Cyrenaïca et XXII Dejotariana. — 2. Ita lapis. Annus est 104 105
p. C. n. Cf. alterum proscynema ibidem repertum *C. I. Gr.*, 5068, ubi legitur : ἔτους
ε´ Ἀλεξάνδρου Καί]σαρος τοῦ κυρίου Φαμενὼθ... (anno 226).

1344. Talmi. — *C. I. Gr.*, 5045; Lepsius, *Denkmäler*, XII, tab. 97, n. 446.

Τὸ προσκύνημα Γαίου Μ ο]υ ρ ?]αίου Ἀγρίππου ἑκατονταρχίας Ἀντωνί[ου
5 καὶ Γαίου Οὐαλερίο υ]....ρ|ρα [1] ἑκατονταρχίας Λίβιος, καὶ τῶν φί|λων πάντων
παρὰ θεῷ μεγίστῳ Μανδοῦλι | σήμερον καὶ τῶν ἀναγει|νωσκόντων καὶ Σαβεί-
10 νου | τοῦ γράψαντ[ος] | ἐπ᾽ ἀγαθῷ.

1. Traditur ZKCᵛP. Forsitan : Scurra.

1345. Talmi. — *C. I. Gr.*, 5043; Lepsius, *Denkmäler*, XII, tab. 97, n. 436.

Ἔτους δ´ Αὐτοκράτορος | Καίσαρος Δομιτιανοῦ Κ|αίσαρος Σεβαστοῦ Γερμ α-
5 νι κοῦ] [1] Φαρμοῦθι.. [2] | τὸ προσκύνημα πα|ρὰ θεῷ μεγίστῳ Μανδου |λίῳ
Μάρκος Ηρ..... [Κ]|ορδούλων ἑκατονταρχίας Ἀντ[ωνίου] | σπείρης Σπανώρων [3]
10 κ|αὶ τῶν φίλων μου πάν|των μνήσθη ὁ γράψας καὶ | ὁ ἀναγινώσκων καθ᾽
ἡμέρα(ν).

1. Traditur [PNI⏌Λ. — 2. Anno p. C. n. 85, mense Martio vel Aprili. — 3. Cohors II
Hispanorum.

1346. Talmi. — *C. I. Gr.*, 5047; Lepsius, *Denkmäler*, XII, tab. 97, n. 454.

Τὸ προσκύνημα Λουκίου | Ῥουτιλίου ἱππέως χώρτης | Ἰσπανώρουμ τύρμα
5 Φλώρου | καὶ Ταρουμᾶτος καὶ Ηρα[τ ος [1] | καὶ Ἀραβίωνος καὶ Ἀντωνᾶτος |

καὶ Σουαιροῦτος καὶ τῶν | αὐτοῦ πάντων καὶ τοῦ ἀνα|γινώσκοντος παρὰ τῷ κυρίῳ Μανδούλει σήμερον Θὼθ α′.

1. ΗΡΑΠΟC traditur apud Lepsium.

1347. Talmi. — *C. I. Gr.*, 5046.

Τὸ προσκύνημα ἐπ᾽ ἀγα| θῷ Λου κίου Ὀαλερίο υ | .... καὶ Λουκίου |
5 Ῥουτιλί ου Λούπω ' | σπείρη ς Ἱσπανῶ ν, κ[ε]ντουρίας ...... π αρὰ τῷ κυ[ρίῳ
Μανδ ούλι.

1. Cf. n. 1346.

1348. Talmi. — *C. I. Gr.*, 5050; Lepsius, *Denkmäler*, XII, tab. 97, n. 437.

Τὸ προσκύνημα Γαίου | Αν]θιστίου Καπιτωλεί|νου στρατιώτου | σπείρης
5 β′ Ἱτουραί ον ' καὶ τῶν παρ᾽ αὐ|τοῦ πάντων πα|ρὰ θεῷ μεγίστῳ | Μανδούλι
10 καὶ | τοῦ ἀναγεινώσ|κοντος, ὧδε σή|μερον | ἔτους ι′ Ἀντωνείνου | Καίσαρος τοῦ
κυρίου ².

1. Cohors II Ityraeorum quae una cum cohorte III supra n. 1339 in Aegypto tendebat. Cf. Pauly-Wissowa, *Realencyclopädie*, I, p. 305 et 306. — 2. Anno 146-147, p. C. n.

1349. Talmi. — *C. I. Gr.*, 5062.

[Τὸ προσ]κύνημ α Ἰου λ ίου | [Μαχ?]ρίνου στρα τι ώτου [σπείρ]ης
Μ α...αν ' | ....

1. De nomine cohortis non constat.

1350. Talmi. — *C. I. Gr.*, 5054; Lepsius, *Denkmäler*, XII, tab. 97, n. 452.

Τὸ προσκύνημα Γαίου Α ννέ ου ' ἱπέως χόρτης α′ Θηβ[αίω]ν ἱπ|πικῆς ²
5 τύρμης Ὀππίου καὶ | Οὐαλεράτος ἰατροῦ υἱοῦ | αὐτοῦ καὶ Ἀρρίου υἱοῦ αὐτοῦ |
καὶ Κασσία ς καὶ Οὐαλ ερί᾽ας καὶ Ἐπαφρότος καὶ ..|ρᾶτος τοῦ ἵππου
10 αὐτοῦ | .... ³ μνήμην παρὰ | θεῷ μεγίστ ῳ Μανδ[ούλι].

1. Traditur ΑΛΛΟΟΥ. — 2. Cf. supra n. 1334. 1335. — 3. Traditur A‾ITAIOC.

1351. Talmi. — *C. I. Gr.*, 5053; Lepsius, *Denkmäler*, XII, tab. 97, n. 438.

Ἐπ᾽ ἀγαθῷ κυρίου | τὸ προσκύνημα ὧδε | Γαίου Κασίου Κέλερος ἱππέος
χόρτης α΄ | Θηβαίων ἱππικῆς | τύρμης Καλλιστιανοῦ [1] | καὶ τοῦ παιδίου
αὐτοῦ | καὶ τῶν ἀδιασκάντων | ἀδελφῶν καὶ τῶν αὐτοῦ | πάντων παρὰ τῷ κυρίῳ
Μανδούλι καὶ τοῦ ἵππου αὐτοῦ, | σήμερον.

1. Cf. supra, n. 1334.

Supra legitur in corona Νίκη | τῷ κυρίῳ: in altera Εὐφροσύνη.

1352. Talmi, — *C. I. Gr.*, 5055.

..... [1] | τὸ προσκύνημα σήμερον | Γαίου [2] Φλαουίου Οὐαλεριανοῦ |
στρατιώτου χόρτης α΄ Θηβαίων [3] | καὶ Κορνηλίου καὶ Ἀμμια-
νοῦ | καὶ Ἰουλιανοῦ τοὺς ἀδελφοὺς αὐτοῦ ἐπ᾽ ἀγαθῷ · τὸ προσκύ-
νημα Γαίου Ἰουλίου .[...ου. | στρατιώτου...]. σήμερον.

1. Traditur IACHT. — 2. Traditur ΓΑΙΟΝ. — 3. Restituit Franz conjectura non satis
certa.

1353. Talmi. — *C. I. Gr.*, 5052.

Τὸ προσκύνημα [α΄] | Τιβερίου Ἰουλίου [;] | Πραείσκου στρατιώτου χόρτης α΄
Θηβαίων | ἐκατονταρχίας Λογγείνου καὶ τοῦ | αὐτοῦ ὑιοῦ Χρυσομάλλου
καὶ τῶν αὐτοῦ πάντων παρὰ θεῷ Μανδούλι | σήμερον ὧδε καὶ
τῶν ἀναγινωσκόν|των.

1354. Talmi. — *C. I. Gr.*, 5054; Mahaffy, *Bull. de corr. hellén.*, XVIII 1894, p. 152;
Lepsius, *Denkmäler*, tab. VI, n. 441.

...ἐπ᾽ ἀγαθῷ [1] | τὸ προσκύνημα εὐουφηρεσκα(?). | Μέγα τὸ ὄνομα |
τοῦ Σαράπιδος. | Τὸ προσκύνη|μα Ἐρεννίου | Νικιανοῦ σὺν | τῷ ἀδελφῷ |
Ἐρεννίῳ Ἀπρ[ι]ωνιαν[ῷ] παρὰ θεῷ μεγίστῳ Μανδούλι καὶ τοῦ | ἀναγεινώσ-
κοντος | ὧδε σήμερον | ἔτους ε΄ Ἀντωνείνου [2] | τοῦ κυρίου..

1. Traditur ΒΛ...ΓΘ. — 2. Annus est 146 147 p. C. n.

1355. Talmi. — *C. I. Gr.*, 5065.

Τὸ προσκύνη̣μα | Γαίου Βαλερίου Ἰα . . . . . Μ̣αξ̣ίμου Τερεντίνα̣) καὶ
τοῦ ἀ δ|ἰρ̣οῦ Λογγείνου καὶ Φρόντω|νος καὶ Γαίου Ἐ̣μιλείου [1] καὶ Ἀ κ υλλᾶ-
τος παρὰ θεῷ | μεγ ίστ ῳ Μανδούλι τὸ προσκύνη|η̣μα σήμερον | κ α ι καθ΄
ἡμέραν.

1. ЄΜΙΛЄΙΟΥ. Fortasse fuit Ι̣μιλείου.

1356. Talmi. — *C. I. Gr.*, 5069; cf. *addenda et corrigenda*, p. 1240; Lepsius, *Denkmäler*, XII, tab. 95, n. 379. Ectypum contulit de Ricci.

Αὐρ̣ήλιος) Βη̣σαρίων ὁ καὶ Ἀμμώνιος | στρ̣ατηγὸς) Ὀμ̣β είτου) Ἐλεφ(αν-
τίνη̣ς), τοῦ κρατ ίστου) Μύρωνος δια δεχομένου) τὴν ἀρχιερωσύνην, δι΄ ὧν μοι
ἔγραψε] | κελεύσαντος πάντας τοὺς χοίρους ἐξελασθῆναι | ἀπὸ ἱεροῦ κώμης Τάλ-
μεως τῆς Δωδεκασχοίνου). Παραγγέλλε΄ται πᾶσι τοῖς κεκτημένοις χοίρους,
τούτους ἐξ ελάσαι ἐντὸς πέντε καὶ δέκα ἡμερῶν ἀπὸ τῆς προ κειμένης κώμης.
πρὸ ὀφθαλμῶν ἔχουσι τὰ περὶ τούτου | κελευσθέντα πρὸς τὸ δύνασθαι τὰ
περὶ τὰ ἱερὰ θρη σ|κια κατὰ τὰ νενομισμένα γείν ε σθαι ἔτους.. τῶν κυρίων ἡμῶν
[Μ αξιμίνων Σεβαστῶν.

1357. Loco dicto Abu-Tarfa. — *C. I. L.*, III, 14148.

Ab una parte.

[Imp. Caes. Divi Neruae] f. Nerua Traianus Aug. | Germ Dac pont max trib
pote st.... imp... cos V | p. p. | C Vibi o Maximo | praef. Aegy. [1] | A Philis.
XXXII | ἀπὸ Φιλῶν σπ [2] λϛ΄.

Ab altera parte.

Ἀπὸ ....ορ ἰ.ολ...ν [3] | μ? [4] πϛ΄.

1. Praefuit Aegypto annis 103-107. Cf. Cantarelli, *Prefetti di Egitto*, p. 41. — 2. Non
intelligitur. — 3. Ἀπὸ ο̣ρ̣ο̣υ̣ς̣ ἰας Ἀ[π̣ο̣λ̣λ̣ω̣]νοσπόλεως ν.... proposuit Zangemeister « quam
incerta sint haec nequaquam ignorans ». — 4. Non intelligitur.

Miliarium alterum ibidem editum n. 14148 [1], editor tribuit saeculo p. C. n. quarto.
Ergo omisimus.

1358. Pselci. — *C. I. Gr.*, 5100; Lepsius. *Denkmäler*, XII. tab. 96, n. 314.

Θεῷ μεγίστῳ Ἑρμάῳ | Παυτνουβρὶ Αἰγύπτου   συνορίην καὶ Αἰθιόπων |
μετέχοντι τὴν περὶ τὸν | ναὸν χρύσωσιν ἐποίησεν | ἱερεῖς ἀνὴρ μεμελημένος
Ἀκύλα Σατουρνεῖνος οὐετρανὸς | εὐξάμενος ῥῶσιν καὶ τέκνοις | καὶ
γαμετῇ.

1359. Pselci. — *C. I. Gr.*, 5080; Lepsius. *Denkmäler*, XII, tab. 96, n. 107; Mahaffy, *Bull.
de corr. hellén.*, XVIII 1894, p. 153; Wilcken, *Hermes*, XXVIII 1893, p. 154.

Ἀβποκρὰς ἥκω ἀναβαίνων μετὰ Ἐ[μ]άτου | πρεσβευτοῦ καὶ Τεμίου γραμ-
ματέως πρὸς[1] | τὴν κυρίαν βασίλισσαν καὶ τὸ προσκύνημα | ἐπόησα ὧδε
παρ᾽ ἄ. τῷ κυρίῳ Ἑρμ η Θεῷ μεγίστῳ | καὶ Ἐμάτου καὶ Ἀνθρώπης καὶ
Ἀλε[ξαν]δρίας, ἔτους ις᾽ Καίσα ρος Μεχ εὶρ α᾽.

1. Supplevit Wilcken. — 2. Annus est 13 a. C. n. ut vidit Wilcken, *l. c.* Regina est
celeberrima illa Kandakê quae Aethiopiam regebat. Proseynema fecerunt legati a regina
missi, quum ad reginam redirent. Cf. Wilcken, *l. c.*

1360. Pselci. — *C. I. Gr.*, 5089.

Αὐρήλιος Κλή μης | ἐπαρχ ος...

1361. Pselci. — *C. I. Gr.*, 5088; Lepsius, *Denkmäler*, XII, tab. 95, n. 389.

Αὐρήλιος Κλήμης | ἰατρὸς λεγιῶνος βκ᾽[1] τὸ | προσκύνη[μα] ἐπόησα παρὰ
τῶ κυρίῳ Ἑρ μη Πωλλήσης | καὶ τῶν ἰδίων πάντων.

1. Legio XXII Dejotariana.

1362. Pselci. — *C. I. Gr.*, 5074; Lepsius, *Denkmäler*, XII, tab. 96, n. 413.

Τὸ προσκύνημα | Ἀντωνίου, γραμματέος[1] Φιλῶν, ἑκατονταρχίας Καπίτωνος
καὶ προσεκύνησα Θεὸν | μέγιστον Ἑρμῆ καὶ ἐπόησα | τὸ προσκύνημα τῶν ἐμῶν
πάντων καὶ φίλων | ἔτους ιθ᾽ Τιβερίου Καίσαρος Παῦνι ε᾽.

1. Anno 33 p. C., die XXX mensis Maii.

1363. Pselei. — *C. I. Gr.*, 5081; Lepsius, *Denkmäler*, XII, tab. 95, n. 386.

Δομίτιος Ἀδριανὸς | στρατιώτης σπείρης β΄ Ἰτουραίων [1] | ἑκατονταρχίας
Φήλικος καὶ Δομιτιανὸς | ὁ υἱός μου σὺν τῷ παντὶ | οἴκῳ προσεκυνή-
σαμεν | θεὸν μέγιστον Ἑρμῆν, ἔτους κ΄ Ἀδριανοῦ Καίσαρος | τοῦ κυρίου
Τόβι ιη΄ [2].

1. Cf. supra n. 1348. — 2. Anno 136, die mensis januarii XIV.

1364. Pselei. — *C. I. Gr.*, 5095; Lepsius, *Denkmäler*, XII, tab. 95, n. 381.

Τὸ προσκύνημα Ἰουλίου Μαρείνου | οὐετρανοῦ καὶ τῆς συνβίου Ἰουλίας | καὶ
τοῦ υἱοῦ αὐτοῦ Μαρείνου | καὶ τῶν ἐξ ἐλπῶν αὐτοῦ παρὰ | τῷ κυρίῳ Ἑρμῇ
ἔτους ια΄ Ἀδριανοῦ τοῦ | κυρίου Τόβι ιθ΄ [1].

1. Anno 127, die XV mensis Januarii.

1365. Pselei. — *C. I. Gr.*, 5101; Lepsius, *Denkmäler*, XII, tab. 96, n. 406.

Τίτος Σερουίλιος στρατιώτης | λεγεῶνος III Κυρηναικῆς | χωρογραφήσας
ἐμνήσθη | τῶν γονέων παρὰ τῷ κυρίῳ Ἑρμῇ, κα΄ ἔτος [1] Τιβερίου Καίσαρος
Σεβαστοῦ [2] | Μεσορῆ β΄.

1. Ita traditur anno 35 p. C. n. mense Julio die XXVI. — 2. Traditur CEBACTH.

1366. Pselei. — *C. I. Gr.*, 5104; Lepsius, *Denkmäler*, XII, tab. 96, n. 403.

Τρύφων Τρύφωνος στρατιώτης σπείρης Φακόν [ὅ]του ἦλθον καὶ προσεκύνησα
τὸν μέγιστον Ἑρμῆν .... [1] καὶ τῶν τέκνων Τρύφων κ[αὶ] | Ἀμμωνίου
κα ι..... | ου καὶ Τσμουθίου) καὶ Ἀλεξοῦτος Ἀλεξ[άν]δρας | ἔτους ιδ΄ Καίσα-
ρος Τιβερίου Σεβαστοῦ [2].

1. καὶ τὸ προσκύνημα ἐπόησα, Franz: ..... | .....CΦ ИΥC traditur. — 2. Anno 27-28.

1367. Pselei. — In parietibus templi et alia proseynemata inscripta sunt in quibus
anni imperatoris enuntiantur :

C. I. Gr., 5086. Lepsius, 395. — ἔτους λδ΄ Καίσαρος Φαῶφι: anno p. C. n. 2, mense Octobri.

C. I. Gr., 5092 Lepsius, 380). — ἔτους κα΄ Ἀδριανοῦ τοῦ κυρίου; annis 136-137.
Ibid., 5097. — ἔτους . Σεα[ο]ὐ[χρο[ο Ἀ]λ[ε]ξ[άν]δρο[υ] Καίσαρος τοῦ κυρίου Μεσορὴ κ΄; intra
annos 222-235, mense Julio, die xxv.
Ibid., 5105 Lepsius, 383 . — ἔτους ιε΄ Ἀδριανοῦ τοῦ κυρίου [Μ]ε[σο]ρὴ κ΄; anno p. C. n. 131,
mense Augusto xiii.

1368. Pselci. — J. P. Mahaffy, *Bull. de corr. hellén.*, XVIII (1894 , p. 153; Lepsius,
Denkmäler, XII, tab. 96, n. 399.

Ἔτους κ΄ Τιβ[ε]ρίου Καίσαρος | Σεβαστοῦ Μεσορὴ κα΄ [1].

1. Anno p. C. n. 34, mense Augusto, die xiv.

1369. Pselci. — J. P. Mahaffy, *Bull. de corr. hellén.*, XVIII 1894 . p. 153.

5   Ἔτους ια΄ | Νέρωνος | Κλαυδίου | Καίσαρος | Σεβαστοῦ | Γερμανικοῦ |
αὐτοκράτ[ορος] | Παχών [1].

1. ΠΑΧϢΝΟC dedit Mahaffy; sub OC designatio diei latere videtur. Anno p. C. n.
65, mense Maio aut Aprili.

1370. Ad Hieran Sykaminon. — *C. I. Gr.*, 5110; Lepsius, *Denkmäler*, XII, tab. 96,
n. 418.

Ἀπολλινάριο[ς..... στρατιώτης] | σπίρης β΄ Ἰτ[ουραίων καὶ........ στρα-
τιώτης] | σπίρης α΄ Φλα ουίας Κιλίκων ἱππικῆς ' | προσεκυνή[σαμεν τὸν θεὸν
5   μέγιστ[ον ἐν Ἱερᾷ Συκαμίνῳ Σάραπιν καὶ τὴν | μυριώνυμον [Εἶσιν ..... καὶ
τὸ | προσκύνη[μα ἐποήσαμεν ....|........[2]........ [ἄρχου κλάσσ[ης .....[3] |
10 καὶ τῆς συνβί[ου αὐτοῦ] ......|.... καὶ τοῦ [ἀδελφοῦ? καὶ τοῦ ἀναγινώσ[κοντος
σ΄ήμερον·

1. Cf. supra nn. 1243 et 1255. — 2. Traditur THCTCYNC. — 3. Intellige principalem
aliquem de classe Alexandrina, ut videtur.

1371. Ad Hieran Sykaminon. — *C. I. Gr.*, 5114; Lepsius, *Denkmäler*, XII, tab. 96,
n. 423.

Πλημεντίου? [Οὐ ερηκούν[δου ' δεκαδάρχου τὸ προσ΄κύνημα ἀνδρὸς ἀγαθοῦ |

5 καὶ ἁγνοτάτου ὧδε καθι|σαντος τρὶς ᾧ εὐχαριστοῦ|μεν πολλὰ ἔτους κα΄ Τραια-
νοῦ Ἀρίστου | Καίσαρος τοῦ κυρίου Θὼθ ιβ ῑ. | Οὐαλεντίων ἐποίησα.

1. Traditur ΠΛΗΜΕΝΤΙΟΥΕΡΗ, etc. — 2 Anno p. C. n. 117, die ix mensis Septembris.

1372. Ad Hieran Sykaminon. — C. I. Gr., 5112; Lepsius, Denkmäler, XII, tab. 96,
n. 419.

[Τ]ὸ προσ κύ νη μα] ......|τίου Οὐερηκούνδου στρα|τιώτου καὶ τῶν εὐσεβεσ|-
5 τάτων γονέων καὶ Γαίου | [Νο]υμικίου? ἀδελφοῦ καὶ | [τῶν] λοιπῶν ἀδελφῶν.

1373. Ad Hieran Sykaminon. — C. I. Gr., 5117.

5 Ῥόδιος... | ἱππεὺς | [σπείρ]ης | α΄ Θηβαίων | ἐποιήσα τὸ πρ[ο]σ κ ύνημα |
τῶν ἐμ ῶ ν πάντων | Γ ά ιος Αὐρίλιος [ἱ]ππωίατρος | [ἦ]λθ ο]ν καὶ προ-
σεκ ύ νη|σα.

Restituerunt Niebuhr et Franz.

Cf. etiam proscynema (C. I. Gr., 5115 = Lepsius, 422) ubi legit Franz : ἐτ[ους ι]α΄
Ἀλ[ε ξά[ν]δρου [Αὐτοκράτορος] τοῦ ἡ[μῶν κυρίου... = 231/232 p. C. n. Lectio plane incerta.

INSTRUMENTUM

1374. Alexandriae ?) in pondere aheneo nunc asservato in museo Parisiensi. — Longpérier, *Journ. des Savants*, 1875, p. 75; — Allmer et Terrebasse, *Inscriptions de Vienne*, add. et corr. ad. vol. II, p. 1 et suiv., n. 116.

Ἔτους ἕκτου Νέρωνος | Κλαυδίου Καίσαρος | Σεβαστοῦ Γερμανίκου | αὐτο-
κράτορος | ἐπὶ Λευκίου Ἰουλίου | Οὐηστίνου ἡγεμόνος | λ(ίτρα) α' ὁγ(κίαι) β'
γ(ράμματα) γ'.

Anno 59 60 p. C. n. Cf. pondus simile asservatum in Museo Cairino (infra, 1379).

1375. Memphi, in sigillo cretaceo in quo expressa sunt Serapidis et Isidis et Harpocratis et Nili figurae. — Rostowtzew, *Röm. Mittheil.*, XIII (1898), p. 121: de Ricci, *Archiv für Pap.*, p. 443, n. 64.

Ἀρωματικῆς τῶν κυρίων Καισάρων.

Cf. n. 1376, Antonino regnante scriptum. Hunc verisimile est imperantibus Marco et Vero signatum esse. Cf. Rostowzew, *loc. cit.* et Wilcken, *Archiv für Pap.*, III, p. 192.

1376. Herakleospoli magna, in sigillo cretaceo. — Wilcken et de Ricci, *Archiv für Pap.*, II, p. 443, n. 63.

Ἀρωματικῆς Ἀντωνίνου Καίσαρος.

1377. Bacchiade, in sigillo ligneo. — Grenfell, Hunt et Hogarth, *Fayum Towns*, p. 40, pl. XVI; de Ricci, *Archiv für Pap.*, II, p. 438, n. 40 a.

Τραιανοῦ.

1378. Bacchiade, in sigillo ligneo. — Grenfell, Hunt et Hogarth, *Fayum Towns*, p. 40, pl. XVI; de Ricci, *Archiv für Pap.*, II, p. 438, n. 40 b.

Ἔτους β΄ | Τραιανοῦ ᾽, | Διοδώρας.

1. Anno 98-99.

1379. Copti, in pondere aheneo. — Sayce, *Rev. des ét. grecques*, VII 1894, p. 298. Milne, *Musée du Caire, gr. inscr.*, p. 134, n. 9309.

Ἔτους ἕκτου Νέρωνος | Κλαυδίου Καίσαρος | Σεβαστοῦ Γερμανικοῦ | αὐτο-κράτορος ᾽ | ἐπὶ Λουκίου Ἰουλίου | Οὐηστίνου ἡγεμόνος | λ(ίτρα) α΄ ὀγ(κία) α΄ ἥμισυ γ(ράμματα) β΄.

1. Anno 59 60 p. C. n. Cf. supra n. 1374.

ADDENDA

ET CORRIGENDA

ADDENDA
ET CORRIGENDA

GALLIA

1380. Loco nunc dicto les Martigues, hand longe ab ostiis Rhodani fluminis. — Espérandieu, *Revue épigraph.*, V, p. 194, n. 1666. — Titulus saxo inscriptus.

Οὐα|χτίνι|ος Ἀλε|δινός [1].

1. Est Vectinius Albinus.

HISPANIA

1381 = **27.** Statuam Corinthi esse repertam nos benigne monuit M. Fränkel. Cf. *C. I. Gr.*, 1105.

ITALIA

1382 = **60.** Romae.

V. 2 : forsitan [Βρ]οντῶντι Ἀ στραπτοῦντι]. Cf. *Athen. Mittheil.*, 1888, p. 235, n. 1.

1383 = **63.** Romae.

Pro Phrygia lege : Caria.

1384   132. Romae.

V. 2 : Τιβεριέων, collatis nummis quibusdam ita inscriptis : Τιβ(εριέων) Κλ. κυδιοπολιτῶνι Συρίας Παλαιστείνης, supplendum censet Kubitschek *Jahreshefte des Institutes in Wien*, VI 1903, Beiblatt., p. 80 . Tiberiadem stationem Romae habuisse constat ex altero titulo supra n. 111 .

1385   266. Romae.

Ἰαμούβ Ἀτάμου. Lidzbarski *Eph. fur semit. Epigraphik*, I, p. 216 ; Ἰαμούρας Ἀμου contra proposuit Clermont-Ganneau *Rec. d'arch. orient.*, III, p. 347 .

1386. Romae, ibi ubi fuit lucus Furrinae trans Tiberim. — P. Gauckler, *Bullett. comun.*, 1907, p. 61 ; Hülsen, *Röm. Mittheil.*, XXII 1907 , p. 230 et 231.

In antica :

Θεῷ Ἀδαδῳ ¹ ἀνέθη καν.......

In latere dextro :

Θεῷ Ἀδαδῳ | Διβανεωτῇ ².

In latere sinistro :

Θεῷ Ἀδαδῳ | Ἀκρωρείτῃ ³.

1. Deus Hadad, in Syria cultus, non semel in titulis graece scriptis memoratur. Cf. Drexler apud Roscher. *Lexik.*, p. 1987 et Cumont, *Les religions orientales dans le paganisme romain*, p. 126 et suiv. De eo Macrobius disseruit *Saturn.*, I, 23, 17, . — 2. In summo monte Libano cultus. — 3. In summis montibus cultus, ut videtur.

1387. Romae, ibi ubi fuit lucus Furrinae. — P. Gauckler, *Bullett. comun.*, 1907, p. 71; Hülsen, *Röm. Mittheil.*, XXII 1907 , p. 229.

Διὶ | Κερκυνίῳ | Ἀρτεμις | ἡ καὶ Σιδωνία | Κυπρία | ἐξ ἐπιταγῆς | ἀνέθηκεν | καὶ νύμφας | Φορρίνες ¹.

1. Nymphis Furrinis; de quibus vide Gauckler, *loc. cit.*, p. 72 et suiv. Cf. titulum latinum in eadem regione repertum qui inscribitur : *Jovi O ptimo, M aximo) Heliopolitano, Aug usto), Genio Furinarum C. I. L.*, VI, 422 .

1388. Romae, ibi ubi fuit lucus Furrinae. — Gauckler, *Bullett. comun.*, 1907, p. 55;
Hülsen, *Röm. Mittheil.*, XXII 1907, p. 285.

Δεσμὸς ὅπως κρατε|ρὸς θύμα θεοῖς παρέχοι |
'Ον δὴ Γαιώνας¹ δειπνο|κρίτης ἔθετο ².

1. Gaionas, idem atque Gaionas ille cistiber qui memoratur supra n. 236. Eum cisti-
berum Augustorum fuisse docuit titulus pro salute et victoria imperatorum Antonini
Augusti et Commodi Caesaris principis juventutis, anno 176 positus, quem Gauckler nuper
invenit eodem loco *Comptes rendus de l'Acad. des Inscr.*, 1908, p. 525 . — 2. Quid δεσμός
significet ambigitur : lapidem pro operculo thesauri habet Hülsen quod stipibus vincu-
lum foret (*loc. cit.*, p. 236 et seq. ; Gauckler multo probabilius δεσμός de capto fonte
intelligit (*loc. citt.* quo aqua sacra facientibus ministraretur.

1389. Romae, in christianorum sepulcreto Commodillae dicto. — *Notizie degli scavi*,
1905, p. 118.

Λολλίῳ | λαμπροτάτῳ ¹ · ἀνε|παύσατο ἐτῶν | τεσσαράκοντα.

1. Vir clarissimus.

1390. Romae vel prope Romam. — D. Comparetti, *Atene e Roma*, 1903, p. 162. —
— Titulus aureae tabellae inscriptus.

Ἔρχεται ἐκ καθαρῶν καθαρά. ' χθονίων βασίλεια, Εὐκλεῖς, Εὐβου|λεύ τε,
5 Διὸς τέκος ἀπαλλά. Ἔχω δὲ Μνημο|σύνης τόδε δῶρον ἀοίδιμον ἀνθρώ|ποισιν
Καικιλία Σεκουνδεῖνα νόμῳ | αἰεὶ διαγεγῶσα.

Cf. tabellas iisdem formulis inscriptas, Petiliae inventas *Inscr. gr.*, XIV, 641 , de
quibus disseruit P. Foucart, *Recherches sur l'origine des mystères d'Eleusis*, 1895, p. 69
et suiv.

1391. Minturnis. — Ch. Dubois, *Mélanges de l'École française de Rome*, 1904, p. 321.

Δεῖ Ἡλίῳ Σαράπιδι καὶ Εἴσιδι | Μυριωνύμῳ καὶ τοῖς συννάοις | θεοῖς. '
5 L. Minicius Natalis cos. | procos. proninciae | Africae augur leg. | Aug. pr.
pr. Moesiae | Inferioris | curator operum publicorum | et aedium sacrarum ¹.

1. D. L. Minicio Natale cf. *Prosop. imp. rom.*, II, p. 379, n° 440.

1392 420.

V. 4 et seq. : Τύρου εἰς Ποτιόλοις Θεοσεβ |ιος Σ᾿ αρεπτηνὸ[ς᾿, suppleri vult Clermont-Ganneau *Rec. d'arch. Orient.*, IV, p. 226 et seqq.). Si verum vidit, intellige : Puteolos appulit vir quidam, nomine Theosebius, idemque sacrum quoddam fecit secundum ritum nobis ignotum (ἠλείμ).

PANNONIA

1393. Carnunti. — S. Frankfurter, in *Festschrift zu Otto Hirschfelds sechzigstem Geburtstage*, p. 440-443. — Titulus bilinguis.

T. Pomponius T. f. | Protomachus | leg. Augg. pr. pr. [1] Aequitati [2].

Πρήξε ως εἵνεκα τῆσδε | προταιμή Θεὶς ἀνέθηκε v | Ηρωτόμαχος βωμὸν | Εὐδικίη Σθεναρῆ [2].

1. Legatus adhuc ignotus. — 2. De dea nuncupata Aequitas = Εὐδικίη, Σθεναρῆ, cf. J. Toutain, *Les cultes païens dans l'Empire romain*, I, p. 416.

DALMATIA

1394. Salonae. — *Bullett. di archaeol. e stor. Dalmat.*, 1904, p. 92, n. 3266.

Γναίου Κορνηλίου Λέντλου Μαρ[κελλίνου καὶ Λευκίου Μαρκίου Φιλίππου [1] |
.........ΙΤΙ. ΟΥΑ..

1. Anno U. c. 698 = 56 a. C. n.

MOESIA INFERIOR

1395 = 559. Loco nunc dicto Mezdra, ad viam romanam Oesco Serdicam ducentem. — Kalinka, *Antike Denkmäler in Bulgarien*, p. 54, n. 54.

1396 560. Kamenec, vel Kamenetz. — G. Seure, *Nicopolis ad Istrum*, p. 44-45, n. 40   *Revue archéol.*, 1908, II, p. 42, n. 40.

V. 1. Ἀγαθῆ τύχη. — V. 2. Δὶ Οκκονηνῷ vel Οκκολήνῷ.

1397. In vico nunc dicto Glava Panéga. — V. Dobrusky, *Matériaux d'archéologie en Bulgarie*, VI, p. 38, n. 4, cum imagine.

Σεβαστιανὸς Ἀλεξάνδρου, β[ενε]φ[ικιάριος] [1], | εὐχαριστήριον.

1. Beneficiarius.

1398. — In vico nunc dicto Glava Panéga. — V. Dobrusky, *Matériaux d'archéologie en Bulgarie*, VI, p. 40, n. 7, cum imagine.

Κυρίῳ Ἀσκληπιῷ Σαλδοοι[σσηνῷ] [1] | Αὐρ. Λικίννιος β[ενε]φ[ικιάριος] | ἐπι-τροπικὸς [2] εὐχὴν | ἀνέθηκεν.

1. Cognomen dei topicum, ut videtur. — 2. Beneficiarius procuratoris.

1399. In vico nunc dicto Glava Panéga. — V. Dobrusky, *Matériaux d'archéologie en Bulgarie*, VI, p. 41, n. 8, cum imagine.

Ἀσκληπιῷ καὶ Ὑγείῃ | Μαρτεῖνος Φίσκο(υ), β[ενε]φ[ικιάριος].

1400. In vico nunc dicto Glava Panéga. — V. Dobrusky, *Matériaux d'archéologie en Bulgarie*, VI, p. 42, n. 10, cum imagine.

Κυρίῳ ἐπηκόῳ Σαλδοουισσηνῷ Ἀσκληπιῷ Δεινίας ὁ τοῦ Ποταμῶνος φύλαρ-χῶν | καὶ εἰρηνολογῶν [1].

1. Idem, ut videtur, atque εἰρηνάρχης.

1401. In vico nunc dicto Glava Panéga. — V. Dobrusky, *Matériaux d'archéologie en Bulgarie*, VI, p. 44, n. 11, cum imagine.

Αἴλιος Μεστριανὸς στρατιώ[της] ἀνέθηκεν.

1402. — In vico nunc dicto Glava Panéga. — V. Dobrusky, *Matériaux d'archéologie en Bulgarie*, VI, p. 45, n. 13, cum imagine.

Ἀσκληπιῷ καὶ Ὑγείῃ | Φλ. Μουκιανὸς σησκουπλικιάρις [1] εὐχήν.

1. Ita lapis. Sesquiplicarius.

1403. In vico nunc dicto Glava Panega. — V. Dobrusky, *Matériaux d'archéologie en Bulgarie*, VI, p. 47, n. 15, cum imagine.

Κυρίῳ Σαλδοουσηνῳ[1] ......ος Δεινίας στρατιώτης.

1. Cf. nn. 1398, 1400.

1404. In vico nunc dicto Glava Panega. — V. Dobrusky. *Matériaux d'archéologie en Bulgarie*, VI, p. 56, n. 36, cum imagine.

Κυρίοι | Ἀσκληπιῷ, Σαλδοουισσηνῳ[1] καὶ Ὑγείᾳ | Κ(οίντος) Ἀνθέστιος Οὐα-λεριανὸς, β ενε ϕ ικιάριος .

1. Cf. nn. 1398, 1400, 1403.

1405. In vico nunc dicto Glava Panéga. — V. Dobrusky, *Matériaux d'archéologie en Bulgarie*, VI, p. 57, n. 37, cum imagine.

Ἀσκληπι ῷ Σαλτοβυσην ῷ[1] Μᾶρκος Λούκιος) κιρκίτωρ[2] εὐχήν.

1. Idem, ut videtur, cognomen atque Σαλδοουσσηνός, Σαλδοουσσηνός, de quibus vide supra nn. 1398, 1400, 1403, 1404. — 2. Circitor, gradus militiae quarto saeculo creatus (Veget., III, 8 ; vide ergo ne titulus post Diocletiani aetatem exaratus sit.

1406. In vico nunc dicto Glava Panéga. — V. Dobrusky, *Matériaux d'archéologie en Bulgarie*, VI, p. 66, n. 48, cum imagine.

Κυρίῳ Ἀσκληπιῷ | Διζούζου στρατιώτης.

1407. In vico nunc dicto Glava Panéga. — V. Dobrusky, *Matériaux d'archéologie en Bulgarie*, VI, p. 71, n. 68, cum imagine.

Κοπήν[1] | χωρίῳ[2] Θεῷ ἐπιπ π ιο[3] | Κλαύδι(ο)ς Μάξιμος | βενεφ(ικιάριος) ευχαριστήριον.

1. *Insculptum* vel *lapidem insculptum* significare videtur. Pro χωρίῳ, ut videtur. — 3. Ita lapis. Est deus eques, i. e. Heros vel Heron, cujus imago lapidi insculpta est.

1408. In vico nunc dicto Todoricene. — V. Dobrusky, *Matériaux d'archéologie en Bulgarie*, VI, p. 101, n. 146, cum imagine.

Εὐχήν. | Φλάδιοὶς Βάσσου βετραὶνὸς, δεκουρίων.

1409. In vico nunc dicto Lublin. — V. Dobrusky, *Matériaux d'archéologie en Bulgarie*, VI, p. 106, n. 150; cum imagine.

Αὐς. Μουκιανὸς στρα(τιώτης | ἀνέ(θηκεν) Θεῷ Ἥρωι.

1410 - 563. Nicopoli ad Istrum. — G. Seure, *Nicopolis ad Istrum*, p. 44, n. 38 = *Revue archéologique*, 1908, II, p. 41, n. 38. Lapidem denuo vidit G. Seure.

V. 5. πρὸ ιβʹ κ. Αὐγούστων, i. e, die XXI mensis Julii.

1411 = 564. Nicopoli ad Istrum. — G. Seure, *op. cit.*, p. 48, n. 47.

V. 2-3. Sic Seure : ἀρ|ξας τὴν ἀρχήν.

1412 = 565. Nicopoli ad Istrum. — G. Seure, *op. cit.*, p. 48-49, n. 48.

V. 5. Νεικοπολείτης.

1413. Nicopoli ad Istrum. — G. Seure, *op. cit.*, p. 49, n. 49.

Δι(ὶ) Ὀλυνπίῳ καὶ | Ἥρᾳ Ζυγείᾳ Αἴλιος) Κλα ύδει[ο]ς Νεικα(ιεὺς | ὑμνω-
δοῖς ἱερο|νείκαι]ς καὶ φιλοσε|δάστοις ἐκ τῶν ἰδί|ων ἀνέστησα.

Cf. n. 562 et 565.

1414 = 570. Nicopoli ad Istrum. — G. Seure, *op. cit.*, p. 23, n. 3.

Sic titulum restituit G. Seure : Ὑπὲρ Αὐτοκράτορος Μάρκου Αὐρηλίου Ἀντωνείνου Καίσαρος καὶ Φαυστεί νης θεᾶς Σεβαστῆς κ]αὶ τῶν παίδων καὶ τῶν [ἱερῶν στρατευμάτων καὶ δήμου Ῥωμαίων καὶ ὑπὲρ...... πρεσβευτοῦ Σεβαστοῦ ἀντιστρατήγου..... ἔκτισεν ἐκ τῶν ἰδίων.

1415 = 571. Nicopoli ad Istrum. — G. Seure, op. cit., p. 22-23, n. 2.

Initio Λούκιον Αἴλιον | addidit Seure.

1416 = 572. Nicopoli ad Istrum. — G. Seure, op. cit., p. 25, n. 4.

V. 2. Λούκιον Αὐρήλιον Κόμμοδον [1]. — V. 3. [Αὐτοκράτορος Καίσαρ(ος) [Τίτου Αἰλί ου...

1. Non, ut vult G. Seure, Commodus, M. Aurelii Antonii filius, sed, ut adnotavimus, L. Aurelius Commodus Verus, qui in imperii consortium a fratre M. Aurelio vocatus est. Cf. C. I. L., VIII, 50.

1417 = 573. Nicopoli ad Istrum. — G. Seure, op. cit., p. 25, n. 5.

V. 1. Initio Ὑπὲρ. — V. 2. id. ἡ', αὐτοκράτο ρος το ϛ'. — V. 2-3. ...καὶ δήμου Ῥω μα]ίων καὶ ὑπὲρ τοῦ λαμπροτάτου ἡγεμόνος. — V. 3. in fine. καὶ τοῦ κρατίστου ἐπιτρόπου Σεβαστοῦ. — V. 4. πρὸς Ἴστρον πόλις τὸν θε ρμο περίπατον.

1418 = 576. Nicopoli ad Istrum. — G. Seure, op. cit., p. 26, n. 6.

V. 1. Non vidit Seure. — V. 2 4 in fine Σεβαστο υ'. — V. 5 4 initio : Ἀντωνείνου Σεβαστοῦ καὶ ΙΙ. Σεπτιμίου Γέτα. — V. 5 4-6 5. Γ. Οουί[ν]ίου Τερτύλ[λου πρεσ(βευτοῦ) Σεβαστῶν ἀντιστρ(ατήγου).

1419 = 577. Nicopoli ad Istrum. — G. Seure, op. cit., p. 27, n. 7.

V. 4. Παρθικοῦ. — V. 7. ἀρχιερατικός. — V. 8-9. ἀρχειερ ατική.

1420 = 578. Nicopoli ad Istrum. — G. Seure, op. cit., p. 27-28, n. 8.

V. 4 : μητέρα ἱερῶν στρατευμάτων |.

1421 = 579. Nicopoli ad Istrum. — G. Seure, *op. cit.*, p. 37, n. 28.

Ita restituit titulum Seure : Τὸν θειότατον Αὐτοκράτορα Καίσα]ρα Μᾶρκον Αὐρήλιον Σεβῆρον | ['Αντωνεῖνον Σεβαστὸν θεοῦ 'Αντω]νείνου ἔκγονον, θεοῦ Σεβήρου | υἱὸν ἡ βουλὴ καὶ ὁ δῆμος Νεικοπολειτ]ῶν πρὸς Ἴστρῳ πόλεως ἀνέστησεν.

1422 = 580. Nicopoli ad Istrum. — G. Seure, *op. cit.*, p. 28, n. 9.

V. 2. μέγιστον κὲ θειότατον. — V. 3. Κέσαρα. — V. 4. ἡ βουλὴ κὲ ὸ. — V. 5. λανπροτάτης. — V. 6. πρὸς Ἴστρῳ. — V. 7. In litura Seure restituit nomen Δεκίου Τραιανοῦ, ratus nomen sic erasum imperatoris esse, legatione pro praetore antea functi; Decius enim Trajanus legatus pr. pr. Moesiae inferioris perhibetur fuisse anno 234 p. Chr. n. — V. 7-8. ἀν]τισ<σ>τρατήγου. — V. 9. κὲ.

1423 = 581. Nicopoli ad Istrum. — G. Seure, *op. cit.*, p. 38, n. 29.

Edit titulum fere integrum G. Seure; restituit tantummodo : V. 1(3). [Καίσαρα] et V. 5(8) [τῆς πρὸς Ἴστρον Νεικο πόλεως.

1424 = 582. Nicopoli ad Istrum. — G. Seure, *op. cit.*, p. 38-39, n. 30.

V. 3. Seure in litura dubitans restituit [Αὐρηλιανόν]; addens restitui posse etiam M. Αὐρ. Κλαύδιον, Claudium II imperatorem. — V. 10. Κλαυ(δίου) Ν]ατ αλιανοῦ.

1425 = 583. Nicopoli ad Istrum. — G. Seure, *op. cit.*, p. 41, n. 32.

V. 2. Τὸν θεῖον κὲ] ἐπιφανέστατον. — V. 4. 'Ιουλίου..... ἀρχιερέως.

1426 = 584. Nicopoli ad Istrum. — G. Seure, *op. cit.*, p. 43, n. 34-35.

Addito altero ejusdem lapidis fragmento ita titulum Seure edidit : 'Αγαθῆι τύχηι. | .... δημαρχικῆς [ἐξουσίας....... πατ]ρὸς πατρίδος, ἀνθυπάτου.῾... | .... κατεσκεύ]ασεν ἐκ τ[ῶν ἰδίων....... ἡγεμονεύ]οντος τῆς ἐπαρχείας Τ. Σουελλ[ίου, etc.

1427 = 585. Nicopoli ad Istrum. — G. Seure, *op. cit.*, p. 33-34, n. 16.

V. 1. Ἀ ὑρήλιος; Ὀνησίων.

1428 = 586. Nicopoli ad Istrum. — G. Seure, *op. cit.*, p. 29-30, n. 10.

V. 3. Ἀὐρηλ(ία). — V. 4. καὶ Μνῆσα · Σαβῖνα. — V. 6. μνήμης.

1429 = 587. Nicopoli ad Istrum. — G. Seure, *op. cit.*, p. 31, n. 12.

V. 2. Ἰου λιανὸς?. — V. 3. Νεικομηδε[ὺς ζῶν]. — V. 12. συμβίῳ Πωλ-λίωνος.

1430 = 588. Prope Nicopolim ad Istrum. — G. Seure, *op. cit.*, p. 66, n. 75.

V. 16-17. τολμί|σι, ὅσσ[ι]. — V. 20. τυσαῦτα (*sic*).

1431 = 590. Nicopoli. — Kalinka, *Antike Denkmäler in Bulgarien*, p. 249, n. 311; G. Seure, *op. cit.*, p. 61, n. 63.

V. 2. Βιάνωρος, Seure. — V. 3. δομοτέκτων [1], Kalinka.

1. Δομοτέκτων, valvarius.

1432 = 591. Loco nunc dicto Gostilica vel Gostilitza. — G. Seure, *op. cit.*, p. 38-39, n. 31.

V. 1. Omisit Seure. — V. 3-4. [Ἀὐτοκράτ. | Καῖσ. Λ. Δομίτιον Ἀὐρηλιανόν. — V. 9. Ἀὐρ(ηλίου) Σεβασ(τιανοῦ). — V. 11. Ἐπι]μ[ελου]μέ ν|ου Κλ. Ἀὐρ. Τελ[ε σφόρου).

1433 = 592. Tirnovo. — G. Seure, *Nicopolis*, p. 51 et sq., n. 51.

V. 1. Ἀὐλαριόχῳ. — V. 4-5. ὑπὲρ τε ἑ αυτοῦ καὶ τῶν ἰδίων [κα]ὶ τῶν

ἐργαστῶν ἐ_ται|ρείας τε καὶ συνερ_γ α_σ_ια_ς εὐξάμενο_ς_ τον βω_ μ_ ον |
ἀν ἐθη_ κα.

Quae disseruit Scure de Apolline Ἀλλαρ:όγω, metallorum protectore, plane incerta sunt.

1434. Loco nunc dicto Leskovec, prope Tirnovo. — V. Dobrusky. *Matériaux d'archéo-logie en Bulgarie*, VI, p. 134, n. 191.

Θεῷ Ἥρωι Σγ...ήελᾳ ¹ εὐχαριστήριον ἀνέθηκα Κορνήλιος | Ἀ ν_ εἰκητος β(ενε) ριχιάριος].

1. Cognomen dei Heronis adhuc inauditum.

1435. Loco nunc dicto Batemberg, prope Razgrad. — V. Dobrusky, *Matériaux d'ar-chéologie en Bulgarie*, VI, p. 169, n. 216. — Titulus bilinguis.

Ioui et Iunoni | Aurel. Mucianus uotu m) feci.

Δίι κε Ἥρᾳ Αὐρήλιος) Μουκιανὸς | εὐχ ὴν κώμης Μα|σκιοδρι_ ας_.

1436 = 594 In vico nunc dicto Baltschik, inter Callatim et Odessum. — Kalinka, *Antike Denkmäler in Bulgarien*, p. 18, n. 20.

V. 6. In fine : πολείταις μ'.

1436 bis = 606, not. 1. Pro notus est, lege notum est.

1437. Tomis. *Ancient greek inscriptions in the British Museum*, II, p. 36, n. 176.

Ἀγαθῇ τύχῃ. | Ἰουλίαν Μαμμαία ν | Σεβαστὴν Αὐτοκρά|τορος Καίσαρος
5 Μ. Αὐρηλ|λίου Σευήρου Ἀ λεξάνδρο|υ | Εὐσεβ(οῦς) Εὐτυχ(οῦς) Σεβ|αστοῦ
10 μητέ|ρα καὶ τῶν γενναιοτάτων | αὐτοῦ στρατοπέδων | βουλή, δῆμος τῆς λαμ|προ-τάτης μητροπόλεως | καὶ α´ τοῦ Εὐωνύμου Πόντου | Τομέως.

1438. Tyrae. — Latyschev, *Inscr. or. sept. Ponti Euxini*, I, n. 2.

Post 12 versus valde mutilos :

[... δε δόχθαι τῇ βουλῇ καὶ τῷ δήμῳ Κο κάριον ....]νον τετειμῆσθαι χρυσῷ στερξάνω κ αὶ τύπ ῳ ἐπι γρύτῳ? , τό τε ψήφισμα τελειωθὲν ὑπὸ τοῦ γραμμ ατέως τῆς πόλεως Οὐαλερίου Ῥούρου δοθῆναι τῷ πατρὶ αὐτοῦ Κοκκηίῳ Οὐάλεντι καὶ τὸ ἀντίγραφον ἄ ποτε θῆναι εἰς τὰ δημόσια. Ἐγένετο ἐν Τύρᾳ πρὸ ε΄ καλ ανδῶν) Μαίων Αὐτοκράτορι Κομόδῳ τὸ γ΄ καὶ Ἀντιστίῳ Βούρρῳ ὑπάτοις ΄, ὡς δὲ Τυρανοὶ ἄγουσιν, ἔτους εκρ΄ ², ἀρχόντων δὲ τῶν περὶ Θεόδωρον Βοήθου ³, μηνὸς Ἀρτεμεισιῶνος λ΄. Ἐσφραγίσαντο ⁴ · Θεόδωρος Βοήθου πρῶτος ἄρχων · Κ α ῖσαρ Ζούρη ἄρχων · Λαισθένης Μόκκα ἄρχων · Αἴλιος Λούκιος ἄρχων · Οὐαλεριανὸς Ποντικοῦ εἰσηγητής ⁵. Τιβ. Κλαύδιος Ἀντ ισθένη ς · Σεπτ ίμιος Ἱεροσῶντος · Πίδανος Πιτραρ νάκ ο υ · Οὐ αλέριος Βασσιανοῦ · Ἱερώνυμος Ἀρτεμιδώρο υ · Θεοδᾶ ς Ἀρτε μιδώρο υ · Χρύσιππος Χρυσίππου · Νίγερ Ἀρτεμιδώρου · Μακάριος Ἀρτεμιδώρου · Διονυσόδωρος Ἀχιλλαίου · Λούκιος Σατορνεί ν ου · Φιλόκαλος Φιλοκάλου · Διονύσιος Πίσκα · Ἡρακλέων Σωμᾶ · Δελφὸς Δελφοῦ. Οὐαλέριος Ῥοῦρος γραμματεὺς ἐτελείωσα τὸ ψήφισμα.

1. Dies XXVII mensis Aprilis anni p. C. n. 181. — 2. Annus centesimus vicesimus quintus aerae Tyranorum. — 3. Intellige : magistratum gerentibus Theodoro Boethi f., primo archonte, et Caesare Zuri f. et Laisthene Mocca f. et Aelio Lucio archontibus, quorum nomina infra data sunt. — 4. l. e. : scribundo adfuerunt. — 5. Auctor decreti, ut videtur.

1439. Odessi. — Kalinka, *Antike Denkmäler in Bulgarien*, p. 108, n. 114.

Ἀγαθῆι τύχη . | Πείῳ καὶ Πράκλῳ ὑπάτοις ¹ πρὸ.... .... | θεοῦ μεγάλου
5 Δερζελάτου ....|οἵδε εἰσὶν ἔρηδοι ἐπὶ συναρχία ς....... ...... || ἱερέως
θεᾶς Ῥώμης καὶ α΄ ἄρχοντος............ | Γ. Φλ αβίου) Θεοφίλου · πρῶτος ὁ
ἐρήδαρχος...

Sequuntur alia nomina.

1. Fulvius Pius et Pontius Proculus consulatum egerunt anno 238 p. C. n.

1440. Odessi. — Kalinka, *Antike Denkmäler in Bulgarien*, p. 20, n. 21.

Imp. Caesare T. Aelio Hadriano Antoni no Aug. Pio pont. max.] | p. p. ciultas Odessitanorum aquam non o ductu addu xit curante T. Vitrasio Pollione leg. Aug. pr. pr. ¹].

Ἀγαθῆι τύχη ι. | Αὐτοκράτορι Καίσαρι Τίτωι Αἰλίωι Ἀδριανῶι Ἀντων είνωι

Σεβ(αστοῦ)] | Εὐσεβεῖ ἀρχιερεῖ μεγίστωι πατρὶ πατρίδος ἡ πόλ[ις Ὀδησσι|τῶν
5 καινῷ ἑλκῷ τὸ ὕδωρ ἐσήγαγεν προνοουμέ[νου Τίτου Οὐι]τρασίου Πολλίωνος
πρεσβευτοῦ καὶ ἀντιστρατ[ήγου] [1].

Cf. Kalinka, *op. cit.*, p. 21 n. 25, ubi fragmentum editur alterius tituli valde mutili,
qui videtur huic simillimus fuisse.

1. De T. Vitrasio Pollione cf. *Prosop. imp. rom.*, III, p. 78, n. 558.

1441. Odessi. — Kalinka, *Antike Denkmäler in Bulgarien*, p. 43, n. 37.

Ἀγαθῆ [τύχη]. | Ὑπὲρ τ[ῶ]ν κυρίων Αὐτοκ[ρατόρων] | ...... Λουκίου)
Σεπτιμίου Σεουήρου Περτίν[ακος.....

1442. Odessi. — Kalinka, *Antike Denkmäler in Bulgarien*, p. 67, n. 72.

[Imp. Caes. M. Claudio | T]acito Pio | Feli. Invicto. | M. H.
...... σύμπαντος...] οἴκο[υ ..|...... .... ἡγε]μονε[ύοντος ..|........ .. ..
υρου....

1443 = **660.** Odessi. — Kalinka, *Antike Denkmäler in Bulgarien*, p. 97, n. 99.

V. 4, [το]ῦ [σε]πτάρχου.

1444 = **662.** Dionysopoli. — Kalinka, *Antike Denkmäler in Bulgarien*, p. 86 et sq.,
n. 95.

V. 1 ..αι παρα. — v. 2 ..τον ἀνέλαβε. — v. 3 ...ος Θεόδωρον. — V. 5 (in fine)
ἀπή[ρ]ατ'ο. — V. 5 (in fine) πατέρα α[ὐτοῦ? — V. 7 συ[ν]τυχών ἄμ.α. — v. 13
καλῶς καὶ φιλαγάθως. — V. 26 με[γίστῃ ἡ]δία τὰ βέλτιστα. — V. 30 [ἐν]δι-
δοὺς. — V. 48 δὲ ἰχνυ?]σθαι.

1445. Marcianopoli. — Kalinka, *Antike Denkmäler in Bulgarien*, p. 58, n. 58.

Τῷ θειοτάτῳ αὐ|τοκράτορι Μά(ρκῳ) Ἀντω|νίῳ Γορδιανῷ ἡ | πόλις ἡ
5 Μαρκιανο|πολειτῶν ἐν ταῖς | ἰδίοις ἔροις·

1446 . 669. Pautaliae. — Kalinka, *Antike Denkmäler in Bulgarien*, p. 53, n. 53.

V. 6 in fine …καὶ ἑω|νίου (sic . — V. 12-13. Σεβ(αστοῦ) ἀντιστρα|τήγου.

1447 = 670. Pautaliae. — Kalinka, *Antike Denkmäler in Bulgarien*, p. 50, n. 47.

V. 1 et seq. Ita restituit Kalinka [Ὑπὲρ τῆς τῶν θειοτάτων καὶ μεγίστων κυρίων Αὐτοκρατόρων Καισάρων] τύχης, etc.

1448 = 671. Pautaliae. — Kalinka, *Antike Denkmäler in Bulgarien*, p. 66, n. 69.

5   V. 1 et sq : …Ἐπρο[υσκάλλα[ν | ἡ λ]αμπροτάτη | [..........] πόλις. | Εὐτυ χῶς. | Ἐπιμ]ελουμένου…..

1449 = 672. In vico nunc dicto Volujak. — Kalinka, *Antike Denkmäler in Bulgarien*, p. 60, n. 61.

V. 2. Ὑπὲρ ὑγέας — V. 6 in fine καὶ τῆς θε[ο]φιλεστάτης. — V. 11 ἐπαρχίας. V. 12 et seq : Πομπωνίου | Μα γι ανοῦ [1] πρεσ[β(ευτοῦ) Σεβ(αστοῦ) ἀντισ|-
15   [τρα τή(γου] ἡ Παυταλεω|τῶν, etc.

1. De Pomponio Magiano. cf. 723, et infra n. 1476.

1450 — 678. Lapis dicitur inventus prope vicum nunc dictum Dragoman. — Kalinka, *Antike Denkmäler in Bulgarien*, p. 165, n. 184.

V. 3 (in fine) λεγ(ιῶνος) β΄ Πα[ρθ(ικῆς) .

1451. Serdicae. — Kalinka, *Antike Denkmäler in Bulgarien*, p. 75, n. 83.

…? βασι]λ έως) Κότυος [1] …. | …..]ν θραχάργου [2]…

1. De Coty, rege Thraciae. cf. supra n. 775. — 2. De Thracarcho cf. supra n. 707.

1452. Serdicae. — Kalinka, *Antike Denkmäler in Bulgarien*, p. 24, n. 28.

Ἀγαθῇ τύχῃ · | Ὑπὲρ τῆς τῶν αὐτο|κρατόρων M. Αὐρ(ηλίου)] Ἀν[τ]ω|-

5 [ναίου καὶ Λ. Αὐρηλίου] Οὐήρου | [........ Σεβαστῶν] ὑγείας | [καὶ παντὸς
οἴκου καὶ ἱε]ρωτάτης βουλῆς τε καὶ δή μου τοῦ Ῥωμαίων Ἀρχι ας? ......
0 τῆς πό λεως | [κατὰ τὴ]ν κέλευ σιν κυ ρίου .... ἐκ τῶ ν | ἰδίων ἀνέ-
θηκεν .

1. Inter annos 161 et 169 p. C. n.

1453. Serdicae. — Kalinka, *Antike Denkmäler in Bulgarien*, p. 25, n. 30.

[Ὑπὲρ τῆς τῶν Αὐτοκρατόρων M. Αὐρηλίου] Ἀντωνίνου καὶ Λου κίου
Κομόδ υ '...|... ὑγείας καὶ τοῦ σύμ παντος αὐτῶν | [οἴκου........]ν ἀρχιε-
ρεὺς | .... ανὸς καὶ ἡ ἀρ|χιέρεια? ἐπιτελέσαντες κ αὶ μονομαχί ας καὶ
θεωρίας...... καὶ τῆ προξ ε|νία τιμηθέντες? ἀν εκκλοῦσι [........].

1. Inter annos 176 et 180 p. C. n.

1454 = 683. Serdicae. — Kalinka, *Antike Denkmäler in Bulgarien*, p. 22, n. 26.

V. 1. ἐξουσίας τὸ γ' 1. — V. 6-7 M. Ἀ ντωνίου Ζήνω|νος 2.

1. Anno p. C. n. 141. — 2. De M. Antonio Zenone cf. *Prosop. imp. rom..* t. p. 105,
n. 703.

1455 = 684 Serdicae. — Kalinka, *Antike Denkmäler in Bulgarien*. p. 23, n. 27.

1456 = 685 Loco nunc dicto Ormanli. — Kalinka, *Antike Denkmäler in Bulgarien*,
p. 15, n. 39.

1457 = 687 Inter Philippopolim et Serdicam. — Kalinka. *Antike Denkmäler in Bulgarien*, p. 18, n. 45.

V. 2... τοῦ θειοτάτου. — V. 8. — Λ[ουκίου] Προσίου Ῥουφίνου 1.

1. De L. Prosio Rufino cf. supra n. 670, 686.

T I

1458   688. Serdicae. — Kalinka, *Antike Denkmäler in Bulgarien*, p. 53, n. 52.

V. 2 in fine Καίσαρος .

1459   695. In vico nunc dicto Dragoman. — Kalinka, *Antike Denkmäler in Bulgarien*, p. 62, n. 65.

V. 11-12   .. Θρακῶν ἐπὶ x ργεί] ας Σ. Φο υρνίου ' πρεσβ[ευτοῦ...

S. Furnius Publianus legatus adhuc ignotus, cf. infra n° 1479.

1460   696 Serdicae. — Kalinka, *Antike Denkmäler in Bulgarien*, p. 66, n. 70.

1461 = 697. Serdicae. — Kalinka, *Antike Denkmäler in Bulgarien*, p. 67, n. 71.

V. 5. x xi Πον πωνιος 'Αμαστιανό ς .

1462. Serdicae. — Kalinka, *Antike Denkmäler in Bulgarien*, p. 146, n. 162.

.... ἐπι τροπεύοντος ..... | .. Σε κούνδος Κορνο[ῦτος.....]... χώρτης μ ει-
λιαρίας Ιτυραι ων...' ..... | κοινωνευ νᾶλις ' κατ' εὐχὴν χρησμούς | τούσδε
κατάγεγ ραμμένους ἐκ πιν άκων.....|........ : ἀνέθηκεν.

Sequuntur fragmenta χρησμῶν καταγεγραμμένων, de quibus vide Kalinka, *op. cit.*, p. 147-148.

1. Secundus Cornutus veteranus, ut videtur, cohortis milliariae Ityraeorum. — 2. Idem fuit Serdicae duumvir quinquennalis.

1463   702 In vico nunc dicto Hadzili, haud longe Philippopoli occidentem versus. — Kalinka, *Antike Denkmäler in Bulgarien*, p. 42, n. 35.

V. 1 Ὑπὲρ τῆς τῶν x υρίων Αὐτοκρατ όρων. — V. 2 .. διαμ ονῆς Λουκ(ίου). — V. 3 Σεδάττου τε γ' x σιε . — V. 8 .. τοῦ νίου Δι ονύσο υ.

1464.   **706.** Inter vicos nunc dictos Harnakowo et Semitscha. — Kalinka, *Antike Denkmäler in Bulgarien*, p. 171, n. 190.

V. 2-3 Ἐσβενέ[ρ?]ιος.

1465 = **707.** Philippopoli. — Kalinka, *Antike Denkmäler in Bulgarien*, p. 148, n. 163.

1466 = **708.** Philippopoli. — Kalinka, *Antike Denkmäler in Bulgarien*, p. 19, n. 21.

1467 = **712.** Philippopoli. — Kalinka, *Antike Denkmäler in Bulgarien*, p. 23, n. 29.

1468   **717.** Philippopoli. — G. Seure, *Nicopolis ad Istrum*, p. 50, not. 1.

V. 10. βυ[ρ]σ̔οδε̣ψῶν vel βυ[ρ]σ̔ οποιῶν] vel βυ[ρ]σ̔ οπωλῶν].

1469 = **718.** In vico nunc dicto Aidinov, haud longe Bessapara. — Kalinka, *Antike Denkmäler in Bulgarien*, p. 46, n. 42.

V. 5-6. ... λείνου Ἑρμο.....[.......

1470 = **719.** Inter vicos nunc dictos Polatowo et Karatair. — Kalinka, *Antike Denkmäler in Bulgarien*, p. 51, n. 49.

1471. Philippopoli? — Kalinka, *Antike Denkmäler in Bulgarien*, p. 52, n. 50.

Αὐτοκρά τορι.........[.........] | Σεβαστῷ ἡ λαμ προτάτη τῆς Θρακῶν |
ἐπ αρχίας [μητρόπολις Φιλιππόπολις | νε[ωκ]όρος, ἡ γεμονεύοντος Ρουταιλί[ου
Πούδεντος [Κρισπείνου πρεσβευτοῦ Σεβαστοῦ] | ἀντιστ ρατήγου].

Cf. supra, n. 719. Titulus simillimus; lapidem eumdem esse credas.

1472. Philippopoli. — Kalinka, *Antike Denkmäler in Bulgarien*, p. 52, n. 51.

Αὐτο κράτορι Καίσαρι Μ. Αὐρηλίῳ] | Σεουήρῳ Ἀ λεξάνδρῳ Εὐτυχ[ι |

Εὐσεβ[εῖ Σε]δ[ασ]τῷ ἡ λαμπροτ[άτη] τῆς | Θρακῶν ἐπ αρχείας μητρ[όπολις |
Φιλιπ πόπολ[ι]ς νεωκό ρος ἡγεμο|νεύοντος Ἰου τειλί ου Πούδε[ν]το[ς] Κρισπεί-
νου πρεσδ[ε]υτο̣ῦ Σεδ αστοῦ] | ἀντι στρατήγου].

Cf. titulum praecedentem.

1473 = 721 — In vico nunc dicto Hissar, non longe Philippopoli. — Kalinka,
Antike Denkmäler in Bulgarien, p. 55, n. 55.

V. 4-5. Ζερα λη[ν ή. — V. 9. Μωσυγηνῶν.

1474. In vico nunc dicto Karataïr, haud longe Philippopoli occidentem versus. —
Kalinka, *Antike Denkmäler in Bulgarien*, p. 56, n. 56.

Ἀγαθῇ τύ χῃ. | Ὑπὲρ ὑγιείας καὶ σ[ω]τηρίας καὶ αἰ ωνίου διαμον ῆς τῶν
5 κυρίων ἡμῶν | Αὐτοκ ρατόρων Γ. Ἰουλ(ίου) Οὐήρου Μαξιμίνου ‖ [καὶ Γ.
Ἰου λ(ίου) Οὐήρου Μαξίμου Καισαρος Σεδ[αστῶν) ¹| [καὶ τοῦ σύμπα]ντος αὐτῶν
οἴκου ὑπατεύ|οντος τῆς ἐπαρχείας Σ ατουρνίνου Φίδου ² | [....... Θρακ]ῶν
10 ἡ λαμπρο[τάτη μητρόπολις Φιλιπ[πό]πολις ἐκ τῶν ‖[....... ιβ'.

1. Inter annos 235 et 238 p. C. n. — 2. Legatus adhuc ignotus.

1475 = 722. Loco nunc dicto Giren prope Philippopolim. — Kalinka, *Antike Denkmä-*
ler in Bulgarien, p. 57, n. 57.

1476 = 723 Philippopoli. — Kalinka, *Antike Denkmäler in Bulgarien*, p. 59, n. 60.

V. 7-8. ..... τῆς Θρακῶν ἐπαρχία[ς Πομ]|πονί(ου) Μαγιανο ¹.

1. De Pomponio Magiano, cf. supra n. 1449.

1477 724 In vico nunc dicto Hissardjik. — Kalinka, *Antike Denkmäler in Bulgarien*,
p. 58, n. 59.

V. 1. Ἀγαθῇ ι — V. 2. Αὐτοκράτορι Καίσαρι.

1478. Philippopoli. — Kalinka, *Antike Denkmäler in Bulgarien*, p. 65, n. 68.

Ὑπὲρ νείκης καὶ αἰωνίου διαμ[ο]νῆς τῶν θειοτάτων Σεβαστῶν | Μ. Ἰουλίου
Φιλίππου καὶ Ὠτακιλίας Σεουήρας καὶ ἱερᾶς | συνκλήτου καὶ δήμου τοῦ
Ῥωμαίων] καὶ τοῦ σύμπαντος | [τῶν Σεβαστῶν οἴκου.....

1479. Philippopoli. — Kalinka, *Antike Denkmäler in Bulgarien*, p. 64, n. 67.

Ἀγαθῇ τύχῃ. Ὑπὲρ ὑγείας καὶ σωτηρίας τοῦ μεγίστου καὶ θειοτάτου Αὐτοκράτορος Μ. Ἰουλίου Φιλίππου Σεβαστοῦ καὶ Ὠτακιλλίας Σεουήρας Σεβασ-
τῆς) | ἡγεμονεύοντος τῆς Θρᾳκῶν ἐπαρχίας | Σ. Φουρνίου Πουβλια νοῦ [1]
πρεσβ(ευτοῦ) Σεβαστοῦ ἀντιστρατήγου | ἡ λαμπροτάτη Θρᾳκῶν μητρό-
5 πολις | Φιλιππόπολις. Εὐτυχῶς.

1. De S. Furnio Publiano cf. supra n. 1459 = 695, et infra n. 1480.

1480. In vico nunc dicto Geren. — Kalinka, *Antike Denkmäler in Bulgarien*, p. 63,
n. 66.

Αὐτοκράτορα Καίσαρα Μ. Ἰούλιον Φίλιππον τοῦ θειοτάτου Αὐτοκράτορος
Καίσαρος Μ. Ἰουλίου Φιλίππου Εὐτυχοῦς Σ εβαστοῦ) καὶ τῆς θεοφιλεστάτης
Σεβαστῆς | Μαρκίας Ὠτακιλίας Σεουήρας | υἱὸν τὸν ν έον Ἥλιον Εὐσεβῆ |
5 Εὐτυχῆ Σεβαστὸν) ἡγεμονεύοντος | τῆς Θρᾳκῶν ἐπαρχίας Σεβ]στου Φουρνίου
Πουβλιανοῦ [1] | ἡ λαμπροτάτη Θρᾳκῶν μητρόπολις | Φιλιππόπολις.
Εὐτυχῶς.

1. Cf. titulum praecedentem.

1481. Philippopoli. — Kalinka, *Antike Denkmäler in Bulgarien*, p. 94, n. 96.

.....τὸν] λαμ[πρότατον | ἡγεμόνα τῆς Θρᾴκης καὶ πρεσβ]ευτὴ[ν | Σεβασ-
5 τοῦ [1]. ἡγεμ[ό]να λεγιῶνο[ς ν | ....καὶ.........δικαιοδο[τήν Ἀπουλία]ς [2], | ἐπιμε-
λητὴν ὁδῶν Αὐρηλίας Κορνηλίας τ ριουμ]φάλις [3], ταμίαν Λυκίας ΙΙ αμφυλίας
Πεισιδίας | Ἰσαυρίας?, χειλίαρχον πλατύσημον [4] λ εγιῶ'νος......, σοδάλιν
10 Ἀντω νεινιανὸν Ο ὐηρια]νὸν.... καὶ...... τὴν γ υναῖκα αὐτοῦ κ αὶ |.........
καὶ.......ν τοὺς κρατίστους) υἱο ὺς...... | πάτρωνας καὶ εὐεργέτας. |

Sequuntur 32 nomina per ordines disposita, inter quae notanda sunt :

.....ι ππος ἐ κ βοηθισι '. , ... Ἡρώδης ἐξ πρωτήκ τωρος?', | Αὐρήλιος; Ἀλέξανδρος βουκινάτωρ.

1. Vir ignotus.   2. Juridicus Apuliae. — 3. Curator viarum Aureliae, Corneliae triumphalis. — 4. Tribunus laticlavius. — 5. Ex adjutore.

1482. Philippopoli. — Kalinka, *Antike Denkmäler in Bulgarien*, p. 72, n. 79.

.......πρεσβ(ευτοῦ) Σεβ'αστοῦ) ἀντιστρατή γ ου τέχνη συροποιῶν [1] | ἐ κ τῶν ἰδίων ἀνέστη σεν.

1. Cf. Polluc., VII, 69 : τρίχα ἱμάτιον. Hesych. : τρίχα ἡ παχεῖα χλαῖνα.

1483 = **728.** In vico Hissar, haud longe Philippopoli. — Kalinka, *Antike Denkmäler in Bulgarien*, p. 98, n. 100.

V. 8-9. Βδακυ'ρηνοί.

1484 = **730.** Philippopoli. — Kalinka, *Antike Denkmäler in Bulgarien*, p. 187, n. 216.

V. 1. Ἐ ν δικο'ου'τος Γ. Αλρίου Ⅱ ο'σει δωνίου...

1485 — **732.** Philippopoli. — Kalinka, *Antike Denkmäler in Bulgarien*, p. 160, n. 179.

V. 2. Αχκίου. — V. 3-4. Τὸ κοινὸν τῶν Ἑλ|Ἑλήνω'ν.

1486 = **737.** In vico nunc dicto Karaorman. — Kalinka, *Antike Denkmäler in Bulgarien*, p. 119, n. 127.

1487 = **739.** In vico nunc dicto Mertscheleri. — Kalinka, *Antike Denkmäler in Bulgarien*, p. 250, n. 313.

1488 = 741. In vico nunc dicto Tschirpan. — Kalinka, *Antike Denkmäler in Bulgarien.* p. 28, n. 33.

V. 9. ἡί.

1489. Loco nunc dicto Omurovo. — V. Dobrusky, *Matériaux d'archéologie en Bulgarie*, VI, p. 126, n. 176.

Αὐρ. Μουκιανὸς πάλε ' στρατιώτ|ης · ὅτι ὃς ἂν καταστρέψει, ὃς ἂν λίθον | κοπήσει, δώσεις εἰς τὴν κώμ|ην δηνάρια πεντήκοντα.

1. l. e. πάλαι.

1490 = 743. Trajanae Augustae. — Kalinka, *Antike Denkmäler in Bulgarien,* p. 123. n. 132.

1491. Trajanae Augustae. — V. Dobrusky, *Matériaux d'archéologie en Bulgarie*, VI, p. 113, n. 163.

Ἀγαθῇ τύχῃ. | Θεῷ ἐπηκόῳ Με γίστῳ Αὐλαρχη|νῷ ' Αὐρ. Οὐά|λης στρα-τιώ|της λεγιῶνος] ια' Κλαυδίας] ² | εὐχῆς χάριν ἀνέθηκα. | Εὐτυχῶς.

1. Αὐλαρχηνός, cognomen dei Heronis, ut videtur : Heronis enim imago lapidi supra titulum insculpta est. De cognomine Αὐλαρχηνός, cf. cognomen ejusdem dei Αὐλωνείτης, supra n. 832. — 2. Legio XI Claudia.

1492. Trajanae Augustae. — Contoléon, *Revue des Études grecques*, 1902, p. 143.

Ἀγαθῇ τύχῃ. | Ὑπὲρ τῆς τῶν θειοτάτων κα ὶ | μεγίστων αὐτοκρατόρων | Σεπτιμίου Σευήρου Περτίνακ ος | κα ὶ Μ. Αὐρηλίου Ἀντωνείνου | αἰωνίου? τύχης καὶ νείκης κα ὶ | Ἰουλίας Δόμνης Σεβαστῆς | .... καὶ τοῦ σύν-πα ντος | θείου οἴκου... υ...μον...

1493 = 745. Trajanae Augustae. — Kalinka, *Antike Denkmäler in Bulgarien*, p. 26, n. 31.

V. 2-3. μὲ|γισ τ ον. — V. 5. Σεβασ τ ὸ ν. — V. 7. Βρεταννικὸν, ἀρχιερ εα . — V. 8 in fine. αὐτο|κράτορα. — V. 9 id. ὕπατον τὸ ε . — V. 11. τοῦ ἀρχιερέω ς.

1494   753 In vico nunc dicto Akbunar. — Kalinka, *Antike Denkmäler in Bulgarien*, p. 47, n. 43.

V. 2. Αὐτοκράτορι Καίσαρι. — V. 7 et seq. Ἡγεμονεύοντος τῆς Θραικῶν ἐπαρχείας Προσίου | Ῥουφείνου '.

1. De 1 Prosio Rufino cf. supra n. 670.

1495 = 757. In vico nunc dicto Akbunar. — Kalinka, *Antike Denkmäler in Bulgarien*, p. 62, n. 64.

V. 9 et seq. ... ἐπαρχείας Σε ξ|του Φ ουρνίου Που 6λ ιανοῦ ' πρε σ6ιευτοῦ' | Σε6ιαστοῦ.....

1. Legitur in lapide ΠΟΛΛΙΑΝΟΟ, De S. Furnio Publiano, legato pr. pr. Thraciae cf. supra n. 1459 — 695, etc.

1496. Trajanae Augustae. — A. von Domaszewski, *Die Rangordnung des römischen Heeres*, p. 185 *Bonner. Jahrb.*, CXVII.

Τραιανόν Μουκιανόν δουκηνάριον | στρατευσάμενον ἐν χώρτῃ δ' Κον|χορδ ηγησίων ' καὶ ἐν λεγιῶνι β' Παρθιχῇ ², ἱππέα χώρτης | ζ' π ραιτωρίας) ³, ἡδοκάτων ', ἐκατόνταρχον προτήκτορα | λεγιῶνος) ιγ' Γεμίνης ⁵, ἐκατόνταρχον προτήκτορα) βιγούλων) ⁶, ἐκατόνταρχον προ|τήκτορα) οὐρβανικιανόν) ⁷ καὶ ἐκατόνταρχον προτήκτορα) χώρτης ε' πρ αιτ(ωρίας) ⁸ | καὶ πρίνκιπα προτήκτορων ⁹, πραιμοπιλάριον) ¹⁰ καὶ ἐκ τῶν | πάντα διεξερχομένων π ροτηκτό|ρων ἐπ αρχον) λεγιῶνος δ' Φλαβίας ¹¹, σ τρατηγὸν | λεγ. ζ' Κλ αυδίας) καὶ δ' Φλαβίας ¹² τριδ. βιγουλ. τριδ. οὐρβ. τριδ ιουνον) Δι δ'οὐρ νων ¹⁴, πραιπόσιτον | τῶν πάλιν στρατε υ ο μένων πε ζ ῶν | καὶ ἱππέων Μα ύ ρων καὶ Ὀσρόηνων ¹⁵ καὶ πραιπόσιτον τῶν Βειτ ιόνων καὶ ἐξπλωρατόρων ¹⁵ | τριδ. πραιτ. προτηκτ. δουκηνάριον ἔπα ρ|χον λεγ..... π ράξαντα ἐν Μεσοπο|ταμία ¹⁶, ἔπαρχον λεγ. ιγ' Γεμίνης στρατηγ ν | .... καὶ τῶν πάλιν στρατευο|μένων πεζῶν καὶ ἱππ έων Μαύρων καὶ Ὀ σ|ρόηνων, ἔπαρχον λε γιῶνος β' Τραιανῆς ¹⁷, στρα|τηγὸν λεγ. ζ' Κλαυδ. καὶ δ' Φλαβίας καὶ Β ριττ. | καὶ ἐξπλωρατόρων πρ άξαντα ἐν Ὀρ ραχ ¹⁸ .... καὶ ἄρξαντα | .... αὐτοῦ πά λιν.... | καὶ πάλιν λαβόντα .... | εἰς τὴν ὑπηρεσίαν..... ἣ αὐτοῦ | πατρίς. Εὐτυχῶς .

Supplementa omnia addidit Domaszewski.

1. Cohors I Concordiensium, ita dicta ex urbe Italiae Concordia, haud procul Aquileia, occidentem versus. — 2. Legio II Parthica. — 3. Cohors VII praetoria. — 4. Evocatus. — 5. Centurio protector legionis XIII Geminae ; de protectoribus cf. Mommsen, *Eph. epigr.*, V, p. 121 et seqq.; item Daremberg et Saglio, *Dict. des antiq. gr. et rom.*, s. v. — 6. Centurio protector vigilum. — 7. Centurio protector urbanicianus, i. e. cohortis cujusdam urbanae. — 8. Centurio protector cohortis V praetoriae. — 9. Princeps protectorum. — 10. Primipilaris; inde equestrem militiam adeptus est Mucianus. — 11. Praefectus legionis IIII Flaviae. — 12. Dux legionis VII Claudiae et IIII Flaviae. — 13. Tribunus liburnarum. — 14. Praepositus seniorum peditum et equitum Maurorum et Osroenorum. — 15. Praepositus Brittonum et exploratorum. — 16. Agens in Mesopotamia. — 17. Praefectus legionis II Trajanae. — 18. Agens in Thracia.

Opinatur Domazewski, *loc. cit.*, Mucianum aetatem egisse tertio saeculo labente, ita ut fortasse etiam idem sit atque Aurelius quidam Mucianus v. p. praeses provinciae Raetiae Diocletiano imperante (*C. I. L.*, III, 5785).

1497 = **762.** Trajanae Augustae. — Kalinka, *Antike Denkmäler in Bulgarien*, p. 96, n. 97.

V. 1. Διέπλων. Opinatur Kalinka significari corpus vel commune quoddam.

1498. Loco nunc dicto Burnusus. — V. Dobrusky, *Matériaux d'archéologie en Bulgarie*, VI, p. 158, n. 208.

.... εὐξάμενος | κατεσκεύασεν | ἐκ τῶν ἰδίων τὸ ν] | βωμὸν σὺν τῷ να ῷ] |
5 ἐπιτυχὼν παρὰ τοῦ | θεοῦ ὢν εὔξα το] | ἐπὶ ὑπάτῳ Λ(ουκίῳ) Κορ|νηλίῳ Ἀνυλ-
10 λείνῳ τὸ β΄ καὶ Λὺρειδίῳ] | Φρόντωνι ὑπάτοις ' Ἀδ]....ιανὸς? Κέτυος.

1. Anno p. C. n. 199.

1499. Loco nunc dicto Diinikli. — Dobrusky, *Matériaux d'archéologie en Bulgarie*, VI, p. 117, n. 165.

Θεῷ Ἀπόλλωνι Λὺρήλι[ο]ς Μαρκιανὸς στρατιώτης | πραιτωριανὸς Γειχεθηγνῷ '
εὐχαριστήρι[ο]ν.

1. Cognomen dei Apollinis, idem sane ac Γυκεσηνός, Γειχεσηνός vel Γιχεσηνός (Dobrusky, *loc. cit.*); cf. supra n. 764.

1500 — 766. Pizi. — Kalinka, *Antike Denkmäler in Bulgarien*, p. 29, n. 34.

V. 1. Ἀγαθῇ τύχη. — V. 3. Σεουήρου. — V. 9. Σεουήρου. — Initio columnae quartae : Οἱ πρῶτοι οἰκήτορες.

In edicto Q. Sicinnii Clari, praesidis provinciae.

V. 27 in fine, τῶ ἀδικεῖν. — V. 28 initio, νέωτε ρίζειν. — V. 28-29. ῥύε]σ᾽θαι χρὴ εἶκε. — V. 31-32. ἐπεθύμην ἀνδρά|σιν ἐπιπαρες<υ>νεῖν (?). — V. 34 initio, ὁ ἱκήτορα ς. — V. 41. καὶ συν τὴρ εἶας. — V. 44 initio, τοῦ ὁ τοπά ρ᾽χου καὶ τῆς. — V. 56. παραδ ὡς οντας. — V. 69-70. πρὸς δ ε ὁ ιε|λύ σωσ ι, αὐτὰ τ ὰ .

1501. Hand longe Pizo. — Kalinka, *Antike Denkmäler in Bulgarien*, p. 335, n. 434. — Fragmentum valde mutilum.

... Ἀικι νίω Κράσσω Φ ρουγι [1]....

1. Cognomen Frugi valde incertum.

1502. Mesembriae. — Kalinka, *Antike Denkmäler in Bulgarien*, p. 192, n. 227.

Μόσχος Φιλήμονος . | Ξενοκλῆς Λαχή τ α , | Δαμέας Διονυσί ου , | στραταγή-
σαντες ἐπὶ | Βυρεβίσταν πολέμωι [1].... | καὶ γραμματεύσ αντες ?...

1. De hoc bello contra Burebistam, regem Dacorum vel Getarum temporibus Caesaris et Octaviani gesto, cf. supra n. 662, not. 6.

1503. Apolloniae. — G. Seure, *Revue des Études anciennes*, 1904, p. 212; Kalinka, *Antike Denkmäler in Bulgarien*, p. 142, n. 157.

Ἀπόλλωνι Ἰητρ ῶι. | Ὑπὲρ τῆ ς Ῥοιμη᾽τάλκου υἱοῦ βασι|λέως Κότυος
κα ὶ | βασιλέ ως Ῥοιμητάλκου υἱ ω|νοῦ κ αὶ Πυθο δω᾽ρίδος β ασι λέω ς |
Ῥοιμητάλκου | γυναικ ὸς Πολ έ|μωνος δὲ θυγατ|ρὸς ὑγ᾽ίας καὶ σ ω|τηρίας
εὐξάμ ε|νος... Λ ούκιος | .... ηγων...

1. De Rhoemetalce, rege Thraciae, et uxore Pythodoride cf. *Prosop. imp. rom.*, III,
p. 131, n. 51, et supra n. 777.

1504. Thasi. — Mendel, *Bull. de corr. hellén.*, XXIV 1900, p. 273, n. 17.

Θρ(άξ) [1] | Νάρκισσος Ἑκαταίας | στε φανωθείς) κ΄ ἐνίκα.
Μερ(μίλλων) [1] | Κέρσος Ἑκαταίας | νικήσας) κ΄ στεφανωθείς) ἀπελύθη.

1. Thrax, Murmillo, gladiatorum nomina. Cf. supra n. 840.

SARMATIA BOSPORUS

1505 = 888. Κουρβουλος intelligendum non de eo qui in curia sed in communi provinciae (κοινόν) sedet, nos benigne monuit Fr. Cumont: quod jam docuerat Waddington, ad. n. 11706.

1506 = 911, 915 et sq. Dedit etiam Schürer, *Sitzungsber. der Berl. Akad.*, XIII, p. 200 et seq., qui Θεὸν ὕψιστον deum Judaeorum revera esse demonstravit.

AFRICA

1507. Thuburnicae, in arula. — Carton, *Comptes rendus de l'Acad. des Inscr.*, 1907, p. 383.

Πόλεως | εὐχή. Ἐ|πὶ Διφίλου | ἀρχιερχον|τος [1].

1. Ita lapis.

1508. Thuburnicae. — Carton, *Comptes rendus de l'Acad. des Inscr.*, 1907, p. 383.

T. Σαλλούστιος.

CRETA ET CYRENAICA

1509. Gortynae. — G. de Sanctis et Paribeni, *Monum. antich. dei Lincei*, XVIII 1908 , p. 333 et sq.

In antica.

5 Ἡ βουλὴ | καὶ ὁ δῆμος | τῶν Γορτυνίων | Τ. Φλα. Ξενίωνα | τὸν εὐεργέ-
την | ἐπὶ πρωτοκόσμῳ Γαΐῳ Τερεντίῳ Σατορνείλῳ.

In latere dextro.

Στήλη ποίησις πασῶν | τῶν καταλελεγμένων τοῖς | κωδικίλλοις Φλα.
5 Ξενίωνος | ἡμερῶν ἥ δε ‘ | Πρὸ ια΄ καλανδ(ῶν) Μαΐων ‘ Ῥώμης γενεθλίῳ ². |
Πρὸ α΄ καλανδ ῶν) Σεπτεμβρίων ‘ Κομόδου Αὐ[τοκρ(άτορος) γενεθλίῳ ³. |
Νώναις Μαρτίαις ⁴ κρατήσει Αὐτοκράτορος Ἀν[τωνείνου⁵ | Σεβ(αστοῦ) ⁶ καὶ
Λουκίλλης Σεβαστῆς ⁷ γενεθλίῳ. | Πρὸ ιη΄ καλανδ(ῶν) Ἰανουαρίων ‘ Λουκίου
10 Θεοῦ Σεβαστο ⁹ ⁹ γενεθλίῳ ¹⁰. | Πρὸ ια΄ καλανδ(ῶν) Φλα. Ξενίωνος γενε-
θλίῳ . | Εἰδοῖς Ὀκτωβρίαις ¹¹ Λαμπριάδος καὶ Ξενοφίλου γεν[εθλίῳ]. | Πρὸ ζ΄
καλανδ(ῶν) Αὐγούστων ¹² Κλ. Μαρκελλείνης γε νεθλίῳ].

« E una lista di giorni que la città di Gortyna dovrà festeggiare con mezzi lasciatile per testamento da Flavio Xenione. »

1. Die XXI mensis Aprilis. — 2. Natalis Urbis Romae; eadem dies sic inscripta est in calendario dicto Philocali : *Parilia ; Natalis Urbis*. — 3. Die XXXI mensis Augusti. — 4. Jam nota erat natalis dies imperatoris Commodi ex Aelio Lampridio : « ... *natus est apud Lanuvium pridie kal. Sept. patre patruoque consulibus* » *Vita Commodi*, 1, 2 . — 5. Die VII Mensis Martii. — 6. Hinc primum certo novimus qua die mortuus sit Pius et imperium adeptus sit M. Aurelius Antoninus cf. Lacour-Gayet, *Antonin le Pieux et son temps*, p. 437, not. 1 . — 7. Lucilla, L. Aurelii Veri Augusti uxor, cujus adhuc latebat dies natalis. — 8. Die XV mensis Decembris. — 9. L. Aurelius Verus, qui diem obiit ineunte anno 169 p. C. n. et Divus factus est. 10. Jam nota erat dies natalis L. Aurelii Veri ex Julio Capitolino : « *Natus est Lucius Romne in praetura patris sui XVIII kal. Januariarum die* » (*Vita Veri*, 1, 8 . — 11. Die XV mensis Octobris. — 12. Die XXVI mensis Julii.

Cf. quae disseruit de eo titulo J. Toutain in *Bulletin des Antiquaires de France*, 1908, p. 350.

1510. Gortynae, in templo Apollinis Pythii. — G. de Sanctis et Paribeni, *Monum. antich.*, XVIII, p. 318.

Αὐτοκράτορα Καίσαρα | M. Αὐρήλιον Ἀντωνεῖνον | Εὐσεβῆ Σεβαστὸν [1] | Παρθικὸν μέγιστον | Πρετανvικὸν μέγιστον | Γερμανικὸν μέγιστον [2] | Ὀλύμπιον [3].

1. Caracalla. — 2. Post annum 213. — 3. Cognomen perraro Caracallae inditum.

1511. Gortynae, prope Pythium. — G. de Sanctis et Paribeni, *Monum. antich.*, XVIII, p. 354 sq., n. 9.

..ωριων.. [τοῦ ἀνθρώπων γέ]νους δεσπότην | Αὐτοκράτορα Καίσαρα Μᾶρκον Αὐρήλιον Οὐαλέριον | Μαξιμιανὸν Εὐσεβῆ Εὐτυχῆ Ἀνείκητον Σεβαστὸν [1] | τὸν ἑαυτοῦ καὶ τῆς οἰκουμένης δεσπότην | Μᾶρκος Αὐρήλιος Βύζης ὁ διαση-μότατος ἡγεμών | τῆς Κρήτης [2].

1. Inter annos 286 et 305. — 2. Cf. n. 1512.

1512 = 973. Gortynae. — G. de Sanctis et Paribeni, *Monum. antich.*, XVIII, p. 355.

...... Γαλέριον | τὸν ἐπιφανέστατον καὶ ἀνδρειότατον [Καίσαρα] [1] | τὸν ἑαυτοῦ καὶ τῆς οἰκουμένης δ[εσ]πότην | Μᾶρκος Αὐρήλιος Βύζης ὁ διαση-μό τατος ἡγεμών, ∥ τῆς Κρήτης.

1. Inter annos 292 et 305. — Cf. titulum praecedentem.

1513. Loco nunc dicto Ini. — G. de Sanctis et Paribeni, *Monum. antich.*, XVIII, p. 365.

Ἐπὶ ὑπ[άτων .... Σε]βαστο[ῦ ......] | καὶ Λευκίου Σελλίο[υ...... ἀνθ]|υπάτου [1] καὶ Λευκίο[υ ....] ∥ δὲ πρωτοκόσμου...

Quae sequuntur nullo modo ad res romanas pertinent.

1. Praeses ignotus.

1514. Gortynae, in basilica christiana. — G. de Sanctis et Paribeni, *Monum. antich.*, p. 329.

Πόπλιο ς̣ Γράνιος Σπορι̣ου υἱὸς Κολλείνα [1] Ῥοῦφος | Γορτυνίων πρόξενος | καὶ πολείτας αὐτὸς | καὶ ἔκγονοι.

1. Collina tribu.

1515. Gortynae, in basilica christiana. — G. de Sanctis et Paribeni, *Monum. antich.*, XVIII, p. 327-328.

Post alia.

Γ. [Λ]υτάτιος Κρίσπος στρα|τιώτης Πτολεμαικὸς] Γορτυνίων πρόξε|νος καὶ πολίτας αὐτὸς καὶ ἔγγονοι.

« Può stupire il nome romano di questo soldato tolemaïco; ma forse si tratta di uno dei gregari del piccolo corpo lasciato da A. Gabinio in Egitto dopo ch' egli vi ebbe ricondotto Tolemeo Auleta (55 av. Cr. , corpo che fece in seguito parlare e non troppo favorevolmente di sè (Val. Max., IV, 1, 15; Caes., *Bel. civ.*, III, 4, 103, 110; Dio., XLII, 5 . »

1516. Gortynae, in basilica christiana. — G. de Sanctis et Paribeni, *Monum. antich.*, XVIII, p. 326.

Κ. Μουνατίδιον | Μάξιμον ἑκατον|τάρχαν, Γορτυνί|ων πολίτας, αὐ[τὸς καὶ ἔγγονοι.

1517 = 1030. Cyrenis. — Lapidem a sinistra fractum vidit et ectypum denuo sumpsit H. Méhier de Mathuisieulx.

1518 = 1035. Cyrenis. — Lapidem vidit et ectypum denuo sumpsit de Mathuisieulx.

V v. 4-5 : ... Ἀπόλλωνι Μυρτώῳ Μ. Ἀντώνιος ‖ Γάμελλος ἐκ τῶν τοῦ Ἀπόλλωνος.

INDICES

Composuit J. Toutain.

I

NOMINA VIRORVM ET MVLIERVM

T. I

II

COGNOMINA VIRORVM ET MVLIERVM

N. B. Numeri qui uncis comprehenduntur significant eosdem homines in indice nominum praecedente comparere, qui extra uncos leguntur eos nomine carere aut nomen periisse.

HVNC FASCICVLVM EDENDVM CVRAVIT

R. CAGNAT

AVXILIANTE J. TOVTAIN

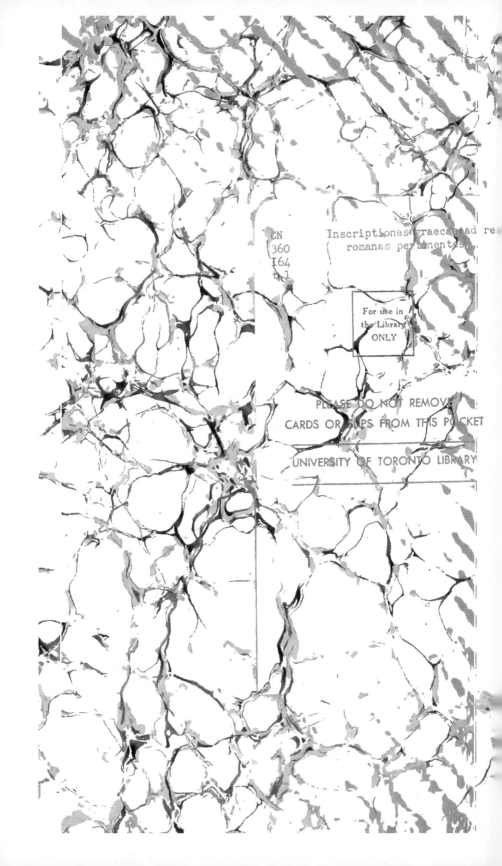

ImTheStory.com

Personalized Classic Books in many genre's

Unique gift for kids, partners, friends, colleagues

Customize:

- Character Names
- Upload your own front/back cover images (optional)
- Inscribe a personal message/dedication on the
  inside page (optional)

Customize many titles Including
- Alice in Wonderland
- Romeo and Juliet
- The Wizard of Oz
- A Christmas Carol
- Dracula
- Dr. Jekyll & Mr. Hyde
- And more...